Computergestützte Kooperation im Büro

BOCHUMER BEITRÄGE ZUR UNTERNEHMUNGSFÜHRUNG UND UNTERNEHMENSFORSCHUNG

Band 56

PETER LANG
Frankfurt am Main · Berlin · Bern · Bruxelles · New York · Wien

Ane-Kristin Reif-Mosel

Computergestützte Kooperation im Büro

Gestaltung unter Berücksichtigung der Elemente *Aufgabe*, *Struktur*, *Technik* und *Personal*

PETER LANG
Europäischer Verlag der Wissenschaften

Die Deutsche Bibliothek - CIP-Einheitsaufnahme

Reif-Mosel, Ane-Kristin:

Computergestützte Kooperation im Büro : Gestaltung unter Berücksichtigung der Elemente Aufgabe, Struktur, Technik und Personal / Ane-Kristin Reif-Mosel. - Frankfurt am Main ; Berlin ; Bern ; New York ; Paris ; Wien : Lang, 2000
(Bochumer Beiträge zur Unternehmungsführung und Unternehmensforschung Bd. 56)
Zugl.: Bochum, Univ., Diss., 1999
ISBN 3-631-35794-X

D 294
ISSN 0175-7105
ISBN 3-631-35794-X

Geleitwort

Die Wirtschaftsinformatik setzt sich mit der Gestaltung computergestützter Systeme auseinander, wobei Anwendungssysteme in Wirtschaftsorganisationen im Mittelpunkt der Forschung stehen. Mitte der 80er Jahre wurde der Bürobereich als potentielles Feld des Computereinsatzes entdeckt. Das Thema ‚Informationsverarbeitung im Büro' ist auch heute noch aktuell, auch wenn sich die technischen Bedingungen seitdem grundlegend gewandelt haben und ein rasanter Fortschritt bei den Informationsverarbeitungs- und Kommunikationstechnologien erreicht wurde. Neue Anwendungspotentiale zeigen sich insbesondere auf Grundlage innovativer Technologien wie z.B. leistungsfähiger Multimediacomputer und weltweiter Kommunikationsnetze. Effiziente und effektive Arbeit im Bürobereich – dem Zentrum der Informationsverarbeitung und der Kommunikation einer Unternehmung - setzt jedoch mehr als eine funktionsfähige Technik voraus. Dies gilt insbesondere auch für das Anwendungsgebiet ‚kooperative Organisationsformen'.

Die Autorin des vorliegenden Bandes stellt sich erfolgreich der Herausforderung, fundierte Gestaltungsvarianten für computergestützte Kooperation im Büro zu erarbeiten. Vor einem Bezugsrahmen und dem vierdimensionalen Hintergrund der Elementarten Aufgabe, Struktur, Technik und Personal spannt die Autorin ein System von Aktions- und Restriktionsparametern auf, das viele und treffende gestaltungsrelevante Verbindungen offenlegt.

Die Arbeit setzt sich mit einem Thema auseinander, das sowohl für die Wissenschaft als auch für die Praxis von großer Aktualität und Bedeutung ist und hier wissenschaftlich fundiert bearbeitet wird. Der Autorin gelingt es dabei für dieses Thema, die vielfach anzutreffenden Probleme an der Schnittstelle zwischen Wirtschaftsinformatik, die immer noch stark technikorientiert ist, und der Betriebswirtschaftslehre, hier insbesondere der Organisationslehre, zu überwinden. In systematischer Form werden mögliche Gestaltungsalternativen für computergestützte Kooperation im Bürobereich erarbeitet. Ich bin überzeugt, daß die Arbeit aufgrund ihres grundsätzlichen, aber auch handlungsleitenden Charakters all denen, die sich mit computergestützter Kooperation befassen, eine wertvolle Hilfestellung leisten kann. Gleichzeitig bietet sie Ansatzpunkte für weitergehende Forschungsaktivitäten. Aus diesem Grund ist der Arbeit eine hohe Resonanz und eine weite Verbreitung in Wissenschaft und Praxis zu wünschen.

Prof. Dr. Roland Gabriel

Vorwort

Die vorliegende Dissertation entstand während meiner Tätigkeit als wissenschaftliche Mitarbeiterin am Lehrstuhl für Wirtschaftsinformatik im Fachbereich Wirtschaftswissenschaft der Ruhr-Universität Bochum.
Eine Reihe von Personen hat das Zustandekommen dieser Arbeit erst ermöglicht. Ihnen möchte ich an dieser Stelle danken.

Mein Dank gilt zunächst Herrn Prof. Dr. Roland Gabriel. Er betreute diese Arbeit und förderte sie durch viele Freiheiten bei der Erforschung des Themas. Herrn Prof. Dr. Wolfgang Mag danke für die bereitwillige Übernahme des Zweitgutachtens.

Meinen ehemaligen Kolleginnen und Kollegen am Lehrstuhl für Wirtschaftsinformatik schulde ich Dank für ihre Unterstützung. Dr. Frauke Streubel und Dirk Beier waren jederzeit diskussionsbereit, sahen die Arbeit kritisch durch und steuerten konstruktive Verbesserungsvorschläge bei. Thomas Erler und Thomas Lux halfen bei der Endkorrektur der Arbeit. Nicht zuletzt fühle ich mich den Studentischen Hilfskräften des Lehrstuhls verpflichtet, die Bibliotheken und Kataloge unermüdlich nach den vielen gewünschten Literaturquellen durchforstet haben.

Ein inniger Dank gilt meinem Mann Andree Mosel, der sich nicht nur durch das gesamte Werk gearbeitet hat, sondern auch die sozialen Kosten getragen hat, die ein solches Projekt mit sich bringt. Sein Verständnis, seine Unterstützung und seine stetige Ermutigung haben wesentlich zum Gelingen der Arbeit beigetragen.

Von ganzem Herzen danken möchte ich nicht zuletzt meinen Eltern, die mich auf diesem weiten Weg vertrauensvoll begleiteten und anspornten. Sie haben die mentale und finanzielle Anstrengung vollbracht, vier Kinder auf eigene Füße zu stellen und Ihnen eine universitäre Ausbildung zu ermöglichen. Ihnen möchte ich diese Arbeit widmen.

Ane-Kristin Reif-Mosel

Inhaltsverzeichnis

Abbildungsverzeichnis

Tabellenverzeichnis

Abkürzungsverzeichnis

CCITT	Comité Consultatif International Télégraphique et Téléphonique
CPM	Critical Path Method
CSCW	Computer Supported Cooperative Work
CSMA/CD	Carrier Sense Multiple Access with Collision Detection
DSS	Decision Support Systems
E-mail	Electronic Mail
EMR	Electronic Meeting Rooms
GDSS	Group Decision Support Systems
GRIT	Graduated and Reciprocated Initiatives in Tension Reduction
IBuB	Informationsbedarf und Informationsbereitstellung
ISDN	Integrated Services Digital Network
IT	Informationstechnologie
KI	Künstliche Intelligenz
LAN	Local Area Network
NSS	Negotiation Support Systems
OSI	Open Systems Interconnection
PC	Personal Computer
PERT	Program Evaluation and Review Technique
TA	Technology Assessment
TCP/IP	Transmission Control Protocol / Internet Protocol
VKI	Verteilte Künstliche Intelligenz
WYSIWIS	What-you-see-is-what-I-see

1 Einführung in die Problemstellung

Ausgehend von Veränderungen der technischen, organisatorischen, ökonomischen und gesellschaftlichen Rahmenbedingungen diskutieren Wissenschaft und Praxis derzeit intensiv neue Gestaltungskonzepte für Unternehmungen. In diesem Zusammenhang zählen kooperative Arbeitsformen nicht nur im Produktions-, sondern auch im Bürobereich zu den grundlegenden Instrumenten verschiedener Konzepte, wie z.B. Lean Management, Geschäftsprozeßorientierung, Total Quality Management, Kontinuierliche Verbesserung, Modularisierung und Virtualisierung von Unternehmungen.[1]
Für das gestiegene Interesse an Gruppen- und Teamarbeit sind dabei verschiedene Faktoren verantwortlich:[2]

- Die gestiegene Dynamik der Märkte (Zeit-, Qualitäts-, Kosten- und Innovationswettbewerb) mit kürzeren Produktlebenszyklen und Amortisierungsphasen führt zu einer geringeren Bedeutung des Massengeschäfts und zu Leistungsprogrammen, die weniger standardisierte Leistungen beinhalten. Die Komplexität der Leistungen und Leistungsprozesse, die Vielfältigkeit und der Umfang der im Bürobereich anfallenden Aufgaben lassen eine effektive Aufgabenerfüllung häufig nur noch in Arbeitsgruppen oder Teams möglich erscheinen. Um der internationalen Konkurrenz und den sich ständig verändernden Märkten gewachsen zu sein, bedarf es darüber hinaus der permanenten Entwicklung innovativer, bedarfsorientierter Produkte sowie der Ausrichtung des Unternehmungsgeschehens auf die Kunden und deren Bedürfnisse. Die effektive Gewinnung, Filterung und Bewertung von Informationen aus sich wandelnden Märkten und relevanten Fachgebieten erhält einen noch höheren Stellenwert und übersteigt vielfach die Informationsverarbeitungskapazität einzelner Individuen. Dabei erweist sich die Trennung steuernder und ausführender Aktivitäten in dynamischen und komplexen Arbeitsfeldern als problematisch, und technokratische Koordinationsmechanismen gelangen an ihre Grenzen. Gleichzeitig kann der gestiegene Bedarf an Prozeß- und Produktinnovationen häufig nicht mehr allein durch geniale Einzelerfindungen, sondern nur mittels systematischer Verfahren der Ideengewinnung und -umsetzung in multipersonellen Einheiten gedeckt werden.

1 Vgl. Drumm (1996), S. 11; Wahren (1994), S. 11. Drumm setzt sich kritisch mit den Ansätzen 'Business Reengineering', 'Fraktale Fabrik', 'Modulare Fabrik', 'Atomisierte Organisation' und 'Virtuelle Organisation' auseinander.

2 Vgl. Goecke (1997), S. 76, dort in bezug auf Veränderungen von Fragestellungen der Führung; Grüninger (1996), S. 66f.; Schneider/Knebel (1995), S. 7f.; Wendel (1996), S. 2; Friedrich/Rödiger (1991), S.11f.; Teufel (1993), S. 31; Picot/Reichwald (1994), S. 548; Bendixen (1980), Sp. 2228; Fromm (1986), S. 13f.; Brummund (1983), S. 16ff.

- In vielen Bereichen sind fortschreitende Internationalisierungs- und Globalisierungstendenzen der Unternehmungen und Wirtschaftsbeziehungen zu beobachten. Hierdurch verstärkt sich die Notwendigkeit der umfassenden Koordination räumlich und zeitlich verteilt abzuwickelnder Aktivitäten.
- Die durchschnittlich höhere Qualifikation der Mitarbeiter führt vielfach zu gestiegenen Anforderungen an Autonomie und Verantwortung bei der Aufgabenerledigung am Arbeitsplatz. Die Einbindung der Mitarbeiter in Kooperationseinheiten mindert gleichzeitig das Delegationsrisiko für die Unternehmungen.

Den Gegenstand dieser Arbeit bildet die computergestützte kooperative Leistungserstellung im Bürobereich von Unternehmungen. Die folgenden Ausführungen zeichnen zunächst die Entwicklung des Bürobereichs im Hinblick auf die Arbeitsteilung und die multipersonelle Leistungserstellung nach und zeigen vor diesem Hintergrund mögliche Zielkategorien des Einsatzes kooperativer Arbeitsformen auf (Abschnitt 1.1).
Gleichzeitig zu den oben genannten Entwicklungen hat eine Diffusion fortgeschrittener Netz- und Kommunikationstechnologien sowie die Verbreitung von Standardanwendungssoftware an den Büroarbeitsplätzen stattgefunden. Sie bieten eine geeignete technische Grundlage für die standortübergreifende Informationsverarbeitung unter Zugriff auf gemeinsame Datenbestände bei dezentraler Verarbeitungskapazität.[3] Basierend auf dieser Grundlage bieten sich den Anwendern und/oder Gestaltern unter der Bezeichnung 'CSCW-Technologie' (synonym 'Groupware') eine Reihe von Hard- und Softwareprodukten an, die eine wirkungsvolle, standortübergreifende Unterstützung multipersoneller Leistungsprozesse versprechen. Abschnitt 1.2 führt in das zugehörige Forschungsfeld 'Computer Supported Cooperative Work' (CSCW) ein.
Die sich verändernden Arbeitsformen im Bürobereich und die neuen Konzepte ihrer technischen Unterstützung bilden den Rahmen für die konkrete Problemstellung dieser Arbeit, deren Ziel und Aufbau in Abschnitt 1.3 erläutert werden.

1.1 Entwicklung des Bürobereichs und Ziele der Einführung kooperativer Arbeitsformen

Die folgenden Ausführungen stellen die historische Entwicklung des Bürobereichs von Unternehmungen kurz dar und erläutern vor diesem Hintergrund mögliche Ziele des Einsatzes kooperativer Arbeitsformen.

---

3 Vgl. Grudin (1994a), S. 19ff.; Hughes/Randall/Shapiro (1991), S. 315ff.; Dix/Finlay/Abowd et al. (1993), S. 424; Petrovic (1993), S. 56f.

Der Bürobereich des 19. Jahrhunderts zeichnet sich noch durch eine wenig differenzierte Arbeitsteilung und Spezialisierung der wenigen Akteure in sogenannten Fabrikkontoren aus. Der wirtschaftliche Aufschwung, das Entstehen großer Industrieunternehmungen und die beginnende Mechanisierung führen Anfang des 20. Jahrhunderts zu tiefgreifenden Veränderungen, wobei planende, steuernde und kontrollierende Tätigkeiten von der materiellen Gütererzeugung getrennt und verrichtungsorientierte Spezialisierungsstrategien verfolgt werden.[4] Mit Beginn des ersten Weltkrieges weichen die zuvor noch relativ unsystematischen Rationalisierungsmaßnahmen umfassenden Restrukturierungsstrategien. Die Routineaufgaben strukturiert man als erstes nach den im Fertigungsbereich erfolgreichen tayloristischen Prinzipien, zum Teil sogar nach dem Flußprinzip, wie es im Produktionsbereich mit dem Fließbandeinsatz realisiert wird.[5] Dominierende Gestaltungsprinzipien bilden die ausgeprägte verrichtungsorientierte Spezialisierung, die personelle Trennung dispositiver und ausführender Tätigkeiten, die Standardisierung (Vereinheitlichung von Arbeitstätigkeiten bzw. -prozessen oder Arbeitsmaterialien wie z.B. Briefgrößen) sowie die Formalisierung (Entwicklung eines Formularwesens) von Arbeitsgängen. Ihre Umsetzung wird mit dem umfassenden Einsatz von Büromaschinen sowie der Zentralisierung und räumlichen Trennung von Spezialaufgaben (z.B. zentrale Buchhaltung, Schreibsaal) verbunden. Gleichzeitig wird eine komplexere Arbeitsorganisation notwendig, um die einzelnen Arbeitsplätze und Akteure aufeinander abzustimmen.[6]
Während der 20er Jahre entwickelt auch MAX WEBER seine Theorie der Bürokratischen Unternehmung. WEBER untersucht im Unterschied zu TAYLOR den Bürobereich. Nach seiner Auffassung stellt die 'bürokratische' Gestaltung die Basis für die legale Machtausübung und die Effizienzmaximierung in großen Unternehmungen dar. Den Mittelpunkt seiner Gestaltungsempfehlungen bilden die funktionale Spezialisierung, Hierarchisierung (Arbeitsteilung auf Grundlage der Trennung von Führungs- und Ausführungstätigkeiten), genaue Aufgabenabgrenzungen, strikte Zuständigkeitsregelungen und formalisierte Arbeitsabläufe (Aktenmäßigkeit).[7]

Nach dem zweiten Weltkrieg verbreiten sich mechanische Bürotechnologien weiter. Elektronische Büro- und Datenverarbeitungsmaschinen finden in den 60er und 70er Jahren breiten Eingang in den Bürobereich. Sie werden primär zur Massendatenverarbeitung in der operativen Sachbearbeitung eingesetzt, um das betriebsinterne Mengenwachstum zu bewältigen, die Arbeitsproduktivität durch Zentralisierung zu erhöhen und

---

4 Vgl. Bahrdt (1972), S. 40-43; Wölm (1991), S. 43f.; Staehle/Sydow (1986), S. 89.
5 Vgl. das von Schmidt (1991a), S. 86 dokumentierte Beispiel.
6 Vgl. Wölm (1991), S. 45.
7 Vgl. Bellmann (1993), S. 319f.; Staehle/Sydow (1986), S. 190; Staehle (1994), S. 28.

den Anstieg der Personalkosten zu begrenzen.[8] Hier erfüllt man mit Hilfe der Organisationsprinzipien Standardisierung, verrichtungsorientierter Spezialisierung und Formalisierung die Voraussetzungen für die Mechanisierung und für den maschinellen Ersatz von Unterstützungstätigkeiten durch mono- bzw. später auch multifunktionale Maschinen. Gleichzeitig bedeutet dieses eine Einengung der Handlungsspielräume der Angestellten, die Festlegung bestimmter Arbeitsabläufe und die Informationskonzentration beim Management.

Prinzipiell beinhaltet die in weiten Teilen des Bürobereichs aufgrund der vorgenannten Entwicklungen auch heute noch anzutreffende, ausgeprägte vertikale und horizontale Arbeitsteilung und Formalisierung eine Reihe von *Schwachstellen*, die eine Erhöhung der Effektivität und Effizienz[9] verhindern oder stark erschweren:[10]

- hohe Durchlaufzeiten der Vorgänge aufgrund der Sequentialisierung der Abläufe mit hohen Liege- und Wartezeiten, Doppelarbeiten und einer Vielzahl von Rückkopplungsprozessen,
- hoher Koordinationsbedarf der Einzelleistungen durch formale Regeln oder situative Steuerungsaktivitäten übergeordneter Hierarchieebenen,
- Medienbrüche und dadurch bedingt Mehrfacherfassung von Informationen, uneinheitliche Informationsbasen und mangelnde Aktualität der Informationen,
- lange Kommunikationswege, umständliche Arbeitsflüsse und undurchsichtige Kompetenz- und Zuständigkeitsregelungen,
- Aufblähung indirekter Leistungsbereiche und deshalb langwierige und bürokratische Reaktionen (beispielsweise auf Kundenwünsche),
- Verlust des Leistungszusammenhangs und des Kundenbezugs durch Zerstückelung der Arbeitsaufgaben,
- Einseitigkeit und Monotonie der Arbeitsfelder, wenn ausgeprägte Arbeitsteilung mit geringen Anforderungen an die Beschäftigten einhergeht,
- geringe Innovationsneigung der Belegschaft bei niedriger Ausbildung und/oder isoliertes Spezialistendenken.

---

8 Vgl. Staehle/Sydow (1986), S. 191; Baethge/Oberbeck (1990), S. 158.

9 „*Effektivität* ist ein Maß für die Wirksamkeit einer Handlung und gibt Zielerreichung und Zielerreichungsgrad an; *Effizienz* dagegen ist ein Maß für einen Wirkungsgrad und drückt die Wirtschaftlichkeit der Zielerreichung aus." Scholz (1987), S. 14. Effizienz ist demnach eine spezielle Art der Zielerfüllung, d.h. der Effektivität, die in bezug auf Input-Output-Verhältnisse definiert wird und somit nicht nur Wirtschaftlichkeit, sondern z.B. auch Produktivität beinhalten kann. Vgl. Hoffmann (1980), S. 71. Vgl. auch z.B. Hill/Fehlbaum/Ulrich (1994), S. 160f. Anders z.B. Staehle (1994), S. 418. Bezüglich der Probleme bei der Effektivitätsbestimmung vgl. Scholz (1987), S. 15ff.; Scholz (1997), S. 77ff.

10 Vgl. z.B. Krickl (1995), S. 80; Reichwald (1990), S. 76; Peters (1989), S. 243; Bellmann (1993), S. 327; Bellmann (1989), S. 1; Erdl/Schönecker (1992), S. 17f., Picot/Rohrbach (1995), S. 29; Picot/Reichwald (1994), S. 552.

Die Vielzahl der Schnittstellen bei hohem vertikalem und horizontalem Arbeitsteilungsgrad und die zur ihrer Bewältigung notwendige Dichte formaler Regeln bzw. situativer Eingriffe bedingen häufig überteuerte Leistungen, unzureichende Reaktionsgeschwindigkeiten, Inflexibilität und unzufriedene interne oder externe Leistungsempfänger. Die bei strukturierten und vorhersehbaren Umweltanforderungen bewährten hierarchischen Strukturen sollen auch aufgrund einer gestiegenen Dynamik und Komplexität der Aufgaben durch neue Organisationsformen erweitert oder sogar ersetzt werden und insgesamt eine Abkehr von tayloristischen Denkmustern vollzogen werden. Vor diesem Hintergrund werden insbesondere in den 80er und 90er Jahren neue Arbeitskonzepte für den Bürobereich wie 'teilautonome Gruppen', 'Rund-um-Sachbearbeitung', 'Prozeß-' und 'Projektgruppen' diskutiert. Sie verringern die horizontale und vertikale Arbeitsteilung sowie die Trennung zwischen Planung, Steuerung, Ausführung und Kontrolle zugunsten der Reintegration aufgabenteiliger Arbeitsprozesse. Hier, aber auch in Kollegien und Sitzungen können kooperative Arbeitsformen Anwendung finden.

Die folgenden Ausführungen zeigen grundlegende Kategorien möglicher *Formalziele*[11] *des Einsatzes kooperativer Arbeitsformen* im Bürobereich im einzelnen auf.

Mögliche *ökonomische Zielsetzungen* des Einsatzes kooperativer Arbeitsformen bestehen darin, Produktivitäts- und Wirtschaftlichkeitsreserven sowie Innovationspotentiale auszuschöpfen, die Qualität der Büroprodukte und -prozesse zu steigern und die Flexibilität im Hinblick auf Marktveränderungen, individuelle Kundenwünsche oder Störungen zu erhöhen. Insgesamt soll dieses zur Sicherung und Steigerung der Profitabilität und Wettbewerbsfähigkeit der Unternehmung beitragen.[12]
Die Einführung kooperativer Arbeitsformen erfolgt dabei im Zusammenhang mit einer Neubewertung der Zielkategorien Flexibilität, Zeit und Qualität neben dem traditionell wichtigen Kostenziel. Die nachstehenden Ausführungen setzen sich deshalb insbesondere mit den Zielkategorien Flexibilität und Qualität auseinander, bevor soziale Ziele des Einsatzes kooperativer Arbeitsformen erörtert werden.

---

11 Formalziele umfassen qualifizierende Merkmale, „die zur Beurteilung der Zielerreichung herangezogen werden und eine formale Präzisierung des Sachziels darstellen." Hamel (1992), Sp. 2638. Sachziele beziehen sich demgegenüber auf die Wertschöpfung durch Produkte und/oder Dienstleistungen. Das Sachziel einer Unternehmung „stellt das konkrete Handlungsprogramm der Unternehmung dar. Es enthält die Art, die Menge und den Zeitpunkt für die zu erstellenden [...] abzusetzenden Güter oder Dienstleistungen." Grochla (1972b), S. 38. Ähnlich Bleicher/Meyer (1976), S. 16. Sachziele können im Rahmen einer von einzelnen Unternehmungen abstrahierenden Untersuchung, wie sie hier vorliegt, keine Beachtung finden, so daß im folgenden eine Beschränkung auf Formalziele erfolgt.

12 Vgl. Wölm/Rolf (1991), S. 129f.; Ulich (1991), S. 58f.; Teufel (1993), S. 31; Beyer/Fehr/Nutzinger (1995), S. 15; Wahren (1994), S. 19; Wendel (1996), S. 32 und die dort angegebene Literatur.

Flexibilität bedeutet soviel wie Veränderbarkeit oder Beweglichkeit. Sie umfaßt die Fähigkeit, im Bedarfsfall ein Änderungspotential aktivieren zu können. Dieses Änderungspotential ermöglicht die Reaktion auf von außen auf Systeme einwirkende, die Zielerreichung gefährdende Störungen. Prinzipiell ist zwischen dem Reaktionsvermögen und dem Aktionsvermögen zu unterscheiden. Das Reaktionsvermögen bezeichnet die Anpassungsfähigkeit an Störungen. Das Aktionsvermögen beinhaltet demgegenüber die Innovationsfähigkeit der Unternehmung zur Wahrnehmung von Chancen.[13] Die Flexibilität von Unternehmungen ist an bestimmte Voraussetzungen gebunden. Zum einen bedarf es unausgenutzter Ressourcen und zum anderen müssen zu deren Umsetzung Handlungsspielräume bei den Akteuren bestehen.[14]
Der kontinuierliche Wandel und die Dynamik in der Unternehmungsumwelt verlangen eine erhöhte Aktions- und Reaktionsfähigkeit, da die Erfordernisse der Aufgabenerfüllung häufig nicht im voraus geplant werden können. Problembereiche stellen beispielsweise sich ändernde oder vielfältige Anforderungen der Kunden, unvorhergesehene Mengenschwankungen, fehlende oder fehlerhafte Produkte, Verspätungen, unkorrekte oder inkonsistente Daten, veränderte, stornierte oder priorisierte Aufträge, instabile technische Systeme, Personalveränderungen oder Krankheit dar. Arbeitsformen mit zentralisierter Planung und Entscheidung neigen bei steigender Komplexität der Leistungsprozesse zu Fehleranfälligkeit, Schwerfälligkeit und langen Kommunikationsketten. Nach den Enttäuschungen mit stark technisch geprägten Rationalisierungsansätzen entdeckt man die Fähigkeiten der Beschäftigten zu selbstorganisierendem, eigenverantwortlichem und innovativem Handeln neu. Kooperative Arbeitskonzepte statten die Beschäftigten im Vergleich zu stark horizontal und vertikal gegliederten Strukturen mit größeren Handlungsspielräumen und Entscheidungskompetenzen sowie einem breiteren Zugang zu Informationen aus, so daß auf Veränderungen und Störungen lokal reagiert werden kann. Dazu sieht man die Einbindung der Handlungs- und Problemlösungspotentiale der vor Ort tätigen Beschäftigten vor und verlagert Planungs-, Koordinations- und Kontrollfunktionen in den unmittelbaren Arbeitsprozeß zurück. Der Ort der Entscheidung rückt an den Ort der Informationsgewinnung heran, so daß Entscheidungen schneller getroffen und umgesetzt werden können.[15] Gleichzeitig erhält die Unternehmungsleitung bei einer geringeren Anzahl von Hierarchieebenen leichteren Zugang zu Marktinformationen. Informationswege werden verkürzt, so daß nicht nur eine höhere Flexibilität, sondern auch zeitliche Ersparnispotentiale realisiert werden können.[16] Die umfassendere Qualifikation der Beschäftigten ermöglicht darüber hinaus vielfach auch einen flexibleren Personaleinsatz.

---

13 Vgl. Knof (1991), S. 67ff.; Staehle (1994), S. 65.

14 Vgl. Knof (1991), S. 69.

15 Vgl. Friedrich/Rödiger (1991), S. 12. Ähnlich Busbach/Fuchs/Syri (1993), S. 47.

16 Vgl. Grüninger (1996), S. 75 und 83.

Auf die *Qualität* bezogene Ziele umfassen die Zielsetzung, die Eignung einer Leistung zur Erfüllung der Bedürfnisse eines Leistungsnehmers und/oder den Eignungsgrad für den vorgesehenen Verwendungszweck sicherzustellen oder zu erhöhen.[17] Qualitätssicherung beinhaltet bezüglich der Büroarbeit vor allem die „Gewährleistung einer möglichst hohen Verwertbarkeit der erbrachten Leistungen, als eine dem Verwendungszweck angemessene, ziel- und situationsgerechte Leistungserstellung und -verwertung“[18].
Gerade im Bürobereich besteht eine Problematik darin, daß die erbrachten Leistungen vielfach, anders als z.B. ein materielles Halbfabrikat, das gegebenenfalls auch vor Abschluß des Herstellungsprozesses weiterverkauft werden kann, keinen pekuniären Wert besitzen. Vielmehr entscheidet sich häufig erst im weiteren Verwertungsprozeß, ob die Leistung zur Wertschöpfung beiträgt oder nicht. Die Qualität der Leistungen des Bürobereichs muß demnach danach bestimmt werden, ob es gelingt, entscheidungs- und handlungsrelevantes Wissen für sich oder andere Akteure in einer Leistungskette zu produzieren. Das Problem besteht dabei weniger in der Fehlerhaftigkeit von Informationen, sondern in fehlendem, nicht adressatengerechtem, zu spät eintreffendem, diffusem, redundantem oder nicht zu verwertendem Wissen sowie mangelnder Koordination der Aktivitäten. Kooperative Arbeitsformen versuchen diese Problembereiche zu verringern, indem eine Fokussierung auf gemeinsame Zielsetzungen erfolgt, die Mitwirkung aller relevanten Stellen gesichert und die Berücksichtigung der Kenntnisse, Erfahrungen und Belange der Aufgabenträger begünstigt wird. Qualität bedeutet in diesem Zusammenhang, hemmende Bereichs- und Abteilungsegoismen, beispielsweise zwischen Disposition, Fertigung, Marketing, Kundendienst und Verkauf, zu überwinden und interne Kunden-Lieferanten-Beziehungen herzustellen, um Reibungsverluste zu eliminieren sowie Mißverständnisse zwischen verschiedenen Trägern der Aktivitäten innerhalb von Geschäftsprozessen zu verringern.[19]

Soziale Ziele orientieren sich an den Interessen und Bedürfnissen des Personals in einer Unternehmung. Dabei gilt es aus Sicht der Unternehmung, den Existenz-, Beziehungs- und Entfaltungsbedürfnissen der Beschäftigten nachzukommen sowie ein hohes Maß an Arbeitszufriedenheit und Arbeitsqualität, im Sinne der Befriedigung wesentlicher Bedürfnisse und Interessen am Arbeitsplatz, zu erreichen. Das Personal stellt ein wertvolles Potential einer Unternehmung dar. Die Sicherung seiner Loyalität, Motivation und Arbeitszufriedenheit trägt zum wirtschaftlichen Erfolg der Unternehmung bei, wenn die positive Beeinflussung dieser Faktoren z.B. die Fluktuation oder den Absentismus verringert. Bei der Verfolgung sozialer Ziele steht aus Sicht der Unternehmung zumeist im Vordergrund, einen Anreiz zur zielgerichteten Teilnahme am Unternehmungs-

---

17 Vgl. Siegwart/Seghezzi (1983), S. 16.
18 Weltz/Bollinger/Ortmann (1989), S. 36.
19 Vgl. Weltz/Bollinger/Ortmann (1989), S. 35 und 64; Fromm (1986), S. 16.

geschehen zu schaffen und die Mitarbeiter an die Unternehmung zu binden. Unabhängig von möglichen Leistungssteigerungen kann die Zufriedenheit der Mitarbeiter darüber hinaus auch normativ als eine eigenständige Zielgröße angesehen werden.
Die Beschäftigten der Unternehmung und deren Vertretungsorgane verbinden mit der Diskussion über kooperative Arbeit oder Gruppenarbeit vielfach die Hoffnung auf eine menschengerechtere Arbeitsgestaltung. Insbesondere im Bereich der Sachbearbeitung und der Unterstützungsaufgaben verspricht man sich von kooperativen Arbeitsformen eine höhere Ganzheitlichkeit der Arbeitsprozesse, eine größere Anforderungsvielfalt, ein höheres Ausmaß an Autonomie, mehr soziale Interaktionen, bessere Lern- und Entwicklungsmöglichkeiten sowie den Abbau von einseitigen Belastungen und Streß.[20] Gruppenarbeit bzw. kooperative Arbeit wird in diesem Zusammenhang deshalb vielfach auch mit qualifizierterer und somit auch besser bezahlter Arbeit gleichgesetzt.[21]

Das Thema 'kooperative Arbeitsformen' bewegt sich insgesamt zwischen Zielen zur Ausschöpfung von Produktivitäts-, Flexibilitäts- und Qualitätsreserven einerseits und dem Ziel der menschengerechten Arbeitsgestaltung andererseits.[22] Anders als in den 70er und 80er Jahren stehen heute allerdings nicht primär die sozialen Ziele bei der Einführung kooperativer Arbeitskonzepte im Vordergrund, sondern die Antizipation der aktuellen Marktanforderungen und damit ökonomische und/oder wettbewerbsorientierte Fragestellungen. Kooperative Arbeitsformen sollen Unternehmungen in die Lage versetzen, schneller und näher am Markt zu operieren. Hierzu ersetzt man zeit-, kostenaufwendige, fremdbestimmte und hierarchische Abstimmung durch eine flexiblere, schnellere, selbstbestimmte und nicht-hierarchische Abstimmung in autonomen, multipersonellen Einheiten und läßt ein höheres Ausmaß an Selbstorganisation und Selbstkontrolle zu.[23]
Die Ausführungen dieser Arbeit gehen davon aus, daß der Einsatz computergestützter, kooperativer Arbeitsformen gleichermaßen zur Realisierung ökonomischer als auch sozialer Zielsetzungen dienen kann und daß zwischen den verschiedenen Zielkategorien nicht notwendigerweise ein Zielkonflikt besteht. Kooperative Leistungserstellungsprozesse eignen sich als Instrument zur Umsetzung der Ziele verschiedener Anspruchsgruppen in der Unternehmung. Es ist jedoch weder realistisch noch sinnvoll, kooperative Arbeitsformen als universelle Problemlöser anzusehen. Sie stellen jedoch eine bedenkenswerte Perspektive gegenüber individuellen oder traditionell hierarchischen Konzepten der Leistungserstellung dar.

---

20 Vgl. Binkelmann/Bracyzk/Seltz (1993), S. 22; Greenbaum (1988), S. 104; Bornschein-Grass (1995), S. 41.
21 Vgl. Wölm/Rolf (1991), S. 129; Ulich (1991), S. 72.
22 Vgl. Wölm/Rolf (1991), S. 129f.; Ulich (1991), S. 58f.; Bornschein-Grass (1995), S. 47.
23 Vgl. Betzl (1996), S. 57f.; Drumm (1996), S. 11.

1.2 Computergestützte Kooperation als Gegenstand wissenschaftlicher Untersuchung

Das Akronym *CSCW* (Computer Supported Cooperative Work = computergestützte kooperative Arbeit)[24] bezeichnet nicht nur eine Klasse von *Arbeitskonstellationen*, bei der Menschen unter Zuhilfenahme von Computertechnik zusammenarbeiten, sondern stellt auch ein multidisziplinäres *Forschungsgebiet* dar, das sich mit multipersonellen Arbeitsprozessen und zugehörigen unterstützenden Informationstechnologien beschäftigt. Experten der Wirtschaftswissenschaft, Organisationsforschung, Informatik, Soziologie, Psychologie und Linguistik traten dabei mit dem Anspruch an, mehr über den Charakter multipersoneller Arbeitsprozesse zu erfahren und das gewonnene Wissen auch bei der Gestaltung adäquater Softwaresysteme einzusetzen[25]: „CSCW should be conceived as an endeavour to understand the nature and characteristics of cooperative work with the objective of designing adequate computer-based technologies.“[26]

Zwar sind Inhalt, Bezeichnung und inhaltliche Gewichtung der verschiedenen Teilprobleme sowie der Charakter der kooperativen Arbeit im Rahmen des Forschungsgebietes umstritten, jedoch ist insbesondere den frühen Ausführungen eine Perspektive bzw. „Weltanschauung“[27] bezüglich des Entwurfs von Computersystemen und ihres Einsatzes in Unternehmungen gemeinsam.[28]
Der Versuch, Vorgehensweisen, die sich für standardisierte Aufgaben als erfolgreich erwiesen haben, auf weniger determinierte Anwendungsbereiche im Büro zu übertragen, schlug in den 70er und 80er Jahren weitgehend fehl. Das Ziel bestand damals darin, analog zum Fertigungsbereich das Szenario eines 'menschenleeren und papierlosen Büros' umzusetzen. Es gelang nicht, Verfahrensstandards für den Bürobereich abzuleiten

---

24 Das Akronym CSCW fand erstmals 1984 bei der Beschreibung eines interdisziplinären Workshops Verwendung, in dessen Verlauf die Teilnehmer die wechselseitigen Interdependenzen der Auswirkungen der technischen Unterstützung auf die Arbeit in Gruppen diskutierten. Zur historischen Entwicklung dieses Forschungsgebietes vgl. Bannon/Schmidt (1991), S. 3f.; Johansen (1988), S. 2ff.; Holtham (1994). Die ersten Ansätze der Technikunterstützung von Gruppen lassen sich bis in die 60er und frühen 70er Jahre zurückführen. Die erste internationale Konferenz mit dem Thema 'Computer Supported Cooperative Work' folgte 1986 in Austin/Texas. Sie stieß auf breites Interesse, so daß weitere Konferenzen und Veröffentlichungen auf globaler, europäischer und deutscher Ebene folgten.

25 Vgl. Bannon/Bjørn-Andersen/Due-Thomsen (1988), S. 297; Ellis/Gibbs/Rein (1991), S. 38; Krcmar (1992b), S. 427; Grudin (1994), S. 19.

26 Bannon/Schmidt (1991), S. 5. Ähnlich z.B. auch Wilson (1991), S. 6.

27 Bannon/Bjørn-Andersen/Due-Thomsen (1988), S. 297.

28 Piepenburg (1991a), S. 79 und Hughes/Randall/Shapiro (1991), S. 309 sprechen in diesem Zusammenhang sogar von einem Paradigmenwechsel. Auseinandersetzungen mit dem Inhalt und dem Selbstverständnis des Forschungsgebietes finden sich beispielsweise bei Bannon/Bjørn-Andersen/Due-Thomsen (1988); Bannon/Schmidt (1991); Hughes/Randall/Shapiro (1991).

und diese zu automatisieren. Die Entwickler der Informationstechnik gingen damals größtenteils davon aus, daß es sich beim Bürobereich um ein klar strukturiertes Anwendungsfeld handelt, in dem Aufgaben mit Hilfe vorab definierter, klar strukturierter Prozeduren gelöst werden. Als problematisch erwies sich, daß die tatsächlichen Geschehnisse aufgrund vieler Ausnahmefälle, Unwägbarkeiten, Ermessensspielräumen, informaler Kommunikationsstrukturen und einer hohen Personengebundenheit der Aktivitäten wesentlich von den formal abbildbaren Prozessen abweichen, so daß der Technikeinsatz nur begrenzten Erfolg hatte. So stellt HIRSCHHEIM fest: „In fact [...] it is not possible to develop a formal model of the office, since its underlying assumption - that offices are nondeterministic - negates the possibility of a formal, structured model."[29] Die Probleme beim Einsatz von Vorgangssteuerungs- und Managementinformationssystemen[30] ließen das Bewußtsein reifen, daß es vor und während des Entwurfs technischer Systeme eines genauen Studiums der sozialen Interaktionen der Mitarbeiter im Rahmen der Leistungserstellung bedarf. Reduzierte, mechanistische Modelle des Anwendungsbereiches werden den realen Gegebenheiten nicht gerecht.[31]
Das Forschungsgebiet CSCW unternimmt vor diesem Hintergrund einen neuen Versuch der technischen Flankierung multipersoneller Arbeitsprozesse. Grundlegende Beiträge zum Forschungsgebiet CSCW suchen nicht nach Anwendungen für die Technik, sondern bestimmen Anforderungen an die Technik, die aus dem Charakter kooperativer Arbeitsprozesse abgeleitet werden: „The focus is to understand, as to better support, cooperative work."[32] Ausgangspunkt der Untersuchung ist danach nicht die Computertechnologie, sondern die kooperativ zu erledigende Arbeit. Die Suche nach möglichen Unterstützungsleistungen durch die Technik wird der Gestaltung kooperativer Arbeit nachgeordnet.[33] Diese Interpretation unterstützt auch eine rein sprachliche Analyse des Terminus 'Computergestützte kooperative Arbeit'.

Derzeit wird in einem kaum noch zu überschauenden Umfang zum Thema 'CSCW' publiziert und eine große Anzahl wissenschaftlicher und praxisorientierter Tagungen zu

---

29 Hirschheim (1986), S. 335f.

30 Auch die Entwicklung von Managementinformations- (MIS) und Entscheidungsunterstützungssystemen (EUS) ging zunächst davon aus, daß sich die Entscheidungsprozesse in Unternehmungen mit rationalen, einfachen Modellen abbilden und auf technische Systeme übertragen lassen. Zur Kritik an verschiedenen Aspekten der MIS-Forschung vgl. Kirsch/Klein (1977). Inzwischen ist eine differenziertere Sicht auf die Computerunterstützung von Managementaufgaben verbreitet. Vgl. hierzu die Ausführungen von Gluchowski/Gabriel/Chamoni (1997).

31 Vgl. Bannon/Bjørn-Andersen/Due-Thomsen (1988), S. 297ff.

32 Bannon/Schmidt (1991), S. 5. Vgl. auch Grudin (1994), S. 19.

33 Vgl. Pleiss/Kreutner (1991), S. 95, welche diese Aussage in die Formulierung „erst CW [= Cooperative Work], dann CS [= Computer Supported]" (S. 96) kleiden. Auch Norman (1991), S. 88 fordert „Collaboration First, Computing Second". Ähnlich auch Borghoff/Schlichter (1995), S. 97.

diesem Thema angeboten.[34] Selbst grundlegende, das Forschungsfeld eingrenzende Veröffentlichungen verzichten jedoch zumeist auf Erklärungen, aus denen der Unterschied zwischen dem Bürokommunikations- oder Büroautomations- und dem CSCW-Ansatz eindeutig hervorgeht.[35] Die Verwendung der Termini Bürokommunikation und –automation weicht einem inflationären Gebrauch von Begriffen wie 'Workgroup Computing' und 'Workflow Computing'.[36]

Der CSCW-Ansatz unterscheidet sich vom Bürokommunikations- und Büroautomationsansatz zunächst durch die fehlende Begrenzung auf das Anwendungsgebiet 'Büroarbeit', denn es werden auch Kooperationsprozesse beispielsweise in der Fertigung oder in der Telemedizin betrachtet. Ein weiterer Unterschied liegt darin, daß letztere vor allem die Effektivität und Effizienz der individuellen bzw. stellenbezogenen Informationsverarbeitungsaktivitäten und potentielle zugehörige technische Unterstützungsformen untersuchen. Multipersonelle technikgestützte Arbeitsprozesse betrachten sie allenfalls bezüglich der Kommunikationsunterstützung, während andere Formen der technikgestützten Interaktion nicht explizit thematisiert werden. Das Forschungsgebiet CSCW verschiebt den Betrachtungsfokus vom 'Personal Computing', das den individuellen Charakter der technikgestützten Informationsverarbeitung am Arbeitsplatz betont, zum 'Multipersonal Computing'.[37] Dabei bemüht man sich darum, die Unterschiedlichkeit verschiedener Arbeitsformen und Aufgabenerfüllungsprozesse zu respektieren und die soziale Dimension der Büroarbeit zu berücksichtigen. Der mediale Charakter der einzusetzenden Software wird hervorgehoben: „Groupware reflects a change in emphasis from the using of computer to solve problems to using the computer to facilitate human interaction".[38]

Wesentliche Impulse erfuhr das Forschungsgebiet CSCW auch durch die Bemühungen um die ergonomische Gestaltung individueller Bürosoftware.[39] Im Gegensatz zum

---

34 Die Diskussion um Telearbeit überschneidet sich teilweise mit der Debatte um CSCW. Telearbeit ist durch die räumliche Verlagerung von Leistungserstellungsprozessen unter Verwendung von Telekommunikationstechnik gekennzeichnet. Das Forschungsgebiet CSCW ist dabei dann angesprochen, wenn kooperative Arbeitsanteile in diesem Rahmen über Telekommunikationsmedien vermittelt werden, also eine räumliche Verteilung kooperativ agierender Akteure besteht.

35 Vgl. Knittel (1995), S. 148.

36 Zu diesen beiden Einsatzkonzepten für multipersonelle Aktivitäten unterstützende Technologien siehe Abschnitt 5.3.6 dieser Arbeit.

37 Vgl. Piepenburg (1991a), S. 79.

38 Ellis/Gibbs/Rein (1991), S. 38. Vgl. auch die frühen Visionen von Bush (1988) (40er Jahre) und von Engelbart (1988) (60er Jahre), die in Greif (Hrsg.) (1988) nachgedruckt wurden.

39 Bereits 1968 stellte der CSCW-Pionier Douglas Engelbart einen Prototypen des Softwaresystems NLS/Augment vor, der es Büromitarbeitern ermöglichen sollte, entweder asynchron über den Austausch von Dokumenten zu kommunizieren oder synchron über ein gemeinsames Softwarefenster zu interagieren. Ein Teil der vertretenen Philosophie war dabei, die Interaktion mit Computern so einfach wie möglich zu gestalten. Zu diesem Zweck entwickelte Engelbart schon zu diesem frühen Zeitpunkt Funktionalitäten wie Fenster, sowohl aus grafischen als auch textuellen Elementen beste-

Forschungsgebiet 'Human-Computer-Interaction' (HCI) untersucht das Forschungsgebiet CSCW jedoch nicht primär die Interaktion zwischen Mensch und Computer, sondern eine spezifische Art der Interaktion zwischen Menschen unter Verwendung von Computern, so daß sich eine andere Gestaltungsperspektive ergibt.

1.3 Ziel der Arbeit und Gang der Untersuchung

Die Leistungserbringung in den Unternehmungen ist nicht nur durch individuelle Aktivitäten, sondern auch durch das Zusammenwirken verschiedener Akteure gekennzeichnet. Auch bei klarer Abgrenzung individueller Aufgaben stehen diese nicht isoliert nebeneinander, sondern sind in vielfältiger Weise miteinander verbunden und abhängig voneinander. Die ziel-, leistungs-, handlungs- und ressourcenbezogenen Interdependenzen in Unternehmungen erfordern eine gegenseitige Koordination, Mitwirkung, Unterstützung, Unterrichtung, Einwirkung und Beratung, d.h. sie erfordern das Zusammenwirken der Beteiligten.[40] Entgegen den Erwartungen hat bisher jedoch keine breite Diffusion von CSCW-Technologien stattgefunden, obwohl sie diese Aktivitäten explizit unterstützen.[41] Die Bedeutung struktureller und sozialer Aspekte computergestützter Kooperation wird bei der Entwicklung von Konzepten der technischen Unterstützung kooperativer Arbeitsprozesse zwar anerkannt, es dominieren jedoch Beiträge der informatikbasierten Entwicklung von Werkzeugen und Technikkonzepten.[42] Trotz des interdisziplinären Anspruchs des Forschungsgebietes finden sich nur wenige Beiträge, die informationstechnische und wirtschaftswissenschaftliche Denkweisen miteinander verbinden,[43] obwohl die Ausgestaltung von (Software-)Technik Unternehmungsstrukturen reproduziert,[44] beispielsweise, indem bestimmte Kommunikationskanäle oder Zugriffsberechtigungen auf Daten in einer Software (nicht) vorgesehen werden. Die Beschränkung auf technische Fragestellungen vernachlässigt den Instrumentalcharakter des Technikeinsatzes zur Erreichung der Unternehmungsziele und läßt Potentiale der Effektivitäts- und Effizienzsteigerung unausgeschöpft. Diese bleiben auch dann ungenutzt, wenn kooperationsunterstützende Technologien auf nicht-kooperative Arbeitsstrukturen aufgesetzt werden: „[...] die physikalische Vernetzung [ist] in vielen Unternehmen längst vollzogen, das 'vernetzte Denken' hinkt aber noch weit hinterher. Die Kommunikations-

---

hende Darstellungsformen, Pop-up-Menues und Maussteuerung. Vgl. Power/Carminati (1993), S. 13.

40 Vgl. Fromm (1986), S. 11.

41 Vgl. Grudin (1994), S. 95f.; Hummel (1996), S. 4f.

42 Vgl. Hasenkamp/Syring (1994), S. 16; Kubicek/Höller (1991), S. 155 und die in den Tagungsbänden der D-CSCW/CSCW/ECSCW dokumentierten Beiträge.

43 Vgl. Grüninger (1996), S. 175.

44 Vgl. Sydow (1985a), S. 204.

möglichkeiten sind zwar gegeben, sie werden aber nur zufällig, sporadisch und selten intensiv genutzt."[45]

Versteht man die Betriebswirtschaftslehre und auch die Wirtschaftsinformatik als anwendungsorientierte Wissenschaften, so stellt die „Verbesserung der eher zu rechtfertigenden Praxis"[46] einen Zweck dieser Disziplinen dar: „Die Betriebswirtschaftslehre soll nach gängiger Auffassung nicht nur Aussagen zur Erklärung, sondern auch zur Gestaltung betrieblicher Sachverhalte liefern."[47] Für die Wirtschaftsinformatik formuliert ROLF: „Bei der heutigen Vielfalt und Komplexität von Technik- und Organisationsoptionen fällt der Wirtschaftsinformatik zuallererst die Aufgabe zu, Strukturen, Rahmen und Entscheidungshilfen für diese Vielfalt zu entwickeln. Es müssen Modelle für Organisations- und Technikoptionen erarbeitet werden, um die Optionen mit den jeweils ausgewählten Perspektiven und Organisationssituationen zusammenbringen zu können. Die Unterstützung dieses Auswahl-, Koordinations- und Matchingprozesses muß im Zentrum des Analyse- und Gestaltungsprozesses stehen."[48]
Gestaltung beinhaltet den Aufbau von Systemen und die Veränderung einer oder mehrerer Variablen sowie die Erzeugung eines neuen Systemzustandes im Sinne einer zeitpunktbezogenen Kombination der Merkmalsausprägungen der Systemelemente und ihrer Beziehungen.[49] Eine theoretische Unterstützung praktischer Gestaltungsprozesse bieten Aussagen dann, wenn sie mindestens eine der folgenden Leistungen erbringen:[50]

- Aufzeigen der relevanten Bedingungen und möglichen Gestaltungsalternativen für das Gestaltungsproblem, um die Informationssammlung der Gestaltenden zu fördern,
- Aufzeigen des Verhältnisses der relevanten Bedingungen und Gestaltungsalternativen zueinander, um die Entwicklung von Lösungsalternativen zu erleichtern,

---

45 Erdl/Schönecker (1992), S. 16. Eine repräsentative Umfrage des Instituts für Arbeit und Technik in Gelsenkirchen ergab, daß 1993 in Deutschland nur rund sieben Prozent der Arbeitnehmer in Kooperationseinheiten agierten. Auch für die USA wurde Mitte 1994 vom Center for Effective Organizations an der University of Southern California erhoben, daß in den 1000 größten Unternehmungen nur zehn Prozent der Mitarbeiter in Teams eingebunden waren. Vgl. o.V. (1995), S. 17; Hoffritz (1994), S. 109.

46 Sydow (1985a), S. 229, dort bezogen auf die Betriebswirtschaftslehre.

47 Nienhüser (1993), S. 235. Nienhüser befaßt sich mit der Frage, wie aus realtheoretischen Aussagen praktische Aussagen gewonnen werden können. Allgemein kann zwischen dem Beschreiben, Erklären, Prognostizieren und Gestalten als Stufen verschiedener wissenschaftlicher Aussagensysteme unterschieden werden. Vgl. Grochla (1980), Sp. 1833f.

48 Rolf (1998), S. 29.

49 Vgl. Marr (1993), S. 99 i.V. mit Henselek (1996), S. 8.

50 Vgl. Grochla (1980), Sp. 1833f.

- Aufzeigen der Vorteilhaftigkeit bestimmter Alternativen unter Berücksichtigung der Gestaltungsziele und -bedingungen zur unmittelbaren Unterstützung der Auswahlentscheidungen.

Bezüglich der Gestaltung computergestützter Kooperation fehlt es an Ansätzen, die dem mehrdimensionalen Charakter computergestützter Kooperation explizit Rechnung tragen und sowohl personale, strukturelle, aufgabenbezogene als auch technische Aspekte in die Betrachtung einbeziehen, um günstige Rahmenbedingungen für den erfolgreichen Einsatz computergestützter Kooperation zu schaffen. Dazu bedarf es der Beachtung der Interdependenzen der verschiedenen Subsysteme in der Unternehmung und der systematischen Erkundung der Gestaltungsalternativen.
Die vorliegende Arbeit verfolgt das *Ziel*, die vorgenannten Beschränkungen einer technikdominierten Sichtweise zu überwinden, um einen Beitrag zur effektiven Gestaltung computergestützter Kooperation zu leisten, indem mögliche Alternativen und Restriktionen der Gestaltung sowohl im technischen, personellen, aufgabenbezogenen und strukturellen Subsystem aufgezeigt werden. Dieses erfordert die Überbrückung der historisch bedingten Entkopplung der Erkenntnisse der Wirtschaftsinformatik und der Betriebswirtschaftslehre[51] im Anwendungsgebiet der computergestützten Kooperation im Büro.

Eine wissenschaftlich fundierte Gestaltung unterliegt allerdings der Beschränkung, daß nur ein solcher Ansatz in der Lage wäre, eindeutige Gestaltungsempfehlungen auszusprechen, der die Ziele, alle Determinanten und Restriktionen der Gestaltung computergestützter Informationssysteme sowie ihre Ursache- und Wirkungszusammenhänge umfassend beachtet und bewertet. Exakte Methoden der Gestaltung existieren jedoch lediglich für Teilprobleme. Aufgrund des fehlenden geschlossenen theoretischen Fundaments und der Möglichkeit, daß verschiedene Gestaltungsvarianten den gleichen Zielbeitrag erreichen, ist von Spielräumen bei der Gestaltung auszugehen.[52] Die vorliegende Arbeit kann deshalb keine rezeptartigen Empfehlungen aussprechen, spannt jedoch einen Gestaltungsrahmen auf und verdeutlicht verschiedene Gestaltungsalternativen, die bei den komplexen Entscheidungen über die Gestaltung computergestützter Kooperation als Anhaltspunkte dienen können.

Prinzipiell lassen sich gestaltungsorientierte Beiträge analytisch in jene trennen, die sich am Gestaltungsergebnis orientieren und in jene, die den Gestaltungsprozeß in den Mittel-

---

51 Vgl. König/Heinzl/Poblotzki (1995), S. 563.

52 Vgl. Frese (1992), Sp. 1728. Zum Konzept der Gestaltungsspielräume vgl. Schreyögg (1978), S. 298; Sydow (1985a), S. 290ff.; Sydow (1989).

punkt der Betrachtung stellen.[53] Gestaltungsprozeßorientierte Fragestellungen, etwa bezüglich der effektiven und effizienten Einbeziehung verschiedener Akteure, der Organisation der Gestaltungsprojekte, der Aktivitätenplanung oder der Auswahl geeigneter Methoden, bilden einen eigenen umfangreichen Problemkomplex, der im Rahmen der Arbeit nicht erörtert werden kann. Die vorliegende Arbeit legt den Schwerpunkt stattdessen auf die intensive Auseinandersetzung mit möglichen Gestaltungsergebnissen, welche eine Orientierung für konkrete Gestaltungsprozesse bilden und darüber hinaus zur Effizienz und Effektivität der Gestaltung beitragen.

Der *Gang der Untersuchung* dieser Arbeit orientiert sich an der Systematisierung struktureller Gestaltungsmaßnahmen in Problemerkennung, Problemanalyse und Generieren von Problemlösungsansätzen, Bewertung der Ansätze[54] und Umsetzung. Abbildung 1.3-1 zeigt die Struktur der Arbeit und ordnet die Kapitel den Bereichen Problemidentifikation, Problemanalyse und Generierung von Problemlösungsansätzen zu.

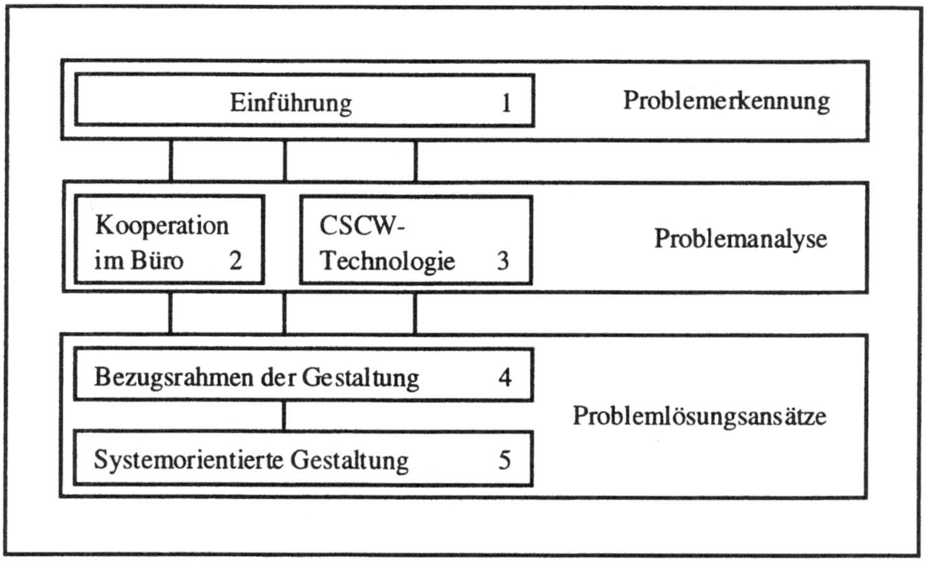

Abbildung 1.3-1: Gang der Untersuchung

53 Vgl. Kubicek (1979), S. 54; Grochla (1978b), S. 42 und Grochla (1980), Sp. 1832 für die organisatorische Gestaltung, Steinmüller (1993), S. 559f. für Gestaltungsaktivitäten in der Informatik. Ähnlich auch Markus/Robey (1988), S. 589, welche „variance and process theories" unterscheiden.

54 Vgl. Grochla (1982), S. 44.

Das vorliegende Kapitel 1 dient dem Zweck, eine grundlegende *Problemidentifikation* vorzunehmen. In diesem Zusammenhang wurde die Berücksichtigung aufgabenbezogener, struktureller und personeller Aspekte neben technischen Problemfeldern als ein Grundproblem der Gestaltung computergestützter Kooperation identifiziert und das Ziel der Arbeit definiert.

Zum Zweck der *Problemanalyse* erarbeiten Kapitel 2 und 3 theoretische Grundlagen, die eine systematische Durchdringung des Problems erlauben. Hierzu befaßt sich Kapitel 2 mit dem Wesen kooperativer Arbeit im Bürobereich, während Kapitel 3 existierende Techniken im Sinne vorhandener Optionen zur Unterstützung der Kooperation darstellt und kritisch beleuchtet.

Kapitel 2 nähert sich dem Thema unter dem Blickwinkel der kooperativen Arbeit im Bürobereich von Unternehmungen. Dazu wird der Bürobereich als Anwendungsgebiet der vorliegenden Untersuchung charakterisiert (Abschnitt 2.1). Auf Grundlage der Terminologie der Systemtheorie und der Raute von LEAVITT[55] erörtern die Ausführungen die Subsysteme Mensch, Aufgabe, Technologie und Struktur als Subsysteme des computergestützten Informationssystems Büro und stellen die Informationsverarbeitung als wesentliches Merkmal des Bürobereichs heraus. Die sich anschließenden Ausführungen diskutieren den Begriff der Kooperation, grenzen ihn von den Begriffen der Gruppe und des Teams ab und führen darüber hinaus den Begriff der Kooperationseinheit in die Betrachtung ein (Abschnitt 2.2). Mittels der Unterscheidung verschiedener Funktionen der Kooperation operationalisieren die Ausführungen die Vor- und Nachteile kooperativer Arbeit (Abschnitt 2.3). Abschnitt 2.4 vertieft die Ausführungen zum Charakter von Kooperation, indem 'Kommunikation', 'Koordination' und 'Verarbeitung gemeinsamer Objekte' als Aktivitätenklassen in kooperativen Arbeitsprozessen identifiziert und untersucht werden. Abschnitt 2.5 faßt die Ergebnisse des Kapitels kurz zusammen.

Kapitel 3 widmet sich schwerpunktmäßig der derzeit verfügbaren Soft- und Hardwaretechnologie unter dem Label 'Groupware' bzw. 'CSCW-Technologie' und nähert sich computergestützter Kooperation im Büro unter dem Blickwinkel der bestehenden technischen Unterstützungspotentiale. Die Ausführungen grenzen CSCW-Technologie zunächst begrifflich von anderen Technologieklassen ab (Abschnitt 3.1), klassifizieren sie in verschiedene Anwendungssystemklassen (Abschnitt 3.2) und erläutern deren grundlegende Funktionalität (Abschnitt 3.3). In diesem Zusammenhang werden auch Vor- und Nachteile der einzelnen Anwendungssystemklassen im Hinblick auf die Unterstützung kooperativer Arbeit diskutiert. Der folgende Abschnitt 3.4 verdichtet die Implikationen

---

55 Vgl. Leavitt (1965), S. 1145.

des Einsatzes von CSCW-Technologie in den Unternehmungen zu verschiedenen Wirkungsbereichen.

Die Kapitel 4 und 5 widmen sich schließlich der *Entwicklung von Problemlösungsansätzen.*

In *Kapitel 4* wird hierzu ein Rahmenmodell der Gestaltung computergestützter Kooperation erarbeitet. Zunächst erfolgt eine Auseinandersetzung mit der Frage, wodurch Gestaltung und verschiedene Gestaltungsstrategien zu charakterisieren sind (Abschnitt 4.1). Im Anschluß wird in Kapitel 4.2 das der Arbeit zugrundeliegende Rahmenmodell der Gestaltung erläutert. Die Funktion dieses Rahmenmodells besteht darin, einen Überblick über die Gesamtproblematik zu vermitteln und relevante Gestaltungsparameter zu identifizieren. Der verwendete Ansatz legt dabei den Schwerpunkt auf die Gestaltung möglichst günstiger Rahmenbedingungen für effektive Kooperationsaktivitäten, d.h. die Realisierung einer geeigneten Kooperationssituation. Abschnitt 4.3 erläutert die Elemente des Gestaltungsrahmens und die den einzelnen Subsystemen zuzuordnenden Aktionsparameter der Gestaltung der Kooperationssituation. Darüber hinaus wird erörtert, wie die einzelnen Subsysteme mittels der Informationsstruktur aufeinander abgestimmt werden können.

Die Gliederung des *Kapitels 5* folgt der Systematisierung der Subsysteme des Bürobereichs, wobei die Aufgaben als Restriktionsparameter der Gestaltung sowie strukturelle, personelle und technische Aktionsparameter der Gestaltung erörtert werden. Die Ausführungen untersuchen jeweils mögliche Ausprägungen der Aktions- und Restriktionsparameter und zeigen den Einfluß auf die einzelnen Komponenten der Kooperationssituation. Im Rahmen der aufgabenbezogenen Betrachtung (Abschnitt 5.1) erfolgt eine Vierteilung möglicher Aufgabentypen kooperativer Arbeit in Routine-, Regel-, Projekt- und Einzelfallaufgaben anhand abstrakter Merkmale, welche unterschiedliche Kooperationsbedarfe und unterschiedliche Ausprägungen verschiedener Merkmale der Informationsstruktur implizieren. Der strukturbezogene Teil der Ausführungen (Abschnitt 5.2) greift auf Dimensionen von Unternehmungsstrukturen zurück, um aufzuzeigen, welche alternativen Gestaltungsformen der strukturellen Aktionsparameter günstig aufdie in einer Situation herrschende 'Kooperationserwartung' wirken und welche Implikationen für die Informationsstruktur damit verbunden sind. Abschnitt 5.3 erörtert alternative technische Gestaltungsoptionen. Dazu sind die vorangehenden Ausführungen zu den Auswirkungen der Aufgaben und der Struktur auf die Informationsstruktur aufzugreifen, um diese in der Technikarchitektur nachzubilden. Daneben werden auch Gestaltungsempfehlungen bezüglich der Funktionalität von CSCW-Technologien und der Anpaßbarkeit kooperationsunterstützender Technologien abgeleitet, um insgesamt eine geeignete 'Kooperationsunterstützung' zu gewährleisten. Die Ausführungen zur personalen Gestaltung (Abschnitt 5.4) befassen sich mit der Beeinflussung der 'Kooperationsbereitschaft' und der 'Kooperationsfähigkeit' mittels der personellen Aktionsparameter.

Kapitel 6 faßt die Ergebnisse der Arbeit abschließend zusammen.

2 Kooperation im Büro

Die Ausarbeitung eines begrifflichen Rahmens stellt die Basis wissenschaftlicher Arbeit dar. Hierbei sind die relevanten Begriffe zu präzisieren und abzugrenzen, um die Eindeutigkeit der Ausführungen zu gewährleisten. Gleichzeitig nimmt der Begriffsapparat eine Ordnungsfunktion wahr. Dieses ist hier insbesondere deshalb von hervorgehobener Bedeutung, weil sich unterschiedliche Disziplinen an der Erforschung der computergestützten Kooperation im Bürobereich beteiligen. Das Ziel dieses Kapitels besteht nicht nur darin, die für diese Arbeit grundlegenden Begriffe mit Inhalt zu füllen, sondern kooperative Arbeit auch umfassend zu charakterisieren, um die Basis für die Analyse möglicher Gestaltungsalternativen zu legen.

Computergestützte Kooperation findet in so unterschiedlichen Domänen wie der Sachbearbeitung in Versicherungen, der medizinischen Versorgung von Patienten, der Zusammenarbeit von Fluglotsen in Flughäfen sowie der Produktion von Gütern statt. Die Ausführungen dieser Arbeit beschränken sich auf die computergestützte Kooperation im Bürobereich von Unternehmungen. Abschnitt 2.1 charakterisiert den Bürobereich als informationsverarbeitendes System in der Unternehmung. Die dabei identifizierten Subsysteme Mensch, Aufgabe, Technik und Organisationsstruktur (kurz: Struktur) bilden im Verlauf der Arbeit die Ansatzpunkte für verschiedene Gestaltungsaktivitäten (Kapitel 4 und 5). Die Ausführungen des anschließenden Abschnitts 2.2 erläutern den Begriff der Kooperation und grenzen ihn von der ‘Gruppe’, dem ‘Team’ und der ‘Kooperationseinheit’ ab. Abschnitt 2.3 präzisiert die Funktionen, die eine kooperative Aufgabenlösung insbesondere gegenüber der fremdkoordinierten Einzelarbeit erfüllen kann. Anschließend strukturieren die Ausführungen das Phänomen der Kooperation, indem sie Kommunikation, Koordination und Bearbeitung gemeinsamer Objekte als grundlegende Klassen kooperativer Interaktionen erörtern (Abschnitt 2.4), welche im Kapitel 3 der Unterscheidung verschiedener Funktionalitätsschwerpunkte von CSCW-Technologien dienen werden. Abschnitt 2.5 faßt die Erkenntnisse dieses Kapitels kurz zusammen.

2.1 Charakterisierung des Bürobereichs als informationsverarbeitendes Subsystem der Unternehmung

Die Literatur verbindet den Begriff ‘Büro’ häufig mit bestimmten lokal begrenzten Arbeitsbereichen *(Orten)* oder *Unternehmungseinheiten* wie z.B. den Exekutivorganen des Staates sowie den Verwaltungs- und/oder originär kaufmännischen Abteilungen von Unternehmungen des Industrie- und Dienstleistungssektors.[1]

Die traditionelle Büroforschung[2] betrachtet dagegen die *Bürotätigkeiten* oder den *Tätigkeitsgegenstand* als das konstitutive Merkmal des Bürobereichs.[3] Bürotätig-keiten dienen direkt oder indirekt der Verarbeitung von Informationsobjekten. Das heißt, daß informationelle Objekte (z.B. eine Verkaufsstatistik oder ein Versicherungsvertrag) und nicht physische Gegenstände (z.B. das Produkt Auto) den Gegenstand der Verarbeitung darstellen. Bürotätigkeiten stehen damit im Gegensatz zu gewerblich-technischen Tätigkeiten, die eine materielle (physische) Leistung erbringen.[4] Der Umgang mit Informationen erstreckt sich netzartig über alle Funktionsbereiche und Ebenen einer Unternehmung und beschränkt sich nicht auf die kaufmännischen Abteilungen (z.B. Personalwesen, Rechnungswesen, Organisation).[5]

Spezifisch und typisch für den Bürobereich sind Tätigkeiten, deren Zwecksetzung darin besteht, betriebliche Informationen zu beschaffen, auszuwerten, zur Überbrückung zeitlicher und örtlicher Diskrepanzen auf einem Trägermedium zu speichern, darzustellen, zu verwalten und/oder zu übertragen.[6] In einer engen Auslegung vertritt die Literatur teilweise die Ansicht, daß nur die ausführenden Tätigkeiten, z.B. die Niederschrift eines Dokuments, als Büroarbeit anzusehen seien, während alle „gedanklichen Aktivitäten des Menschen zur Erfüllung von Entscheidungsaufgaben, kreativen Schöpfungen und zur Wahrnehmung von Leitungsfunktionen"[7] keine Bürotätigkeiten darstellten.[8] Dieser

---

1 Vgl. Picot/Reichwald (1987), S. 31. Für die Industriesoziologie vgl. Baethge/Oberbeck (1986), S. 19. Zu verschiedenen Beschreibungen und Sichtweisen eines Büros vgl. Höring (1990), S. 17ff.; Nippa (1988), S. 27ff.

2 Vgl. Kosiol (1961); Szyperski (1961). Zur Historie der Büroforschung vgl. Staehle/Sydow (1986).

3 Vgl. Höring (1990), S. 31ff. Zu Begriff und Bedeutung von Bürotätigkeiten vgl. Szyperski/Grochla/Höring et al. (1982), S. 6ff.; Höring (1985), S. 101f.; Zangl (1987), S. 16ff.

4 Vgl. Höring/Bahr/Struif et al. (1983), S. 6. Problematisch bleibt die Abgrenzung in den Randbereichen wie z.B. der Konstruktion, der Steuerung von Fabrikanlagen oder der Lagerverwaltung. Auch in Fabriken, Werkstätten und Lagern werden Tätigkeiten durchgeführt, die kaufmännische bzw. administrative Sachverhalte (z.B. Stundenauswertung von Arbeitern) betreffen, also Bürotätigkeiten darstellen. Für die folgenden Ausführungen gilt die Abgrenzung, daß Aufgabengebiete, die im Kern materielle Leistungen erstellen, keine Bürotätigkeiten darstellen. Fabriksteuerung und Konstruktion werden demgemäß nicht dem Bürobereich zugeordnet.

5 Vgl. hierzu Szyperski (1961), S. 88ff.; Picot (1982), S. 367; Richter (1983), S. 147; Zangl (1987), S. 34ff.; Schmidt (1989), S. 21. Der Bürobereich umfaßt demnach sowohl 'klassische' Büroaufgaben (z.B. Rechnungswesen) als auch typische Managementaufgaben. Vgl. Nippa (1988), S. 30f.

6 Vgl. Szyperski (1961), S. 87ff.; Grochla (1971), 18ff.; Höring (1985), S. 101.

7 Höring (1985), S. 101.

8 Zur Unterscheidung von Ausführungs- gegenüber Leitungshandlungen führen Weber/Brettel/Großklaus et al. (1995), S. 7 aus: „Eine Ausführungshandlung ist eine Handlung, deren sämtliche Freiheitsgrade festgelegt sind." Festlegung bedeutet art- und ausprägungsbezogene Determinierung, so daß keine Ergebnisdivergenzen entstehen können. Vgl. Schäffer (1996a), S. 13. Demgegenüber

Ansicht wird hier nicht gefolgt. Entscheidend ist, daß bei der Büroarbeit im Kern Informationen verarbeitet werden. Informationen erfordern jedoch einen physischen Träger (z.B. Papier oder akustische Signale),[9] um interpersonell übertragbar zu werden, so daß Büroarbeit sich auch mit der Verarbeitung solcher physischen Informationsträger befaßt. Büroarbeit beinhaltet demnach sowohl gedankliche als auch physisch wahrnehmbare, ausführende und leitende Tätigkeitsbestandteile.

Die Funktion des Bürobereichs liegt in der zielorientierten Beschaffung, Bereitstellung, Bearbeitung und Sicherung von Informationen zur Durchführung der Unternehmungsaufgaben und zur Steuerung und Kontrolle der Unternehmung durch zeit-, mengen- und wertmäßige Anpassungsprozesse.[10] Der Bürobereich dient einerseits als informatorische Infrastruktur für die primären Leistungsprozesse[11] sowie als Zentrum der Informationsverarbeitung[12], das als Schnittstelle zwischen unterschiedlichen Funktionsbereichen und der Unternehmungsumwelt fungiert. In diesen Fällen beinhalten Büroprozesse sogenannte sekundäre Prozesse, welche keinen direkt wertschöpfenden Charakter aufweisen. Als Beispiele sind die Vorbereitung einer Unternehmungsakquisition, die Lohnabrechnung oder die Preiskalkulation bei einem Automobilhersteller zu nennen. Die unternehmerische Zwecksetzung des Bürobereichs kann andererseits auch darin bestehen, primäre Leistungsprozesse zu erbringen und somit direkt zur Wertschöpfung beizutragen. Entsprechende Beispiele bilden die Vertragsausfertigung in einer Versicherung oder das Erstellen eines Gutachtens durch eine Beratungsunternehmung.

Zusammenfassend bezeichnet der Begriff 'Büro' nach dem hier vorliegenden Verständnis ausdrücklich keine formal oder lokal abgrenzbare Einheit einer Unternehmung, sondern eine virtuelle Zusammenfassung informationsbezogener Tätigkeiten. Diese Tätigkeiten finden gewöhnlich an einem ebenfalls als 'Büro' bezeichneten physischen Ort statt, sind jedoch nicht an ihn gebunden,[13] weshalb die Ausführungen auch vom 'Büro*bereich*' sprechen.

Ein entscheidendes Merkmal der Büroarbeit besteht in ihrer Tätigkeit an Informationsobjekten. Die in die Beschreibung von Büroprozessen involvierten Wissenschafts-

führen Weber/Brettel/Großklaus et al. (1995), S. 8 bezüglich der Leitungs- synonym Führungshandlungen aus: „Eine Führungshandlung ist eine Handlung, deren gewünschtes Ergebnis darin besteht, Freiheitsgrade anderer Handlungen festzulegen."

9 „Information is always borne on a marker." Miller (1978), S. 15.

10 Vgl. Nippa (1988), S. 30f.; Weber (1985), S. 108.

11 Vgl. Picot (1982), S. 367; Reichwald (1982), S. 11.

12 Vgl. Grochla (1971), S. 18ff.

13 Vgl. Kosiol (1961), S.14. Ein Beispiel für die fehlende Bindung an einen bestimmten Ort ist der Vertriebsmitarbeiter, der unterwegs auf seinem Laptop eine Kalkulation oder eine Reisekostenabrechnung erstellt.

disziplinen verwenden den Begriff der Information uneinheitlich, so daß beispielsweise in der Literatur der Betriebswirtschaftslehre, der Informatik und der Wirtschaftsinformatik eine Vielzahl von Definitionen nebeneinander stehen.[14]
Die vorliegenden Ausführungen legen das folgende Verständnis zugrunde: *Wissen* bezeichnet Kenntnisse über Teile der realen oder gedachten 'Welt', über Sachverhalte, Normen, Personen, Werte, Handlungen etc.[15] Information umfaßt aus betriebswirtschaftlich-pragmatischer Sicht den an einen spezifischen Verwendungszusammenhang gebundenen Teil des Wissens. *Information* stellt danach zweckorientiertes Wissen über betriebliche Sachverhalte und Abläufe dar, das der Vorbereitung und Durchführung individueller und/oder kollektiver Handlungen und/oder Entscheidungen dient.[16] Von Zweckorientierung wird hier dann ausgegangen, wenn das Wissen zur Lösung betrieblicher Aufgabenstellungen eingesetzt wird. Gleichzeitig impliziert diese Definition eine Bindung an die Verwendung durch den Menschen, da nach dem hier vertretenen Verständnis nur Menschen Träger von Aufgaben sein können.[17] Informationen können außerhalb des Menschen physikalisch auf einem Trägermedium fixiert werden, sie können aber auch lediglich im menschlichen Gehirn existieren. Als entscheidend für die hier vertretene Abgrenzung stellt sich dar, daß das Wissen eine zweckbezogene Auswertung durch den Menschen erfährt.[18] Der subjektive Neuheitsgrad einer Information ist dagegen unerheblich für die Abgrenzung.
Im Büro liegen Informationen in unterschiedlichen „Darstellungsarten"[19] als Sprache, Text, alphanumerische Zeichen, Grafik oder Bild vor. *Daten* verkörpern die gegenständliche, maschinell verarbeitbare Teilmenge von Wissen oder Informationen.[20]

Nachdem im vorangehenden 'Information' von 'Wissen' und 'Daten' abgegrenzt wurde, erläutern die folgenden Ausführungen den Terminus der Informationsverarbeitung. *Informationsverarbeitung i.w.S.* fungiert als Sammelbegriff für den Umgang mit Informationen und umfaßt Tätigkeiten an und mit Informationen wie die Generierung, Mani-

---

14 Vgl. Bode (1993), S. 275; Lehner/Maier (1994), S. 76f.

15 Vgl. Bode (1993), S. 276; Hesse/Barkow/Braun et al. (1994), S. 42; Kluwe (1990), S. 175.

16 In Anlehnung an Wittmann (1959), S. 14. Zur Kritik an Wittmanns Begriffsbildung vgl. bspw. Lehner/Maier (1994), S. 9; Bode (1997), S. 455f.

17 Vgl. Schmitz (1992), Sp. 958. Die folgenden Ausführungen gehen davon aus, daß nur der Mensch ein Aufgabenträger sein kann, der allerdings vordefinierte Teilaufgaben an technische Teilsysteme delegieren kann, die aber vom Menschen kontrolliert werden und für die ein menschlicher Aufgabenträger die Verantwortung trägt.

18 In Datenbanken vorgehaltenes Wissen muß demnach nicht unbedingt Information darstellen.

19 Schmitz/Szyperski/Höring (1983), S. 505. Die verschiedenen Arten der Informationsdarstellung werden manchmal auch als „Kommunikationsformen" (Picot/Reichwald (1987), S. 25), „Nachrichtenformen" (Scherff (1987), S. 7) oder „Erscheinungsformen der Information" (Walbrück (1986), S. 333) bezeichnet.

20 Vgl. Lehner/Maier (1994), S. 9.

pulation, Speicherung, Bearbeitung und/oder Übertragung von Informationen. Die Literatur wählt für die einzelnen Tätigkeiten allerdings unterschiedliche Bezeichnungen.[21] Da zur Erfüllung einer konkreten Aufgabe in der Regel eine Folge mehrerer Tätigkeiten der Informationsverarbeitung notwendig ist, spricht man synonym auch von Informationsverarbeitungsprozessen.
Kommunikative Aspekte der Büroarbeit treffen seit der Entwicklung und dem breiten Einsatz kommunikationsunterstützender Techniken auf eine gestiegene Beachtung. *Kommunikation* stellt einen spezifischen Prozeß der Informationsverarbeitung dar, bei dem Menschen Informationen zum Zweck der Verständigung austauschen. Je nach Art der Kommunikation (face-to-face, raumübergreifend und/oder zeitversetzt) läßt sie sich durch verschiedene der obengenannten informationsverarbeitenden Teilaktivitäten charakterisieren. Die Beschäftigten im Bürobereich verarbeiten Informationen in der Regel nicht nur individuell, sondern werden auch kommunikativ tätig, da arbeitsteilig angelegte Aktivitäten auf das Zusammenwirken der am Arbeitsprozeß Beteiligten angewiesen sind. Die Notwendigkeit einer abgestimmten Verarbeitung beschaffter und erzeugter Informationen kennzeichnet die Bedeutung der Kommunikation im Bürobereich. In der Regel gehen der (Weiter-)Verarbeitung von Informationen durch unterschiedliche Akteure kommunikative Prozesse voraus, so daß der Terminus *'Bürokommunikation'* bisweilen auch synonym zum Begriff 'Büroarbeit' verwendet wird.[22] Dieses stellt jedoch eine starke Fokussierung auf eine spezifische Form der Informationsverarbeitung dar, der die vorliegenden Ausführungen nicht folgen.

Die vorausgehenden Ausführungen vermitteln zwar einen Überblick über den Gegenstand der Arbeit im Bürobereich und deren Funktionen, für eine zielgerechte Gestaltung der Kooperationsbeziehungen liefern sie jedoch nur wenige Anknüpfungspunkte. Die

---

21 Stellvertretend für viele andere vgl. z.B. Wainwright/Francis (1984), S. 3; Nippa (1988), S. 38 und die dort angegebene Literatur. Zur Informationsverarbeitung i.e.S. siehe die Ausführungen in Abschnitt 2.4.2 dieser Arbeit

22 Nippa (1988), S. 40 führt aus: Der Terminus 'Bürokommunikation' umfaßt „alle informatorischen und kommunikativen Aufgaben und Tätigkeiten innerhalb einer Unternehmung, die der Steuerung und Regelung der Unternehmung dienen und die durch organisatorische, personelle und technische Gestaltungsmaßnahmen beeinflußbar sind." Ähnlich die VDI-Richtlinie 5001 (1987), S. 2 i.V. mit S. 17. Eine erste Festlegung des Begriffs 'Bürokommunikation' legen Szyperski/Grochla/Höring et al. (1982), S. 10 vor: „Bürokommunikation kennzeichnet die Arbeit im Büro, die im wesentlichen aus allen Teilprozessen der Kommunikation zwischen Personen oder Personen und Maschinen besteht." Die Autoren legen Wert auf die Feststellung, keinen allgemeingültigen Begriff, sondern einen 'Fachterminus' zu prägen. Nippas Definition scheint insofern für den vorliegenden Zusammenhang geeigneter, als keine Gleichbehandlung maschineller und menschlicher Übertragungsprozesse stattfindet. Andererseits wird der Einschränkung auf Steuerungs- und Regelungsaspekte für die vorliegende Arbeit nicht gefolgt. Es existieren allerdings auch Quellen, die mit dem Terminus 'Bürokommunikation' lediglich die technischen Systeme ansprechen, welche Informationen transformieren oder die Informationsübertragung nachrichtentechnisch flankieren. Vgl. Höring (1990), S. 43; Küpper/Hahne (1993), S. 94f.

systemtheoretische Beschreibung des Bürobereichs ermöglicht eine generalisierende und abstrahierende Betrachtung, vollzieht eine Komplexitätsreduktion über die Subsystembildung und verdeutlicht Berührungspunkte und Interdependenzen verschiedener Aspekte.[23]

In Anlehnung an den allgemeinen Modellrahmen und die Terminologie der Wissenschaftskonzeption der Systemtheorie bildet der Bürobereich einer Unternehmung ein *System der Informationsverarbeitung*. Die Systemtheorie definiert Systeme als gegenüber der Umwelt abgegrenzte Gesamtheiten von Elementen, welche durch Beziehungen miteinander verknüpft sind. Ein Element verkörpert einen Grundbestandteil eines Systems, der im relevanten Betrachtungszusammenhang nicht weiter zerlegt werden soll. Die Elemente lassen sich anhand ihrer Attribute beschreiben und mittels ihrer Beziehungen zu anderen Elementen in das Gesamtsystem einordnen. Je nach gewünschtem (Dis-)Aggregationsniveau und Betrachtungszweck zergliedern sich Systeme in Subsysteme oder ordnen sich in Supersysteme ein. Sowohl Sub- als auch Supersysteme bestehen wiederum aus Elementen und Beziehungen.
Mit dem Systemgedanken verbindet sich darüber hinaus die Vorstellung, daß das Ganze nicht als bloßes Aggregat der Teile begriffen werden kann, sondern daß sich auf den oberen Aggregationsebenen vielmehr spezifische Eigengesetzlichkeiten entwickeln. Umgekehrt sind die Teile nicht isoliert, sondern nur in Zusammenhang mit dem Ganzen zu analysieren. Von den verschiedenen Charakterisierungsmerkmalen für Systeme interessiert hier vor allem der Aspekt der Offenheit. Ein System wird dann als offen bezeichnet, wenn Beziehungen zu Elementen außerhalb der Systemgrenzen bestehen.[24] Beim Büro handelt es sich um ein offenes System, da Informationen aus dem Umsystem aufgenommen, im Inneren verarbeitet und dann an das Umsystem zurückgegeben werden. Je nach Abgrenzung stellen sowohl Kunden, Lieferanten als auch das Produktionssystem einer Unternehmung das Umsystem des Bürobereichs dar.[25]

Der Bürobereich einer Unternehmung läßt sich als zweckgerichtetes System mit den *Elementarten* Mensch, Sachmittel und betriebliche Aufgaben und den zwischen diesen bestehenden *Beziehungen* beschreiben.[26] Beziehungen verbinden die Elemente mitein-

---

23 Vgl. Neidthard (1980), Sp. 2077; Lehmann/Grochla (1980), Sp. 2205. Zur Systemtheorie vgl. Bertalanffy (1972); Fuchs (1972) und die Beiträge in Bleicher (Hrsg.) (1972).

24 Vgl. Fuchs (1973), S. 40; Fuchs (1972), S. 51f.; Kosiol/Szyperski/Chmielewicz (1972), S. 63, 79 und 91. Andere Attribute von Systemen sind bspw. statisch versus dynamisch, künstlich versus natürlich (ebenda).

25 Vgl. Grochla (1972a), S. 129f.

26 Vgl. Bleicher (1972), S. 173. Ähnlich Grochla (1975), S. 10, der den sozio-technischen Charakter hervorhebt. Die Abgrenzung von Systemen ist abhängig vom Untersuchungszweck, weshalb andere Autoren anders als in der hier vertretenen Auffassung auch andere Systemelemente und -beziehungen betrachten. Vgl. bspw. Szyperski (1980a), S. 141ff.; Gabriel (1986), 11; Höring

ander, wobei Beziehungen energetischer, materieller oder informationeller Art zu differenzieren sind.[27] Zwischen den Elementen des Bürobereichs bestehen informationelle Beziehungen, da Informationen ermittelt, bearbeitet und/oder kommuniziert oder in anderer Art verarbeitet werden: Das Personal einer Unternehmung vollzieht die Realisierung der Gesamtaufgabe der Unternehmung. Zur Lösung der Aufgaben benötigt es eine bestimmte Art und Menge von Informationen (zweckorientiertes Wissen), d.h. es entsteht ein Informationsbedarf und eine informationelle Beziehung zwischen Mensch und Aufgabe. Eine Aufgabe verkörpert Aussagen über die Art, Menge und den Zeitpunkt der zu erstellenden und intern oder extern abzusetzenden Güter und Dienstleistungen[28] oder anders ausgedrückt „Zielsetzungen für zweckbezogene menschliche Handlungen“[29]. Ihre Formulierung erfolgt beispielsweise durch die Angabe von Verrichtungen (Tätigkeiten), die im Bürobereich an informationellen Objekten vollzogen werden.[30] Werden diese Informationen mit Hilfe von Kommunikation erlangt, entsteht eine informationelle Beziehung zwischen Menschen. Der Einsatz von Sachmitteln zur Verarbeitung der Informationen verkörpert eine informationelle Beziehung zwischen Mensch und Sachmittel. Der Bürobereich stellt also das Subsystem der Unternehmung dar, das durch informationelle Beziehungen gekennzeichnet ist. Mit anderen Worten kann er auch als System der Informationsverarbeitung bezeichnet werden.
Die im Bürobereich verwendeten Sachmittel besitzen entweder technischen (etwa Telefon, Telefax, Schreibmaschine) oder nicht-technischen Charakter (z.B. Aktenordner, Büromöbel). Für den hier vorliegenden Zusammenhang erfolgt eine Beschränkung auf Sachmittel computertechnischer Art, die Informationen und nicht materielle Gegenstände verarbeiten. Ihre Summe bildet das *(computer-)technische Subsystem*. Dagegen konstituiert die Summe der beschäftigten Menschen das *personale Subsystem*, während das Subsystem der *Aufgaben* das Sachprogramm des Bürobereichs der Unternehmung konkretisiert.

Stehen die Elemente eines Systems in einem relativ stabilen Anordnungs- und Beziehungsmuster, spricht man von der *Struktur* oder Ordnung des Systems.[31] Die Struktur einer Unternehmung wird maßgeblich durch die Summe der organisatorischen Regeln

(1990), Sp. 410ff.; Krüger (1993), S. 16f.; Wollnik (1986), S. 68; Bleicher/Meyer (1976), S. 17ff. Bei diesen steht der Aufgaben- und Zweckbezug von Informationssystemen im Vordergrund. Andere Perspektiven widmen sich politischen, kulturellen und/oder sozialen Aspekten von Informationssystemen. Vgl. Maier (1990), S. 8.

27 Vgl. Fuchs (1972), S. 49.

28 Vgl. Grochla (1978a), S. 17.

29 Kosiol (1962), S. 43.

30 Vgl. Bleicher (1972), S. 174.

31 Vgl. Scharfenkamp (1987), S. 21 und die dort angegebene Literatur; Kosiol (1962), S. 19.

bestimmt. Deshalb ist die Organisationsstruktur, hier kurz: Struktur,[32] als weiteres Subsystem des Systems Büro in die Betrachtung einzubeziehen. Die Gliederung der Subsysteme entspricht somit der Darstellung bei LEAVITT, welcher in 'task', 'technology', 'structure' und 'people' differenziert.[33]

Die Struktur einer Unternehmung oder des Bürobereichs umfaßt in einem abstrakt-institutionellen Verständnis des Begriffs der Organisation die Summe der organisatorischen Regeln.[34] Regeln können prinzipiell sowohl die Elementarten Aufgabe, Mensch und/oder Technik als auch die zwischen ihnen bestehenden Beziehungen betreffen. Organisatorische Regeln kennzeichnet jedoch traditionell, daß sie an den Aufgaben oder deren Beziehungen zu den anderen Elementarten des Gefüges anknüpfen. Der Zweck dieser Regeln besteht darin, das Verhalten der Unternehmungsmitglieder auf die Unternehmungsziele auszurichten. Organisatorische Regeln drücken somit Verhaltenserwartungen an das Personal oder Funktionserwartungen an die Technik in bezug auf die Aufgabenerfüllung und die damit verfolgten Ziele aus.[35] Organisatorische Regeln definieren einerseits die Verteilung von Aufgaben, Personen und Sachmitteln (Aufbaustruktur) und andererseits die Arbeitsbeziehungen zwischen den entstehenden Subsystemen (Ablaufstruktur).[36] Ihre Formalität ergibt sich daraus, daß sie im Hinblick auf die Zwecksetzung der Unternehmung bewußt zur dauerhaften Geltung geschaffen, personenunabhängig formuliert sowie durch die Unternehmungsleitung beziehungsweise von dieser legitimierten Personen verbindlich bekanntgegeben oder stillschweigend akzeptiert und legitimiert wurden.

Die Struktur liegt in einer abstrakten Metaebene[37] über den oben beschriebenen Elementen und bestimmt Art und Umfang der zwischen den Elementen bestehenden Informationsbeziehungen. Beispielsweise münden die Regeln, die die Hierarchie einer Unternehmung betreffen, in einer Berichtspflicht tieferer gegenüber höheren Ebenen. Dieses beinhaltet, daß konkrete Informationen aufgrund einer abstrakten Regel geliefert werden.

---

32 Im Rahmen der vorliegenden Ausführungen beziehen sich die Begriffe 'Struktur' bzw. 'strukturell' auf die durch organisatorische Regeln geschaffene bzw. zu schaffende Ordnung von Elementen bzw. deren Beziehungen. Andere Ordnungen werden explizit als solche benannt (z.B. Informationsstruktur, Technikstruktur).

33 Vgl. Leavitt (1965), S. 1145.

34 Vgl. Bühner (1994), S. 2; Scharfenkamp (1987), S. 17 und 21. Andere Autoren sprechen auch vom instrumentalen Organisationsbegriff. Der abstrakt-institutionelle Organisationsbegriff (die Unternehmung hat eine Organisation) geht für die deutschsprachige Literatur auf Nordsiek zurück. Vgl. Scharfenkamp (1987), S. 15. Vertreten wird dieses Verständnis bspw. von Kosiol, Bleicher und Grochla. Vom abstrakt-institutionellen Organisationsbegriff zu unterscheiden ist der konkret-institutionale Organisationsbegriff, der das konkrete soziale System Unternehmung als Organisation bezeichnet (die Unternehmung ist eine Organisation) und insbesondere in der englischsprachigen Literatur verwendet wird. Für den deutschen Sprachraum vgl. z.B. Kieser/Kubicek (1992).

35 Vgl. Grochla (1980), Sp. 1832.

36 Vgl. Bleicher (1972), S. 175.

37 Vgl. Jakob (1980), S. 16.

Zwischen der Metaebene der abstrakten organisatorischen Regeln und der konkreten Objektebene der Elemente und deren informationellen Beziehungen bestehen also enge Verflechtungen.

Aufgrund der Einengung der Betrachtung hinsichtlich der Art der Beziehungen (informationell) und der Art der Sachmittel (computerbasierte Informationstechnik), die das Personal bei der Lösung der Aufgaben einsetzt, ist das Büro als ein *computergestütztes Informationsverarbeitungssystem* (kurz: computergestütztes Informationssystem) zu charakterisieren: „Ein Informationssystem läßt sich als ein aufeinander abgestimmtes Arrangement von personellen, organisatorischen und technischen Elementen verstehen, das dazu dient, Handlungsträger mit zweckorientiertem Wissen für die Aufgabenerfüllung zu versorgen. Bei computergestützten Informationssystemen werden Teilaktivitäten eines Informationssystems in Form eines Mensch-Maschine-Systems realisiert."[38] Vom hier vertretenen Verständnis des Begriffs 'computergestütztes Informationssystem' ist demnach dasjenige abzugrenzen, das allein das technische Subsystem meint. Um Unklarheiten zu vermeiden, wird im folgenden von Informationstechnik bzw. -technologie gesprochen, wenn sich die Ausführungen allein auf die technischen Komponenten eines Informationssystems beziehen.[39]

2.2 Charakterisierung und terminologische Abgrenzung des Begriffs der Kooperation

Der Bürobereich einer Unternehmung stellt ein informationsverarbeitendes System dar, in dem Menschen Aufgaben unter Einsatz technischer Hilfsmittel erfüllen. Sie leisten ihren individuellen Beitrag, indem sie die ihnen zugewiesenen Arbeitsaufträge ausführen, also die im Aufgabenkontext relevanten Sachverhalte und Vorgänge zweckgebunden verarbeiten. Sind die Aufgaben unter den gegebenen Bedingungen für die individuelle Erfüllung zu umfangreich, zu komplex oder nicht effizient oder zumutbar zu lösen, so tritt zur individuellen Aufgabenerfüllung die Aufgabenlösung durch das Zusammenwirken von Menschen hinzu und es entsteht ein Geflecht von Kooperations- und Koordinationsbeziehungen. Die im Bürobereich als zielgerichtetem sozio-technischem System agierenden Individuen stehen dann in aufgabenbezogener Interaktion, wobei die Intensität und Art der Beziehungen auch von der Komplexität des Gesamtsystems und

---

38 Picot/Maier (1992), Sp. 923.

39 Prinzipiell sind die Begriffe 'Technik' und 'Technologie' zu unterscheiden. 'Technologie' umfaßt auch das Wissen über naturwissenschaftlich-technische Zusammenhänge und Verfahren, soweit es bei der Lösung technischer Probleme anwendbar ist. Vgl. Wall (1996), S. 47 und die dort angegebene Literatur. Dagegen bezieht sich 'Technik' auf die konkreten Werkzeuge.

der strukturellen Ausgestaltung abhängen. Solange jedoch „nicht geklärt ist, was genau unter kooperativer Arbeit verstanden werden soll, kann kaum sinnvoll über Computerunterstützung nachgedacht werden.“[40] Nicht nur interdisziplinär, sondern auch intradisziplinär existiert ein sehr breites Spektrum von Vorstellungen, was Kooperation bzw. kooperative Arbeit[41] kennzeichnet und was sie von anderen Formen der multipersonellen Leistungserstellung unterscheidet. Die Ausführungen in Abschnitt 2.2.1 diskutieren das hier gültige Begriffsverständnis. Anschließend erfolgt eine Abgrenzung von den Begriffen ‘Gruppe’ und ‘Team’ (Abschnitt 2.2.2). Als Ersatz für die beiden vorgenannten Termini wird der Begriff der ‘Kooperationseinheit’ in die Betrachtung eingeführt (Abschnitt 2.2.3).

2.2.1 Kooperation

Aufgrund der Multidisziplinarität des Forschungsgebiets CSCW existieren sehr unterschiedliche Auffassungen bezüglich Inhalt und Reichweite des Begriffs der ‘Kooperation’. Relativ unstrittig ist, daß Arbeit in den meisten Fällen nicht vollkommen isoliert durchgeführt wird, da räumliche und/oder inhaltliche Verflechtungen mit der Aufgabenerledigung anderer Personen innerhalb und außerhalb der Unternehmung bestehen. Manche Autoren behaupten, Arbeit sei an sich kooperativ, andere definieren Kooperation über enge Begriffskataloge, die Kriterien wie Spezialisierungsgrad, Hierarchiefreiheit und Autonomie enthalten.[42]

Gemeinsam ist den vielen Definitionsansätzen lediglich, daß sie sich auf das Zusammenwirken mehrerer Personen bei der Aufgabenerfüllung beziehen. In der Folge wurden deshalb eine Reihe alternativer ‘C-Wörter’ wie ‘collaborative’, ‘coordinated’ oder ‘collective’ kreiert, die wie auch der Ersatzbegriff ‘Gruppe’ nicht zu größerer Transparenz beitragen, da sie ebenso unbestimmt und umstritten sind und/oder teilweise sehr allgemein und undifferenziert verwendet werden. So schwankt etwa die Auslegung des Gruppenbegriffs von formal institutionalisierten Einheiten (z.B. Komitees, Projektgruppen) bis zu informalen Formationen.[43]

Der lateinische Wortstamm ‘cooperare’ bedeutet ‘zusammenarbeiten, mitarbeiten, mitwirken’. Wenn unter Kooperation „jede Form gesellschaftlicher Zusammenarbeit

---

40 Oberquelle (1991b), S. 2. Ähnlich Friedrich/Rödiger (1991), S. 14 und für die Wirtschaftsinformatik Heinrich (1993), S. 99.

41 Die beiden Begriffe werden im folgenden synonym verwendet, da Freizeit-, Therapie- oder Spielsituationen nicht Gegenstand der Betrachtung sind.

42 Vgl. Bannon/Schmidt (1991), S. 5.

43 Vgl. Wohlenberg (1994), S. 5.

zwischen Personen, Gruppen oder Institutionen"[44] verstanden wird, erweist sich dieses bei genauerer Betrachtung deshalb als tautologisch. Ein Beitrag zur Abgrenzung des Gegenstandes dieser Arbeit leistet diese Definition insofern, als daß festzuhalten ist, daß sich die Ausführungen dieser Arbeit auf Kooperationsbeziehungen innerhalb von Unternehmungen beschränken.[45]

Prinzipiell lassen sich drei verschiedene *Perspektiven der Auseinandersetzung mit Kooperation* in verschiedenen Wissenschaftsdisziplinen differenzieren. Die Perspektive der *Strategie* betont das Diskutieren und Aushandeln von Ergebnissen in Kooperationsprozessen, wobei Problembereiche der Machtverteilung, der Bildung von Koalitionen und der Lösung von Konflikten eine wichtige Rolle spielen.[46] Die Perspektive der *Koordination* beschreibt Kooperation als Methode zur Lösung einer gemeinsamen Aufgabe oder eines gemeinsamen Problems bei arbeitsteiliger Leistungserstellung. Diese Betrachtungsweise betont Fragen des Ausmaßes sowie der Qualität der Zielerreichung. Die Koordination der verschiedenen Lösungsbeiträge wird als eines der Hauptprobleme angesehen.[47] Die dritte Perspektive legt den Schwerpunkt auf die *Reflektion und Kreativität.* Hierbei lenkt sie den Blick auf die Gleichberechtigung der Partner, die Berücksichtigung ihrer Interessen und Sichten bei der Fortentwicklung des gemeinsamen Arbeits- und Diskussionsstands sowie auf die Teilnahme der Akteure und die Reflektion

---

44 Grunwald (1981), S. 72.

45 Die Volkswirtschaftslehre und die Allgemeine Betriebswirtschaftslehre verwenden den Kooperationsbegriff demgegenüber vorwiegend in einer makroorientierten Perspektive, etwa im Zusammenhang mit Markt- oder Wettbewerbsstrukturen und beziehen sich dabei vielfach auf die Zusammenarbeit zwischen und nicht innerhalb von Unternehmungen. Vgl. z.B. Blohm (1980), Sp. 1112. Daneben diskutieren sie Kooperation als ein spezielles Verhaltensmuster im Rahmen spieltheoretischer Überlegungen. Bezüglich der Verwendung des Kooperationsbegriffs in der Volkswirtschaftslehre und der Diskussion der 'Tit for Tat'-Strategie im Rahmen des Gefangenendilemmas vgl. Axelrod (1988).

46 Verhaltenswissenschaftlich orientierte Veröffentlichungen thematisieren Kooperation im Zusammenhang mit Führungsstilen oder innerbetrieblicher lateraler Kooperation, d.h. bezüglich der Zusammenarbeit formal nicht in einem Über- oder Unterordnungsverhältnis stehender Einheiten. Vgl. z.B. Wunderer (1991); Wunderer (1987); Klimecki (1984). Mit Konflikten innerhalb von Kooperationssituationen befassen sich mehrere Beiträge in Easterbrook (1993) (Hrsg.). Bezogen auf die Umsetzung dieser Problematik im CSCW-Kontext vgl. Rhode/Pfeifer/Wulf (1996); Wulf (1997).

47 So betrachtet beispielsweise die betriebswirtschaftliche Organisationslehre das innerbetriebliche Zusammenwirken als organisatorisches und ökonomisches Folgeproblem der Arbeitsteilung. Koordination ist hier zur Integration der durch Arbeitsteilung entstehenden Teilaufgaben und zur Steuerung konkurrierender Zugriffe auf Betriebsmittel notwendig. Vgl. z.B. Schanz (1994), S. 11ff. oder Rühli (1992), Sp. 1165. Kooperation dient hier dazu, Interdependenzen im Hinblick auf die Erreichung übergeordneter Unternehmungsziele zu handhaben. Damit steht nicht das Konzept der Kooperation im Mittelpunkt der Betrachtung, sondern das der Koordination. Vgl. Klimecki (1984), S. 72; Sandholzer (1990), S. 16.

der diskutierten Aspekte. Dem Ablauf von Kooperationsprozessen wird ein besonderes Augenmerk gewidmet.[48]

Nach psychologischem und sozialpsychologischen Verständnis stellt Kooperation eine Form der sozialen Interaktion dar, also der wechselseitigen Einflußnahme auf menschliches Verhalten. Die wechselseitige Abhängigkeit und der wechselseitige Bezug der Handlungen implizieren die Unmöglichkeit, die Verhaltensweisen der Interaktionspartner unabhängig voneinander zu beschreiben.[49]
Dabei erfolgt die Konzipierung des Kooperationsbegriffs häufig als Gegenbegriff zu den Phänomenen der Konkurrenz (synonym Wettbewerb) oder des Konflikts.[50] Im Gegensatz zu konkurrierenden oder konfliktionären Interaktionen beinhaltet Kooperation gleichgerichtete Wechselbeziehungen zwischen den Individuen. Dabei beabsichtigen die Personen nicht, dem anderen zu schaden.[51]
Konkurrenz impliziert Wechselwirkungen in Form negativer Korrelationen zwischen den *Zielen* der Akteure. Konflikte[52] entstehen dagegen allgemein, wenn Inkompatibilitäten zwischen den Akteuren und/oder deren Interaktionen auftreten. Sie sind primär auf inkompatible *Handlungen* zurückzuführen, wobei nicht notwendigerweise eine wahrgenommene oder tatsächliche Zielinkompatibilität der Akteure vorliegt. Aufgrund der engen Verflechtungen zwischen Konflikt und Konkurrenz ist eine präzise Abgrenzung schwierig oder unmöglich. Konkurrenz kann jedoch prinzipiell als konfliktionär angenommen werden. Aber auch in Kooperationen treten Konflikte auf.[53]
Auch auf ein dichtomes Verhältnis zwischen Kooperation und Konkurrenz kann nicht ohne weiteres geschlossen werden. Es treten sowohl kompetitive Beziehungen innerhalb von Kooperationen (z.B. Konkurrenz innerhalb eines Projektteams) als auch kooperative

---

48 Vgl. Holand/Danielsen (1991), S. 20ff.

49 Vgl. Crott (1979), S. 11 und 14.

50 Vgl. Grunwald (1981), S. 50ff.; Feger (1979), S. 290. In diesem Zusammenhang wird häufig auch auf die Bedingungen eingegangen, die Kooperation bzw. Wettbewerb fördern bzw. hemmen. Dieses wurde insbesondere im Zusammenhang mit dem Gefangenen-Dilemma in zahlreichen, auch betriebswirtschaftlich motivierten Experimenten untersucht. Vgl. Feger (1979), S. 292; Axelrod (1988).

51 Vgl. Deutsch (1981), S. 28 i.V. mit Wimmer/Neuberger (1981), S. 191f.; Fiehler (1980), S. 71f.

52 Neben drei weiteren Merkmalen wird Konflikt in einer vergleichsweise engen Auslegung dabei durch die folgenden Merkmale gekennzeichnet: „[...] 3. Konfliktverhalten ist darauf ausgerichtet, die andere Partei zu zerstören, zu verletzen, zu hindern oder in anderer Weise zu kontrollieren; und eine Konfliktbeziehung liegt vor, wenn die Parteien nur auf Kosten der anderen relative Gewinne bzw. Vorteile erzielen können. [...] 5. Konfliktbeziehungen beinhalten stets Versuche, knappe Ressourcen oder Positionen zu erlangen bzw. Verhalten in bestimmte Richtungen zu lenken; d.h. die Ausübung von Macht." Mack/Snyder (1957), S. 218ff., zitiert in Grunwald (1981), S. 54.

53 Vgl. Grunwald (1981), S. 65 i.V. mit S. 69 unter Bezugnahme auf Deutsch (1976), S. 18. Für eine intensive Auseinandersetzung mit den Begriffen Kooperation, Konkurrenz und Konflikt sowie deren Beziehungen vgl. Grunwald (1981) und die dort angegebene Literatur.

Beziehungen innerhalb grundsätzlich konkurrierender Interaktionsgefüge auf. Kooperation ist deshalb zumeist nicht als durchgängiges Verhaltensmerkmal einer Gruppe oder einer Person anzusehen, da die Möglichkeit gleichzeitig kooperativen als auch konkurrienden Verhaltens besteht.[54]
Zusammenfassend ist somit der Kritik zu widersprechen, die Verwendung des Begriffs der Kooperation im Forschungsgebiet CSCW vernachlässige Konflikte in realen multipersonellen Arbeitssituationen. Auch den Behauptungen, Kooperation stelle vielmehr ein Ziel als soziale Realität in Arbeitsprozessen dar[55] und der Begriff der Kooperation beinhalte eine zu positive Konnotation,[56] kann nicht zugestimmt werden.

Die Wirtschaftsinformatik und die Informatik diskutieren den Begriff 'Kooperation' kaum und verwenden ihn bisweilen weitgehend synonym zu den Begriffen 'Koordination', 'Gruppenarbeit'und/oder 'Teamarbeit'.[57] Dies nährt die Vermutung, daß der Begriff der Kooperation hier nicht als eigenständiges Konzept existiert.[58] Unspezifiziert bleibt der Begriff der Kooperation auch, wenn man sich ihm allein über die geografische und zeitliche Dimension nähert, indem man differenziert, ob die Personen einerseits zeitgleich oder zeitungleich und andererseits räumlich benachbart oder entfernt miteinander interagieren. Diese Näherung beschreibt zwar verschiedene Formen der Kooperation und weist auf Möglichkeiten der technischen Unterstützung hin, sie eignet sich jedoch nicht dazu, den Begriff der Kooperation zu definieren und von anderen Phänomenen multipersoneller Leistungserstellung abzugrenzen.

Ein für das Forschungsgebiet CSCW grundlegender Aufsatz spricht sich dafür aus, den Begriff CSCW als einen Mantelbegriff zu verwenden, der verschiedene Meinungen, disziplinäre Hintergründe und Perspektiven vereinigt, was sich konsequenterweise in einer bewußt weiten Definition des zentrales Begriffs 'kooperative Arbeit' äußert: „In sum, the term 'cooperative work' is the general and neutral designation of multiple persons working together to produce a product or a service. It does not imply specific forms of interaction or organization such as comradely feelings, equality of status, formation of a distinct group identity etc. Cooperative work is constituted by *work*

---

54 Vgl. Feger (1979), S. 290; Boettcher (1974), S. 23.

55 Vgl. Grudin (1994), S. 20.

56 Howard (1987) S. 175 spricht von „'mom-and-apple-pie'-connotation".

57 Vgl. z.B. Ott (1997), S. 90; Teufel/Sauter/Mühlherr et al. (1995), S. 9 und 12; Rupietta (1992), S. 32; Lewe/Krcmar (1991a), S. 345.

58 Vgl. Piepenburg (1991b), S. 80. Dort wird diese Aussage auf die Wirtschaftswissenschaft bezogen. Ausnahmen für das Forschungsgebiet der Informatik bilden z.B. Piepenburg (1991a) und (1991b) sowie Oberquelle (1991b).

processes that are related as to content, that is, processes pertaining to the production of a particular product or service.“[59]
Demnach umfaßt das Forschungsgebiet CSCW jede Betrachtung der Computerunterstützung solcher Formen der Leistungserstellung, in die mehrere Personen involviert sind. Dieses Begriffsverständnis stellt praktisch die Maximaldefinition dessen dar, was unter kooperativer Arbeit im CSCW-Kontext verstanden wird. Für diese Position spricht, daß das entstehende Mosaik aus Meinungen, Ideen und Perspektiven zu einem reichhaltigen Verständnis der Problematik beiträgt.[60] Die im Rahmen dieser Arbeit vertretene Bedeutung des Kooperationsbegriffs bevorzugt dennoch eine Verengung des Betrachtungsgegenstands gegenüber dieser allgemeinen Behandlung jeder Art multipersoneller Arbeitsprozesse. Dieses wird im folgenden unter Rückgriff auf die Definition des Informatikers und Psychologen PIEPENBURG begründet. Seine Definition findet im deutschen Sprachraum viel Beachtung.

Nach PIEPENBURG bezeichnet *Kooperation* „das Tätigsein von zwei oder mehr Individuen, das bewußt, planvoll, aufeinander abgestimmt die Zielerreichung eines jeden beteiligten Individuums in gleichem Maße gewährleistet.“[61]

Kooperation zielt auf die Bewältigung einer gemeinsamen Aufgabe durch die beteiligten Akteure. Dabei kann es sich beim *'Tätigsein'* entweder um die verteilte Erledigung verschiedener Teilaufgaben inklusive der notwendigen Koordinationstätigkeiten oder die gemeinsame Erledigung einer Aufgabe (z.B. beim Brainstorming oder bei multipersoneller Entscheidungsfindung) handeln.

Die Betonung des *bewußten Verhaltens* schließt ausdrücklich die Möglichkeit aus, Arbeitssituationen ex post als kooperativ zu interpretieren. Kooperative Handlungen definieren sich über einen gemeinsamen Bezugspunkt und stehen nicht nur zufällig und/oder rein faktisch in Zusammenhang.[62]

---

59 Bannon/Schmidt (1991), S. 6f.

60 Vgl. Grudin (1994), S. 25; Bannon/Bjørn-Andersen/Due-Thomsen (1988), S. 299.

61 Piepenburg (1991b), S. 81; Piepenburg (1991a), S. 82. Zu den folgenden Ausführungen zu den verschiedenen Definitionsbestandteilen vgl. auch Maaß (1991), S. 12; Herrmann (1991a), S. 73; Oberquelle (1991b), S. 4.
Marwell/Schmitt (1975), S. 4f. nennen nach Analyse einer Vielzahl von Kooperationsdefinitionen 'zielorientiertes Verhalten', 'Belohnung (Nutzen) für alle Beteiligten', 'verteilte Reaktionen (Arbeitsteilung)', 'sachliche Koordination' und 'soziale Koordination' als wiederkehrende Merkmale von Definitionen des Begriffs 'Kooperation'.

62 Vgl. Fiehler (1980), S. 68. Ähnlich Piepenburg (1991b), S. 82; Herrmann (1991a), S. 73; Boettcher (1974), S. 22.

Auf das in der Definition enthaltene Attribut *'planvoll'* kann verzichtet werden, weil Planung die „gedankliche Vorstrukturierung späterer Handlungen"[63] beinhaltet und somit bewußt erfolgt.

Mit dem Kennzeichen der *Abstimmung* erfolgt eine Abgrenzung kooperativer von koordinierter Arbeit. 'Koordinieren' bedeutet 'in die Reihe bringen, ordnen, regeln',[64] „wechselseitige Abstimmung (das Beiordnen) von Elementen eines Systems"[65] oder „Abstimmung von Einzelaktivitäten in Hinblick auf ein übergeordnetes Gesamtziel"[66]. Die Bildung gemeinsamer Handlungspläne und -ziele stellt dabei eine wichtige Voraussetzung für Kooperation dar. Kooperation kommt häufig nicht zustande oder scheitert, weil es nicht gelingt, Differenzen über Ziele, Interessen und geplante Handlungen aufzudecken und zu beseitigen.[67]
Im Gegensatz zur Kooperation ist Koordination auch durch eine dritte, formal übergeordnete, nicht direkt am Ausführungsprozeß beteiligte Instanz oder abstrakte Regeln herbeiführbar. Koordinierte Arbeit erlaubt auch das Nacheinander- oder Nebeneinanderarbeiten bei passiver Einordnung in den Gesamtzusammenhang. Im Extremfall bedeutet dies, daß die koordinierten Systeme nicht voneinander wissen und somit nur unbewußt und/oder indirekt bezüglich der Erreichung übergeordneter Ziele zusammenwirken (Fremdkoordination). Kooperative Aufgabenerledigung zeichnet sich demgegenüber durch eine aktive, selbstgesteuerte gegenseitige Bezugnahme der Kooperanden aus. Kooperative Arbeit ist selbstkoordiniert. Die Beteiligten agieren nicht isoliert oder in Reaktion auf durch Dritte vorgegebene Handlungsbedingungen, sondern handeln in dem Bewußtsein, daß andere Individuen durch ihre Handlungen beinflußt werden und umgekehrt. Es besteht die Möglichkeit, auf die Handlungen des anderen einzuwirken (Aktivität), sie also nicht als Datum hinnehmen zu müssen (Passivität). Koordinierende Aktivitäten stellen in Kooperationsprozessen die Folge von Übereinkünften zwischen den Akteuren dar.[68] Sie dienen dazu, Eingriffspunkte an den individuellen Handlungsplanungen zu bestimmen, an denen die Handlungspläne der Akteure aneinander gekoppelt werden. Maßgeblich für die Differenzierung kooperativer von koordinierter multipersoneller Aufgabenerfüllung ist also die Bestimmung der Träger der Koordination. In kooperativen Leistungszusammenhängen findet die Steuerung der Koordination durch die Beteiligten selbst statt. Demgegenüber kann die Steuerung koordinierter Aufgabenerfüllung auch durch Dritte erfolgen. Die Steuerung ist dabei sowohl durch eine Person

---

63 Mag (1998), S. 3.

64 Vgl. Lilge (1981), S. 212. Vgl. dort für eine Systematisierung der in der Literatur dargestellten Definitionen von Koordination.

65 Vgl. Rühli (1992), Sp. 1165.

66 Schulte-Zurhausen (1995), S. 187.

67 Vgl. Boettcher (1974), S. 51.

68 Vgl. Piepenburg (1991a), S. 81f.

in Ausnutzung ihrer formalen Weisungsbefugnis als auch durch eine Software oder ein Handlungsprogramm realisierbar.[69] Die für die Kooperation wichtige gemeinsame Aufgabenorientierung entsteht in einer Einheit nur dann, wenn eine gemeinsame Aufgabe besteht, für die die Kooperationseinheit die Verantwortung übernehmen und wenn der Arbeitsablauf innerhalb der Kooperationseinheit selbständig kontrolliert werden kann.

Ein weiterer Definitionsbestandteil von Kooperation beinhaltet die für alle *Beteiligten gegebene Möglichkeit der Zielerreichung* oder anders formuliert, die Nutzensteigerung für jeden Kooperanden. Ist nur eine Teilgruppe Nutznießer, liegen allenfalls koordinierte oder konkurrierende und/oder konfliktionäre Interaktionen vor.[70] Eine vollständige Übereinstimmung der Ziele ist jedoch nicht notwendig. Stattdessen wird hier mindestens die Überstimmung von Teilzielen vorausgesetzt. Daß die Ziele gemeinsam besser zu erreichen sind und daß die Akteure die gemeinsame Verantwortung für die übertragene Aufgabe tragen, ist wichtig für die Beständigkeit von Kooperation. Die Akteure erwägen kooperative Interaktionen dann, wenn sie glauben, dadurch mehr zu erreichen als allein und die Vorteile der Kooperation für den einzelnen Kooperationspartner größer sind als deren Nachteile.[71] Ein 'Mehr' an Zielerreichung beinhaltet z.B. eine bessere, schnellere, sicherere, effizientere oder zufriedenstellendere Erfüllung der Ziele.[72] „Kooperation in einer Gruppe ist dann gegeben, wenn die Gruppenmitglieder weitgehend übereinstimmende Ziele anstreben und wenn das Erreichen des individuellen Ziels die Wahrscheinlichkeit erhöht, daß die anderen das Ziel ebenfalls erreichen können. In der Gruppe muß ein Verhalten vorherrschen, aus dem für alle Gruppenmitglieder der größte gemeinsame Gewinn resultiert."[73] Die Vorteil-Nachteil-Rechnung muß dabei nicht nur für die gesamte Kooperationseinheit, sondern auch für jedes einzelne ihrer Mitglieder aufgehen.[74] Dem in der Definition von PIEPENBURG enthaltenen Kooperationsmerkmal der Zielerreichung 'im gleichen Maße' wird hier nicht gefolgt. Kooperation kann für einen oder mehrere Akteure einen größeren Nutzen beinhalten als für andere. Entscheidend ist vielmehr, daß für jeden Akteur ein für ihn befriedigender Nutzen und/oder ein befriedigendes Ausmaß der (Teil)Zielerreichung erreichbar ist. Die Koordinations-, Informations- und Entscheidungskosten müssen dabei in einem akzeptablen Verhältnis zum Ertrag stehen. Dabei sind auch nicht-ökonomische Aspekte in die Überlegungen einzubeziehen.[75]

---

[69] Zu einer intensiveren Auseinandersetzung mit koordinierenden Aktivitäten in Kooperationsprozessen siehe Abschnitt 2.4.3 dieser Arbeit.

[70] Vgl. Grunwald (1981), S. 74.

[71] Vgl. Friedrich/Früchtenicht/Hoheisel et al. (1993), S. 105. Ähnlich Oberquelle (1991a), S. 4; Roß (1991), S. 167; Boettcher (1974), S. 45f.

[72] Vgl. Schmidt (1991b), S. 3.

[73] Thomas (1993), S. 117, dort z.T. kursiv.

[74] Vgl. Boettcher (1974), S. 51.

[75] Vgl. Grunwald (1981), S. 75.

Kooperatives Verhalten ist mit Risiken verbunden, da die Kooperanden einen Teil der Kontrolle über die Folgen ihres Handelns in andere Hände geben. Es besteht das Risiko der Ausbeutung, was bei deren Auftreten und bestehenden Wahlmöglichkeiten der Beteiligten in einen Rückzug auf den Versuch der individuellen Nutzensteigerung mündet.[76] Kooperation beinhaltet eine von gegenseitigem Vertrauen getragene Partnerschaft, bei der es ausgeschlossen sein muß, daß einem Akteur zugunsten gemeinsamer Ziele allein die Nachteile aufgebürdet werden. Kooperation beinhaltet Reziprokität, daß heißt ein zumindest auf mittelfristige Sicht gegebenes gegenseitiges 'Nehmen und Geben', daß sich nicht nur auf ökonomische Aspekte bezieht. Sie hat nur dort Bestand, wo Ermunterung zu einem Verhalten vorliegt, das allen beteiligten Akteuren Vorteile bringt und langfristig angelegt ist. Durch Täuschung lassen sich lediglich kurzfristige Erfolge erzielen.[77]
Kooperative Interaktionen sind durch Interdependenz, d.h. gegenseitige Abhängigkeit, gekennzeichnet, da die Realisierung einer Handlung oder einer Handlungsabsicht durch einen Akteur das Handlungsfeld anderer zielrelevant verändert.[78] Gleichzeitig muß ein Mindestmaß an Autonomie bestehen, da kooperatives Handeln „autonome Handlungs- und Entscheidungsspielräume"[79] voraussetzt. Kooperation läßt sich strenggenommen nicht erzwingen, da sie auf Grundlage der „Bereitschaft und intentionale[n] Haltung, sich dem anderen zuzuwenden“[80] erfolgt. Sie erfordert eine Haltung, „die dem anderen gleichwertige Vorschläge zur Lösung des Problems zutraut und gleichwertige Rechte zugesteht.“[81] Je nach Art, Ausmaß und Intensität der Kooperation müssen die Beteiligten einen größeren oder kleineren Teil ihrer Autonomie opfern, gleichzeitig aber auch über die Fähigkeit und die Möglichkeit zur Kontrolle und Regelung ihrer eigenen Handlungsanteile verfügen. Aufgrund des gleichzeitigen Auftretens von Interdependenzen und autonomen Handlungsspielräumen spricht man auch vom Paradoxon der Kooperation.[82]

Zusammenfassend läßt sich folgende im Rahmen der Arbeit gültige *Definition* für den Begriff der *Kooperation* festhalten: Kooperation bezeichnet eine spezifische Form der Interaktion zweier oder mehrerer Individuen, die bewußt und aufeinander abgestimmt handeln und dabei die (Teil)Zielerreichung für jedes der beteiligten Individuen anstreben.

---

76 Vgl. Feger (1979), S. 294.
77 Vgl. Roß (1991), S. 166; Bleicher (1991b), S. 156.
78 In Anlehnung an Laßmann (1992), S. 46.
79 Marr (1992), Sp. 1155.
80 Thomas (1993), S. 123.
81 Thomas (1993), S. 124.
82 Vgl. Boettcher (1974), S. 42; Tröndle (1987), S. 17. Roß (1991), S. 42 formuliert in diesem Zusammenhang: „Wer keine Selbständigkeit aufzugeben hat, kann nur mit-, nicht zusammenarbeiten.“ Allerdings besteht auch bei kooperativer Aufgabenerfüllung in Unternehmungen keine vollkommene Autonomie und Selbstbestimmung, da zumindest die Arbeitsaufgabe i.d.R. nicht durch die Kooperanden bestimmt wird.

Dies bindet Kooperation an das Vorliegen bestimmter Voraussetzungen. Die folgenden Ausführungen gehen von einer zumindest partiellen Übereinstimmung der Handlungsziele *(partielle Zielidentität)* und der Handlungspläne *(Plankompatibilität)* sowie einer weitgehend selbstverantwortlichen Regulation und Kontrolle der Handlungen durch den involvierten Personenkreis selbst *(Selbstregulation)* aus.[83] Darüber hinaus manifestiert sich kooperative Arbeit in der gemeinsamen Nutzung knapper Ressourcen durch Austausch oder gleichzeitige Nutzung *(Ressourcenverbund)*.[84] Solche Ressourcen stellen etwa gemeinsam genutzte Informationen, Materialien und Werkzeuge dar.
In der Literatur besteht Uneinigkeit darüber, ob von Kooperation nur dann gesprochen werden kann, wenn alle genannten Faktoren erfüllt sind oder ob das Vorliegen eines Faktors ausreicht. Während einige Autoren das Vorhandensein eines Faktors (z.B. die Nutzung gemeinsamer Ressourcen) als hinreichend für Kooperation ansehen,[85] vertreten andere die Auffassung, daß die Erfüllung aller Kriterien notwendig ist.[86] Die vorliegenden Ausführungen gehen von der Annahme aus, daß alle Punkte erfüllt sein müssen, damit Kooperation vorliegt. Einige Beispiele illustrieren dieses. Liegen beispielsweise selbst bei partieller Zielidentität keine Schnittstellen zwischen den verschiedenen Handlungsplänen vor (z.B. bei paralleler Erzeugung eines identischen Produkts ohne Interdependenz der Handlungen) oder sind vorliegende Handlungspläne nicht abzustimmen (etwa wenn keine Einigung auf einen Fertigstellungstermin einer Leistung möglich ist), erfolgt keine Kooperation. Nutzen zwei Akteure die Kapazität einer Rechnereinheit, ohne daß sie aufgrund gemeinsamer Aufgaben in Interaktion treten, muß die Benutzung der Ressource zwar koordiniert werden, dies kann jedoch auch durch eine dritte Instanz erfolgen, so daß nicht notwendigerweise Kooperation stattfindet. Die gemeinsame Nutzung von Ressourcen (beispielsweise in Form von Rechnerkapazitäten) als formal verknüpfte, parallele Handlung stellt demnach alleine noch kein hinreichendes Kriterium für Kooperation dar. Die Entfaltung sich selbst stabilisierender kooperativer Beziehungen erfordert stattdessen eine Arbeitsgestaltung, die Momente gemeinsamer Zielbildung, Planung und Entscheidung umfaßt.[87]

Um einen tieferen Einblick in mögliche Erscheinungsformen der Kooperation zu erlangen, erläutern die folgenden Ausführungen verschiedene *Varianten der Kooperation* in bezug auf die Anzahl der beteiligten Kooperationspartner, die Richtung der Kooperation,

---

83 Piepenburg (1991a), S. 83f. und Piepenburg (1991b), S. 82f. nennt Zielidentität, Plankompatibilität, Ressourcenaustausch, Regelbarkeit und Kontrolle als Bedingungen für kooperatives Handeln. Ähnlich Oberquelle (1991b), S. 4.

84 Vgl. Oberquelle (1991b), S. 4.

85 Vgl. z.B. Herrmann (1991a), S. 73.

86 Vgl. z.B. Piepenburg (1991a), S. 82.

87 Vgl. Seitz (1993), S. 41.

die Art der Ergebnisherbeiführung sowie die räumliche und zeitliche Nähe oder Distanz der Kooperationspartner.[88]
Hinsichtlich der *Anzahl der beteiligten Kooperationspartner* unterscheidet man bilaterale (zwei Akteure) und multilaterale Kooperation (mehr als zwei Akteure). Der Aufwand der Durchführung einer Kooperation wächst mit der Anzahl der Kooperationspartner, da z.B. die Anzahl der notwendigen Kommunikationskanäle, der Schnittstellen der Handlungspläne und der Austauschkanäle für gemeinsame Ressourcen steigt.
Bezogen auf die formale Einordnung in die Unternehmungshierarchie kann Kooperation prinzipiell in horizontaler, vertikaler oder lateraler *Richtung* erfolgen.[89] Bei horizontaler Kooperation arbeiten Akteure der gleichen hierarchischen Ebene zusammen. Besteht ein Über- und Unterordnungsverhältnis, handelt es sich um vertikale Kooperation, wobei die Koordination allerdings nicht unter Ausnutzung formaler Weisungsbeziehungen als Koordinationsmechanismus erfolgen darf, um noch von kooperativem Handeln sprechen zu können. Die vertikale Kooperation entspricht in diesem Fall inhaltlich der horizontalen Kooperation.[90] Laterale Kooperation ist dadurch gekennzeichnet, daß die Handlungsträger nicht der gleichen hierarchischen Ebene einer Unternehmung angehören, aber auch nicht in einem Über- oder Unterverhältnis stehen.[91]
Die *Art der Ergebnisherbeiführung* differenziert zwischen additiver, kompensatorischer, konjunktiver und disjunktiver Kooperation.[92] Bei der additiven Ergebnisherbeiführung ergibt sich die Gesamtleistung aus der Summe der Fähigkeiten der einzelnen Mitglieder, wobei jedoch Prozeßverluste in Form von Koordinations- und Motivationsverlusten entstehen und deshalb die Gesamtleistung geringer als die Summe der Einzelleistungen ist.[93] Kompensatorische Aufgaben, z.B. bei Aufgaben des Schätzens und Suchens, beruhen insbesondere auf dem Fehlerausgleich innerhalb von Personenmehrheiten, so daß z.B. bei Schätzaufgaben das Ergebnis dem Durchschnitt der Einzelergebnisse entspricht.[94]

---

88 Vgl. dazu und im folgenden Piepenburg (1991b), S. 85ff.

89 Ähnlich Fromm (1986), S. 16-20.

90 Vertikale Kooperationsbeziehungen werden vor allem von der Führungsforschung im Zusammenhang mit Problemen der Machtverteilung, Partizipation und des Führungsstils behandelt.

91 Vgl. Fromm (1986), S. 16.

92 Vgl. Steiner (1972), S. 15ff.; Shaw (1981), S. 372f.; Crott (1979), S. 95. Diese Unterscheidung geht auf Kelley/Thibaut zurück, welche weiterhin zwischen schwach und strikt konjunktiven bzw. disjunktiven Aufgaben differenzieren. Vgl. Crott (1979), S. 95.

93 Die Reduktion der individuellen Anstrengungen wird auch als 'Ringelmann-Effekt' oder 'social loafing' bezeichnet. Vgl. Wilke/Knippenberg (1990), S. 246; Spiess (1996), S. 94ff.

94 Probleme des Schätzens und Suchens zeichnen sich dadurch aus, daß es eine objektiv korrekte Lösung gibt. Für diesen Typ der Ergebnisherbeiführung entwickelte Hofstätter ein Wahrscheinlichkeitsmodell, das zur Leistungsermittlung dient und Gruppen eine bessere Lösungswahrscheinlichkeit zuschreibt als Einzelpersonen, wenn die Bedingungen 'Unabhängigkeit der Lösungssuche der Einzelnen', 'Kommunikation zur gegenseitigen Unterrichtung über Erkenntnisse und Ergebnisse' sowie 'Akzeptanz der korrekten Lösung eines Akteurs durch die anderen' erfüllt sind. Vgl. Hofstätter (1956), S. 611ff.

Konjunktive Kooperation beinhaltet Arbeitsteiligkeit, bei der sich das Endprodukt aus den integrierten Leistungen der Einzelnen zusammensetzt und durch die schlechteste Einzelleistung bestimmt wird. Bei der disjunktiven Kooperation entspricht die Leistung der Kooperationseinheit der besten Einzelleistung. Entscheidend ist es in diesem Fall, daß es mindestens einem Kooperationspartner gelingt, das gesteckte Ziel zu erreichen (z.B. explorative Forschungsgruppe, in der verschiedene Lösungsstrategien verfolgt werden). Die Strukturierung der Aktivitäten in einer Kooperationseinheit stellt dabei nur eine Alternative dar, eine andere Alternative wäre beispielsweise die Bildung wettbewerblicher Strukturen.

Das Kriterium der *räumlichen bzw. zeitlichen Nähe der Kooperationspartner* orientiert sich an der Mittelbarkeit oder Unmittelbarkeit der Kooperation. Bei unmittelbarer Kooperation halten sich die Kooperationspartner während der Interaktion zur gleichen Zeit am gleichen Ort auf und kommunizieren direkt (face-to-face). Bei der mittelbaren Kooperation befinden sich die Kooperanden zeitgleich an verschiedenen Orten oder zeitversetzt an verschiedenen Orten oder zeitversetzt am gleichen Ort, so daß die Kooperation durch Medien vermittelt wird.[95]

2.2.2 Gruppe und Team

Die Arbeitswissenschaft und die Arbeitspsychologie binden den Begriff der Kooperation üblicherweise eng an den der Gruppe oder des Teams.[96] Seit den Hawthorne-Experimenten sind Gruppen auch Gegenstand der Organisationsforschung.[97] Entsprechend finden sich eine Vielzahl von Definitionsversuchen, die je nach Erkenntnisinteresse variieren. Folgende *Bestandteile* können jedoch als typisch für verschiedene *Definitionen* des Begriffs der *Gruppe* bezeichnet werden:[98]

---

95 Auf diese Kategorisierung wird im Zusammenhang mit der Differenzierung verschiedener CSCW-Technologien (Abschnitt 3.2 dieser Arbeit) noch einzugehen sein.

96 Vgl. Piepenburg (1991a), S. 80; Ulich (1994), S. 175; Hacker (1986), S. 94.

97 Vgl. Wiswede (1992), Sp. 736; Rosenstiel (1980), Sp. 793f.; Forster (1978), S. 3f.

98 Vgl. Homans (1965), S. 29 und 100-104; Sader (1996), S. 39; Scharmann (1972), S. 55-57; Schneider (1985), S. 16-25; Weinert (1992a), S. 318; Forster (1978), S. 4f.; Bahrdt (1987), S. 90ff.; Rosenstiel (1980), Sp. 793ff.; Staehle (1994), S. 248; Pfeiffer/Staudt (1980), S. 113; Wiswede (1981a), S. 185ff.; Gebert/Rosenstiel (1992), S. 122.
Wenn im folgenden der Gruppenbegriff verwendet wird, ist es der der sozialen Gruppe. Vom Begriff der sozialen Gruppe ist die klassifikatorische Gruppe bzw. die 'Klasse' (vgl. Hofstätter (1990), S. 29) abzugrenzen, die in einem klassifikatorischen Verständnis merkmalsgleiche Tatbestände (Personen oder Daten), wie z.B. die Gruppe der Minderjährigen, eine Einkommens- oder Produktgruppe, zusammenfaßt. Zwischen den Elementen der klassifikatorischen Gruppe bestehen keine über den Interaktionszusammenhang gegebenen, sondern vielmehr statistische Beziehungen. Von der sozialen Gruppe zu differenzieren sind weiterhin die Menge und die Masse. 'Menge' bezeichnet eine Gemeinschaft von Individuen, die sich zum selben Zeitpunkt am selben Ort aufhalten, aber

- soziales Gebilde aus einer Mehrzahl von Personen,[99]
- wechselseitige, unmittelbare Bezugnahme (Interaktion) und Kommunikation zwischen den Gruppenmitgliedern,[100]
- geteiltes Ziel-, Normen- und Wertesystem mit allgemein anerkannten und grundsätzlichen Verhaltensvorschriften für einen bestimmten Verhaltensbereich,
- Herausbildung eines Gruppenbewußtseins (Wir-Gefühl) sowie einer Rollen-, Kommunikations- und Statusstruktur.

Die in der Literatur vorzufindenden Gruppendefinitionen unterscheiden sich hinsichtlich ihrer Reichweite, indem nur ein Teil der Kriterien oder alle Kriterien als Bedingung an das Vorliegen einer Gruppe geküpft werden.[101] Eine Vielzahl von Autoren bezieht sich wie die hier vorliegenden Ausführungen auf die Definition von HOMANS, der die unmittelbare Interaktion neben der Personenmehrzahl als primäre Gruppenmerkmale ansieht.[102]
Die Verengung des Gruppenbegriffs durch die beiden letztgenannten Punkte der obigen Aufzählung resultiert aus der gruppenpsychologischen Sichtweise, welche die direkte Interaktion zwar als notwendiges, aber nicht hinreichendes Kriterium ansieht. Vielmehr zeichne sich eine Gruppe darüber hinaus durch eine Rollendifferenzierung, gemeinsame Normen und ein Wir-Gefühl - also bestimmte Verhaltensregelmäßigkeiten und Strukturmerkmale aus.[103] Diese Merkmale bilden jedoch keine Voraussetzungen, sondern Folgen der Gruppenbildung und stellen deshalb sekundäre Merkmale von Gruppen dar.[104] Durch die Häufigkeit der Interaktionen steigt die Wahrscheinlichkeit der Entwicklung eines Zusammengehörigkeitsgefühls und der Herausbildung einer Rollen- und Statusstruktur, so daß eine Gruppe im psychologischen Sinn entsteht.

---

keinen Kontakt zueinander haben. Die Mitglieder der Menge sind also weder gefühlsmäßig noch intellektuell miteinander verbunden (z.B. Personen im Fahrstuhl). Demgegenüber spricht man von einer 'Masse', wenn die Individuen durch den gemeinsamen Ort und Zeitpunkt ihres Zusammentreffens, z.B. während eines Konzertes oder einer Sportveranstaltung, affektiv gleichgeschaltet sind. Vgl. Hofstätter (1990), S. 29. Ähnlich Forster (1978), S. 3-5; Bahrdt (1987), S. 89.

99 Zum Teil wird bei einer Zweierkonstellation noch nicht von einer Gruppe gesprochen, da spezifische Phänomene, wie z.B. Koalitionsbildung oder Mehrheitsentscheidungen, erst ab einer Größe von drei Personen auftreten. Vgl. Rosenstiel/Molt/Rüttinger (1988), S. 41. Anders bei Schneider (1985), S. 19. Kooperation ist eindeutig auch bei nur zwei Beteiligten möglich, weshalb die Problematik, ob zwei Personen bereits eine Gruppe darstellen, für die hier nötige Abgrenzung nicht relevant ist.

100 Demnach bilden zwei Personen, die sich auf der Straße begegnen und sich aus dem Weg gehen, noch keine Gruppe, da keine direkte, überdauernde Interaktion stattfindet. Vgl. Rosenstiel (1980), Sp. 794.

101 Vgl. Staehle (1994), S. 248; Schneider (1985), S. 25ff.

102 Vgl. Homans (1965), S. 29 und 100-104.

103 Vgl. Wiswede (1981a), S. 186.

104 Vgl. Wiswede (1992), Sp. 736; Wiswede (1981a), S. 186.

Aus der genannten Bedingung der Interaktion und Kommunikation ergibt sich eine gewisse Beschränkung für die möglich Größe von Gruppen, so daß der Schwerpunkt der Untersuchung zwangsläufig auf der Betrachtung relativ kleiner Einheiten liegt: Eine kritische Größe ist dann erreicht, wenn aufgrund der Anzahl von Mitgliedern der Einheit kein direkter Interaktionszusammenhang mehr für alle besteht und sich die Einheit in kleinere Einheiten teilt.[105]

Die arbeitsorganisatorische Sicht ergänzt die Gruppendefinition um den Zweck der Gruppenbildung. *Arbeitsgruppen* zeichnen sich dadurch aus, daß „das Verhalten und die Erwartungen der Angehörigen einer gruppenspezifisch sich strukturierenden Mehrpersonenverbindung im Vergleich mit andersartig eingestellten Gruppenverbindungen (z.B. Freizeitgruppen) durch ein maßgebliches Mehr an Aufgabenorientiertheit im Verhältnis zu den gefühlsmäßigen Einstellungen der Sympathie und Antipathie bestimmt wird und zwar mit dreifacher Zielsetzung - Leistung (output), Selbsterhaltung (integration) und Befriedigung der sozio-emotionalen Bedürfnisse (morale) -“[106] bestimmt wird. Der instrumentelle Charakter in Form der Aufgabenorientierung steht somit bei Arbeitsgruppen im Vergleich zum sozio-emotionalen Charakter anderer Gruppen im Vordergrund. Insbesondere zu Beginn der Zusammenarbeit ist die emotionale Bindung der Gruppenmitglieder in Arbeitsgruppen gering.[107] Ein besonderes Kennzeichen betrieblicher Arbeitsgruppen stellt ihre Konstituierung auf Grundlage strukturierender Gestaltungsaktivitäten dar. Dieser Tatbestand steht im Gegensatz zu freiwilligen, ad hoc gebildeten Gruppen, wie sie die Kleingruppenforschung untersucht.[108]

Eng mit dieser Unterscheidung verbunden ist auch die Einteilung in *formale und informale Gruppen*.
Informalität zeichnet sich prinzipiell entweder durch die Abwesenheit offiziell bestimmter und legitimierter Regeln oder durch dominierenden Bezug auf soziale gegenüber aufgabenbezogenen Zielen aus. Zum einen existieren nicht für alle aufgabenbezogenen Entscheidungs- und Handlungssituationen formale Regeln, oder diese sind, um ein breites Feld an Aufgaben und Problemen abzudecken, häufig allgemein gehalten. Informale Regeln stellen dann eine notwendige Ergänzung dar, um die Aufgabenerfüllung zu

---

105 Vgl. Wiswede (1992), Sp. 737f.; Forster (1978), S. 7; Rosenstiel/Molt/Rüttinger (1988), S. 41; Staehle (1994), S. 249.

106 Scharmann (1972), S. 57f., dort z.T. kursiv.

107 Vgl. Wiswede (1992), Sp. 738; Scharmann (1972), S. 62; Trebesch (1980), Sp. 2217.

108 Vgl. Wiswede (1992), Sp. 737; Wiswede (1981a), S. 185. Wiswede (1992), Sp. 738 warnt davor, die gruppenpsychologische Betrachtung und die sich daraus ergebenden Gesetzmäßigkeiten, wie in der Kleingruppenforschung vertreten, ohne Modifikationen auf Unternehmungen zu transferieren. Titscher (1992), Sp. 1014 unterscheidet Arbeitsgrupppen von Primärgruppen (wie z.B. Familien) und 'Expeditionen' (Gruppierungen, die durch eine Sondersituation und eine begrenzte Dauer charakterisiert sind, wie die Besatzung eines Raumschiffes oder ein Expeditionskorps).

ermöglichen. Informale Regeln beruhen z.B. auf Erfahrungen, Beziehungen zu Kollegen und individuellem Arbeitsstil. Zum anderen richten sich nicht alle Interaktionen in Kooperationseinheiten allein auf die Ziele der Unternehmung und die Aufgabenerfüllung, sondern auch auf die Erfüllung sozialer Ziele der Mitglieder,[109] was ebenfalls ein informales Phänomen darstellt. Kooperative Prozesse weisen sowohl formale als auch informale Aspekte auf. Gerade die beschränkte technische Unterstützbarkeit informaler Aktivitäten in Kooperationsprozessen beinhaltet eine Restriktion für die Gestaltung computergestützter Kooperation.
Formale Gruppen zeichnen sich dadurch aus, daß sie geplant für einen bestimmten Zweck oder zur Erreichung unternehmungsbezogener, d.h. in der Regel fremdbestimmter Ziele eingesetzt werden. Die Mitgliedschaft besteht nur bedingt freiwillig, die Differenzierung der Rollen und der Kommunikationsstruktur erfolgt i.d.R. nicht spontan.[110] Informale Gruppen entstehen dagegen selbstbestimmt aus spontanen, ungeplanten Kontakten auf Grundlage gemeinsamer Interessen und sind demgemäß auch nicht aus dem Organigramm ablesbar. Ihre Bildung ist nicht primär auf aufgabenorientierte Aspekte zurückzuführen, sondern auf soziale oder persönlichkeitsorientierte Bedürfnisse ihrer Mitglieder, z.B. nach zwischenmenschlichen Kontakten und Anerkennung. Informale Gruppen bilden sich häufig auf Grundlage der Interaktionshäufigkeit in formalen Gruppen, ohne daß sie vollkommen identisch mit diesen sein müssen.[111] Den Schwerpunkt der Betrachtung innerhalb dieser Arbeit bilden Gruppen, bei denen ein spezifischer Aufgabenbezug vorliegt, unabhängig davon, ob sie auf Grundlage formaler Regeln gebildet wurden oder nicht. Demgegenüber werden Personenmehrheiten, die sich primär zur Befriedigung sozialer Bedürfnisse bilden, nicht explizit betrachtet.

Zum *Zusammenhang zwischen den Begriffen der Gruppe und der Kooperation* kann zunächst festgehalten werden, daß „Kooperation [...] nur unter den Bedingungen einer Gruppenbildung erfolgen“[112] kann. Dabei bestehen Überlappungen der beiden Begriffe. Während jedoch der Begriff der Kooperation eine bestimmte Form der Interaktion bezeichnet, benennt der Terminus der Gruppe eine bestimmte Form des Zusammenschlusses mehrerer, miteinander interagierender Individuen. Kooperative Arbeit ist dabei nur eine alternative Arbeitsform neben fremdkoordinierter oder wettbewerblich struktu-

---

109 Diese duale Abgrenzung formaler und informaler Aspekte geht auf die Unterscheidung von Coenenberg (1966), S. 137f. in formale und informale Kommunikation zurück. Zu einer tieferen Auseinandersetzung mit formalen und informalen Elementen der Organisation vgl. Kesten (1998).

110 Vgl. Scharmann (1972), S. 61; Forster (1978) S. 8f.; Rosenstiel (1980), Sp. 795f.; Staehle (1994), S. 249; Gebert/Rosenstiel (1992), S. 122. Zur Abgrenzung formaler und informaler Gruppen vgl. Stopp (1979), S. 57. Zu verschiedenen Kommunikationsstrukturen vgl. Staehle (1994), S. 285.

111 Vgl. Staehle (1994) S. 249f.; Bahrdt (1987), S. 98f. Über die zuvor genannten hinausreichende Differenzierungen nennen Wiswede (1992), Sp. 737f. und Forster (1978), S. 6.

112 Piepenburg (1991b), S. 80.

rierter Leistungserstellung innerhalb einer formalen Gruppe. Gruppen werden allerdings gerade deshalb formal konstituiert, um kooperative Aufgabendurchführung zu institutionalisieren.[113]
Kooperation bedingt die Bildung einer sozialen Gruppe. Aber nicht in jeder (formalen) Gruppe findet auch notwendigerweise Kooperation statt.

Schließlich bedarf es an dieser Stelle der *Abgrenzung von Gruppen gegenüber Teams.* Teams stellen eine Sonderform der Gruppe dar, bei der die sekundären Gruppenmerkmale besonders stark ausgeprägt sind. Der Teambegriff beinhaltet sowohl eine sachlich-arbeitskoordinative als auch eine sozial-emotionale Komponente.[114] „Unter einem Team soll eine kleine, funktionsgegliederte Arbeitsgruppe mit gemeinsamer Zielsetzung, relativ intensiven wechselseitigen Beziehungen, einem ausgeprägten Gemeinschaftsgeist sowie einem relativ starken Gruppenzusammenhalt unter den Mitgliedern und damit einer spezifischen Arbeitsform verstanden werden.“[115] Differenzierungskriterium ist demnach die Intensität der wechselseitigen Interaktion und der Gruppenkohäsion (Zusammenhalt der Gruppe und Attraktivität einer Gruppe für ihre Mitglieder)[116] sowie der spezifische Teamgeist. Als charakteristisches Merkmal eines Teams gilt die kooperative Aufgabenerfüllung und die kollektive Verantwortung für die Ergebnisse.[117] Insofern wird von der Teamarbeit auch als spezieller Form der Kooperation gesprochen.[118] Dem obengenannten Definitionsmerkmal der Funktionsgliederung wird hier nicht gefolgt.

2.2.3 Kooperationseinheiten

Die folgenden Ausführungen meiden den Begriff der Gruppen- und/oder Teamarbeit, sondern verwenden weiter den Begriff der Kooperation, da die Arbeit in formalen Gruppen prinzipiell sowohl individuell (d.h. unabhängig von der Arbeit anderer) als auch koordiniert oder eben kooperativ erfolgen kann. Darüber hinaus wird der Begriff der Gruppenarbeit zum einen häufig mit der institutionalisierten Form der ‘teilautonomen

---

[113] Vgl. Seitz (1993), S. 41.

[114] Vgl. Wiendieck (1992), Sp. 2375. Zur Unterscheidung von Gruppen und Teams vgl. Wahren (1994), S. 40-43.

[115] Forster (1981), S. 143. Ähnlich Bendixen (1976), S. 116. Ulrich (1975), S. 128 sieht dagegen eine formale Gruppe dann als Team an, wenn die Gruppenmitglieder gleichzeitig eine informale Gruppe mit intensiven Wechselbeziehungen und ausgeprägtem Wir-Gefühl bilden. Zum Begriff des Teams vgl. Trebesch (1980), Sp. 2217; Staehle (1994), S. 251; Delhees (1983), S. 370-373; Wiendiek (1992), Sp. 2376; Wahren (1994), S. 41.

[116] Zur Kohäsion vgl. Sader (1996), S. 100; Rosenstiel (1980), Sp. 795; Steinmann/Schreyögg (1997), S. 524ff.

[117] Vgl. Wiendiek (1992), Sp. 2375f.; Wahren (1994), S. 41.

[118] Vgl. Forster (1981), S. 144. Ähnlich Trebesch (1980), Sp. 2217.

Gruppe' assoziiert und bezeichnet zum anderen vielfach die Zusammenarbeit von Mitarbeitern auf Sachbearbeitungsebene unter Rückverlagerung von Steuerungsprozessen und Verringerung der horizontalen Arbeitsteilung. Demgegenüber wird Teamarbeit eher mit der Zusammenarbeit von Stellen höherer Hierarchiestufen oder Zusammenarbeit von Spezialisten insbesondere bei Aufgaben mit Projektcharakter verknüpft.

Zur Bezeichnung des mit Kooperation verbundenen sozialen Gebildes wenden die Ausführungen statt 'Gruppe' oder 'Team' den Begriff der *Kooperationseinheit* an, welcher sowohl formale als auch informale Gebilde einschließt und weniger an bestimmte Stellen- oder Aufgabentypen gebunden scheint. Der Begriff der Kooperationseinheit faßt alle an der Erfüllung einer gemeinsamen Aufgabe Beteiligten zusammen.[119] Ihre Existenz ist demnach nicht an die formalen Grenzziehungen aufbauorganisatorischer Regeln gebunden, sie können aber mit aufbauorganisatorischen Funktionseinheiten, wie z.B. Arbeitsgruppen oder Abteilungen, zusammenfallen. Kooperationseinheiten konstituieren sich auch über formale Grenzen hinweg und/oder bestehen u.U. nur für eine begrenzte Zeitdauer. Die Existenz institutionalisierter Einheiten stellt zwar eine günstige Voraussetzung für kooperative Arbeit dar, sie tritt jedoch auch außerhalb derer auf, so daß sich Kooperationseinheiten im oben definierten Sinn formieren. Kooperation erfolgt sowohl teamartig in sehr kleinen Gruppen, aber auch abteilungs-, bereichs- und unternehmungsübergreifend mit einer höheren Anzahl von Beteiligten, wobei einzelne Personen bisweilen Mitglieder mehrerer Kooperationseinheiten sind. Das Konstrukt der Kooperationseinheit wird somit dem Umstand gerecht, daß sich das Geschehen in Unternehmungen immer weniger an formal und auf Dauer festgelegten Bereichsgrenzen orientiert.

Teilautonome Arbeitsgruppen, Fachteams, Managementteams, Projektgruppen, Qualitätszirkel, Task-forces und Kollegien stellen Beispiele für mögliche Erscheinungsformen institutionalisierter Kooperationseinheiten dar.[120] Die folgenden *Unterscheidungskriterien* verdeutlichen, welche Bandbreiten bei der Ausgestaltung von Kooperationseinheiten existieren:[121]

- Art und Umfang der vorab festgelegten Strukturierung und Formalisierung,
- Art der Leitung (informal, wechselnd, gewählt),
- Arbeitsform (ständige Arbeit in der Kooperationseinheit, Wechsel von Gruppen- und Einzelarbeit, großer Anteil an Einzelarbeit),
- Kommunikationsform (Vollstruktur, Ringstruktur, Sternstruktur),

---

119 Vgl. Nippa (1988), S. 151; Bleicher/Meyer (1976) S. 98.

120 Zur Charakterisierung verschiedener Arten von Kooperationseinheiten vgl. Kosiol (1962), S. 157ff.; Bleicher (1991a), S. 125ff.; Bühner (1994), S. 98ff.; Wahren (1994), S. 34 und 123; Hill/Fehlbaum/Ulrich (1994), S. 130ff.; Schanz (1994), S. 184ff.; Schulte-Zurhausen (1995), S. 150ff.

121 Vgl. Jakob (1980), S. 119.

- Dauer der Zusammenarbeit und Häufigkeit des Zusammentreffens,
- Eingliederung der Kooperationseinheit in die Gesamtunternehmung.

Die folgenden Ausführungen stellen exemplarisch verschiedene Formen von Kooperationseinheiten dar, die im Bürobereich Anwendung finden.

Konzepte teilautonomer Gruppen wurden zwar vor allem im operativen Produktionsbereich erprobt und werden heute vor allem in Zusammenhang mit der Umsetzung des Konzeptes der 'Lean Production' diskutiert,[122] doch auch im Bürobereich existieren sinnvolle Einsatzmöglichkeiten. *Teilautonome Gruppen* zeichnen sich vor allem dadurch aus, daß sowohl die Verantwortung für die Erledigung der primären operativen Leistungserstellungsaktivitäten als auch die zugehörigen Planungs- und Steuerungsaktivitäten auf die Gruppe übertragen werden. Den Beschäftigten soll über sinnvolle Arbeitsinhalte, ein überschaubares Arbeitsumfeld, schnelle Rückkopplungen bezüglich der Arbeitsergebnisse sowie über eine höhere Qualifikation, Handlungsautonomie und Verantwortung die Möglichkeit zur Selbstentfaltung, erhöhter Leistungsbereitschaft und Wertschätzung durch andere gegeben werden.[123] Eine weite Verbreitung teil-autonomer Gruppen hat im Bürobereich allerdings nicht stattgefunden.[124]

Im Versicherungsbereich etablierte sich Ende der 80er Jahre das Konzept der *Rundum-Sachbearbeitung* und im Bankenbereich das *Servicegruppenkonzept*.[125] Sie lösen die bestehende funktionsorientierte Arbeitsteilung zwischen Abteilungen auf und nehmen eine Reintegration von Teilaufgaben vor. Das Ziel ist es dabei, kürzere Durchlaufzeiten der Vorgänge, eine größere Flexibilität und eine höhere Zufriedenheit der Beschäftigten zu erzielen sowie die Maxime 'One face to the customer' zu realisieren.[126]

---

122 Vgl. Lattmann (1972); Rohmert/Weg (1976). Für den Produktionsbereich wird Gruppenarbeit bereits seit Beginn das Jahrhunderts unter verschiedenen Blickwinkeln diskutiert. Lang/Hellpach (1922) beschäftigen sich mit der Gruppenfabrikation unter Beibehaltung tayloristischer Arbeitsstrukturen. Dagegen untersuchen die Hawthorne-Studien (vgl. Roethlisberger/Dickson (1939)) und die Studien zur Gruppendynamik (vgl. Lewin (1947)) primär Aspekte der Gruppendynamik. Viele Beiträge, insbesondere zu kooperativen Arbeitsstrukturen im Produktionsbereich, finden sich u.a. bei Roth/Kohl (Hrsg.) (1988); Binkelmann/Bracyzk/Seltz (Hrsg.) (1993); Antoni (Hrsg.) (1994).

123 Vgl. Picot/Reichwald (1994), S. 557; Antoni (1993), S. 48ff.

124 Zum Einsatz teilautonomer Gruppen im Bürobereich vgl. Kubicek/Höller (1991) und Höller/Kubicek (1990). Unterschiedliche Rahmenbedingungen führen dazu, daß ihre Implementierung im Bürobereich anderen Gesetzmäßigkeiten folgt als in der Produktion. Im Produktionsbereich sind die zu erbringenden Leistungen fester umrissen und einheitlicher, so daß sich die Arbeitsteilung vielfach einfacher darstellt und Rationalisierungserfolge leichter zu bewerten sind. Dies mögen einige Gründe dafür sein, daß die Diskussion um kooperative Arbeitsformen vor allem an Beispielen aus dem Produktionsbereich geführt wird. Vgl. Ganter (1993), S. 75f.

125 Vgl. Wölm (1991), S. 53ff. und S. 57ff.; Kieser/Kubicek (1992), S. 354.

126 Vgl. Wölm (1991), S. 53ff. Zur Darstellung praktischer Umsetzungen kooperativer Arbeitskonzepte vgl. Brater/Büchele (1993); Ganter (1993); Ulich (1991), S. 69ff.

Rundum-Sachbearbeitung stellt an sich noch keine Form kooperativer Arbeit dar, beinhaltet jedoch eine Reintegration zuvor fragmentierter Tätigkeitskomplexe.[127] Gleichzeitig soll die durch starke Spezialisierung von Abteilungen erschwerte Kommunikation verbessert, den Beschäftigten mehr Verantwortung übertragen sowie deren durchschnittlich gestiegene Qualifikation genutzt werden. Über die Gruppenstruktur will man Kooperations- und Kommunikationsbeziehungen stärken und neue Qualifikationsmöglichkeiten auch durch das Lernen von Kollegen und Kolleginnen eröffnen, ohne daß die Bürde einer vollständig polyvalenten Qualifikation besteht.
In der öffentlichen Verwaltung dient die Einführung kooperativer Arbeitskonzepte vor allem dazu, die Leistungsfähigkeit der öffentlichen Verwaltung bei knappen Mitteln zu steigern, indem sie eine an den Interessen der Bürger und Bürgerinnen ausgerichtete Sachbearbeitung fördern und die diesbezüglich hinderlichen starren Hierarchien und streng geregelten Kompetenzen einzelner Beschäftigter aufweichen.

Die Wiederentdeckung des Prozeßgedankens in der Debatte um Geschäftsprozeßorientierung in den vergangenen Jahren verdeutlicht die Verflechtung verschiedener individueller Tätigkeiten und damit die Notwendigkeit zur Koordination und/oder Kooperation. Die Ziele bestehen dabei primär darin, eine höhere Marktorientierung, eine größere Flexibilität der Arbeitsprozesse und eine steigende Innovationsfähigkeit der Unternehmung unter sich ändernden Umweltbedingungen zu erlangen. Im Mittelpunkt der Betrachtung stehen ganze Leistungsketten und das Konzept des Case Management. Der Einsatz von *Prozeßgruppen* stellt wie auch bei den vorgenannten Konzepten eine Abkehr von tayloristischen Denkmustern dar, indem hierarchische Strukturen abgebaut und funktionale Bereichsgrenzen beispielsweise zwischen Fertigung, Marketing und Verkauf aufgebrochen werden. Gleichzeitig reduziert man aufgabenunangemessene Fragmentierungen der Arbeitsprozesse und die hiermit verbundene Zerteilung in isolierte Aufgabenbereiche, indem die Kooperationseinheiten abgeschlossene Prozesse bearbeiten und hierzu über zweckmäßige Handlungsspielräume verfügen.[128]
Als Unterformen solcher Prozeßgruppen lassen sich homogene und heterogene Gruppen unterscheiden. In einer hinsichtlich der Qualifikation der Akteure *homogenen Prozeßgruppe* bearbeitet im einfachsten Fall jede Person einen abgeschlossenen Prozeß (Case Worker). Da Caseworker die entsprechenden Prozesse weitestgehend eigenverantwortlich und ganzheitlich bearbeiten, bestehen allerdings nur geringe Leistungsinterdepen-

---

127 Vgl. Ganter (1993), S. 83.

128 Vgl. Davenport/Nohria (1994), S. 22; Hammer/Champy (1994), S. 73; Engelmann (1995), S. 81ff. Die Konzepte der Prozeßgruppe und der Rundum-Sachbearbeitung unterscheiden sich vor allem dadurch, daß die ganzheitliche Arbeitsorganisation beim Business Process Reengineering als Teil einer prozeßorientierten Gestaltung der Gesamtunternehmung konzipiert wird. Im Gegensatz dazu beschränkt sich die Rundum-Sachbearbeitung in der Regel auf einen beschränkten arbeitsorganisatorischen Kontext, während die grundsätzlichen Organisationsstrukturen unberührt bleiben.

denzen mit anderen Personen. Mehrere Caseworker, die ähnliche oder identische Prozeßvarianten parallel und unabhängig voneinander bearbeiten, werden primär deshalb in einer Arbeitsgruppe zusammengefaßt,[129] um unterschiedliche Wissensschwerpunkte neben dem ohnehin breiten aufgabenbezogenen Wissen bilden und auch Aufgaben mit höherer Varianz effizient bewältigen zu können. Die Akteure qualifizieren sich gleichzeitig, ohne die Bearbeitung eines Auftrages auf mehrere Personen zu verteilen. Darüber hinaus begünstigt die Einbindung in eine Kooperationseinheit soziale Interaktionen, die ein Gegengewicht zu dem geringen sachbezogenen Interaktionsbedarf bilden und der damit verbundenen Isolation entgegenwirken.[130] Der Einsatz *heterogener Prozeßgruppen* bietet sich dort an, wo Aufgaben vielfältiges spezialisiertes Wissen erfordern, welches einzelne Personen nicht bereitstellen können. Dabei werden die zur Aufgabenerledigung entlang einer Prozeßkette benötigten spezialisierten Akteure in einer organisatorischen Einheit zusammengefaßt, um eine effiziente Abstimmung der Interdependenzen zu erzielen.[131]

Auch *Projektgruppen* stellen Gestaltungsalternativen dar, die sich von der klassischen funktionsorientierten horizontalen und vertikalen Arbeitsteilung entfernen. Projekte sind nach DIN-Norm 69901 durch die Einmaligkeit der Rahmenbedingungen, eine eindeutige Zielvorgabe sowie finanzielle, personelle oder andere Begrenzungen gekennzeichnet.[132] Die Bildung von Projektgruppen wird dabei in der Regel an die Wahrnehmung zeitlich befristeter, komplexer und neuartiger Aufgaben gebunden.[133] Hierzu faßt man vielfach Spezialisten aus verschiedenen Organisationseinheiten in einer Arbeitsgruppe zusammen. Die Zielsetzung dessen besteht darin, das Erfahrungswissen und Engagement der Beschäftigten nicht nur informal wirksam werden zu lassen, sondern planvoll bei schwierigen, funktionsbereichsübergreifenden, einmaligen Problemen zu nutzen.

Eine ähnliche Definition wird auch für *Kollegien* verwendet. Kollegien sind solche organisatorischen Einheiten „die zur Erfüllung von Sonderaufgaben gebildet werden, nur eine diskontinuierliche und befristete zeitliche Tätigkeit aufweisen und aus einer Mehrzahl von Aufgabenträgern bestehen, die sowohl sachlich als auch instanziell aus unterschiedlichen Bereichen kommen und nur zu bestimmten Zeitpunkten an einem Ort zusammentreten, während sie sonst anderen Aufgaben innerhalb ihrer Stelle nach-

---

129 Vgl. Hammer/Champy (1994), S. 73; Engelmann (1995), S. 82ff. i.V. mit Davenport/Nohria (1994), S. 16.

130 Vgl. Davenport/Nohria (1994), S. 19f.

131 Vgl. Hammer/Champy (1994), S. 72ff.; Davenport/Nohria (1994), S. 19f.; Engelmann (1995), S. 86.

132 Vgl. Litke (1995), S. 315.

133 Vgl. Frese (1998), S. 472; Frese (1980), Sp. 1960. Zu verschiedenen Formen der Projektorganisation vgl. Frese (1998), S. 472ff.

gehen."[134] Sie zeichnen sich durch „Pluralität der Willensbildung"[135], d.h. kooperative Arbeitsformen, aus.

Zur *Bildung von Kooperationseinheiten* schlägt die betriebswirtschaftliche Organisationslehre die Orientierung an den aufgabenbezogenen Interdependenzen und dem daraus resultierenden Kooperationsbedarf vor, wobei das Ausmaß an Kommunikation als Indikator gewertet wird. Umfangreiche Kommunikationsbeziehungen zwischen Personen unterschiedlicher Einheiten (Außenbeziehungen) werden zu Binnenbeziehungen, indem man diejenigen Akteure mit den höchsten Interdependenzen und der größten Kommunikationsintensität zu einer Kooperationseinheit zusammenfaßt. Damit wird das Ziel verfolgt, die Binnenkomplexität zu maximieren und die Außenkomplexität zu minimieren.[136]
Die Bildung formaler Kooperationseinheiten erfolgt zur Verstetigung kooperativer Interaktionen und zur Institutionalisierung von Kooperation. Kooperation wird dann nicht nur informal, d.h. außerhalb bestehender formaler Regeln, geduldet, sondern formale Rahmenbedingungen dafür geschaffen. Dabei bildet die gemeinsame Aufgabe die Grundlage, auf die sich die kollektiven und individuellen Ziele beziehen sollen.[137]

2.3 Funktionen kooperativer Leistungserstellung

Die folgenden Erörterungen befassen sich mit konkreten Funktionen der Kooperation. Sie lassen sich gleichzeitig als Vor- bzw. Nachteile kooperativer Aufgabenerfüllung gegenüber der individuellen oder lediglich koordinierten Leistungserbringung interpretieren.

Eine Kooperationseinheit kann bezogen auf die zu erfüllende Aufgabe gleich viel, mehr oder weniger als ihr fähigstes Mitglied in Einzelarbeit erreichen. Man kann nicht generell von Leistungsvorteilen kooperativer gegenüber individueller Leistungserbringung ausgehen. Vielmehr sind die Rahmenbedingungen und insbesondere die Merkmale 'Art der Aufgabe', 'Struktur der Kooperationseinheit', 'Gruppengröße' und 'Gruppenklima' zu beachten.[138] Beispielsweise erfordert die Lösung von Routineaufgaben eine andere Struktur der Kooperationseinheit als die Lösung komplexer, kreativer Aufgaben.[139]

---

[134] Kosiol (1980), Sp. 1017.

[135] Kosiol (1980), Sp. 1017.

[136] Vgl. Kubicek/Höller (1991), S. 164.

[137] Vgl. Seitz (1993), S. 41.

[138] Vgl. Forster (1981), S. 145 und Wiswede (1981a), S. 190. Zur Problematik der Bestimmung des Leistungsvorteils bzw. -nachteils beim Einsatz von Personenmehrheiten zur Aufgabenerfüllung vgl. die Ausführungen von Sader (1996), S. 70ff. Zum Zusammenhang der Leistung von Kooperations-

Problemart	Vorteile der Gruppe	Nachteile der Gruppe
Analyseprobleme	- großes 'Entdeckungspotential' - breites Wissensspektrum	- Gefahr von Auffassungsunterschieden - Schwierigkeit des koordinierten Vorgehens - weitgehende Zielidentität der Mitglieder notwendig
Suchprobleme	- großer Erfahrungsinhalt - Stimulierung individueller Assoziationen	- keine erkennbaren Nachteile
Konstellationsprobleme	- größeres Angebot an Denkinhalten für jeden Einzelnen - originellere Lösungen als beim individuellen Problemlösen	- keine erkennbaren Nachteile, solange das kognitive Klima angemessen ist
Konsequenzprobleme	- größeres Wissen über Algorithmen	- Störung der Individuen beim Vollzug diskursiver Denkschritte - setzt lückenlose Informationsübermittlung zwischen den Mitgliedern voraus
Auswahlprobleme	- Tendenz zu 'objektiv' richtigen Entscheidungen - geringerer Widerstand bei der Durchsetzung ausgewählter Alternativen - Veränderungen der Risikoeinstellung der Akteure möglich (Risky shift, Caution shift)	- Konflikte bei unterschiedlichen Zielvorstellungen der Mitglieder - Gefahr von Dissens und Fehlinterpretationen - Langwierigkeit - Veränderungen der Risikoeinstellung der Akteure möglich (Risky shift, Caution shift)

Tabelle 2.3-1: Vor- und Nachteile der Arbeit kooperativer Aufgabenerfüllung bei der Bearbeitung von Elementarproblemen (in Anlehnung an Schlicksupp (1976), S. 165)

Die Ableitung allgemeingültiger Aussagen bezüglich der Vorteilhaftigkeit kooperativer Arbeitsformen ist auch deshalb schwierig, weil die Beurteilung nicht nur von den in der spezifischen Kooperationssituation verfolgten Zielen, sondern auch von den verwendeten *Beurteilungskriterien* abhängt. In diesem Zusammenhang erlangen so unterschiedliche Kriterien wie die notwendige Leistungsqualität, die Akzeptanz der Kooperationsergebnisse oder die Zufriedenheit der Mitglieder der Kooperationseinheit Bedeutung.[140] Insgesamt ist das Wissen über die Bedingungen erfolgreicher kooperativer Arbeit noch recht

einheiten mit verschiedenen Parametern (wie z.B. Kohäsion, Leistungsnormen, Gruppengröße) vgl. Rosenstiel (1980), Sp. 797ff.; Sader (1996), S. 70-109; Rosenstiel/Molt/Rüttinger (1988), S. 35-71; Schneider (1985), S. 207ff.; Wilke/Knippenberg (1990); Bilitza (1979); Crott (1979).

139 Vgl. Anger/Nachreiner (1975), Sp. 1733f.

140 Vgl. Rosenstiel (1992), S. 329f.

gering und normative sowie wertgeladene Postulate werden in der Literatur mit empirisch abgesicherten Teilerkenntnissen vermischt.[141]

Zum gesicherten Wissen gehört, daß Kooperation nicht für jede Problemart gleichermaßen geeignet ist.[142] SCHLICKSUPP differenziert die Vorteile und Nachteile der multipersonellen Erfüllung intellektueller Aufgaben anhand verschiedener Elementarprobleme (siehe Tabelle 2.3-1).

BRUMMUND leitet unterschiedliche *Funktionen der Kooperation* ab.[143] Im einzelnen unterscheidet er Austausch-, Aggregations-, Synergie-, Abstimmungs-, Ausgleichs- und Motivationsfunktion. Darüber hinaus ist die Qualifikationsfunktion zu nennen.[144] Die ersten vier Funktionen richten sich primär auf sachliche, aufgabenbezogene Aspekte, während letztere primär personelle Aspekte beinhalten.

Die Akteure in einer Kooperationseinheit verfügen über unterschiedliche Informationen, Erfahrungen und Meinungen und bringen verschiedene Ressourcen und Leistungen in die Kooperationseinheit ein. Bei begrenzten sowie unterschiedlich verteilten Informationsständen und Verarbeitungskapazitäten beseitigt die *Austauschfunktion* Informationslücken, Fehlinformationen und Mißverständnisse, schafft einen gemeinsamen Wissensstand und trägt zur Berücksichtigung von Problemdimensionen bei, die für einzelne Akteure nicht überschaubar sind. Gegenseitige Hilfeleistungen beseitigen qualitative und quantitative Kapazitätsdifferenzen. Die Einbeziehung und Beachtung der Einstellungen, Werte und Absichten des Kooperationspartners bei den eigenen Aktivitäten und Überlegungen fördert die Akzeptanz der Entscheidungen und Aktivitäten durch alle Beteiligten.[145]
Die vorgenannten Aspekte zielen insbesondere auf kommunikative Aspekte der Kooperation, Kooperation ist jedoch auch durch den Austausch oder den Zugriff auf gemeinsame materielle Träger von Informationen gekennzeichnet.

Neben der Austauschfunktion dient Kooperation der Aggregation von Einzelbeiträgen. Die *Aggregationsfunktion* kommt dann zum Tragen, wenn unterschiedlich verteilte, sich nur geringfügig überschneidende kognitive (Fähigkeiten, Fertigkeiten, Erfahrungen, Informationen) oder materielle Ressourcen in einen gemeinsamen Handlungsprozeß einfließen. Das Ziel besteht dabei darin, die Qualität der Willensbildung und die Effizienz der Willensdurchsetzung zu erhöhen, indem eine größere Arbeitskapazität sowie eine

[141] Vgl. Trebesch (1980), Sp. 2221.
[142] Vgl. Staehle (1994), S. 267.
[143] Vgl. dazu und im folgenden Brummund (1983), S. 30-33.
[144] Vgl. Forster (1981), S. 148.
[145] Vgl. Brummund (1983), S. 30-33.

breitere Beurteilungsbasis gebildet wird. Insbesondere aus Spezialisten mit komplementärem Expertenwissen bestehende Kooperationseinheiten dienen der Wahrnehmung dieser Kooperationsfunktion. Die Kumulation unterschiedlicher Wissensbestände, verschiedener Erfahrungen, Fertigkeiten und Informationen trägt zur Erzielung von Leistungsvorteilen bei.[146]

Als nachteilig wirkt sich sowohl bei der Aggregations- als auch bei der Austauschfunktion aus, daß kooperative Aufgabenerledigung aufgrund der Vielzahl der u.U. konfliktionären Beiträge, der notwendigen Anlaufzeit, der Koordinationserfordernisse und der Notwendigkeit der Schaffung einer einheitlichen Informationsgrundlage bisweilen mehr Zeit beansprucht als die individuelle Lösung einer Aufgabe. Gleichzeitig kann es auch zu Verzögerungen oder Verschleppungen von Entscheidungen und auszuführenden Aktivitäten kommen.[147]

Synergien entstehen bei multpersoneller Leistungserstellung dann, wenn das Leistungsergebnis über die Summation individuell erbrachter Leistungen hinausgeht, also nach Aristoteles 'das Ganze mehr ist, als die Summe seiner Teile'.[148]

Im allgemeinen beschränkt sich die Arbeit in einer Kooperationseinheit nicht darauf, Informationen zu beschaffen und auszutauschen, sondern es finden Diskussionen über mögliche Schlußfolgerungen daraus statt. Gerade bei komplexen Problemen tragen ein unterschiedlicher Wissensstand und die unterschiedlichen Erfahrungen der Akteure zu einer Lösungsverbesserung bei. Die Zusammenarbeit dient zum Ausgleich von Fehlern mittels gegenseitiger Kontrolle und Kritik. Eine fundiertere Alternativenbewertung kann die Zahl der Fehlentscheidungen verringern. Insbesondere bei innovativen Aufgabenstellungen ist die Nutzung des Synergiepotentials von Kooperationseinheiten von hoher Bedeutung, da die Kreativität und Originalität sowie die Anzahl der verschiedenen Ideen wichtig ist. Die Literatur behandelt in diesem Zusammenhang intensiv das Problem des Wandels der Risikoeinstellung. Beim Vorliegen eines sogenannten 'Risky shift' bzw. Risikoschubs erhöht sich die Risikoneigung der Kooperanden, so daß von Personenmehrheiten getroffene Entscheidungen riskanter ausfallen als der Mittelwert der individuellen Entscheidungen.[149] Als Erklärungsansätze werden vor allem die Verteilung der Verantwortung, die Etablierung von Risikobereitschaft als Gruppennorm und die

---

146 Vgl. Brummund (1983), S. 30 und 34-36; Forster (1981), S. 147.

147 Vgl. Forster (1981), S. 149f.

148 Vgl. Forster (1981), S. 146; Forster (1978), S. 53. Zu den folgenden Ausführungen vgl. Brummund (1983), S. 30 und 36-40.

149 Vgl. hierzu z.B. die Darstellungen von Crott (1979); S. 113ff.; Witte (1981); Sader (1996), S. 12-18; Schneider (1985), S. 230ff. Andererseits kann es auch zu einer größeren Risikoaversion in Gruppen kommen (cautious shift). Vgl. hierzu Staehle (1994), S. 271 und die dort angegebene Literatur. Zur Kritik an dem primär an Laborgruppen untersuchten Phänomen und zu dessen Übertragung in die Praxis vgl. Staehle (1994), S. 273; Schneider (1985), S. 236ff.

Erhöhung des Informationsniveaus, die den Beteiligten ein höheres Sicherheitsniveau vermittelt, diskutiert. Im Vertrauen auf die Richtigkeit der gemeinsam erarbeiteten Lösung sind die Entscheidungsträger dann eher bereit, Alternativen zuzustimmen, die ihre individuelle Risikobereitschaft übersteigen.[150] Dieses kann sich als Vorteil aber auch als Nachteil erweisen.

Die Arbeitsteilung in Unternehmungen beinhaltet die Notwendigkeit der Koordination der Einzelaktivitäten. Kooperation dient in diesem Zusammenhang der *Abstimmung* von Entscheidungen, Handlungen, Methoden, Terminen und materiellen Ressourcen.[151] Die Abstimmungsfunktion steht in engem Zusammenhang zur Koordination als Aktivitätenklasse in Kooperationen und wird deshalb an dieser Stelle nicht eingehender behandelt.[152]

Die *Ausgleichsfunktion* kooperativer Handlungen kommt dann zum Tragen, wenn kooperative Aktivitäten zwecks Ausgleich unterschiedlicher Interessen - welche auch bei gleichen oder überlappenden Zielen, beispielsweise aufgrund von ressortorientiertem Denken, bestehen können - aufgenommen werden. Neben dem Interessenausgleich erfolgt ein Fehlerausgleich gegenüber einseitigen, individuellen Entscheidungen aufgrund gegenseitiger Korrekturen. Rationalitätssteigerungen ergeben sich dabei aus dem statistischen Zusammenhang, daß nicht alle Beteiligten die gleichen Fehler machen.
Darüber hinaus subsumiert BRUMMUND auch Konformitäts- bzw. Konvergenzeffekte unter die Ausgleichsfunktion. In Kooperationseinheiten gleichen sich das Denken und die Verhaltensweisen der Akteure tendenziell im Hinblick auf die herrschenden Regeln und Normen in der Kooperationseinheit an. Diesen Anpassungsprozeß als auch den Endzustand der Übereinstimmung bezeichnet man als Konformität.[153] Gleichzeitig kann der durch eine Kooperationseinheit ausgeübte Druck dazu führen, daß die Breite der Argumentation abnimmt oder die Bindung der Einzelnen an die Kooperationseinheit so stark wird, daß die Unabhängigkeit der individuellen Meinung und die Irrtumsausgleichsfunktion verloren gehen.[154] Die Literatur diskutiert in diesem Zusammenhang das Problem des 'Group think', welches eine Leistungsschmälerung verursacht, weil gruppenspezifische Interessen und Perspektiven unangemessen stark in den Vordergrund rücken und Konsens unter Vernachlässigung wesentlicher Informationen erzielt wird, was letztlich Fehlentscheidungen zur Folge haben kann.[155]

---

150 Vgl. Staehle (1994), S. 271.
151 Vgl. Brummund (1983), S. 30 und 41-43.
152 Siehe hierzu Abschnitt 2.4.3 dieser Arbeit.
153 Vgl. Sader (1996), S. 159.
154 Vgl. Forster (1981), S. 151; Trebesch (1980), Sp. 2219.
155 Vgl. Janis (1982), zitiert in Wiswede (1992), Sp. 751.

Während die vorgenannten Aspekte primär die aufgabenbezogenen Vorteile und Nachteile der Kooperation darstellen, bezieht sich die *Motivationsfunktion* auf das Verhalten und die Einstellungen der Mitglieder einer Kooperationseinheit.[156] Sie äußert sich in Identifikation mit den Zielen der Kooperationseinheit, Akzeptanz von Entscheidungen, Motivation diese zu realisieren, Verbundenheit der Mitglieder einer Kooperationseinheit sowie Zufriedenheit der Mitarbeiter.[157]

Allgemein gilt, daß Entscheidungen leichter durchzusetzen sind, wenn alle Betroffenen ernsthaft in die Entscheidungsfindung einbezogen werden. Zusammenarbeit wirkt für den Einzelnen motivierend und anspornend bezüglich der Entscheidungsumsetzung, wenn es sich nicht um eine Pseudobeteiligung handelt und das Individuum die gemeinsam getroffenen Entscheidungen mitträgt.[158] Die Arbeit soll von den Beschäftigten nicht passiv und gleichgültig übernommen werden, sondern mit Blick auf das Gesamtergebnis sowie im aktiven Bewußtsein des eigenen Beitrages in geeignetem Maße selbstbestimmt und eigenverantwortlich erledigt werden können. In Fällen, in denen eine individuelle Teilaufgabe nicht die Wahrnehmung ganzheitlicher Aufgabenkomplexe zuläßt, kann aus der Mitwirkung an der Vollendung einer ganzheitlichen Gruppenaufgabe eine höhere Zufriedenheit der Beschäftigten resultieren.[159]

Gerade der Aspekt der Vermeidung sozialer Isolation spricht für kooperative Arbeitskonzepte, da ihm ein nicht zu unterschätzende Wirkung hinsichtlich der Erfüllung sozialer Bedürfnisse und der Motivationssteigerung zukommt. So führt bereits KOSIOL bezüglich der Zwecksetzung von Kollegien aus: „Als eine Folge jeder kollegialen Zusammenarbeit und mitunter auch als besonderer Grund für die Bildung von Kollegien ist anzuführen, daß aus dem gemeinsamen Gespräch gewöhnlich eine Atmosphäre des gegenseitigen Verstehens, der Gleichstellung der Beteiligten, der Anerkennung anderer Argumente und überhaupt des menschlichen Kennenlernens erwächst.“[160] Kooperative Aufgabenerledigung bietet gegenseitige soziale Unterstützung,[161] wenn die Kooperationspartner sozialen Kontakt, Nähe, Sicherheit, Anerkennung und Wertschätzung vermitteln. Dieses hat eine positive Auswirkung auf die Aufgabenerledigung, die Verminderung individuellen Stresses und das Klima in der Unternehmung.[162]

---

156 Die Unterscheidung in sachliche und personelle Vorteile findet sich auch bei Forster (1981), S. 145ff., dort für die Teamarbeit als spezifische Kooperationsform.

157 Vgl. Brummund (1983), S. 30 und 45f.

158 Vgl. Forster (1981), S. 148.

159 Vgl. Ulich (1994), S. 121f.; Ulich (1991), S. 64f.

160 Kosiol (1962), S. 161.

161 Als Ebenen sozialer Unterstützung sind die emotionale Ebene (Empathie anderer Personen, Wertschätzung, Fürsorge), die evaluative Ebene (Bestätigungen von Meinungen, Feedback, sozialer Vergleich), die informationale Ebene (Wissen um potentielle Hilfe, Ratschläge, Empfehlungen, Informationen) sowie die instrumentelle Ebene (konkretes hilfeleistendes Verhalten durch andere Personen) zu unterscheiden. Vgl. House (1981), zitiert in Udris (1989), S. 422.

162 Vgl. Forster (1981), S. 147; Udris (1989), S. 424; Sader (1996), S. 71.

Als problematisch ist im Hinblick auf die Motivation anzumerken, daß die Zusammenarbeit auch zum Rückzug auf eine passive Position verleiten kann, wenn die Bemühungen beispielsweise aufgrund der Größe der Kooperationseinheit und/oder der niedrigen Einschätzung der eigenen Fähigkeiten als entbehrlich für die Gesamtleistung angesehen werden und darüber hinaus für die individuellen Leistungen keine individuellen Auszeichnungen verliehen werden (Free rider-Problem).[163] Das Zusammenwirken in Kooperationseinheiten wirkt auch dann negativ auf das aufgabenbezogene und soziale Ergebnis der Kooperation, wenn Angst vor Blamagen, Überaktivierung und/oder sozialer Streß entstehen.[164] Dieses tritt beispielsweise dann hervor, wenn die Mitglieder der Kooperationseinheit gegenseitig Druck ausüben, der vielfach eine höhere Wirksamkeit und Unmittelbarkeit entfaltet als durch Vorgesetzte ausgeübter Druck. Darüber hinaus existieren Typen von Aufgaben und Mitarbeitern, die besser für eine individuelle oder konkurrierende Aufgabenerfüllung geeignet sind.

Die Kooperation in einer Kooperationseinheit gibt den Mitgliedern die Gelegenheit, voneinander zu lernen und schrittweise in komplexe Aufgaben hineinzuwachsen, so daß sich neue Möglichkeiten zur persönlichen Entfaltung und Entwicklung eröffnen. In diesem Zusammenhang spricht man von der *Qualifikationsfunktion* der Kooperation. Das Lernen der Kooperationspartner trägt zur Steigerung der individuellen Fähigkeiten und Fertigkeiten bei. Gleichzeitig stellt kooperative Aufgabenerledigung hohe Anforderungen an die Qualifikation der Akteure.[165]

Insgesamt scheint ein unreflektierter Enthusiasmus bezüglich kooperativer Arbeitsformen unangebracht.[166] Experimentelle Untersuchungen, die die Leistungen von Kooperationseinheiten bei verschiedenen Aufgabentypen untersuchen, weisen im Hinblick auf die Effektvitität und Effizienz der Erfüllung verschiedener Aufgabentypen auf unterschiedliche Ergebnisse hin.[167] Als Nachteile der kooperativen Leistungserstellung gelten primär die vor allem in der Anfangsphase schwerfällige und langsamere Problemlösung, die zur Verzögerung der Entscheidungsfindung führen kann sowie die Produktivitätsverluste, die beispielsweise durch das notwendige Ausmaß an Koordination, Kompetenzgerangel, Disharmonien oder spezifische Gruppeneffekte, wie die Entwicklung leistungsmindernder Normen, entstehen können. Auch gelten die Kosten insbesondere für Qualifikationsmaßnahmen sowie der Zeitaufwand für die Einführung kooperativer Arbeitskonzepte als hoch und auch beim produktiven Einsatz bedarf es großer Anstrengungen zum Erhalt der

163 Vgl. Forster (1981), S. 152. Zum Problem des Free riding vgl. Kerr/Bruund (1983), S. 83.

164 Vgl. Wiswede (1992), Sp. 750; Wiswede (1981a), S. 190f.

165 Vgl. Forster (1981), S. 148 und 151. Siehe hierzu die Ausführungen in Abschnitt 5.4 dieser Arbeit, welcher sich auch mit der Kooperationsfähigkeit von Akteuren befaßt.

166 Ähnlich Sinclair (1992), S. 612, die von der „tyranny of team ideology" spricht.

167 Vgl. die Zusammenstellung verschiedener Studien bei Crott (1979), S. 91-121.

Leistungsfähigkeit von Kooperationseinheiten.[168] Neben der Effizienz der Problemlösung sind bei der Beurteilung auch Faktoren wie die Zufriedenheit der Mitglieder und die Akzeptanz der Arbeitsergebnisse zu beachten, welche ebenfalls nicht automatisch durch kooperative Arbeitsformen eine Steigerung erfahren. In Anbetracht der Vielzahl möglicher Einflußfaktoren auf die Leistung von Kooperationseinheiten, ist der Effektivitäts- und Effizienzvorteil letztendlich lediglich als Potential zu begreifen. Kooperative Aufgabenerledigung ist eine Form der Leistungserstellung in Unternehmungen, die je nach Kontext mehr oder weniger geeignet sein kann. Insgesamt ist die Aufgabenerfüllung in den Unternehmungen in der Regel dadurch gekennzeichnet, daß kooperative Aktivitäten neben individuellen, konfliktionären, fremdkoordinierten und konkurrierenden Aktivitäten stattfinden. Übertriebene Erwartungen an kooperative Arbeitsformen führen dazu, daß Kooperationseinheiten für ungeeignete Aufgaben eingesetzt oder unrealistische Ziele gesteckt werden. In geeigneter Form eingesetzt, kann Kooperation jedoch die Motivation, Produktivität und Innovationsneigung erhöhen.

2.4 Grundlegende Aktivitätenklassen kooperativer Leistungserstellung

Die Ausführungen dieses Abschnittes dienen der Systematisierung kooperativer Handlungen. Dies erfolgt einerseits mit dem Ziel, einen Überblick über die Bandbreite kooperativer Aktivitäten zu vermitteln und andererseits die Einordnung verschiedener Techniksysteme zur Unterstützung kooperativer Aktivitäten im nachfolgenden Kapitel 3 und die Ableitung von Gestaltungsaussagen in Kapitel 5 vorzubereiten. Hierzu werden zunächst zwei verschiedene Systematisierungen kooperativer Handlungen vorgestellt (Abschnitt 2.4.1). Die sich anschließenden Ausführungen präzisieren die kooperative Interaktionen in die Aktivitätenklassen 'Kommunikation', 'Koordination' und 'Verarbeitung gemeinsamer Objekte' (Abschnitte 2.4.2 bis 2.4.4).

2.4.1 Systematisierungen kooperativer Interaktionen

Zunächst sei hier kurz die Systematisierung verschiedener Aufgabenarten von McGRATH[169] beschrieben (siehe Abbildung 2.4-1), welche mehrere Unterscheidungs-

---

[168] Zu möglichen Hindernissen der Forcierung kooperativer Arbeitsformen vgl. Wendel (1996), S. 30 und die dort angegebene Literatur.

[169] Vgl. hierzu und im folgenden McGrath (1984), S. 61.

ansätze integriert.[170] MCGRATH differenziert acht verschiedene Aufgabentypen, welche er den vier Gruppen 'generierende Aufgaben' (kreative und planende Aufgaben), 'ausführende Aufgaben' (Erfüllung von Leistungen/psychomotorische Aufgaben, wettbewerbliche Aufgaben), 'verhandelnde Aufgaben' (Aufgaben mit gemischten Motiven, Aufgaben mit kognitiven Konflikten) sowie 'auswählende Aufgaben' (Entscheidungsaufgaben, intellektive Aufgaben) zuordnet. Die Differenzierung erlaubt eine Unterscheidung kooperativer Interaktionen primär nach ihrem Gegenstand. Gleichzeitig ermöglicht das Modell die Einordnung verschiedener Aufgaben hinsichtlich ihrer kooperativen bzw. konfliktionären Anteile, die sich jedoch nicht vollkommen gegenseitig ausschließen.

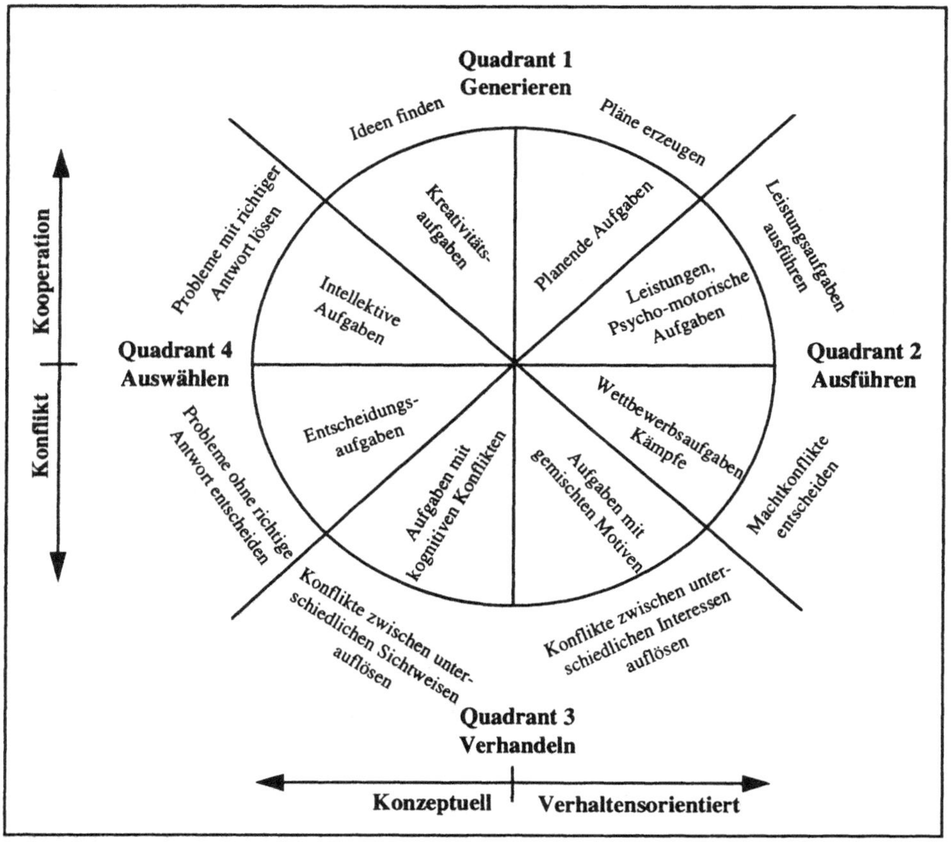

Abbildung 2.4-1: Das 'Circumplex-Model' von MCGRATH (in Anlehnung an McGrath (1984), S. 61; McGrath/Hollingshead (1993), S. 91, übersetzt von Schwabe (1995), S. 133)

[170] McGrath verbindet die Klassifizierungen von Shaw (1981); Hackman/Morris (1975); Laughlin (1980); Davis/Laughlin/Komorita (1976).

Im Hinblick auf die spätere Beschreibung und Bewertung der Leistungen, die eine Computerunterstützung kooperativer Arbeit erbringen kann, scheint demgegenüber eine Gliederung geeignet, welche kooperative Interaktionen nicht nur nach ihrem Gegenstand (Arten der Kooperation) differenziert, sondern anschließend eine weitergehende Systematisierung der hierzu notwendigen Aktivitäten in die Klassen 'Verarbeitung gemeinsamer Objekte', 'Kommunikation' und 'Koordination' vornimmt.
Im einzelnen werden hier die folgenden Arten der Kooperation unterschieden:[171]

- *Kooperationstyp 1*: Verhandeln und Aushandeln von Sachverhalten (Beispiel: Verhandeln über Nutzung von Rechnerkapazitäten),
- *Kooperationstyp 2*: Austausch von Hilfeleistungen (Beispiel: Ein Sachbearbeiter hilft einem neuen Kollegen bei der Bearbeitung eines Vorgangs),
- *Kooperationstyp 3*: Arbeitsteilige Leistungserstellung mit Abstimmung durch die Beteiligten (Beispiel: Aufgabenverteilung, Definition der Schnittstellen),
- *Kooperationstyp 4*: Durchführung gemeinsamer Tätigkeitsanteile (Beispiele: Treffen von Entscheidungen, Regelung der täglichen Arbeit, gemeinsame Bearbeitung von Dokumenten).

Dabei greifen 'höherzahlige' Typen der Kooperation häufig auf 'niedrigzahligere' Typen zurück. Gleichzeitig läßt sich von den niedrigeren zu den höheren Typen eine wachsende Notwendigkeit nicht nur partiell übereinstimmender sondern nahezu identischer bzw. vollkommen kompatibler Ziele feststellen.
Während sich der Kooperationstyp 2 des Austauschs von Hilfeleistungen als weitgehend selbsterklärend darstellt, erfordern die übrigen Typen einige grundlegende Erläuterungen.

Das Verhandeln und Aushandeln (Kooperationstyp 1) dient in der Regel der Lösung von Ziel- oder Handlungskonflikten. Prinzipiell kommen hierzu verschiedene Strategien in Betracht:[172]

- 'problem solving': Offenlegen des Konfliktes und Lösung durch faire Diskussion,
- 'persuasion': Überzeugen der Konfliktpartner durch parteiische Debatte,
- 'bargaining': Suche nach einem fairen Kompromiß durch Austausch von Forderungen und Angeboten, der die Parteien mehr oder weniger zufriedenstellt,
- 'politics': Lösung unter Vernachlässigung von Fairness und Zumutbarkeit durch Anwendung von Macht.

Insbesondere letztere Form wird dauerhaft wahrscheinlich dazu führen, daß sich Kooperationspartner bei Wahlfreiheit aus der Kooperation zurückziehen oder ihren Einsatz vermindern.

---

[171] Vgl. Seitz (1995), S. 22 i.V. mit Piepenburg (1991a), S. 89.
[172] Vgl. Rohmert/Weg (1976), S. 92 i.V. mit Berkel (1995), S. 421.

Zwei Beispiele aus der Unternehmungspraxis verdeutlichen den Unterschied zwischen Kooperationstyp 3 und Kooperationstyp 4. Bei arbeitsteiliger Leistungserstellung mit Abstimmung durch die Beteiligten (Kooperationstyp 3) werden zunächst verschiedene Teilaktivitäten im Rahmen der durchzuführenden Prozesse bestimmt, diese einzelnen Akteuren zugewiesen und notwendige Übergabeprozeduren festgelegt. Die Hauptaufgabe der Kooperation besteht folgend darin, die individuellen Beiträge aufeinander abzustimmen, d.h. vor allem in zeitlicher und inhaltlicher Hinsicht zu koordinieren. Interaktionen zwischen den Akteuren erfolgen vor allem an den Schnittstellen der einzelnen Beiträge. Von Kooperation kann wie bereits dargestellt, dabei nur dann gesprochen werden, wenn auch die notwendigen Koordinationsaktivitäten von den Akteuren selbst getragen werden. Bei gemeinsamer Leistungserstellung (Kooperationstyp 4) erfolgt dagegen keine eindeutige Arbeitsteilung und eine fortdauernde Interaktion, wobei die Schnittstellen der Aktivitäten der Akteure nicht eindeutig festzulegen sind. Das Leistungsergebnis ergibt sich unmittelbar aus den Interaktionen der Akteure, beispielsweise indem diese gemeinsam, etwa im Fall eines Beratungsprojektes zur Einführung einer Standardsoftware, eine Situationsanalyse durchführen und mögliche Lösungskonzepte entwickeln. Die Beiträge einzelner Akteure sind dabei im nachhinein zumeist nicht mehr eindeutig zu identifizieren, da sie zu einem gemeinsamen Ergebnis verschmelzen. Dabei ist in diesem Beispiel auch eine in Teilbereichen arbeitsteilige Aufgabenerfüllung denkbar (Kooperationstyp 3), etwa indem einzelne Teilaufgaben wie beispielsweise die Konzeption der Benutzungsoberfläche oder die Anbindung der operativen Datenverarbeitungssysteme weitestgehend individuell durch einzelne Akteure erledigt und mit den anderen Akteuren abgestimmt werden.

Die verschiedenen Arten der Kooperation gehen mit unterschiedlichen Schwerpunkten kooperativer Aktivitäten einher, welche sich in die Aktivitätenklassen 'Verarbeitung gemeinsamer Objekte', 'Koordinieren' und 'Kommunizieren' bündeln lassen.[173] Läßt sich feststellen, welche Art der Kooperation vorliegt, können Rückschlüsse auf verschiedene den Kooperationsprozeß dominierende Aktivitätenklassen gezogen werden, auf die sich eine entsprechende Technikunterstützung ausrichten muß. Überprüft man die Kooperationstypen auf die schwerpunktmäßig vertretenen Aktivitätenklassen, ergeben sich die in Tabelle 2.4-1 dargestellten Zusammenhänge.

Das Verhandeln und Aushandeln von Sachverhalten (Typ 1) wird primär mittels kommunikativer Handlungen vollzogen, wie beispielsweise die Budgetfestlegung im Rahmen

[173] Vgl. Seitz (1995), S. 22 i.V. mit Piepenburg (1991a), S. 89 und Dittrich (1991), S. 109ff., wobei allerdings nicht die hier vertretene Hierarchisierung erfolgt. Ähnlich auch Malone/Crowston (1990), S. 365. Petrovic (1993), S. 72-86 unterscheidet in Koordination, Treffen von Entscheidungen, Kommunikation und Zugang zu gemeinsamen Objekten.

einer Sitzung verdeutlicht. Koordinierende Aktivitäten und die Verarbeitung gemeinsamer Objekte spielen hier nur eine untergeordnete Rolle.
Hilfeleistungen (Typ 2) erfolgen ebenfalls primär mittels kommunikativer Handlungen. Der Verarbeitung gemeinsamer Objekte kommt jedoch ebenfalls eine größere Bedeutung zu. Ein Beispiel stellt die Hilfstellung beim Layout einer Werbebroschüre durch eine erfahrene Kollegin dar, welche sich an einem entfernten Ort befindet und mittels entsprechender Softwaresysteme für den Hilfesuchenden auf dessen Bildschirm sichtbar, Designvorschläge entwickelt. Zwar erfolgen auch hier koordinierende Aktivitäten, beispielsweise hinsichtlich des abgestimmten Zugriffs auf das gemeinsame Objekt, sie bilden jedoch nicht den Kern der Kooperation.
Im Gegensatz dazu, stellt die Koordination bei arbeitsteiliger Aufgabenerfüllung (Typ 3) eine kooperative Kernaktivität dar. Zwar findet auch eine Verarbeitung gemeinsamer Objekte statt, wie die arbeitsteilige Bearbeitung eines in einem Formular vergegenständlichten Antrags zeigt, der von Bearbeiter zu Bearbeiter weitergereicht wird, von größerer Bedeutung sind jedoch koordinierenden Aktivitäten. Sie dienen beispielsweise dazu, den unterschiedlichen Bearbeitern verschiedene Teilaktivitäten zuzuordnen, Reihenfolgen herzustellen oder die zeitliche Abstimmung der Aktivitäten zu gewährleisten. Hierzu bedarf es, wie bei allen Formen der Kooperation, kommunikativer Handlungen zur interpersonellen Verständigung.
Bei der Durchführung gemeinsamer Tätigkeiten (Kooperationstyp 4) kann kein eindeutiger Schwerpunkt im Hinblick auf die Aktivitätenklassen festgestellt werden. Die Kooperation erfordert hier gleichermaßen kommunikative, koordinierende als auch gemeinsame Objekte verarbeitende Handlungen. Beispielsweise bei der gemeinsamen Erstellung eines Forschungsbeitrags diskutieren die Beteiligten einzelne Aspekte, es findet also Kommunikation statt. Die (Teil)Ergebnisse vergegenständlichen sich in gemeinsamen Textentwürfen oder Ideenskizzen, anhand derer die Leistungserstellung voranschreitet. Dabei gilt es bei räumlich verteilten Akteuren beispielsweise zu koordinieren, wer wann und in welcher Reihenfolge auf welche Textabschnitte zugreifen kann oder wie Änderungen an der Textvorlage dokumentiert werden.

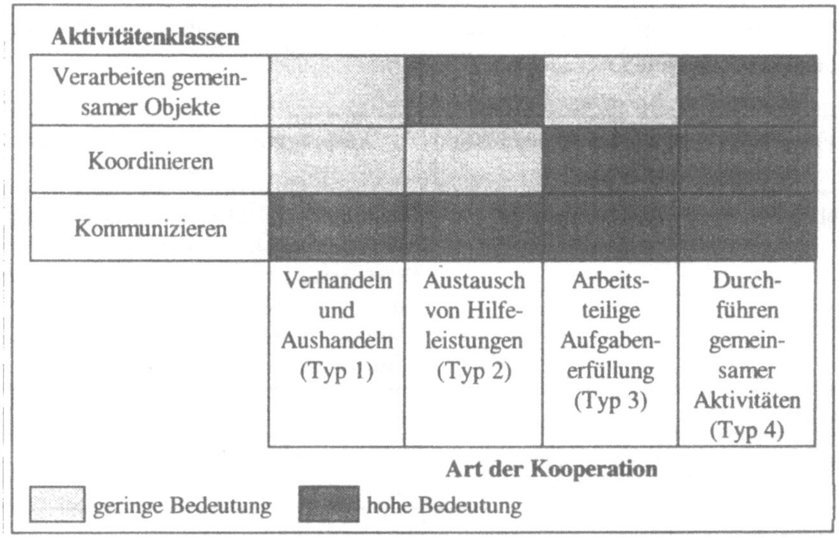

Tabelle 2.4-1: Zusammenhang zwischen verschiedenen Aktivitätenklassen und Arten der Kooperation

Die folgenden Ausführungen erläutern die verschiedenen Aktivitätenklassen 'Kommunikation', Koordination' und 'Verarbeitung gemeinsamer Objekte' im einzelnen.

2.4.2 Aktivitätenklasse 'Kommunikation'

Kooperation ist untrennbar mit Kommunikation verbunden. Kommunikation stellt einerseits die Voraussetzung, andererseits die Folge von Kooperation dar.[174] Kooperation erfordert Kommunikation, Kommunikation kann jedoch auch ohne kooperatives Verhalten erfolgen (etwa bei einem Streit oder wenn Kommunikation dazu dient, lediglich die eigenen Zielsetzungen durchzusetzen).[175] Kommunikation übernimmt in Kooperationsprozessen die Rolle eines Bindeglieds, das „die Regelung und Steuerung kooperativer Prozesse ermöglicht und effektiviert."[176] Kooperation erfordert deshalb eine möglichst unbehinderte Kommunikation.[177] Deshalb muß die Auseinandersetzung mit dem Phänomen der Kooperation einen Schwerpunkt auf die Analyse und Gestaltung von Kommunikationsprozessen legen.

[174] Vgl. Hacker (1986), S. 100.
[175] Vgl. Fiehler (1980), S. 65.
[176] König/Zoche (1991), S. 292f.
[177] Vgl. Piepenburg (1991a), S. 81 und Piepenburg (1991b), S. 81.

Kommunikationsprozesse lassen sich nach verschiedenen Kriterien systematisieren, wie die Tabelle 2.4-2 darstellt.

Merkmale von Kommunikationsprozessen	**Ausprägung der Kommunikationsbeziehung**
Anzahl der Kommunikationspartner	One-to-one (1:1): Kommunikation zwischen zwei Kommunikationspartnern, One-to-many (1:n): Kommunikation zwischen einer Person und mehreren anderen Personen, Many-to-many (n:m): Austausch von Informationen in einer Gruppe
Unternehmungsebene	vertikal - horizontal - diagonal
Struktur der Übertragung bzw. Unmittelbarkeit der Kommunikationsbeziehungen	einstufig - mehrstufig, direkt - indirekt
Regelungsgrad des Kommunikationsweges	frei - gebunden
Zugehörigkeit der Kommunikationspartner zur Unternehmung	intern - extern
Festlegungsgrad der Form und des Inhalts der Kommunikation	festgelegt (standardisiert) - nicht festgelegt (individualisiert)
Bestimmungsgrad durch organisatorische Regeln	formal – informal

Tabelle 2.4-2: Kategorisierung von Kommunikationsprozessen (in Anlehnung an Reichwald (1993a), S. 453 und Picot/Reichwald (1984), S. 38; ähnlich Mag (1978), S. 277; Mag (1980), Sp. 1035ff.; Bartram (1969), S. 61-73)

Der Bedeutungsinhalt der vielzähligen Definitionsansätze des Begriffs 'Kommunikation' reicht von einer engen Auslegung als „Nachrichtentransport zwischen einer Nachrichtenquelle und einer Nachrichtensenke"[178] im Sinne der Übertragung von Signalen zwischen Sender und Empfänger im Kommunikationsmodell von SHANNON und WEAVER bis zur verhaltenswissenschaftlichen Beschreibung als „Vorgang der Verständigung, der Bedeutungsvermittlung zwischen Lebewesen"[179]. Dabei bestehen sowohl Auffassungen, nach denen nur der Informationsaustausch zwischen Menschen Kommunikation darstellt,[180] als auch solche, die sowohl die Übertragungsprozesse zwischen Menschen, zwischen Maschinen als auch zwischen Menschen und Maschinen einschließen.[181]

---

178 Vgl. Shannon/Weaver (1949), S. 5.

179 Noelle-Neumann (1971), zitiert in Szyperski/Grochla/Höring et al. (1982), S. 292.

180 Vgl. z.B. Hesse/Barkow/Braun et al. (1994), S. 42.

181 Vgl. z.B. die Definition von Reichwald (1993b), Sp. 2174. Verschiedene Perspektiven der Betrachtung des Kommunikationsbegriffs zeigt Theis (1994), S. 117. Eine Analyse der Verwendungsvielfalt

Hier wird folgende Definition zugrundegelegt: *Kommunikation* ist „ein Prozeß, bei dem Informationen zwischen Personen [...] ausgetauscht werden. Kommunikation beginnt beim intuitiven, begrifflichen und modellhaften Denken einer Person, die eine Aussage übertragen will, und endet im Denkprozeß der empfangenden Person.“[182] Diese Interpretationsleistungen spielen bei der Kommunikation eine wesentliche Rolle, weshalb die Verwendung des Begriffs der Kommunikation an Menschen zu binden ist.
Wird zur Unterstützung von Kommunikation Technik eingesetzt (z.B. Austausch von Nachrichten zweier entfernter Partner über E-Mail), entstehen Mensch-Maschine-Mensch-Beziehungen. In diesem Fall spricht man von *technikvermittelter Kommunikation*. Bei der Übertragung von Informationen zwischen Technikelementen, z.B. wenn verteilte Datenbanken Daten zur Replikation oder zur Lastverteilung an verschiedene Standorte verteilen, handelt es sich nicht um Kommunikation, sondern lediglich um Datenübertragung.

Die sich mit Kooperations- und Kommunikationsprozessen im Büro befassenden Wissenschaftsdisziplinen gehen auch der Frage nach, wie Kommunikation durch Technikeinsatz unterstützt werden kann. Hierzu wird die Aktivitätenklasse ‘Kommunikation’ in elementare Aktivitäten differenziert, die wiederum hinsichtlich ihrer technischen Unterstützbarkeit untersucht werden.[183]

Die Unterteilung in die *informationellen Stufen* ‘Phänomene’ (d.h. reale Gegebenheiten, Sinneswahrnehmungen), ‘Symbole’ (z.B. Worte und Sätze in einer Sprache), ‘Zeichen’ (Elemente einer Sprache) und ‘Signale’ (physische Realisierung wie z.B. Graphitpunkte auf Papier, Zustand eines Magnetbandes) erläutert den Kommunikationsprozeß (siehe Abbildung 2.4-2, linker Teil).Die Differenzierung der Teilaktivitäten geht davon aus, daß die mit dem Inhalt einer Mitteilung zu transportierenden Wahrnehmungen realer *Phänomene* (z.B. die Wahrnehmung eines Baumes mit den Augen) erst kommunizierbar sind, wenn sie vom Kommunikator ‘begriffen’ bzw. interpretiert, also Gegenstand des Denkens werden. Um sich über die gewonnene Vorstellungswelt verständigen zu können, sind Aussagen (z.B. Charakterisierung des Baumes als Organismus oder als Baumaterial) als *Symbol*kombinationen darzustellen, d.h. in einer bestimmten Sprache zu formulieren (z.B. Baum, Tree), welche wiederum aus *Zeichen* (z.B. griechische oder

des Kommunikationsbegriffs findet sich in Szyperski/Grochla/Höring et al. (1982), S. 6ff. und 285ff. Analog zum Begriffspaar Informationsverarbeitung/Informationsverarbeitungsprozeß kann auch bei der Kommunikation von Kommunikationsprozeß gesprochen werden, da es sich um eine Folge von Aktivitäten handelt.

182 Szyperski/Grochla/Höring et al. (1982), S. 8. Vgl. Schmitz/Szyperski/Höring (1983), S. 504; Höring/ Bahr/Struif et al. (1983), S. 6; Scherff (1987), S. 4; Höring (1990), S. 39.

183 Zu den folgenden Ausführungen dieses Abschnittes vgl. Knittel (1995), S. 123ff.; Reif/Knittel (1996), S. 21ff.

lateinische Schrift, Morsezeichen) bestehen. Andere Personen können Zeichen erst dann wahrnehmen, wenn sie 'codiert' sind, d.h. ihnen eine wahrnehmbare physikalische Existenz in Form von *Signalen* zugewiesen wurde (z.B. Sprechen, Schreiben). Auf der Empfangsseite laufen entsprechende Prozesse ab.[184]

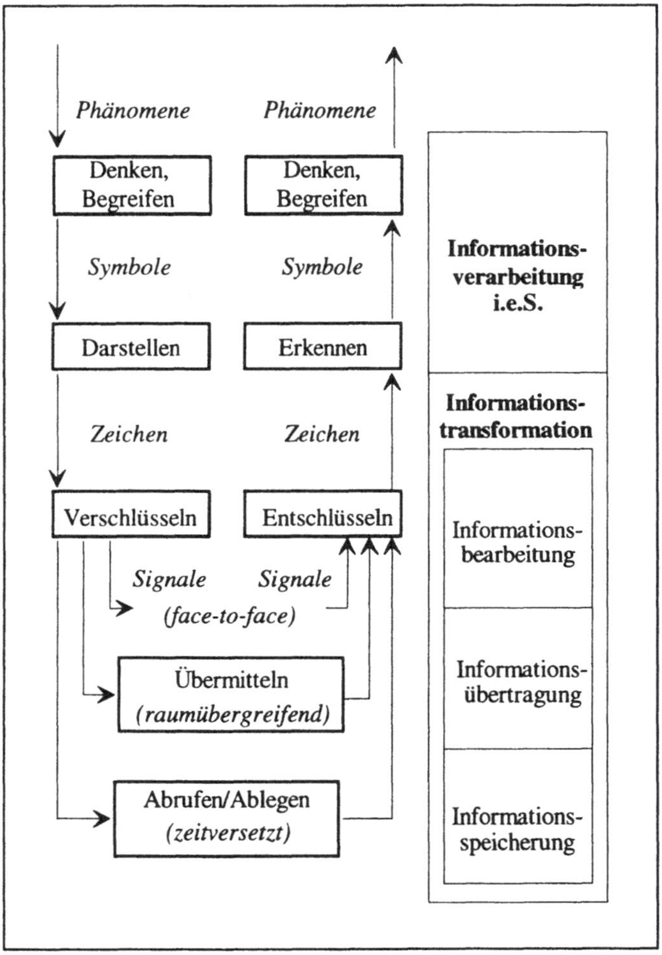

Abbildung 2.4-2: Teilaktivitäten von Kommunikationsprozessen (in Anlehnung an Knittel (1995), S. 123; ähnlich auch Wahren (1987), S. 91)

Die Lehre von der Semiotik differenziert den syntaktischen, den semantischen und den pragmatischen Asekt der Kommunikation.[185]

---

[184] Vgl. Szyperski/Grochla/Höring et al. (1982), S. 285-288.

[185] Vgl. hierzu und im folgenden Shannon/Weaver (1976), S. 13ff. Das Kommunikationsmodell von Shannon und Weaver deckt allenfalls die syntaktische Ebene der Kommunikation ab. Ein Modell,

Die *Syntaktik* beschäftigt sich mit sprachlichen Zeichen und deren Verknüpfungen (z.B. zu Wörtern bzw. Signalfolgen). Dabei stellt sie hinsichtlich der Verknüpfungen allein auf die (formalen) Regeln der Kombination ab. Daneben befaßt sie sich mit der physikalischen Übertragung von Zeichen, wobei die Dimensionierung von Kanälen, die Übertragungsgeschwindigkeit und die optimale Nachrichtenverschlüsselung relevant sind.

Die *Semantik* untersucht die Beziehung zwischen dem sprachlichen Zeichen und dem bezeichneten Objekt. Sie stellt damit auf den Inhalt, den Sinn und die Verständlichkeit der Zeichen sowie die Übereinstimmung bzw. Güte der Näherung der Nachrichteninterpretation beim Empfänger im Verhältnis zu der vom Sender gewünschten Bedeutung ab. Für den Erfolg eines Kommunikationsprozesses ist wichtig, daß Sender und Empfänger einer Nachricht den Signalen bzw. Zeichen die gleiche Bedeutung beimessen. Dieses setzt voraus, daß die Kommunikationspartner über einen gemeinsamen Zeichenvorrat und gleiche Regeln für deren Verbindung verfügen sowie eine gleiche Zuordnung der Zeichen zum zu Bezeichnenden vornehmen. Kommunikationsprozesse im Büro umfassen den Umgang mit akustisch, optisch, elektromagnetisch oder anders codierten Informationen. Die Verständigung mittels dieser Darstellungsarten von Information hängt entscheidend vom Ausdruckspotential des Senders und den Aufnahmemöglichkeiten des Empfängers einer Nachricht ab. Um sich unmittelbar (d.h. face-to-face) zu verständigen, übermitteln und empfangen Menschen optisch oder akustisch codierte Signale, z.B. mit Hilfe von Sprache, Mimik und Gestik. Beziehungsaspekte werden in Kommunikationsprozessen primär non-verbal und Inhaltsaspekte primär verbal codiert.[186] Mittels entsprechender (u.U. technischer) Hilfsmittel können Menschen unter anderem alphanumerische Zeichen, Texte, Zeichnungen, Bewegt- und Festbilder elektromagnetisch, optisch oder anders verschlüsseln und dann zeit- und/oder raumübergreifend übermitteln, so daß sie für andere oder die gleichen Personen hörbar, lesbar oder sichtbar sind.

Den Gegenstand der *Pragmatik* stellt die Zweckorientierung bzw. Wirkung der verwendeten Sprachelemente dar. Sie befaßt sich damit, was ein Kommunikationspartner mittels der Kommunikation erreichen möchte. Kommunikation dient dazu, Verständigung herzustellen, indem Bedeutungsinhalte geteilt werden, einen gemeinsamen Wissensstand zu erzeugen, Meinungen und Absichten zu wandeln sowie Verhalten zu verändern.[187] Mitteilungen bringen einen Sachinhalt (Inhaltsaspekt) zum Ausdruck, indem Informationen zum Zweck der aufgabenbezogenen Verständigung ausgetauscht werden. Gleichzeitig vermitteln sie auch die jeweilige Sender-Empfänger-Beziehung (Beziehungsaspekt).

---

das sich insbesondere mit der Semantik und der Pragmatik der Kommunikation befaßt, beschreiben Erb/Herrmann (1995), S. 179.

186 Vgl. Watzlawick/Beaven/Jackson (1990), S. 53.

187 Vgl. Rogers/Agarwala-Rogers (1976), S. 9. Vgl. Anders (1986), S. 32 bzgl. weiterer Klassifizierungen der Zwecke der Kommunikation.

Dabei kann unterschieden werden zwischen Informationen darüber, was der Sender beim Empfänger erreichen will, Informationen über die Person des Senders sowie Informationen über das Verhältnis zwischen Sender und Empfänger. Kommunikation erfüllt gerade auch in Kooperationssituationen eine soziale Funktion, indem sie soziale Beziehungen klärt und aufrecht erhält.[188]

Für kooperative Kommunikation ist neben dem Aspekt der Teilung von Bedeutungsinhalten zusätzlich die Intention der Verwirklichung gemeinsamer Interessen notwendig. In Kooperationskontexten sind dabei eine Bandbreite verschiedener Unterziele der Kommunikation von Bedeutung. Sie lassen sich in grundlegende, primäre Funktionen und sekundäre, eher indirekt, zeitversetzt wirkende Funktionen unterteilen.[189]

Zu den *primären Funktionen der Kommunikation* zählen in Kooperationsprozessen:[190]

- Aushandlung und Vermittlung von Informationen über die gemeinsame Zielerreichung, Normen, Rollen und Handlungspläne sowie Situationsdefinition,
- Festlegung und Koordination arbeitsteiliger Handlungen, Identifikation, Bearbeitung und Lösung von Sachaufgaben und Problemen,
- Überprüfung und Verbesserung der Zielerreichungsprozesses,
- Unterziele wie Aufgaben- und Rollenklarheit, Problemerkennung, Entscheidungsunterstützung, Kompetenzverbesserung etc.

Zu den additionalen, motivationalen *sekundären Funktionen* zählen:[191]

- soziale Eingliederung, informeller Informationsaustausch,
- Konfliktminderung und -vermeidung,
- Motivation, Identifikation,
- Herstellen von Zufriedenheit,
- Herausbildung bzw. Verfestigung eines Organisationsklimas und einer Unternehmungskultur.

Auf die Ebenen der Semiotik zurückkommend kann festgehalten werden, daß nur eine ungestörte Verständigung auf allen drei semiotischen Ebenen das Verstehen der Absicht des Senders durch den Empfänger erlaubt. Die Verständigung zwischen den Kooperationspartnern ist einerseits auf das Vermögen des Nachrichtensenders angewiesen, die beschriebenen informationellen Stufen umzusetzen. Andererseits muß der Nachrichtenempfänger gleichartige Fähigkeiten zur Wahrnehmung und Erkenntnis der verschlüs-

---

[188] Vgl. Watzlawick/Beavin/Jackson (1990), S. 53ff. Schulz von Thun (1981), S. 14 differenziert Kommunikationsprozesse weiter, indem er neben dem Sachinhalt und dem Beziehungsaspekt (Verhältnis des Senders zum Empfänger) die Dimension der Selbstoffenbarung (Informationen über die Person des Senders) und des Appells (Einflußnahme) in die Betrachtung von Kommunikationsprozessen einführt.

[189] Vgl. Winterstein (1998), S. 145.

[190] Vgl. Winterstein (1998), S. 145 i.V. mit Wahren (1994), S. 179.

[191] Vgl. Winterstein (1998), S. 145 i.V. mit Wahren (1994), S. 179.

selten Kommunikationsinhalte besitzen. Denn er versteht den vom Sender intendierten Kommunikationsinhalt nur dann, wenn er über denselben Signal-, Zeichen- und Symbolvorrat sowie identische Verknüpfungsregeln (Syntax), den gleichen Bedeutungsgehalt (Semantik) und einen vergleichbaren Kontextbezug (Pragmatik) der betreffenden Informationen verfügt.[192]
Kommunikation in Unternehmungen kann „keineswegs als selbstverständliches und problemloses Ereignis angesehen werden."[193] Jede Störung der Kommunikation in Unternehmungen auf einer der semiotischen Ebenen verursacht Effizienzverluste in Kooperationsprozessen. So können beispielsweise bewußte Verfälschungen, überkomplexe Darstellungen, zu lange Informationswege, unzureichende Aufnahmekapazitäten, abweichende sprachliche Begriffsbildung und Fehlinterpretationen auftreten.[194] Dieses gilt es insbesondere auch beim Einsatz von Kommunikationstechnik in Kooperationsprozessen zu beachten.

Zur Untersuchung der Möglichkeiten einer technischen Unterstützung ist es sinnvoll, die Operationen zur Verknüpfung der informationellen Stufen während eines Kommunikationsprozesses begrifflich zu unterscheiden:
„Prozesse, die nicht direkt die Erstellung oder das Aufnehmen von Signalen betreffen"[195] stellen *Informationsverarbeitung [i.e.S.]* dar. Es handelt sich hier um durch kognitive Programme gesteuerte *gedankliche Aktivitäten*, die sich mit inhaltlichen Wahrnehmungs-, Erkennungs-, Verstehens- und Lernprozessen befassen. Sie umfassen z.B. das Entstehen der Kommunikationsabsicht beim Sender und die nachgelagerte Interpretation und Auswertung für die Entscheidungsfindung und Handlungsvorbereitung beim Empfänger.[196] Informationsverarbeitung i.e.S. beinhaltet den Einsatz von Wissen zur Entscheidungs- bzw. Handlungsvorbereitung, also der Zuführung von Informationen zu ihrem wesenbestimmenden Zweck. Dieses Verständnis bindet Informationsverarbeitung i.e.S. an den Menschen, da nur er in der Lage ist, Wissen zu interpretieren und auszuwerten. Die Verarbeitbarkeit von Informationen durch Technik müßte demnach bei einer konsequenten Verwendung der Begrifflichkeiten bestritten und deshalb von Daten- statt von Informationsverarbeitung gesprochen werden.
Die *ausführenden Aktivitäten*, die den gegenständlichen, d.h. wahrnehmbaren Umgang mit Signalen, also insbesondere die Umformung von Zeichensystemen auf entsprechenden Trägermedien (z.B. in Form von Textdokumenten) betreffen und von einer inhalt-

---

[192] Vgl. Watzlawick/Beavin/Jackson (1990), S. 22-23.
[193] Cantin/Thom (1992), S. 287.
[194] Vgl. Wiswede (1981b), S. 227. Zu Kommunikationsstörungen vgl. Wahren (1987), S. 287; Coenenberg (1966), S. 43ff.; Seiwert (1992), Sp. 1135; Wiswede (1981b), S. 227; Hoefert (1976), S. 151f.
[195] Szyperski/Grochla/Höring et al. (1982), S. 10.
[196] Vgl. Reichwald (1993b), Sp. 2179; Gebert (1992), Sp. 1111.

lichen Verarbeitung der Informationen abstrahieren, werden mit dem Begriff *Informationstransformation* belegt. Diese gegenständliche Behandlung von Information läßt sich entsprechend des rechten Teils von Abbildung 2.4-1 wie folgt weiter differenzieren:

- Die *Informationsbearbeitung* bezieht sich auf die syntaktische Umwandlung von Zeichen zu Signalen und umgekehrt und umfaßt codierende Handlungen wie Schreiben, Sprechen, Hören, Zeichnen, Lesen usw.[197] Bearbeitung beinhaltet demnach auch die Änderung der Darstellungsart von Informationen durch Wechsel des Informationsträgers. Von der Form der Codierung hängt ab, welche Informationen aufgenommen und wie sie weiterverarbeitet werden können.[198]
- Bei der *Informationsübertragung* handelt es sich um die Vorgänge des Sendens und Empfangens von Signalen „zur Überbrückung des räumlichen Auseinanderfallens von Informationsgewinnung und -verwendung"[199].
- Die *Informationsspeicherung* schließt Zeitsprünge zwischen den einzelnen Kommunikationsschritten und bereitet notwendige Ablage- bzw. Abrufprozesse auf und vor, indem sie den Informationen eine dauerhafte physische Existenz verleiht.

Kommunikation stellt entsprechend dieser Terminologie einen spezifischen Informationsverarbeitungsprozeß dar,[200] der gemäß dieser als Schichtenmodell angelegten Darstellung mindestens zwei Aktivitäten durchläuft: Dieses ist erstens der das individuelle Denken umfassende Akt der menschlichen Informationsverarbeitung i.e.S., der das Erkennen und die Darstellung von Symbolen sowie Einsetzen der Information für einen bestimmten Zweck betrifft, sowie zweitens der ausführende Teil dieser Handlung, der im einfachsten Fall die Informationsbearbeitung umfaßt. Sollen Informationen nicht face-to-face, sondern an eine ferne Stelle übermittelt werden, so sind die Signale nicht nur zu bearbeiten, sondern darüber hinaus an diesen Ort zu transportieren. Besteht eine zeitliche Lücke zwischen der Informationserstellung und -(weiter)nutzung, ist neben der Informa-

---

197 Die unmittelbare Kommunikation durch Sprechen oder Gestikulieren könnte als ein Prozeß der Informationsbearbeitung und -übertragung interpretiert werden. Im Rahmen des hier untersuchten Zusammenhanges geht es jedoch um die Unterstützung der Kommunikation durch Medien. Diese Medien - von Rauchzeichen über Papier bis zum Telefon - dienen letztendlich dazu, die Grenzen der menschlichen Sinne und insbesondere des Sprechens bzw. Gestikulierens als natürlichen Ausdrucksformen des Menschen zu überwinden. Die mit den menschlichen Sinnen ohne Medien durchführbaren Umwandlungsprozesse von Zeichen zu Signalen werden deshalb als Informationsbearbeitung begriffen, während der mediengestützte räumliche oder zeitliche Transport neben der Bearbeitung auch das Speichern und Übertragen erfordert.

198 Vgl. Theis (1994), S. 137.

199 Scherff (1987), S. 4.

200 Ähnlich Coenenberg (1966), S. 36, der allerdings den Begriff der Informationstransformation als Oberbegriff wählt; Theis (1994), S. 137.

tionsbearbeitung für das Ablegen, Aufbewahren, Auffinden und Abrufen der Signale auf und von Informationsträgern zu sorgen (Informationsspeicherung).
Vereinfacht dargestellt werden etwa beim Telefonieren die Zeichen der Sprache durch das Sprechen zu technisch verarbeitbaren Signalen umgeformt (bearbeitet) und anschließend über die Telefonleitung räumlich übertragen. Dagegen stellt eine Notiz an einer Pinwand ein Beispiel für einen Kommunikationsprozeß dar, bei dem die Information zunächst durch das Schreiben bearbeitet und auf Papier gespeichert wird, ohne daß ein räumlicher Transport erfolgt. Die Verständigung per Brief kann dagegen als Prozeß der Informationsverarbeitung bzw. der Kommunikation interpretiert werden, der neben Bearbeitungs- sowohl Speicherungs- als auch Übertragungsaktivitäten erfordert.
Die technische Flankierung von Kommunikationsprozessen bezieht sich lediglich auf deren ausführenden Teile, also auf die Aktivitäten der Informationsbearbeitung, -übertragung und -speicherung (Informationstransformation). Die gedanklichen Vorgänge der Informationsverarbeitung i.e.S. können dagegen bisher nicht durch Technik ersetzt werden.[201]

Eine Reduzierung der Betrachtung von Kommunikationsprozessen auf die syntaktische und semantische Ebene reicht im Zusammenhang mit kooperativen Prozessen nicht aus. Die Interaktion zwischen den Beteiligten führt zur gegenseitigen Beeinflussung, deshalb ist von besonderer Bedeutung, mit welcher Zwecksetzung Informationen zwischen Kooperanden übermittelt werden. Das Sender-Empfänger-Modell, an dem sich das Konzept der technikgestützten Kommunikation vielfach orientiert, betont unangemessen stark die (möglichst rauschfreie, akkurate und verlustfreie) Übertragung der zu übermittelnden Signale. Die Dynamik zwischenmmenschlicher Beziehungen und der Verständigungskontext, die im Verlauf eines Kommunikationsprozesses wirksam werden, bleiben dort weitgehend unberücksichtigt. Aus diesem Grund ist zu resümieren: „Alle rein mechanistischen Erklärungsversuche des zwischenmenschlichen Kommunikationsphänomens bleiben steril."[202] Ein Verständnis der Kommunikation als Informationsaustausch zwischen Menschen und/oder Maschinen legt technische Gestaltungslösungen nahe, die die spezifischen Merkmale und die besondere Bedeutung der Kommunikation für die Kooperationsprozesse nicht berücksichtigen und ist deshalb hier abzulehnen.[203]

---

201 Vgl. Scherff (1986), S. 47.
202 Cantin/Thom (1992), S. 287.
203 Vgl. Pleiss/Kreutner (1991), S. 96.

2.4.3 Aktivitätenklasse 'Koordination'

Kooperation erfordert nicht nur kommunikative, sondern in unterschiedlichem Ausmaß auch koordinative Aktivitäten. Über die Erläuterungen hinaus, die Koordination und Kooperation voneinander abgegrenzt haben, wird der Charakter von Koordination hier detaillierter beschrieben, da die Koordination einen wesentlichen Aktivitätenkomplex innerhalb kooperativer Handlungen darstellt.

'Koordinieren' bedeutet allgemein 'in die Reihe bringen, ordnen, regeln'[204]. Im hier vorliegenden Zusammenhang beinhaltet Koordination die Abstimmung von Sachverhalten oder Handlungen hinsichtlich eines definierten Ziels.[205]
Die Notwendigkeit zur Koordination entsteht aufgrund von *Interdependenzen*. Im einzelnen ist zwischen Ziel-, Handlungs-, Ressourcen- und Leistungsinterdependenzen zu unterscheiden.[206] Interdependenzen bestehen dann, wenn Entscheidungen eines Akteurs Veränderungen in den Entscheidungsfeldern anderer Akteure verursachen. Die Abstimmung der Entscheidungen vermeidet dysfunktionale Entscheidungsfolgen durch Berücksichtigung der Intentionen und Dispositionen anderer Akteure, indem Einzelentscheidungen in Bezug zu den übergeordneten Zielen gesetzt werden.
Zielinterdependenzen stellen einen wesentlichen Beweggrund kooperativer Aktivitäten dar. Probleme bei der Formulierung und Durchsetzung von Zielen ergeben sich daraus, daß meist mehrere Ziele verfolgt werden. Prinzipiell sind folgende Beziehungen denkbar: Zielidentität liegt dann vor, wenn ein Ziel ein anderes, prinzipiell gleiches Ziel umfaßt. Bei komplementären Zielen ist die Erhöhung des Zielerreichungsgrades eines Zieles mit der Erhöhung des Zielerreichungsgrades eines anderen Zieles verbunden. Bei konkurrierenden Zielen führt die Erhöhung des Erreichungsgrades des einen Zieles zu einer Minderung der Zielerreichung des anderen Zieles. Zielantinomie besteht, wenn sich die Realisation von Zielen ausschließt. Bei Zielindifferenz ist die Erfüllung eines Zieles unabhängig von der Realisation eines anderen Zieles.[207] In letzterem Fall besteht demnach keine Zielinterdependenz. Kooperative Leistungserstellung setzt im Gegensatz zur lediglich koordinativen Leistungserstellung (partiell) identische oder komplementäre Ziele voraus.

---

204 Vgl. Lilge (1981), S. 212.

205 Vgl. Schulte-Zurhausen (1995), S. 187. Ähnlich Frese (1989), Sp. 913; Gutenberg (1962), S. 68; Poensgen (1980), Sp. 1130; Kieser/Kubicek (1992), S. 95. Lilge (1981), S. 212ff. gibt 40 unterschiedliche Definitionen von Koordination. Eine ausführliche Betrachtung der Koordination und der ihr zugrundeliegenden Prinzipien findet sich bei Laßmann (1992).

206 Die Differenzierung der verschiedenen Arten der Interdependenz erfolgt in Anlehnung an Brummund (1983), S. 20-23. Anders Frese (1998), S. 65ff., der in Markt-, Ressourcen- und Prozeßinterdependenzen unterscheidet, sowie Laßmann (1992), S. 46ff.

207 Vgl. Mag (1995), S. 49; Hamel (1992), Sp. 2641.

Ressourceninterdependenzen resultieren aus dem Zugriff arbeitsteilig oder gemeinsam agierender Subsysteme bzw. Akteure auf knappe Ressourcen,[208] so daß auch Akteure, die ansonsten autonom agieren, voneinander abhängig werden, indem sie über die gemeinsamen Ressourcen in die gegenseitigen Entscheidungsprämissen eingreifen.
Handlungsinterdependenzen bestehen vor allem bei der gemeinsamen Realisation von Leistungsbeiträgen durch mehrere Akteure mit konjunktiver Leistungserstellung, wobei die Handlungen der Akteure dann unmittelbar voneinander abhängen.
Leistungsinterdependenzen äußern sich im Transfer von Dienstleistungen oder Gütern zwischen den Akteuren, was die Notwendigkeit der Abstimmung hinsichtlich Menge, Qualität und Zeitpunkt der zu übergebenden Leistungsbeiträge erzeugt.[209]

Im einzelnen sind die folgenden elementaren *Aktivitäten der Koordination* zu unterscheiden, welche mit verschiedenen Arten der Interdependenz in Verbindung stehen:[210]
- Identifikation von Zielen und Zielinterdependenzen,
- Zuordnung gemeinsam genutzter Betriebsmittel (Beispiel: Zuordnen von Sitzungsräumen oder Rechnerkapazitäten) aufgrund von Ressourceninterdependenzen,
- Zieldekomposition und Aktivitätenplanung aufgrund von Ziel- bzw. Handlungsinterdependenzen,
- Auswahl von Akteuren und Zuordnung von Aktivitäten, d.h. Aufgabenteilung zwischen den Beteiligten innerhalb der Kooperationseinheit auf Grundlage von Zielinterdependenzen, was Leistungsinterdependenzen nach sich zieht und bei gemeinsamer Leistungserstellung mit Handlungsinterdependenzen verbunden ist,
- Herstellen von Reihenfolgen (Beispiel: Festlegung der Bearbeitungsreihenfolge eines Antrages in einer Behörde) und die Synchronisation paralleler oder sequentieller Handlungen bzw. Sachverhalte (Beispiel: zeitliche Abstimmung der Aktivitäten im Rahmen einer Werbekampagne für ein neues Produkt, das rechtzeitig vor der Präsenz in den Verkaufsstellen in verschiedenen Medien beworben werden soll) aufgrund von Leistungs- und/oder Handlungsinterdependenzen.

Daß es der Koordination in kooperativen Arbeitsprozessen bedarf, um den verschiedenen Interdependenzen gerecht zu werden, ist unumstritten. Die Dependenzen und Schnittstellen der Handlungspläne sowie die mit ihnen verbundenen Einzelaktivitäten und Entscheidungen der beteiligten Akteure sind wechselseitig abzustimmen und die Art des

---

208 Vgl. Frese (1998), S. 64f.

209 Die Ausführungen in Abschnitt 4.2.2.1 dieser Arbeit unterscheiden in diesem Zusammenhang in sequentielle, reziproke und integrative Leistungsinterdependenzen.

210 Vgl. Seitz (1995), S. 22 i.V. mit Malone/Crowston (1990), S. 360 bezüglich der Arten koordinierender Handlungen, welche dort allerdings nicht mit den Arten der Interdependenz in Verbindung gebracht werden.

Zusammenwirkens zu regeln.[211] Unterschiedliche Auffassungen bestehen jedoch insbesondere darüber, welche Koordinationsinstrumente sich für kooperative Arbeitsprozesse eignen.
Die Organisationstheorie unterscheidet zwischen strukturellen und nicht strukturellen *Instrumenten der Koordination* zur Deckung eines Koordinationsbedarfs. Zu den nichtstrukturellen, die an dieser Stelle nicht näher untersucht werden, zählen die Koordination über Märkte,[212] die Unternehmungskultur und die Standardisierung von Rollen. Als strukturelle - d.h. die formale Struktur betreffende Koordinationsinstrumente, welche die folgenden Ausführungen untersuchen - nennt die Literatur Weisung, Selbstabstimmung, Programme und Pläne.[213] Grundsätzlich ist festzuhalten, daß die unterschiedlichen Koordinationsmechanismen prinzipiell auch gleichzeitig vorliegen können und sich teilweise gegenseitig substituieren.[214]

Bei der Beschreibung der Koordinationsmechanismen spielen drei Abgrenzungskriterien eine Rolle. Die *Koordinationsrichtung* zeigt an, ob der Koordination vertikale oder horizontale Informationsflüsse zugrundeliegen. Die *Strategie der Koordination* gibt darüber Auskunft, ob ein Koordinationsmechanismus ex ante eingesetzt wird (Vorauskoordination), so daß die Handlungssituation zu antizipieren ist, oder ob er auch ex post (Feedback-Koordination) eingesetzt werden kann, um auf Störungen zu reagieren. Als drittes Charakteristikum der verschiedenen Koordinationsmechanismen ist die *Vermittlungsform* der Kooperation anzusehen. Persönliche Koordinationsmechanismen beruhen auf unmittelbarer Kommunikation bzw. der Wahrnehmung von Handlungen, deren Träger eindeutig identifiziert werden können, wobei im damit verbundenen sozialen Prozeß Kategorien wie Macht sowie Konflikte eine Rolle spielen. Demgegenüber geht die Koordination bei den technokratischen Koordinationsmechanismen nicht notwendigerweise auf persönliche Kommunikation, sondern auf die Vermittlung durch Medien oder spezialisierte Methoden und Verfahren zurück, so daß die Urheber nicht notwendigerweise identifizierbar sind.[215]

---

[211] Vgl. Paetau (1991), S.144; Grunwald (1981), S. 73f.

[212] Bei der Koordination über Märkte besteht kein gemeinsamer Handlungszweck der Akteure, so daß kooperative Leistungserstellung auszuschließen ist. Ohnehin erscheint die Anwendung innerhalb von Kooperationseinheiten nicht praktikabel, weshalb hier keine weitere Erläuterung erfolgt.

[213] Vgl. Kieser/Kubicek (1992), S. 103ff. Bezüglich der strukturellen Instrumente ähnlich äußern sich Gaitanides (1983), S. 159 und Mintzberg (1992), S. 19ff. Anders definiert z.B. Staehle (1994), S. 528-535. Dittrich (1991), S. 113-114 unterscheidet danach, ob die Kontrolle von zu koordinierenden Arbeitsabläufen über das auszutauschende oder gemeinsam zu nutzende Dokument (formal), über die Intention der darin enthaltenen Nachricht (inhaltlich), über eine Vorab-Definition von Vorgangsketten oder über die beteiligten Rollenträger selbst realisiert wird.

[214] Vgl. Schanz (1994), S. 74; Kieser/Kubicek (1992), S. 193.

[215] Vgl. Kieser/Kubicek (1992), S. 95-104.

		Koordinationsrichtung	
		vertikal	horizontal
Vermittlungsform / Strategie der Koordination	personen-orientiert/ Voraus- und Feedback-koordination	Anweisung	Selbst-abstimmung
	technokratisch (unpersönlich)/ Voraus-koordination	Programme Pläne	

Tabelle 2.4-3: Koordinationsmechanismen

Die Tabelle 2.4-3 vermittelt einen Überblick über die Einordnung der verschiedenen Koordinationsinstrumente.[216]

Bei der Koordination durch *persönliche Weisungen* handelt es sich um eine Form der vertikalen Koordination, wobei die Koordinationsvermittlung personenbezogen und primär fallweise zwischen einer höheren und einer niedrigeren Ebene der Unternehmungshierarchie auf Grundlage der Androhung von Sanktionen stattfindet. Das Koordinationsinstrument Anweisung erlaubt sowohl die Koordinationsstrategie der Feedback-Koordination als auch der Vorauskoordination. Koordination durch Weisung setzt formale Über- und Unterordnungsbeziehungen zwischen den Akteuren voraus.

Selbstabstimmung stellt ebenfalls einen personenbezogenen Koordinationsmechanismus dar, der beide Strategien der Koordination erlaubt. Die Richtung der Koordination ist im Gegensatz zur Anweisung horizontal, denn die Koordination erfolgt unmittelbar zwischen den betroffenen Aufgabenträgern durch direkte Kommunikation.[217] Es gibt

[216] Zu den folgenden Ausführungen bezüglich der verschiedenen Koordinationsmechanismen vgl. Kieser/ Kubicek (1992), S. 95-104 i.V. mit Schanz (1994), S. 71f.

[217] Vgl. Laßmann (1992), S. 285f.; Schanz (1994), S. 71. Anders bei Kieser/Kubicek (1992), S. 107 die nur dann von Selbstabstimmung sprechen, wenn die Abstimmung im Rahmen offizieller Gruppenentscheidungen (z.B. im Entscheidungsausschuß) erfolgt und die Entscheidungen der Gruppe für alle Mitglieder verbindlich sind. Die Kritik von Schäffer (1996a), S. 58f. bzw. (1996b), S. 1096, diese Unterscheidung der verschiedenen Koordinationsmechanismen beziehe lediglich bei Selbstabstimmung die Art der Entscheidungsfindung in die Abgrenzung ein, ist nicht gerechtfertigt, da es sich hierbei vielmehr um ein zusätzliches Merkmal handelt und bereits durch die Richtung der Koordination und die Form der Vermittlung der Koordination eine eindeutige Abgrenzung erfolgt.

demnach keine auf die Koordination spezialisierten, formal übergeordneten Akteure, da die Verantwortung für die Koordination auf die Gesamtheit der Akteure übertragen wird.

Die Koordination durch *Programme,* welche generelle Handlungsempfehlungen etwa in Form von Verfahrensrichtlinien, Handbüchern und Standards darstellen, beinhaltet eine technokratische, unpersönliche Vermittlung der Koordination. Dieses gilt ebenso für die Koordination durch *Pläne,* die im Rahmen institutionalisierter Planungsprozesse entwickelte Vorgaben umfassen. Beide Formen erlauben lediglich eine Koordination ex ante. Programme und Pläne weisen einen verselbständigten Charakter auf, da sie auch unabhängig von ihren Urhebern existieren bzw. diese nicht notwendigerweise identifizierbar sind. Beide setzen primär vertikale Koordination um, sind jedoch auch im Rahmen horizontaler Koordinationsprozesse einsetzbar. Während Programme prinzipiell auf Dauer angelegt sind, werden Pläne periodisch erneuert und beziehen sich in der Regel auf einen bestimmten Zeitraum oder einmalige Aufgaben, z.B. ein Projekt. Programme legen in der Regel einen Ablauf oder ein Verfahren fest. Dies erfordert geistige Vorwegnahme und Vorhersehbarkeit aller durch Programme geregelten Arbeitsabläufe. Dagegen beziehen sich Pläne auf die Festlegung eines bestimmten Outputs oder Ziele der Leistungserstellung. Von persönlichen Weisungen unterscheiden sich Programme durch ein größeres Ausmaß an Generalität der Regelungen, da die persönliche Weisung fallweise, Programme jedoch bei wiederkehrenden Ereignissen angewendet werden. Der Regelungsgrad von Programmen reicht von einer flexiblen Vorgabe genereller Richtlinien bzw. der anzuwendenden Verfahren bis zur starren, detaillierten Festlegung von Verfahren. Programme führen zur Standardisierung der Aufgabenerfüllung und zur Einschränkung von Handlungsspielräumen, da sie dauerhaft festgelegen, mit welchen Handlungen bzw. Entscheidungen in einer bestimmten Situation reagiert werden soll. Deshalb spricht man auch von Koordination durch Standardisierung.[218] Problematisch ist der Einsatz von Programmen vor allem dann, wenn sie für Aufgabenstellungen eingesetzt werden, die aufgrund ihrer Varietät oder einer hohen Anzahl von Interdependenzen dafür ungeeignet sind. Der Vorteil der Programmierung liegt demgegenüber in der Verringerung des individuellen Problemlösungbedarfs, indem Problemklassen und entsprechende Lösungsmöglichkeiten vorgegeben werden. Dies reduziert die Unsicherheit für die Aufgabenträger und dient ihnen zur Orientierung, eröffnet gleichzeitig aber weitreichende Möglichkeiten für die fremdgesteuerte Kontrolle der Handlungen und Handlungsergebnisse.

Eine anschauliche Gegenüberstellung der verschiedenen Koordinationsmechanismen erlaubt der Vergleich verschiedener Formen des Musizierens: „Die Programmierung einer Drehorgel determiniert die Ausführung des Musikstücks (durch Drehen) unmittel-

218 Vgl. z.B. Thompson (1967), S. 56; Gaitanides (1983), S. 177.

bar, a priori und im Detail. Koordinationsprobleme zwischen den Stimmen können auch in einer sehr komplizierten Fuge nicht auftreten. Eine Komposition auf traditionellem Notenpapier ist einem koordinierenden Plan vergleichbar, der natürlich Interpretationsspielraum läßt. Ein Dirigent kann den Spielraum durch persönliche Weisungen einengen und so eine Harmonisierung der Interpretation der Musiker erreichen. Im Zuge einer Improvisation können sich talentierte Musiker mit einem gemeinsamen Musikgeschmack allerdings auch selbst abstimmen.“ [219]

Welche Koordinationsmechanismen eignen sich nun zur Anwendung innerhalb von Kooperationsprozessen? Kooperatives Handeln setzt „autonome Handlungs- und Entscheidungsspielräume”[220] voraus. Je nach Art, Ausmaß und Intensität der Kooperation opfern die Beteiligten einen größeren oder kleineren Teil ihrer Selbständigkeit, verfügen gleichzeitig aber auch über die Fähigkeit und Möglichkeit zur Kontrolle bzw. Regelung ihrer Handlungsanteile.[221] Kooperation ist durch die Möglichkeit des Einwirkens auf die Handlungen des anderen gekennzeichnet (Aktivität), statt diese als Datum hinnehmen zu müssen (Passivität).

Bei der Selbstabstimmung als einer Form der Koordination, an der ausschließlich die interdependenten Aufgabenträger beteiligt sind und bei der die Kontaktaufnahme auf direktem Wege und ohne Anweisung erfolgt, stellt sich die Eignung als Koordinationsinstrument innerhalb kooperativer Arbeitssituationen als eindeutig dar. Der Einsatz von Plänen bietet ergänzend zur Selbstabstimmung geeignete Koordinationsmöglichkeiten, ohne die Autonomie und Steuerungsfähigkeit der Akteure derart zu beschränken, daß lediglich die Anpassung an gegebene Handlungsrestriktionen möglich bleibt. Beispielsweise können Pläne eine grobe Koordination der Aktivitäten vorgeben, während die Feinabstimmung durch Selbstabstimmung erfolgt, so daß der Einsatz von Plänen die Selbstabstimmung ergänzende Koordinationsmöglichkeiten bietet.[222] Dagegen bleibt die Bewertung bei den Programmen und detaillierten Plänen schwierig, weil unterschiedliche Abstufungen und Einsatzformen möglich sind, so daß nur im Einzelfall entschieden werden kann. Anweisungen scheiden demgegenüber als Koordinationsinstrument eindeutig aus. Auf formaler Autorität beruhende Eingriffe eines formal Vorgesetzten mittels Weisungen sind bei der kooperativen Aufgabenerfüllung subsidiär und weisen auf ein Versagen der Selbstabstimmung hin.[223]

Die externe Kontrolle der Handlungen zusammenwirkender Akteure durch Anweisungen oder durch detaillierte Programme weist auf koordinierte und nicht-kooperative Arbeits-

---

219 Herzog (1994), S. 7, zitiert in Schäffer (1996a), S. 28.
220 Marr (1992), Sp. 1155.
221 Vgl. Boettcher (1974), S. 42; Tröndle (1987), S. 17.
222 Vgl. Kubicek/Höller (1990), S. 163.
223 Vgl. Wunderer (1991), S. 209.

prozesse hin. Dies gilt es beim zielkonformen Entwurf kooperationsunterstützender Techniksysteme zu berücksichtigen.

Insgesamt soll davon ausgegangen werden, daß die Selbstabstimmung das dominierende Koordinationsinstrument in kooperativen Arbeitsprozessen darstellt. Dabei kann die Selbstabstimmung auch dazu dienen, Pläne und Programme festzulegen. Vertikal vorgegebene Pläne oder Rahmenprogramme können ergänzend dazu beitragen, den Koordinationsbedarf zu decken.

2.4.4 Aktivitätenklasse 'Verarbeitung gemeinsamer Objekte'

Neben der Kommunikation und der Koordination wurde die Verarbeitung gemeinsamer Objekte als dritte Aktivitätenklasse kooperativer Leistungserstellung identifiziert. Sie äußert sich beispielsweise im Erzeugen physisch fixierter Informationen (z.B. bei der Erstellung eines gemeinsamen Forschungsbeitrags, der Speicherung von Informationen in einer gemeinsamen Datenbank oder der Dokumentation von Sitzungsergebnissen) oder im Archivieren, Wiederfinden und Abrufen von Dokumenten, die arbeitsteilig von verschiedenen Akteuren erstellt werden. Bei kooperativen Arbeitsprozessen im Büro handelt es sich im Gegensatz zum Produktionsbereich dabei um Objekte, die informationeller Art sind, dabei allerdings physisch wahrnehmbare Träger erfordern.

Gemeinsame Objekte dienen vielfach als Ausgangspunkt für die technische Unterstützung kooperativer Arbeit,[224] weshalb ihre Bedeutung für die Zusammenarbeit an verschiedenen Stellen diskutiert und auf die computergestützte Zusammenarbeit übertragen wird.[225] Bisweilen stellt die gemeinsame Bearbeitung sogar das Abgrenzungskriterium der Kommunikation von der Kooperation dar.[226] Diese Sicht hat jedoch nur dann Gültigkeit, wenn man Kommunikation lediglich als Informationstransport vom Sender zum Empfänger interpretiert und die Möglichkeit der Aufbewahrung der Nachrichten außer acht läßt.

Bei der Betrachtung der Verarbeitung gemeinsamer Objekte wird zwischen dem 'Interfacing' und dem 'Sharing' unterschieden. 'Interfacing' über gemeinsame Objekte beinhaltet, daß Akteure physischen Zugriff auf ein gemeinsames Objekt nehmen, indem sie beispielsweise aus einer gemeinsamen Datenbank Informationen abrufen, welche die Grundlage für kommunikative Prozesse bilden. Der Aspekt des 'Integrating' geht einen Schritt weiter und umfaßt die Bildung eines gemeinsamen Informationsraumes, indem die

224 Vgl. Robinson (1993), S. 42.

225 Vgl. z.B. Schrage (1990), S. 98; Petrovic (1993), S. 83f.; Schwabe (1995), S. 138ff.

226 Vgl. Schrage (1990), S. 98.

Objekte jederzeit für alle beteiligten Akteure zugänglich sind und z.B. strukturiert, sortiert, erweitert oder kombiniert werden können. Eine wesentliche Eigenschaft der Objekte liegt dabei darin, daß sie als Träger von Informationen sowie als gemeinsame Bezugspunkte dienen und damit den Anknüpfungspunkt für das 'Sharing' und den Aufbau eines gemeinsames Verständnisses über das Problemfeld bilden.[227] Diese Objekte können entweder gemeinsame Materialien, also in das Ergebnis einfließende Objekte (z.B. Texte, Grafiken, Modelle) oder Werkzeuge zur Verarbeitung solcher Materialien darstellen.
Die Kommunikation über gemeinsame Informationsobjekte fördert das Verständnis für den kooperativen Aufgabengehalt und schafft eine Grundlage für gemeinsame Problemlösungen. Gleichzeitig verdeutlichen gemeinsame Objekte jedoch auch Differenzen und Konflikte.

Im einzelnen können den gemeinsamen Objekten im Rahmen kooperativer Aktivitäten die folgenden *Merkmale und Funktionen* zugeordnet werden:[228]

- Gemeinsame Objekte beinhalten *'Öffentlichkeit'*. Es besteht keine Möglichkeit, Teile der in den Objekten verkörperten Informationen für bestimmte Mitglieder der Kooperationseinheit unzugänglich zu machen. Die Bereitstellung der gemeinsamen Objekte dient auch dazu, „einen Raum zu schaffen, der Symbole, Ideen, Abläufe, Entwürfe, Musik, Zahlen, Bilder und Texte enthält,“[229] so daß ihnen eine integrierende Funktion zum Aufbau eines gemeinsamen Verständnisses zukommt.[230]
- Gemeinsame Objekte sind von *allen Akteuren in der Kooperationseinheit verarbeitbar,*[231] indem Informationen verändert, entfernt oder hinzugefügt werden. Schließt man einzelne Akteure von der Möglichkeit zur Manipulation aus, beinhaltet dieses zumindest einen teilweisen Ausschluß von der gemeinsamen Arbeit, weil ihre Beiträge nicht in den gemeinsamen Objekten vergegenständlicht sind und damit auch nicht durch eine einfache Bezugnahme der anderen referenziert werden können.
- Gemeinsame Objekte dürfen nur *einen gültigen Informationsstand* enthalten, damit alle Kooperanden denselben Inhalt referenzieren. Eine Veränderung der Objekte führt zu einem neuen Informationsstand. Gemeinsame Objekte veringern dabei die Erfordernisse zu expliziter Kommunikation, da der Stand der Kooperation mit einem Blick auf das Objekt sichtbar wird. Dieses ist jedoch in qualifizierten

---

227 Vgl. Petrovic (1993), S. 83.

228 Vgl. Zerbe/Schwarzer/Krcmar (1995), S. 10f.; Schwabe (1995), S. 141f. Beide Quellen verwenden in diesem Zusammenhang den Begriff des Materials.

229 Petrovic (1993), S. 83.

230 Vgl. Petrovic (1993), S. 83.

231 Vgl. Schwabe (1995), S. 141.

Arbeitszusammenhängen nur vor dem Hintergrund einer bereits etablierten Zusammenarbeit möglich.[232]

- Gemeinsame Objekte verschaffen Informationen *Persistenz im Zeitablauf*, indem sie den letzten Informationsstand für eine zukünftige Verwendung speichern. Dies stellt gleichzeitig eine Voraussetzung für die Interaktion zeitlich verteilter Kooperationseinheiten dar. Um auch auf alte Informationsstände zugreifen zu können, bedarf es einer Versionsverwaltung, damit auch im weiteren Verlauf der Kooperation darauf zurückgegriffen werden kann.
- Gemeinsame Objekte dienen auch dazu, *räumliche Entfernungen* zu *überbrücken*, weil dadurch der aktuelle Informationsstand transportierbar wird bzw. Sichten auf die gemeinsamen Objekte an verschiedenen Orten erzeugt werden können. Findet gleichzeitig ein Transport ohne zeitliche Differenzen statt, können die Kooperanden an der Interaktion teilnehmen, als ob sie sich am gleichen Ort aufhalten.
- Der Einsatz technisch modellierter Objekte ermöglicht *verschiedene Repräsentationen* der gemeinsamen Objekte, die den Kooperanden verschiedene Sichten auf die Objekte gestatten. Als Beispiel sei hier die Darstellung einer Auswertung wahlweise als Torten- oder Balkengrafik genannt.[233]

Gemeinsame Objekte werden umso bedeutender für kooperative Arbeitssituationen, je kreativer und intensiver die Zusammenarbeit ist. Gleichzeitig ergeben sich aus dem Zugriff auf gemeinsame Objekte neue Koordinationsprobleme, die daraus resultieren, daß eine umfassende Kenntnis der Arbeit der anderen Teilnehmer erzielt werden soll, ohne die anderen bei der Arbeit zu stören oder von ihnen gestört zu werden und ohne in deren Privatsphäre einzudringen.

Letzteres weist erneut darauf hin, daß die verschiedenen Aktivitätenklassen 'Kommunikation', 'Koordination', 'Verarbeitung gemeinsamer Objekte' nicht vollkommen unabhängig voneinander zu betrachten sind und sich teilweise überschneiden. Beispielsweise wird die Verarbeitung gemeinsamer Objekte in der Regel von Kommunikationsprozessen begleitet und erfordert ein Mindestmaß an Koordination, um den Zugriff der verschiedenen Akteure auf die Objekte zu regeln. Das Ziel der Ausführungen bestand allerdings nicht darin, eine eindeutige Abgrenzung vorzunehmen, sondern ein Verständnis für die verschiedene Aktivitätenklassen zu erzeugen und eine adäquate Berücksichtigung bei der Bereitstellung kooperationsunterstützender Softwaresysteme zu ermöglichen.

---

232 Vgl. Gryzan/Wulf/Züllighoven (1993), S. 98f.
233 Vgl. Schrage (1990), S. 155.

2.5 Implikationen für die vorliegende Arbeit

Beiträge, die sich mit computergestützter Kooperation befassen, verzichten zum Teil auf die Verdeutlichung der Charakteristika kooperativer Arbeit oder verwenden sehr undifferenzierte Begriffsverständnisse. Eine zielgerechte, systematische Gestaltung computergestützter Kooperation, d.h. unter anderem auch eine zielgerechte Gestaltung kooperationsunterstützender Technologien, kann jedoch nur dann erfolgen, wenn eine hinreichend genaue Vorstellung darüber besteht, welche Sachverhalte Kooperation kennzeichnen. Zu diesem Zweck setzen sich die vorangehenden Abschnitte mit den Charakteristika kooperativer Arbeit im Bürobereich auseinander. An dieser Stelle seien wesentliche Aspekte noch einmal zusammengefaßt.

Informationsverarbeitende Leistungserstellung findet nicht nur mittels individueller Aktivitäten statt, sondern ist vielfach auf das Zusammenwirken verschiedener Beteiligter angewiesen. Kooperation charakterisiert, daß zwei oder mehrere Individuen interagieren, dabei bewußt sowie aufeinander abgestimmt handeln und dabei die (Teil-) Zielerreichung für jedes der beteiligten Individuen anstreben. Sie hebt sich damit von konkurrierenden, konfliktionären und fremdkoordinierten Aktivitäten ab und setzt eine zumindest partielle Identität der Ziele der Akteure, die Kompatibilität der Handlungspläne, Selbstregulation und den Austausch und/oder die gemeinsame Nutzung von Ressourcen voraus. Der Begriff der Kooperation wird im Rahmen dieser Arbeit somit deutlich spezifischer verwendet, als die sehr grobe Beschreibung über das Beteiligtsein mehrerer Akteure an einem Arbeitsvorgang. Dieses wird sich auch bei den Anforderungen an zugehörige Technologien widerspiegeln müssen, um eine wirksame Unterstützung kooperativer Aktivitäten zu ermöglichen.
Die Differenzierung verschiedener Formen von Kooperationseinheiten zeigt darüber hinaus, daß Kooperation in unterschiedlichen strukturellen Rahmenbedingungen und Konstellationen stattfinden kann. Dieses impliziert hohe Anforderungen an die Flexibilität und Anpassungsfähigkeit von CSCW-Technologien.

Als Aktivitätenklassen kooperativer Handlungen wurden 'Kommunizieren', 'Koordinieren' und 'Verarbeiten gemeinsamer Objekte' unterschieden. Jede Form der Kooperation ist untrennbar mit Kommunikation verbunden. Die Betrachtung der Kommunikation hinsichtlich ihrer Rolle in Kooperationsprozessen darf nicht auf die physische Übertragung von Informationen reduziert werden. Darüber hinaus gilt es zu beachten, welcher Einfluß von der Kommunikationsunterstützung mittels elektronischer Medien ausgeht. Kooperative Arbeitsstrukturen implizieren Interdependenzen zwischen den Akteuren bzw. deren Handlungen. Das Vorliegen solcher Interdependenzen erfordert die Ausübung koordinierender Handlungen. Die Deckung des Koordinationsbedarfs erfolgt in kooperativen Arbeitsformen primär mittels Selbstabstimmung und Plänen. Programme

eignen sich eingeschränkt und Anweisungen stellen ein für die kooperative Aufgabenerledigung inadäquates Koordinationsinstrument dar. Auch dieses gilt es für die Gestaltung von CSCW-Technologien zu berücksichtigen, wenn Koordinationsmechanismen in Softwaresystemen modelliert werden. Schließlich verdeutlichen die Ausführungen die Bedeutung gemeinsamer Objekte für die kooperative Aufgabenerfüllung. Die Unterstützung ihrer Verarbeitung stellt ebenfalls besondere Anforderungen an Softwaresysteme.
Die Differenzierung der verschiedenen Aktivitätenklassen erlaubt nicht nur einen tieferen Einblick in die Charakteristika kooperativer Interaktionen, sondern bildet darüber hinaus im folgenden den Ansatzpunkt für die Einordnung verschiedener kooperationsunterstützender Technologien.

Zu Beginn des vorliegenden Kapitels werden 'Personal', 'Technik', 'Aufgabe' und 'Struktur' als Subsysteme des Systems Büro identifiziert. Diese Differenzierung stellt sich als grundlegend für den weiteren Gang der Untersuchung, insbesondere im Hinblick auf die Ableitung möglicher Empfehlungen für die Gestaltung computergestützter Kooperation dar. Die verschiedenen Subsysteme werden dabei die Bezugspunkte der Restriktions- oder Aktionsparameter der Gestaltung computergestützter Kooperation darstellen.

Zunächst sei im folgenden Kapitel jedoch erörtert, welche Potentiale derzeit verfügbare, auf die Unterstützung kooperativer Arbeit ausgerichtete Technologien prinzipiell anbieten.

3 Technologien zur Unterstützung der Kooperation im Büro

Die Gestaltung computergestützter Kooperation kann nicht ohne Kenntnisse über das zur Verfügung stehende Technikpotential erfolgen. Das vorausgehende Kapitel befaßt sich mit der Abgrenzung kooperativer Arbeitsprozesse von anderen Formen multipersoneller Leistungserstellung, wobei Kommunikation, Koordination und Verarbeitung gemeinsamer Objekte als grundlegende Dimensionen der Kooperation unterschieden werden. Den Gegenstand dieses Kapitels bilden die zur Unterstützung kooperativer Arbeit zur Verfügung stehenden Technologien, welche sowohl im Hinblick auf ihr Unterstützungspotential für die Dimensionen kooperativer Aktivitäten als auch im Hinblick auf die Grenzen ihres Einsatzes zu untersuchen sind.
Hierzu definieren die Ausführungen zunächst den Begriff 'CSCW-Technologie' (Abschnitt 3.1) und kategorisieren verschiedene Anwendungssystemklassen (Abschnitt 3.2). Die sich anschließenden Ausführungen setzen sich mit der Funktionalität verschiedener Anwendungssystemklassen auseinander (Abschnitt 3.3), wobei jeweils Beispiele für bestehende Softwaresysteme genannt werden sowie auf spezifische mit den jeweiligen Anwendungsklassen verbundene Potentiale und Probleme der Unterstützung eingegangen wird. Die Ausführungen verzichten dabei auf die Darstellung technischer Grundlagen.[1] Der Abschnitt 3.4 verdichtet die Nutzen- und Risikopotentiale des Einsatzes von CSCW-Technologien.

3.1 Grundlegende Charakterisierung von CSCW-Technologien

Während 'CSCW' das Forschungsgebiet bezeichnet, das sich mit der Computerunterstützung multipersoneller und/oder kooperativer Arbeit befaßt,[2] benennt der Terminus 'CSCW-Technologie', synonym 'Groupware', die zugehörigen unterstützenden Technologien.[3] Die Erstverwendung dieses Begriffs wird auf das Jahr 1984 datiert, wobei hierunter zunächst vor allem Computertechnologie zur Unterstützung kleiner projekt-

---

1 Vgl. insbesondere Borghoff/Schlichter (1995); Schill (1996); Burger (1997).

2 Siehe Abschnitt 1.2 dieser Arbeit.

3 Vgl. stellvertretend für andere Greenberg (1991a), S. 133; Oberquelle (1991b), S. 4f.; Lewe/Krcmar (1991a), S. 345; Maaß (1991), S. 11; Greif (1991), S. 21. Zur Vermeidung der Einengung auf Gruppenarbeit, wie es der Begriff 'Groupware' suggeriert, verwenden die folgenden Ausführungen den Begriff 'CSCW-Technologie'.

orientierter Arbeitsgruppen verstanden wurde.[4] Auch wenn einzelne Autoren hervorheben, daß es bei CSCW-Technologie nicht nur um Soft- oder Hardware, sondern auch um „Group Process Techniques"[5] gehe, hat sich die Auffassung durchgesetzt, daß es sich hier um einen technikzentrierten Begriff handelt.[6]

Die derzeit am Markt unter dem Label 'CSCW-Technologie' verfügbaren Technologien bilden häufig weniger das Ergebnis der Bemühungen des Forschungsgebiets CSCW, sondern entstanden vielfach pragmatisch als Reaktion auf die technischen Entwicklungen der Verbreitung von Personal Computern und deren Vernetzung sowie der Notwendigkeit einer effektiven und effizienten Nutzung der Unternehmungsressourcen.[7] Dabei finden die aus den Forschungsergebnissen resultierenden Technologien nur langsam oder wenig Eingang in die praktische Anwendung in den Unternehmungen.
Mitte der 60er Jahre hatte man begonnen, determinierte Aufgabenerfüllungsprozesse, die sich durch hohe Strukturierung, Standardisierung auf Basis von organisatorischen Verfahrensvorschriften und häufige gleichartige Wiederholung auszeichnen, auf unternehmungsweite, transaktionsorientierte Anwendungen der Massendatenverarbeitung zu übertragen. Es entstanden Anwendungen, wie z.B. Buchungssysteme für Fluggesellschaften, Lagerverwaltung oder Lohnabrechnungen auf Mainframe-Computern mit zentraler Datenhaltung. Mitte der 70er Jahre erhoffte man sich neue Produktivitätsfortschritte durch die inzwischen verfügbaren Minicomputer. Dabei erwies sich jedoch das Entstehen von Redundanzen und Insellösungen als problematisch. Bis zu Beginn der 90er Jahre standen weiterhin vor allem die Massendatenverarbeitung sowie die Unterstützung individueller Aufgabenerfüllungsprozesse durch Standardsoftware auf Basis von Personal Computern, wie z.B. Textverarbeitung, Tabellenkalkulation, Grafik- und lokale Datenbankanwendungen sowie die Telekommunikation, welche im Rahmen des Forschungsschwerpunkts 'Bürokommunikation' untersucht wurden, im Mittelpunkt der technischen Unterstützung. Die technische Vernetzung von Arbeitsplätzen mit leistungsfähigen Arbeitsplatzrechnern durch lokale Netze, verteilte Anwendungen, der Reifungsgrad von Multimediatechnologien sowie die gewachsenen Flexibilitätsanforderungen ließen den Bedarf nach Informationstechnologien wachsen, die eine dezentrale, nicht

4 Die Erstverwendung des Begriffes 'Groupware' wird Trudy und Peter Johnson-Lenz im Jahr 1982 zugeschrieben, welche allerdings explizit die sozialen Prozesse in die Definition einschließen. Vgl. Grudin (1994a), S. 20; Johansen (1988), S. 11; Ellis/Gibbs/Rein (1991), S. 40.

5 Johansen (1988), S. 1.

6 Vgl. z.B. Oberquelle (1991b), S. 5; Bannon/Schmidt (1991), S. 8.

7 Vgl. Bornschein-Grass (1995), S. 18. Nicht gefolgt werden soll der Begriffsverwendung von Schwabe/Krcmar (1996), S. 209, die kommerzielle Produkte als Groupware und aus der Forschung stammende Systeme als CSCW-Werkzeuge bezeichnen.

vorab definierte Aufgabensteuerung und Entscheidungsfindung sowie raum- und/oder zeitüberbrückende Kooperationsformen unterstützen.[8]

Die Entwicklung der CSCW-Technologien resultiert demnach vereinfacht dargestellt aus zwei zeitlich vorgelagerten Entwicklungsrichtungen. CSCW-Technologien stehen zwischen Technologien, die, wie z.B. Textverarbeitungssysteme, primär auf die Anwendung durch einzelne Aufgabenträger zielen, und Systemen mit unternehmungsweiter Reichweite, wie klassischen Transaktionssystemen oder CIM-Technologien.[9] Prozeßunterstützungs- und Konferenzsysteme, die als Gattungen der CSCW-Technologien diskutiert werden, sind dabei in der Nähe unternehmungsweiter Technikanwendungen anzusiedeln, da sie auch größere Einheiten unterstützen. Dagegen sind Coautoren- oder Videokonferenzsysteme als zwei weitere Gattungen von CSCW-Technologien nahe den für den individuellen Gebrauch konzipierten Technikanwendungen zu positionieren. Im Gegensatz zu den anderen beiden Techniklinien trägt CSCW-Technologie dabei der zuvor vernachlässigten Tatsache Rechnung, daß Menschen in Unternehmungen zusammenarbeiten und aufgabenbezogen interagieren.

Die Vielzahl der Definitionen von CSCW-Technologie unterscheidet sich hinsichtlich verschiedener Kriterien:[10]

- *Art der subsumierten Technik*: Der Begriff CSCW-Technologie wird primär für eine Klasse von Software verwendet.[11] Bisweilen schließen die Definitionen auch Hardware in Form von Telekommunikationsgeräten in die Betrachtung ein.[12] Sehr ausgedehnte Abgrenzungen weiten den Begriff auch auf Telekommunikationsdienste aus.[13]
- *Anwendungskontext:* Hinsichtlich des Anwendungskontextes beziehen sich die Definitionen einerseits auf den Aspekt, daß CSCW-Technologie für die Unterstützung von Kooperation entworfen wurde, wobei wiederum verschiedene Verständnisse des Begriffes Kooperation vorzufinden sind oder der Begriff der Gruppe verwendet wird. Andererseits spezifiziert die Literatur die Art der Beziehungen beispielsweise über die Gemeinsamkeit/Arbeitsteiligkeit der Aufgabenerledigung und/oder der Ziele, die Wichtigkeit einer Aufgabe oder das Vorliegen einer gemeinsamen Arbeitsumgebung. Die Beschreibungen des Anwendungs-

---

8 Vgl. Grudin (1994b), S. 94; Grudin (1994a), S. 20.

9 Vgl. Grudin (1994b), S. 94; Grudin (1994a), S. 20.

10 Vgl. Bornschein/Grass (1995), S. 13.

11 Vgl. z.B. Oberquelle (1991b), S. 5; Bannon/Schmidt (1991), S. 7; Greenberg (1991a), S. 133.

12 Vgl. Johansen (1988), S. 1-45; Petrovic (1993), S. 8.

13 Vgl. Lewe/Krcmar (1991a), S. 345.

kontextes reichen dabei von Kleingruppen mit Teamcharakter bis zu unternehmungsweiten Einheiten oder sogar ganzen Unternehmungen.[14]

- *Funktionalität von CSCW-Technologie:* Die Aufgabe von CSCW-Technologien wird darin gesehen, kooperationsbezogene Aktivitäten zu unterstützen, welche sowohl formaler als auch informaler, strukturierter als auch unstrukturierter, geplanter als auch spontaner Art sein können. Einige der Definitionen und Klassifikationen nennen dabei spezifische Funktionalitäten von CSCW-Technologien, wie z.B. das Austauschen und Teilen von Informationen, die gemeinsame Nutzung und Verarbeitung von Objekten sowie die Überbrückung von Raum und/oder Zeit.[15]

Die Tabelle 3.1-1 gibt eine Reihe von Definitionen für den Begriff 'Groupware' synonym 'CSCW-Technologie' wider.

Johansen (1988), S. 1	„Groupware is a generic term for specialized computer aids that are designed for the use of collaborative work groups. Typically, these groups are small, project-oriented teams that have important tasks and tight deadlines. Groupware can involve software, hardware, services, and/or group process support."
Greenberg (1991a), S. 133	„Groupware is software that supports and augments group work. It is a technically oriented label meant to differentiate „group-oriented" products explicitly designed to assist groups of people working together, from 'single user' products that help people pursue only their isolated tasks."
Opper / Fersko-Weiss (1992), S. 4	„Groupware is any information system designed to enable groups to work together electronically."
Oberquelle (1991a), S. 5	„Groupware ist Mehrbenutzer-Software, die zur Unterstützung von kooperativer Arbeit entworfen und genutzt wird und die es erlaubt, Information und (sonstige) Materialien auf elektronischem Wege zwischen den Mitgliedern einer Gruppe koordiniert auszutauschen oder gemeinsame Materialien in gemeinsamen Speichern koordiniert zu bearbeiten."
Ellis/Gibbs/Rein (1991), S. 40	„Specially we define groupware as: computer-based systems that support groups of people engaged in a common task (or goal) and that provide an interface to a shared environment."

Tabelle 3.1-1: Verschiedene Definitionen der Begriffe 'CSCW-Technologie' bzw. 'Groupware'

[14] Vgl. Ellis/Gibbs/Rein (1991), S. 39; Gappmeier/Heinrich (1992), S. 340.

[15] Vgl. z.B. Schwabe/Krcmar (1996), S. 209; Petrovic (1993), S. 72-85; Gappmeier/Heinrich (1992), S. 340; Oberquelle (1991b), S. 1; Ellis/Gibbs/Rein (1991), S. 40; Opper/Fersko-Weiss (1992), S. 4.

Differierende Ansichten bestehen auch über die *Abgrenzung von CSCW-Technologie* gegenüber anderen Technologien. Die Abbildung 3.1-1 spiegelt die Kontroverse wider. Jede der Schichten repräsentiert Auffassungen darüber, was CSCW-Technologie mindestens umfaßt bzw. umfassen sollte.

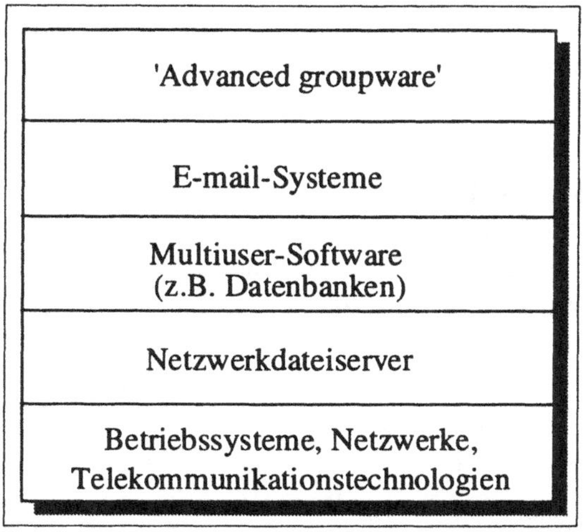

Abbildung 3.1-1: Reichweite verschiedener Definitionen des Begriffs 'CSCW-Technologie' (in Anlehnung an Grudin (1994a), S. 24)

Definitiv aus der Betrachtung auszuschließen sind solche Softwaresysteme, die auf Basis isolierter Personal Computer zur Lösung individueller Aufgabenstellungen eingesetzt werden. Die weiteste Auffassung bezüglich der Abgrenzung von CSCW-Technologien schließt sowohl Betriebssysteme, Netzwerke und Telekommunikationstechnologien als auch die in Abbildung 3.1-1 darüber liegenden Technologienklassen in die Definition ein. Bei den in der untersten Schicht genannten Technologieklassen handelt es sich jedoch um Basistechnologien, die allein noch nicht als CSCW-Technologien einzustufen sind.
Eine engere Variante der Abgrenzung subsumiert Netzwerkdateiserver (zweite Schicht in Abbildung 3.1-1) und die darüberliegenden Schichten unter den Begriff 'CSCW-Technologie'. Als Begründung dient, daß Netzwerkdateiserver von zentraler Bedeutung für die Interaktion zwischen Nutzern in vernetzten PC-Umgebungen sind.[16]
Andere Autoren zählen Multiuser-Software, beispielsweise in Form entsprechender Datenbanken und/oder Versionenkontrollsysteme, und die darüber liegenden Anwendungssysteme zur Gattung der CSCW-Technologien.[17]

---

[16] Zu den folgenden Ausführungen zur Abgrenzung von CSCW-Technologien vgl., soweit nicht anders angegeben, Grudin (1994a), S. 24 und die dort verwendete Literatur.

[17] Vgl. Maaß (1991), S. 12.

Demgegenüber wird auf der nächsten Ebene, die E-mail-Systeme (Electronic Mail-Systeme) als Minimalbeispiel für eine CSCW-Technologie ansieht, argumentiert, daß z.B. Multiuser-Datenbanksysteme lediglich den Anschein erwecken, jeder Benutzer habe unabhängigen Zugang und Zugriff. Das Softwaresystem behandelt die Benutzer als systematisch voneinander zu trennende, einzelne Einheiten, die keine semantische Verbindung besitzen. Die Benutzer interagieren nicht über die Software miteinander. E-mail-Systeme erlauben dagegen die direkte Interaktion zwischen Personen.
Im Gegensatz zu der Auffassung, E-mail sei die erfolgreichste, verbreiteste CSCW-Technologie,[18] existieren auch Stellungnahmen, die E-mail und die darunter liegenden Stufen nicht als CSCW-Technologie, sondern lediglich als Vorläufer oder Basisapplikationen klassifizieren. Begründet wird dies damit, daß es kooperationsspezifische Merkmale, wie die Verwaltung gemeinsamer Informationen, nicht beachtet und lediglich 1:n-Interaktionen in isolierten Schritten erlaubt.[19] E-mail stellt nach dieser Meinung ein allgemeines Kommunikationsmedium wie auch das Telefon dar. Um Kooperation zu unterstützen, müßten Softwaresysteme vielmehr den Benutzern die Möglichkeit eröffnen, die Aktionen der anderen Kooperanden in der gemeinsamen Arbeitsumgebung wahrzunehmen.[20] Diese engste Definition zählt deshalb nur komplexe Anwendungssoftware (Advanced Groupware), wie z.B. Sitzungsunterstützungssysteme und Gruppenterminkalender, zur Gattung der CSCW-Technologien.

Die verschiedenen Auffassungen und die Schwierigkeit der Abgrenzung verdeutlichen, daß eine globale Kategorisierung nicht ausreicht. Stattdessen bedarf es einer Untersuchung der spezifischen Einsatzsituation, um festzustellen, ob tatsächlich eine CSCW-Anwendung vorliegt.[21] So stellt die Verwendung von E-mail-Systemen als Medium zur unternehmungsweiten Verteilung von Informationen nicht notwendigerweise eine Form der Unterstützung von Kooperation dar. Dagegen qualifiziert sich E-mail dann als CSCW-Technologie, wenn es dazu genutzt wird, Informationen differenziert über an verschiedene Kooperationssituationen angepaßte Verteilerlisten zu verteilen, Rollen über die Vergabe von Alias-Namen zu modellieren oder andere, situativ variierte komplexe Gebrauchsmuster zu entwickeln.[22]

---

18 Vgl. Grudin (1994a), S. 24. Zur Verbreitung von E-mail vgl. Bullen/Bennett (1990), S. 293.

19 Vgl. z.B. Opper/Fersko-Weiß (1992), S. 25; Wohlenberg (1994), S. 6; Dier/Lauterbacher (1994), S. 29; Rodden (1993); Lookwood (1994), letztere zitiert in Grüninger (1996) S. 19.

20 Vgl. Bentley/Rodden/Sawyer et al. (1994), S. 37; Rodden/Mariani/Blair (1992), S. 42; Borghoff/Schlichter (1995), S. 78.

21 Vgl. Ellis/Gibbs/Rein (1991), S. 40. Oberquelle (1991b), S. 5 betont, daß die Absicht der Unterstützung von Kooperation nicht ausreicht, sondern daß sich der diesbezügliche Wert einer Software erst bei der Nutzung zeigt.

22 Vgl. Grudin (1994a), S. 24.

Auch ein Textverarbeitungssystem oder eine Datenbank werden nicht allein dadurch zur CSCW-Anwendung, daß sie verschiedenen Benutzern sequentielle Lese- und Schreibrechte auf dasselbe Dokument und/oder denselben Datensatz erlauben. Bleiben die Handlungen der Benutzer etwa aufgrund von Transaktionsmechanismen isoliert und/oder wird dem Benutzer nicht kenntlich gemacht, daß Veränderungen durch andere Personen vorgenommen wurden (etwa durch Dokumentation des Autors und des Datums von Veränderungen oder Kommentaren), liegt keine CSCW-Anwendung vor. CSCW-Technologien stellen Funktionen bereit, „[that] target aspects of group formation and group interplay. They promote a sense of 'this is ours' rather than a sense of 'this is mine'."[23] Sie können von sehr unterschiedlicher Gestalt sein, tragen aber das gemeinsame Merkmal, nur in multipersonellen Arbeitskontexten sinnvoll einsetzbar zu sein, von einem Individuum allein dagegen nicht oder nur begrenzt.[24] Das hier vertretene Verständnis nimmt eine weitere Eingrenzung vor, indem sie sich explizit nicht nur an den Charakteristika multipersoneller, sondern kooperativer Interaktionen orientiert.

Die hier gültige *Definition* baut deshalb auf dem in Kapitel 3 dargestellten Verständnis kooperativer Arbeit auf und bezieht sich ausdrücklich darauf:[25] *CSCW-Technologie* ist Mehrbenutzer-Soft- und -Hardware zur Unterstützung kooperativer Arbeit, die es den Mitgliedern einer Kooperationseinheit erlaubt, Informationen auf elektronischem Weg zwischen den Kooperanden koordiniert auszutauschen oder gemeinsame Informationen koordiniert zu bearbeiten.
Die Bindung an den Einsatzkontext kooperativer Arbeit impliziert, daß die technikseitige Berücksichtigung der kooperativen Nutzung eine Minimalanforderung für die Existenz einer CSCW-Anwendung darstellt. Diese an den Einsatzzweck geknüpfte Definition grenzt somit solche Technologien aus, die keinen expliziten Kooperationsbezug aufweisen (z.B. allgemeine Dateisysteme in Time-sharing-Anwendungen)[26] und nicht explizit die Interaktion zwischen den Beteiligten unterstützen.
Betriebssysteme, Netzwerke und Telekommunikationstechnologien bilden demnach zwar Voraussetzungen des Einsatzes von CSCW-Technologien, sind aber nur in Verbindung mit der entsprechenden Anwendungssoftware unter die Kategorie CSCW-Technologie zu subsumieren. Im folgenden werden primär Softwaresysteme behandelt, obwohl sehr spezifische Hardwarekomponenten insbesondere zur Visualisierung, wie z.B. extragroße oder versenkbare Bildschirme oder Projektionsflächen für Sitzungsunterstützungssysteme, existieren. Sie werden durch die Definition jedoch nicht ausgeschlossen.

---

23 Opper/Fersko-Weiß (1992), S. 29.
24 Vgl. Lewe/Krcmar (1991a), S. 346.
25 In enger Anlehnung an Oberquelle (1991b), S. 5.
26 Vgl. Oberquelle (1991b), S. 5; Opper/Fersko-Weiss (1992), S. 4.

Die *Zielsetzung des Einsatzes von CSCW-Technologien* besteht im Bürobereich darin, die Effizienz und Effektivität der informationsverarbeitenden Aktivitäten in kooperativen Arbeitskontexten zu steigern. Im einzelnen werden in der Literatur die folgenden Ziele genannt:[27]

- Überwindung räumlicher und zeitlicher Barrieren, um getrennte in gemeinsame Umgebungen zu wandeln,
- Erhöhung der Effizienz kooperativer Arbeit durch Bereitstellung einer größeren Anzahl oder neuer Kommunikations- und Koordinationsmechanismen,[28] welche die Ineffizienzen innerbetrieblicher Leistungsprozesse beseitigen, die beispielsweise aufgrund von Koordinationsproblemen, Informationsüberlastung, unvollständiger Informationsverteilung oder durch die Dominanz einzelner Personen in Kooperationsprozessen entstehen,
- Erhöhung der Verarbeitungskapazität interdependenter Aktionseinheiten durch Verbesserung des Zugriffs auf gemeinsame Informationen und Aufhebung von Produktivitätshemmnissen dadurch, daß mehrere Personen gleichzeitig an einem Objekt arbeiten können,
- der Einsatz von CSCW-Technologien kann neue Arbeitsformen und Arbeitsabläufe ermöglichen, die zuvor wirtschaftlich, sozial oder strukturell nicht umsetzbar waren.[29]

Zur Erreichung dieser Ziele bestehen an verschiedenen Stellen Eingriffspotentiale von CSCW-Technologien. Kooperative Arbeit ist dann computergestützt, wenn mindestens für eine Komponente des Arbeitssysteme Computerunterstützung eingesetzt wird. Einen ersten möglichen Ansatzpunkt stellt die *Kooperationseinheit* selbst dar, indem die Technologie die Bildung von Kooperationseinheiten erleichtert, Kommunikationsbarrieren beseitigt und die Beiträge der Teilnehmer anonymisiert werden. Durch den Einsatz neuer *Werkzeuge* gibt man einer Kooperationseinheit die Möglichkeit, mit deren Hilfe (computergestützte oder konventionelle) Materialien zu verwenden und/oder zu verändern. Die Technologie kann auch eingesetzt werden, um *Materialien* mit neuartigen Eigenschaften zur Verfügung zu stellen oder *Produkte* der Kooperation verfügbar zu machen. Ein weiterer Ansatzpunkt der technischen Unterstützung besteht darin, den *Arbeitsprozeß* einer Kooperationseinheit zu verändern, indem man ihn strukturiert oder parallelisiert. Schließlich bestehen Ansatzpunkte bei den *Arbeitsaufgaben*, wenn der

---

27 Vgl. Olson/Bly (1991), S. 222; Borghoff/Schlichter (1995), S. 79.

28 Neue Formen sind bspw. anonymes und/oder paralleles Arbeiten oder die Verwendung neuer Problemlösungstechniken.

29 Vgl. Oberquelle (1991b), S. 5; Bornschein-Grass (1995), S. 6.; Schwabe/Krcmar (1996), S. 209.

Kooperationseinheit Kombinationen von Werkzeugen, Materialien, Arbeitsprozeßtypen und zu erzeugenden Produkten zur Verfügung gestellt werden.[30]

3.2 Klassifikation von CSCW-Technologien

Die *Klassifikation* von CSCW-Technologien erfolgt häufig auf Grundlage der Unterscheidung von Kooperationssituationen mit Hilfe der *Dimensionen Raum und Zeit* (vgl. Abbildung 3.2-1).[31] Die Zeitdimension gibt an, ob die Kooperanden zur gleichen Zeit (synchron) oder zu unterschiedlichen Zeiten (asynchron) an einer Aufgabe arbeiten. Analog unterscheidet die Raumdimension, ob sich die Kooperanden bei der Anwendung an einem Ort (lokal gebündelt) oder an unterschiedlichen Orten (verteilt) befinden.[32]
Diese Raum-Zeit-Taxonomie ermöglicht einen ersten Zugang, wird jedoch aus verschiedenen Gründen kritisiert. Beispielsweise lassen sich einige Anwendungssystemklassen nicht eindeutig zuordnen. Ein schwerwiegender Kritikpunkt besteht darin, daß die Verwendung dieser Taxonomie eine künstliche Grenzziehung auch in der praktischen Umsetzung unterstützt, die der Realität kooperativer Arbeitsprozesse nicht entspricht.[33]
Die derzeitigen Bemühungen richten sich vielmehr darauf, die verschiedenen Anwendungssystemklassen zu integrieren, um eine umfangreiche Unterstützung aller Kooperationssituationen zu erzielen. Komplexe CSCW-Technologien unterstützen inzwischen verschiedene Kooperationssituationen und dementsprechend mehrere Quadranten der Abbildung 3.2-1. Insofern eignet sich die Klassifikation nur bedingt, um eine Sortierung der verschiedenen Technologien vorzunehmen. Mitunter wird deshalb auf die diskrete Zweiteilung der jeweiligen Dimension verzichtet und stattdessen die Zuordnung auf einem Kontinuum zwischen den extremen Ausprägungen vorgenommen.[34] Daneben stellt diese Klassifikation implizit den Kommunikationsaspekt in kooperativen Situationen in

---

30 Vgl. Schwabe (1995), S. 153.

31 Vgl. Johansen (1988), S. 44. Ähnlich Ellis/Gibbs/Rein (1991), S. 40; Gappmeier/Heinrich (1992) S. 340f.; Lewe/Krcmar (1991a), S. 346; Dix/Finlay/Abowd et al. (1993), S. 448. Grudin (1994a), S. 25 erweitert die Ausprägungen 'an verteilten Orten' bzw. 'zu unterschiedlichen Zeiten' um die Ausprägungen 'vorhersehbar' und 'nicht vorhersehbar'.

32 Im Zusammenhang mit der Unterstützung räumlich verteilter Akteure sprechen Reichwald/Möslein (1996), S. 52 auch von Telekooperation, welche die „mediengestützte arbeitsteilige Leistungserstellung von individuellen Aufgabenträgern, Organisationseinheiten und Organisationen, die über mehrere Standorte verteilt sind", bezeichnet und in Telearbeit, Telemanagement und Teleservices differenziert werden kann. Im hier vertretenen Verständnis von Kooperation wäre der Begriff allerdings enger zu fassen. Zur Telearbeit vgl. Godehardt (1994).

33 Vgl. Krcmar (1992b), S. 430.

34 Vgl. z.B. Rodden/Blair (1991), S. 50.

den Mittelpunkt,[35] während sie andere Aktivitätenklassen, wie die Verarbeitung gemeinsamer Objekte, vernachlässigt.

Zeit / Raum	zur gleichen Zeit (synchron)	zu verschiedenen Zeiten (asynchron)
an einem Ort	• Sitzungsunterstützungs-systeme • Group Decision Support Systeme	• Coautorensysteme • Terminmanagementsysteme • Projektmanagementsysteme • Prozeßunterstützungssysteme
an verschiedenen Orten	• Telekonferenzsysteme (Audio- und Videokonfe-renzsysteme) • Screen-sharing-Systeme • gemeinsame elektronische Arbeitsbereiche	• Group Decision Support Systeme • Electronic-mail-Systeme • Computerkonferenzsysteme • gemeinsame elektronische Arbeitsbereiche

Abbildung 3.2-1: Raum-Zeit-Klassifikation von CSCW-Technologien (in Anlehnung an Johansen (1988), S.44 ; Bullen/Bennett (1991), S. 262)

Weitere Klassifikationen ordnen CSCW-Technologien beispielsweise hinsichtlich folgender Dimensionen:[36]

- *Art der Unterstützung*:
  * inhaltlich (Bereitstellung gemeinsamer Informationsbestände) versus prozessuell (Unterstützung des Kooperationsprozesses und des Informationsflusses durch Strukturieren, Kontrollieren, Schlichten etc.),[37]
  * Bereitstellung von Strukturen versus Unterstützung der Synergieentfaltung,
- *Grad der Eingriffstiefe in die Kooperation:* Unterstützung durch Reduzierung von Kommunikationsbarrieren und Reduzierung von Unsicherheit durch Einsatz von Entscheidungsmodellen versus aktive Prozeßsteuerung,
- *Grad der Restriktivität:* normativ-restriktiv versus individuell anpaßbar versus nicht-restriktiv oder automatisierend versus steuernd versus unterstützend,
- *Konzeption menschlicher Interaktion:* mechanistisch (Abbildung von Interaktionen als Mechanismen diskreter Einzelaktionen) versus kontextuell (Abbildung von Kooperation als Ergebnis nicht restringierter Interaktionen zwischen autonomen Individuen).

35 Vgl. Teufel/Schmidt (1992), S. 39.

36 Vgl. Petrovic (1993), S. 89; Bornschein-Grass (1995), S. 26-36, die weitere Klassifikationskriterien anführt.

37 Vgl. Borghoff/Schlichter (1995), S. 101.

Auch die obige Systematisierung anhand der Dimensionen Raum und Zeit beruht letztendlich auf einer *anwendungsbezogenen Klassifikation*, da die grundlegende Differenzierung eine Sortierung im Hinblick auf spezifische Anwendungsprobleme darstellt. Diese Klassifikation wird in den folgenden Abschnitten verwendet, um einen Zugang zu den verschiedenen Anwendungssystemklassen zu ermöglichen.[38] Dabei unterscheiden die Ausführungen E-mail-Systeme, Computerkonferenz- und Bulletin-board-Systeme, Telekonferenzsysteme, Sitzungsunterstützungssysteme, Termin- und Projektmanagementsysteme, Prozeßunterstützungssysteme, Coautoren- und Screen-sharing-Systeme, gemeinsame elektronische Arbeitsbereiche sowie Intelligente Agenten.

Die Ausführungen im vorangehenden Kapitel stellen Kommunikation, Koordination und die Verarbeitung gemeinsamer Objekte als kennzeichend für Kooperation dar.[39] Die folgende *funktionale Klassifikation* (siehe Abbildung 3.2-2), ordnet die verschiedenen CSCW-Technologien anhand ihrer Unterstützungsleistung bezüglich der verschiedenen kooperativen Aktivitätenklassen 'Kommunikation', 'Koordination', 'Verarbeitung gemeinsamer Objekte' ein.[40] Dies erlaubt eine erste Charakterisierung der verschiedenen Technologienklassen und stellt gleichzeitig die Verbindung zu den vorangehenden Ausführungen bezüglich der Charakteristika kooperativer Arbeit her.

Kommunikation stellt eine grundlegende Aktivität in Kooperationsprozessen dar, deshalb wird sie von den vielen CSCW-Technologien mittelbar oder unmittelbar unterstützt. Bei E-mail-Systemen ist die Funktionalität der Kommunikationsunterstützung offensichtlich. Aber auch Bulletin-board-, Computerkonferenz- und Telekonferenz- sowie Sitzungsunterstützungssysteme versuchen, die Kommunikation zwischen den Mitgliedern einer Kooperationseinheit positiv zu beeinflussen. Je nach Kooperationssituation besteht die Funktionalität dabei in der Überbrückung zeitlicher als auch räumlicher Differenzen.

---

[38] Die Klassifizierung folgt dabei weitestgehend der von Ellis (1991), S. 22-25; Ellis/Gibbs/Rein (1991), S. 42-44; Petrovic (1993), S. 87-124; Wilson (1991), S. 10f.; ähnlich Johansen (1988), S. 13ff.; Dix/Finlay/Abowd et al. (1993), S. 427-454. Zur Historie von Groupware-Anwendungen vgl. Borghoff/Schlichter (1995), S. 102-106.

[39] Siehe Abschnitt 2.4 dieser Arbeit.

[40] Ähnliche, aber nicht identische Zuordnungen finden sich bei Petrovic (1993), S. 75-85 (Koordination, Gruppenentscheidung, Kommunikation und Zugang zu gemeinsamen Objekten) und bei Seitz (1995), S. 52 (gemeinsame Objektbearbeitung, Gruppenprozesse, Kommunikation und Ressourcenverteilung) sowie Teufel/Sauter/Mühlherr et al. (1995), S. 27 (Kommunikation, Koordination, Kooperation). Andere unterscheiden die Funktionalitäten Koordination, Kollaboration (gemeinsame Bearbeitung einer Aufgabe) und Gruppenentscheidung. Vgl. Traunmüller (1992), S. 585; Liang/Lai/Chen et al. (1994), S. 74.

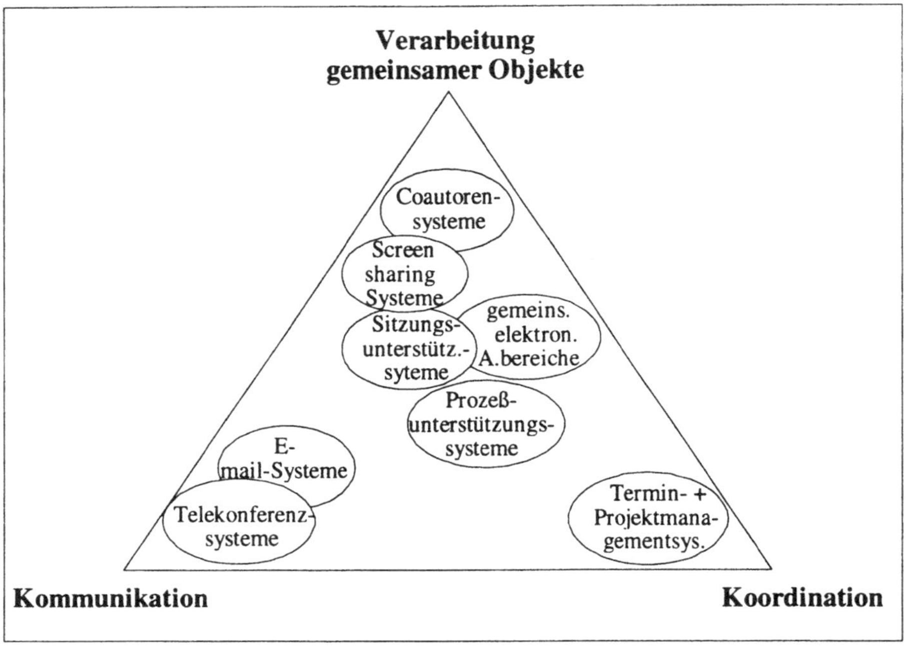

Abbildung 3.2-2: Funktionalität von CSCW-Technologien im Hinblick auf kooperationsbezogene Aktivitätenklassen

CSCW-Technologien tragen mit Hilfe der Bereitstellung von zuvor nicht elektronisch zugänglichen Werkzeuge und Materialien zu einem verbesserten Informationsfluß und zu einer verbesserten Informationsversorgung sowie zur Unterstützung der *Verarbeitung gemeinsamer Objekte* bei. Die Kriterien Geschwindigkeit, Umfang, Qualität, Flexibilität, Verfügbarkeit und Vollständigkeit der Informationsversorgung stellen dabei Orientierungsmaßstäbe dar, deren Erhöhung in einer Produktivitätssteigerung von Kooperationseinheiten resultieren kann. Werden gemeinsame Informationsbestände als Basis für die indirekte Kommunikation genutzt, senken CSCW-Technologien den zeitlichen und monetären Aufwand für die Beschaffung und Speicherung notwendiger Informationen und tragen gleichzeitig zur Verringerung von Redundanzen, Medienbrüchen und Wartungsaufwand bei.[41] Systeme zur Bearbeitung gemeinsamer Objekte dienen zur strukturierten Speicherung, eröffnen den Beteiligten den Zugriff und helfen bei der Erschließung, Veränderung und Ergänzung von Informationen. Ein besonderes Problem liegt dabei in der Visualisierung und Dokumentation von Veränderungen.[42] Vor allem Coautoren- und Screen-sharing-Systeme, gemeinsame elektronische Arbeitsbereiche,

41 Vgl. Bornschein-Grass (1995), S. 38f.
42 Vgl. Maaß (1991), S. 22.

Bulletin-board- sowie Sitzungsunterstützungssysteme stellen diese Funktionalitäten bereit.
Die Unterstützung der *Koordination* erfolgt vor allem durch Termin- und Projektmanagementsysteme sowie durch Prozeßunterstützungssysteme.

Der folgende Abschnitt erläutert die Funktionalitäten der verschiedenen Anwendungssystemklassen im einzelnen.

3.3 Funktionalität grundlegender Anwendungssystemklassen

Die Ausführungen in den folgenden Abschnitten erläutern zunächst die grundlegenden Funktionalitäten der jeweiligen Anwendungssystemklasse. Dabei sind bisweilen weitaus konkretere Aussagen notwendig, als in den relativ abstrakten Ausführungen der vorangehenden Abschnitte. Gleichzeitig werden auch auf die spezifischen Vor- und Nachteile der jeweiligen Anwendungssystemklassen erörtert.

Aufgrund der Vielzahl der vorhandenen Forschungsansätze sowie der explosionsartigen Zunahme diesbezüglicher Publikationen erhebt die folgende Darstellung der Anwendungssystemklassen keinen Anspruch auf Vollständigkeit und stellt konkrete verschiedene Softwaresysteme innerhalb der verschiedenen Systemklassen lediglich exemplarisch dar. Sie eignet sich dennoch dazu, einen Einblick in die Funktionalitäten verschiedener CSCW-Technologien zu vermitteln sowie spezifische Chancen und Risiken der einzelnen Systemklassen darzustellen. Die Kategorien sind nicht vollkommen überschneidungsfrei, da sich bestehende Funktionalitäten teilweise in mehreren Systemklassen wiederfinden. So beziehen beispielsweise sowohl Coautoren- als auch Sitzungsunterstützungssysteme die Funktionalität 'Screen-sharing' in ihr Leistungsspektrum ein. Stärker granulierte Unterscheidungen[43] brechen die Differenzierung deshalb auf die Ebene von Einzelwerkzeugen herunter, vermitteln aber keinen systematischen Überblick über verschiedene Anwendungsformen.

3.3.1 E-mail-Systeme

Electronic-mail-Systeme (E-mail-Systeme) als spezifische, personenbezogene Form der Nachrichtenübermittlung (Message Handling) dienen einerseits dazu, Nachrichten elektronisch zu verfassen, zu senden und zu empfangen sowie andererseits dazu, das

43 Vgl. Schwabe/Krcmar (1996); Böhm/Oberndorfer/Schmitz et al. (1996a) bzw. Böhm/Oberndorfer/Schmitz et al. (1996b); Power/Carminati (1993).

Schriftgut in einer 'elektronischen Mailbox' zu organisieren. Sie unterstützen sowohl asynchrone Kommunikation zwischen einem Sender und einem Empfänger (1:1-Beziehung) als auch zwischen einem Sender und einer Mehrzahl von Empfängern (1:n-Beziehung).[44] Letzteres wird über feststehende oder individuell zusammengestellte Verteilerlisten realisiert.

Bei den per E-mail übermittelten Nachrichten handelt es sich i.d.R. um Nachrichten in unstrukturierter Textform, denen Dateien grafischen oder textuellen Inhalts beigefügt sein können (sogenannte Attachments). Fortgeschrittene Systeme erlauben die Übertragung jeder Art elektronisch verarbeitbarer Objekte, wie z.B. Videosequenzen oder akustische Objekte (Voice Mail). E-mail unterstützt die Kommunikation nicht nur zwischen Teilnehmern, die durch räumlich begrenzte, in der Regel unternehmungsinterne lokale Netze verbunden sind, sondern auch zwischen durch internationale Weitverkehrsnetze verbundenen Teilnehmern.[45]
Eine elektronische Nachricht besteht aus einem Kopf (heading) und dem Textkörper (body). Im Kopfteil befinden sich standardisierte Felder, wie z.B. Adreß- und Absenderfelder, sowie zusätzliche Daten wie Thema, Dringlichkeit, Vertraulichkeit der Nachricht und gewünschter Antworttermin. Viele E-mail-Systeme folgen den Anforderungen der CCITT-Norm X.400 (Comité Consultatif International Télégraphique et Téléphonique) oder benutzen TCP/IP-Protokolle (Transmission Control Protocol / Internet Protocol).[46]

Ein entscheidender *Vorteil* von E-mail liegt in der Möglichkeit zur asynchronen Informationsverarbeitung. Diese vereinfacht es, über verschiedene Zeitzonen hinweg oder trotz verschiedener Arbeitsgewohnheiten zwischen räumlich verteilten Teilnehmern zu kommunizieren. Es substituiert dabei in vielen Fällen den Einsatz synchroner, nicht elektronischer Medien (z.B. Telefon) oder asynchroner Medien (z.B. klassische Briefpost), ohne daß diese jedoch vollkommen ersetzt werden können. E-mail-Systeme verringern die Anzahl der Störungen am Arbeitsplatz und die Anzahl der gegenseitigen Fehlversuche, einen bestimmten Gesprächspartner zu erreichen ('telefon tag'). Empirische Studien belegen die Eignung dazu, lose Beziehungen[47] zu anderen (entfernten) Personen oder Gruppen aufzubauen oder aufrecht zu erhalten. Sie erleichtern die Kommunikation auch über Funktions- oder Unternehmungsgrenzen hinweg. In diesem Tatbestand liegt

---

44 Vgl. Maaß (1991), S. 1; Syring (1994), S. 35 und 37. Bezüglich näherer Erläuterungen und entsprechender Anwendungsbeispiele für E-mail als elementarer Komponente von Anwendungen der CSCW-Technologien vgl. Sproull/Kiesler (1986).

45 Vgl. Petrovic (1993), S. 89f. Zu multimedialen Systemen vgl. Weber (1994), S. 227ff.

46 Vgl. Maaß (1991), S. 1; Zur X.400-Norm vgl. Babatz/Bogen/Pankoke-Babatz (1990). Die CCITT ging 1994 in der ITU (International Telecommunication Union) auf.

47 Vgl. Pickering/King (1992) bzgl. der Auswirkungen computermediierter Kommunikation und ihre Auswirkungen auf sogenannte 'weak-ties' der Kommunikation.

gleichzeitig auch eine Gefahr der Minderung oder Überkompensation der beschriebenen Vorteile, wenn sich 'junk mail'[48] anhäuft und die Adressaten mit Nachrichten überfrachtet werden ('information overload')[49]. Informationsüberlastung führt nicht nur zum Absinken der Entscheidungseffizienz, sondern auch zur Erhöhung von Durchlaufzeiten und zu einer gesundheitlichen Belastung (Streß) der Mitarbeiter.[50] *Nachteile* entstehen jedoch auch dann, wenn Nachrichten ungelesen gelöscht oder archiviert werden und sich Teilnehmer aus Verteilerlisten streichen, die möglicherweise relevante Informationen enthalten. Darüber hinaus erhält die Verbreitung von Viren durch E-mail-Systeme eine neue Dimension.

Die *Grenzen der Unterstützung* kooperativer Prozesse durch E-mail-Systeme verdeutlichen die folgenden Aspekte:[51]

- Es werden nur individuelle, aber keine gemeinsamen Informationsbasen für Kooperationseinheiten angelegt. Eine indirekte Kommunikation über gemeinsame Objekte ist nicht möglich.
- Derzeit erfolgt weitestgehend eine Beschränkung auf das Medium Text. Die Übermittlung kontinuierlicher Daten in Form von Video- oder Sprachsequenzen ist deutlich seltener möglich.
- Kommunikationsstrukturen, Rollen und organisatorische Beziehungen können lediglich über Verteilerlisten repräsentiert werden.
- Die Möglichkeiten zur automatisierten Bearbeitung von Nachrichten, die über die Identifikation des Absenders oder eines Titelstichworts hinausgehen, sind gering.
- Es findet keine inhaltliche Unterstützung des Kommunikationsprozesses statt, da semantische und pragmatische Aspekte der Kommunikation nicht berücksichtigt werden. So findet beispielsweise keine Klassifikation der Nachrichten nach ihrem Zweck statt.

Zusammenfassend läßt sich festhalten, daß die Unterstützung der kooperativen Aufgabenerfüllung beim Einsatz von E-mail häufig wenig spezifisch und differenziert bleibt. Dieses trägt gleichzeitig jedoch auch zur hohen Flexibilität und zur universellen Einsetzbarkeit der E-mail-Technologie bei.

E-mail-Systeme existieren seit 20 Jahren und sind in großer Anzahl auf dem Softwaremarkt präsent.[52] Unter den Nutzern von Computersystemen verfügen sie über eine große

---

48 Vgl. Denning (1982).

49 Vgl. Hiltz/Turoff (1985), S. 680ff. Nach dem hier verwendeten Begriff der Information (siehe Abschnitt 2.1.2 dieser Arbeit) müßte vielmehr von 'knowledge overload' gesprochen werden.

50 Vgl. Bork (1994), S. 13. Bork (1994) setzt sich im Rahmen einer Mehrebenenanalyse intensiv mit dem Problem der Informationsüberlastung (synonym: 'information overload') auseinander.

51 Vgl. Syring (1994), S. 37-39; Syring (1992) S. 204; Babatz/Bogen/Pankoke-Babatz (1990).

52 Einen Produktüberblick bieten Wilde/Weber/Ehrmann (1997), S. 232-245.

Akzeptanz und werden inzwischen millionenfach eingesetzt. Den größten Netzverbund, auf dem E-mail-Dienste mit Hilfe von Produkten wie etwa *Eudora/Qualcomm* oder *Pegasus* angeboten werden, stellt das *Internet* dar, an das zunächst primär Universitäten und Forschungseinrichtungen angeschlossen waren, in dem heute aber auch eine wachsende Anzahl Unternehmungen präsent ist. Daneben existiert eine Vielzahl von E-mail-Systemen, wie z.B. *cc:Mail/Lotus, MS-Mail/Microsoft, Novell GroupWise/ Novell* und *Lotus Notes/Lotus*,[53] die auf Basis von Client-Server-Systemen eingesetzt werden.

Bei der Weiterentwicklung und Verbesserung des elektronischen Nachrichtenaustausches sind drei Trends zu beobachten: Der erste Trend beinhaltet die Integration der Übermittlungsfunktionen in standardmäßig von Benutzern eingesetzte Applikationen, um das Versenden von Dokumenten ohne Verlassen der Anwendung zu ermöglichen. Als zweiter Trend ist die Vorstrukturierung und/oder Filterung der übermittelten Informationen mit Hilfe von Funktionen der Konversations- und/oder Argumentationsstrukturierung zu nennen. Basierend auf den Grundfunktionen von E-mail bieten sie eine zusätzliche Unterstützung bei der Teilstrukturierung von Nachrichten sowie bei der Verwendung von Regeln und Prozeduren, indem sie Mechanismen der künstlichen Intelligenz einsetzen. Diese Funktionen dienen insbesondere der Vorsortierung und der Vermeidung der Überflutung des Teilnehmers mit Nachrichten.[54] Die folgenden Ausführungen skizzieren einige Softwaresysteme, die diesem zweiten Trend folgen und E-mail-Systeme in dieser Hinsicht erweitern. Daneben ist als dritter Trend der Übergang von der rein textuellen hin zur multimedialen Informationsübermittlung festzustellen, indem beispielsweise die Möglichkeit zur Übertragung von Videosequenzen geschaffen wird.[55]

Systeme der Konversations- oder Argumentationsstrukturierung[56], wie das am Massachusetts Institute of Technology (MIT) entwickelte *Information Lens*[57] und dessen Nachfolger *Object Lens*[58], unterstützen die Kommunikation in Kooperationseinheiten durch die Strukturierung der Kommunikation und die Filterung der Nachrichten. Hierzu ermöglichen sie die Definition filternder Merkmale, die abhängig vom Inhalt der Nachricht bestimmte Aktionen auslösen. Die semistrukturierten Nachrichten verfügen hierzu neben einem Freitextfeld über eine Reihe von Feldern mit in ihrer syntaktischen Form festgelegten Inhalten. Abhängig von den vorliegenden Eigenschaften ermöglichen diese

---

53 Zu *Lotus Notes* vgl. Finke (1991); Finke (1992).

54 Vgl. Maaß (1991), S. 13ff.; Petrovic (1993), S. 92.

55 Vgl. z.B. die Ausführungen von Olson/Atkins (1990); Weber (1994).

56 Zu einer umfassenden Beschreibung dieser Systemgattung inklusive ihrer theoretischen Grundlagen vgl. Ludwig (1997).

57 Vgl. Malone/Grant/Lai et al. (1988); Malone/Grant/Lai et al. (1989); Malone/Lai (1992).

58 Vgl. Lai/Malone (1988); Malone/Lai (1992).

Felder die Vergabe von Prioritäten, das automatische Auslösen von Aktionen wie Ordnen, Archivieren, Weiterleiten oder das Löschen eingegangener Post. *Object Lens* verwendet eine Benutzungsoberfläche, die bestimmte Funktionalitäten von Hypertext, objektorientierten Datenbanken, E-mail und regelbasierten 'intelligenten' Agenten integriert. Es erweitert die Funktionalität von *Information Lens* und E-mail-Systemen, indem an die Stelle von Nachrichten beliebige andere Objekte wie Personen, Projekte oder Aufgaben treten und eine Umgebung zur Entwicklung kooperativer Applikationen bereitsteht.

Eine weitere Variante zur Strukturierung des Informationsflusses bieten Systeme auf Basis der Sprechakttheorie[59]. Sie strukturieren Kommunikationprozesse auf der theoretischen Grundlage der in den 60er Jahren von AUSTIN und SEARLE[60] entwickelten linguistischen Sprechakttheorie und versuchen dabei, die Informationsverarbeitung im engeren Sinne[61] zu unterstützen. Die Sprechakttheorie geht von der Vorstellung aus, daß Menschen durch Sprache handeln (language/action perspective) und interpretiert verschiedene von einem Sprecher vollzogene Akte als Sprechakte. Dabei sind vor allem sogenannte 'illokative' Akte relevant, die Intentionen und Verpflichtungen der Gesprächspartner wie Feststellungen, Aufforderungen, Versprechen oder Zusagen zum Ausdruck bringen. Der illokative Teil eines Sprechaktes legt den pragmatischen Verwendungssinn analog zur Beziehungsebene einer Proposition, d.h. des Inhalts eines Kommunikationsprozesses, fest. Die einzelnen Sprechakte werden dabei nicht als unverbundene Ereignisse angesehen, sondern im Kontext eines Netzes von Konversationen betrachtet. Systeme auf Basis der Sprechakttheorie wie *CHAOS* (Commitment Handling Active Office System)[62] sind bisher weitgehend der Forschung zuzuordnen. Eine Ausnahme bildet der seit 1985 verfügbare *Coordinator/Action Technologies*[63], der als prominentester und als erster kommerziell verfügbarer Vertreter dieser Anwendungsklasse gilt. Der *Coordinator* umfaßt typische E-mail-Funktionen, wobei er die Konversation zwischen den Gesprächspartnern auf Grundlage festgelegter semi-strukturierter Nachrichtentypen wie 'Angebot', 'Bemerkung' oder 'Frage' steuert, ohne den eigentlichen Nachrichtentext zu analysieren. Das System *Strudel*[64] entwickelt den Ansatz des *Coordinator* weiter, indem es die aufgabenspezifische Definition von Konversationstypen erlaubt. Das System *CHAOS*[65] verfügt im Vergleich zum *Coordinator* über eine regelbasierte Wissensbasis, die die durch die Benutzer durchgeführten Konversationen enthält. Sie soll den Gesprächs-

---

59 Vgl. Winograd/Flores (1987); Winograd (1986).

60 Zur Sprechaktheorie vgl. Austin (1962); Searle (1969).

61 Siehe hierzu Abschnitt 2.4.2 dieser Arbeit.

62 Vgl. DeCindio/DeMichaelis/Simone (1986).

63 Vgl. Flores/Graves/Hartfield et al. (1988).

64 Vgl. Shephard/Meyer/Kuchinsky (1990).

65 Vgl. Bignoli/Simone (1991), S. 103ff.

partnern bei der Interpretation unvollständiger Informationen helfen und zur Vermeidung von Mißverständnissen beitragen, indem beispielsweise Hinweise bezüglich der Zuständigkeit eines Adressaten werden.[66]

Im Zusammenhang mit den Systemen der Konversationsstrukturierung ist im Rahmen der CSCW-Forschung im einzelnen zu untersuchen, wie weitreichend der Nachrichtenaustausch strukturiert und formalisiert werden darf, um noch von Kooperationsunterstützung sprechen zu können. Je stärker der Strukturierungs- und Formalisierungsgrad, desto stärker werden die Benutzer bei der Gestaltung der Interaktionsbeziehungen eingeengt und das Kontroll- und Steuerungspotential erhöht.[67] An anderer Stelle wird beschrieben, daß die Benutzer die bereitgestellte Funktionalität umgehen und das System als einfaches, nicht strukturierendes E-mail-System verwenden.[68]

3.3.2 Bulletin-board- und Computerkonferenzsysteme

Bulletin-board-Systeme stellen Softwaresysteme dar, die die textbasierte, asynchrone oder synchrone Informationsübermittlung zwischen Teilnehmern an verschiedenen Orten durch das Hinterlassen von Nachrichten auf einem gemeinsamen 'Anschlagbrett' ermöglichen. Sie wurden bereits Anfang der 70er Jahre entwickelt und werden heute oftmals zusammen mit Betriebssystemen angeboten. Ursprünglich war das Einsatzgebiet von Bulletin-board-Systemen eher die Informationsverteilung und weniger die verteilte, offene, asynchrone Kommunikation. Diese Funktionalität wurde mittels der *Computerkonferenzsysteme* weiterentwickelt.[69] Letztere erlauben nicht nur 1:n-Beziehungen wie Bulletin-boards, sondern auch n:m-Kommunikationsbeziehungen, da jedes Mitglied Beiträge und Antworten zu Themen erstellen kann, die eine ganze Gruppe betreffen. Eine eindeutige Trennung zwischen den beiden Systemklassen ist jedoch bisweilen schwierig.[70] Beide Systemklassen greifen auf E-mail-Funktionalität zurück. Computerkonferenzsysteme speichern die Diskussionsbeiträge zu vereinbarten Themen (News groups) in Datenbanken, protokollieren die Beiträge und eröffnen allen Interessierten bzw. Berechtigten den Zugang. Den Benutzern stehen Werkzeuge zum Selektieren, Betrachten und Editieren zur Verfügung. Die Beiträge sind vom Arbeitsplatz der Teilnehmer aus einzugeben. Fortgeschrittene Entwicklungen erlauben neben der Verwen-

---

66 Vgl. Petrovic (1993), S. 92. Zur kritischen Beurteilung von Systemen auf Basis der Sprechakttheorie vgl. Syring (1994), S. 55f.; Ludwig (1997), S. 213.

67 Vgl. Teufel/Sauter/Mühlherr et al. (1995), S. 137.

68 Vgl. Bullen/Bennett (1991), S. 267.

69 Vgl. Teufel/Sauter/Mühlherr et al. (1995), S. 155.

70 Vgl. die Darstellungen bei Teufel/Sauter/Mühlherr et al. (1995), S. 155; Petrovic (1993), S. 104, welche nicht eindeutig zwischen den Systemklassen trennen; anders bei Seitz (1995), S. 46.

dung von Text auch die von Grafiken, digitalisierten Bildern und Videosequenzen sowie die Strukturierung der Diskussionsbeiträge. Die Beiträge (auch aus verschiedenen Konferenzen) können über Hypertextstrukturen verbunden und um Verknüpfungen (sogenannte Links) zu anderen Dokumenten ergänzt werden.[71] Der Informationsaustausch kann somit auch indirekter Art sein, d.h. ohne einzelne Empfänger zu adressieren.[72]

Ein *Vorteil* dieser Technologien gegenüber E-mail liegt darin, daß sie sowohl den Informationsaustausch als auch den Aufbau einer gemeinsamen und/oder themenspezifischen Informationsbasis unterstützen. Nachteilig wirken sich wie auch bei E-mail-Systemen die *Grenzen* technikvermittelter Kommunikation aus, indem die Ausdrucksmöglichkeiten nonverbaler Kommunikation verloren gehen. Bei Computerkonferenzen besteht in der Regel eine räumliche und zeitliche Entkoppelung der Teilnehmer. Insofern sind die Unterschiede zur Face-to-face-Kommunikation sehr groß, und es besteht kein direktes Substitutionspotential. Vielmehr entsteht ein neues Kommunikationsmittel, das Face-to-face-Konferenzen ergänzt. Unterstützungspotentiale liegen vor allem dort, wo es eines breiten Austausches von Informationen mit dem Charakter von Fakten bedarf. Die Systemklasse eignet sich dazu, die Anzahl der Besprechungen zum Austausch von Sachinformationen, z.B. zur Übermittlung des derzeitigen Standes eines Kooperationsprojekts, zu reduzieren. Grenzen bestehen jedoch dort, wo Verhandlungen erforderlich oder komplexe Entscheidungsprobleme zu lösen sind, insbesondere wenn sich die Kommunikationspartner nicht kennen.[73]

Öffentlich zugängliche Dienste, die Computerkonferenzen zu verschiedenen Themen offerieren, werden sowohl kommerziell (z.B. *T-Online/Deutsche Telekom*, *America Online/AOL* und *Bertelsmann*) als auch nicht-kommerziell (z.B. *Usenet*) angeboten.[74] Zur Unterstützung der Kooperation in Unternehmungen sind jedoch Anwendungen von größerem Interesse, die die innerbetriebliche, nicht öffentliche Kommunikation unterstützen (z.B. *VaxNote/Dec* oder *Lotus Notes/Lotus*). *Lotus Notes*[75] baut auf dem Konzept der Bulletin-Boards auf und stellt eine Entwicklungsumgebung dar, die den Entwurf von Anwendungen zur gemeinsamen, asynchronen Nutzung von Dokumenten in Datenbanken ermöglicht, so daß ein einheitlicher Informationsraum entsteht. Die Benutzer können Datenbanken 'abonnieren' und selbst Dokumente in diese einordnen, so daß eine indirekte Koordination und Kommunikation über gemeinsame Objekte, hier in

---

71 Vgl. Syring (1992), S. 205; Hiltz/Turoff (1985), S. 686.

72 Vgl. Petrovic (1993), S. 104; Petrovic (1992a), S. 174; Teufel/Sauter/Mühlherr et al. (1995), S. 154f.

73 Vgl. Wohlenberg (1994), S. 59f. i.V. mit Kilian-Momm (1989), S. 221f.

74 Zu kommerziellen und nicht-kommerziellen Onlinediensten vgl. Hansen (1996), S. 380ff.

75 Vgl. Teufel/Sauter/Mühlherr et al. (1995), S. 156-163; Nastansky (1991); Finke (1991).

Form semi-strukturierter Dokumente, erfolgen kann. Im Gegensatz zu herkömmlichen Datenbank- und Bulletin-board-Systemen erfolgt eine automatische Aktualisierung der verteilten Datenbestände, und es stehen vielseitige Strukturierungsmöglichkeiten der Dokumente zur Verfügung. Bei der Replikation werden Kopien der Datenbestände erstellt, an verschiedene Server oder Clients übermittelt und dort technisch unabhängig weiterverwertet. Die wechselseitige Übertragung, Aktualisierung und Synchronisation der Repliken erfolgt in festgelegten Intervallen. Über Zusatzwerkzeuge und die zum System gehörende Makrosprache ist der Ausbau der Applikationen zu Prozeßunterstützungssystemen möglich, wobei die Speicherung und Verteilung von Dokumenten im Vordergrund steht. *Lotus Notes* kann deshalb sowohl den Systemklassen der Bulletin-board- als auch der Prozeßunterstützungssysteme zugeordnet werden. Gleichzeitig ist, wie bereits erwähnt, auch die Realisierung von E-mail-Funktionalitäten möglich.[76]

3.3.3 Telekonferenzsysteme

Insbesondere mit Fach- und Führungsaufgaben betraute Mitarbeiter verbringen einen großen Teil ihrer Arbeitszeit in Konferenzen und Meetings[77], wobei primär unstrukturierte oder semi-strukturierte Probleme zu bearbeiten sind. Aber auch bei der Zusammenarbeit von Sachbearbeitungskräften in kooperationsorientierten Organisationsformen finden Sitzungen statt, um zu planen, Probleme gemeinsam zu lösen, Ideen zu finden und zu beurteilen, Entscheidungen zu treffen, sich gegenseitig zu informieren sowie Vorschläge abzustimmen. Der hohe zeitliche Aufwand weist auf die Notwendigkeit hin, Sitzungen produktiver zu gestalten, wobei die erforderliche Zeitspanne reduziert werden soll, ohne die Qualität zu beeinträchtigen.

Nachrichtentechnische Einrichtungen, die eine dislozierte, synchrone Kommunikation ermöglichen, werden hier als *Telekonferenzsysteme* bezeichnet. Im Gegensatz zu Computerkonferenzsystemen stellen sie Audio- und/oder Videokanäle zur synchronen Kommunikation zwischen räumlich getrennten Gesprächspartnern zur Verfügung. Dabei sind drei Grundausprägungen zu unterscheiden: Audio-Conferencing, Video-Conferencing und Desktop-Conferencing.

Im einfachsten Fall werden Telekonferenzen über das Telefon abgehalten, so daß Nachrichten nur über das gesprochene Wort ausgetauscht werden, weshalb man auch von

---

[76] Vgl. Teufel/Sauter/Mühlherr et al. (1995), S. 156-160. Zu Prozeßunterstützungssystemen siehe Abschnitt 3.3.6 und zu E-mail-Systemen siehe Abschnitt 3.3.1 dieser Arbeit.

[77] Vgl. Splettstößer (1991), S. 325; Pinsonneault/Kraemer (1989), S. 197. Schwabe (1995), S. 23-72 zeigt verschiedene Fallbeispiele der Anwendung von Sitzungsunterstützungssystemen.

Audiokonferenzen spricht. Hierbei müssen dem Gespräch eventuell zugrundeliegende Dokumente zuvor per Fax, E-mail oder Dateitransfer verschickt werden. Audiokonferenzen sind (wie auch Videokonferenzen) nicht unmittelbar computerbasiert und deshalb derzeit nicht wesentlicher Gegenstand der CSCW-Forschung. Gemeinsam ist ihnen jedoch die Nutzung grundlegender Übertragungstechnologien. Darüber hinaus findet eine zunehmende Integration der verschiedenen Systemtypen statt, weshalb die Erwähnung hier als gerechtfertigt erscheint.
Audiografische Konferenzsysteme stellen neben der Sprachverbindung auch Einrichtungen zur Text- und Festbildkommunikation zur Verfügung. Um die Akustik zu verbessern, werden für beide Formen teilweise spezielle Konferenzräume betrieben.[78]
Vorteile von Audiokonferenzen liegen in den relativ geringen Kosten für das Equipment und Möglichkeit, sie vielfach direkt am Arbeitsplatz abhalten zu können, das heißt, ohne spezielle Räume aufsuchen zu müssen, weshalb sie auch kurzfristig arrangiert werden können. Nachteilig wirkt sich wie auch bei textbasierten Konferenzen aus, daß der Gesprächsablauf nicht durch Mimik und Gestik gesteuert werden kann. Wichtige nonverbale Informationen, die im Face-to-face-Gespräch automatisch und unbewußt ausgetauscht werden, gehen verloren oder müssen explizit vermittelt werden.

Videokonferenzsysteme übermitteln neben sprachlichen auch visuelle Informationen und mindern damit die Nachteile text- oder audiovermittelter Kommunikation, da auch nonverbale Informationen - wenngleich gegenüber der Face-to-face Kommunikation eingeschränkt - übertragen werden.[79]
Videokonferenzsysteme ergänzen die Ausdrucksmöglichkeiten normaler Telefongespräche durch nonverbale Kommunikation, so daß ein umfassenderes Bild vom Gesprächspartner und dessen Arbeitsumgebung vermittelt wird. Sie weisen zumeist einen höheren Funktionsumfang und eine bessere Bildqualität als Bildtelefone auf. Hierzu benötigen sie allerdings höhere Übertragungskapazitäten und eine räumlich feste Installation.[80] Nachdem Ende der 80er Jahre noch das Scheitern der Videokonferenztechnik aufgrund zu starker Fokussierung auf technische Belange und des Versuchs, Videokonferenzen als Ersatz für herkömmliche Sitzungen zu verwenden, erwartet wurde,[81] scheint diese Technologie mittlerweile größere Verbreitung zu finden. Die inzwischen großflächig verfügbare ISDN-Technologie bietet hierzu geeignete technische Grundlagen. Es existieren jedoch auch speziell für das Internet konzipierte Lösungen, bei denen jedoch die insbesondere für die Videoübertragung kaum ausreichende Bandbreite der

---

78 Vgl. Wilkens (1990), S. 424.

79 Zu Video-Konferenzsystemen vgl. Lautz (1995). Eine einführende, aktuelle Produktübersicht findet sich z.B. bei Bauch (1998).

80 Vgl. Teufel/Sauter/Mühlherr et al. (1995), S. 145.

81 Vgl. Egido (1988), S. 14.

Übertragungskanäle Probleme bereitet. Videokonferenzstudios, in denen meist Systeme mit sehr hoher Bandbreite angesetzt werden, sind heute vielerorts zu mieten, und einige Großunternehmungen verfügen über eigene Studios.[82] Die derzeitigen Bemühungen zielen vor allem auf die technische Verknüpfung der Videokonferenzen mit elektronischen Sitzungsräumen[83]. Dabei wird die Videotechnologie eingesetzt, um auch dislozierte Gesprächspartner in das Sitzungsgeschehen vor Ort einzubeziehen. Die Möglichkeit der Übertragung von Dokumenten und deren gemeinsame Bearbeitung erschließt weitere Nutzenpotentiale.

Konferenzen zwischen Kommunikationspartnern in speziellen Räumen weisen den Nachteil der notwendigen Vorausplanung auf. Darüber hinaus geht auch der mit einem Meeting verbundene unternehmungskulturelle und/oder gruppenkulturelle Rahmen verloren, was beispielsweise an der Existenz auch in funktioneller Hinsicht unterschiedlich ausgestatteter Sitzungsräume für Führungskräfte einerseits und technischem Personal andererseits deutlich wird.[84] Systeme wie *VideoWindow/Bellcore*[85] oder das Projekt *MediaSpace*[86] bei *Xerox PARC* zielen neben der Unterstützung von geplanten Sitzungen in Videokonferenzräumen auch auf die Unterstützung spontaner, informeller Kommunikation, um soziale Beziehungen zu bilden oder zu festigen.[87] Hierzu werden zwei allgemein zugängliche Bereiche (z.B. Aufenthaltsräume) durchgehend über einen leistungsfähigen Audio- und Videokanal verbunden. Das Bild des jeweils anderen Raumes wird auf eine große Videowand projiziert, auf der die Gesprächspartner annähernd in Lebensgröße zu sehen sind, so daß der Eindruck eines Fensters (Window) entsteht, das Präsenz ohne physikalische Nähe zwischen den Gesprächspartnern vermittelt. Mit dem System *Cruiser*[88] kann man die Arbeitsumgebung eines Kollegen vom eigenen Arbeitsplatz aus betrachten, ohne diesen zu stören und/oder eine multimediale, synchrone Kommunikationsverbindung aufnehmen.
Auch bei diesen Systemen können allerdings nicht alle Charakteristika der Face-to-face-Kommunikation erzeugt werden, was sich beispielsweise bei der Herstellung oder Ver-

---

82 Vgl. Böttger (1998), S. 123ff. Zu einer empirischen Untersuchung der Bewertung von Videokonferenzen und möglichen Akzeptanzfaktoren vgl. Meier/Schmitt (1995), S. 56. Für Erfahrungsberichte und Einsatzkonzepte vgl. Gratzfeld (1996); Färber (1993); Scrivener/Clark/Clarke et al. (1993). Einen Überblick über den derzeitigen Stand der technischen Entwicklung bietet Böttger (1998). Bezüglich einer empirischen Studie zu den Erfolgsfaktoren von Videokonferenzen vgl. Schrader/Göpfert/Scherk (1996).

83 Siehe hierzu Abschnitt 3.3.4 dieser Arbeit.

84 Vgl. Egido (1988), S. 17.

85 Vgl. Fish/Kraut/Chalfonte (1990).

86 Vgl. Olson/Bly (1991).

87 Zur Unterstützung informeller Kommunikation mit Hilfe von Videokommunikationstechnik vgl. Fish/Kraut/Root et al. (1993), S. 50f.

88 Vgl. Fish/Kraut/Root et al. (1993); Cool/Fish/Kraut et al. (1992).

meidung von Augenkontakt sowie der (Nicht-)Wahrnehmung von Personen im (hier virtuellen) Raum zeigt.

Desktop-Conferencing-Systeme wie *MERMAID*[89] oder *TeamWorkStation*[90] überwinden den Nachteil der Notwendigkeit spezieller Sitzungsräume und verbinden die Funktionalität von Computer- und Telekonferenzen. Synchrone, dislozierte Konferenzen werden dabei von den Arbeitsplätzen der Mitarbeiter ohne Benutzung spezieller Studios geführt. Gleichzeitig verbreitern sich die Möglichkeiten zu informeller und ungeplanter Kommunikation. Neben Videoverbindungen können andere CSCW-Technologien eingebunden, Informationsobjekte verteilt eingesehen (Screen-sharing), mit Hilfe von Telepointern gezeigt und manipuliert werden, wenn gleichzeitig herkömmliche Datenverbindungen zur Verfügung stehen. Jeder Teilnehmer besitzt einen oder mehrere mit Videokamera und Mikrophon ausgerüstete Monitor(e), die private und öffentliche Bildfenster aufweisen. Eine Screen-sharing-Software[91] realisiert die Kopplung der Teilnehmer, so daß jeder den gleichen Bildschirminhalt oder -ausschnitt auf dem eigenen Monitor einsieht und ein gemeinsamer Arbeitsbereich entsteht.[92]
Versuche mit Desktop-Conferencing-Systemen zeigen, daß Leistungsmerkmale wie Bild-im-Bild-Darstellungen, Freisprecheinrichtungen mit Echounterdrückung, Festbildübertragung (etwa für Dokumente oder andere gemeinsame Materialien) und die Teilnahmemöglichkeit an Mehrpunktvideokonferenzen wichtig für den Erfolg von Desktop-Konferenzen sind. Die Ausstattung der Arbeitsplätze mit privaten und öffentlichen Bildschirmfenstern erlaubt jedem Konferenzteilnehmer das Arbeiten in seiner gewohnten Softwareumgebung. Gleichzeitig ermöglicht eine leistungsstarke Screen-sharing-Software die synchrone Kommunikation mit anderen Teilnehmern an anderen Orten.[93]

Die vorgenannten Werkzeuge versuchen, sogenannte 'Telepräsenz'[94] zu erzeugen, indem sie den örtlich verteilt arbeitenden Mitarbeitern das Gefühl vermitteln, sie befänden sich am gleichen Ort. Dieses geschieht primär mit dem Ziel, die gewohnten Regeln der Zusammenarbeit wirksam werden zu lassen und informelle Kommunikation zu ermöglichen. Im einfachsten Fall erzeugt die Videotechnologie ein Bild des Kooperationspartners in einem Bildschirmfenster. Die Bemühungen richten sich derzeit auf die Erhöhung der Realitätsnähe dieser Systeme durch Bereitstellung technischer Vorrichtungen, die den wichtigen Augenkontakt zwischen den Gesprächspartnern herstellen und auch die

89 Vgl. Watabe/Sakata/Maeno (1990).
90 Vgl. Ishii (1990); Ishii/Arita/Yagi (1993).
91 Siehe hierzu Abschnitt 3.3.7 dieser Arbeit.
92 Vgl. Popp (1993), S. 174; Petrovic (1993), S. 105. Bezüglich einer Einschätzung der zukünftigen Potentiale von Desktop- und Videokonferenzsystemen vgl. Schulze (1996); Böttger (1998).
93 Vgl. Schneider (1994), S. 116f.
94 Vgl. Hollan/Stornetta (1992); Schwabe/Krcmar (1996), S. 218.

Interpretation der Gestik erlauben. Ein noch weitergehender Ansatz im Shared-drawing-System *Clearboard-2*[95] versucht, über die Herstellung der Präsenz des Gesprächspartners auch eine gemeinsame Sicht auf ein zu bearbeitendes Material zu vermitteln. Das System erzeugt die Illusion, daß sich die beiden Teilnehmer gegenübersitzen und auf einer zwischen ihnen stehenden Scheibe zeichnen können.[96]

Als für Unternehmungen wichtigste quantitative *Nutzenpotentiale* multimedial unterstützter Kommunikationstechnologien werden vor allem die Reduzierung der Reisekosten, die mögliche Zeiteinsparung aufgrund geringerer Rüst- und Vorbereitungszeiten für die Reise sowie Umweltschutzgründe genannt.[97] Außerdem kann bei Bedarf eine größere Anzahl von Personen kommunizieren. Face-to-face-Meetings und damit verbundene Reisen werden jedoch nicht vollkommen überflüssig.[98] Selbst bei videounterstützter Telekommunikation geht die persönliche Gesprächsatmosphäre verloren. Bezüglich der Arbeitsqualität und der Kommunikation erwartet man von videobasierten Kommunikationssystemen eine Verbesserung gegenüber text- oder audiobasierten Medien, da auch nicht-verbale Feedback-Signale und damit die Stimmungen und Emotionen des Gegenübers besser übermittelt werden. Die Ansprache mehrerer menschlicher Wahrnehmungskanäle und die damit verbundene Redundanz der übertragenen Informationen reduziert die Wahrscheinlichkeit von Mißverständnissen und bietet deshalb eine bessere Unterstützung verteilter Kooperationseinheiten. Die Kommunikation kann darüber hinaus flexibler und spontaner erfolgen.[99]

Bezüglich der qualitativen *Grenzen* von Tele- und Computerkonferenzen sind folgende Aspekte festzuhalten:[100]

- Die Nachteile der technikgestützten Kommunikation bleiben aufgrund der Einschränkungen des informellen, vertraulichen und beziehungsbezogenen Informationsaustausches bestehen. Deshalb werden die Möglichkeiten zur Meinungsbildung innerhalb einer Kooperationseinheit und die Bildung informeller Koalitionen als geringer eingestuft, was sich als nachteilig für Entscheidungsprozesse in Gruppen erweist.[101] Bei fehlender Face-to-face-Kommunikation dominiert der Austausch von Sachinformationen. Der durch persönliche Kommunikation eben-

95 Vgl. Ishii/Kobayashi/Grudin (1992); Ishii/Kobayashi/Grudin (1993); Ishii/Kobayashi/Arita (1994).

96 Zur Darstellung verschiedener Werkzeuge der Telepräsenz vgl. Schwabe/Krcmar (1996), S. 218f.

97 Zu den Kosten und dem Nutzen von Videokonferenzen gegenüber anderen Formen der Interaktion vgl. Lautz (1995), S. 111ff.

98 Egido (1988), S. 18 konstatiert allerdings, daß Videokonferenzsysteme auch die stärkere Nutzung von Meetings als Möglichkeit zur Kommunikation bedingen.

99 Vgl. Meier/Schmitt (1995), S. 59.

100 Vgl. Syring (1994), S. 43.

101 Vgl. Friedrich/Früchtenicht/Hoheisel et al. (1993), S. 103.

falls vermittelte Beziehungsaspekt tritt dann in den Hintergrund,[102] so daß die Vertrauensbildung, das Kennenlernen des Gesprächspartners und auch die Möglichkeit zur Konfliktlösung verringert werden. Der Einsatz dieser Medien ist deshalb auch vor dem Hintergrund der Art der zu erledigenden Aufgabe zu beurteilen.

- Es findet keine Unterstützung im Hinblick auf den Sitzungsprozeß und die von den Teilnehmern eingenommenen Rollen statt.
- Insbesondere bei reinen Video- oder Audiokonferenzen stehen keine Speicherungsformen zur Verfügung, die eine anschließende textbasierte Weiterverarbeitung der Ergebnisse ermöglichen.

Als Konsequenz ist festzuhalten, daß diese Technologien ein relativ geringes aktives Unterstützungspotential beinhalten, jedoch die Handlungsspielräume der Kooperationspartner in hohem Umfang erhalten. Auf Face-to-face-Meetings kann dennoch nicht vollkommen verzichtet werden. Computer- und Telekonferenzsysteme eignen sich aber insbesondere für die Vor- oder Nachbereitung von Meetings oder für die Aufrechterhaltung sowie Intensivierung des Informationsaustausches zwischen Face-to-face-Meetings.

3.3.4 Sitzungsunterstützungssysteme

Der Begriff Sitzungsunterstützungssysteme stellt einen Sammelbegriff für die Technikunterstützung dar, die Electronic Meeting Rooms (EMR) oder Group Decision Support Systeme (GDSS) erbringen. Beide Formen sind typische Vertreter der Unterstützung synchroner Kooperation, bei der die Beteiligten also zur gleichen Zeit am selben Ort zusammenarbeiten. Electronic Meeting Rooms bieten vor allem eine prozeßbezogene Unterstützung und versuchen, die Kommunikation zwischen den Teilnehmern zu vereinfachen und Kommunikationsbarrieren zu überwinden. Sie stellen Strukturierungsmethoden zur Verfügung, um Verhandlungs-, Abstimmungs- Konsensfindungs- und Dokumentationsprozesse zu vereinfachen.[103] GDSS entwickelten sich aus Decision Support Systemen (DSS). Ihr Zweck besteht insbesondere darin, die Entscheidungsfindung in Gruppen zu unterstützen, die Qualität der Entscheidungsfindung in Gruppen innerhalb semi- oder unstrukturierter Entscheidungssituationen zu verbessern und die Entschei-

---

102 Vgl. Short/Williams/Christie (1976), S. 149, welche eine interessante Episode beschreiben: Bei einer Konferenz, die in der ersten halben Stunde nur auditiv unterstützt wurde und der dann zusätzlich ein Videokanal zur Verfügung gestellt wurde, hielt die zu diesem Zeitpunkt sprechende Person mitten im Satz inne und alle Teilnehmer stellten sich einander vor, als ob sie sich nie vorher getroffen und nicht bereits seit einer halben Stunde Aktivitäten miteinander durchgeführt hätten.

103 Vgl. Petrovic (1993), S. 78; Lewe/Krcmar (1991a), S. 345. DeSanctis/Gallupe (1987), S. 593 sprechen in diesem Zusammenhang von 'Level-1'-Systemen.

dungsunsicherheit zu verringern. Sie zielen vor allem auf eine inhaltliche Unterstützung und dabei auf die Aufgabenfelder 'Problemdefinition', 'Ermittlung von Streitpunkten und Entscheidungskriterien', 'Alternativengenerierung und -evaluierung', 'Abstimmungen (Voting)' sowie 'das Einholen von Meinungsbildern (Polling)'. Desweiteren stellen GDSS Entscheidungs- und Planungstechniken zur Verfügung.[104] Eine eindeutige Abgrenzung, ob Sitzungsunterstützungssysteme primär die Entscheidungsfindung oder die Kommunikation in Sitzungen unterstützen, kann häufig jedoch nicht getroffen werden, da in der Regel beide Aspekte berührt werden.[105] Deshalb wird im folgenden auf die Differenzierung verzichtet.

Folgende *Probleme treten bei (konventionellen) Sitzungen* auf:[106]
- Überbetonung der sozio-emotionalen Komponente und Vernachlässigung der Aktivitätenorientierung,
- Mangel an ausreichender Problemdefinition,
- Reduzierung der Kreativität durch Konformitätsdruck, beispielsweise aufgrund von Macht- und Statusunterschieden sowie dem Problem des Gruppendenkens ('Group think'),
- Gefahr von riskanten Entscheidungen durch De-Individualisierung und Verteilung der Verantwortung ('Risky shift').

Prinzipiell ist festzuhalten, daß der Erfolg des Einsatzes von Sitzungsunterstützungssystemen zur Überwindung der genannten Probleme sowie die Produktivität einer Sitzung wesentlich von der Fähigkeit des Moderators abhängt. Ihm muß es gelingen, die Ziele und Ergebnisse der Sitzung zusammen mit den Teilnehmern problemgerecht herauszuarbeiten, zu strukturieren sowie geeignete Instrumente einzusetzen: „Any tool is only as good as the artisan who wields it."[107] Qualitative Effekte, die sich in einer größeren Kohäsion der Sitzungsteilnehmer, klareren Problemdefinitionen, einer breiteren Basis qualitativ hochwertiger Lösungen, einem höheren 'Commitment' (Bindung) bezüglich

---

104 Vgl. DeSanctis/Gallupe (1987), S. 589f.; Petrovic (1993), S. 111. Für einen Überblick bezüglich GDSS vgl. DeSanctis/Gallupe (1987); Kraemer/King (1988); Geibel (1993). DeSanctis/Gallupe (1987), S. 594 kategorisieren GDSS als 'Level-2'-Systeme. Über die bereits genannte Funktionalität hinaus ermöglichen 'Level-3'-Systeme die aktive Strukturierung und Filterung der Kommunikationsbeiträge sowie das Timing des Sitzungsablaufs. Darüber hinaus stellen sie expertensystemgestützte Vorschläge für die Auswahl und Kombination von Regeln zur Anwendung in Sitzungen zur Verfügung. In diesem Bereich finden sich allerdings nur sehr wenige Forschungsergebnisse.

105 Aus diesem Grund verwenden aktuelle Veröffentlichungen (z.B. Schwabe/Krcmar (1996), S. 216) den Begriff 'Group Support Systems' unter Einschluß von GDSS. Anders bei Pinsonneault/Kraemer (1989), S. 198; Kraemer/Pinsonneault (1990), S. 376, die zwischen kommunikations- und entscheidungsunterstützenden Systemen unterscheiden. Diesem Ansatz folgt auch Syring (1994), S. 32f.

106 Vgl. Splettstößer (1991), S. 326, dort bezogen auf Probleme der Entscheidungsfindung in Gruppen, welche sich jedoch allgemein auf Sitzungen anwenden lassen.

107 Nunamaker/Briggs/Mittleman et al. (1997), S. 168.

der erarbeiteten Lösungen sowie quantitativen Steigerungen der Produktivität insbesondere hinsichtlich des Zeiteinsatzes und der damit verbundenen Kosten widerspiegeln, werden nicht allein durch den Einsatz eines Sitzungsunterstützungssystems induziert, sondern hängen wesentlich auch vom Stil und der Qualität der Moderation ab.[108]

Sitzungsunterstützungssysteme eignen sich vor allem für Sitzungen, die traditionell mit Hilfe eines Moderators und nicht per Selbststeuerung abgewickelt werden sowie einen gewissen zeitlichen Umfang aufweisen, da ein spezieller Raum aufgesucht werden muß.[109] Ihre *Funktionalität* läßt sich wie folgt kurz beschreiben: Die Ausstattung elektronischer Sitzungsräume besteht zumeist aus Sitzungstischen mit eingelassenen Bildschirmen, vernetzten PCs sowie einem großen Public Screen, auf den der Bildschirminhalt des Moderators oder einzelner Sitzungsteilnehmer projiziert wird. Informationen können aber auch direkt zwischen den einzelnen Teilnehmern ausgetauscht werden. Die Anordnung der Einzelarbeitsplätze in Kreis- oder U-Form trägt dazu bei, den Blickkontakt zwischen den Teilnehmern aufrecht zu erhalten und die direkte Kommunikation nicht zu behindern. Die Teilnehmer können gleichzeitig aktiv sein und ihre Beiträge in textueller oder grafischer Form eingeben. Ein Moderator oder einer der Teilnehmer übernimmt die Koordination der Sitzungsaktivitäten, beeinflußt den Ablauf der Sitzung (z.B. Reihenfolge und Länge der Beiträge) und wählt die Werkzeuge aus, die den Teilnehmern während der Sitzung zur Verfügung stehen.[110]
Die technischen Hilfsmittel dienen dazu, Sitzungen besser zu strukturieren, den Diskussionsstand permanent für alle Teilnehmer zu visualisieren, alle Beteiligten zu aktivieren und die Dominanz einzelner zu verringern. Neben der Präsentationsunterstützung dient die eingesetzte Software auch der inhaltlichen Unterstützung von Meetings in den verschiedenen Phasen Planung, Generierung von Ideen, Visualisierung und Gruppierung der Ideen und Diskussionsbeiträge, Auswahl von Ideen und Analyse der Ergebnisse. Sitzungsunterstützungssysteme erlauben darüber hinaus das gemeinsame Formulieren einer Tagesordnung sowie ein elektronisch gestütztes Brainstorming. Außerdem stellen sie verschiedene Evaluierungs- und Abstimmungsverfahren sowie eine automatische Protokollierung zur Verfügung.[111]

Als *potentielle Auswirkungen* der Computerunterstützung bei Sitzungen und beim Treffen von Entscheidungen wird eine Reihe von Aspekten genannt, die sich vor allem auf die Sitzungsdauer, die Sitzungsqualität und die Zufriedenheit mit den Sitzungs-

---

108 Vgl. Nunamaker/Briggs/Mittelman et al. (1997), S. 169.

109 Vgl. Petrovic/Krickl (1993), S. 121.

110 Vgl. Schwabe (1994), S. 36; Petrovic (1992a), S. 216.

111 Vgl. Petrovic (1991), S. 281; Petrovic (1993), S. 111; Freisleben/Rüttinger/Soursisseaux et al. (1991), S. 251. Vgl. Lewe/Krcmar (1993), S. 113; Petrovic (1993), S. 201 bzgl. einer Aufstellung der Werkzeuge von '*GroupSystems*'.

ergebnissen auswirken. Allerdings liegen nicht hinsichtlich aller Punkte übereinstimmende Befunde vor:[112]

Die *Anonymität* bei der Ideengenerierung und -bewertung reduziert den Konformitätsdruck, was vor allem dann wirksam wird, wenn Personen unterschiedlicher Hierarchiestufen beteiligt sind. Sie trägt dazu bei, daß auch ungewöhnliche Ideen und Urteile unbeeinflußt von Status- und Machtunterschieden geäußert werden und insgesamt eine höhere Anzahl qualitativ hochwertiger Ideen produziert wird. Die Anonymität verhindert einerseits die Teilnahmslosigkeit einzelner Personen, die sich durch dominierende Wortführer beeinträchtigt fühlen und verringert andererseits das schweigende 'Trittbrettfahren'. Die Anonymität hat jedoch nicht nur positive Auswirkungen auf die Zufriedenheit mit den Sitzungsergebnissen und deren Qualität. Wichtige politische Informationen bleiben verborgen, da beispielsweise nicht notwendigerweise sichtbar wird, welcher Teilnehmer welche Ideen oder Entscheidungen favorisiert. Die Verringerung sozialer Einflüsse auf die Problemlösung mindert auch die Möglichkeiten zur Beurteilung der Vertrauenswürdigkeit des Inputs.

Elektronisch gestützte Kommunikation führt zur einer *Veränderung des Kommunikationsverhaltens*. Die aufgabenorientierte Kommunikation dominiert gegenüber der sozialorientierten Kommunikation, und die negative soziale Kommunikation überwiegt gegenüber der positiven sozialen Interaktion, was die Konsensfindung erschweren kann. Da die Quellen von Ideen nicht bekannt sind, konzentrieren sich Äußerungen allerdings mehr auf deren Inhalt als auf die sich äußernde Person, wodurch sich der Umgang mit Kritik vereinfacht. Auch die in einem Sitzungsunterstützungsraum durch die Teilnehmer wahrgenommene Distanz kann sich positiv oder negativ auf die Qualität der Ergebnisse sowie die Zufriedenheit der Sitzungsmitglieder mit den getroffenen Entscheidungen oder Sitzungsergebnissen auswirken. Die sozialen Funktionen der Kommunikation werden nicht so stark eingeschränkt wie bei den dislozierte Kooperationssituationen unterstützenden CSCW-Technologien, weil auch der direkte Kontakt möglich ist.

Die konsequente *Visualisierung* erhöht die Konzentration auf die definierten Aufgaben und vermeidet ein Abschweifen vom Thema. Die Sammlung der Beiträge dient als Gruppengedächtnis und erzeugt eine gemeinsame Sicht auf das Material. Im Gegensatz zur Verwendung von Flip-Charts und Wandtafeln ist die Editierung des Textes möglich,

---

112 Vgl. Nunamaker/Briggs/Mittelman et al. (1997), S. 171ff.; Lewe (1995), S. 471; Splettstößer (1991), S. 329f.; Petrovic (1993), S. 116; Petrovic (1991), S. 283; Nunamaker/Dennis/Valacich et al. (1991), S. 41; Maaß (1991), S. 26; Krcmar (1992b), S. 431f.; DeSanctis/Gallupe (1987), S. 603ff. Für empirische Befunde und zur Problematik der Validität empirischer Untersuchungen vgl. die umfassende Sammlung empirischer Ergebnisse bei Lewe (1995), S. 135ff.; Kraemer/King (1988); Jarvenpaa/ Rao/Huber (1988); Pinsonneault/Kraemer (1989); Kraemer/Pinsonneault (1990); Rao/Jarvenpaa (1991); Dennis/Gallupe (1993); Anson/Bostrom/Wynne (1995); Petrovic/Krickl (1993); Krcmar (1992b), S. 432f.

um Fehler zu beseitigen und Bedeutungen zu klären. Listen von Ideen lassen sich in Cluster oder Abschnitte gruppieren und so einer separaten Beurteilung unterziehen.
Die im Gegensatz zur mündlichen Kommunikation parallele Meinungsäußerung erlaubt die Verkürzung der notwendigen *Sitzungsdauer*. Automatisch generierte Berichte stehen ohne Zeitverzögerung zur Verfügung. Die einerseits erwünschte Erhöhung der Anzahl der Beiträge, darunter aufgrund der Anonymität auch häufiger kritische Statements, kann andererseits jedoch auch zu einer Erhöhung der Sitzungszeit beitragen und die Zufriedenheit der Teilnehmer mit den Sitzungsergebnissen mindern.
Die Verarbeitungskapazität von Computern begünstigt die *Anwendung komplexer* oder manuell sehr aufwendiger *Bewertungsverfahren*. Werkzeuge der Präferenzanalyse erlauben den Vergleich mehrerer Urteile, um Übereinstimmungs- und Konfliktfelder festzustellen, ohne die Anonymität der Teilnehmer aufzuheben.

Als problematisch bei der Bewertung der Ergebnisse für die praktische Anwendung erweist sich, daß die meisten empirischen Untersuchungen in technophilen Umgebungen, wie z.B. Universitäten, durchgeführt wurden. Empirische Untersuchungen vergleichen computergestützte Sitzungen vor allem mit papierbasierten Varianten, während der Vergleich mit dem Einsatz eines Moderators oder anderer Strukturierungsinstrumente zumeist unterbleibt, obwohl die positiven Effekte von Sitzungsunterstützungssystemen zu einem großen Anteil durch die verbesserte Strukturierung erzielt werden. Darüber hinaus basieren die Untersuchungsergebnisse, etwa bei der Veränderung der Durchlaufzeit gegenüber einer nicht computergestützten Sitzung, häufig lediglich auf Schätzungen. Dieses ist bei der Bewertung der Ergebnisse zu berücksichtigen.[113]

Die Forschung bearbeitet das Konzept der elektronischen Sitzungsräume seit etwa 1982 intensiv. Das bekannteste und weitverbreitetste System ist das 1988 an der University of Arizona in Tuscon (USA) auf Grundlage des Vorgängersystems *PLEXYS* entwickelte und kommerziell verfügbare *GroupSystems/Ventana*.[114] Es wird mit einigen Zusatzleistungen von IBM unter dem Namen *TeamFocus* vertrieben und in Deutschland an der Universität Stuttgart-Hohenheim unter dem Namen *CATeam* wissenschaftlich untersucht.[115] Das System ist z.B. in der Universität von Arizona installiert und unterstützt mittlere bis große Gruppen von bis zu 2x24 Teilnehmern in Arbeitssitzungen mit Hilfe von über 20 verschiedenen Werkzeugen. In Tuscon sind die Sitzplätze dreireihig in einem parlamentarischen Halbrund mit Blick auf den Sprechertisch angeordnet. Im Rücken des Sprecherpults befinden sich zwei große Projektionswände, die mit dem

---

113 Vgl. Wohlenberg (1994), S. 68.

114 Vgl. Dennis/George/Jessup et al. (1988); Lewe/Krcmar (1992); Lewe/Krcmar (1993); Krcmar (1992b).

115 Vgl. Krcmar (1992a); Krcmar/Lewe (1992b); Lewe/Krcmar (1991b).

System verbunden sind. Alle Einzelplätze sind mit vernetzten Workstations und mit halb in den Tischen versenkten Bildschirmen ausgestattet, damit die Teilnehmer Sichtkontakt aufnehmen können. Die installierte Software wird von einem speziellen Moderatoren-Rechner aus zentral gesteuert. *GroupSystems* stellt wie andere Sitzungsunterstützungssysteme eine Sammlung von Werkzeugen[116] dar, die die unterschiedlichen Sitzungsaktivitäten wie die Ideenfindung, Organisation der Ideen, Abstimmungen und Sitzungsplanung unterstützen. Das System erfordert einen 'Sitzungschauffeur', der die Koordination der computergestützten Sitzungsaktivitäten übernimmt. Dieser übernimmt die Rolle eines klassischen Moderators, indem er bei der Planung der Tagesordnung hilft, passende Werkzeuge auswählt, aktiviert und stoppt.[117]

Systeme, die kleine Kooperationseinheiten unterstützen, sind weitgehend noch der Forschung zuzuordnen.[118] Das bekannteste Produkt dieser Kategorie stellt das am XEROX PARC entwickelte *Colab*[119] (Cooperative Laboratory) als experimentelles Sitzungsunterstützungssystem mit vier LAN-vernetzten Workstations dar. Die Workstation des Sitzungsleiters ist mit einer im Stehen bedienbaren Tastatur und einem berührungsempfindlichen Bildschirm ausgestattet, der für alle lesbar und zugänglich ist. Die Bildschirme der einzelnen Teilnehmer verfügen sowohl über gemeinsame als auch individuelle Anzeigebereiche. *Colab* bietet drei spezielle, auf Hypertext basierende Werkzeuge an, die weitgehend nach dem WYSIWIS-Prinzip ('What you see is what I see') operieren: Der *Bordnoter* simuliert elektronisch eine Tafel, auf der gezeichnet, geschrieben, gelöscht und gezeigt werden kann. Einmal entwickelte Tafelbilder lassen sich für den späteren Gebrauch archivieren. Der *Cognoter* dient zur Vorbereitung gemeinsamer Beiträge, indem er die drei Phasen 'Sammeln (Brainstorming)', 'Sortieren (Ordering)' und 'Evaluieren (Evaluating)' unterstützt. Er stellt ein wegweisendes Werkzeug dar, weil grundlegende Ideen wie 'What you see is what I see', Telepointer als Zeigeinstrument sowie das Verbinden von privaten und öffentlichen Sichten verschiedener Sitzungsteilnehmer hier erstmals implementiert wurden. Dabei werden Ideen und Beziehungen zwischen diesen als grafisches Netzwerk dargestellt.[120] Der *Argnoter* als drittes System stellt ein Negotiation Support System (NSS, Verhandlungsunterstützungssystem)[121] dar und bietet Strukturen zur Unterstützung der Diskussion neuer Vorschläge an. Dabei wird zwischen den drei Phasen 'Vorschlagen', 'Erörtern' und 'Bewerten' unterschieden. Die Kombination der drei Werkzeuge erlaubt einen flexiblen

---

116 Eine Übersicht der Werkzeuge von *GroupSystems 4.0* findet sich bei Lewe (1995), S. 234.

117 Vgl. Lewe/Krcmar (1992), S. 34; Lewe/Krcmar (1993), S. 113; Schwabe (1994), S. 35.

118 Vgl. Petrovic (1993), S.113.

119 Vgl. Stefik/Foster/Bobrow et al. (1987). Vgl. hierzu auch im folgenden Maaß (1991), S. 26ff.

120 Vgl. Schwabe/Krcmar (1996), S. 215.

121 Vgl. hierzu Jelassi/Foroughi (1989).

Einsatz von *Colab* nicht nur zur Präsentationsunterstützung, sondern auch zur Diskussion neuer Vorschläge.

NSS-Systeme legen ihren Schwerpunkt, wie das System *CO-oP*, auf die Entscheidungsunterstützung und Kompromißbildung.[122] Der Dialog erfolgt hier über Bildschirme, die in vier Fenster variabler Größe unterteilt sind und die globale oder lokale Statusbestimmungen, die Darstellung erzielter Ergebnisse sowie die Bearbeitung des Entscheidungsproblems erlauben. Die eigentliche Entscheidungsunterstützung erfolgt über die Schritte 'Gruppennorm definieren', 'Problem definieren', 'Entscheidungskriterien gewichten', 'Handlungsalternativen beurteilen', 'Gruppenentscheidung bestimmen' und 'Kompromiß finden'. Für jeden der Schritte stellt das System eine Auswahl unterschiedlicher Algorithmen zur Verfügung, um eine geeignete Anpassung an die jeweiligen Gruppenbedürfnisse zu erzielen.

Neuere Entwicklungen im Bereich der Sitzungsunterstützungssysteme versuchen, die Sitzungsunterstützung vom Raum unabhängig zu gestalten und integrieren dabei die Funktionalität von Telekonferenzsystemen, um eine durchgängige Prozeßunterstützung anzubieten und Face-to-face-Kommunikation zu verkürzen.[123] Die Bemühungen zielen darauf, je nach Bedarf sowohl eine lokale als auch eine dislozierte Kooperationsunterstützung anzubieten und somit „Ubiquitous Meeting Systems“[124] zu entwerfen, die sowohl lokale (Sub-)Gruppen in verschiedenen elektronischen Sitzungsräumen als auch individuelle Sitzungsteilnehmer an ihren Arbeitsplätzen zusammenführen.

3.3.5 Termin- und Projektmanagementsysteme

Terminmanagementsysteme dienen der Koordination von Terminen der Mitglieder einer Kooperationseinheit. Die Terminkoordination beinhaltet insbesondere bei mehreren Beteiligten eine Vielzahl von Abstimmungsprozessen, die traditionell per Telefon, E-mail oder Briefpost erfolgt. Elektronische Kalender mit Gruppenfunktion erzielen Verbesserungen, indem sie freie Termine heraussuchen, diese vormerken, Einladungen an die Teilnehmer verschicken, die Bestätigung oder Ablehnung eines Terminvorschlages verfolgen und automatisch Räume reservieren.[125] Grundvoraussetzung ist jedoch, daß

---

122 Bezüglich detaillierter Erörterungen vgl. auch im folgenden Jarke (1996), S. 46ff.; Geibel (1993), S. 199ff.

123 Vgl. Geißler/Haake/Hilgert et al. (1996) zur Beschreibung der in diesem Zusammenhang bei der GMD unternommenen Forschungsbemühungen.

124 Vgl. Johannsen/Haake/Streitz (1996), S. 12.

125 Vgl. Dier/Lautenbacher (1994), S. 40. Vgl. auch das Anwendungsbeispiel bei Woitass (1991), S. 45f. Zu Gruppenterminkalendern vgl. Campbell (1992); Greenwood (1992).

jedes Mitglied einer Kooperationseinheit einen individuellen, elektronischen Kalender führt, der sämtliche Termine enthält und der permanent aktualisiert wird.
Bei der Ermittlung möglicher Termine lassen sich unterschiedliche Strategien verfolgen. Im einfachsten Fall werden nur diejenigen Termine vorgeschlagen, an denen alle potentiellen Teilnehmer verfügbar sind. Prioritätengesteuerte Systeme bestimmen Termine, bei denen die wenigsten der von den Teilnehmern gesetzten Prioritäten verletzt werden. Regelbasierte Systeme arbeiten nach einem ähnlichen Prinzip. Sie nehmen den Auswahlprozeß mittels Entscheidungsregeln vor, die durch den Initiator des Meetings vorgegeben werden.[126]

Neben der genannten *Funktionalität* der Unterstützung der Terminfindung sind Terminmanagementsysteme häufig mit weiteren Funktionalitäten ausgestattet, die Überschneidungen mit Projektmanagementsystemen aufweisen. Sie sortieren dann Aufgaben nach Prioritäten, verwalten regelmäßige Sitzungstermine, stellen eine Wiedervorlagefunktion zur Verfügung und erstellen Termin-, Aufgaben- sowie Ressourcenlisten (insbesondere im Hinblick auf die Inanspruchnahme von Mitarbeitern durch bestimmte Aufgaben). Problematisch und bei der Konzeption der Nutzungsform besonders zu beachten sind die Möglichkeiten der Verhaltens- und Leistungskontrolle von Mitarbeitern.[127]

Als *Vorteile* des Einsatzes von Terminmanagementsystemen werden in der Literatur vor allem die Verkürzung der notwendigen Vorlaufzeit und die verbesserte Synchronisation angeführt. Die Verkürzung der Vorlaufzeit von Meetings und des Terminvereinbarungsprozesses resultiert aus der höheren Transparenz der Verfügbarkeit der Teilnehmenden und der Unterstützung der Terminsuche. Die Verbesserung der Synchronisation erfolgt durch die automatische Verteilung von mit dem Termin verbundenen Agenden, Protokollen oder anderen Dokumenten an den adressierten Teilnehmerkreis. Gleichzeitig verursacht der Einsatz von Terminmanagementsystemen eine erhöhte Transparenz der Aktivitäten der Kooperationspartner, was die direkte oder indirekte Koordination vereinfacht.[128]
Schwächen dieser Anwendungsklasse liegen vor allem darin, daß das Problem der Portabilität vielfach bisher nicht gelöst werden konnte, die die Doppelführung eines privaten Kalenders und eines Gruppenkalenders erfordert. Darüber hinaus empfinden viele Personen die Führung eines Gruppenterminkalenders als schweren Eingriff in ihren persönlichen Arbeitsstil und ihre Privatsphäre, der mit einem Verlust an Zeitautonomie einhergeht. Dem wird häufig durch Ausweichstrategien, wie z.B. das Blockieren von Zeit-

[126] Vgl. Petrovic (1992b), S. 19; Petrovic (1993), S. 119.

[127] Vgl. Wächter (1995), S. 321, der sich dort auch zur Problematik elektronischer Terminkalender im Hinblick auf den Datenschutz äußert.

[128] Vgl. Opper/Fersko-Weiss (1992), S. 39. Zur Problematik des Zeitmanagements mit CSCW-Technologien vgl. Egger/Wagner (1992).

räumen ohne Inhaltsangabe oder die Überpriorisierung der eigenen Termine, begegnet. Gleichzeitig stellen Terminmanagementsysteme ein klassisches Beispiel dafür dar, daß CSCW-Technologien an unterschiedlichen Stellen Aufwand oder Nutzen erzeugen. Alle Beteiligten müssen einen zusätzlichen Terminkalender führen, doch nur der Organisator des Meetings verringert seinen Koordinationsaufwand.[129]

Software-Lösungen zur Erhöhung der Effizienz des *Projektmanagements* haben ebenfalls koordinierenden Charakter. Neben der Abstimmung von Terminen und der zeitlichen Projektplanung gehören die Koordination der von den Mitgliedern der Kooperationseinheit im Rahmen des jeweiligen Projekts durchzuführenden Aktivitäten zum Leistungsspektrum dieser gruppenspezifischen Werkzeuge zum Projektmanagement, wie z.B. des *Task Managers*[130]. Dieser erlaubt eine gemeinsame Sicht auf die zu bearbeitenden Aufgaben und strukturiert sie durch Attribute, die den aktuellen Bearbeitungszustand beschreiben. Im Idealfall verringern sich durch den Einsatz einer solchen Software die Reibungsverluste und beschleunigen sich die Arbeitsprozesse. Aus der Analyse des gemeinsamen Terminkalenders in Verbindung mit den im Rahmen des Projekts zu erledigenden Aufgaben lassen sich darüber hinaus exaktere Kalkulations- und Analysegrundlagen für Reorganisationsmaßnahmen generieren.[131] Die Erkenntnisse aus dem Einsatz des Prototypen *Callisto/Digital Equipment Corporation*[132], welcher Wissen über Projektmanagement in einer Expertensystem implementierte, zeigen, daß Methoden der Netzplanung wie PERT und CPM[133] um Instrumente zur Diskussion und Verhandlung erweitert werden müssen, wenn eine wirksame Kooperationsunterstützung erzielt werden soll.

Gruppenspezifische elektronische Terminkalender und Projektmanagementsysteme sind kommerziell (z.B. *MS Project/Microsoft und PavoSoft Project* oder auf Basis von *Lotus Notes/IBM*) verfügbar. Viele Systeme bündeln die Funktionalitäten eines Terminkalenders und des Projektmanagements mit weiteren Zusatzfunktionen wie E-mail oder Zugriffsmöglichkeiten auf Datenbanken. Die Aufgaben im Terminkalender können direkt aus der Projektplanung resultieren und Personen aus der Adreßverwaltung zugeordnet werden. Weitere Funktionen der Projektplanung, wie z.B. das Management von

---

129 Vgl. Petrovic (1993), S. 122f.; Beard/Palaniappan/Humm et al. (1990), S. 281; Egger/Wagner (1992), S. 252ff.; Grudin (1988), S. 85f. Zur Adaption von Gruppenterminkalendern vgl. Grudin/ Palen (1997). Sie führen auf S. 237 an, daß sie die weite Verbreitung von Gruppenterminkalendern hauptsächlich in Firmen der Hochtechnologiebranche vorfanden. Sie setzen sich darüber hinaus mit den Einflußfaktoren auf die Akzeptanz von Gruppenterminkalendern auseinander.

130 Vgl. Kreifelts/Hinrichs/Woetzel (1993); Busbach (1994).

131 Vgl. Dier/Lautenbacher (1994), S. 41.

132 Vgl. die kurze Beschreibung in Power/Carminati (1993), S. 18f.

133 PERT = Program Evaluation and Review Technique; CPM = Critical Path Method

Ressourcen oder die Verrechnung von Kostensätzen, können direkt in die Terminplanung integriert werden.[134] Beispiele für solche Gruppenkoordinationssysteme sind *Schedule+/Microsoft*[135] oder *WordPerfect Office/Word Perfect*, die E-mail-Komponenten mit einem Gruppenterminkalender und einer Aufgabenverwaltung verbinden.[136] Fortgeschrittene prioritäten- oder regelbasierte Terminkalender, wie z.B. *Visual Scheduler*[137] oder *MPCAL* (Multipersonal Calender)[138], haben den Forschungsbereich noch nicht verlassen.

3.3.6 Prozeßunterstützungssysteme

Prozeßunterstützungssysteme weisen die größte Nähe zu den Technikkonzepten auf, die in der Vergangenheit unter dem Stichwort 'Büroautomation' diskutiert wurden. Ihnen wird die Fähigkeit zugesprochen, eine geschäftsprozeßorientierte Unternehmungsgestaltung und den damit verbundenen Wechsel von der Funktions- zur Prozeßorientierung softwaretechnisch umzusetzen.[139] Gleichzeitig gewinnen einerseits die Metapher vom 'papierlosen Büro' sowie andererseits die Vorstellung, Büroprozesse analog zu Produktionsprozessen zu steuern, wieder an Bedeutung. Zur Bezeichnung dieser Softwarekategorie werden die Begriffe Prozeßsystem, Workflowsystem oder Vorgangssystem verwendet und je nach Funktionalitätsumfang um Attribute wie Steuerung, Automation, Management oder Unterstützung erweitert, so daß eine Vielzahl von Begriffen entsteht (z.B. Vorgangssteuerungs-, Prozeßunterstützungs-, Workflowmanagementsystem). Die Ausführungen dieser Arbeit verwenden den Begriff 'Prozeßunterstützungssystem'.

Prozeßunterstützungssysteme unterstützen, steuern oder automatisieren koordinative Aktivitäten in arbeitsteiligen, primär asynchronen Leistungsprozessen. Dabei liegen digi-

---

[134] Vgl. Petrovic (1992b), S. 19.

[135] Vgl. Grudin/Palen (1995), S. 268.

[136] Vgl. Dier/Lautenbacher (1994), S. 41.

[137] Vgl. Beard/Palaniappan/Humm et al. (1990).

[138] Vgl. Greif/Sarin (1988).

[139] Vgl. Picot/Rohrbach (1995), S. 28. Die Debatte über Geschäftsprozesse und deren Reorganisation hat zur Ausbreitung der Diskussion über die Vorgangssteuerung und der zugehörigen technischen Systeme geführt. Die Diskussion über Geschäftsprozesse und Reorganisation geht einerseits von einem höheren Aggregationsniveau der betrachteten Leistungsprozesse aus und erfolgt andererseits primär im Hinblick auf strategische Fragestellungen mit den Dimensionen Effektivität, Kundenorientierung, Transparenz und Wertschöpfung. Die Zielsetzung des Vorgangsmanagements stellt sich dagegen eher operativ und effizienzorientiert dar und konzentriert sich auf die Ressourcen-, Termin- und Kostenbetrachtung. Vgl. Erdl/Schönecker (1992), S. 27. Bezüglich des Zusammenhangs zwischen Workflow Management bzw. Workflowsystemen und der Geschäftsprozeßorientierung vgl. auch Heilmann (1994), S. 15; Schönecker (1993), S. 57; Scheer/Galler (1994); Becker/Vossen (1996), S. 17.

talisierte Abbildungen der Arbeitsprozesse bzw. der in logischem Zusammenhang stehenden Tätigkeiten zugrunde.[140] Im Gegensatz zu klassischen Administrations- und Dispositionssystemen sowie Techniken zur Dokumentenverwaltung[141] weisen Prozeßunterstützungssysteme spezialisierte Werkzeuge auf, die es dem Anwender aufgrund der Trennung von Ablaufkoordination und Anwendungsprogrammierung ermöglichen, Arbeitsflüsse, die zugehörigen Aktivitäten, Rollen, Ressourcen und Kompetenzen etc. abzubilden und diese Abbildung bei Bedarf auch zu verändern. Dieses beinhaltet die Trennung der Lenkung i.S. der Planung, Steuerung und Kontrolle eines Prozeßtyps von der eigentlichen Ausführung der Aktivitäten. Die Abläufe sind nicht im Programmcode festgelegt, sondern flexibel in Form eines veränderbaren Ablaufschemas modelliert. Dieses erhöht die Reaktionsfähigkeit auf Veränderungen, da die Spezifikation auch unabhängig von professionellen Anwendungsentwicklern erfolgen kann.
Die Unterstützung der Bearbeitung von Vorgängen ist also weniger inhaltlicher als prozessualer Art. Prozeßunterstützungssysteme stellen im wesentlichen Transport-, Routing- und Synchronisationsmechanismen für informationelle Arbeitsobjekte und -abläufe zur Verfügung, um die Koordination weitestgehend unabhängig von fachspezifischen Erfordernissen zu unterstützen. Letzterem kann man mittels der Einbindung anderer Softwaresysteme entsprechen, wobei das Prozeßunterstützungssystem als Server für andere Applikationen wie z.B. Funktionen zur Bearbeitung von Texten oder Datenbanken dient.

Prozeßunterstützungssysteme stellen unter Rückgriff auf aufbau- und ablauforganisatorische Daten folgende, in der Literatur allerdings unterschiedlich gruppierte *Grundfunktionalitäten* zur Verfügung, welche die folgenden Ausführungen im einzelnen erörtern:[142]

---

[140] Vgl. Gaitanides (1983), S. 65.

[141] Vgl. Schulze/Böhm (1996), S. 282. Schulze/Böhm (1996), S. 282 unterscheiden Bürosoftware zum Zweck der Beschreibung von Workflowsystemen in dokumentenorientierte und prozeßorientierte Systeme. Dokumentenorientierte Systeme weisen keine spezifische Ablauforientierung auf und unterstützen den Benutzer bei einzelnen Tätigkeiten im Umgang mit Dokumenten (z.B. Erfassung, Archivierung, Verwaltung, Bereitstellung). Prozeßorientierte Systeme beinhalten als Unterform 'hard-wired'-Applikationen (S. 286), welche sich dadurch auszeichnen, daß sie für einen spezifischen Anwendungszweck entworfen wurden, häufig monolithischer Struktur sind, der Lösungsweg des Prozesses vom Entwickler für einen längeren Zeitraum festgelegt wird und sie mit geringer Flexibilität ausgestattet sind. Diese Beschreibung trifft auf klassische Administrations- und Dispositionssysteme zu, die stark formalisierte Aufgaben mit hoher Wiederholungsfrequenz steuern.

[142] Vgl. hierzu und im folgenden Erdl/Schönecker (1992), S. 25ff.; Bodendorf/Langer/Schmidt (1993), S. 17; Heilmann (1994), S. 13ff.; Gais (1994), S. 28ff.; Kirn (1995), S. 101; Lippold/Hett/Hilgenfeldt et al. (1993); Weiß/Krcmar (1996); Oberweis (1996), S. 65-72. Umfassende Beschreibungen von Anforderungen an und Funktionalitäten von Prozeßunterstützungssystemen bieten Maier/Jung (1994), S. 22-27 i.V. mit 31-44; Lippold/Hett/Hilgenfeldt et al. (1993); Erdl/Schönecker (1992); Krickl (1995), S. 189-208.

- Modellierung, Veränderung und Verwaltung von Prozeßtypen,
- Unterstützung, Steuerung und/oder Automatisierung der Verarbeitung von Prozeßexemplaren und
- Verfolgung von und Information über Prozesse und Prozeßexemplare.

Die Bereitstellung von Werkzeugen zur *Modellierung, Veränderung und Verwaltung von Prozeßtypen* stellt eine konstituierende Funktionalität von Prozeßunterstützungssystemen dar. Prozeßtypen beschreiben reale Prozesse in abstrakter Form (z.B. Urlaubsbeantragung). Dazu bilden sie die notwendigen Aktivitäten, deren logische und zeitliche Beziehung (z.B. Sequenz, paralleler oder wechselseitiger Arbeitsfluß), die auszutauschenden Informationsobjekte (z.B. Dokumente) sowie die Zuordnung der Aktivitäten und Objekte zu Akteuren ab. Häufig wird dabei auf die Notation der Petri-Netze oder andere Basistechniken der Systementwicklung zurückgegriffen und so die softwaretechnische Implementierung vorbereitet.[143] Die Prozeßmodellierung bildet gleichzeitig die Grundlage für deren Analyse und Simulation, um Schwachstellen und Verbesserungspotentiale aufzudecken.

Neben Funktionen zur Modellierung von Prozeßtypen stellen Prozeßunterstützungssysteme auch Funktionen zur *Unterstützung, Steuerung* oder *Automatisierung der Verarbeitung von Prozeßexemplaren* zur Verfügung. Ein Prozeßexemplar (synonym: Vorgang) stellt einen mit konkreten Anwendungsdaten gefüllten Prozeßtyp dar, also beispielsweise den Urlaubsantrag (Prozeßtyp) der Mitarbeiterin Meier für einen bestimmten Zeitraum, welcher mit spezifischen Vertretungs- und Zeichnungsregelungen verbunden ist. Prozeßunterstützungssysteme automatisieren, steuern oder unterstützen den Ablauf bei der Ausführung der Prozeßexemplare ereignis- oder zeitbasiert. Hierzu stellen sie Funktionalitäten wie die Zuweisung von Arbeitsaufträgen an die Bearbeitenden, die Bereitstellung der notwendigen Informationen, die Aktivierung der notwendigen Softwarewerkzeuge, die Bereitstellung der zur Prozeßbearbeitung notwendigen Daten, die Weiterleitung nach Abschluß einer Aktivität und die Einleitung bestimmter Aktivitäten (beispielsweise Benachrichtigung des Stellvertreters, automatische Wiedervorlage, Terminüberwachung, Mitzeichnungsfunktion) bereit. Der Software kommt eine steuernde und/oder automatisierende Funktion zu, wenn sie die Koordination der Abarbeitung eines Prozesses 'selbständig' und aktiv übernimmt (Automatisierung) und kontrolliert oder geringe Handlungsspielräume des Mitarbeiters zuläßt (Steuerung). Bei Prozeßunterstützungssystemen verbleibt die Steuerung und Kontrolle des Prozesses dagegen beim Benutzer. Das Softwaresystem weist einen eher passiven Charakter auf und hält situativ durch den Benutzer einsetzbare Werkzeuge bereit.

143 Zur Modellierung von Prozessen vgl. Schwab (1996), S. 299; Malone/Crowston (1994); Jablonski (1995); Oberweis (1996).

Stark strukturierte Prozesse mit formeller Regelung und hoher Wiederholungshäufigkeit weisen ein hohes Automatisierungs- und Steuerungspotential auf. Sie stellen das Kernanwendungsgebiet von *Workflowsystemen mit transaktionsorientiertem Charakter* dar. Solche Softwaresysteme übernehmen die Ablaufsteuerung und Koordinationsfunktionen, indem sie den Bearbeitenden Vorgänge (teil-)automatisch zuweisen, die Weiterleitung nach Abschluß der Bearbeitung veranlassen, die Verfolgung und Kontrolle des Bearbeitungsstatus ermöglichen und die Ablage, Wiedervorlage oder endgültige Archivierung veranlassen.
Ad-hoc-Systeme eignen sich zur Unterstützung nicht strukturierter, einmaliger, hinsichtlich ihrer Komplexität variierender Prozesse, beispielsweise zur Unterstützung des Ablaufs in einer Projektgruppe. Diese Klasse der Prozeßunterstützungssysteme dient vor allem dazu, Aufgaben über Meilensteine bzw. Termine zu strukturieren und die Informationssammlung sowie den Zugang zu gemeinsamen Informationen zu unterstützen.[144]
Die dritte, im Hinblick auf den Strukturierungsgrad der Aufgaben zwischen den beiden genannten Extremen liegende Gruppe, bilden die auf *semi-strukturierte* Prozesse spezialisierten Systeme. Die Steuerung semi-strukturierter Prozesse erweist sich deshalb als problematisch, weil bei diesen die Bearbeitungsreihenfolge bei Initiierung der Prozesse häufig unklar ist, ein geringer Formalisierungsgrad vorliegt, die Stabilität des Ablaufs gering ist oder weil die Beteiligten nicht festlegbare bzw. zusätzliche medienungebundene Kommunikationskanäle und Ressourcen nutzen.[145]

Die Funktionalität der *Prozeßinformation und -verfolgung* ermöglicht die umfassende Protokollierung eines Prozesses, d.h. der Fach- und Steuerungsdaten, so daß man Auskunft über den aktuellen Status eines Prozeßexemplars, die Ressourcennutzung und Abweichungen vom Sollzustand erteilen und schnell auf Abweichungen bei den Durchlaufzeiten oder bei den Kosten reagieren kann. Die Dokumentation erleichtert die Revision und Verbesserung der Prozesse sowie die Fehlersuche und ist insbesondere dann erforderlich, wenn auf die zusätzliche Informationsspeicherung in Papierform verzichtet wird.

Die *Einsatzziele* von Prozeßunterstützungssystemen bestehen vor allem in der Reduzierung der Durchlaufzeit und der Kosten der Prozeßabwicklung durch Verringerung der Transport-, Bearbeitungs-, Rüst- und Liegezeiten, verbesserter Lastverteilung und Personalplanung sowie Reduktion der Anzahl der Medienbrüche. Die Software entlastet den Benutzer von Aktivitäten der Abstimmung, der Aufgabenteilung, der Vorgangsverfolgung und -verwaltung, der Terminverfolgung, der Weiterleitung von Vorgängen sowie aufwendiger Papierverarbeitung, indem sie die im Prozeßmodell beschriebenen

---

[144] Vgl. Palermo/McCready (1992), S. 157; Picot/Rohrbach (1995), S. 33.
[145] Vgl. Weiß/Krcmar (1996), S. 510f.

Arbeitsaufträge in der richtigen Reihenfolge und rechtzeitig zu den vorgesehenen Akteuren leitet. Gleichzeitig erhofft man sich eine bessere Transparenz und Qualität der Leistungsprozesse, beispielsweise durch die Unterstützung weniger gut eingearbeiteter Mitarbeiter oder durch die Vereinfachung der Stellvertretung, sowie eine Analysegrundlage für die Verbesserung von Prozessen. Darüber hinaus läßt sich der Service gegenüber den Prozeßkunden mittels einer erhöhten Auskunftsfähigkeit bezüglich des Bearbeitungsstatus eines Vorgangs verbessern. Ein zusätzliches Motiv bei der Einführung von Prozeßunterstützungssystemen stellt die Integration bestehender Softwareinseln entlang bestehender Prozeßketten dar. Umfassende Systeme bereiten die eigentliche Verarbeitung vor, indem sie Informationen aus unterschiedlichen Quellen bündeln und nehmen die Funktion einer Middleware ein, indem sie heterogene Individual- und Standardsoftware integrieren. Der Einsatz von Prozeßunterstützungssystemen eignet sich derzeit primär für gut strukturierte Prozesse mit sequentiellen oder parallelen Arbeitsflüssen. Findet im Zusammenhang mit der Einführung eine Reorganisation statt, ergeben sich vor allem Vorteile im Hinblick auf verringerte Durchlaufzeiten, einen vereinfachten Informationszugriff und eine erhöhte Transparenz der Prozesse.[146]

Prozeßunterstützungssysteme stoßen derzeit in der betrieblichen Praxis auf großes Interesse, so daß sich auch die Anzahl der kommerziell verfügbaren Produkte stark erhöht. Eine Auflistung aus dem Jahr 1996 nennt bereits 76 kommerzielle Softwaresysteme.[147] Aus einer Gruppe bedeutender Anwender, Hersteller, einigen Beratungsunternehmungen sowie Forschungsinstituten gründete sich 1993 die Workflow Management Coalition. Sie verfolgt das Ziel, die Verbreitung von Prozeßunterstützungssystemen zu fördern, indem sie deren Interoperabilität durch Standards bezüglich der Terminologie und der Schnittstellen verbessert.[148]

Einen ersten Zugang zur *Klassifikation* von Prozeßunterstützungssystemen[149] bietet die *entwicklungsbezogene Differenzierung* von Systemen originären gegenüber solchen derivativen Charakters. Originäre Systeme werden ursächlich zum Zweck der Prozeßunterstützung entwickelt, während derivative Systeme auf der Technologie anderer Softwareklassen beruhen, wie z.B. E-mail, anderen Klassen von CSCW-Technologien, Datenbanken, Dokumentenverwaltungstechnologien (häufig mit ausgeprägter Imaging-

---

[146] Vgl. Götzer (1996), S. 67f.; Schulze/Böhm (1996), S. 283; Weiß/Zerbe (1995), S. 44; Oberweis (1996), S. 60f.; Grell (1995), S. 37. Bezüglich empirischer Ergebnisse der Auswirkungen des Einsatzes von Workflowsystemen aus Laborversuchen vgl. Gappmeier (1994); Heinrich/Damschik/Gappmeier et al. (1995); Damschik/Häntschel (1995).

[147] Vgl. Weiß/Krcmar (1996), S. 504-506.

[148] Vgl. Eckert (1995); Sauter/Morger (1996); Bialek (1997).

[149] Zur Klassifizierung von Prozeßunterstützungssystemen vgl. Schulze/Böhm (1996); Schwab (1996); Weiß/Krcmar (1996). Zur Architektur von Prozeßunterstützungssystemen vgl. Jablonski (1995), S. 21ff.; Oberweis (1996), S. 74-97.

Komponente)[150] und/oder Textverarbeitungssoftware.[151] Die Herkunft der derivativen Systeme läßt gleichzeitig Schlüsse auf das Basismedium zur Unterstützung des Arbeitsflusses zu.
Eine andere Klassifizierung unterscheidet Prozeßunterstützungssysteme anhand des zugrundeliegenden *Koordinationsmodells*:[152]

- *Vorgangsorientierte Koordinationsmodelle* strukturieren Prozesse aus einer zentralen Sicht, wobei Aktivitätenkoordination im Vordergrund steht. Den Informationsaustausch zwischen den einzelnen Aktivitäten modellieren und realisieren sie als Zugriff auf oder als Veränderung gemeinsamer Ressourcen (z.B. Dokumenten). Dieser Kategorie ist beispielsweise das Produkt *Staffware/Staffware Plc.*[153] zuzurechnen.
- *Objektmigrationsmodelle* stellen die Steuerung des Dokumentenflusses in den Vordergrund. Ein Prozeß wird über ein Dokument oder eine zu einer elektronischen Mappe gebündelte Dokumentenmenge modelliert. Das Dokument wandert von einer Bearbeitungsstation zur nächsten und enthält neben dem eigentlichen Inhalt zusätzliche Informationen zur Bearbeitung und Ablaufsteuerung. Beispiele für die Umsetzung dieses Koordinationsmodells stellen die Softwaresysteme *WorkParty/SNI*[154] und *ProMInanD/IABG*[155] dar.
- *Konversationsstrukturorientierte Modelle* stellen die Kommunikation im Sinne der Sprechakttheorie[156] in den Mittelpunkt, die die Aktivitätenkoordinierung über eine Folge vordefinierter Konversationstypen bewirkt. Zu dieser Kategorie gehört das kommerzielle System *Action Workflow/Action Technologies Inc.*[157].

---

150 Imaging-Komponenten sind digital-optische Speicherungs- bzw. Archivierungskomponenten für Dokumente. Vgl. Karcher (1993), S. 50ff.

151 Vgl. Erdl/Schönecker (1993), S. 16ff.; Erdl/Schönecker (1992), S. 125. Ähnlich Lippold/Hett/Hilgenfeldt et al. (1993), S. 21; Weiß/Krcmar (1996), S. 508.

152 Vgl. Schwab (1996), S. 305ff.; Ellis/Gibbs/Rein (1991), S. 43f.; Borghoff/Schlichter (1995), S. 111; Dittrich (1991), S. 11ff. Schwab differenziert am Markt verfügbare Produkte darüber hinaus hinsichtlich ihrer Software-Architektur in E-mail- und datenbankbasierte Systeme. Dittrich und Ellis/Gibbs/Rein unterscheiden formular-, vorgangs-, kommunikations- und konversationsorientierte Koordinationsmodelle.

153 Vgl. Joos/Katzsch/Meier et al. (1997), S. 88-93; Erdl/Schönecker (1992), S. 96.

154 Vgl. Rupietta/Wernke (1994).

155 Vgl. Karbe (1994); Karbe/Ramsperger (1991).

156 Siehe Abschnitt 3.3.1 dieser Arbeit.

157 Vgl. Medina-Mora/Winograd/Flores et al. (1992); Medina-Mora (1992).

- Bei den *Information-sharing-Modellen* erfolgt die Koordination auf indirekte Art durch Anzeige des Bearbeitungsstatus des Vorgangs innerhalb eines mehreren Benutzern gemeinsam zur Verfügung stehenden Bereiches. Diesem Modell folgen *PavaSoft-Office*[158] und auf *LotusNotes/IBM*[159] basierende Anwendungen.
- *Kommunikationsstrukturorientierte Modelle* beschreiben organisatorische Abläufe mit Hilfe von Rollenkonzepten. Sie wurden bisher nicht in Prozeßunterstützungssysteme umgesetzt.

Praktische Umsetzungen folgen nicht notwendigerweise ausschließlich einem Modell. So wickelt *Domino-W/GMD*[160] den Arbeitsfluß über ein vorgangsorientiertes Koordinationsmodell ab, während einzelne Bearbeitungsschritte dem konversationsorientierten Modell folgen.[161] Andere Systeme, wie *LotusNotes/IBM*, stellen Entwicklungsumgebungen mit Infrastrukturcharakter dar und sind deshalb keiner der Kategorien direkt zuzuordnen.

Bestehende Koordinationsmodelle und deren Umsetzung in entsprechende Softwareprodukte sind vor allem durch die folgenden *Problembereiche* gekennzeichnet:[162]

- Wenig strukturierte Aufgaben können häufig a priori nicht als Aktivitätenfolge abgebildet werden, beispielsweise wenn sie sich durch ein hohes Maß gemeinschaftlicher Leistungserstellung auszeichnen. Restriktive Modellierungsanforderungen, vordefinierte Vorgehensweisen und starre Strukturen von Prozeßunterstützungssoftware manifestieren sich dort und auch bei stärker strukturierten Aufgaben in unzureichenden Möglichkeiten zur Fehler- und Ausnahmebehandlung. Dies trägt zur Unbeweglichkeit der Software bei, die den Anforderungen realer Aufgabenstellungen bezüglich Flexibilität und Dynamik nicht gerecht wird. Einen nutzbringenden Einsatz erzielen viele Prozeßunterstützungssysteme vor allem dort, wo vordefinierte Geschäftsprozesse mit geringer Komplexität vorliegen.
- Es fehlt an der Integration mit anderen CSCW-Technologien, die spezifische Kommunikationsmuster unterstützen (synchron/asynchron, formal/informal etc.). In dem Maße, in dem die Prognostizierbarkeit der Ergebnisse eines Prozesses sinkt, steigt die Notwendigkeit zur Kommunikation mit anderen Prozeßbeteiligten. Die Modellierung in Prozeßunterstützungssystemen beschränkt sich derzeit auf den Informationstransport, wobei sich dieser häufig auf Dokumente bezieht, die zwischen den Informationsträgern fließen, sowie auf an diesen Dokumenten durch-

---

158 Vgl. Nastansky/Hilpert (1994), zitiert in Schwab (1996), S. 305.

159 Siehe Abschnitt 3.3.2 dieser Arbeit und die dort angegebene Literatur.

160 Vgl. Kreifelts (1984); Kreifelts/Wötzl (1988); Kreifelts/Hinrichs/Klein et al. (1991a) und (1991b).

161 Vgl. Schwab (1996), S. 307.

162 Vgl. Busbach/Fuchs/Syri (1993), S. 45f.; Jacobs (1993), S. 2f.; Kirn (1995), S. 101; Weiß/Krcmar (1996), S. 512; Kirn/Unland/Wanka et al. (1994), S. 19; Kreifelts/Hinrichs/Klein et al. (1991a), S. 126-129; Kreifelts/Hinrichs/Klein et al. (1991b), S. 244-249; Kueng (1997), S. 53.

zuführende Aktionen. Es fehlt an einer Modellierung und Unterstützung der Kommunikation, Verhandlung und Entscheidung.
- Es mangelt häufig an der Integrationsfähigkeit anderer Softwaresysteme, wie z.B. Textverarbeitungs- und Tabellenkalkulationsprogrammen.
- Die Vorgangsverwaltung und die unternehmungsweite Abbildung von Prozessen erfordern intensive Pflege und Wartung, sind aber wesentlich für den Erhalt der Flexibilität der Unternehmung.

Darüber hinaus bestehen einige Probleme, die eng mit den Charakteristika des Anwendungsbereichs verbunden sind und eine Techniksteuerung nicht als vorteilhaft erscheinen lassen. So bildet der Bürobereich ein offenes, sozio-technisches System, in dem das zur Leistungserstellung notwendige Wissen ex ante häufig nicht spezifizierbar ist.
Selbst in gut strukturierten Bereichen des Informationsverarbeitungssystems Büro bilden Ausnahmen die Regel und ein hoher Anteil der Kommunikationsprozesse erfolgt auf informalen Wegen. Eine Spezifikation, d.h. auch Formalisierung, der Kommunikationsstrukturen sowie die textorientierte, asynchrone Kommunikation tragen zu einem aufgabenorientierten Interaktionsstil bei, der nicht notwendigerweise vorteilhaft ist. Darüber hinaus steht die Rollen- und Aktivitätenorientierung in Prozeßunterstützungssystemen im Gegensatz zum stark ausgeprägten Personenbezug im Bürobereich.[163]
Die Benutzer fürchten eine zu enge Führung durch diese Art von Softwaresystemen, wenn diese die Handlungs- und Gestaltungsspielräume einengen und einfachere Kontrollen der Arbeitsleistung ermöglichen. Die gewohnte Aufgabenbewältigung muß u.U. erheblich verändert werden, wenn beispielsweise statt handschriftlicher Kommentare die Eingabe in den Computer und statt Abarbeitung nach dem persönlichen Dringlichkeitsgefühl eine prozeßstatusgesteuerte Prioritätensetzung erfolgen muß. Dieses führt zu einer geringeren Akzeptanz (verstanden als überzeugte Nutzung im Gegensatz zur Hinnahme). Zudem bleibt festzuhalten, daß auch die Entlastung von Routinearbeiten nicht nur Vorteile für die Mitarbeiter mit sich bringt. Bleiben nur noch Problemfälle zur manuellen Bearbeitung übrig, steigen die Arbeitsdichte sowie die Anforderungen an Konzentration und Aufmerksamkeit und somit die Belastungen für die Akteure.

Außerdem darf die Beurteilung nicht vernachlässigen, daß die Elektrifizierung bestehender Prozesse in der Regel nicht die erhofften großen Leistungssteigerungen bringt. Auch ineffiziente Prozesse lassen sich in einem Prozeßunterstützungssystem abbilden. Die Einführung der Informationstechnik verkürzt zwar die notwendige Zeit für den Zugriff auf Dokumente und die Übertragung, diese stellen aber im Gegensatz zur Liegezeit zumeist nicht den wesentlichen Teil der Bearbeitungszeit eines Vorganges dar, so daß nur organisatorische Veränderungen tiefgreifende Verbesserungen erzielen. Die Einfüh-

163 Vgl. Syring (1992), S. 206.

rung einer Prozeßunterstützungssoftware sollte der Anlaß dazu sein, die Leistungsprozesse hinsichtlich ihrer organisatorischen und marktseitigen Implikationen zu überprüfen (z.B. hinsichtlich Arbeitsteilungsgrad, redundanten Aktivitäten, Parallelisierung und/oder Eliminierung von Arbeitsschritten, Kundenorientierung). Die Umsetzung ineffizienter Prozesse in Prozeßunterstützungssystemen schreibt Ineffizienzen in der Informationstechnik fest und verringert die Handlungsfähigkeit der Unternehmung tendenziell weiter.[164] Bei einer dem Technikeinsatz vorausgehenden Reorganisation ist jedoch die Zurechnung der positiven Beiträge, beispielsweise im Hinblick auf eine Verbesserung der Durchlaufzeit, zumeist nicht eindeutig möglich, was die Bewertung des Nutzens erschwert.

Insbesondere das Steuerungs- und Kontrollpotential von Prozeßunterstützungssystemen (z.B. im Hinblick auf den Arbeitsfortschritt oder das Arbeitspensum der Mitarbeiter) läßt die Einordnung in das Forschungsgebiet CSCW einerseits und unter die Systemkategorie CSCW-Technologie andererseits fragwürdig erscheinen.[165] Zweifel sind insbesondere dann angebracht, wenn den Akteuren keine oder nur wenige Handlungs- und Entscheidungsspielräume im Hinblick auf die Ablauforganisation bleiben. Dies ist zum Beispiel dann der Fall, wenn Gestalter und Organisatoren die Prozesse definieren, die Koordinationsaktivitäten auf die Software übertragen werden, die Kommunikationsaktivitäten durch Regelsysteme in vorbestimmte Bahnen gelenkt werden und Prozesse mittels Abfolgen von Menüs und Bildschirmmasken standardisiert werden. Selbstgesteuerte Koordination in kooperativen Prozessen kann demgegenüber (auch in stark strukturierten, sequentiellen Prozessen) unterstützt werden, indem die Software den Charakter eines Beraters oder eines nutzungsoffenen Werkzeugs erhält, das die Kontrolle über den Arbeitsablauf bei den Akteuren beläßt. Mögliche Funktionalitäten, welche den Handlungsspielraum der Mitarbeiter wenig einschränken, stellen z.B. To-do-Listen mit zu erledigenden Aktivitäten und die Bereitstellung von Informationen zu alternativen Bearbeitungswegen sowie über vor- und nachfolgende Bearbeitungsschritte dar. Eine kooperationsadäquate Ausgestaltung liegt auch dann vor, wenn Prozeßmodelle den Charakter gemeinsamer Materialien im Sinne des Werkzeug-Material-Ansatzes[166] tragen und den Bearbeitenden nach Maßgabe der situativen Bedürfnisse als Vorlage zur Bearbeitung

---

[164] Vgl. Deiters/Striemer (1994), S. 104; Picot/Rohrbach (1995), S. 33f.

[165] Anders z.B. Scheer/Galler (1994), S. 104; Deiters/Striemer (1994), S. 100; Finke (1992), S. 27f.; Oberweis (1996), S. 52f., die Workflowsysteme als eine Art von CSCW-Technologie ansehen. Dagegen ist die Softwareklasse 'Prozeßunterstützungssystem' bzw. dazugehörige Werkzeuge nicht in der Darstellung des 'State of the Art' von Schwabe/Krcmar (1996) vertreten. Der Einordnung von Vorgangssystemen unter die Klasse der CSCW-Technologien widerspricht auch Aldred (1994), zitiert in Grüninger (1996), S. 22. Heilmann (1994), S. 16 sieht die in teamartigen Strukturen mit Groupwaresystemen bearbeiteten Prozesse als Spezialfälle des Workflowmanagements an.

[166] Zum Werkzeug-Material-Ansatz vgl. Kilberth/Gryczan/Züllighoven (1994). Siehe auch Abschnitt 5.3.6.3 dieser Arbeit.

eines Prozesses wahlweise zur Verfügung stehen und mit Hilfe von Werkzeugen angepaßt und angestoßen werden können. Die Koordination der Abläufe wird nicht ex ante standardisiert und auf eine Software übertragen, sondern Default-Wissen über die Abläufe dokumentiert. Die Steuerung eines Prozesses erfolgt durch die Benutzer, indem sie Prozeßmodelle auswählen und entsprechend der vorliegenden Situation anpassen.
Auch bei der Elektrifizierung der Koordinationsaktivitäten eines stark arbeitsteiligen Prozesses oder dem Ersatz der direkten Kommunikation durch indirekte, formularbasierte Formen der Informationsübertragung ist fraglich, ob man noch von kooperativer Prozeßbearbeitung sprechen kann.

3.3.7 Coautoren- und Screen-sharing-Systeme

Coautoren- und Screen-sharing-Systeme ermöglichen einen gemeinsamen Zugang zu Objekten in Form von Text oder Grafik. Im Gegensatz zu Screen-sharing-Systemen erlauben Coautorensysteme (synonym: Gruppeneditoren) das synchrone oder asynchrone Anbringen von Anmerkungen oder Verändern der Objekte. Beim Screen-sharing steht dagegen die synchrone Vermittlung einer einheitlichen Sicht auf gemeinsame Objekte an verschiedenen Arbeitsplätzen im Vordergrund. Die Hauptfunktionalität der beiden verwandten Anwendungsklassen liegt in der Visualisierung und Verwaltung von Beiträgen, der Versionsverwaltung, der Dokumentation des Autors von Veränderungen sowie der Koordination des Zugriffs auf die gemeinsamen Objekte. Sowohl Coautorensysteme als auch Screen-sharing-Systeme sind häufig in Sitzungsunterstützungs- und Desktop-Konferenzsysteme integriert.

Synchrone Coautorensysteme finden in Sitzungen Anwendung, um die Absprache zwischen den Anwesenden zu unterstützen.[167] Handelt es sich um ein System, das das skizzenhafte Annotieren und Zeichnen ermöglicht, spricht man auch von Whiteboards, während Gruppeneditoren den Autoren erlauben, einen Text zu bearbeiten und zu verwalten.[168] Um die Synchronisation der Zugriffe zu gewährleisten, werden Verfahren zur Steuerung des konkurrierenden Zugriffs auf Datenbanken verwendet. Sie unterteilen die zu bearbeitenden Objekte z.B. in Abschnitte in Form einzelner Kapitel oder Absätze. Bei Grafiken gestaltet sich dies aufgrund fehlender Sequentialität oder Mehrschichtigkeit schwieriger.[169] In der Regel besitzt zu einem Zeitpunkt nur ein Autor eine Schreibberechtigung in einem Abschnitt, während alle übrigen zu diesem Zeitpunkt jeweils lediglich über eine Leseberechtigung verfügen. Die Software übernimmt das Sperren und

[167] Vgl. Syring (1992), S. 203.
[168] Vgl. Petrovic (1993), S. 100; Peters (1997), S. 21.
[169] Vgl. Schwabe/Krcmar (1996), S. 213.

Markieren der einzelnen Abschnitte und die Synchronisation der einzelnen Aktivitäten, um den Zugriffsprozeß über soziale Protokolle zu regeln.[170] Neben den sozialen Protokollen, d.h. der Anzeige der Notwendigkeit der Verständigung der Akteure, sind 'First Come - First Serve' und 'Floor Passing' (Anzeige des Eingabewunsches über die Tastatur) zur Koordination des synchronen Zugriffs üblich.[171]

Zur Gruppe der Systeme, die primär synchrone Anwendungssituationen unterstützen, zählen zum Beispiel *Grove*[172], ein Gliederungswerkzeug für Gruppen, *ShrEdit*[173], ein Textverarbeitungssystem für Gruppen, und das Whiteboard-System *CaveDraw*[174]. Synchrone Coautorensysteme lassen sich sowohl an einem Ort als auch disloziert einsetzen. Darüber hinaus wird bei sychroner Bearbeitung an einem Ort häufig ein für alle einzusehender Großbildschirm installiert, der das gemeinsam bearbeitete Objekt anzeigt.[175]
Mit *Group Outliner* (Gruppengliederungsentwurf) und *Group Writer* (Gruppen-Textverarbeitung) existieren derzeit zwei weitere synchrone Coautorensysteme, die in *GroupSystems* - dem meist verbreiteten Werkzeug zur Unterstützung von Face-to-face-Meetings - enthalten sind. *Group Outliner* ermöglicht es den Teilnehmern, Kommentare zu einer Reihe vorgegebener Themen in einer Baum- oder Inhaltsverzeichnisstruktur abzugeben. Zu behandelten Themen oder Unterthemen können die Akteure in beliebiger Reihenfolge Stellung beziehen, wobei auch alle Kommentare anderer Teilnehmer einsehbar sind. Als Ergebnis erhält man eine umfassende und gegliederte Sammlung von Äußerungen der Teilnehmer, die editiert und konsolidiert werden kann. *Group Writer* dient dem Editieren von Texten in Kleingruppen. Das Softwaresystem erlaubt die synchrone Texteingabe durch mehrere Teilnehmer in ein Dokument, wobei dieses in der Regel in Teilabschnitte aufgeteilt wird, die dann von je einem der Teilnehmer bearbeitet werden. Zur abschließenden Fertigstellung kann das Dokument in ein Textverarbeitungssystem übertragen werden, um es weiter zu editieren und zu formatieren.[176]
Kommerziell verfügbare Textverarbeitungssysteme wurden um Überarbeitungshilfen für Dokumente (Anmerkungen, Korrekturen, verborgener Text etc.) erweitert, so daß sie sich als asynchrone Coautorensysteme nutzen lassen.[177]
Andere, speziell für das gemeinsame Schreiben und Kommentieren von Dokumenten entworfene Coautorensysteme, wie z.B. das hypermediale *Quilt*[178], erlauben außerdem

170 Vgl. Ellis (1991), S. 22; Petrovic (1992b), S. 20.
171 Vgl. Encarnaçao/Hornung/Noll (1994), S. 99.
172 Vgl. Ellis/Gibbs/Rein (1991), S. 45ff.
173 Vgl. Olson/Olson/Storrøsten et al. (1992); Dourish/Belotti (1992).
174 Vgl. Lu/Mantei (1991).
175 Vgl. Petrovic (1993), S. 101.
176 Vgl. Lewe/Krcmar (1992), S. 36f; Petrovic (1993), S. 102.
177 Vgl. Petrovic (1992b), S. 20.

die Integration handschriftlicher und gesprochener Informationen sowie die Definition bestimmter Benutzer-Rollen wie Mit-Autor, Kommentator oder Leser, welche mit unterschiedlichen Rechten ausgestattet sind. Darüber hinaus zeigen sie an, ob signifikante Änderungen am Dokument vorgenommen wurden oder ob der Fertigstellungstermin naht.

Asynchrone Coautorensysteme dienen primär dazu, die Kommunikation zwischen entfernt arbeitenden Autoren zu unterstützen. Sie erlauben jedem Mitglied der Kooperationseinheit, das zu bearbeitende Objekt mit Anmerkungen, wie z.B. Änderungen und Kommentaren, zu versehen, was die Systeme zum Teil auch multimedial unterstützen.[179] Dabei ist für alle ersichtlich, wer die Anmerkungen eingefügt hat. Durch entsprechende Arbeitsschritte kann man die Änderungen annehmen, in das aktuelle Objekt übernehmen oder aber verwerfen und entfernen.[180] Die multimediale Unterstützung und damit der Rückgriff auf reichhaltigere Kommunikationsformen als die textuelle erweist sich deshalb als besonders wichtig, weil Anmerkungen in Dokumenten häufig einer zusätzlichen mündlichen Erläuterung und Diskussion bedürfen.

Auch die im Zusammenhang mit Sitzungsunterstützungssystemen zum Einsatz kommenden Werkzeuge zur Generierung sogenannter *Ideenlandschaften* lassen sich der Gruppe der Coautorensysteme zuordnen, wobei das gemeinsam zu bearbeitende Material nicht aus Fließtext, sondern aus einer graphischen, netzwerkartigen Repräsentation von Ideen besteht. Sie ermöglichen den Anwendern, Lösungsideen in Kooperationseinheiten zu entwickeln und zu verändern.[181] Das zu dieser Kategorie gehörende System *Cognoter* wurde bereits in Zusammenhang mit dem Sitzungsunterstützungssystem *Colab* kurz beschrieben.[182] Das Charakteristikum von *DOLPHIN*[183], einer Weiterentwicklung von *SEPIA*[184], besteht demgegenüber in seiner Hypermedialität.

Screen-sharing-Systeme bilden eine einfache Möglichkeit, um vormals individuelle Werkzeuge zu Werkzeugen für Kooperationseinheiten umzufunktionieren. Sie unterstützen die synchrone Interaktion, indem sie die Informationsdarstellung verschiedener Bildschirme oder Bildschirmausschnitte aneinander koppeln. Hierzu sammeln sie die

---

178 Vgl. Leland/Fish/Kraut (1988), S. 206ff. Zu verschiedenen inhalts-, prozeß- und kommunikationsorientierten Funktionalitäten von Hypermediasystemen mit Schwerpunkt auf dokumentenbezogenen Anwendungen vgl. Haake/Marshall/Wiil (1994), S. 7f.

179 Vgl. Hahn/Jarke/Eherer et al. (1991), S. 81.

180 Vgl. Petrovic (1993), S. 103. Weitere Beschreibungen von Werkzeugen, die das gemeinsame Editieren von Texten unterstützen, finden sich bei Schwabe/Krcmar (1996), S. 211-213.

181 Vgl. Schwabe/Krcmar (1996), S. 215f.

182 Siehe Abschnitt 3.3.4 dieser Arbeit.

183 Vgl. Streitz (1996); Streitz/Geißler/Haake et al. (1994).

184 Vgl. Haake/Wilson (1992); Streitz/Haake/Hannemann et al. (1992).

Eingaben mehrerer Teilnehmer und vervielfältigen diese für die Ausgabe, wobei sie nach dem 'WYSIWIS'-Prinzip[185] verfahren. Während Shared-window-Werkzeuge nur die Ein- und Ausgaben eines Fensters sammeln und vervielfältigen, betreffen Shared-screen-Werkzeuge i.e.S. den gesamten Bildschirm. Screen-sharing-Software hat den Vorteil, daß die Kooperationsteilnehmer mit den gewohnten Werkzeugen weiterarbeiten können. Sie finden zumeist in kleinen Gruppen Anwendung und sind auch dann einsetzbar, wenn nur kurzzeitig auf diese Form der Unterstützung zurückgegriffen werden soll.[186]

3.3.8 Gemeinsame elektronische Arbeitsbereiche

Gemeinsame elektronische Arbeitsbereiche dienen dazu, für einen Informationsaustausch zwischen verschiedenen Kooperanden zu sorgen. Hierzu wird den Kooperanden abhängig von ihrer Rolle Zugriff auf die im gemeinsamen Bereich befindlichen Objekte, d.h. Materialien und Werkzeuge, gewährt und eine kooperationsrelevante Unterstützung insofern geboten, als daß Benachrichtigungen bei Änderungen der im gemeinsamen elektronischen Arbeitsbereich vorhandenen Objekte versandt werden. Gemeinsame elektronische Arbeitsbereiche sollen den Akteuren ermöglichen, an einer gemeinsamen Aufgabe zu arbeiten, als wären sie 'in einem Raum'. Hierzu wird ihnen eine Umgebung zur Verfügung gestellt, in der sie ihre Aktivitäten organisieren und durchführen können. Gemeinsame elektronische Arbeitsbereiche bieten den Akteuren eine Arbeitsumgebung, indem sie den Ablauf der Interaktion während der Kooperation gestalten können und ein kontinuierlicher Zugriff auf die gemeinsamen Objekte besteht. Im Gegensatz dazu legen Prozeßunterstützungssysteme die Abläufe regelmäßig ex ante fest und leiten die relevanten Objekte an die jeweils zuständigen Personen weiter, so daß nur ein zeitlich begrenzter Zugriff auf die Objekte besteht. Dieses gilt auch für Systeme, die E-mail als technische Grundlage der Kooperationsunterstützung nutzen. Gemeinsame elektronische Arbeitsbereiche eignen sich vor allem für schwach strukturierte Aufgaben, in denen die Bearbeitungsreihenfolge nicht ex ante festgelegt werden kann oder soll.[187]

Eine sehr einfache Form gemeinsamer elektronischer Arbeitsbereiche stellen Dateiverzeichnisse dar (z.B. in *Windows for Workgroups/Microsoft*), die von verschiedenen Benutzern gemeinsam genutzt werden können. Allerdings fehlt die kooperationsrelevante

---

[185] Zur Problematik des Prinzips des 'What-you-see-is-what-I-see'-Prinzip (WYSIWIS-Prinzip) vgl. Stefik (1986) und Stefik/Foster/Bobrow et al. (1987).

[186] Vgl. Schwabe/Krcmar (1996), S. 217f. Vgl. ebenda für die Beschreibung verschiedener derartiger Systeme.

[187] Vgl. Pankoke-Babatz/Syri (1996), S. 52ff.

Repräsentation der Benutzer im System und die Möglichkeit, sich über vergangene Ereignisse oder laufende Aktivitäten zu informieren.
Frei verfügbar ist das bei der GMD (Sankt Augustin) mit dem Ziel der Plattformunabhängigkeit entwickelte Produkt *BSCW* (Basic Support for Cooperative Work)[188]. Die im gemeinsamen elektronischen Arbeitsbereich gebündelten Daten und Werkzeuge werden den Teilnehmern unter Berücksichtigung ihrer Rollen (z.B. Eigentümer, Teilnehmer, anonyme Benutzer) zur Verfügung gestellt. Jedes Mitglied kann Objekte hinzufügen, entnehmen, lesen oder verändern, falls das Zugriffsrecht des jweiligen Dokumentes dies zuläßt.
Zu den kommerziell vermarkteten Produkten dieser Anwendungssystemklasse sind *Lotus Notes/IBM* und *LinkWorks/Digital Equipment* zu rechnen.

3.3.9 Intelligente Agenten

Neben dem Forschungsgebiet CSCW beschäftigt sich auch das Forschungsgebiet der 'Verteilten Künstlichen Intelligenz' (VKI) mit Problemen der Unterstützung kooperativer Prozesse. Während jedoch bei den CSCW-Ansätzen der Mensch in seiner Arbeitssituation im Vordergrund der Betrachtung steht und die eingesetzten technischen Hilfsmittel oft keine aktive Rolle im Kooperationsprozeß spielen, konzentriert sich die VKI auf die abstrakten informationellen Voraussetzungen kooperativer Prozesse und beschäftigt sich mit der Koordination maschineller Agenten. Intelligente Agenten lassen sich keiner speziellen der vorgenannten Systemklassen zuordnen, sondern können in den zuvor dargestellten Technologieklassen zur Unterstützung der Teamarbeit verwendet werden. Anwendungsszenarien für die Unterstützung im Bürobereich sind etwa die Koordination des Arbeitsflusses in Geschäftsprozessen oder die Terminvereinbarung.[189]
Intelligente Systeme basieren auf der Speicherung und Verarbeitung von Wissen. Die Forschung zur Künstlichen Intelligenz versucht, menschliche Intelligenz und Sinnesvorgänge (Sprechen, Hören, Sehen, Bewegen und Fühlen) nachzubilden und das Verstehen, Erkennen und Interpretieren, d.h. Informationsverarbeitung i.e.S.[190], auf Maschinen zu übertragen.[191]

---

188 Vgl. Pankoke-Babatz/Syri (1996); Busbach (1996). Vgl. auch Burger (1997), S. 159ff.

189 Vgl. Mahling/Horstmann/Scheller-Houy et al. (1991), S. 280; Syring (1994), S. 71. Beiträge, die sich mit der Nutzung intelligenter Agenten im Kontext der CSCW-Forschung beschäftigen, sind Syring (1994) (Koordinationssysteme), Woitass (1991), S. 45ff. (bzgl. Terminvereinbarung und gemeinsamer Dokumentenverarbeitung) sowie O'Hare (1994); Kirn (1994); Klosterberg/Krcmar (1996).

190 Siehe hierzu die Ausführungen in Abschnitt 2.4.2 dieser Arbeit.

191 Vgl. Gabriel (1990), S. 13.

Eine potentielle Verbindung zwischen den methodischen Ansätzen des CSCW und der VKI erfordert eine Architektur, die das Zusammenwirken von Mensch und maschinellen Subsystemen bei der Ausführung verteilter Aufgaben unterstützt.[192] Im Mittelpunkt steht die Betrachtung von Systemen, in denen Menschen und maschinelle Agenten in Kooperationssituationen miteinander interagieren.[193] Dabei dient das Computersystem nicht ausschließlich als Kommunikationsmedium zwischen Menschen, sondern übernimmt die Rollen einzelner menschlicher Aufgabenträger. Technische Systeme, die in einem genau definierten Bereich Aufgaben von Gruppenmitgliedern ausführen, bezeichnet man als Agenten. Der Begriff des intelligenten Agenten impliziert dabei ein Mindestmaß an selbständiger Aktivität, die zwar weisungsabhängig ist, aber ohne konstante Führung oder Intervention des Menschen erfolgt. In Abgrenzung zu neuronalen Netzknoten benötigen intelligente Agenten Problemlösungskapazitäten, etwa in Form einer Wissensbasis, und die Fähigkeit, die Ausführung von Aktionen auf einer abstrakteren Ebene als durch den Nachrichtenempfang zu regeln.[194]

Das Einsatzpotential intelligenter Agenten läßt sich über die Klassifikation verschiedener Typen beschreiben.[195] Hierbei wird zwischen Benutzerschnittstellen-Agenten, funktionalen Agenten und Agenten zur Unterstützung der Kommunikation sowie des Arbeitens in Netzen unterschieden.

Benutzerschnittstellen-Agenten erleichtern den Anwendern den Umgang mit komplexer Software, indem sie für bestimmte Benutzer spezifische Oberflächen auf Grundlage 'lernender' Systeme bereitstellen. Das Leistungsspektrum reicht von der aktiven Informationsbereitstellung, der autonomen Durchführung repetitiver Aufgaben bis zur individuell angepaßten Informationsrepräsentation und Hilfestellung.

Funktionale Agenten nehmen in einem abgegrenzten Aufgabenbereich selbständig Funktionen von Gruppen oder Gruppenmitgliedern wahr.[196] Mittels eines allgemeinen Protokolls interagieren sie mit Menschen oder anderen Agenten mit differierenden Aufgabenbereichen. In dieser Klasse lassen sich Agenten mit allgemeiner kooperationsbezogener

---

192 Vgl. Haugeneder/Steiner (1994), S. 203.

193 In diesem Zusammenhang wird auch von Mensch-Maschine-Kooperation gesprochen. Vgl. Kirn (1994), S. 251; Haugeneder/Steiner (1994), S. 203f. Dieser Begriffswahl soll aufgrund der in Kapitel 2 bestimmten Kriterien für das Vorliegen von Kooperation nicht gefolgt werden, da Maschinen diese nicht erfüllen können.

194 Vgl. Klosterberg/Krcmar (1996), S. 173f. Das im Titel des Kapitels enthaltene Attribut 'intelligent' birgt gewisse definitorische Probleme, die hier nicht diskutiert werden können, und kann zu einer übersteigerten Erwartungshaltung führen. Vgl. Petrovic (1992b), S. 22. Deshalb meiden bspw. Klosterberg/Krcmar (1996), S. 174 diesen Begriff. Er wird hier dennoch verwendet, um die Nähe zum Forschungsgebiet 'Künstliche Intelligenz' zu veranschaulichen.

195 Vgl. hierzu und im folgenden Klosterberg/Krcmar (1996), S. 175-178, soweit nicht explizit anders angegeben. Vgl. Klosterberg/Krcmar (1996), S. 179 bezüglich spezieller Fähigkeiten von Agenten.

196 Vgl. Petrovic (1992b), S. 21.

Funktionalität, wie z.B. intelligente Filter für Mailboxen, Terminkalender- und Ressourcenverwaltung sowie Aktionsauslösung, von Agenten mit problemspezifischer Aufgabenbearbeitung, z.B. Bilanzanalyse oder andere spezielle Entscheidungsunterstützungssysteme, unterscheiden.
Agenten zur Unterstützung der Kommunikation und Informationssuche in Netzen, wie die sogenannten Monitoragenten, erlauben dem Nutzer die Verfolgung von Aktivitäten sowie die Herausfilterung und Bekanntgabe von Ereignissen, welche sich auf Nachrichten, Zustände von Agenten oder externe Sensoren beziehen. Suchsysteme sind solche Agenten, die die Informationssuche in weltweiten Netzwerken und Informationsdiensten unterstützen, indem sie Datenbanken oder elektronische Datenbanken unabhängig von der Präsenz des Nutzers durchsuchen und dadurch Wartezeiten verkürzen.

Die derzeitigen softwaretechnischen Ergebnisse der Forschung unterscheiden sich jedoch hinsichtlich ihrer Funktionalität noch deutlich von menschlichen Aufgabenträgern, wobei der Engpaß insbesondere in der Vermittlung der Intelligenz liegt.

3.4 Wirkungsfelder des Einsatzes von CSCW-Technologien

Die vorangehenden Abschnitte erörtern die Funktionalität verschiedener Anwendungssystemklassen von CSCW-Technologien und zeigen damit Unterstützungspotentiale für die Kommunikation, die Koordination sowie die Verarbeitung gemeinsamer Objekte auf. Statt einer Zusammenfassung seien an dieser Stelle die im Zusammenhang mit den einzelnen Systemklassen bereits angesprochenen Nutzen- und Risikopotentiale zu verschiedenen Wirkungsbereichen von CSCW-Technologien verdichtet.

Die Wirkungen des Einsatzes von Informationstechnologie im allgemeinen oder von CSCW-Technologien im speziellen lassen sich in die Dimensionen *Nutzen* als positive, gewünschte Wirkungen und *Risiken* als negative oder ungewünschte Wirkungen gliedern. Darüber hinaus sind Unterscheidungen in qualitative und quantitative Wirkungen, direkte und indirekte Wirkungen, monetär bewertbare und nicht monetär bewertbare Wirkungen sowie unternehmensinterne und unternehmensexterne Wirkungen möglich.[197]

---

[197] Vgl. Schumann (1993), S. 168. In diesem Zusammenhang sind auch die Erkenntnisse der Technikfolgen-Abschätzung (TA; engl.: technology assessment) von Interesse. Die TA analysiert und bewertet die Bedingungen und potentiellen Auswirkungen der Technikeinführung und -anwendung. Gegenstand sind dabei vor allem indirekte, nicht intendierte sowie langfristige Sekundär- und Tertiäreffekte der Einführung neuer Technologien. Neben ökonomischen werden auch kulturelle, ökologische, soziale, rechtliche, politische und demographische Wirkungen einer Technologie untersucht. Vgl. Bullinger (1994), S. 15; Bonnet (1994), S. 35. Einerseits ist der Betrachtungsrahmen der TA somit ausgedehnter, als er hier angelegt werden kann. Die Akzentuierung der indirekten, nicht intendierten sowie langfristigen Sekundär- und Tertiäreffekte unterscheidet sie von

Monetär-quantifizierbare Nutzenpotentiale von CSCW-Technologien bestehen beispielsweise in der Verminderung von Reisekosten und -zeit oder der Vermeidung von Doppeleingaben von Daten. Nicht direkt monetär-quantifizierbare Effekte umfassen etwa Reputationsgewinne gegenüber Mitbewerbern, Erhöhung der Zufriedenheit mit dem Output von Sitzungen, bessere Entscheidungsgrundlagen, stärkerer Informationsaustausch zwischen den Mitarbeitern oder erhöhte Auskunftsfähigkeit bezüglich des Auftragsstatus gegenüber Kunden. Andererseits bestehen Risikopotentiale wie monetäre Einbußen, Verspätungen, Fehler oder auch Unzufriedenheit der Mitarbeiter.[198]

Die Nutzen- und Risikobestimmung des Einsatzes von Informationstechnologien gestaltet sich generell schwierig,[199] beim Einsatz von CSCW-Technologien treten jedoch zusätzliche, *erschwerende Faktoren der Nutzen- und Risikobestimmung* hinzu:[200]
Es liegen bisher nur *wenige Erfahrungswerte aus dem praktischen Einsatz* vor. Individuelle Anwendungen von Informationstechnologien gestatten es vielfach, wahrnehmungsbezogene, kognitive und motorische Variablen vergleichsweise einfach unter Laborbedingungen zu untersuchen. Dagegen ist es sehr schwierig oder sogar unmöglich, kooperative Interaktionssituationen unter Laborbedingungen so zu konstruieren, daß sie die sozialen, motivationalen, ökonomischen und politischen Faktoren widerspiegeln, die die Leistung einer Kooperationseinheit bestimmen. Deshalb stellt es sich als besonders wichtig zur Abschätzung der Wirkungen von CSCW-Technologien dar, über Erfahrungswerte aus dem praktischen Einsatz zu verfügen. Solche Erfahrungen liegen jedoch bisher kaum vor oder wurden kaum systematisch ausgewertet.
Für den Erfolg oder Mißerfolg des Einsatzes von CSCW-Technologien sind die organisatorische Einbettung und das soziale Umfeld von hoher Bedeutung. Der Einsatz von CSCW-Technologien sollte im Zusammenhang mit adäquaten strukturellen und personalen Gestaltungskonzepten erfolgen und steht häufig im Zusammenhang mit Veränderungen der Aufbau- und Ablaufstrukturen. Dies erschwert eine eindeutige *Zurechnung der Wirkungen zu einzelnen Maßnahmen*, d.h. auch zum Einsatz einer spezifischen

---

anderen Formen der Technikbewertung wie z.B. der Kosten-Nutzen-Analyse. Aufgrund der Schwerpunktlegung auf Sekundär- und Tertiäreffekt ist die Betrachtungs der TA somit andererseits enger als in der vorliegenden Arbeit. Grundsätzlich zur TA vgl. die Beiträge von Paschen/Gresser/Conrad (1978); Böhret/ Franz (1982); Böhret (1983). Für die TA bezüglich des Einsatzes von Informationstechnologien vgl. die Beiträge in Bullinger (Hrsg.) (1994) und Kubicek (1990).

198 Vgl. Markus/Conolly (1990), S. 372; Petrovic (1993), S. 139-145.

199 Vgl. Schumann (1993), S. 168ff.; Sokolovsky (1992), S. 29; Horváth (1988), S. 42.

200 Vgl. hierzu und im folgenden Petrovic (1993), S. 127ff. i.V. mit Dier/Lautenbacher (1994), S. 142; Grudin (1994b), S. 100f. Petrovic bezieht sich bei seinen Ausführungen und bei der Unterscheidung verschiedener Wirkungsdimensionen auf Nutzenpotentiale und dort insbesondere auf eine weite Auffassung von Wirtschaftlichkeit. Die Ausführungen können jedoch auf allgemeine Nutzenkategorien und auf Risiken übertragen werden.

CSCW-Technologie. Lediglich die rein hard- und softwarebezogenen Kosten, wie z.B. Kauf und Wartung, sowie die Kosten für Schulungen der Mitarbeiter sind relativ leicht zu bewerten, während andere Einflußfaktoren auch auf die Wirtschaftlichkeit nur bedingt nachzuweisen sind.[201]

Beim Einsatz von CSCW-Technologien besteht darüber hinaus die Problematik der *fehlenden unmittelbaren Zurechenbarkeit der Wirkungen zu einzelnen Personen*, wie das Beispiel des Einsatzes von Computerkonferenzen als Medium zur Diskussion verdeutlicht. Statt dessen ist eine Maximierung des Gesamtnutzens der Kooperationseinheit notwendig. Dieses erfordert jedoch bisweilen, daß Einzelne etwa beim Einsatz von Terminmanagementsystemen zusätzliche Aufwendungen tätigen müssen, ohne selbst direkt zu profitieren, so daß asymmetrische Nutzenverteilungen vorliegen. Eine individuelle Nutzenmaximierung kann sogar in Konflikt mit den Interessen der Kooperationseinheit treten.[202] Andererseits kann die Gesamtwirkung auch über die Summation der Einzelwirkungen hinausgehen, was vielfach einen Grund für die Bildung von Kooperationseinheiten darstellt. Die Bestimmung der individuellen Wirkungen reicht deshalb beim Einsatz von CSCW-Technologien nicht aus, vielmehr bedarf es einer mehrstufigen Wirkungsanalyse[203] sowohl auf den Ebenen 'Individuum', 'Kooperationseinheit' sowie 'Unternehmung'.

Mit dem Einsatz von CSCW-Technologien werden insbesondere auch *nicht exakt quantifizierbare Ziele* wie die Verbesserung der Qualität oder der Flexibilität der Leistungserstellung oder die Zufriedenheit mit den Kooperationsergebnissen verfolgt. Dieses gilt beispielsweise auch für die Zeitersparnis, die durch den Einsatz asynchroner Medien bei der Nachrichtenübermittlung und die Reduzierung der Fehlversuche, Kommunikationspartner zu erreichen, realisiert wird. Kriterien zur Messung der Leistungsfähigkeit von Informationstechnologien wie Anzahl der Transaktionen pro Zeiteinheit, Antwortzeit in Sekunden oder Zeilen Quellcode eignen sich nicht für Nutzenbestimmung von CSCW-Technologien.

Darüber hinaus besteht bei Technologien zur Unterstützung multipersoneller Arbeitsaktivitäten das Problem des *Versagens intuitiver Wirkungsbestimmungen*, welche für individuelle Anwendungen von Informationstechnologien wie z.B. Textverarbeitung oder Tabellenkalkulation aussagekräftig sein können. CSCW-Technologien werden zur Unterstützung sehr unterschiedlicher Anwender- und Stellentypen eingesetzt.

Der erfolgreiche Einsatz von CSCW-Technologien bedarf einer *kritischen Menge* von Benutzern (z.B. bei E-mail oder bei anderen primär kommunikationsunterstützenden

201 Vgl. Vgl. Leger (1995), S. 7f.; Opper/Fersko-Weiss (1992), S. 44.

202 Vgl. Markus/Conolly (1990), S. 372.

203 Vgl. Picot/Reichwald (1985), dort bezogen auf die Bestimmung der Wirtschaftlichkeit des Einsatzes von Informationstechnologien. Dabei untersuchen Picot/Reichwald neben den genannten Ebenen auch die gesamtwirtschaftliche Ebene.

Systemen). Bei sukzessiver Einführung einer CSCW-Technologie können die Effekte erst zu einem Zeitpunkt bestimmt werden, an dem eine größere Anzahl von Benutzern das Softwaresystem verwendet.

Prinzipiell ist festzuhalten, daß der Nutzen und die Risiken des Einsatzes von CSCW-Technologien nur in Abhängigkeit von den verfolgten Zielen und den zugrundeliegenden Bedingungen zu beurteilen sind. Das Ausmaß der möglichen, geplanten Wirkungen und/oder tatsächlichen Wirkungen läßt sich allenfalls im Zusammenhang mit der konkret realisierten Anwendung eines Produkts aus der Gattung der CSCW-Technologien sowie den damit verbundenen Einsatzkonzepten und Implementierungsstrategien bestimmen.[204] Deshalb behandeln die folgenden Ausführungen Nutzen- und Risiko*potentiale*. Nutzen- und Risikopotentiale einzelner Klassen von CSCW-Technologien wurden bereits dargestellt.[205] An dieser Stelle besteht die Zielsetzung vielmehr darin, die Wirkungspotentiale generalisierend zu verdichten. Dabei lassen sich die Wirkungen den einleitend genannten Zieldimensionen des Einsatzes computergestützter Kooperation,[206] wie der Verbesserung der Qualität oder der Flexibilität, nicht eindeutig zuordnen. Beispielsweise kann eine verbesserte Kommunikation innerhalb der Unternehmung auf mehrere Ziele wirken. Statt dessen werden die Wirkungen zu verschiedenen Wirkungskomplexen gruppiert. Allgemeine Wirkungen, die mit der Einführung einer neuen Technologie verbunden sind (z.B. Entwertung einer bestehenden Technikausstattung oder Abhängigkeit von Informationstechnologien), und Wirkungen, die primär auf den Einsatz kooperativer Arbeitsformen zurückgehen, bleiben hier unberücksichtigt.

Im einzelnen thematisieren die nachstehenden Ausführungen die folgenden Wirkungskomplexe:[207]

- räumliche und zeitliche Entkopplung der Kooperationsaktivitäten,
- Effizienz von Kooperationsprozessen,
- Informationsversorgung,
- Veränderungen der Kommunikationsprozesse,
- Transparenz und Kontrollierbarkeit von Kooperationsaktivitäten,
- Veränderungen der Handlungsspielräume der Akteure,
- strukturelle Implikationen,
- Veränderung persönlicher und informaler Beziehungen sowie
- Veränderung der Anforderungen an die Qualifikation der Akteure.

---

204 Vgl. Bornschein-Grass (1995), S. 38.

205 Siehe Abschnitt 3.3 dieser Arbeit.

206 Siehe Abschnitt 1.1 dieser Arbeit.

207 Die Gruppierung der Wirkungsdimensionen orientiert sich an Bornschein-Grass (1995), S. 38ff.; ähnlich Hutchison (1994), S. 316f.

Räumliche und zeitliche Entkopplung der Kooperationsaktivitäten

CSCW-Technologien ermöglichen Arbeitsformen, die ohne elektronische Unterstützung nicht wirtschaftlich umsetzbar oder praktikabel wären und erlauben veränderte Formen der räumlichen und zeitlichen Arbeitsverteilung unter Ausnutzung der zeitlichen und geographischen Gegebenheiten. Letzteres kann Zeit-, Kosten- und/oder Flexibilitätsvorteile mit sich bringen, beispielsweise indem Unternehmungseinheiten in die Nähe bestimmter Kunden oder Lieferanten verlagert oder Kostenvorteile verschiedener Standorte (z.B. Programmierung in Asien) genutzt werden. Asynchrone oder raumüberspannende Kooperation mittels komfortablerer Kommunikationsmedien, kann nicht nur die in Meetings verbrachte Zeit, sondern auch die mit ihnen verbundene Reisezeit[208] und -kosten sowie allgemein die Häufigkeit von Arbeitsunterbrechungen reduzieren. Die Anzahl von synchronen Meetings am selben Ort zwecks Austausch von Sachinformationen und das als 'telephone tag'[209] bezeichnete Phänomen können vermindert oder die parallele Verarbeitung gemeinsamer Objekte ermöglicht werden. Die räumliche und zeitliche Entkopplung beinhaltet jedoch zugleich auch eine personelle Entkopplung, die persönliche Kontakte und Beziehungen reduziert. CSCW-Technologie reißt demnach nicht nur (bewährte) (räumliche) Schranken (wie z.B. das Vorzimmer) ein, sondern errichtet auch neue.[210]

Effizienz von Kooperationsprozessen

CSCW-Technologien dienen der Effizienzsteigerung von Arbeitsprozessen durch Verringerung von Durchlaufzeiten, durch verbesserte Archivierung und Verteilung von Informationen, durch Vermeidung von Redundanzen sowie Verringerung von Doppelarbeiten und Medienbrüchen. Gleichzeitig können Aktivitäten teilweise oder vollständig automatisiert werden, wenn die Kooperationseinheit dieses wünscht. Der Einsatz von CSCW-Technologien erfordert jedoch auch zusätzliche, effizienzsenkende Aufwendungen etwa für die Pflege von Datenbeständen oder Netzwerkstrukturen.[211]

Informationsversorgung

Der Einsatz von CSCW-Technologien unterstützt eine hinsichtlich Geschwindigkeit, Qualität, Umfang und Verfügbarkeit bessere Informationsversorgung bei, im Vergleich zu papiergestützten Medien, relativ geringem Aufwand. CSCW-Technologien sehen

---

208 Andererseits ist jedoch auch denkbar, daß es zu einer Zunahme von Reisen kommt, weil häufiger räumliche Dezentralisierungsstrategien verfolgt werden.

209 Vgl. Opper/Fersko-Weiss (1992), S. 45.

210 Vgl. Bornschein-Grass (1995), S. 38; Oberquelle (1991a), S. 51.

211 Vgl. Bornschein-Grass (1995), S. 39; Wendel (1996), S. 92.

Möglichkeiten für einen breiten Zugang zu personellen oder nicht-personellen Informationen beispielsweise über Projekte, Kunden und/oder andere Rahmenbedingungen vor. Von der Unterstützung durch CSCW-Technologien erhofft man sich eine schnellere Verarbeitung und umfassendere Sichtung relevanten Wissens, wobei die Verfügbarkeit und Verwertung von Informationen auch über Leistungsprozesse und Trennungslinien konventioneller Unternehmungskommunikation hinweg erhöht werden kann. Die Möglichkeit, über gemeinsame Informationsbasen zu kommunizieren, Informationen verteilt zu speichern sowie anwendungs- und situationsbezogen abzufragen, senkt die zeitlichen und monetären Aufwendungen für Informationsbeschaffungsprozesse und kann zur Verkürzung von Lern- und Leistungsprozessen beitragen.[212] Als problematisch sind vor allem das Risiko der Überflutung mit Wissen[213] und die damit verbundenen erhöhten Aufwendungen zur problemgerechten Auswahl des relevanten Wissens zu beurteilen.[214]

Veränderungen der Kommunikationsprozesse

Über elektronische Medien vermittelte Kommunikation weist grundlegende Unterschiede zu direkter, persönlicher Kommunikation auf. Neue Kommunikationstechnologien erhöhen nicht nur die Reichweite menschlicher Kommunikation und die Geschwindigkeit der Informationsübermittlung, sondern beeinflussen sowohl die Kommunikationsinhalte als auch den Kommunikationsstil und verändern Informationsverarbeitungsprozesse quantitativ und qualitativ.[215] Aufgrund divergierender theoretischer und empirischer Erkenntnisse bestehen erheblichen Unsicherheiten bezüglich des breiten Einsatzes computergestützter Kommunikation in Kooperationssituationen.

Befürworter heben die Vorteile computergestützter Kommunikation gegenüber den herkömmlichen Medien der Briefpost sowie dem Telefon und die Intensivierung der Kommunikationsprozesse hervor. Im Vergleich zur telefonischen Kommunikation vermitteln videobasierte Technologien ein höheres Maß an Unmittelbarkeit und Direktheit und sprechen eine größere Bandbreite menschlicher Sinneskanäle an. E-mail-Systeme erschließen bisweilen effizientere und bequemere Kommunikationsmöglichkeiten, als sie zuvor beispielsweise über Telefon oder Briefpost realisiert werden konnten.

Skeptiker betonen vor allem die Nachteile computergestützter Kommunikation gegenüber der Face-to-face-Kommunikation. Über elektronische Medien vermittelte Kommunikation beinhaltet reduzierte Regulationsmöglichkeiten der Kommunikation durch die Kommunikationspartner. Dies begünstigt soziale Anonymität und fehlende 'Etiquette'. Die Kommunikationsprozesse sind zwar tendenziell gleichberechtigter und offener, aber

---

212 Vgl. Opper/Fersko-Weiss (1992), S. 43; Huber (1990), S. 53ff.; Grüninger (1996), S. 37; Bornschein-Grass (1995), S. 38f.

213 Vgl. Bork (1994) zum sogenannten 'information overload'.

214 Vgl. Short/Williams/Christie (1976), S. 16f.

215 Zu Implikationen computergestützter Kommunikation siehe auch Abschnitt 5.3.6.1 dieser Arbeit.

auch 'enthemmter' als Kommunikation unter Verwendung herkömmlicher Medien.[216] Die Reduktion der Wirksamkeit sozialer Zwänge und Normen durch anonyme Kommunikation wirkt sich einerseits positiv etwa auf die Anzahl der produzierten Ideen aus, kann andererseits aber auch mit einer stärkeren Polarisierung der Kommunikation einhergehen. Technisch mediierte, textbasierte Kommunikation führt zum Verlust des gemeinsamen sozialen Kontextes, der bei direkter Kommunikation existiert und beinhaltet vielfach eine geringere Empfängerorientierung sowie eine Betonung der eigenen Standpunkte. Darüber hinaus tritt die Sachebene der Kommunikation bei elektronischer Kommunikation gegenüber der Beziehungsebene in den Vordergrund.[217] Dies kann sich sowohl positiv als auch negativ auf die Arbeitsergebnisse und die Zufriedenheit der Kooperanden auswirken und erfordert eine situationsadäquate Medienauswahl.
Elektronisch vermittelte Kommunikation kann Face-to-face-Kommunikation nicht vollkommen ersetzen, aber bisweilen dazu beitragen, bestimmte Schwierigkeiten, Unannehmlichkeiten oder Breakdowns zu vermeiden oder zu verringern. Insgesamt scheint es erfolgversprechend, computergestützte Kommunikationsmedien nicht als Ersatz, sondern als Ergänzung bestehender Kommunikationskanäle zu konzipieren. Die Herausforderung besteht darin, sie in solchen Interaktionssituationen einzusetzen, die von den neuen Medien profitieren.[218] Dieses erfordert eine ausgeprägte Kompetenz der Akteure im Hinblick auf die situationsgerechte Auswahl der Kommunikationsmedien.

Transparenz und Kontrollierbarkeit von Kooperationsaktivitäten

Die aktive Unterstützung von Kooperationsprozessen mittels CSCW-Technologien setzt die Offenlegung von Aufbau- und Ablaufstrukturen, von Rollen und Interaktionsmechanismen sowie die daraus resultierenden Informationen wie Prozeßstatus, Verfügbarkeit von Personen und Ressourcen voraus. Dies erhöht die Transparenz der Geschehnisse in Kooperationseinheiten. Transparenz erleichtert das Nachvollziehen von Kooperationsprozessen, die Identifikation von Fehlern, Engpässen, Redundanzen sowie freien Kapazitäten, was sich positiv auf die Koordination der Akteure auswirkt.[219] Transparenz führt einerseits zu einem besseren Verständnis der Aktivitäten anderer und ist in Kooperationssituationen notwendig, weil die Aktivitäten der Kooperationspartner den Kontext für die eigenen Handlungen darstellen. Gleichzeitig steigert Transparenz die Möglichkeiten, Entscheidungen und Interpretationen zu reflektieren und zu diskutieren. Andererseits schwächt die Transparenz die Bedeutung solcher Aspekte ab, die auf der

---

216 Vgl. Maaß (1991), S. 16; Grote (1993), S. 20ff.

217 Vgl. Kiesler/Siegel/McGuire (1984), S. 1125f.; Freisleben/Rüttinger/Sourisseaux et al. (1991), S. 255; Grote (1994), S. 72.

218 Vgl. Ellis/Gibbs/Rein (1991), S. 44.

219 Vgl. Bornschein-Grass (1995), S. 39; Kueng (1997), S. 54.

Kommunikation impliziter kultureller Normen über Gesten, Rituale und Metaphern beruhen, was nicht notwendigerweise positiv sein muß.[220]
Transparenz beinhaltet einen ambivalenten Charakter, weil sie gleichzeitig auch das Kontrollpotential erhöht und einen höheren Legitimationsdruck für den Einzelnen verursacht. Beim Einsatz von CSCW-Systemen werden auch Informationen, Strukturen und Prozesse transparent, deren Kenntnis bisher einem bestimmten Personenkreis vorbehalten war, bis zur entsprechenden Aktivität im individuellen Arbeitsbereich blieben (z.B. Entwürfe für Dokumente) oder nur unter großem Aufwand zu erheben waren.[221] In diesem Zusammenhang wird für die Beschreibung von CSCW-Technologien auch die Metapher des 'Panopticum' als Instrument zur erhöhten individuellen und kollektiven sozialen Kontrolle durch Kollegen und Vorgesetzte verwendet. Die Akteure in Kooperationseinheiten kooperieren nicht immer perfekt, da sie auch eigene Ziele und Motive verfolgen. Das Kontrollpotential durch Kollegen wird dabei insofern als besonders brisant empfunden, als daß Individuen ihr im Vergleich zur hierarchischen Kontrolle stärker ausgesetzt sind und gerade in dieser Situation die Unterstützung durch Kollegen fehlt. Die Transparenz der indiviuellen Aktionen und auch der Interaktionen mit anderen und der damit verbundene Verlust an Privatheit kann zu einer lähmenden Starrheit führen, anstatt die Reflexion der Handlungen zu vereinfachen und effektives organisationales Lernen zu unterstützen.[222] Deshalb bedarf es einer Einschränkung der Transparenz und einer geeigneten formalen Regulierung. CSCW-Anwendungen stützen sich auf die möglichst freie Verfügbarkeit von Informationen, dennoch sollten die Mitglieder einer Kooperationseinheit in der Lage sein, die sie betreffende Verarbeitung von Informationen zu kontrollieren. Fragen der informationellen und kommunikativen Selbstbestimmung sowie die damit verbundenen Fragen nach benutzerseitiger Zugangskontrolle, Abschaltbarkeit, Privatsphäre und Datenschutz werden im Zusammenhang mit CSCW-Technologien bisher erst ansatzweise diskutiert. Die Gewährleistung der informationellen und kommunikativen Selbstbestimmung[223] sowie der Privatsphäre stellt sich jedoch als wesentlich für die breite Akzeptanz von CSCW-Technologien dar.[224]

Veränderungen der Handlungsspielräume der Akteure

Der Einsatz von CSCW-Technologie kann dazu beitragen, die Handlungsspielräume der Aufgabenträger in der Unternehmung sowohl zu erhöhen als auch einzuschränken. Unter dem Handlungsspielraum sei dabei an dieser Stelle die Möglichkeit verstanden, nach

---

220 Vgl. Wagner (1991), S. 181f.; Dourish/Belotti (1992), S. 107.
221 Vgl. Wagner (1991), S. 177; Bornschein-Grass (1995), S. 39; Opper/Fersko-Weiss (1992), S. 56.
222 Vgl. Bannon/Bjørn-Andersen/Due-Thomsen (1988), S. 300f.; ähnlich Howard (1987), S. 183ff.
223 Zur informationellen Selbstbestimmung vgl. z.B. Taday (1996).
224 Vgl. Grüninger (1996), S. 44; Pfeifer/Lehner (1996), S. 80f.; Gärtner/Egger (1993).

eigenen Ermessen über das Arbeitsverhalten zu entscheiden.[225] Dieses beinhaltet auch, zwischen verschiedenen Arbeitsverfahren wählen zu können.[226] Die Entkopplung von Raum und Zeit durch den Einsatz von CSCW-Technologien steigert die Handlungsspielräume einerseits, da beispielsweise Anfragen nicht per Telefon, sondern per E-mail an Mitarbeiter gerichtet werden und somit zeitverzögert bearbeitet werden können. Dies impliziert eine höhere Kontrolle über den eigenen Arbeitsablauf.[227] Andererseits beinhaltet die Normierung von Kommunikationsschnittstellen, die Vorstrukturierung von Kooperationsprozessen und die einheitliche Modellierung von Informationen und Kooperationsprozessen die Verringerung von Handlungsspielräumen.[228] CSCW-Technologien schaffen die Möglichkeit, standortübergreifende Informationen zu sammeln, die für die zentrale Steuerung, Kontrolle und Koordination von Kooperationsaktivitäten eingesetzt werden können. Gleichzeitig trägt die bereits angesprochene Steigerung der Transparenz auch zu einer erhöhten Transparenz individueller Arbeitsleistungen beispielsweise aufgrund des Einsatzes von Termin- und Projektmanagementsystemen bei, was ein stärker steuerndes Eingreifen der Vorgesetzten und Kollegen ermöglicht und die Autonomie der Aufgabenträger verringert.[229] Schließlich verändert der Einsatz von CSCW-Technologien auch die Arbeitsgewohnheiten der Akteure und den Arbeitsstil der Kooperationseinheit, beispielsweise wenn Software zur Bearbeitung elektronischer Dokumente nicht das farbige Markieren oder das Anbringen von Notizen auf Papierdokumenten anbietet. Mitarbeiter, die den Umgang mit Informationstechnologie bisher erfolgreich durch Delegation bestimmter Tätigkeiten meiden konnten, werden bei hohem Verbreitungsgrad einer Technologie in einer Kooperationseinheit dazu gezwungen, auch diese CSCW-Technologien zu nutzen. Die Delegation der Aktivitäten etwa der Beantwortung von E-mails beispielsweise an das Sekretariat ist langsam und nimmt damit einen Teil der Vorteile, die elektronisch gestützte Kooperation aufweist.[230] Diese Veränderungen beinhalten Einschränkungen der Handlungsspielräume der Aufgabenträger bei der Wahl der Arbeitswerkzeuge. Personen, die eine bestimmte, in der Kooperationseinheit verbreitete Technologie nicht nutzen, können zu 'second class members' einer Gruppe werden.[231] In diesem Zusammenhang ist auch zu berücksichtigen, daß der Technikeinsatz zwar die Arbeitstätigkeit einer Kooperationseinheit als Ganzes unterstützt, die Aufgabenerfüllung einzelner Akteure aber auch stören kann. Es ist dafür Sorge zu tragen, daß der Einsatz von Informationstechnologie bestehende Prozesse der

---

225 In Anlehnung an Hill/Fehlbaum/Ulrich (1994), S. 168, die in diesem Zusammenhang von 'Selbständigkeit' sprechen.

226 Vgl. Welge (1987), S. 56.

227 Vgl. Opper/Fersko-Weiss (1992), S. 47.

228 Vgl. Oberquelle (1991a), S. 46.

229 Vgl. Bornschein-Grass (1995), S. 40.

230 Vgl. Opper/Fersko-Weiss (1992), S. 57ff.

231 Vgl. Greenberg (1991b), S. 18; Wilson (1991), S. 44.

Zusammenarbeit nicht behindert. Einschränkungen der Handlungsspielräume wirken sich tendenziell negativ auf die Leistungsfähigkeit und Leistungsbereitschaft der Aufgabenträger sowie die Akzeptanz der CSCW-Technologie aus.

Strukturelle Implikationen

Nicht nur im Hinblick auf die räumliche Verteilung ist der Einsatz von Computern eng mit der Anwendung struktureller Parameter der Gestaltung verbunden.[232] Der Einsatz von CSCW-Technologien kann beispielsweise sowohl den Abbau von Hierarchien als auch die Machtsicherung in hierarchisch strukturierten Unternehmungen unterstützen. Deshalb ist beim Einsatz von CSCW-Technologien darauf zu achten, welche Strukturkonzepte ihnen zugrundeliegen.[233] Strukturelle und politische Aspekte in CSCW-Applikationen abzubilden, erfordert ihre explizite Diskussion und kann zuvor verborgene Interessenskonflikte an die Oberfläche bringen.

Veränderungen persönlicher und informaler Beziehungen

Kooperative Büroprozesse sind kommunikationsintensiv und die Kontakte zu Kollegen stellen sich als wichtig für die Leistungsprozesse dar. Kommunikation dient jedoch nicht nur der aufgabenbezogenen Information und Koordination in formalen Strukturen. In Unternehmungen bestehen auch solche Beziehungen, die zwar aufgabenbezogen, aber nicht in den formalen Strukturen vorgesehen sind, oder solche, die nicht primär der Aufgabenerfüllung, sondern der Befriedigung sozialer Befürfnisse dienen. Beide Aspekte formen informale Beziehungen. Die Arbeit in Kooperationseinheiten, die Aktionen und Entscheidungen der Kooperanden sind in hohem Ausmaß durch informale Konventionen und die Kenntnis der Personen sowie ihrer Rollen innerhalb der Kooperationseinheit bestimmt. Informale Beziehungen bilden sich dazu heraus, um (bewußt oder unbewußt gelassene) Lücken der formalen Strukturierung der Unternehmung zu schließen oder sie in Sondersituationen zu überwinden.[234] Informale Kommunikation dient dazu, das soziale Netz am Arbeitsplatz aufzubauen und zu pflegen. Informale Interaktionen stellen wesentliche psychologische Funktionen wie emotionale Unterstützung und Kollegialität bereit, die sich auch auf die Leistungserstellung auswirken. Aus den genannten Gründen darf die Bedeutung informaler Aspekte für die Leistungsprozesse nicht unterschätzt werden. Gerade auch Aufgaben mit hohem kreativem Anteil, für deren Durchführung Kooperationseinheiten häufig gebildet werden, bedürfen eines Umfeldes, das informale Kommunikation fördert, da viele Ideen häufig eher zufällig in informalen Gesprächen z.B. am Kaffeeautomaten entstehen. Gerade auch die persönlichen Beziehungen und die

---

[232] Siehe Abschnitt 4.3.5.2 dieser Arbeit.

[233] Vgl. Oberquelle (1991a), S. 45.

[234] Vgl. Staehle (1994), S. 251.

damit verbundene informale Kommunikation schaffen Vertrauen und eine hohe Kommunikationsdichte, welche Voraussetzungen für den erfolgreichen Aufbau und die Aufrechterhaltung kooperativer Beziehungen darstellen.[235] Der Einsatz von CSCW-Technologien kann informale Kontakte unterbinden oder verursachen, daß diese aus Angst vor Kontrolle nicht über CSCW-Technologien abgewickelt werden.[236] Die Strukturierung von Kommunikationswegen und die Formalisierung der Kommunikation führen zu einer Reduktion der informalen Kontakte. Beispielsweise sinkt beim Einsatz elektronischer Umlaufmappen und indirekter Kommunikation über gemeinsame Informationsbestände die Anzahl der persönlichen, informalen Kontaktmöglichkeiten, die häufig face-to-face oder per Telefon zustandekommen.[237] Gleichzeitig entstehen jedoch mit der Einführung neuer Kommunikationsmedien wie der weitreichenden Nutzung von E-mail oder Bulletin-boards neue Möglichkeiten, lose informale Kontakte auch über Abteilungs- und Hierarchiegrenzen hinweg zu pflegen.[238]

Die Einbeziehung informaler Kommunikation in die Gestaltung von CSCW-Technologien gestaltet sich schwierig, da dieses ihre Offenlegung voraussetzt. Die Einführung von CSCW-Technologien greift in die informalen Beziehungen der Mitglieder einer Kooperationseinheit ein, ohne daß die Richtung der Veränderungen ex ante immer bestimmbar oder gewünscht ist. Die induzierten Veränderungen entziehen sich bisweilen einer Steuerung durch die Mitarbeiter und Führungskräfte mittels vertrauter Mechanismen. Dieses beinhaltet ein nicht unbedeutendes Risikopotential bei der Anwendung der neuen Medien und stellt einen Aspekt dar, der die Akzeptanz von CSCW-Technologien erschwert.[239]

Veränderungen der Anforderungen an die Qualifikation der Akteure

Die Technisierung der Kooperation beinhaltet, stärker als die Computerunterstützung individueller Aktivitäten, auch die Formalisierung und Standardisierung sozialer Strategien. Dies hat die Zuspitzung der Wahrnehmung der Akteure auf spezifische Kriterien und die Vereinheitlichung sozialer Praktiken und kognitiver Stile zur Folge.[240] Beispielsweise versucht man bei Prozeßunterstützungssystemen, die organisatorischen Regeln, das Know-how und die Erfahrungen von Vorgesetzten und Mitarbeitern hinsichtlich des Ablaufes von Informationsverarbeitungsprozessen in einem Softwaresystem abzubilden.

---

[235] Vgl. Kraut/Egido/Galegher (1988) für das Beispiel wissenschaftlicher Zusammenarbeit; ähnlich Hollan/Stornetta (1992); Fish/Kraut/Root et al. (1993).

[236] Vgl. Oberquelle (1991b), S. 46.

[237] Vgl. Bornschein-Grass (1995), S. 40.

[238] Vgl. Pickering/King (1992), S. 357f.; Grote (1994), S. 71.

[239] Vgl. Grüninger (1996), S. 43; Leger (1995), S. 7f.

[240] Vgl. Wagner (1991), S. 177.

Dies erfordert, diese transparent zu machen, zu kommunizieren, eindeutig zu regeln und als verbindlich zu erklären. Als individuelle Könnensvoraussetzung und Quelle der Motivation wird das erforderliche Wissen somit entwertet.[241] Analog zur Einführung von Expertensystemen kann bei den Betroffenen die Befürchtung entstehen, daß Know-how-Vorsprünge verringert werden. Gleichzeitig eröffnet sich durch die Transparenz und Kommunikation jedoch die Möglichkeit, neue Qualifikationen zu erlangen. Den Mitarbeitern bieten sich mittels des breiten Zugangs zu Informationsquellen wie z.B. Bulletinboards neue Möglichkeiten, ihr Wissen beispielsweise zu aktuell diskutierten Themen zu vergrößern und ihre Qualifikationen zu erweitern. Nicht vernachlässigt werden darf auch, daß Kooperation selbst hohe Anforderungen an die Qualifikation der Mitarbeiter stellt.[242]

Die vorausgehenden Ausführungen als auch die Auseinandersetzung mit der Funktionalität einzelner Anwendungssystemklassen von CSCW-Technologien zeigen, daß der Einsatz von CSCW-Technologien unterschiedliche Wirkungsdimensionen beinhaltet, die sich je nach ihrer Ausgestaltung sowohl ein Nutzen- als auch ein Risikopotential darstellen können. Dies stellt hohe Anforderungen an die Gestaltungsprozesse des Einsatzes von Informationstechnologien, wenn eine zielgerechte Unterstützung von Kooperation erfolgen soll. Gleichzeitig verdeutlichen die Ausführungen bereits die enge Verknüpfung struktureller, personeller und technischer Aspekte. Dies wird bei der Entwicklung eines Bezugsrahmens der Gestaltung computergestützter Kooperation im folgenden Kapitel zu berücksichtigen sein.

---

241 Vgl. Falck (1992), S. 164.

242 Siehe Abschnitt 5.4.1 dieser Arbeit.

4 Bezugsrahmen der Gestaltung computergestützter Kooperation

Die vorangehenden Ausführungen befassen sich zum einen mit dem Wesen der Kooperation im Bürobereich (Kapitel 2) und erläutern zum anderen, welches Unterstützungspotential CSCW-Technologien bereitstellen (Kapitel 3). Die ausführliche Auseinandersetzung mit diesen zwei Aspekten bildet die Grundlage für die Ableitung von Empfehlungen zur Gestaltung computergestützter Kooperation. Die Aufgabe dieses Kapitels 4 besteht darin, einen abstrakten, ordnenden Rahmen für die nachfolgenden konkreten Gestaltungsaussagen herauszuarbeiten. Dies erfordert zunächst grundlegende Ausführungen über die Charakteristika der Gestaltung und verschiedener Gestaltungsstrategien. In diesem Kontext wird die hier verfolgte Gestaltungsstrategie, welche die computergestützte Kooperation als Instrument zur Effektivitäts- und Effizienzsteigerung einsetzt, als eine intrasystemische Gestaltungsstrategie identifiziert (Abschnitt 4.1). Abschnitt 4.2 erläutert die Grundstruktur des im Rahmen der Arbeit verwendeten Bezugsrahmens der Gestaltung computergestützter Kooperation. Eine für die Ableitung von Gestaltungsempfehlungen grundlegende Komponente des Bezugsrahmens bildet die Kooperationssituation. Abschnitt 4.3 erörtert diese Komponente detaillierter und arbeitet die für die Ableitung konkreter Gestaltungsempfehlungen in Kapitel 5 erforderlichen Aktionsparameter heraus. Daneben begründen die Ausführungen, warum die zielorientierte Gestaltung computergestützter Kooperation eine systemorientierte Gestaltungsstrategie erfordert und wie diese mittels der Informationsstruktur umgesetzt werden kann.

4.1 Gestaltung und Gestaltungsstrategien

„Gestaltung beschäftigt sich mit der Frage, wie Objekte beschaffen sein sollen und wie Artefakte zu konstruieren sind, mit deren Hilfe bestimmte Ziele erreicht werden sollen.“[1] Der Begriff der '*Gestaltung*' computergestützter Informationssysteme bezeichnet demnach die Menge der Aktivitäten[2], die zur planmäßigen Entstehung oder Veränderung eines computergestützten Informationssystems, d.h. dessen Subsysteme oder deren Beziehungen, dient.

---

1 Simon (1978), S. 20f.

2 Der Begriff der 'Aktivität' umfaßt hier sowohl gedankliche als auch physisch wahrnehmbare, d.h. handelnde Aktivitäten.

Planmäßig ist die Entstehung bzw. Veränderung eines computergestützten Informationssystems dann, wenn sie bewußt, zielgerichtet und systematisch durchgeführt wird.[3] Damit unterscheidet sich Gestaltung als planmäßiger Veränderungs- oder Erneuerungsprozeß von unplanmäßigen Veränderungsprozessen. Der Begriff der Gestaltung bezieht sowohl Prozesse des *Aufbaus* (Neugestaltung) als auch der *Veränderung* (Umgestaltung) von Systemen ein. Diese Prozesse können sowohl inkrementell als auch radikal verlaufen.
Gestaltung umfaßt alle Aktivitäten, die die Planung, Steuerung, Organisation, Realisierung und Kontrolle bzw. Evaluation der Lösung von Problemen (i.S. von Differenzen zwischen Ist- und Sollzustand) betreffen. Gestaltung beinhaltet somit sowohl Führungs- als auch Durchführungsaufgaben. Damit erfolgt an dieser Stelle bewußt eine Abgrenzung von einem Verständnis, das die Gestaltung auf die Umsetzung bestehender Pläne, Verfahren und Techniken im Sinne eines engen Implementierungsbegriffs reduziert und damit die Aktivitäten der Konzipierung von Problemlösungen außer Acht läßt.[4]

Prinzipiell läßt sich der Lebenszyklus computergestützter Informationssysteme in die zwei Phasen *Gestaltung* und *Anwendung* bzw. Nutzung unterteilen. Dabei ist jedoch nicht davon auszugehen, daß es sich immer um zwei deutlich voneinander zu trennende Phasen oder Aktivitäten handelt. Auch während der produktiven Nutzung computergestützter Informationssysteme werden Veränderungen und Anpassungen vorgenommen oder im Rahmen eines evolutionären Gestaltungsprozesses Überlappungen der zwei Aktivitätenkomplexe vorgesehen. Auch kann der Auffassung nicht zugestimmt werden, daß Gestaltung notwendigerweise an ein zeitlich begrenztes Projekt gebunden ist.[5] Zwar werden Gestaltungsprozesse häufig im Rahmen zeitlich begrenzter Projekte durchgeführt, eine fehlende eindeutige Terminierung des Endes eines Gestaltungsprozesses kann jedoch auch eine besondere Voraussicht beinhalten. Gründe hierfür sind die Möglichkeit zukünftiger Anpassungen oder zumindest die Überprüfung der Anpassungsnotwendigkeit an veränderte Bedingungen und/oder das Verständnis, daß Gestaltung eine kontinuierliche Aufgabe darstellt, die über das Herausgehobensein eines Projektes hinausgeht. Begriffliche Abgrenzungsprobleme entstehen dabei insofern, als daß in diesem Fall nicht allgemein bestimmt werden kann, ob es sich um die Fortführung eines bestehenden oder die Initialisierung eines neuen Gestaltungsprozesses handelt.

---

[3] In Anlehnung an Hill/Fehlbaum/Ulrich (1992), S. 463, welche diese Definition auf die organisatorische Gestaltung anwenden. Ähnlich Müller-Merbach (1992), S. 862; Rolf/Berger/Klischewski et al. (1990), S. 191. Rolf (1993), S. 16 stellt für die Informatik fest: „Eine Klärung des Begriffes Gestaltung hat meines Wissens bislang in der Informatik nicht stattgefunden; es darf deshalb nicht verwundern, wenn er zuweilen recht unspezifisch gebraucht wird, ein Versatzstück für alles oder nichts. Davon übertroffen wird er nur durch den Systembegriff."

[4] Analog für den Begriff der Implementierung Wollnik (1986), S. 186-190.

[5] Widersprechend Wollnik (1986), S. 199.

An der Gestaltung computergestützter Informationssysteme sind eine Vielzahl von Personen in ihren Rollen als Nutzer, Benutzer, Berater und/oder Vertreter der Hersteller von Informationstechnik beteiligt. Die Unternehmungsleitung autorisiert Personen explizit oder implizit als Träger gestaltender Aktivitäten, welche in gestalterischer Absicht auf das System einwirken. Gestaltung kann prinzipiell durch jedes Unternehmungsmitglied erfolgen, indem die eigenen Arbeitshandlungen systematisch verändert oder neue Regeln für die Handhabung von Interdependenzen mit anderen Akteuren entworfen werden. Während sich bei der *Fremdgestaltung* Gestaltungsobjekt und –subjekt unterscheiden, sind sie bei der *Selbstgestaltung* identisch.[6] Die folgenden Ausführungen beziehen sich nicht ausschließlich auf fremdgestaltende Aktivitäten. Kooperatives Arbeitshandeln erfordert Spielräume für die Akteure bei der Gestaltung der Arbeitsprozesse. Darüber hinaus trägt die Beteiligung der direkt betroffenen Akteure dazu bei, die Akzeptanz und Effektivität der Gestaltungsergebnisse zu erhöhen, da die Gestaltenden von den Erfahrungen der Akteure profitieren und ungeplante Gestaltungswirkungen durch die Akteure selbst korrigiert werden können. Bei stark ausgeprägter Selbstgestaltung in einer Unternehmung kommt der Fremdgestaltung primär die Aufgabe zu, einen groben Rahmen für die Durchführung der Leistungserstellungsprozesse abzustecken.

Gestaltungsprobleme lassen sich in die folgenden Teilprobleme zerlegen:[7]

- *Bestimmung der Gestaltungsziele*: Ziele stellen Aussagen über künftige, als erstrebenswert erachtete, d.h. normativ bewertete Zustände dar. Ihre Existenz bildet eine notwendige Voraussetzung für die rationale Systemgestaltung. Die Beurteilung der Gestaltungsergebnisse und der Effektivität und Effizenz der gestalterischen Maßnahmen selbst kann nur anhand ihres Beitrages zur Zielerfüllung erfolgen. Darüber hinaus dienen Ziele dazu, anstehende Probleme im Hinblick auf bestimmte Ziele zu identifizieren, Problemlösungen mit Blick auf die Ziele zu entwerfen und Gestaltungsalternativen mit Blick auf die Ziele zu generieren, bewerten und auswählen.
- *Identifikation der Bedingungen der Gestaltung (synonym: Restriktionen):* Dieses Teilproblem umfaßt die Frage nach den im Rahmen des Gestaltungsprozesses nicht beeinflußbaren Bedingungen oder bewußt aus der Betrachtung auszuschließenden Parametern. Restriktionen definieren die Gestaltungssituation und engen den Alternativenraum ein. Sie verändern die Wirkungszusammenhänge zwischen eingesetz-

6 Vgl. Krüger (1993), S. 21; Knof (1991), S. 10 analog für die Begriffe 'Fremd-' und 'Selbstorganisation'.

7 Vgl. Hill/Fehlbaum/Ulrich (1994), S. 27; Grochla (1980), Sp. 1832f. Ähnlich Wollnik/Kubicek (1979). Grochla nennt daneben den Problemkomplex der Verringerung der Komplexität des Gestaltungsproblems. Er trennt darüber hinaus die Auswahl der Gestaltungsinstrumente und die Abschätzung der Konsequenzen voneinander.

ten Instrumenten und verfolgten Zielen, so daß Aussagen zur Ziel-Mittel-Beziehung ohne Berücksichtigung der Restriktionsparameter wertlos werden können.

- *Auswahl der einzusetzenden Aktionsparameter und Abschätzung der Auswirkungen ihres Einsatzes*: Aktionsparameter stellen veränderbare Parameter dar, die eingesetzt werden, um die Gestaltungsziele zu erreichen. Ihre Auswahl erfordert die Berücksichtigung verschiedener interdependenter Kriterien: Die Aktionsparameter (synonym: Instrumente) sollten möglichst manipulierbar, d.h. möglichst autonom veränderbar sein. Sie sollen darüber hinaus einen originären Charakter besitzen, d.h. nicht Symptome oder Teilaspekte, sondern die tatsächlichen Ursachen betreffen. Als drittes Kriterium ist die Prognostizierbarkeit der Wirkungen ihres Einsatzes auf die verfolgten Ziele unter bestimmten Bedingungen zu nennen, welche bekannt und/oder meßbar sein sollen.[8]

Grundlegende Ziele des Einsatzes kooperativer Arbeitsformen und deren Computerunterstützung wurden bereits an anderer Stelle erörtert.[9] Für die folgenden vom konkreten Anwendungsfall abstrahierenden Ausführungen sind vor allem die letzten beiden Teilprobleme relevant. Sie werden im Rahmen dieses Kapitels aufgegriffen, indem mögliche Restriktions- und Aktionspararameter der Gestaltung identifiziert werden.

Verschiedene grundsätzliche Herangehensweisen im Hinblick auf die Priorisierung der Gestaltungsziele, die wahrgenommenen Gestaltungsrestriktionen und die einzusetzenden Aktionsparameter definieren unterschiedliche Gestaltungsstrategien.[10] *Gestaltungsstrategien* stellen Aktionsprogramme dar, die Ziele, Vorgaben, Richtlinien oder Leitmaximen beinhalten, durch welche der konkrete Aktivitätsrahmen und der Einsatz der Ressourcen bestimmt wird.[11] Damit stellen Gestaltungsstrategien das zentrale Bindeglied zwischen den Zielen der Gestaltung einerseits und operativen Maßnahmen andererseits dar. Sie legen die Stoßrichtung des gestalterischen Handelns fest.

---

8 Vgl. Hill/Fehlbaum/Ulrich (1994), S. 172.

9 Vgl. Abschnitt 1.1 und Abschnitt 3.1 dieser Arbeit.

10 Vgl. Heinen (1993), S. 20; Scholz (1987), S. 64; Wollnik/Kubicek (1979), S. 332.

11 Vgl. Becker (1998), S. 143 i.V. mit Scholz (1987), S. 64. Dabei kann zwischen geplanten (intendierten), unrealisierten, planmäßigen, zufälligen und realisierten Strategien unterschieden werden. Vgl. Scholz (1997), S. 60f. Die Ausführungen dieser Arbeit beziehen sich auf geplante Strategien.

Die folgenden Ausführungen spezifizieren Gestaltungsstrategien analytisch hinsichtlich zweier Kriterien:

- Die *Interventionsebene* gibt an, auf welcher Ebene die Gestaltungsinstrumente ansetzen, so daß man extrasystemische, intersystemische und intrasystemische Gestaltungsstrategien unterscheiden kann.[12]
- Das Kriterium der *Anzahl der direkt in die Gestaltung einbezogenen Subsysteme* unterscheidet Gestaltungsstrategien danach, ob sich die Aktionsparameter lediglich auf ein Subsystem - z.B. die Technik oder die Struktur - beziehen (eindimensionale Gestaltungsstrategien) oder ob mehrere Subsysteme mittels der zugehörigen Aktionsparameter gestaltet werden (mehrdimensionale Gestaltungsstrategie). Von einer systemorientierten Gestaltungsstrategie als einem Spezialfall mehrdimensionaler Gestaltungsstrategien soll dann gesprochen werden, wenn bewußt alle identifizierten Subsysteme - d.h. im hier vorliegenden Fall Personal, Aufgaben, Struktur und Technik - als Gestaltungsgegenstände oder Gestaltungsrestriktion in die Gestaltung einbezogen werden.

Im Hinblick auf die Interventionsebene sind extrasystemische, intersystemische und intrasystemische Strategien der Gestaltung des computergestützten Informationssystems Büro zu differenzieren:
Extrasystemische Strategien setzen Ziele und ergreifen Maßnahmen, die mindestens ein Umsystem des Bürobereichs berühren. Dabei sind ökonomische (z.B. Marktform, Absatz-, Kapital- und Arbeitsmarktentwicklung), politisch-gesetzliche (z.B. Mitbestimmungsgesetze), sozio-kulturelle (z.B. Schulsystem) und technologische (z.B. Stand und Dynamik der technischen Entwicklung) Faktoren zu nennen. Eine Unternehmung verfügt über begrenzte Möglichkeiten, sich in unterschiedlichen Umwelten zu positionieren und ihre Domäne zu wählen, etwa indem sie auf bestimmten Märkten agiert, ihren Standort in einem bestimmten Land wählt oder Einfluß auf politische Entscheidungsprozesse nimmt. Die folgenden Ausführungen sehen diese Kriterien als Restriktionen der Gestaltung computergestützter Kooperation an.
Intersystemische Gestaltungsstrategien setzen Instrumente ein, die sich auf die materiellen oder immateriellen Austauschbeziehungen des Systems mit den ökonomisch relevanten Umsystemen beziehen.[13] Solche ökonomisch relevanten Umsysteme des Bürobereichs bilden beispielsweise die Kunden, der Produktionsbereich oder die Lieferanten. Im Rahmen einer intersystemischen Gestaltungsstrategie kann Informationstechnik etwa zu dem Zweck eingesetzt werden, die Wettbewerbskräfte z.B. durch die Erhöhung der Markteintrittsbarrieren mittels interorganisatorischer Techniksysteme (z.B. Electronic Banking für Kunden oder Electronic Data Interchange zu Lieferanten) zu beeinflussen

12 Vgl. Bleicher/Meyer (1976), S. 17.
13 Vgl. Bleicher/Meyer (1976), S. 17-21.

oder Wettbewerbsvorteile durch die Nutzung der Potentiale einer schnellen und kostengünstigen Produktdifferenzierung oder durch den Eintritt in neue Märkte zu erzielen.[14]
Bei den *intrasystemischen Gestaltungsstrategien* bilden schließlich die Subsysteme des Systems selbst sowie deren Beziehungen den entscheidenden Anknüpfungspunkt für die Gestaltung, während die Beziehungen zu anderen Systemen und zur Umwelt nicht explizit betrachtet werden. Die Ausführungen dieser Arbeit untersuchen, in welcher Form computergestützte kooperative Arbeit im Büro zur Effektivitätssteigerung beitragen kann und wie mögliche Aktionsparameter adäquat gestaltet werden können. Kooperationsbeziehungen zu Geschäftspartnern oder Kunden sind dabei nicht Gegenstand der Betrachtung. Damit läßt sich die hier verfolgte Gestaltungsstrategie als eine intrasystemische kategorisieren.

Die folgenden Ausführungen konkretisieren die Möglichkeiten der intrasystemischen Gestaltung anhand eines Bezugsrahmens. In diesem Zusammenhang wird auch erläutert, welche Aktionsparameter der Gestaltung computergestützter Kooperation im Rahmen der vorliegenden Arbeit als relevant erachtet werden.

4.2 Grundstruktur des Bezugsrahmens der Gestaltung computergestützter Kooperation

Es existiert keine geschlossene Theorie der Determinanten des Kooperationsverhaltens.[15]
Der folgende Bezugsrahmen der Gestaltung computergestützter Kooperation ordnet als wichtig erachtete Aktions- und Restriktionsparameter, die das Kooperationsverhalten und hierdurch die Kooperationsergebnisse direkt oder indirekt beeinflussen, in einen Gesamtzusammenhang ein und bereitet die Ableitung von Gestaltungsempfehlungen vor.
Die *Funktion des Bezugsrahmens* liegt darin,

- einen Überblick über die Gesamtproblematik der Gestaltung computergestützter Kooperation zu vermitteln,
- Aktions- und Restriktionsparameter der Gestaltung zu spezifizieren und Gestaltungsalternativen aufzuzeigen sowie
- ein erweitertes Problembewußtsein für die Gestaltung computergestützter kooperativer Arbeit zu schaffen,

---

[14] Vgl. Picot/Franck (1992), Sp. 888f.

[15] Verschiedene Modelle und Rahmenkonzepte der Untersuchung der kooperativen Arbeit bzw. der Arbeit in Gruppen finden sich bei McGrath (1984), S. 61; Mitchell/Larson (1987), S. 229; Krech/Crutchfield/Ballachey (1962), S. 457; Hackman (1987), S. 331; Küpper (1991), S. 179; Tröndle (1986), S. 64.

um die Gestaltung computergestützter Kooperation zu systematisieren. Der Bezugsrahmen stellt damit ein Ordnungschema für handlungsbezogene Erkenntnisse über die Realität dar. Er kann jedoch kein Rezeptbuch sein. Welche Aktivitäten im konkreten Fall erforderlich sind und welche Gewichtung einzelnen Dimensionen und Maßnahmen zuzuweisen ist, muß im Einzelfall entschieden werden. Es kann auch keinen 'one best way' der Gestaltung computergestützter Kooperation geben. Im Hinblick auf die praktische Gestaltungsaktivitäten besteht die Herausforderung für die Gestaltenden letztlich darin, die verschiedenen Aktionsparameter auf die konkret vorliegenden Bedingungen abzustimmen und auch den Gestaltungsprozeß so zu formen, daß die im konkreten Gestaltungsvorhaben angestrebten Ziele erreicht werden können.

Der Bezugsrahmen geht in seiner Grundstruktur von einem Input-Process-Output-Modell aus.[16] Die Abbildung 4.2-1 visualisiert seine grundlegenden Komponenten und deren Zusammenhänge.

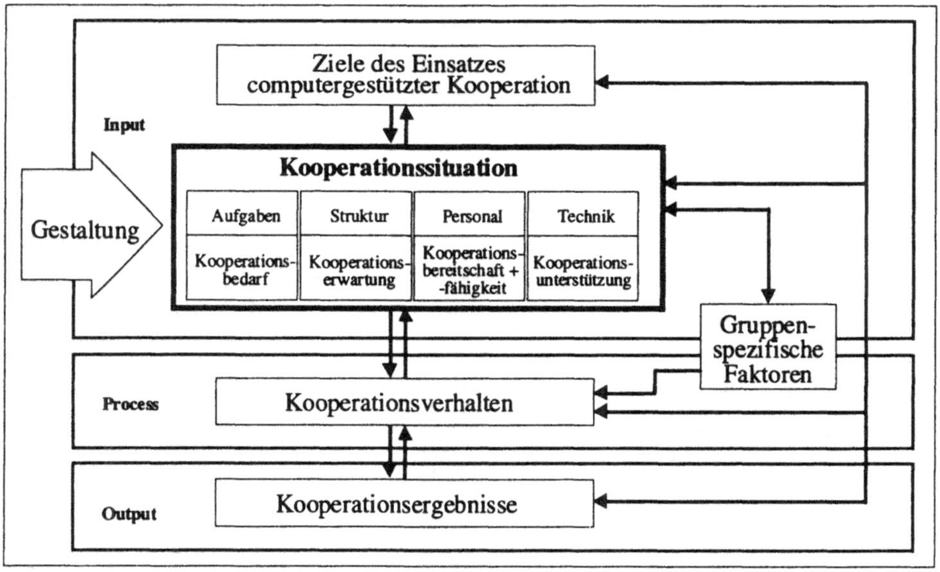

Abbildung 4.2-1: Grundstruktur des Bezugsrahmens

Dem hier zugrundegelegten gedanklichen Bezugsrahmen der Gestaltung computergestützter Kooperation liegt die Annahme zugrunde, daß die *Kooperationsergebnisse* (Output) durch das *Kooperationsverhalten* der Akteure in Kooperationseinheiten

---

[16] Der Bezugsrahmen enthält die Inhalte, die ihn als Entscheidungsrahmen charakterisieren: Eine bestimmte verallgemeinerte praktische Problemstellung, Zielgrößen, Aktionsparameter, Bedingungen, Wirkungen und Behauptungen über aktionsrelevante Zusammenhänge. Vgl. Grochla (1978a), S. 65.

bestimmt werden (Process). Das Kooperationsverhalten realisiert sich in Form der Aktivitätenklassen 'Kommunikation', 'Koordination' und 'Verarbeitung gemeinsamer Objekte'.[17] Welches Kooperationsverhalten realisiert wird, hängt maßgeblich von der *Kooperationssituation* (Input) ab, welche durch die Gestaltung der Subsysteme 'Aufgaben', 'Struktur', 'Technik' und 'Personal' bzw. den damit einhergehenden kooperationsrelevanten Einflußfaktoren auf das Kooperationsverhalten gebildet wird.[18] So beinhalten die sich einer Einheit stellenden Aufgaben einen bestimmten Kooperationsbedarf, die Organisationsstruktur repräsentiert eine bestimmte Kooperationserwartung, das Personal verfügt über eine bestimmte Kooperationsbereitschaft sowie -fähigkeit und die Technik bietet ein Maß an Kooperationsunterstützung an.

Die Ausführungen gehen also davon aus, daß sich die Kooperationssituation mediiert durch das Kooperationsverhalten auf die Kooperationsergebnisse auswirkt: Kooperationssituation → Kooperationsverhalten → Kooperationsergebnis. Dieser Zusammenhang sei mit einigen Ausführungen näher erläutert.
Sind beispielsweise Mitarbeiter mit einer hohen Kooperationsbereitschaft an der Lösung einer Aufgabe beteiligt (Personal als Komponente der Kooperationssituation, Input), werden diese vermutlich stärkere Kommunikationsaktivitäten entfalten und die relevanten Informationen bereitwilliger weitergeben (Kooperationsverhalten, Process) als weniger kooperationsbereite Mitarbeiter. Dies wird sich auf die zur Aufgabenlösung erforderliche Zeit und die Qualität des Kooperationsergebnisses (Output) auswirken. Ergänzend sei ein weiteres Beispiel dafür genannt, wie die Gestaltung der Kooperationssituation das Verhalten verändert: Bereits frühe empirische Untersuchungen zeigen, daß eine Verbreiterung der gemeinsamen Wissensbasis mehrer Akteure mittels des Einsatzes entsprechender Anwendungen der Informationstechnologie zu einer stärkeren Berücksichtigung der gegenseitigen Interdependenzen bei der Erfüllung von (Teil-) Aufgaben führt.[19] Die Gestaltung der Situation in Form des Einsatzes von Informationstechnologien, die die Informationsbereitstellung unterstützen, wirkt sich also auf das

---

[17] Damit folgt das Modell dem Grundmodell von McGrath (1964), zitiert in Hackman (1987), S. 321. Zu möglichen Wirkungsbeziehungen in Modellen, die sich mit der Effektivität von Gruppen auseinandersetzen vgl. Hackman (1987), S. 320. Zur Differenzierung der verschiedenen grundlegenden Aktivitätenklassen kooperativer Handlungen siehe Abschnitt 2.4 dieser Arbeit. Auf eine erneute Erörterung kann hier verzichtet werden.

[18] Das Verständnis des Begriffs 'Situation' weicht damit vom Verständnis dieses Begriffs in den situativen Theorien der Organisationstheorie ab. Die situative Theorie faßt unter dem Begriff der Situation verschiedene, die Organisationsstruktur bestimmende Restriktionsparameter zusammen. In der vorliegenden Arbeit stellt die Situation einen Gestaltungsgegenstand dar, bildet in ihrer Gesamtheit anders als in der situativen Theorie also keine Restriktion. Darüber hinaus wird die Struktur hier als eine Komponente des Gestaltungsgegenstandes 'Situation' angesehen. Die Komponenten der Kooperationssituation werden in Abschnitt 4.3 dieser Arbeit einer eingehenderen Untersuchung unterzogen.

[19] Vgl. Kubicek (1975), S. 250f.

Kooperationsverhalten in Form explizit oder implizit koordinierender Aktivitäten aus und beeinflußt darüber die Ergebnisse sowie das Ausmaß der Zielerreichung.

Neben der oben dargestellten Wirkungsrichtung (Kooperationssituation → Kooperationsverhalten → Kooperationsergebnis) kann jedoch nicht ausgeschlossen werden, daß die Kooperationssituation auch direkt auf die Kooperationsergebnisse wirkt (Kooperationssituation → Kooperationsergebnis), ohne daß eine Mediierung durch das Kooperationsverhalten erfolgt. So ist beispielsweise denkbar, daß ein kooperationsunwilliger Aufgabenträger (Input) unabhängig von den erfolgenden Kooperationsaktivitäten unzufrieden mit den Kooperationsprozessen ist und der Kooperation auch in Zukunft ablehnend gegenüberstehen wird (Output). Diese Interdependenzen werden in Abbildung 4.2-1 mittels der von der linearen Wirkungslinie (Bildmitte) abweichenden Beziehungen (rechte Bildhälfte) verdeutlicht.
Gleichzeitig liegen nicht allein unidirektionale Wirkungsrichtungen vor. Statt dessen bestehen vielfältige gegenseitige Interdependenzen. Beispielsweise beeinflußt die Güte der Kooperationsergebnisse das zukünftige Verhalten der Kooperanden (Kooperationsergebnis → Kooperationsverhalten) und die durch das Verhalten geschaffenen Verhaltensmuster wirken auf die Kooperationssituation in zukünftigen Konstellationen zurück (Kooperationsverhalten → Kooperationssituation).

Die *Kooperationsziele* ergänzen die Input-Komponente des Modells. Die Identifikation von Zielen unter Kenntnis der Stärken und Schwächen eines Bürosystems sowie die Prognose der Auswirkungen von Gestaltungsmaßnahmen auf den Zielrealisierungsgrad stellen notwendige Voraussetzungen für rationale Gestaltungsprozesse dar.[20] Ziele beschreiben erwünschte oder angestrebte Zustände, die mit gestalterischen Maßnahmen erreicht werden sollen und enthalten im Gegensatz zu Prognosen handlungssteuernde Vorgaben[21] mit normativem Charakter. Zielen kommen innerhalb von Gestaltungsprozessen mehrere Funktionen zu:[22]

- Orientierungshilfe bei der Problemlösung,
- Entscheidungshilfe bei der Alternativenauswahl, indem Alternativen bewertet und anhand ihres Zielerreichungsgrades geordnet werden,[23]
- Motivation der handelnden Personen,

---

20 Vgl. Frese/Gagsch (1992), Sp. 1462.

21 Vgl. Hill/Fehlbaum/Ulrich (1994), S. 141; Schmidt (1993), Sp. 4794; Hamel (1992), Sp. 2636; Hahn (1994), S. 60.

22 Vgl. Schulte-Zurhausen (1995), S. 322. Ähnlich Staehle (1994), S. 412; Grochla (1978b), S. 43 und die dort angegebene Literatur. Bezüglich verschiedener Elemente von Zielen (Zielobjekt, Zieleigenschaften, Zielmaßstäbe, Zielausmaß, Zielperiode) und Anforderungen an Ziele vgl. Hamel (1992), Sp. 2642f.; Staehle (1994), S. 414f.; Hill/Fehlbaum/Ulrich (1994), S. 141-144 und die dort angegebene Literatur.

23 Vgl. Hill/Fehlbaum/Ulrich (1994), S. 141.

- Grundlage für die Koordination der Gestaltungsaktivitäten,
- Grundlage für die Kontrolle der ergriffenen Maßnahmen,
- Information direkt und nicht direkt beteiligter Akteure über den Zweck von Aktivitäten.

Die Gestaltung der Kooperationssituation wird etwa unter der Zielsetzung der Schaffung humaner Arbeitsbedingungen andere Ausprägungen der Aktionsparameter einsetzen, als wenn der Einsatz computergestützte Kooperation primär dem Ziel dient, die Produktivität und die Wirtschaftlichkeit einer Einheit zu steigern.

Aufgrund der Erkenntnisse der Gruppenforschung muß davon ausgegangen werden, daß *gruppenspezifische Faktoren*, wie z.B. die sich herausbildenden Affekt-, Rollen-, Macht-, Status- und Normenstrukturen, für das Kooperationsverhalten und die Kooperationsergebnisse von Bedeutung sind.[24] Diese gruppenspezifischen Faktoren sind einerseits eng an das Verhalten der Akteure gebunden, da ohne Interaktion keine Gruppenbildung und auch keine Ausprägung der Strukturen erfolgen kann. Andererseits werden gruppenspezifische Faktoren wie die Machtstruktur aber bei der Gestaltung der Kooperationssituation implizit oder explizit mitgestaltet. Deshalb werden sie innerhalb des Bezugsrahmen sowohl als Input- als auch als Process-Element eingeordnet.

Die *Affektstruktur* bildet das Ausmaß der Sympathie bzw. Antipathie und der sozioemotionalen Bindung innerhalb einer Kooperationseinheit ab. Einerseits kann es zu Antipathien bis hin zur Aversionen, Animositäten und offenen Feindschaft kommen, andererseits entwickeln und verfestigen sich Sympathien zu erprobten Freundschaften oder Neutralität.[25]

Die *Rollenstruktur* spiegelt die wechselseitigen Erwartungen bezüglich des Verhaltens der Individuen in einer Kooperationseinheit wider,[26] wobei eine Person mehrere, auch wechselnde Rollen einnehmen kann. Diese Erwartungen richten sich sowohl auf das Verhalten in bezug auf die Erfüllung der Aufgaben im Rahmen der eingenommenen Position,[27] gehen jedoch auch darüber hinaus (z.B. Loyalität gegenüber Mitgliedern der Kooperationseinheit). Rollen sind mit Rechten, Pflichten und Zuständigkeiten verknüpft.[28] Während die Erwartungen von außerhalb der Kooperationseinheit zum Beispiel in aus der strukturellen Gestaltung resultierenden Stellenbeschreibungen zum Ausdruck kommen können, wird das Individuum auch kooperationseinheitsintern mit Rollen

---

24 Vgl. Sader (1996), S. 100; Wiswede (1992), Sp. 739ff.

25 Vgl. Endress (1992), S. 44.

26 Vgl. Staehle (1994), S. 253.

27 Eine Position bezeichnet den Platz, der einer Stelle innerhalb einer Unternehmung zugewiesen wird. Vgl. Staehle (1994), S. 252.

28 Vgl. McGrath (1984), S. 249.

konfrontiert, die sich aus der konkreten Handlungssituation und der Persönlichkeit des Akteurs ergeben.[29]

Die innerhalb einer Kooperationseinheit wirksame ***Statusstruktur*** ergibt sich auf Grundlage der sozialen Bewertung von Rollen oder Positionen.[30] Diese soziale Bewertung erfolgt nach Einschätzungsmerkmalen, die zum einen aus der gesamtwirtschaftlichen und der betriebsspezifischen Einschätzung von Berufen, aber auch aus dem persönlichen Status resultieren.[31]

Status- und *Machtstruktur* sind eng miteinander verknüpft. Macht beinhaltet die „verfügbare Möglichkeit, auf anderen Indiviuduen oder Gruppen einzuwirken".[32] Als Quellen oder Arten der Macht können Expertenmacht (auf (vermeintlichen) Sachkenntnissen beruhend), legitime Macht (auf formalen Gesetzen, Normen oder Regeln beruhend), Identifikationsmacht (auf Bestreben, sich wie ein Vorbild zu verhalten, beruhend), Belohnungs- und Bestrafungsmacht sowie Informationsmacht (auf der Kontrolle über Zugang zu und Verbreitung von Information beruhend) unterschieden werden.[33] Kooperative Arbeitsformen streben die Nivellierung legitimer Macht an. In kooperativen Arbeitskontexten sollte Macht primär auf Fachwissen beruhen. Dieses Machtpotential kann positiv auf die Kooperationsprozesse wirken, wenn es etwa dazu beiträgt, Skepsis und Zurückhaltung von Informationen abzubauen.

Normen werden durch die Mitglieder einer Kooperationseinheit vorgegeben und von ihnen innerhalb der Koopeationseinheit fortentwickelt. Sie beschränken die Handlungsmöglichkeiten der Individuen innerhalb der Kooperationseinheit, indem sie umschreiben, welches Verhalten sowie welche Einstellungen erlaubt sind und welche Ziele verfolgt werden. Die Einhaltung bzw. Verletzung von Normen wird von Belohnungen bzw. Sanktionen wie z.B. Mißachtung, Anerkennung, Zustimmung oder Entzug von Privilegien begleitet. Normen ermöglichen in einem gewissen Umfang die Voraussage von Handlungen der Kooperationsakteure. Deshalb werden sie als Voraussetzung für kooperatives Handeln angesehen.[34]

Kohäsion bezieht sich auf den Zusammenhalt und das Gemeinschaftsgefühl innerhalb einer Kooperationseinheit. Kohäsion äußert sich im Wohlfühlen in einer Gruppe, leichterer Verständigung und in einer gewissen Zuneigung zu den meisten Gruppenmitgliedern. Fehlende Kohäsion artikuliert sich z.B. in schlechter Verständigung, Macht- und

---

[29] Vgl. Hill/Fehlbaum/Ulrich (1994), S. 74f.

[30] Vgl. Wiswede (1981), S. 331.

[31] Vgl. Endress (1992), S. 80. Zu Einflußfaktoren auf den Status vgl. Steinmann/Schreyögg (1997), S. 530f.

[32] Crozier/Friedberg (1979), S. 39.

[33] Vgl. Sader (1996), S. 67, der diese Klassifikation von French und Raven aus dem Jahr 1959 wiedergibt. Ahnlich Crozier/Friedberg (1979), S 50. Vgl. Schneider (1985), S. 150ff.; Crott (1979), S. 172 für ausführliche Darstellungen.

[34] Vgl. Schneider (1985), S. 22f.

Statuskämpfen und Mißverständnissen.[35] Mitglieder hochkohäsiver Kooperationseinheiten sind bereit, sich für die Kooperationseinheit zu engagieren, und Zeit sowie andere Ressourcen für die Kooperationseinheit einzusetzen.[36] Eine hohe Kohäsion wirkt sich nur dann positiv auf die Leistung aus, wenn sich die kohäsive Gruppe mit den Zielen der Unternehmung, den übertragenen Aufgaben und/oder den Vorgesetzten identifiziert.[37] Sie führt dann zu verringerten individuellen Leistungsstreuungen, stärkerer Koordination und zu reduzierter Aggression. Bei hoher Arbeitsbelastung erfüllt eine hohe Kohäsion eine Pufferfunktion.[38]

Als letzte Komponente des Gestaltungsrahmens soll hier auf die Kooperationsergebnisse eingegangen werden. Der Output von Kooperationsaktivitäten (synonym: *Kooperationsergebnis*) kann in die zwei Kriteriengruppen 'aufgabenbezogene Ergebnisse' und 'kooperationsbezogene Ergebnisse' gegliedert werden.[39]
Die Kriteriengruppe 'aufgabenbezogene Ergebnisse' läßt sich dabei mittels der folgenden Einzelkriterien operationalisieren:

- Produktivität, Qualität, Ausmaß ihrer Schwankungen, Wirtschaftlichkeit,
- Ergebnisimplementierung: Kosten, Einfachheit, Verbindlichkeit der Akteure im Hinblick auf die Umsetzung,
- Einstellung der Akteure zu den aufgabenbezogenen Kooperationsergebnissen: Verständnis und Akzeptanz der Aufgabenlösung, Zufriedenheit mit der Aufgabenlösung, Vertrauen in die Aufgabenlösung.

Die Kriteriengruppe 'kooperationsbezogene Ergebnisse' beinhaltet die

- Zufriedenheit der Akteure im Hinblick auf den Kooperationsprozeß selbst und die
- Bereitschaft, auch in Zukunft (mit diesen oder anderen Akteuren) zu kooperieren.

Die kooperationsbezogenen Ergebnisse hängen auch davon ab, inwieweit die Akteure mit den sozialen, materiellen oder intellektuellen Belohnungen versorgt wurden, die sie bei Eingehen der Kooperationsbeziehung verfolgen. Gleichzeitig wirken die aufgabenbezogenen Ergebnisse auf die kooperationsbezogenen Ergebnisse.

---

35 Vgl. Sader (1996), S. 100.

36 Vgl. Friedlander (1987), S. 305.

37 Wesentliche positive Einflußfaktoren auf die Kohäsion bilden eine hohe Dichte sozialer Interaktionen, die Attraktivität und Homogenität der Gruppe, die Einigkeit über Ziele der Gruppe sowie Erfolg und Anerkennung. Negative Wirkungen auf die Kohäsion gehen von einer großen Gruppengröße, invididuellen Leistungsbewertungen, Mißerfolgen und Zielkonflikten aus. Vgl. Wiswede (1992), Sp. 750; Staehle (1994), S. 264 und die dort angegebene Literatur. Zum Einfluß der Kohäsion auf verschiedene Outputfaktoren vgl. Rosenstiel (1980), Sp. 797f.; Steinmann/Schreyögg (1997), S. 545f.

38 Vgl. Titscher (1992), Sp. 1019.

39 Vgl. hierzu und im folgenden Kraemer/Pinsonneault (1990), S. 381; Hackman (1989), S. 6; Galegher/Kraut (1990), S. 2.

Weicht der Output der Kooperationsaktivitäten von den Zielen ab, werden in der Regel Veränderungen der Kooperationssituation vollzogen, beispielsweise indem die Kooperationseinheit mit anderen Mitgliedern besetzt wird oder bestimmte Qualifikationen geschult werden.

Nach der Erläuterung der verschiedenen Komponenten des Bezugsrahmens gilt es nun zu untersuchen, welche Möglichkeiten bestehen, auf die Kooperationsergebnisse einzuwirken. Prinzipiell existieren zwei grundlegende *Varianten der Beeinflussung der Kooperationsergebnisse.*
Die erste Möglichkeit liegt darin, das Verhalten der Akteure direkt zu beeinflussen, beispielsweise indem Vorgesetzte situativ direkt in Kommunikationsprozesse eingreifen, Konflikte schlichten oder Koordinationsaktivitäten regulieren.[40]
Die zweite, hier verfolgte Variante unternimmt den Versuch, den Rahmen für das Kooperationsverhalten der Akteure günstig zu gestalten, also auf die Kooperationssituation einzuwirken und das Kooperationsverhalten sowie dessen Effektivität und Effizienz indirekt zu beeinflussen. Die Aufgabe der Gestaltung besteht dabei demnach darin, die Rahmenbedingungen kooperativer Leistungserstellungsprozesse vorteilhaft bezüglich der Kooperationsergebnisse und der Zielerreichung zu kanalisieren. Das folgende Kapitel 5 zur systemorientierten Gestaltung computergestützter Kooperation befaßt sich entsprechend mit der Frage, wie die Kooperationssituation, repräsentiert durch das aufgabenbezogene, strukturelle, personelle und technische Subsystem und die damit verbundenen Einflußfaktoren auf das Kooperationsverhalten, gestaltet werden sollten, um die Ziele des Einsatzes computergestützter Kooperation zu erreichen.

Für praktische Gestaltungsvorhaben bleibt dabei zu berücksichtigen, daß sich kooperatives Verhalten partiell der Plan- und Herstellbarkeit entzieht. Die verschiedenen Komponenten der Kooperationssituation unterscheiden sich hinsichtlich ihres Dispositionsgrades, da verschieden ausgeprägte Beeinflussungsmöglichkeiten und Prognostizierbarkeiten vorliegen. Während die Ergebnisse rein technischer Veränderungen (z.B. Veränderung der Speicherstrukturierung) vergleichsweise gut vorausgesagt werden können, unterliegen die durch strukturelle Gestaltung angestoßenen Veränderungen einer eingeschränkten Prognostizierbarkeit. Auch die Einstellungen und Verhaltensweisen der Mitarbeiter zu den Ergebnissen und Prozessen der Gestaltung lassen sich nur schlecht vorhersagen, da Gestaltungsmaßnahmen in der Regel lediglich Verhaltensbedingungen bzw. -erwartungen produzieren können, ohne ein bestimmtes Verhalten oder eine bestimmte Einstellung deterministisch herbeizuführen. Die Mitarbeiter einer Unter-

---

40 Vgl. die Ausführungen bei Tröndle (1987), S. 91ff., der das aufgaben- und interaktionsorientierte Kooperationsmanagement unterscheidet. Ähnlich Wunderer (1991), S. 209, der analog zwischen struktureller und interaktioneller Führung in lateralen Kooperationsprozessen differenziert.

nehmung treffen ihre Handlungsentscheidungen auch aufgrund ihrer persönlichen Voraussetzungen sowie ihrer individuell-selektiven Wahrnehmung. Kooperation läßt sich deshalb nicht erzwingen, sondern allenfalls durch die Gestaltung der Rahmenbedingungen begünstigen: Kooperation „lässt sich nicht beliebig herstellen oder 'machen'. Jede realisierte Kooperation enthält zahlreiche irrationale Elemente (wie z.B. Sympathie, Attraktivität, Fürsorge usw.). Gerade durch solche Phänomene wird Kooperation gefährdet - aber auch gefördert."[41]

4.3 Die Kooperationssituation als Gegenstand der Gestaltung computergestützter Kooperation

Die Grundstruktur des Bezugsrahmens geht davon aus, daß die Gestaltung der Kooperationssituation die Kooperationsergebnisse über das Kooperationsverhalten bestimmt. Diese Annahme stützt auch die Feldtheorie von LEWIN. Sie stellt das menschliche Verhalten vereinfacht als eine Funktion der Umwelt und der Person dar (V = f (P, U), mit V = Verhalten, P = Person und U = Umwelt).[42] Dabei stehen die personellen und die umweltbezogenen Einflußfaktoren des Verhaltens in einer Wechselbeziehung.[43] Die in den vorangehenden Ausführungen differenzierten Subsysteme 'Aufgabe', 'Struktur' und 'Technik' lassen sich aus Sicht der Personen, d.h. hier des Personals einer Unternehmung, der Verhaltensdeterminante 'Umwelt' zuordnen. Zusammen mit dem Subsystem 'Personal' bilden ihre Ausprägungen die Attribute der Kooperationssituation.

Die folgenden Ausführungen konzipieren die verschiedenen Subsysteme als Komponenten der Kooperationssituation. Die Subsysteme computergestützter Informationssysteme bilden dabei nicht nur die Anknüpfungspunkte für die Identifikation zugehöriger Einflußfaktoren auf das Kooperationsverhalten, sondern auch für die Unterscheidung unterschiedlicher elementarer Gestaltungsstrategien. Die Abbildung 4.3-1 spiegelt diese Zusammenhänge wider.[44]

---

41 Wimmer/Neuberger (1981), S. 191.

42 Vgl. Lewin (1963), S. 271ff.; Rosenstiel (1992), S. 364. Ähnlich Scholz (1994), S. 132.

43 Vgl. Engelhardt (1992), Sp. 1261f.

44 Die Unterscheidung der Gestaltungsstrategien erfolgt in Anlehnung an Leavitt (1965), S. 1145ff.; Rosenstiel (1992), S. 48; Wollnik/Kubicek (1979), S. 332 und Staehle (1994), S. 890. Rosenstiel differenziert dabei mehrere grundlegende Einflußfaktoren auf das Verhalten von Individuen: das persönliche Wollen und das individuelle Können, das soziale Dürfen und die situative Ermöglichung. Wollnik/Kubicek differenzieren die folgenden Dimensionen der Systemgestaltung: technische Dimension, aufgabenorganisatorische Dimension (Aufgabeninhalte und Informationsstruktur), stellenorganisatorische Dimension (Ausgestaltung einzelner Teilaufgabenkomplexe zu personell zuordnungsfähigen und in koordinierter Interaktion durchführbaren Funktionskomplexen) und die sozialpsychologische Dimension (Einstellungen und Verhaltensweisen).

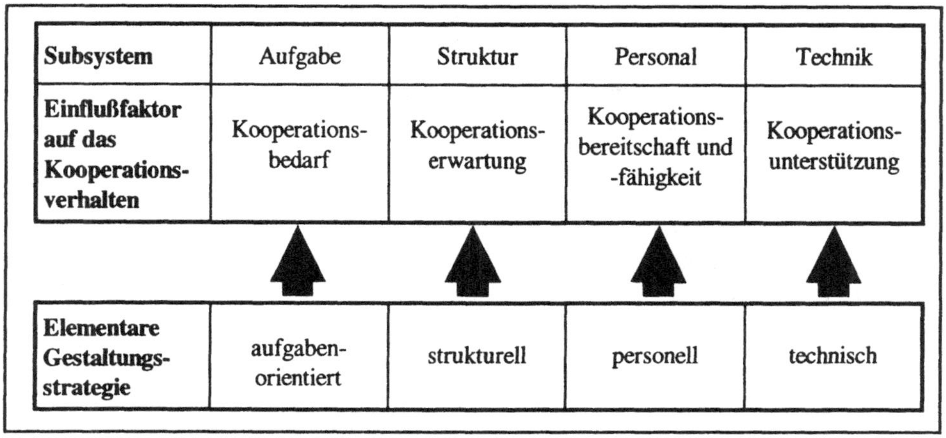

Abbildung 4.3-1: Komponenten der Kooperationssituation und zugehörige elementare Gestaltungsstrategien

Die folgenden Abschnitte 4.3.1 bis 4.3.4 erläutern die in Abbildung 4.3-1 genannten Komponenten der Kooperationssituation und die damit verbundenen Einflußfaktoren auf das Kooperationsverhalten und leiten Aktionsparameter der Gestaltung im Rahmen der einzelnen elementaren Gestaltungsstrategien ab. Diese Aktionsparameter werden im Kapitel 5 einer eingehenden Untersuchung im Hinblick auf eine kooperationsadäquate Ausgestaltung unterzogen werden. Abschnitt 4.3.5 setzt sich mit der Frage auseinander, warum elementare, d.h. lediglich an ein Subsystem anknüpfende Gestaltungsstrategien nicht ausreichen, sondern eine systemorientierte, d.h. eine alle Subsysteme berücksichtigende Strategie der Gestaltung computergestützter Kooperation notwendig ist. In diesem Zusammenhang wird auch erläutert, wie eine abgestimmte Gestaltung der verschiedenen Elemente der Kooperationssituation erfolgen kann.

4.3.1 Kooperationsbedarf und aufgabenorientierte Gestaltung

Unternehmungen bzw. ihre Bürobereiche sind auf die Verwirklichung bestimmter Systemziele ausgerichtet. Zu diesem Zweck erbringen sie Leistungen gegenüber der unternehmungsinternen oder -externen Umwelt. *Aufgaben* stellen „Soll-Leistungen"[45] und „[...] das konkrete Handlungsprogramm der Unternehmung [bzw. der Kooperationseinheit] dar. Sie enthalten die Art, die Menge und den Zeitpunkt für die zu erstellenden [...] Güter und/oder Dienstleistungen."[46] Das Aufgabensystem repräsentiert die

45 Hill/Fehlbaum/Ulrich (1994), S. 123.

46 Grochla (1978a), S. 17.

Sach- und Formalziele der Unternehmung bzw. der Kooperationseinheit (beispielsweise Versicherung des Hausrates von Privatkunden zu einem bestimmten Preis mit einem definierten Qualitätsniveau). Die Abgrenzung der Aufgaben erfolgt hier demnach anhand der gegenüben Umsystemen der Kooperationseinheit zu erbringenden Leistungen.

Der *Kooperationsbedarf* stellt das 'objektiv' feststellbare Erfordernis dar, bei der Erledigung einer Aufgabe zu kooperieren. Der Begriff 'objektiv' weist dabei darauf hin, daß dieses Erfordernis unabhängig von strukturellen Fragegestellung wie beispielsweise der Arbeitsteilung besteht. An anderer Stelle wurde bereits erörtert, warum die kooperative Erledigung der Aufgaben gegenüber anderen Formen der Leistungserstellung vorteilhaft sein kann.[47] Die folgenden Sachverhalte stellen die Gründe noch einmal zusammen, aus denen ein Kooperationsbedarf resultieren kann:[48]

- Quantitative/zeitliche Charakteristika einer Aufgabe: Überschreiten Aufgaben einen bestimmten quantitativen Umfang, der in einem fixierten Zeitintervall zu erledigen ist, kann es einer einzelnen Person unmöglich sein, die Arbeitsaufgabe in der erforderlichen Zeit zu erledigen;
- Qualitative Charakteristika einer Aufgabe: Übersteigt eine Aufgabe beispielsweise aufgrund ihrer Komplexität die Informationsverarbeitungskapazität eines einzelnen Individuums, sind kooperative und koordinierte Aufgabenlösungen erforderlich;
- Akzeptanzbedingte und motivationale Erfordernisse: Es vereinfacht die Umsetzung von Entscheidungen, wenn alle Betroffenen an der Entscheidungsfindung mitwirken und eine möglichst weitgehende Berücksichtigung ihrer Ziele und Meinungen stattfindet. Gleichzeitig gehen von der Zusammenarbeit in einer Kooperationseinheit motivationale Effekte aus, die für die Effektivität und Effizienz der Leistungserstellung von großer Bedeutung sein können.

Aufgabenorientierte Gestaltungsstrategien verändern das Leistungsprogramm des betrachteten computergestützten Informationssystems. Dies geschieht etwa durch die Aufnahme oder Eliminierung einer Leistung, durch Realisierung neuer Produkt-Markt-Kombinationen oder Veränderungen der Formalziele wie z.B. der Qualitätsanforderungen an die Produkte. Die Ausführungen im Rahmen der vorliegenden Arbeit interpretieren die Aufgaben des computergestützten Informationssystems und deren Merkmale, wie z.B. ihre Variabilität und Komplexität, als Restriktionsparameter, die bei der Gestaltung der übrigen Subsysteme zu beachten sind.

---

47 Siehe Abschnitt 2.3 dieser Arbeit.

48 Ähnlich Rosenstiel (1992), S. 329f.; Hill/Fehlbaum/Ulrich (1994), S. 86.

4.3.2 Kooperationserwartung und strukturelle Gestaltung

Beinhalten die Aufgaben ein für eine einzelne Person zu umfangreiches physikalisches, psychologisches und intellektuelles Handlungsprogramm, werden die Aufgaben in Teilaufgaben zerlegt (Arbeitsteilung), bestimmten Aufgabenträgern und Gruppen von Aufgabenträgern zugewiesen und die sich ergebenden Ergebnisse zu einer Gesamtleistung integriert (Integration). Die Zerlegung der Aufgaben und die Zuordnung zu verschiedenen Aufgabenträgern mittels organisatorischer Regeln stellen organisationsstrukturelle Probleme dar.

Stehen die Elemente eines Systems in einem relativ stabilen Anordnungs- und Beziehungsmuster, spricht man von der Struktur oder Ordnung des Systems.[49] Das Organisationssystem einer Unternehmung bzw. eines Bürobereichs umfaßt bei abstrakt-institutionellem Verständnis des Organisationsbegriffs die Summe der organisatorischen Regeln.[50] Die organisatorischen Regeln bestimmen die Struktur bzw. Ordnung eines Systems wesentlich, indem sie eine stabile Grundlage für die Abwicklung der zur Aufgabenerfüllung notwendigen Aktivitäten schaffen und das Verhalten der Unternehmungsmitglieder auf die Unternehmungsziele ausrichten sowie die zur Zielerreichung erforderlichen Aktivitäten kanalisieren.[51] Aufgrund des strukturierenden Charakters organisatorischer Regeln kann man deshalb auch von der Organisationsstruktur sprechen. Die folgenden Ausführungen verwenden verkürzend den Begriff der *Struktur* und sprechen bezüglich der zugehörigen Gestaltungsaktivitäten von struktureller Gestaltung. Ordnungen, die sich aus nicht-organisatorischen Beziehungen (z.B. Geflecht der privaten Beziehungen innerhalb einer Unternehmung) oder nicht-organisatorischen Regeln (z.B. für das Verhalten bei Ausbruch eines Feuers) ergeben, bleiben im Rahmen der vorliegenden Arbeit unberücksichtigt. Bezieht sich die Betrachtung auf nicht-organisatorische Strukturen, wie z.B. die Ordnung von Technikelementen, erfolgt eine Spezifizierung des verwendeten Strukturbegriffs (z.B. Informationsstruktur, Technikstruktur).

Strukturelle Gestaltungsstrategien beinhalten die systematische Planung, Einführung und Kontrolle organisatorischer Regeln. Es gilt deshalb zu erläutern, was unter den Begriff 'organisatorische Regel' (synonym: organisatorische Regelung) zu subsumieren ist. Dabei ergeben sich mit dem Regelungszeitpunkt, der Formalität und dem Rege-

49 Vgl. Scharfenkamp (1987), S. 21 und die dort angegebene Literatur; Kosiol (1962), S. 19.

50 In Anlehnung an Bühner (1994), S. 2; Scharfenkamp (1987), S. 17 und 21.

51 Vgl. Kieser/Kubicek (1992), S. 5; Steinmann/Schreyögg (1997), S. 392. Daß die Struktur auch anderen Zwecken wie z.B. der Befriedigung von Machtbedürfnissen dient, beachten die Ausführungen hier nicht. Vgl. Kieser/Kubicek (1992), S. 18.

lungsgegenstand drei relevante Anknüpfungspunkte der *Abgrenzung organisatorischer Regeln*:[52]

Hinsichtlich des Regelungszeitpunktes sind *präsituative* gegenüber *situativen Regelungen* zu unterscheiden. Präsituative Regeln (ex ante-Regelungen) gelten für gleichartige Fälle und erfordern Planung, also geistiges Vorwegnehmen, und sind genereller, dauerhafter Art. Dem stehen situative Regeln (ad hoc-Regelungen) gegenüber, bei denen eine fallweise Regelung erfolgt, da die notwendigen Informationen erst bei Handlungsbeginn vorliegen. In diesem Zusammenhang wird der Begriff der Disposition für den Sachverhalt der fallweisen, punktuellen Einzelentscheidung und der Begriff der Improvisation für kurzfristiges vorübergehendes Regeln verwendet.[53] Organisatorische Regeln sind genereller und dauerhafter Art, können aber durch ihre Ausgestaltung oder durch ihr Fehlen Raum für situatives oder improvisiertes Handeln eröffnen.

Das Kriterium der *Formalität* gegenüber der *Informalität* von Regeln spricht das Unterscheidungsmerkmal der Zwecksetzung an. Formale Regeln stellen im Hinblick auf die Zwecksetzung der Unternehmung bewußt geschaffene, personenunabhängig formulierte sowie durch die Unternehmungsleitung bzw. entsprechend beauftragte Personen legitimierte Regelungen dar.[54] Dagegen entstehen informale Regeln entweder durch die persönlichen Ziele, Wünsche, Sympathien und Verhaltensweisen der Mitarbeiter und/oder durch das Entstehen von Verhaltensregelmäßigkeiten ohne offizielle Legitimierung. Informale Regeln stellen nicht prinzipiell Störquellen der unternehmerischen Zielerreichung dar. Vielmehr ergänzen sie formale Regeln und dienen auch dem Zweck, auf unvorhergesehene Ereignisse und Veränderungen zu reagieren oder sich bietende Möglichkeiten zu ergreifen.[55] Organisatorische Regeln sind durch ihren formalen Charakter zu kennzeichnen.

Als drittes Spezifizierungskriterium organisatorischer Regeln dient der *Regelungsgegenstand*. Organisatorische Regeln betreffen sowohl die Ausgestaltung der Elementarten Aufgabe, Mensch und/oder der Technik als auch der zwischen ihnen bestehenden Beziehungen und knüpfen dabei an den Aufgaben sowie deren Beziehungen zu den anderen Elementarten des Gefüges an. Zum einen leiten organisatorische Regeln Teil-

---

52 Vgl. Krüger (1993), S. 18f. Die Begriffe Regelung und Regel werden im Rahmen der vorliegenden Arbeit synonym verwendet.

53 Vgl. Krüger (1993), S. 18f. Ähnlich Bleicher/Meyer (1976), S. 90.

54 Vgl. z.B. Bühner (1994), S. 6 i.V. mit Hill/Fehlbaum/Ulrich (1994), S. 25f. Während Nordsiek, Bleicher, Hill/Fehlbaum/Ulrich und Grochla Zielgerichtetheit, Dauerhaftigkeit und generelle Gültigkeit übereinstimmend als Kriterien für organisatorische Regeln nennen, bestehen unterschiedliche Ansichten darüber, ob organisatorische Regeln nur bewußt oder auch unbewußt geschaffene Regeln umfassen. Vgl. Scharfenkamp (1987), S. 16 und 21 und die dort angegebene Literatur.

55 Vgl. Bühner (1994), S. 6; Krüger (1993), S. 19f.; Schanz (1994), S. 36. Nicht gefolgt werden soll dagegen der Ansicht von Krüger, daß formale Regeln gegenüber informalen Regeln durch schriftliche Fixierung abgegrenzt werden können. Zur Diskussion verschiedener Teilaspekte informaler Organisation vgl. Kesten (1998).

aufgaben quantitativ und qualitativ aus den Unternehmungsaufgaben ab. Sie nehmen die Zuordnung von Aufgaben und Ressourcen zu Aufgabenträgern über personale und instrumentale Verteilungsbeziehungen vor und bilden funktionsfähige Einheiten (Aufbaustruktur). Zum anderen regeln sie die Arbeitsbeziehungen zwischen den Subsystemen mengenmäßig, räumlich und zeitlich (Ablaufstruktur).[56] Regeln, die in keinem Zusammenhang zur Aufgabenerfüllung stehen, werden hier nicht als organisatorische Regeln angesehen. Solche nicht-organisatorischen Regeln stellen z.B. Verhaltensregeln für den Brandfall dar.

Bezüglich des *Zusammenhangs zwischen der Struktur einer Unternehmung und dem Verhalten der Akteure* vertritt die Forschung prinzipiell zwei grundlegende Ansichten, die auch für das Kooperationsverhalten von Bedeutung sind. Die eine Position billigt der Struktur einer Unternehmung einen wesentlichen Einfluß auf das Verhalten der Unternehmungsmitglieder zu. Die hierzu konträre Position unterstellt dagegen, daß das Handeln der Mitglieder einer Unternehmung nicht durch organisatorische Regeln herbeigeführt wird, sondern das Ergebnis von Verständigungsprozessen darstellt und Strukturen durch fortgesetzte Handlungen aufrechterhalten werden. Organisatorische Regeln nehmen demnach nur einen begrenzten Einfluß auf das tatsächliche Handeln, was auch mit der - selbst bei schriftlich fixierten Regeln - differierenden Regelinterpretation durch Individuen begründet wird. Selbst bei gleicher Interpretation besteht darüber hinaus die Möglichkeit zu nicht regelkonformem Verhalten. Das Handeln in Unternehmungen erfolgt dann nicht aufgrund der Orientierung an organisatorischen Regeln, sondern auf der Grundlage der Herausbildung übereinstimmender Vorstellungen über wichtige Aktivitäten und gemeinsame Ziele, welche sich in Interaktionsprozessen herausbilden. Die Struktur stellt gemäßt dieser Perspektive eher die Resultante denn die Voraussetzung abgestimmten Verhaltens dar.[57]
Die folgenden Ausführungen vertreten eine vermittelnde Position: Organisatorische Regeln sind nicht immer so spezifisch, daß sie eindeutige Verhaltensanweisungen erteilen (können). Die Regeln bedürfen dementsprechend der Interpretation durch die Akteure und werden durch Handlungen umgesetzt. Die situationsspezifische Interpretation der

---

56 Vgl. Grochla (1972b), S. 175 und 178f.; Krüger (1993), S. 15-18; Bleicher/Meyer (1976), S. 95. Unterschiedliche Auffassungen bestehen darüber, wer Träger von Aufgaben sein kann. Da nur Menschen Ziele und zielanstrebende Tätigkeiten (Aufgaben) verfolgen und die Verantwortung für ihre Erfüllung übernehmen können, ist es gerechtfertigt, nur den Menschen als Aufgabenträger anzusehen. Die Durchführung von Aufgaben läßt sich allerdings in verschiedene Aktivitäten zerlegen, welche u.U. auch an maschinelle Träger delegiert werden können. Diese Arbeitsteilung zwischen Mensch und Maschine stellt dabei wiederum ein organisatorisches Problem dar. Zur Diskussion der Frage, ob nur Menschen oder auch Sachmittel Träger von Aufgaben sein können, vgl. Bleicher/ Meyer (1976), S. 19 und S. 96. Die vorliegenden Ausführungen gehen davon aus, daß nur Menschen Träger von Aufgaben sein können. Maschinen übernehmen allenfalls Teilaktivitäten.

57 Vgl. Kieser/Kubicek (1992), S. 449-456.

organisatorischen Regeln erfolgt mit Hilfe der Verständigung mit anderen Personen, um Verhaltenssicherheit herzustellen. Das daraus resultierende Handeln wird von anderen Interaktionsteilnehmern akzeptiert oder abgelehnt, wenn diese eine abweichende Regelinterpretation vornehmen. Regeln determinieren das Kooperationsverhalten der Unternehmungsmitglieder auch deshalb nicht vollkommen, weil auch individuelle Motivationen und Fähigkeiten mit den durch die formale Struktur vermittelten Erwartungen korrespondieren müssen.[58] Organisatorische Regeln formulieren leistungsbezogene Verhaltenserwartungen an das Personal bzw. Funktionsanforderungen an die Technik bezüglich der Aufgabenerfüllung und der verfolgten Ziele und beeinflussen hierüber das tatsächliche Verhalten.[59] Sie versuchen, unerwünschtes Verhalten der Mitarbeiter auszuschließen und beschränken oder eröffnen ihnen Handlungsspielräume,[60] wobei ihre Einhaltung durch Anreize und Sanktionen beeinflußt werden kann. Die durch Regeln vorgegebene Ordnung trägt zur Komplexitätsreduzierung bei, indem sie Mehrdeutigkeiten und Konfliktpotential reduziert und damit auch dem Stabilitäts- und Sicherheitsstreben von Menschen dient.[61] Gleichzeitig erkennen die Mitarbeiter die Regeln vielfach auch deshalb als verbindlich für ihr Verhalten an, weil sie diese etwa aufgrund eines Arbeitsvertrages als legitim akzeptieren.[62]

Auch die Intensität und Form des Informationsverarbeitungsverhaltens der Akteure in Kooperationseinheiten hängt wesentlich von der Gestaltung der organisatorischen Regeln ab. Dieses geschieht beispielsweise, indem sie Erwartungen formulieren hinsichtlich der Form, Richtung und Häufigkeit von Kommunikationsprozessen (z.B.: Wer berichtet an wen und in welcher Form?), des Zugangs zu Informationsquellen (z.B.: Wer darf auf welche Informationen zugreifen?) oder der Form der Koordination (z.B.: Bestehen Rahmenpläne oder erfolgt die Koordination in freier Abstimmung zwischen den Akteuren?). Allerdings existieren auch Kooperationsbeziehungen, die sich unabhängig

---

58 Vgl. Schanz (1994), S. 80. Die Erfolgsaussichten der Verhaltenssteuerung durch organisatorische Regeln hängen somit auch vom 'fit' mit den individuellen Bedürfnissen und Motiven ab. Vgl. Schanz (1994), S. 75.

59 Vgl. Kieser/Kubicek (1992), S. 456. Die strukturalistische Rollentheorie liefert eine systematische Analyse der Beziehungen zwischen der formalen Struktur von Unternehmungen und dem individuellen Handeln. Im Rahmen dieser Arbeit kann darauf jedoch nicht eingegangen werden. Vgl. hierzu Kieser/Kubicek (1992), S. 455-463 und die Adaption für das Kooperationsverhalten von Individuen bei Brummund (1983), S. 87-100, welcher daraus Anforderungen an die Formulierung und Implementierung organisatorischer Regeln, die die Kooperation in Unternehmungen betreffen, ableitet.

60 Vgl. Grochla (1980), Sp. 1832 i.V. mit Grochla (1978c), S. 173; Wollnik/Kubicek (1979), S. 354; Kieser/Kubicek (1992), S. 456f.; Brummund (1983), S. 80. Ähnlich Schanz (1994), S. 74, der organisatorische Regeln als Instrumente der Verhaltenssteuerung oder als Kanäle zur Lenkung der Aktivitäten der Mitarbeiter ansieht.

61 Vgl. Nippa (1988), S. 73 und die dort angegebene Literatur.

62 Vgl. Kieser/Kubicek (1992), S. 464.

von organisatorischen Regeln, beispielsweise auf Grundlage persönlicher Beziehungen oder zufälliger Gegebenheiten, etablieren. Der Einsatz computergestützter Kooperation kann nur dort effektiv und effizient sein, wo der strukturelle Rahmen Kooperationserwartungen erzeugt, d.h. Kooperation vorsieht und zuläßt. Will man die Potentiale der Leistungserstellung durch Kooperationseinheiten nutzen, bedarf es deshalb einer auf kooperative Aufgabenerfüllung abgestimmten strukturellen Gestaltung. In einer Struktur, die keine oder nur eine geringe Kooperationserwartung widerspiegelt, verfehlt die Funktionalität von CSCW-Technologien die aufgabenbezogenen Bedürfnisse der Anwender und stößt deshalb nicht auf eine nachhaltige Nutzung, was eine Effektivitäts- und Effizienzminderung nach sich zieht.

Im Hinblick auf das vorliegende Untersuchungsgebiet sind die organisatorischen Regeln daraufhin zu untersuchen, welche *Kooperationserwartung* als spezifische Form der Verhaltenserwartung formuliert wird. Die Kooperationserwartung umfaßt die in den organisatorischen Regeln zum Ausdruck kommende Verhaltenserwartung im Hinblick auf kooperative Interaktionen. Beispielsweise impliziert die Ausgestaltung der organisatorischen Regeln zur Arbeitsteilung eine hohe Kooperationserwartung, wenn aufgrund einer verrichtungsorientierten Arbeitsteilung Interdependenzen zwischen den Stellen einer Einheit bestehen. Dann ist es erforderlich, daß die Akteure kommunizieren, koordinierende Aktivitäten vollziehen und gemeinsame Objekte verarbeiten. Liegt dagegen als Ergebnis der strukturellen Gestaltung eine Form der Arbeitsteilung vor, bei der keine oder nur geringe leistungsbezogene Interdependenzen zwischen verschiedenen Stellen bestehen oder weil eine Aufgabe vollständig von einer Stelle gelöst wird, beinhaltet dieses eine geringe Kooperationserwartung. Auf die Kooperationserwartung kann also mittels der Aktionsparameter der strukturellen Gestaltung eingewirkt werden.

Systematisierungen der *Aktionsparameter der strukturellen Gestaltung* gehen im wesentlichen auf die Erkenntnisse der vergleichenden Organisationsforschung im Rahmen des situativen Ansatzes[63] zurück. Sie versuchen unter anderem, Organisationsstrukturen zu operationalisieren, empirisch zu erfassen und mit statistischen Methoden zu vergleichen. Zur Operationalisierung der Organisationsstrukturenstrukturen verwenden sie unterschiedliche Dimensionen (synonym: Eigenschaften). Diese Dimensionen stellen unterschiedliche Arten organisatorischer Regeln dar und lassen sich gleichzeitig als

---

[63] Vgl. Pugh/Hickson (1976) für die analytische Variante des situativen Ansatzes und die Darstellung bei Grochla (1978a), S. 133ff. Vgl. Kieser/Kubicek (1992), insbesondere S. 51-65 und Hill/Fehlbaum/ Ulrich (1994) als Vertreter der pragmatische Variante des situativen Ansatzes. Zu verschiedenen verhaltenswissenschaftlich relativierten situativen Ansätzen vgl. Staehle (1994), S. 53ff.
Es sei noch einmal darauf hingewiesen, daß der im Rahmen der situativen Theorie verwendete Begriff der 'Situation' eine andere Bedeutung beinhaltet als in der vorliegenden Arbeit.

Aktionsparameter der strukturellen Gestaltung interpretieren.[64] Zwar unterscheiden sich verschiedene situative Ansätze hinsichtlich ihrer Zielsetzung, Begriffswahl, Reichweite und Operationalisierung der Strukturdimensionen, insgesamt ergibt sich jedoch im Hinblick auf die Identifikation von Strukturdimensionen eine große Anzahl von Gemeinsamkeiten. Die nachstehenden Ausführungen verwenden die folgenden strukturellen Aktionsparameter und untersuchen diese bezüglich der repräsentierten Kooperationserwartung:[65]

- *Arbeitsteilung*: Unternehmungen gliedern die zur Erfüllung von Aufgaben notwendigen Aktivitäten und verteilen sie auf einzelne Einheiten in Form von Stellen oder Stellenmehrheiten. Arbeitsteilung erfolgt aufgrund der begrenzten Leistungsfähigkeit des einzelnen Menschen, aber auch zur Erzielung von Spezialisierungsvorteilen. Die Formen der Arbeitsteilung differieren nach Art und Umfang. Die Art der Arbeitsteilung (beispielsweise Arbeitsteilung nach Verrichtungen oder nach Objekten) und ihr Ausmaß wirken sowohl unmittelbar auf die Stellen-, Instanzen- und Abteilungsbildung[66] als auch auf den Grad der Professionalisierung[67] der Mitarbeiter sowie auf die Art und den Umfang der Interdependenzen der Akteure.
- *Koordination*: Der Aktionsparameter 'Koordination' beinhaltet die Integration der Einzelleistungen im Hinblick auf die Gesamtleistung. Dieser Problemkomplex stellt somit eine direkte Folge der Arbeitsteilung dar. Grundsätzlich kann zwischen strukturellen und nicht-strukturellen Instrumenten der Koordination unterschieden werden.[68] Im hier vorliegenden Zusammenhang sind allein die strukturellen Koordinationsvarianten Planung, Selbstabstimmung, Anweisung und Programm von Interesse.
- *Leitungssystem* (synonym: Konfiguration): Der Aktionsparameter 'Leitungssystem' umfaßt die Gesamtheit der Regeln, die die äußere Form des Stellengefüges, das heißt die Struktur der Weisungsbefugnisse im Hinblick auf die zu erfüllenden

---

64 Vgl. Kieser/Kubicek (1992), S. 60 i.V. mit S. 68.

65 Die Ausführungen orientieren sich dabei an der Systematisierung von Kieser/Kubicek (1992), S. 74ff. Hill/Fehlbaum/Ulrich (1994) verwenden eine ähnliche Systematisierung. Zur Identifikation anderer Aktionsparameter auf den Ebenen Stelle, Kooperationseinheit und Unternehmung vgl. Van de Ven (1981); Van de Ven/Ferry (1980); Van de Ven/Morgan (1980). Zur Messung der Ausprägung der einzelnen Aktionsparameter vgl. Kieser/Kubicek (1992), S. 167-190.

66 Eine 'Stelle' umfaßt eine personenunabhängige Zuordnung von Teilaufgaben und Sachmitteln auf einen personalen Aufgabenträger (unterscheide: Arbeitsplatz). 'Instanzen' sind sogenannte Leitungshauptstellen, die sich durch eine bestimmte Entscheidungs- und Weisungsbefugnis auszeichnen. Eine Abteilung stellt dagegen allgemein die Zusammenfassung mehrerer Stellen zu einer größeren organisatorischen Einheit dar. Vgl. Bühner (1994), S. 64-66. Zum Begriff und zur Bildung von Instanzen vgl. Kieser/Kubicek (1992), S. 82-84.

67 Die Professionalisierung gibt an, in welchem Ausmaß die Wahrnehmung des (Teil-)Aufgabenkomplexes einer Stelle eine spezifische Berufsausbildung verlangt. Vgl. Kieser/Kubicek (1992), S. 79.

68 Vgl. die Ausführungen in Abschnitt 2.4.3 dieser Arbeit.

Aktivitäten und die sie durchführenden Personen betreffen. In diesem Zusammenhang sind Sachverhalte wie die Grundform (Ein- vs. Mehrlinienstruktur, Stäbe, Projekt- und Produktgruppen), die Gliederungstiefe (Anzahl der Hierarchiestufen), die Leitungsspanne (Anzahl der einer Instanz direkt zugeordneten Stellen) und die Stellenrelation (Verhältnis zwischen bestimmten Arten von Stellen) zu regeln.

- *Delegation* (Kompetenzverteilung): Der Aktionsparameter 'Delegation' beinhaltet die Regeln, die die Kompetenzen der Unternehmungsmitglieder umfangmäßig betreffen. Da es sich im wesentlichen um die Delegation von Entscheidungskompetenzen an hierarchisch nachgeordnete Stellen handelt, wird auch von Entscheidungszentralisation vs. -dezentralisation gesprochen.[69]
- *Formalisierung*: Der Grad der Formalisierung wird durch das Ausmaß der Dokumentation von Regeln, von Informationsflüssen und Leistungen der Akteure bestimmt.[70]

In den Abschnitten zur strukturellen Gestaltung computergestützter Kooperation des Kapitels 5 wird im einzelnen untersucht werden, welche Gestaltungsvarianten der genannten Aktionsparameter eine hohe Kooperationserwartung beinhalten.

Abschließend bleibt zu klären, warum im Rahmen der vorliegenden Arbeit von Koordination sowohl als Klasse kooperativer Aktivitäten[71] als auch als Aktionsparameter der strukturellen Gestaltung gesprochen wird. Dazu gilt es sich zu vergegenwärtigen, daß strukturelle Aktionsparameter jeweils gemeinsame Sachverhalte betreffende Regeln zusammenfassen. Der Aktionsparameter 'Koordination' umfaßt also Regeln *über* Koordination. Die Aktivitätenklasse 'Koordination' beinhaltet dagegen konkrete Handlungen koordinierender Art.
Ähnliches gilt prinzipiell auch für die übrigen Aktionsparameter und die Aktivitätenklassen 'Kommunikation' und 'Verarbeitung gemeinsamer Objekte', wenn der Zusammenhang auch weniger offensichtlich ist. So beinhaltet beispielsweise der Aktionsparameter 'Leitungssystem' Regeln über die Form der Weisungsbeziehungen. Der Vollzug von Weisungsbeziehungen geht jedoch mit kommunikativen Aktivitäten einher, beispielsweise indem ein Untergebener dem Vorgesetzten über den Vollzug bestimmter Maßnahmen berichtet.

---

69 Während die Delegation die Verteilung von Kompetenzen an nachgeordnete Stellen bezeichnet, umfaßt die Partizipation in umgekehrter Perspektive das Ausmaß der Beteiligung nachgeordneter Stellen an Entscheidungen übergeordneter Ebenen. Hill/Fehlbaum/Ulrich (1994), S. 235ff. definieren die Partizipation als eigenständigen Aktionsparameter. Dieser Ansicht wird hier nicht gefolgt.

70 Damit liegt hier ein anderes Verständnis bezüglich des Begriffs Formalisierung vor, als in den obigen Ausführungen zum Charakter organisatorischer Regeln. Der Begriff wird hier dennoch zur Bezeichnung des Grades der Dokumentation verwendet, um eng an der Systematisierung durch Kieser/ Kubicek zu bleiben.

71 Siehe Abschnitt 2.4 dieser Arbeit.

Zusammenfassend kann somit festgehalten werden, daß keine Inkonsistenz des Bezugsrahmens der Gestaltung vorliegt, da der strukturelle Aktionsparameter 'Koordination' und die Aktivitätenklasse 'Koordination' zwar in Zusammenhang stehen, jedoch hinreichend unterschiedliche Sachverhalte beinhalten.

4.3.3 Kooperationsfähigkeit und -bereitschaft und personelle Gestaltung

Es sind Menschen, die Kooperation in Unternehmungen (nicht) vollziehen. Das Personal stellt die „Gesamtheit der in einer Unternehmung tätigen Personen [...] [dar], sofern sie aufgrund eines Arbeitsvertrages, eines Ausbildungs-Arbeitsvertrages oder eines arbeitsvertragsähnlichen Vertrages (z.B. als Leiharbeitnehmer aufgrund eines Dienstverschaffungsvertrages) beschäftigt sind, beschäftigt sein werden oder beschäftigt waren."[72] Prinzipiell soll dieser Definition hier gefolgt werden, allerdings würden dann Führungskräfte der obersten Ebene nicht zum Personal zählen, da sie in der Regel über Dienstverträge an die Unternehmung gebunden werden. Für die hier vorliegende Untersuchung besteht jedoch keine Notwendigkeit des Ausschlusses der Führungskräfte, da auch sie kooperieren können. Die Begriffe 'Personal', 'Beschäftigte' und 'Mitarbeiter' werden synonym verwendet und schließen auch Führungskräfte ein.

Die Gestaltenden computergestützter Informationssysteme interessiert primär jenes Verhalten des Personals, das direkt oder indirekt die Leistungserstellung, d.h. das Verhalten bezüglich der Aufgabenerfüllung, betrifft. Der Begriff der 'Leistung' bezeichnet in diesem Zusammenhang den Beitrag, den eine Person oder eine Gruppe von Personen zu den Aufgaben oder Zielen der Unternehmung oder der Kooperationseinheit erbringt.[73] Die Einflußfaktoren des (Leistungs-)Verhaltens, die direkt auf die individuelle Person und nicht auf die Umwelt zurückzuführen sind, sind in die Leistungsfähigkeit und die Leistungsbereitschaft zu unterscheiden.[74]
Die Leistungsfähigkeit (synonym: Leistungspotential, 'Können', Qualifikation) bildet die Obergrenze der individuellen Leistung. Sie wird einerseits durch angeborene bzw. längerfristig erworbene, d.h. überdauernde, körperliche und geistige Fähigkeiten sowie Begabungen, andererseits durch erlerntes Wissen sowie erworbene Fertigkeiten bestimmt.

---

72 Mag (1998), S. 5.

73 In Anlehnung an Rosenstiel (1981), S. 240.

74 Vgl. Mag (1978), S. 266; Schmidtke (1980), S. 399. Die Ausführungen vernachlässigen den Aspekt der Leistungsdisposition, d.h. die situative, aktuelle Verfügbarkeit der physischen und psychischen Leistungsfähigkeit, welche durch Faktoren wie die Vitalität, die Ermüdung oder das Lebensalter einer Person bestimmt wird. Vgl. hierzu Engelhardt (1992), Sp. 1257ff.; Bisani (1995), S. 430.

Liegen die Anforderungen unter der individuellen Leistungsfähigkeit, wird in der Regel maximal der den Anforderungen entsprechende Teil der Leistungsfähigkeit in Leistung umgesetzt. Liegen die Anforderungen demgegenüber über der Leistungsfähigkeit, kann maximal der der Leistungsfähigkeit entsprechende Anteil erbracht werden.[75]
Menschen sind Träger individueller und sozialer Bedürfnsise. Sie treffen Entscheidungen für ein bestimmtes Verhalten aufgrund persönlicher Prädispositionen sowie aufgrund ihrer subjektiven Wahrnehmung der jeweiligen Handlungssituation. Die Leistungsbereitschaft ('Wollen') als Antriebskraft des menschlichen Verhaltens wird grundlegend durch Wertvorstellungen, Erwartungen, Bedürfnisse und Motive des Individuums bestimmt.[76]
Die Praxis geht allgemein von der multiplikativen Verknüpfung der Leistungsbereitschaft und der Leistungsfähigkeit aus.[77] Ist einer der Parameter nur gering ausgeprägt, erfahren die Effektivität und Effizienz der Leistungserstellung Einschränkungen.

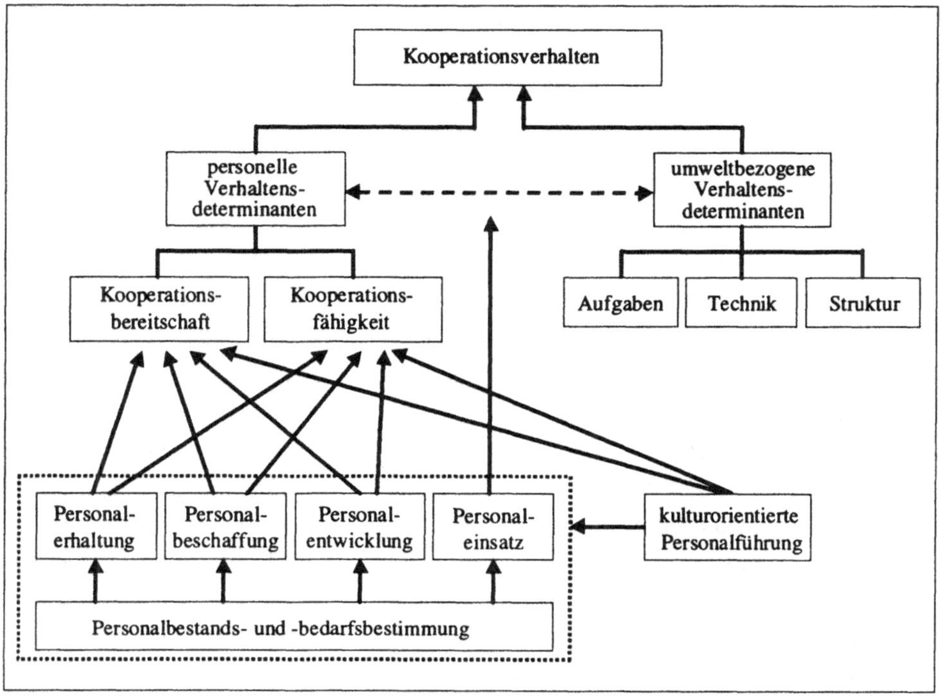

Abbildung 4.3-2: Personelle Determinanten des Kooperationsverhaltens und Aktionsparameter der personellen Gestaltung

75 Vgl. Scholz (1994), S. 132.
76 Vgl. Scholz (1994), S. 132.
77 Vgl. Staehle (1994), S. 771.

Übertragen auf kooperative Interaktionen stellen die Kooperationsfähigkeit und die Kooperationsbereitschaft grundlegende personelle Determinanten kooperativen Verhaltens dar (siehe Abbildung 4.3-2). *Kooperationsbereitschaft* bezeichnet die in Meinungen, Kenntnissen und nach außen feststellbaren Aktivitäten erkennbare positive Einschätzung der Kooperation sowie den Grad der Bereitschaft, sich den Einschätzungen gemäß zu verhalten. Die *Kooperationsfähigkeit* umfaßt die kooperationsrelevanten Qualifikationsmerkmale der Akteure. Die Qualifikationen lassen sich dabei in methodische, fachliche und soziale Qualifikationen differenzieren.

Auch hier ist von einer multiplikativen Verknüpfung auszugehen. Bei geringer Ausprägung eines Parameters erfahren die kooperativen Interaktionen und die Erfüllung der Kooperationsziele Einschränkungen: Sowohl ein befähigter, aber nicht motivierter Mitarbeiter, als auch ein motivierter, aber im Hinblick auf die kooperative Leistungserstellung nicht adäquat qualifizierter Mitarbeiter werden nicht effektiv und effizient zur kooperativen Aufgabenerledigung beitragen. *Personelle Gestaltungsstrategien* versuchen, die Kooperationsbereitschaft und -fähigkeit der Akteure zu verbessern.[78] Ihre Aufgabe besteht dabei im wesentlichen darin, eine Deckung zwischen Personalbedarf und Personalbestand herzustellen. Im einzelnen lassen sich die folgenden *Aktionsparameter der personellen Gestaltung* unterscheiden:[79]

- *Personalbedarfs- und -bestandsbestimmung*: Der *Personalbedarf* stellt den Sollbestand der personellen Kapazität entsprechend den Erfordernissen der Unternehmung dar. Die quantitative Bestimmung des Personalbedarfs ermittelt die Zahl der benötigten Personen. Die qualitative Bestimmung des Personalbedarfs mündet in die Aufstellung von Anforderungsprofilen an Mitarbeiter. Demgegenüber erfaßt die Bestimmung des *Personalbestandes* zweckbezogen, wieviele Mitarbeiter vorhanden sind und welche Merkmale die Akteure aufweisen. Letzteres resultiert in der Formulierung von Fähigkeitsprofilen.[80] Die Personalbedarfs- und -bestandsbestimmung sowie die daraus hervorgehende Beurteilung der Eignung der Mitarbeiter mittels der Gegenüberstellung der Fähigkeits- und Anforderungsprofile stellt allerdings keinen direkt wirksamen Aktionsparameter dar, sondern vielmehr eine Maßnahme der Entscheidungsvorbereitung bezüglich des Einsatzes der übrigen personellen Aktionsparameter. Mittels der Festlegung der Höhe der einzelnen Anforderungen und der Bestimmung der Fähigkeiten des Personals

78 Vgl. Hill/Fehlbaum/Ulrich (1994), S. 170; Schulte-Zurhausen (1995), S. 289.

79 Zur Beschreibung der Gegenstandsbereiche der Aktionsparameter mit Ausnahme der 'kulturorientierten Personalführung' vgl. Mag (1998), S. 10, S. 121, S. 147 und S. 169. Ähnlich Hentze (1994), S. 29f.; Jung (1995), S. 4f. Dabei wird hier anders als bei Mag (1998), S. 3 nicht zwischen gedanklich-vorstrukturierenden (d.h. planenden) und handelnd-realisierenden Aktivitäten unterschieden.

80 Vgl. Mag (1998), S. 63f i.V. mit Scholz (1994), S. 45 und 132.

nimmt die Personalbestands- und -bedarfsbestimmung jedoch einen wesentlichen Einfluß darauf, ob das Personal als geeignet und motiviert zur Erfüllung der Aufgaben eingeschätzt werden kann oder ob und in welcher Form Maßnahmen der personellen Gestaltung notwendig sind.

- *Personalbeschaffung:* Die Aufgabe der Personalbeschaffung besteht darin, die notwendige Anzahl von Arbeitskräften mit entsprechenden Fähigkeiten zum richtigen Zeitpunkt für die gewünschte Zeitdauer zur Verfügung zu stellen, wenn der Personalbedarf einer Einheit den Personalbestand übersteigt. Die Personalbeschaffung kann unter der Voraussetzung der Formulierung entsprechender Auswahlkriterien dabei sowohl einen Einfluß auf die Kooperationsbereitschaft als auch auf die Kooperationsfähigkeit der für die Erfüllung einer Aufgabe vorgesehenen Akteure nehmen.
- *Personalentwicklung:* Störungen des personellen Inputs oder Outputs, d.h. der erbrachten Leistungen, aufgrund qualitativer oder quantitativer Eignungsdifferenzen sowie die Sicherung des zukünftigen Leistungspotentials der Mitarbeiter erfordern Maßnahmen zur Personalentwicklung oder -erhaltung, wenn diese Differenz nicht durch alternative Aktivitäten (z.B. Beschaffung oder Freistellung) geschlossen werden kann oder soll. Die Personalentwicklung befaßt sich mit der „Verbesserung (Entwicklung) der Qualifikation der Mitarbeiter bei Veränderung der Anforderungen“[81] und wirkt deshalb in erster Linie auf die Kooperationsfähigkeit (‘Können’).
- *Personalerhaltung*: Der Aktionsparameter der ‘Personalerhaltung’ bezieht sich primär auf Fragestellungen der Erhaltung der Leistungs- bzw. Kooperationsbereitschaft (‘Wollen’) der (potentiellen) Mitarbeiter der Unternehmung, indem sie mittels monetärer und nichtmonetärer Anreize auf die Teilnahme-, Leistungs- oder Austrittsentscheidungen einwirkt. Die Kooperationsfähigkeit wird dagegen durch Maßnahmen der Personalerhaltung nur sekundär beeinflußt, beispielsweise indem Anreize zur Weiterbildung vermittelt werden.
- *Personaleinsatz*: Dieser Aktionsparameter ordnet das vorhandene Personal bestimmten Stellen oder Tätigkeitsbereichen zu und versucht dabei, einen anforderungs-, eignungs- und bedürfnisgerechten Einsatz des Personals vorzunehmen. Das Ziel besteht dabei darin, eine möglichst gute Passung personeller und umweltbezogener Faktoren des Leistungsverhaltens herzustellen.
- *Personalfreistellung* beinhaltet den Abbau quantitativer, qualitativer, örtlicher oder zeitlicher Personalüberschüsse in einem Unternehmungsbereich. Die Entlassung stellt dabei neben z.B. der Umsetzung, der Ausleihe und dem Vorruhestand nur eine mögliche Alternative dar, wenn die Kooperationsbereitschaft oder die Koope-

[81] Mag (1998), S. 121.

rationsfähigkeit nicht den Anforderungen entsprechen und auch nicht durch Personalentwicklung verändert werden sollen oder quantitative Überdeckungen bestehen.

- Der Aktionsparameter 'Personalführung' beinhaltet die zielorientierte Beeinflussung von Einstellungen und Verhaltensweisen der Mitarbeiter durch die Vorgesetzten. Sie richtet sich auf die Erfüllung der Aufgaben und die Mitarbeiterziele.[82] Die Unternehmungskultur bezeichnet die „Grundgesamtheit gemeinsamer Werte, Normen und Einstellungen"[83] der Akteure in einer Unternehmung. Bei der hier vorliegenden Betrachtung soll ein Schwerpunkt auf die Führung im Hinblick auf gemeinsame kooperationsrelevante Werte, Normen und Einstellungen gelegt werden, weshalb von ***kulturorientierter Personalführung*** gesprochen wird. Sie beeinflußt die Kooperationsbereitschaft und -fähigkeit nicht nur direkt, sondern auch vermittelt durch die vorgenannten Aktionsparameter.

Die Ausführungen im Rahmen dieser Arbeit befassen sich primär mit qualitativen Aspekten der Personalbedarfs- und -bestandsbestimmung, der Personalbeschaffung, -entwicklung, -erhaltung, des Personaleinsatzes und der kulturorientierten Personalführung. Die Personalfreisetzung stellt sich für den vorliegenden Untersuchungsgegenstand als von untergeordneter Bedeutung dar, da kooperative Arbeitsformen auf dem gegenseitigen Vertrauen in die Aufrichtigkeit, Leistungsfähigkeit und Entwicklungsfähigkeit der Akteure beruhen. Maßnahmen der Personalfreistellung aufgrund fehlender Kooperationsbereitschaft und -fähigkeit sollten deshalb gegenüber Maßnahmen der Personalentwicklung und -erhaltung nur nachrangig in Betracht gezogen werden. Die Personalfreistellung wird deshalb im Rahmen dieser Arbeit nicht näher betrachtet.

Das Personal bzw. dessen Eigenschaften stellt nicht nur einen möglichen 'Gegenstand' der Gestaltungsmaßnahmen, sondern auch eine Restriktion der Gestaltung dar.[84] Grundlegende Fähigkeiten und Bereitschaften des Personals wandeln sich vielfach nur sehr langsam. Deshalb stellt es sich bisweilen als schwierig bis unmöglich dar, günstige personelle Rahmenbedingungen für kooperative Arbeitsformen zu schaffen. Gleichzeitig verfügt das Personal über rechtlich abgesicherte Freiräume, in die von den Gestaltenden nicht eingegriffen werden kann oder darf. Darüber hinaus ist davon auszugehen, daß die kurzfristige Realisierung kooperativer Arbeitsformen in vielen Fällen unrealistisch ist. Dieses gilt insbesondere dann, wenn die bestehende Arbeitssituation diametral entgegen-

---

82 Vgl. Scholz (1994), S. 399; Hentze (1991), S. 171.

83 Dill (1986), S. 100.

84 Vgl. Kubicek (1975), S. 23, der die Eigenschaften des Personal als Restriktion der Gestaltung ansieht. Ähnlich Grochla (1978a), S. 19.

gesetzte Anforderungen an das Personal stellt und Verhaltensweisen sowie Einstellungen bezüglich des Arbeitsverhaltens aufgrund langjähriger Übung internalisiert wurden.

4.3.4 Kooperationsunterstützung und technische Gestaltung

In computergestützten Informationssystemen vollzieht sich die Aufgabenerfüllung unter Einsatz von Informationstechniken mittels der Interaktion zwischen Menschen und Maschinen. In kooperativen Arbeitszusammenhängen finden dabei Interaktionen der Klasse Mensch-Maschine-Mensch statt. Das Beispiel eines Trading Floor im Aktienhandel zeigt, wie kompliziert und bei Wahrnehmung durch menschliche Sinne gleichzeitig einfach kooperative Handlungen in vielen Kontexten mittels eingespielter Gestik der Akteure angeknüpft und durchgeführt werden. Selbst relativ kleine Änderungen der technischen Infrastruktur wie etwa die Einführung von Touch-Screens verursachen tiefgreifende Veränderungen des Verhaltens.[85]

Die Ausgestaltung des technischen Subsystems bestimmt, ob eine zielgerechte *Kooperationsunterstützung* durch die eingesetzte Informationstechnik geleistet wird. Drei Grundformen von Unterstützungspotentialen lassen sich unterscheiden:[86]
Das *Informationspotential* besteht darin, die Informationsverarbeitungskapazität der Akteure bzw. einer Gruppe von Akteuren zu erhöhen, indem bestimmte Teilaktivitäten der Informationsverarbeitung, wie z.B. Speicherung, Übertragung oder Bearbeitung von Daten, auf computertechnische Sachmittel übertragen werden. Der Einsatz von Technik kann dabei unter anderem dazu beitragen, die Aktualität und Genauigkeit von Informationen zu erhöhen und gleichzeitig leistungsfähige Algorithmen zur Verfügung zu stellen.
Das *Strukturierungspotential* von Informationstechnologie bezieht sich auf den Umstand, daß der Technikeinsatz bestimmte Strukturausprägungen erst ermöglicht oder Strukturen absichert.[87] Gleichzeitig geht mit dem Einsatz von Technologien zumeist ein höheres Ausmaß der Standardisierung und Formalisierung einher. Beispielsweise bietet CSCW-Technologie dann ein Strukturierungspotential, wenn ihr Einsatz eine wirtschaftliche umsetzbare Reintegration von Teilaufgaben an Stellen ermöglicht.
Von Informationstechnologien geht dann ein *Motivationspotential* aus, wenn sie beispielsweise dazu beitragen, die Autorität und Bedeutung eines Aufgabenträgers zu erhöhen oder Erleichterung und Entlastung bezüglich bestimmter Aktivitäten bieten. Das Ziel der Gestaltung von Informationstechnologie muß es in diesem Zusammenhang sein,

---

[85] Vgl. Heath/Jirothka/Luff et al. (1993).

[86] Vgl. Kubicek (1975), S. 242ff.

[87] Auf das Strukturierungspotential wird im folgenden noch einzugehen sein. Siehe Abschnitt 4.3.5.2 dieser Arbeit.

negative Motivationseffekte zu vermeiden und statt dessen möglichst positive Effekte zu erzielen, beispielsweise indem der Technikeinsatz der Befriedigung individueller Bedürfnisse dient. Als Beispiel läßt sich für den Bereich von CSCW-Technologien nennen, daß die Gewährleistung der Anonymität der Akteure beim Einsatz von Sitzungsunterstützungssystemen Macht- oder Statusgefälle nivelliert. Die einzelnen Akteure können ihre Beiträge besser in die Kooperationseinheit einbringen und sind infolgedessen möglicherweise zufriedener mit den Kooperationsergebnissen. Nehmen Kooperanden Veränderungen der Kooperationssituation aufgrund einer bestimmten Art der Technikgestaltung oder des Technikeinsatzes demgegenüber als negativ wahr, treten vermutlich Beeinträchtigungen in der Effektivität und Effizienz der computergestützten Kooperation auf.

Im hier vorliegenden Zusammenhang ist das technische Subsystem in die vier *Komponenten* Rechner, Netze, Anwendungsprogramme und Daten zu differenzieren.[88]
Der Begriff 'Rechner' bezeichnet hier technische Einheiten zur Verarbeitung von Daten. Sie bestehen aus der Zentraleinheit und peripheren Einheiten wie z.B. Ein- und Ausgabeeinheiten.[89] Abweichend von der üblichen Verwendung wird das zum Betrieb eines Rechners erforderliche Betriebssystem ebenfalls unter diesen Begriff subsumiert. Die Komponente 'Netz' umfaßt die Übertragungswege zwischen Rechnern sowie die Kopplungseinheiten zur Verbindung von Teilnetzen. 'Anwendungsprogramme' beinhalten softwaretechnische Hilfsmittel für fachliche Probleme.[90] 'Daten' stellen schließlich die maschinenverarbeitbare Teilmenge von Wissen dar.[91] Sie werden hier als eigene Komponente des technischen Subsystems angesehen.

Technische Gestaltungsstrategien wählen auf die Komponenten der Informationstechnik bezogene Aktionsparameter der Gestaltung aus, um die Leistungsprozesse der Unternehmung zu verbessern.
Die Ausführungen im Rahmen der vorliegenden Arbeiten unterscheiden die folgenden *Aktionsparameter der technischen Gestaltung*:[92]

- *Verteilung*: Die Verteilung der Komponenten der Informationstechnologie stellt eine Form der Differenzierung dar. Differenzierungen bewirken Abstufungen bzw. Aufgliederungen beispielsweise hinsichtlich der Rechnerkapazitäten. Die Literatur spricht im Zusammenhang mit dem technischen Aktionsparameter 'Verteilung'

---

88 Vgl. im folgenden Wall (1996), S. 151f., die darüber hinaus Kompetenzen für DV-Aufgaben als weitere, hier nicht verwendete Komponente nennt.
89 Vgl. Hansen (1996), S. 21.
90 Vgl. Hansen (1996), S. 171.
91 Zum Begriff 'Daten' siehe die Ausführungen in Abschnitt 2.1 dieser Arbeit.
92 Erweitert in Anlehnung an Wall (1996), S. 159ff.; Walbrück (1986), S. 333.

analog zum strukturellen Aktionsparameter 'Delegation'[93] auch von Distribution oder (De-)Zentralisation.[94] Dabei sind verschiedene Ausprägungen zwischen den Extremformen vollständige Zentralisation und vollständige Dezentralisation zu realisieren.

- *Spezialisierung*: Auch die Spezialisierung von Technologiekomponenten stellt einen differenzierenden, d.h. aufgliedernden Aktionsparameter dar. Analog zur strukturellen Spezialisierung gibt das Ausmaß der technischen Spezialisierung an, inwieweit eine Artenteilung von Datenverarbeitungsaktivitäten und eine entsprechende Ausrichtung der Technikkomponenten erfolgt (z.B. Bereitstellung spezieller Datenbankrechner) oder universell einzusetzende Technologiekomponenten vorliegen.[95]
- *Integration*: Integration bedeutet „die Herstellung oder Wiederherstellung eines Ganzen durch Vereinigen oder Verbinden logisch zusammengehöriger Teile"[96]. Im Zusammenhang mit der technischen Gestaltung bezieht sich dieser Aktionsparameter auf Entscheidungen, die die Integrationsgegenstände (z.B. Programme, Daten), die Integrationsrichtung (horizontal/vertikal) und die Integrationsreichweite (z.B. innerbetrieblich/ zwischenbetrieblich) betreffen.[97]
- *Funktionalität*: Der Aktionsparameter 'Funktionalität' der bereitgestellten Informationstechnologien entscheidet darüber, welche Dimension der Kooperation im konkreten Fall unterstützt werden soll. Es ist also eine Auswahl zu treffen, ob die dem Anwender angebotene Informationstechnologie die Kommunikation, die Koordination und/oder die Bearbeitung gemeinsamer Objekte in Kooperationsprozessen unterstützen und in welcher Art dieses erfolgen soll.
- *Anpaßbarkeit*: Der Aktionsparameter 'Anpaßbarkeit' gibt an, inwieweit die technischen Komponenten auf die spezifischen Erfordernisse und Bedürfnisse der Anwendungssituation ausgerichtet werden können. Im Zusammenhang mit CSCW-Technologien bezieht sich Flexibilität vor allem auf den software-ergonomischen Parameter der Steuerbarkeit, auf die situationsbezogene Aktivierung von Funktionen nach Abstimmung mit den Kooperationspartnern sowie auf die kooperationsbezogene Konfigurierbarkeit.[98]

---

93 Siehe Abschnitt 4.3.2 dieser Arbeit.

94 Vgl. Wall (1996), S. 160.

95 Vgl. Wall (1996), S. 160f.

96 Heinrich/Roithmayr (1995), S. 271.

97 Vgl. Mertens (1997), S. 2 unter Bezug auf Schumann (1992), S. 10ff. Mertens (1997), S. 2 erweitert die Systematisierung von Schumann, indem er den Automatisierungsgrad (Vollautomation bzw. Teilautomation) in die Differenzierung einführt und darüber hinaus eine weitergehende Aufteilung der Integrationsgegenstände vornimmt. Vgl. Wall (1996), S. 162.

98 Vgl. Hartmann/Kahler/Wulf (1993b), S. 75f.

Dabei bestimmen die Aktionsparameter 'Verteilung', 'Spezialisierung' und 'Integration' die Architektur, d.h. die Anordnung der informationstechnischen Komponenten.

Zu den Restriktionsparametern der technischen Gestaltung ist vor allem die bestehende technische Infrastruktur zu rechnen, da zumeist nicht alle technischen Ressourcen im Rahmen eines Gestaltungsprojekts neu gestaltet werden können. Letzteres dürfte nur bei einem reinen Neuentwurf des Technikeinsatzes oder bei vollständiger Überholung der technischen Infrastruktur, beispielsweise aufgrund starker Überalterung, möglich sein. Deshalb sind in konkreten Gestaltungsprojekten Überlegungen anzustellen, wie die bestehende Ausstattung durch Erweiterungen oder Veränderungen an neue Gestaltungsanforderungen angepaßt werden kann.

4.3.5 Systemorientierte Gestaltung der Kooperationssituation

Die vorausgehenden Ausführungen ordnen den verschiedenen Subsystemen computergestützter Informationssysteme (Struktur, Personal, Aufgabe und Technik) spezifische Einflußfaktoren auf das Kooperationsverhalten zu. Die einzelnen Subsysteme stellen dabei Komponenten der Kooperationsituation und Anknüpfungspunkte für elementare, d.h. auf die Gestaltung eines Subsystems beschränkte Strategien dar. Demgegenüber umfaßt eine systemorientierte Gestaltung alle Komponenten der Kooperationssituation und versucht darüber hinaus, Stimmigkeit zwischen diesen herzustellen. Die folgenden Ausführungen begründen die Notwendigkeit einer systemorientierten Gestaltung. Hierzu ist zunächst das Gestaltungsziel der Stimmigkeit abstrakt zu erläutern (Abschnitt 4.3.5.1). Im Anschluß wird begründet, warum es auch im Anwendungsfall der Gestaltung computergestützter Kooperation notwendig ist, Stimmigkeit zwischen den Komponenten der Kooperationssituation herzustellen (Abschnitt 4.3.5.2). Zur Umsetzung systemorientierter Gestaltungsstrategien wird schließlich das Instrument der Informationsstruktur in die Betrachtung einbezogen (Abschnitt 4.3.5.3).

4.3.5.1 Stimmigkeit als Subziel der Gestaltung computergestützter Informationssysteme

Unternehmungen setzen computergestützte Kooperation zum Zweck der Erhöhung ihrer Effektivität ein. Die sogenannten 'Fit-' oder 'Stimmigkeits-'Ansätze[99] gehen von der

[99] Zur Darstellung verschiedener Ansätze vgl. Henselek (1996), S. 41ff. und die dort angegebene Literatur.

Annahme aus, daß die Effektivität einer Unternehmung gesteigert werden kann, wenn die Gestaltung ein ausreichendes Maß an Stimmigkeit oder Fit zwischen verschiedenen unternehmunsinternen und/oder -externen Variablen gewährleistet. Die Stimmigkeit stellt demnach ein Subziel zur Erlangung von Effektivität dar und bezeichnet die „Kompatibilität von mindestens zwei Variablen hinsichtlich konkreter Ziele.“[100] Sie ist dabei nicht vollkommen identisch mit Harmonie, Konsistenz oder Konfliktfreiheit, da sie in Relation zu den verfolgten Ziele zu stellen ist. So mögen zwei Subsysteme harmonisch gestaltet sein, ohne daß sie geeignet sind, die gesetzten Ziele zu erreichen. SCHOLZ spricht in diesem Zusammenhang auch von Gleichgerichtetheit, um die Ausrichtung an Zielen hervorzuheben.[101]

Im einzelnen kann Stimmigkeit im Hinblick auf drei *Stimmigkeitsbereiche* unterschieden werden:[102] Die Umwelt umfaßt alle nicht zum System gehörenden Akteure und Restriktionen.[103] Die Strategie beinhaltet das intendierte Aktionsprogramm zur Erreichung eines bestimmten Systemzustandes, das im Hinblick auf die Zielerreichung als notwendig angesehen wird.[104] Computergestützte Informationssysteme als spezifische Systemvariante bestehen aus den bereits identifizierten Subsystemen (hier synonym: Komponenten) Mensch, Technik, Aufgabe und Struktur.[105]

---

100 Scholz (1992), Sp. 543. Vgl. Scholz (1987), S. 61. Vertreter der Systemtheorie sprechen in diesem Zusammenhang auch vom Gestaltungsziel der Harmonisierung verschiedener Systeme untereinander (intersystemisch) und innerhalb der Systeme (intrasystemisch). Vgl. Bleicher/Meyer (1976), S. 20ff.

101 Vgl. Scholz (1992), Sp. 543.

102 In Anlehnung an Scholz (1997), S. 97, der allerdings auf eine Definition des Strategiebegriffs verzichtet und andere Systemelemente nennt.

103 Insbesondere die Ansätze der situativen Organisationstheorie beziehen sich auf die Stimmigkeit zwischen Organisationsstruktur und Umwelt der Unternehmung. Vgl. hierzu die grundlegenden Ausführungen bei Kieser/Kubicek (1992), S. 45-66. Auch die Konfigurationstheorien der Betrachtung von 'Mustern' von Unternehmungen beispielsweise von Mintzberg beziehen sich auf Aspekte der Stimmigkeit und gehen davon aus, daß deren Fehlen zu Effektivitäts- und Effizienzeinbußen führt. Siehe hierzu die Ausführungen in Abschnitt 5.2.7 dieser Arbeit.

104 Zum Begriff der Strategie siehe auch Abschnitt 4.1 dieser Arbeit.

105 Scholz (1987), S. 65 nennt in diesem Zusammenhang die Leistungserstellung und -verwertung, die Organisation, das Personal, das Finanz- und Rechnungswesen sowie die Öffentlichkeit und bezeichnet diese als strategische Felder eines Systems.

Umwelt	(Sub-)System	Strategie
hohe Marktdynamik	Subsystem 'Aufgabe': Leistungen mit hoher Qualität	Senken der Produktions-kosten
verstärkter Fusionsdruck	Subsystem 'Struktur': funktionale Struktur	Einführen und Stabilisieren einer divisionalen Struktur
Veränderungen im externen Arbeitsmarkt	Subsystem 'Personal': ausgeglichene Altersstruktur	Beibehalten des Fließgleichgewichts
marktreife, kleine, leistungs-fähige Verarbeitungs-einheiten	Subsystem 'Technik': zentrale Großrechnersysteme	Downsizing

Tabelle 4.3-1: Beispiele für Komponenten der Stimmigkeitsbereiche (in Anlehnung an Scholz (1987), S. 65)

Die Tabelle 4.3-1 zeigt Beispiele für verschiedene Komponenten der Stimmigkeitsbereiche. Beispielsweise könnte auf eine hohe Marktdynamik (Umwelt) und Informationsprodukte mit hoher Qualität ((Sub-) System 'Aufgabe') mit dem Senken der Produktionskosten (Strategie) reagiert werden, um weitere Effektivitätsgewinne zu erzielen.

Die theoretischen Stimmigkeitsansätze erheben die Forderung, Stimmigkeit zwischen den und innerhalb der genannten Stimmigkeitsbereiche herzustellen, um die Effektivität von Unternehmungen zu steigern. Im einzelnen lassen sich dabei die folgenden *Arten der Stimmigkeit* unterscheiden (siehe Abbildung 4.3-3):[106]
Ein *Intra-Strategie-Fit* beinhaltet die Stimmigkeit zwischen den Komponenten einer Strategie (im Beispiel in Tabelle 4.3-1 Stimmigkeit zwischen den Komponenten der Spalte 'Strategie'). Sieht eine Strategie also beispielsweise Aussagen über den Einsatz von Aktionsparametern zur Gestaltung der Subsysteme Technik und Struktur vor, ist ein Fit zwischen diesen Aktionsparametern herzustellen. Im Hinblick auf den *Intra-System-Fit* ist dafür Sorge zu tragen, daß die relevanten Teile des Systems untereinander stimmig sind. Bezogen auf computergestützte Informationssysteme impliziert dieses die Forderung, die Subsysteme Mensch, Aufgabe, Technik und Struktur auf ihre Stimmigkeit hin zu überprüfen. Im Beispiel in Tabelle 4.3-1 entspricht dieses der Stimmigkeit zwischen den in der Spalte '(Sub-)System' enthaltenen Komponenten.
Der *Strategie-System-Fit* umfaßt die Stimmigkeit zwischen den Komponenten der Strategie und den strategierelevanten Komponenten des Systems. Bezogen auf computergestützte Informationssysteme richtet diese Form des Fit das Augenmerk somit auf

---

106 Vgl. Scholz (1997), S. 98f. Zur theoretischen Fundierung der Stimmigkeit, zu Gegenpositionen und zur Bestimmung der Stimmigkeit vgl. Scholz (1997), S. 99f. und die dort angegebene Literatur.

die Stimmigkeit zwischen den Subsystemen sowie den Aktionsparametern der Gestaltungsstrategie. Im Beispiel in der Tabelle 4.3-1 entspricht dieses der Stimmigkeit zwischen der Spalte '(Sub-)System' und der Spalte 'Strategie'. Zur Verdeutlichung sei ein Beispiel angeführt: Die Struktur einer Unternehmungseinheit, in der eine starke Entscheidungsdezentralisation herrscht, impliziert eine hohe Autonomie der untergeordneten Einheiten. Dieses könnte mit dem Ziel erfolgt sein, die Führungsebenen zu entlasten, eine höhere Flexibilität der Leistungserstellung zu gewährleisten und/oder die Motivation der Mitarbeiter zu steigern. Entsprechende Ziele müssen sich folglich auch in den Gestaltungsaktivitäten des technologischen Subsystems widerspiegeln, um eine zielorientierte, wirksame Gestaltung leisten zu können.

Der *Strategie-Umwelt-Fit* bezieht sich auf die Stimmigkeit zwischen der Umwelt und der intendierten Strategie.

Der *System-Umwelt-Fit* referenziert schließlich auf die Stimmigkeit zwischen dem System und der Umwelt des betrachteten Systems.

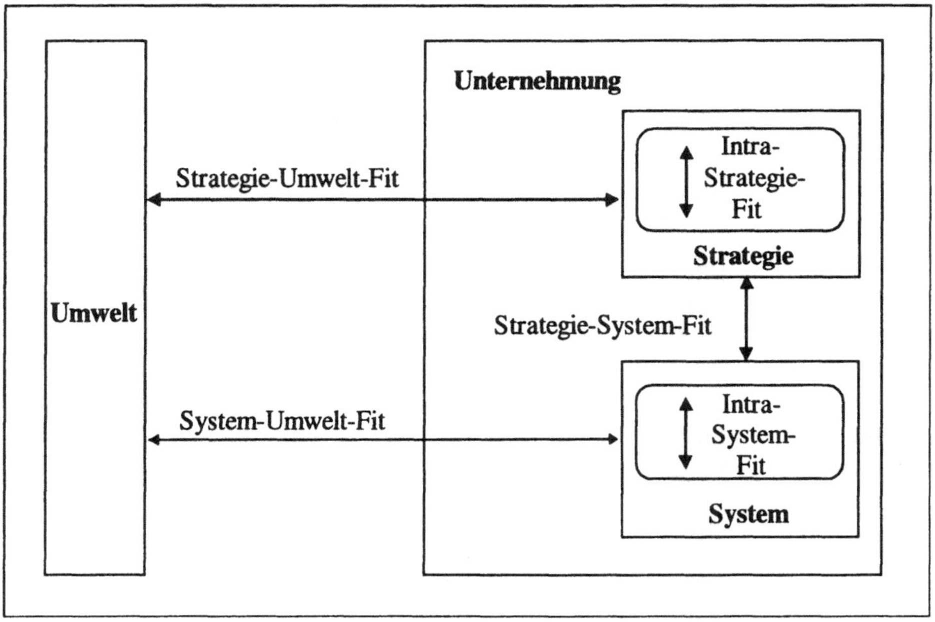

Abbildung 4.3-3: Systematik verschiedener Formen der Stimmigkeit (in Anlehnung an Scholz (1992), S. 543-544)

Die Literatur erhebt die Forderung nach einer generellen, d.h. alle Arten der Stimmigkeit herstellenden Gestaltung.[107] Fehlende Stimmigkeit innerhalb und zwischen den Stimmig-

[107] Vgl. Scholz (1997), S. 99.

keitsbereichen beinhaltet, daß deren Komponenten nicht gleichgerichtet in bezug auf bestimmte Ziele ausgestaltet sind. Solche Unstimmigkeiten führen zu Effektivitätsverlusten oder ausbleibenden Effektivitätssteigerungen. Die Abstimmung aller Komponenten kann lediglich dann unterbleiben, wenn einer der beiden folgenden Fälle vorliegt: Eine ökonomisch vertretbare Unstimmigkeit kann zum einen dann unkorrigiert bleiben, wenn der Aufwand der Umgestaltung größer ist als der realisierbare Nutzen oder der vermeidbare Schaden. Intendierte Unstimmigkeiten sind zum anderen auch dann beizubehalten, wenn sie der System- oder Strategieimplementation dienen, beispielsweise wenn ein als krasse Unstimmigkeit empfundener Zustand dazu beiträgt, den Wandel in der Unternehmung zu beschleunigen.[108]

Die Ausführungen dieser Arbeit konzentrieren sich auf die Herstellung von Stimmigkeit innerhalb des Systems, was notwendigerweise auch ein gewisses Maß an Stimmigkeit innerhalb der Gestaltungsstrategie beinhaltet. Die sich auf die Umwelt beziehenden Formen der Stimmigkeit bleiben vordergründig außer Acht, fließen in praktische Gestaltungsaktivitäten jedoch implizit über den Restriktionsparameter 'Aufgabe' und die darin kristallisierten Produkt-/Marktstrategien in die Betrachtung ein. Für die Gestaltung computergestützter Kooperation beinhalten die vorangehenden Ausführungen die Schlußfolgerung, daß der Zielerreichungsgrad im Hinblick auf die Flexibilität, Qualität und Mitarbeiterzufriedenheit dann gesteigert werden kann, wenn es gelingt, Stimmigkeit zwischen den im Rahmen der Gestaltung veränderten Aktionsparametern (Strategie), zwischen den Komponenten der Kooperationssituation (System) sowie zwischen der Gestaltungsstrategie und dem System herzustellen. Die unzureichende Abstimmung der verschiedenen Subsysteme eines computergestützten Informationssystems führt demgegenüber zu einer steigenden Komplexität der Unternehmung und/oder zu effektivitätsmindernden Effekten.

Die folgenden Ausführungen illustrieren die Notwendigkeit der Herstellung von Stimmigkeit im Hinblick auf computergestützte Kooperation.

4.3.5.2 Zur Notwendigkeit der systemorientierten Gestaltung computergestützter Kooperation

Beiträge zur Gestaltung computergestützter Informationssysteme stellen häufig die Technikgestaltung in den Mittelpunkt der Aktivitäten. Dem Technikeinsatz wird dabei eine Rolle als (vermeintlichem) vorrangigem Problemlöser zugewiesen, während perso-

---

108 Vgl. Scholz (1987), S. 67.

nelle sowie strukturelle Implikationen und Gestaltungsmöglichkeiten vernachlässigt werden. Dies gilt insbesondere in den Fällen, in denen neue Technologien, wie sie CSCW-Technolgien darstellen, den Anlaß für gestaltende Maßnahmen bilden. Aber auch die Spezialisierung verschiedener Forschungsbereiche und Gestaltungsträger auf unterschiedliche Subsysteme computergestützter Informationssysteme trägt dazu bei, daß sich Gestaltungsmaßnahmen häufig primär auf ein Subsystem beziehen und andere Gestaltungsmöglichkeiten bzw. -notwendigkeiten vernachlässigt werden. So konzentrieren sich Beiträge aus der Organisationsforschung auf das Subsystem 'Struktur' sowie strukturelle Strategien, Beiträge zum strategischen Management auf die Gestaltung der Aufgaben sowie die zugehörigen Wettbewerbs- bzw. Marktstrategien, Beiträge aus der Personalforschung auf das Subsystem 'Personal' sowie personelle Strategien und Beiträge aus der Wirtschaftsinformatik bzw. Informatik auf die Gestaltung des Subsystems 'Technik' mittels technischer Strategien. Eine systematische Betrachtung aller Subsysteme findet in der Regel nicht statt. Bei der Einführung von Informationstechnologien treten die daraus resultierenden Probleme deutlich hervor, beispielsweise wenn Fehlentwicklungen in der Nichtnutzung aufgrund fehlender Funktionalität bezüglich der Aufgabenstellungen der Benutzer kulminieren oder massive Korrekturmaßnahmen erfordern.

Die Leistung computergestützter Informationssysteme bei der Erfüllung informationsverarbeitender Aufgaben resultiert aus dem Zusammenwirken von Menschen und Sachmitteln und diese in Beziehung organisatorischen Regeln. Das Ausmaß des Zielerreichungsgrades hängt somit nicht nur von technischen, sondern auch von strukturellen, personellen und aufgabenbezogenen Faktoren ab. Die Fokussierung des Problembewußtseins auf nur eine, die technische Dimension trägt das Risiko in sich, den Implementierungserfolg computergestützter Kooperation durch das Übersehen effektivitätsrelevanter Aspekte zu gefährden.

Intra-System-Stimmigkeit herrscht in bezug auf computergestützte Kooperation dann, wenn die Kooperationssituation wie folgt ausgeprägt ist:

- die *Aufgaben* einer Kooperationseinheit implizieren einen *Kooperationsbedarf,*
- die *Struktur* beinhaltet eine hinreichende *Kooperationserwartung* an die Akteure,
- beim *Personal* liegt eine ausreichende *Kooperationsbereitschaft* und *-fähigkeit* vor und
- von der *Technologie* geht eine wirksame *Kooperationunterstützung* aus.

Die Ausrichtung aller verhaltensbeeinflussenden Situationskomponenten auf Kooperation stellt gewissermaßen ein verbindendes Konstrukt dar. Wenn es gelingt, die Einflußfaktoren des Verhaltens kooperationsadäquat auszugestalten, liegt effektivitätsfördernde Stimmigkeit vor.

Demgegenüber bleibt beispielsweise die Kooperationsbereitschaft der Akteure wirkungslos, wenn die Aufgaben für die kooperative Erledigung ungeeignet sind, die Struktur kooperatives Verhalten erschwert bzw. behindert oder die Technik bestimmte Aktivitäten der Kooperation nicht wirksam unterstützt oder sogar behindert. Insbesondere wird nur dann eine intensive Nutzung von CSCW-Technologien stattfinden, wenn diese kooperationsadäquat ausgestaltet sind, die Struktur Kooperation begünstigt und die Akteure bereit sind, kooperativ zu interagieren und dabei zur Unterstützung auch Informationstechnik einzusetzen. Lehnen die Benutzer Anwendungen von CSCW-Technologien ab, beispielsweise weil keine ausreichende Funktionalität im Hinblick auf die Aufgabenerfüllung angeboten wird oder weil sie ihre Bedürfnisse nicht ausreichend berücksichtigt sehen, wird bei Wahlfreiheit vermutlich nur eine geringe Nutzung der angebotenen Technologien erfolgen. Bei Durchsetzung von Nutzungsvorgaben ist mit einer Motivations- und Zufriedenheitsminderung der Akteure zu rechnen, was zu Effektivitäts- und Effizienzminderungen führen dürfte.[109]

Zwei Beispiele zeigen, daß sich der Einsatz von CSCW-Technologien bei fehlender Kooperationserwartung kontraproduktiv, d.h. effektivitäts- und effizienzmindernd oder zumindest nicht -steigernd auswirkt:
Der Einsatz einer Projektmanagementsoftware soll aktuelle Übersichten über den Projektstatus und die weitere Projektplanung einer Fachabteilung liefern, die als Grundlage für die Projektsteuerung durch den Verantwortlichen dient. Beim Einsatz entstehen Probleme hinsichtlich der Aktualität der durch die Projektmitarbeiter eingegebenen Informationen, da diese nur zeitverzögert gepflegt werden. Für den Projektverantwortlichen ist die Projektmanagementsoftware zwar von hoher Relevanz für die Steuerung der Projektaktivitäten, für die Projektmitarbeiter erfüllt sie jedoch lediglich eine Dokumentations- bzw. Administrationsfunktion, weil sie bereits über den Projektstand informiert sind.[110] Diese Diskrepanz ergibt sich aus der Differenz zwischen der Technikgestaltung, welche Kooperationsunterstützung bietet, und dem realisierten Steuerungskonzept als Komponente der Strukturgestaltung, welches eine geringe Kooperationserwartung repräsentiert, weil vertikale Koordinationsmechanismen eingesetzt werden.
Das zweite Beispiel bezieht sich auf den Einsatz von Kooperationstechnologien bei der Entwicklung komplexer Softwareprodukte: In einer Fallstudie erweist sich eine existierende hierarchische Struktur (niedrige Kooperationserwartung) als inadäquat bezüglich der Koordinationserfordernisse der Sachaufgabe, die die Entwicklung komplexer Softwareprodukte beinhaltet (hoher Kooperationsbedarf aufgrund begrenzter Informationsverarbeitungskapazitäten Einzelner). Folglich werden nicht die Teile der CSCW-Tech-

---

109 Vgl. Harper/Huges/Shapiro (1991), S. 225; Orlikowski (1992b), S. 362. Unabhängig vom Kontext computergestützter Kooperation verfolgen auch die in der sozio-technischen Tradition stehenden 'arbeitsorientierten Gestaltungskonzepte' die Forderung, die Gestaltung und den Einsatz von Technologie, Organisation und Qualifikation des Menschen 'gemeinsam' vorzunehmen. Vgl. z.B. Ulich (1991), S. 62.

110 Vgl. Reiß/Schuster (1994), S. 19f.

nologie benutzt, die die hierarchische Koordination vereinfachen, sondern diejenigen, die das laterale Teilen von Informationen unterstützen. Die Adaption der verschiedenen Bestandteile der CSCW-Technologie geht also nicht mit den Zielen konform, die ursprünglich bei der strukturellen Gestaltung verfolgt wurden.[111]

Zwischen den Subsystemen computergestützter Informationssysteme bestehen Interdependenzen.[112] Insbesondere der Einsatz von Technik und strukturelle Fragestellungen sind eng verknüpft, wie die Einführung von Fließbändern in der Produktion oder die Fixierung von Ablaufstrukturen durch die Einführung einer Vorgangsbearbeitungssoftware mit zentraler Zuordnung der Anpassungskompetenzen im Bürobereich illustrieren. Die softwaretechnische Abbildung von Leistungsprozessen geht mit der Formulierung von Regeln über Objekte (z.B. Art der zulässigen Attribute eines Datenobjektes 'Kunde', Zugriffsrechte auf Objekte) oder Regeln über Prozesse (z.B. Reihenfolge der Verarbeitung der Informationen bei einem Kreditantrag, Darstellungsformen von Informationen, zu benutzende Kommunikationswege, Abzeichnungsfolgen) einher. Die Technologiegestaltung impliziert die Ausgrenzung bzw. Eröffnung bestimmter Verhaltensbereiche für die Mitarbeiter durch die Gestaltung der Technik selbst sowie mittels spezifischer Regeln für ihre Anwendung zur Lösung von Aufgaben. Anwendungssoftware bildet nicht nur den materiellen Träger organisatorischer Regeln, sondern erfordert vielfach auch dort eine organisatorische Regelung, wo ohne Technikeinsatz implizit und/oder flexibel gehandelt werden kann. Gleichzeitig bietet Informationstechnik stärker als andere Sachmittel die Möglichkeit, die Einhaltung der Regeln zu überprüfen und ihre Umsetzung ohne fallweisen Eingriff sofort durchzusetzen, beispielsweise indem die Durchführung einer Aktivität bei bei fehlender Eingabe bestimmter Daten verhindert wird. Zwar repräsentiert etwa eine Umlaufmappe mit vorgegebener Abzeichnungsfolge auch eine organisatorische Regel, die Möglichkeiten zur Überprüfung und sofortigen Durchsetzung der Regelbefolgung stellen sich jedoch als weniger ausgeprägt als beim Einsatz elektronischer Umlaufmappen dar.
Weil die Anwendung von Technik die Handlungsspielräume der Aufgabenträger definiert und Technikkomponenten selbst bestimmte Teilaktivitäten durchführen, wird Technikeinsatz auch als die „Fortsetzung von Organisation mit anderen (technologischen) Mitteln“[113] oder als „quasi-organisatorischer Aktionsparameter“[114] bezeichnet. Technikgestaltung kann sowohl bestehende Strukturen verfestigen als auch außerhalb der Informationstechnik repräsentierten organisatorischen Regeln widersprechen. Gleichzeitig eröffnet der Einsatz von Informationstechnik bisweilen auch neue strukturelle Gestal-

---

[111] Vgl. Ciborra (1993), S. 81.
[112] Vgl. Fuchs (1972), S. 48;Leavitt (1965), S. 1145.
[113] Grochla (1978a), S. 196. Ähnlich Kubicek (1979), S. 67; Kubicek (1975), S. 21.
[114] Kubicek (1975), S. 23.

tungspotentiale, wenn sie die praktikable und effiziente Umsetzung bestimmter Strukturen der Leistungserstellung erst ermöglicht ('technology push'[115], Technologie als Enabler). Als Beispiel sei die fortschreitende Verbreitung verschiedener Formen der Telearbeit auf Basis der Entwicklung verteilter Systeme und der Verfügbarkeit von Kommunikationsnetzen genannt. Der Bedarf nach Einsatz einer Informationstechnologie kann jedoch umgekehrt auch aus bestehenden Anforderungen der Aufgaben, der Strukturen oder des Personals resultieren ('demand pull').

Grundsätzlich kann Technik beispielsweise hinsichtlich ihrer Verteilung oder der physischen Datenorganisation zwar unabhängig von den Aufgaben und Strukturen gestaltet werden, ihre effektive und effiziente Anwendung, d.h. ihr Einsatz zur Lösung oder Unterstützung der Lösung von Aufgaben, kann jedoch nicht erfolgen, ohne Bezug auf die (potentiellen) Aufgaben, die (potentielle) Struktur und die (potentiellen) Fähigkeiten und Motivationen des Personals zu nehmen. Prinzipiell stellt es zwar eine rein technische Gestaltungsmaßnahme dar, die Personal Computer zweier Akteure zu vernetzen. Dieses ist im Hinblick auf die Erfüllung einer Aufgabe jedoch nur dann sinnvoll, wenn derzeit oder zukünftig entweder aufgrund der Aufgaben oder Struktur bestimmte Verhaltensbedarfe und/oder -erwartungen bezüglich der Interaktionen der zwei Akteure bestehen und eine ausreichende Verhaltensbereitschaft und -fähigkeit der Akteure bezüglich der Nutzung dieses Unterstützungspotentials vorliegt.

Anwendungen der Informationstechnik können deshalb nicht nur nach technischen Regeln gestaltet werden. Entscheidungen über die Gestaltung und die Anwendung von Technik beinhalten immer Entscheidungen über die Passung zu den Aufgaben, der Struktur und dem Personal. So sind beispielsweise sowohl Formen des Technikeinsatzes vorstellbar, in denen Anwendungen der Informationstechnologie eine ausgeprägte vertikale und horizontale Arbeitsteilung widerspiegeln oder aber andererseits eine ganzheitliche Aufgabenerfüllung erlauben. Anwendungen von Technologien können also entweder derart ausgeformt werden, daß sie dem Ziel einer weitreichenden Kontrolle der Leistungserstellung und des Verhaltens des Personals dienen oder aber die Handlungsspielräume sowie die Eigenverantwortlichkeit des Personals erhöhen. Soll die Aufgabenerfüllung der Akteure mittels des Einsatzes von Technologien kontrolliert oder standardisiert werden, wird Informationstechnik mit einer geringen Flexibilität ausgestattet. Beabsichtigt der Technikeinsatz dagegen, die Informationsverarbeitungskapazität der Individuen zu erhöhen und die Vielfältigkeit der Aufgabenerfüllung zu steigern, muß die Technologie statt dessen ein höheres Ausmaß an Flexibilität umsetzen und den Benutzern erlauben, Modifikationen der Technikanwendung vorzunehmen.

---

[115] Vgl. Krüger (1993), S. 155; Krüger (1991), S. 286.

Mittels der Gestaltung des Technikeinsatzes werden implizite oder explizite strukturelle Entscheidungen getroffen. Die aktuelle Diskussion um die organisatorischen Implikationen des Einsatzes integretierter Standardanwendungssoftware für die Leistungserstellungsprozesse in Unternehmungen verdeutlicht dieses eindringlich.

Zwischen dem Gebrauch von Computersystemen und der Effektivität und Effektivität der Leistungserstellung existiert kein deterministischer Zusammenhang. Auch der Einsatz computergestützter Kooperation führt nicht automatisch zu mehr Effektivität und Effizienz der Unternehmung. Schlecht geplanter Einsatz computergestützter Kooperation kann, noch bevor konkrete Ergebnisse erkennbar werden (können), zu Motivations- und Produktivitätsverlusten führen. Die Nutzung eines technischen Systems kann keinen Ersatz für die soziale und organisatorische Integration der Mitglieder einer Kooperationseinheit darstellen. Diese kann allenfalls dazu beitragen, logistische, wissensbezogene und kommunikative Lücken schmälern.[116] Neben technischen müssen auch günstige strukturelle und personale Rahmenbedingungen für die effektive und effiziente Umsetzung computergestützter Kooperation vorhanden sein oder geschaffen werden. Die erfolgreiche technologische Unterstützung der Leistungserstellung in Unternehmungen mittels computergestützter Kooperation hängt von der diffizilen Balance zwischen den verschiedenen Subsystemen computergestützter Informationssysteme ab. Der Einsatz einer neuen Technologie und gerade auch von CSCW-Technologien erfordert deshalb, ihre Implementierung in ein alle Komponenten der Kooperationssituation berücksichtigendes und Stimmigkeit anstrebendes, auf die Erreichung der Unternehmungsziele ausgerichtetes Gesamtkonzept einzubetten. De facto beschränkt sich die Diskussion um computergestützte Kooperation weitgehend auf technische Aspekte, während strukturelle und personelle Aspekte nur untergeordnet behandelt werden. Auch die deutschsprachige Diskussion in der Wirtschaftsinformatik hat sich frühzeitig in Richtung einer technikorientierten Debatte ausgerichtet. Diese Entwicklung dokumentiert auch die Mehrzahl der Beiträge in verschiedenen Tagungsbänden.[117] Gleichzeitig stellen moderne Technologien wie z.B. CSCW-Technologien in der Praxis vielfach ein Alibi für die fehlende Umsetzung struktureller Fortentwicklungen dar, indem bestehende Strukturen lediglich elektrifiziert werden und fehlende Vorstellungen bezüglich der Umsetzung neuer Strukturkonzepte mittels herkömmlicher Herangehensweisen gefüllt werden.

Die vorliegende Arbeit verfolgt einen Ansatz, der die Möglichkeiten der Gestaltung computergestützter Kooperation im Bürobereich systematisch anhand der Subsysteme aufzeigt und kooperationsadäquate Ausprägungen darstellt, welche mit entsprechenden

---

[116] Vgl. Ciborra (1993), S. 194.

[117] Vgl. Nastansky (Hrsg.) (1992); Kirn/Unland (Hrsg.) (1993); Uellner (Hrsg.) (1996); Krcmar/Lewe/Schwabe (Hrsg.) (1996).

Gestaltungsmaßnahmen erreicht werden sollen. Die Verhaltensdeterminanten 'Kooperationsbedarf', 'Kooperationserwartung', 'Kooperationsfähigkeit und -bereitschaft' sowie 'Kooperationsunterstützung' bilden dabei mit den einzelnen Subsystemen verbundene Verhaltensdeterminanten, die über den gemeinsamen Bezugspunkt 'Kooperation' günstige Voraussetzungen für das Erzielen von Stimmigkeit anbieten.

4.3.5.3 Die Informationsstruktur als Instrument der systemorientierten Gestaltung

Die folgenden Ausführungen befassen sich mit der Frage, wie Stimmigkeit insbesondere zwischen den Aufgaben, der Organisationsstruktur und der bereitgestellten Informationstechnik konkret erreicht werden kann. Zu diesem Zweck wird die Informationsstruktur in die Betrachtung eingeführt.

Das Sachziel des Einsatzes von Informationstechnik in Unternehmungen besteht darin, Informationen zur Erledigung informationsverarbeitender Aufgaben zur Verfügung zu stellen. Als Formalziele kommen Ergebnisziele (z.B. Informationsqualität und -quantität), Wirtschaftlichkeitsziele (z.B. Produktivität und Profitabilität), Potentialziele (z.B. Flexibilität) und Verhaltensziele (z.B. Nutzerakzeptanz und Nutzerzufriedenheit) in Frage.[118] Wo, wann und von wem Informationen in welcher Qualität und Quantität benötigt und bereitgestellt werden, wird vor allem durch die Merkmale der Aufgaben und der Struktur bestimmt. Die folgenden Ausführungen gehen deshalb von einem Primat der Struktur gegenüber der Technologie aus. Dabei wird idealtypisch angenommen, daß zuerst die Struktur und dann die Informationstechnik gestaltet wird.
Die Ausführungen folgen also dem finalen Gestaltungsansatz bzw. dem 'organizational imperative',[119] nach dem die Gestaltung der Informationstechnik von den Unternehmungszielen und der Gestaltung der übrigen Subsysteme abhängt.[120] Veränderungen der

118 Vgl. Wall (1996), S. 57.

119 Vgl. Markus/Robey (1988), S. 587 und für das deutsche Äquivalent Wall (1996), S. 52. Zu beachten ist dabei, daß Markus und Robey einen konkret-institutionalen Organisationsbegriff zugrundelegen. Die Schlußfolgerung, der Ansatz impliziere unmittelbar die Forderung 'Organisation vor Technik' (Organisation im instrumentellen Sinn: Die Unternehmung hat eine Struktur), wie sie Wall (1996), S. 55 zieht, stellt meines Erachtens eine Fehlinterpretation dar. Der Ansatz geht vielmehr davon aus, daß sich die eingesetzte Informationstechnik an den Unternehmungszielen ausrichtet, d.h. eine abhängige Variable darstellt. Erst die Annahme, daß Anwendungen von Informationstechnologien Strukturen vergegenständlichen, erlaubt die Schlußfolgerung, daß die Organisationsstruktur vor der Technik gestaltet werden muß.

120 Die Ausführungen stehen damit im Gegensatz zu den sogenannten 'kausalen' und 'interaktionsbezogenen' Ansätzen. Der kausale Ansatz konzipiert die Informationstechnik unter Annahme eines 'technological imperative' als exogenen Einflußfaktor, der die Strukturen und das Verhalten der

Organisationsstruktur in der Folge eines Technikeinsatzes sind auf Gestaltungsziele, Entscheidungen der Systemgestalter und das Verhalten der Akteure zurückzuführen und nicht auf eine technische Zwangsläufigkeit.[121] Der finale Ansatz impliziert unter anderem, daß den Gestaltern unter Berücksichtigung der Restriktionen nahezu unendlich viele Wahlmöglichkeiten zwischen verschiedenen Alternativen zur Verfügung stehen. Es wird davon ausgegangen, daß der Technikeinsatz auf Grundlage konsistent formulierter Unternehmungsziele sowie Entscheidungen über adäquate Mittel zu deren Erfüllung erfolgt.[122] Die verfügbare Technologie beinhaltet dabei einen optionalen Charakter[123] und bietet den Gestaltenden verschiedene Alternativen, unter denen eine Auswahl zu treffen ist.

Nach WALL stellt die Bildung von Homologien eine Möglichkeit dar, Stimmigkeit zwischen der Struktur einer Unternehmung und der Architektur der Informationstechnik herzustellen. ***Homologie*** bezeichnet in diesem Zusammenhang die „strukturgleiche Nachbildung“[124] der Organisationsstruktur in der Struktur der Informationstechnik (synonym: Architektur). Die Anwendbarkeit des Gestaltungsziels der Homologie setzt jedoch voraus, daß zwischen zwei Strukturen Gemeinsamkeiten bestehen.[125] Diese Forderung ist hier auf die Organisationsstruktur als die Summe der organisatorischen Regelungen und die Architektur der Informationstechnik, d.h. die Anordnung der Komponenten der Informationstechnik, anzuwenden. Die Organisationsstruktur legt maßgeblich fest, welche Mitarbeiter welche (Teil-)Aufgaben erledigen, welche Aktivitäten sie dabei durchführen und welche Informationen sie dazu von wem bekommen (sollten). Die Informationstechnik soll wiederum die Bereitstellung von Informationen unterstützen. Die wesentliche Gemeinsamkeit bildet also der Bezug zur Bereitstellung von Informationen. Diese Gemeinsamkeit erlaubt es, die Zwischenform ‘Informationsstruktur’ in die Betrachtung einzuführen. Die ***Informationsstruktur*** beinhaltet das „Geflecht von Informationsbedarfen und Informationsbereitstellung der Aufgaben-

---

Unternehmungsmitglieder maßgeblich bestimmt. Der interaktionsbezogene Ansatz (‘emergent perspective’) unterstellt demgegenüber, daß der Gebrauch und die Konsequenzen des Technologieeinsatzes von komplexen sozialen Interaktionen abhängig sind, welche nicht ex ante vorhergesagt werden können. Vgl. Markus/Robey (1988), S. 589. Ähnlich Orlikowski (1992a), S. 398ff.

121 Vgl. Sydow (1985b), S. 105f.

122 Vgl. Markus/Robey (1988), S. 587.

123 Vgl. Reichwald/Stauffert (1987), Sp. 124; Frese/von Werder (1989), S. 12. Der Begriff des optionalen Charakters von Informationstechnik soll dabei nicht suggerieren, daß Technik prinzipiell wirkungsneutral bezüglich der Struktur einer Unternehmung ist. Nippa (1988), S. 25 bezieht demgegenüber eine andere Position.

124 Wall (1996), S. 63; im Original kursiv. Im Gegensatz dazu stellt eine Analogie lediglich eine Funktionsähnlichkeit dar. Vgl. Wall (1996), S. 65 und die dort angegebene Literatur.

125 Vgl. Wall (1996), S. 33ff. und S. 68.

träger"[126], das aus der Anwendung der organisatorischen Regeln bei der Erfüllung der Aufgaben folgt. Homologe Technikarchitekturen weisen dabei nicht nur eine Funktionsähnlichkeit auf, d.h. sie stellen nicht nur die erforderlichen Informationen am richtigen Ort in der richtigen Qualität zur Verfügung, sondern sind gleichzeitig auch lageähnlich. (Modifizierte) Lageähnlichkeit der Informationstechologie gegenüber der Informationsstruktur beinhaltet, daß sich die Anzahl der verschiedenen Komponenten der Informationstechnologie und deren Verknüpfungen nach der Informationsstruktur richten und im einzelnen auf Basis des Umfangs der Prozesse der Informationsbereitstellung sowie der Intensität der Verknüpfungen ausgelegt werden.[127]
Stellt Informationstechnik die benötigten Informationen beispielsweise nicht, in der falschen Darstellungsform oder an der falschen Stelle zur Verfügung, so daß Informationsbedarfe nicht befriedigt werden können, besteht keine Entsprechung zwischen der Informationsstruktur und der Architektur der Informationstechnik. Deshalb ist plausibel, daß etwa ein zentralistisches Konzept der Gestaltung der Informationstechnik einer Organisationsstruktur mit stark dezentralisierten Entscheidungskompetenzen entgegensteht. Strukturelle Gestaltung induziert veränderte Informationsstrukturen, beispielsweise indem eine veränderte Arbeitsteilung veränderte Informationsflüsse bewirkt. Demnach muß auch die Architektur der Informationstechnik nach Maßgabe der veränderten Informationsstruktur angepaßt werden.

Die Ausführungen von WALL sind im vorliegenden Zusammenhang insofern grundlegend zu modifizieren, als daß davon ausgegangen wird, daß nicht nur die Organisationsstruktur, sondern auch die Aufgaben der Kooperationseinheit auf die Informationsstruktur wirken. Schon früh wurde die Aufgabe als Referenzpunkt insbesondere der strukturellen aber auch der technischen Gestaltung verwendet.[128] Aufgaben stellen deshalb einen wichtigen Einflußfaktor der Gestaltung computergestützter Kooperation dar, weil sie Anforderungen sowohl an die Informationsverarbeitungsfähigkeiten und -fertigkeiten der Mitarbeiter, als auch an die strukturelle Gestaltung sowie die einzusetzenden Informationstechnologien stellen. Die Leistungsprozesse von Kooperationseinheiten und die Möglichkeiten der technischen Unterstützung können demnach nicht ohne die Beachtung der Anforderungen der zu erfüllenden Aufgaben studiert werden. Gleichzeitig sei betont, daß die Eigenschaften der zu erfüllenden Aufgabe nicht in einem deterministischen Zusammenhang zur Auswahl von Technikelementen oder zur

126 Wall (1996), S. 68f.
127 Vgl. Wall (1996), S. 72.
128 Für die strukturelle Gestaltung vgl. Nordsiek (1934); Kosiol (1962); Van de Ven (1981); Van de Ven/Morgan (1980). Für die technische Gestaltung vgl. Szyperski/Grochla/Höring et al. (1982); Picot/Reichwald (1987); Nippa (1988); Gabriel/Begau/Knittel et al. (1994).

Organisationsstruktur stehen. Eigenschaften von Aufgaben verengen den Alternativenraum, ohne Gestaltungsspielräume vollkommen zu vernichten.[129]

4.4 Zusammenfassung der Implikationen für die Gestaltung computergestützter Kooperation

Der im Rahmen dieser Arbeit verwendete Bezugsrahmen geht davon aus, daß das Verhalten der Akteure in Form kommunikativer, koordinierender und gemeinsame Objekte verarbeitender Aktivitäten letztlich bestimmt, welche Kooperationsergebnisse erzielt werden. Die im weiteren Gang der Arbeit abgeleiteten Empfehlungen zur Gestaltung computergestützter Kooperation konzentrieren sich darauf, eine günstige Kooperationssituation als Rahmen für kooperative Aktivitäten zu gestalten. Die Kooperationssituation wird dabei durch die Ausprägung der Subsysteme 'Aufgabe', 'Struktur', 'Technik' und 'Personal' sowie die in ihnen repräsentierten kooperationsrelevanten Aspekte bestimmt. Eine günstige Kooperationssituation besteht dann, wenn die *Aufgaben* einer Kooperationseinheit einen *Kooperationsbedarf* beinhalten, die durch die organisatorischen Regeln bestimmte *Struktur* eine hinreichende *Kooperationserwartung* repräsentiert, beim *Personal Kooperationsbereitschaft* und *-fähigkeit* vorliegt und von der eingesetzten *Technik* eine wirksame *Kooperationsunterstützung* ausgeht. Während die Aufgaben als Restriktionsparameter angesehen werden, sind die Merkmale der Struktur, der Technik und des Personals mittels zugehöriger Gestaltungsstrategien zu beeinflussen.

Die vorangehenden Ausführungen weisen darüber hinaus auf die Bedeutung der Stimmigkeit der verschiedenen Subsysteme hin. Mittels der *Informationsstruktur* kann Stimmigkeit zwischen den Aufgaben, der Organisationsstruktur und den architekturbestimmenden Ausprägungen der Informationstechnik hergestellt werden (siehe Abbildung 4.4-1).

Die Informationsstruktur stellt ein Geflecht von Informationsbedarfen und Informationsbereitstellung der Aufgabenträger dar. Aufgrund des Primats der Aufgaben und der strukturellen Gestaltung gegenüber der technischen Gestaltung ist zur stimmigen Gestaltung der drei Subsysteme zunächst zu ermitteln, wie die Aufgaben und eine kooperationskonforme Gestaltung der Struktur auf die Merkmale der Informationsstruktur wirken. Nach Maßgabe der Ausprägungen der Merkmale Informationsstruktur ist dann die Architektur der Informationstechnik zu gestalten. Die Informationsstruktur stellt also

[129] Vgl. Kubicek (1975), S. 346.

das Bindeglied zwischen den Aufgaben, der Struktur und der Technikarchitektur dar und erlaubt somit eine aufeinander abgestimmte Gestaltung erlaubt.

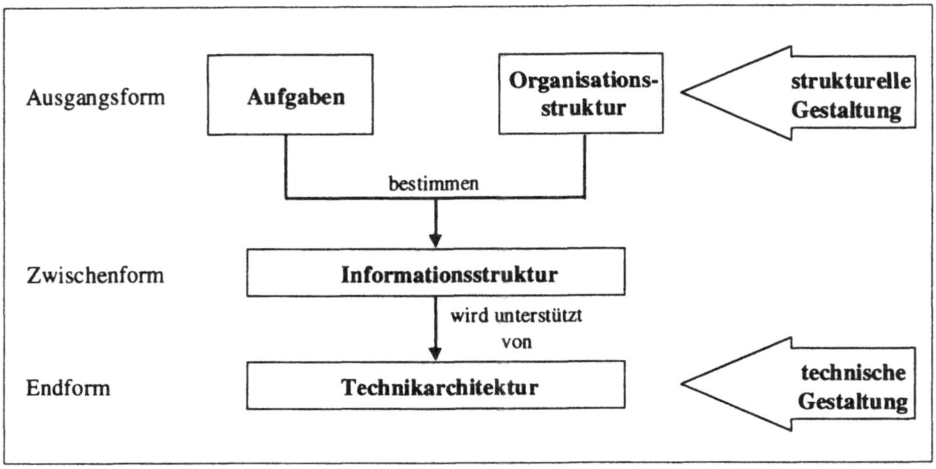

Abbildung 4.4-1: Herstellung von Stimmigkeit zwischen Organisationsstruktur, Aufgaben und Technikarchitektur mittels der Informationsstruktur

Die Ableitung von Empfehlungen für die Gestaltung computergestützter Kooperation im folgenden Kapitel erfolgt also in den folgenden Schritten (siehe Abbildung 4.4-2):

- Analyse der Gestaltungsrestriktion 'Aufgabe' und ihrer Implikationen für die Merkmale der Informationsstruktur;
- Gestaltung der Organisationsstruktur und der in ihr repräsentierten Kooperationserwartung mittels der strukturellen Aktionsparameter 'Arbeitsteilung', 'Koordination', 'Delegation', 'Leistungssystem' und 'Formalisierung' mit Blick auf die Ziele und Charakteristika kooperativer Arbeitsformen; Analyse der Implikationen für verschiedene Merkmale der Informationsstruktur;
- Gestaltung der Technikarchitektur und der in ihr repräsentierten Kooperationsunterstützung mittels der Aktionsparameter 'Verteilung', 'Spezialisierung' und 'Integration' in Abhängigkeit von den Merkmalen der Informationsstruktur; darüber hinaus Ableitung von Gestaltungsempfehlungen für die technikbezogenen Aktionsparameter 'Funktionalität' und 'Anpassungsfähigkeit' auf Grundlage der Charakteristika kooperativer Arbeit;
- Personelle Gestaltung mittels der Aktionsparameter 'Personalbedarfs- und Personalbestandsbestimmung', 'Personalbeschaffung', 'Personalentwicklung', 'Personalerhaltung' und 'kulturorientierte Personalführung', welche auf die verhaltensbeeinflussende Kooperationsbereitschaft und die Kooperationsfähigkeit der Akteure wirken.

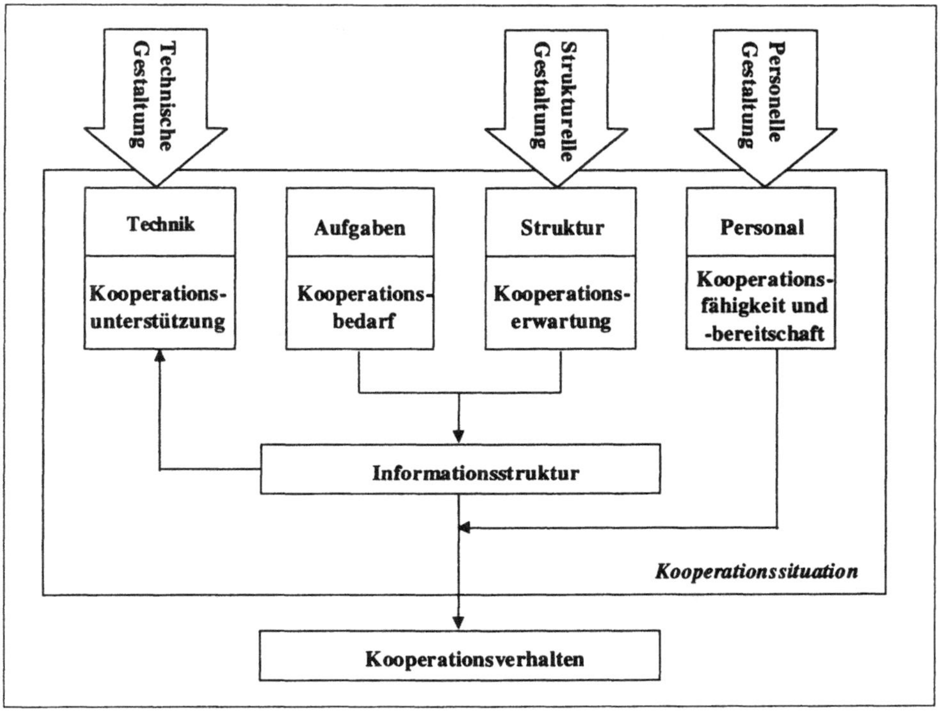

Abbildung 4.4-2: Gestaltung der Kooperationssituation

Hinsichtlich der grundsätzlichen Systematik der Ableitung von Gestaltungsempfehlungen für die stimmige Gestaltung der Organisationsstruktur und der Technikarchitektur (als Teilaspekt der technischen Gestaltung) mittels der Informationsstruktur werden die Ausführungen auf die bei WALL[130] genannten Merkmale der Informationsstruktur zurückgreifen. Um Empfehlungen für die Gestaltung computergestützter Kooperation ableiten zu können, ist jedoch eine grundlegende Spezifizierung der Ausführungen erforderlich. So verwenden die folgenden Ausführungen eine von der WALLschen Konzeption abweichende Systematisierung der strukturellen Aktionsparameter, beziehen die Aufgaben in die Bestimmung von Ausprägungen von Informationsstrukturmerkmalen ein und wenden das angebotene Instrumentarium auf die Gestaltung computergestützter Kooperation an. Auf diese Weise können Alternativen für die Gestaltung computergestützter Kooperation in den verschiedenen Subsystemen aufgezeigt und die Vorteilhaftigkeit bestimmter Alternativen beurteilt werden.

130 Vgl. Wall (1996).

5 Systemorientierte Gestaltung computergestützter Kooperation

Den im vorangehenden Kapitel dargestellten Bezugsrahmen der Gestaltung computergestützter Kooperation gilt es nun zu detaillieren und durch Aussagen zur Gestaltung der Kooperationssituation zu konkretisieren. Dabei soll die Kooperationssituation möglichst so gestaltet werden, daß günstige Rahmenbedingungen für effektives und effizientes Kooperationsverhalten in Form kommunikativer, koordinierender oder gemeinsame Objekte verarbeitender Aktivitäten entstehen. Das Ziel besteht demnach nicht darin, direkt auf die kooperativen Aktivitäten einzuwirken, sondern eine günstige Kooperationssituation herzustellen. Dies erfolgt durch die Berücksichtigung des sich aus den Aufgaben ergebenden Kooperationsbedarfs und die Einwirkung auf die Kooperationserwartung, die Kooperationsbereitschaft und -fähigkeit sowie die angebotene Kooperationsunterstützung mittels der zugehörigen Aktionsparameter. Dabei kann die Abstimmung zwischen den Aufgaben, der Struktur und der Technologie anhand der Informationsstruktur hergestellt werden.

Die Aufgaben bilden den Ausgangspunkt der Untersuchung (Abschnitt 5.1). Mittels der Typologisierung von Aufgaben gilt es dabei idealtypisch abzuleiten, welche Ausprägungen der relevanten Informationsstrukturmerkmale durch verschiedene Typen kooperativ zu erfüllender Aufgaben impliziert werden. Im Anschluß daran wird untersucht, welche Ausprägungen der strukturellen Aktionsparameter eine hohe Kooperationserwartung implizieren und welche Implikationen die Gestaltung der Aktionsparameter für die Merkmale der Informationsstruktur bereithält (Abschnitt 5.2). Die Ausführungen zur technischen Gestaltung knüpfen unmittelbar daran an. Sie greifen die bei Vorliegen bestimmter Ausprägungen der Struktur feststellbaren Charakteristika der Informationsstrukturmerkmale auf und leiten daraus Aussagen bezüglich einer stimmigen Gestaltung der technischen Aktionsparameter ab (Abschnitt 5.3). Abschließend erfolgen dann Aussagen bezüglich der personellen Gestaltung (Abschnitt 5.4). Sie befassen sich im Kern mit der Frage, wie die personellen Aktionsparameter auf die Kooperationsbereitschaft und -fähigkeit Einfluß nehmen können.

5.1 Aufgaben als Restriktionsparameter der Gestaltung computergestützter Kooperation

Im Rahmen der Argumentation dieser Arbeit werden die Aufgaben einer Kooperationseinheit als Restriktionsparameter der Gestaltung betrachtet. Die Aufgaben verkörpern die Sach- und Formalziele für eine Kooperationseinheit. Die den Kooperationseinheiten im

Bürobereich von Unternehmungen gestellten Aufgaben, im Sinne von Leistungsprozessen gegenüber der (Büro-)Umwelt der Kooperationseinheit, unterscheiden sich hinsichtlich verschiedener Merkmale, wie z.B. die Unterschiede des Entwurfs eines Reorganisationskonzeptes gegenüber der Bearbeitung von Anträgen auf Ausstellung von Reisepässen verdeutlichen. Der vorliegenden Arbeit liegt die Hypothese zugrunde, daß die Aufgaben einer Kooperationseinheit unabhängig von der strukturellen Gestaltung *innerhalb* der Kooperationseinheit bestimmte Merkmale aufweisen, welche auf die Informationsstruktur wirken. Allerdings können diese Merkmale durch die strukturelle Gestaltung auf dem nächst höheren Aggregationsniveau beeinflußt werden, beispielsweise indem die Teilung der Summe der Aufgaben der Unternehmung *zwischen* Kooperationseinheiten verändert wird.

Im folgenden wird spezifiziert, anhand welcher Merkmale unterschiedliche Aufgaben von Kooperationseinheiten zu differenzieren sind. Die Ausführungen legen die Annahme zugrunde, daß verschiedene Grundtypen von Aufgaben existieren, für die generalisierte Aussagen bezüglich ihrer Implikationen für die Informationsstruktur getätigt werden können. Zunächst gilt es, eine geeignete Typologisierung zu identifizieren und die Merkmalsausprägungen der verschiedenen Aufgabentypen zu beschreiben (Abschnitt 5.1.1). Anschließend ist dann zu untersuchen, welche Implikationen bestimmte Aufgabentypen für die Informationsstrukturmerkmale beinhalten (Abschnitt 5.1.2). Die Ausführungen zur technischen Gestaltung werden die Ergebnisse aufgreifen, um Aussagen bezüglich einer adäquaten Technikunterstützung der Kooperationsaktivitäten ableiten zu können.[1]

5.1.1 Typologisierung kooperativer Aufgaben

In der Literatur werden, beeinflußt durch entscheidungstheoretische Ansätze, verschiedene abstrakte Merkmale von Aufgaben diskutiert. Diese stellen mögliche Angriffspunkte für die Ableitung von Aufgabentypen dar.[2] Gerade in den Teilen der Wirtschaftsinformatik und der deutschsprachigen Organisationslehre, die sich mit dem Technikeinsatz im Bürobereich beschäftigen, hat es Tradition, Gestaltungsaussagen für den Technikeinsatz aus Ausprägungen bestimmter Merkmale und deren Zusammenfassung zu Typen abzuleiten.[3] Die auf der Identifikation verschiedener Aufgabentypen basierenden

---

1 Vgl. Abschnitt 5.3 dieser Arbeit.

2 Vgl. Nippa (1991), S. 427.

3 Vgl. die Ausführungen von Szyperski/Grochla/Höring et al. (1982), S. 3; Picot/Reichwald (1987), S. 62ff.; Nippa (1988), S. 81ff.; Gabriel/Begau/Knittel et al. (1994), S. 93ff. Eine ausführliche Zusammenstellung verschiedener Aufgabentypologisierungen findet sich bei Fornfeist (1985), S. 31-

Ansätze der Gestaltung des Einsatzes von Informationstechnologien gehen dabei von der Annahme aus, daß unternehmungsübergreifende Grundtypen von Aufgaben existieren, welche bestimmte Anforderungen an die Technikgestaltung stellen. Der Einsatz von Typologien impliziert somit, daß beim Vorliegen eines bestimmten Aufgabentyps bestimmte Gestaltungsregeln Gültigkeit besitzen. Zur Feststellung des Aufgabentyps identifiziert man zunächst mögliche Merkmale und erfaßt die konkreten Merkmalsausprägungen der Aufgabe. Die Zusammenfassung von Merkmalsausprägungen zu idealtypischen Kombinationen ergibt schließlich verschiedene Aufgabentypen. Für diese Aufgabentpyen werden dann Empfehlungen bezüglich der Technikgestaltung abgeleitet.[4] Die dabei zu gewinnenden Gestaltungsaussagen können allerdings lediglich einen groben Rahmen der Problemlösung abstecken und bedürfen einer anwendungsfallspezifischen Konkretisierung und Verfeinerung.

Den weitesten Verbreitungsgrad weisen die sogenannten Stellentypologien auf, welche die Aufgabenkomplexe von Stellen untersuchen. Eine Stelle repräsentiert den einer (fiktiven) Person zugedachten (Teil-)Aufgaben- bzw. Tätigkeitskomplex, der im Zuge der Aufgabenanalyse und -synthese gebildet und zugewiesen wurde.[5] Die Definition verdeutlicht bereits, daß eine solche *Typologisierung* nach Stellentypen wie diejenige von *SZYPERSKI/GROCHLA/HÖRING et al.*[6] eng mit strukturellen Fragestellungen verbunden ist. Die Typologisierung in Führungs-, Fach-, Sachbearbeitungs- und Unterstützungsaufgaben vermengt Aufgabentypen, Stellentypen und Berufsgruppen. Dies kann in irreführenden Gestaltungsempfehlungen und unzulässigen Verallgemeinerungen münden.[7] Beispielsweise fallen auch am Arbeitsplatz eines Managers nicht nur komplexe, einmalig auftretende Aufgaben, sondern auch Aufgaben mit Routinecharakter an. Darüber hinaus bezieht sich diese Typologie primär auf individuelle Aufgaben und eignet sich auch aus diesem Grund nicht für die Verwendung im Rahmen der vorliegenden Arbeit.

48. So unterscheiden z.B. Gabriel/Begau/Knittel et al. (1994), S. 93ff. Aktivitäten im Büro hinsichtlich der Spezifität der Informationsverarbeitungsprozesse und leiten daraus Aussagen über die Spezifität, i.S. der Spezialisierung, der einzusetzenden Informationstechnologien ab, indem sie Basis- und Spezialsysteme unterscheiden.

4 Zu Anforderungen an typologische Kriterien vgl. Nippa (1988), S. 81ff.

5 Zur Aufgabenanalyse und -synthese vgl. Kosiol (1962), S. 42ff. und 76ff.; Nordsieck (1955), S. 126f.

6 Vgl. Szyperski/Grochla/Höring et al. (1982), S. 3f.

7 Vgl. Nippa (1988), S. 84. Allerdings steht bei der Typologisierung von Szyperski, Grochla, Höring et al. die praktische Anwendbarkeit bei der Gestaltung des Einsatzes von Informationstechnologien im Vordergrund. Sie erlaubt, wichtige Unterschiede zu erkennen und stellt die erste im deutschen Sprachraum durchgeführte empirische Systematisierung von Arbeitsplätzen im Bürobereich dar.

Auch die empirisch fundierte *Typologie von PICOT UND REICHWALD*[8] formuliert die Prämisse der zentralen Bedeutung der Aufgabe für die Organisationsstruktur und die Gestaltung der Informationstechnik. Zu den differenzierenden Merkmalen von Aufgaben zählen deren Komplexität und Routinisierungsgrad, die Planbarkeit des Informationsbedarfs, die Bedeutung von Kooperationspartnern sowie die Determiniertheit des Lösungsweges. Aus verschiedenen Kombinationen der Merkmalsausprägungen bilden PICOT und REICHWALD die drei Aufgabentypen Einzelfall (Typ 1), sachbezogener Fall (Typ 2) sowie Routinefall (Typ 3).[9]

Die *Typologie von NIPPA* greift die Typologie von PICOT und REICHWALD auf, erweitert sie und bezieht sich explizit nicht nur auf die Ebene von Stellen, sondern auch auf Kooperationseinheiten.[10] Hierzu ermittelt NIPPA zunächst Aufgabentypen mittels abstrakter Merkmale[11] und leitet dann daraus funktionale Anforderungen an die Informationsverarbeitung ab. Im einzelnen nennt NIPPA die folgenden Merkmale von Aufgaben:[12]

- Das Merkmal *'Komplexität'* beschreibt die Anzahl, Verschiedenartigkeit und Stärke der Interdependenzen der bei der Aufgabenerfüllung zu berücksichtigenden Faktoren, Prozesse oder zu erzielenden Ergebnisse.[13] Das Spektrum reicht von einfachen bis zu komplexen Aufgaben.
- Das Merkmal *'Dynamik'* beinhaltet das Ausmaß der inhaltlichen Veränderlichkeit bzw. gleichartigen Wiederholung von Aufgaben und die Häufigkeit, Geschwindigkeit und Kontinuität der Änderungen.
- Das Merkmal *'Determiniertheit'* wird durch das Ausmaß der Strukturiertheit einer Aufgabenstellung bestimmt. Aufgaben gelten dann als vollständig determiniert bzw. strukturiert, wenn die Aufgabenstellung und die Zielfunktion operational gegeben sind, der Lösungsweg im Sinne von Ursache-Wirkungsbeziehungen der Elemente und ihrer Beziehungen bekannt ist und Lösungsalgorithmen zur Verfü-

---

8 Vgl. Picot/Reichwald (1987), S. 62ff.

9 Die Typologie von Picot/Reichwald (1987), S. 62ff. gibt im Gegensatz zur Typologisierung von Szyperski/Grochla/Höring et al. (1982) keine direkten Hinweise auf die Ebene der Typologisierung. Prinzipiell kann es sich um eine einzelne Stelle, eine multipersonelle Einheit oder die gesamte Unternehmung handeln. Die Beschreibung läßt aber indirekt den Schluß zu, daß sich die Ausführungen wie im Modell von Szyperski et al. auf die Ebene von Stellen beziehen.
Weiterentwicklungen der genannten Typologien finden sich bei Krückeberg (1983), S. 99; Karcher (1985), S. 346ff.; Scherff (1987), S. 12.

10 Für einen Überblick über verschiedene Studien zur Typisierung von Aufgaben von Kooperationseinheiten primär aus dem englischsprachigen Raum vgl. McGrath (1984), S. 53ff.; Nippa (1988), S. 174; Fornfeist (1985), S. 38; Hackman/Morris (1975); Witte (1989), S. 507ff.

11 Nippa (1988), S. 88 spricht in diesem Zusammenhang von 'formalen Merkmalen'.

12 Vgl. hierzu und im folgenden Nippa (1988), S. 87-95.

13 Ähnlich Fisch/Wolf (1990), S. 13; Hauschild (1977), S. 117; Luhmann (1980), Sp. 1064ff.; Schlicksupp (1976), S. 53.

gung stehen, welche die eindeutige Auswahl einer Alternative aus der Lösungsmenge ermöglichen.[14] Bei gut strukturierten Aufgaben reduziert sich die Problemlösung auf das schematische Einsetzen der Werte bzw. die Durchführung der einzelnen Lösungsschritte.

- Das Merkmal der *'Tragweite'* charakterisiert die Wirkungsbreite und -tiefe einer Aufgabe und kann z.B. mittels der Anzahl der von einem Arbeitsergebnis betroffenen Personen bzw. der sozialen, finanziellen und/oder ökologischen Folgen operationalisiert werden.
- Das Merkmal *'Emotionalität'* beinhaltet, inwieweit eine Aufgabe erfordert, Informationen über die Persönlichkeit von Kooperationspartnern bzw. emotionale Reaktionen zu erlangen oder Beziehungsaspekte zu beachten. Die Aufgabenemotionalität steigt mit dem Ausmaß der Notwendigkeit von Verhaltensinterpretationen.

Verschiedene Aufgabentypen sind durch Kombinationen unterschiedlicher Ausprägungen der genannten Merkmale zu differenzieren (siehe Abbildung 5.1-1). Hierzu übernimmt NIPPA die Aufgabentypologie von PICOT und REICHWALD, unterscheidet zwischen den Extremfällen Einzelfall- (Typ 1) und Routineaufgabe (Typ 3) jedoch die sachbezogenen Aufgaben zusätzlich in Projekt- (Typ 2a) und Regelaufgaben (Typ 2b).[15]

Kooperationsaufgaben vom Typ 'Einzelfallaufgabe' (Typ 1) zeichnen sich durch eine hohe Komplexität und Dynamik, geringe Determiniertheit und eine große Tragweite und Emotionalität aus. Sie stellen hohe Anforderungen an das Innovations- und Kreativitätspotential einer Kooperationseinheit. Aufgrund ihrer Einmaligkeit erlauben sie weder den Rückgriff auf vorangehende Problemlösungen, noch ist ihre Problemlösungsstruktur auf zukünftige Aufgaben übertragbar. Einzelfallaufgaben weisen häufig eine ausgeprägte unternehmungsexterne Orientierung der Problemlösung auf und bedürfen zum Teil der Antizipation langfristiger zukünftiger Entwicklungen. Beispiele für diesen Aufgabentyp stellen Aufgaben in der Grundlagenforschung, unternehmungspolitische Grundsatzentscheidungen und Verhandlungsprozesse mit herausragender Bedeutung für die Entwicklung der Unternehmung dar. Unter Zugrundelegung eines humanistischen Menschenbildes muß auch jede Aufgabe, welche die Beurteilung, Einschätzung oder

---

[14] Als wesentliches Kriterium für schwache Strukturiertheit führen Fisch/Wolf (1990), S. 14 das Ausmaß an Unsicherheit und Unbestimmtheit der Elemente eines Systems an. Unsicherheit bezeichnet das fehlende Wissen über die Eintrittswahrscheinlichkeit verschiedener Ereignisse und Wirkungen, während sich die Unbestimmtheit z.B. auf die Bestimmbarkeit des Ausgangszustandes, die Klarheit der Ziele und die eindeutige Bewertbarkeit von Lösungsmöglichkeiten bezieht. Vgl. auch Mag (1995), S. 59; Schlicksupp (1976), S. 53.

[15] Vgl. hierzu und im folgenden Nippa (1988), S. 90f. und 177f.

Berücksichtigung der Individualität einer Person beinhaltet, als Einzelfallaufgabe interpretiert werden.

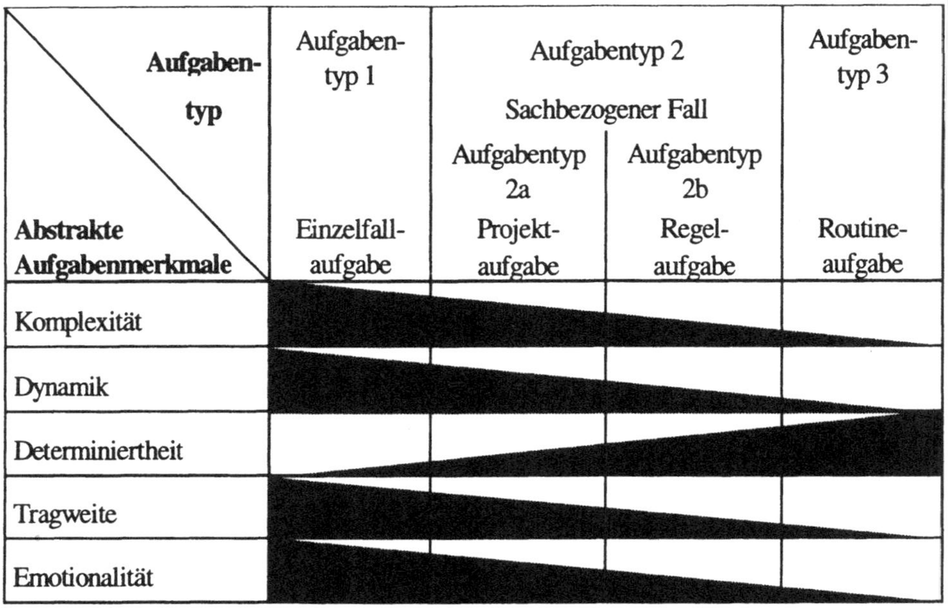

Abbildung 5.1-1: Unterscheidung verschiedener Aufgabentypen nach NIPPA (in Anlehnung an Nippa (1988), S. 90)

Kooperationsaufgaben vom Typ 'Projektaufgabe' (Typ 2a) als sachbezogene Aufgaben mit Projektcharakter sind aufgrund einer höheren Wiederholungsrate und wiederkehrender Rahmenbedingungen nicht den Einzelfallaufgaben zuzuordnen. Vorangehende Problemlösungen geben zwar nur grobe Anhaltspunkte bezüglich der notwendigen Problemlösungsschritte (relativ geringe Determiniertheit), es existieren jedoch Erfahrungen mit den Rahmenbedingungen der Problemlösung, auf deren Grundlage eine Anpassung an die konkrete Problemstruktur erfolgt. Projektaufgaben beinhalten darüber hinaus eine relativ hohe Komplexität und eine hohe Tragweite, d.h. sie besitzen eine erhebliche Bedeutung für die Erfüllung der Unternehmungsziele. Gleichzeitig liegt eine höhere Wahrscheinlichkeit vor, daß Veränderungen der Einflußfaktoren die konkrete Aufgabenabwicklung beeinflussen, so daß eine relativ hohe Aufgabendynamik besteht. Beispiele für solche Aufgaben bilden der Entwurf einer Marketingstrategie, die Durchführung eines größeren Reorganisationsprojektes oder die Entwicklung eines neuen Produkttyps.

Sachbezogene Aufgaben mit geringer Komplexität und relativ hoher Wiederholungsrate werden als *Kooperationsaufgaben vom Typ 'Regelaufgabe'* (Typ 2b) bezeichnet. Aufgrund des hohen Strukturierungsgrades und des geringen Ausmaßes variabler Einflußgrößen erlauben sie die Anwendung wiederkehrender Verfahren bei der Problemlösung. Anders als bei Routineaufgaben existieren jedoch eine Reihe von Sonderfällen, bei denen die Problemlösung nicht ex ante bestimmbar ist und die der Interpretation bzw. der Bewertung durch die Aufgabenträger bedürfen. Deshalb ist keine schematische Abwicklung dieser Aufgaben möglich, und es können lediglich Verfahrensrichtlinien im Hinblick auf die Erledigung dieser Sonderfälle ausgesprochen werden. Beispiele für Regelaufgaben stellen die kooperative Bearbeitung häufig auftretender Schadensfälle in Versicherungen oder die Beratung von Kleinanlegern in Banken dar.

Kooperationsaufgaben vom Typ 'Routineaufgabe' (Typ 3) zeichnen sich durch einen einfachen Charakter der Elemente und ihrer Beziehungen (geringe Komplexität), eine hohe Wiederholungshäufigkeit und allenfalls kontinuierliche Änderungen (geringe Dynamik) sowie die eindeutige Bestimmbarkeit der Art und der Ergebnisse der Problemlösungsverfahren (hohe Determiniertheit) aus. Von der Lösung einer konkreten Aufgabenstellung kann auf die Lösung zukünftiger Aufgaben geschlossen werden. Auch die Tragweite und die emotionale Bedeutung der Aufgabe sind bei diesem Aufgabentyp niedrig, da Verhandlungen und persönliche Beurteilungen nur eine geringe oder keine Rolle spielen. Ein Beispiel für diesen Aufgabentyp stellt etwa das Massengeschäft in der Finanzbuchhaltung dar.

Gerade bei Einzelfall- oder Projektaufgaben ist die Lösung durch eine Kooperationseinheit einer Einzelleistung häufig qualitativ und quantitativ überlegen, weil Aggregations-, Synergie-, Abstimmungs-, Austausch- und Ausgleichseffekte genutzt werden können. Auch bei Aufgaben vom Typ der Routine- oder Regelaufgaben, die spezialisiertes Wissen erfordern, kann die Leistung einer Kooperationseinheit der eines einzelnen Individuums überlegen sein. Die Übertragung solcher Aufgaben auf Kooperationseinheiten erfolgt allerdings häufiger zur Ausnutzung der Motivations-, der Abstimmungs- und der Qualifikationsfunktion.[16]

5.1.2 Implikationen verschiedener Aufgabentypen für die Informationsstruktur

Die Klassifikation der vier dargestellten Aufgabentypen erlaubt die Ableitung von Aussagen über die Merkmale der Informationsstruktur, wenn man davon ausgeht, daß unterschiedliche Aufgabentypen mit ihren spezifischen Ausprägungen der abstrakten Merkmale unterschiedliche Ausprägungen der Informationsstruktur induzieren (siehe

---

16 Zu den verschiedenen Funktionen von Kooperationen siehe die Ausführungen in Abschnitt 2.3 dieser Arbeit.

Abbildung 5.1-2).[17] Dabei sind die Merkmalsgruppen 'Breite des Informationsbedarfs und der Informationsbereitstellung', 'Informationsqualität (Aussagegehalt)', 'Komplexität der Informationsbeschaffung', 'Informationsverarbeitung i.e.S.' und 'Kommunikationsbedarf' relevant.[18]

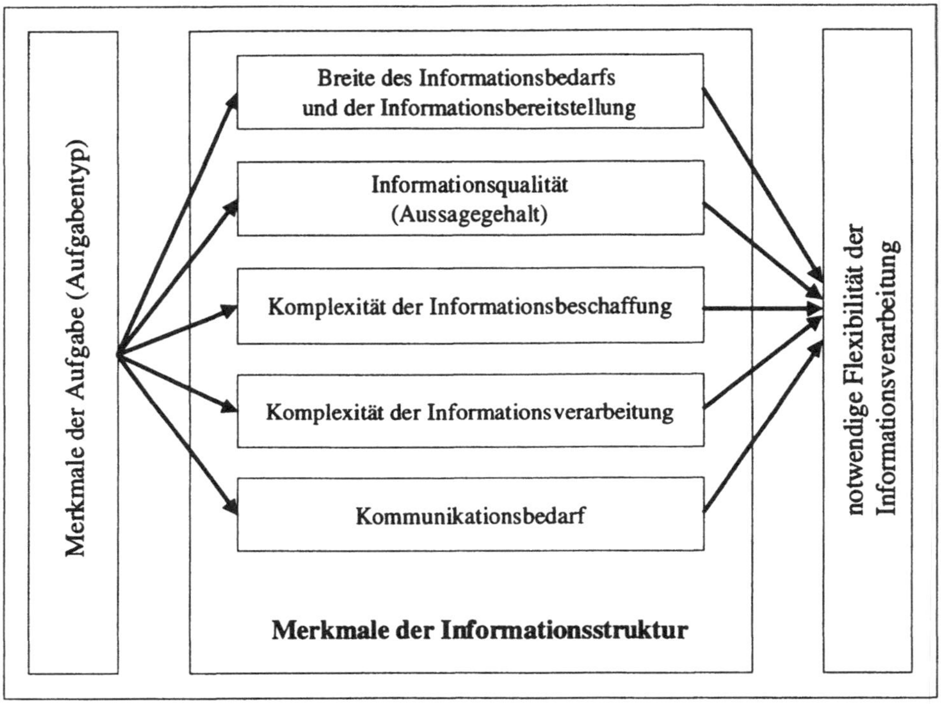

Abbildung 5.1-2: Durch den Aufgabentyp beeinflußte Merkmale der Informationsstruktur

Die '*Breite des Informationsbedarfs und der Informationsbereitstellung*' beinhaltet die Menge und den Inhalt der zur Aufgabenlösung erforderlichen Informationen. Je kom-

17 Nippa (1988), S. 92 spricht in diesem Zusammenhang von funktionalen Merkmalen, ohne eine präzise Definition anzubieten: „Unter funktionalen Merkmalen der Büroaufgabenerfüllung sollen Kriterien verstanden werden, die einen Einfluß darauf haben, wie die unterschiedlichen Aufgaben erfüllt werden können." Den grundsätzlichen Zusammenhang zwischen den abstrakten Aufgabenmerkmalen und den Merkmalen der Informationsstruktur bestätigen Daft/Macintosh (1981) empirisch. Sie verwenden bei ihren Untersuchungen die Aufgabenmerkmale Analysierbarkeit und Variabilität, welche mit der zu verarbeitenden Informationsmenge und der Vielschichtigkeit der Informationen korrelieren.

18 Vgl. hierzu und im folgenden die Ausführungen von Nippa (1988), S. 92ff. und 179ff. sowie Nippa (1991), S. 433-435 i.V. mit Wall (1996), S. 140ff. Nippa stellt allerdings zum Teil andere Merkmale und Operationalisierungen heraus und verwendet andere Gruppierungen der Kriterien. Ähnlich Picot/Reichwald (1987), S. 154, Reichwald (1990), S. 69f.

plexer und dynamischer eine Aufgabe ist, desto mehr unterschiedliche Informationen benötigt eine Kooperationseinheit, um die Aufgabenstellung zu lösen.[19] Auch die Veränderung des Wissens- und Erkenntnisstandes im Verlauf von Lernprozessen wirkt auf den Informationsbedarf.[20] Bei wenig strukturierten Aufgaben besteht das Problem in der Regel darin, Viel- und Mehrdeutigkeiten der vorhandenen Informationen durch Interpretation zu reduzieren. Zeichnen sich die Aufgaben durch eine hohe Dynamik auf, besteht das Problem primär darin, der Quantität der Informationen gerecht zu werden, um Unsicherheiten bezüglich der Qualität, der Termine, der Mengen und der Preise bei der Erfüllung einer Aufgabe zu reduzieren.[21]

Das Merkmal *'Informationsqualität (Aussagegehalt)'* bezieht sich auf die Eigenschaften der Informationen im Sinne von Qualitätskategorien,[22] welche u.a. mit Hilfe von Kriterien wie Wahrscheinlichkeit (Grad der Sicherheit), Prüfbarkeit (Verifizierbarkeit), Genauigkeit (Detailliertheit und Präzision), Vollständigkeit, Bedeutung (zeitliche und sachliche Reichweite), Objektivität (Prägung durch persönliche Vorstellung), Aktualität, Art der Information (quantitativ/qualitativ) sowie Strukturierbarkeit der Information (strukturiert/unstrukturiert) präzisiert werden.[23] Mit sinkender Strukturiertheit einer Aufgabe steigt der Interpretationsbedarf und die Anforderungen an die qualitative Informationsverarbeitung, d.h. die Reduzierung von Mehrdeutigkeiten durch Interpretation.[24]

Die Merkmalsgruppe *'Komplexität der Informationsbeschaffung'* faßt die Merkmale 'Zugang zu Informationen' und 'Grad der Bekanntheit' der zur Problemlösung benötigten Informationsinhalte zusammen. Das Kriterium 'Zugang zu Informationen' beschreibt dabei, in welchem Umfang Wissen über mögliche Informationsquellen und Zugangsmöglichkeiten zu diesen besteht. Der 'Grad der Bekanntheit' konkretisiert, ob das Ergebnis der Informationsbeschaffung vor der Beschaffung unbekannt oder aber bekannt ist, d.h. insbesondere, ob vor der Informationsbeschaffung Kenntnisse über den möglichen Alternativenraum bestehen.

Die Merkmalsgruppe *'Komplexität der Informationsverarbeitung i.e.S.'* bezieht sich auf die inhaltliche Verarbeitung der zur Problemlösung benötigten Informationen, welche sich durch die Neuartigkeit der Lösung, die Art des Lösungsweges und den Charakter

19 Vgl. Gemünden (1993), Sp. 1728; Szyperski (1980b), Sp. 904ff.; Tushman/Nadler (1978), S. 615; Van de Ven/Delbecq/Koenig (1976), S. 324ff.

20 Vgl. Winterstein (1998), S. 150.

21 Vgl. Bork (1994), S. 179; Daft/Lengel (1986), S. 563; Daft/Macintosh (1981), S. 221.

22 Vgl. Berthel (1992), Sp. 873f.

23 Vgl. Keller (1994), S. 149f. i.V. mit Wild (1971), S. 328 (beide zitiert in Wall (1996), S. 23) und Nippa (1988), S. 115.

24 Vgl. Bork (1994), S. 179 und die dort angegebene Literatur.

der Informationsverarbeitung i.e.S. operationalisieren lassen. Das Merkmal 'Neuartigkeit der Lösung' erfaßt, ob eine Problemlösung primär die Generierung neuartiger Lösungswege erfordert oder ob die vorhandenen Informationen lediglich umzusetzen sind. Die 'Art der Informationsverarbeitung' gibt an, ob der Lösungweg unbestimmt und offen oder eher eindeutig und festgelegt ist. Der 'Tätigkeitscharakter' umschreibt schließlich, ob die zur Aufgabenerfüllung notwendigen Informationsverarbeitungsaktivitäten primär kreativ bzw. innovativ oder schematisch sind.

Schließlich existieren funktionale Merkmale von Aufgaben, die zur Merkmalsgruppe '*Kommunikationsbedarf*' zusammengefaßt werden können. Dabei wirkt der Aufgabentyp wesentlich auf das 'Ausmaß der zur Aufgabenerfüllung notwendigen Intensität der Kommunikation' ein. Es wird davon ausgegangen, daß routinisierbare Aufgaben einen geringeren Kommunikationsbedarf zwischen den Kooperanden beinhalten als nicht routinisierbare Aufgaben.[25] Gleichzeitig differiert auch die 'Kommunikationskomplexität' bei unterschiedlichen Aufgabentypen. Sie liegt zwischen niedriger Ausprägung bei einfachen und leicht verständlichen Informationen und hoher Ausprägung bei Informationen über schwierige Sachverhalte, spekulative und wertbehaftete Informationen, so daß entsprechende Anforderungen an die zu verwendenden Kommunikationskanäle zu stellen sind.[26]

Aggregiert wirken die Aufgabenmerkmale auf das Merkmal '*Flexibilitätsbedarf*', d.h. auf die notwendigen Handlungsspielräume bei der Informationsverarbeitung. Der Flexibilitätsbedarf konkretisiert sich beispielsweise in der Notwendigkeit, auf unterschiedliche Informationsquellen zugreifen zu können, verschiedene Formen der Informationsverarbeitung durchzuführen oder mit wechselnden Kommunikationspartern über wechselnde Kanäle zu kommunizieren.[27]

Die unterschiedlichen Aufgabentypen induzieren unterschiedliche Ausprägungen hinsichtlich der genannten Informationsstrukturmerkmale (siehe auch Abbildung 5.1-3).

Einzelfallaufgaben (Typ 1) zeichnen sich durch einen hohen, sich dynamisch entwickelnden Informationsbedarf aus. Es besteht Unsicherheit bezüglich der zu beschaffenden Informationen, ihrer Quellen und Zugangskanäle. Die Informationen sind darüber hinaus vielfach komplex und mehrdeutig. Auch die Informationsverarbeitungsprozesse i.e.S. sind tendenziell sehr komplex, da neue Lösungen generiert werden müssen, wobei die Lösungswege ex ante nicht bestimmbar und planbar sind sowie kreative Problemlösungen erfordern. Schließlich ist auch der Kommunikationsbedarf hoch und die Kommuni-

---

[25] Vgl. Fornfeist (1985), S. 137 und die dort angegebenen empirischen Untersuchungen.

[26] Vgl. Hage/Aiken/Marrett (1980), S. 309ff.

[27] Vgl. Nippa (1988), S. 94.

kationsprozesse sind durch eine hohe Komplexität und wechselnde Kommunikationspartner geprägt. Aufgrund des hohen Ungewißheitsgrades des Lösungsweges sowie der möglichen Informationsquellen besitzen informale und ungeplante Informationsverarbeitungsprozesse eine hohe Bedeutung.[28] Aus den genannten Ausprägungen resultiert ein hoher Flexibilitätsbedarf der Informationsverarbeitung bei kooperativen Aufgaben diesen Typs.

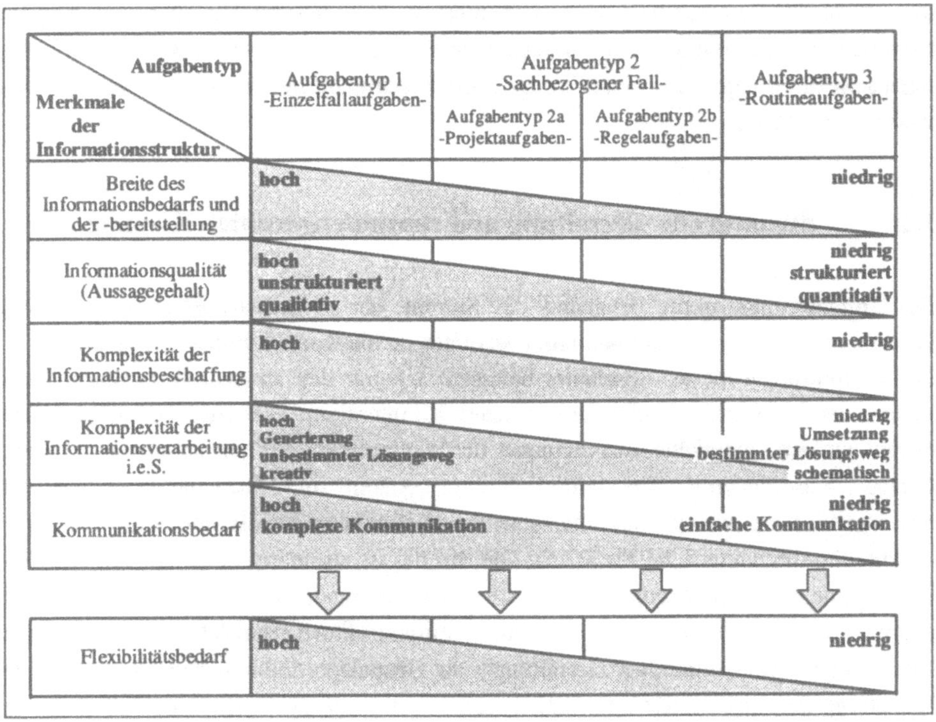

Abbildung 5.1-3: Ausprägungen verschiedener Merkmale der Informationsstruktur in Abhängigkeit vom Aufgabentyp (in Anlehnung an Nippa (1988), S. 93 und S. 176)

Routineaufgaben (Typ 3) charakterisiert dagegen eher ein weniger breiter Informationsbedarf, so daß zumeist nur wenige Quellen benötigt werden, die eindeutige Informationen liefern. Die Informationsverarbeitung i.e.S. ist als einfach zu bezeichnen und kann routinisiert sowie schematisch erfolgen. Gleichzeitig stellt sich der Kommunikationsbedarf als relativ niedrig und die Komplexität der Kommunikationsprozesse als begrenzt

[28] Vgl. Nippa (1988), S. 95 und S. 101 und die dort angegebene Literatur.

dar. Insgesamt ergibt sich bei diesem Aufgabentyp ein geringer Flexibilitätsbedarf der Informationsverarbeitung.
Die *sachbezogenen Aufgabentypen (Typ 2a und 2b)* nehmen hinsichtlich der verschiedenen Merkmalsausprägungen eine mittlere Position ein. Die Projektaufgaben weisen dabei eine größere Nähe zu den Einzelfallaufgaben auf, während die Regelaufgaben näher den Charakteristika der Routineaufgaben einzuordnen sind.

Die vorangehenden Ausführungen verdeutlichen, daß der Aufgabentyp verschiedene Merkmale der Informationsstruktur maßgeblich beeinflußt. Um einen wirksamen Technikeinsatz zu ermöglichen, bedarf es der Berücksichtigung dieser Aspekte bei der technischen Gestaltung.

5.2 Strukturelle Gestaltung und computergestützte Kooperation

Die Organisationsstruktur beinhaltet die Summe der organisatorischen Regeln. Als Komponente der Kooperationssituation bestimmt sie die Kooperationserwartung.
Die Ausführungen dieses Abschnitts befassen sich mit den strukturellen Aktionsparametern der Gestaltung computergestützter Kooperation. Die Ausführungen stellen jeweils zunächst mögliche Ausprägungen der strukturellen Aktionsparameter 'Arbeitsteilung', 'Koordination', 'Delegation', 'Leitungssystem' und 'Formalisierung' dar und untersuchen dann, wie sich die unterschiedlichen Varianten auf die Informationsstruktur auswirken (Abschnitte 5.2.1 bis 5.2.5). Gleichzeitig ist zu untersuchen, welchen Einfluß die Varianten der Ausprägungen der Aktionsparameter auf die Kooperationserwartung nehmen. Die Ausführungen zu den Informationsstrukturmerkmalen werden bei den Ausführungen zur technischen Gestaltung[29] als Grundlage dafür dienen, eine stimmige Gestaltung der eingesetzten Informationstechnik zu konzipieren. Im Anschluß daran ist auf die Interdependenzen der verschiedenen Aktionsparameter einzugehen (Abschnitt 5.2.6). Abschnitt 5.2.7 zeigt zusammenfassend auf, durch welche Ausprägungen der strukturellen Aktionsparameter sich eine Unternehmungsstruktur auszeichnet, die durchgängig eine ausgeprägte Kooperationserwartung widerspiegelt. Ergänzend zur vorausgehenden dimensionsorientierten Betrachtung werden diese Ausprägungen verschiedenen Unternehmungskonfigurationen, d.h. Strukturtypen bzw. -mustern, gegenübergestellt.

[29] Siehe Abschnitt 5.3 dieser Arbeit.

5.2.1 Aktionsparameter 'Arbeitsteilung'

Der Aktionsparameter 'Arbeitsteilung' gilt zusammen mit dem Aktionsparameter 'Koordination' vielfach als Ausgangspunkt der strukturellen Gestaltung.[30] Dabei finden eine Aufgliederung der Aufgaben der Unternehmung bzw. hier der Kooperationseinheit und eine Verteilung auf einzelne organisatorische Einheiten, d.h. Stellen oder Stellenmehrheiten innerhalb der Kooperationseinheit statt (Arbeitsteilung). Abschnitt 5.2.1.1 nimmt zunächst eine Charakterisierung der Arbeitsteilung und der möglichen Ausprägungen bei Vorliegen unterschiedlicher Aufgabentypen vor. Im sich anschließenden Abschnitt 5.2.1.2 sind dann Implikationen einer bestimmten Form der Arbeitsteilung für die Informationsstruktur und die darin zum Ausdruck kommende Kooperationserwartung abzuleiten.

5.2.1.1 Charakterisierung des Aktionsparameters 'Arbeitsteilung'

Die Zerlegung von Aufgaben durch Arbeitsteilung steht im Mittelpunkt der traditionellen deutschen betriebswirtschaftlichen Organisationslehre, wie sie NORDSIECK[31] und KOSIOL[32] prägten. Dabei bilden hier die Aufgaben der Kooperationseinheit den Ausgangspunkt der Zerlegung in Teilaufgaben (Analyse). Die analytisch gebildeten Teilaufgaben werden sodann zu verteilungsfähigen Komplexen zusammengefaßt und einzelnen Einheiten, d.h. Stellen oder Stellengruppen zugewiesen (Synthese).[33]

Die Aufgabe einer Kooperationseinheit, bestimmte Leistungen zu erbringen, konkretisiert sich in einer Menge von Aufträgen (Auftragslast). Die Auftragslast einer Kooperationseinheit kann beispielsweise sowohl den gesamten Auftragsabwicklungsprozeß als auch lediglich das Erstellen von Angeboten beinhalten.[34] Bezüglich der Leistungserstellung in Kooperationseinheiten bestimmt die *Art der Arbeitsteilung*, welcher Aufgabenträger innerhalb der Kooperationseinheit welchen Auftrag bearbeitet und welche Informationen hierzu von wem übermittelt und an wen weitergegeben werden.

---

30 Z.B. bei Schanz (1994), S. 69; Frese (1989), Sp. 916.

31 Vgl. Nordsieck (1934).

32 Vgl. Kosiol (1962).

33 Dieser Abschnitt behandelt lediglich Fragestellungen der horizontalen Arbeitsteilung. Die vertikale Form der Arbeitsteilung bzw. Spezialisierung nach dem Rang der Aufgabe, welche Entscheidungs- und Ausführungsaufgaben unterscheidet (vgl. Reiß (1992), Sp. 171), oder nach den Phasen, welche Planungs- und Kontrolltätigkeiten von Durchführungsaufgaben trennt (vgl. Kosiol (1962), S. 49ff.), erläutern die Ausführungen im Zusammenhang zum Aktionsparameter 'Delegation' (siehe Abschnitt 5.2.3 der vorliegenden Arbeit).

34 Vgl. Wall (1996), S. 100.

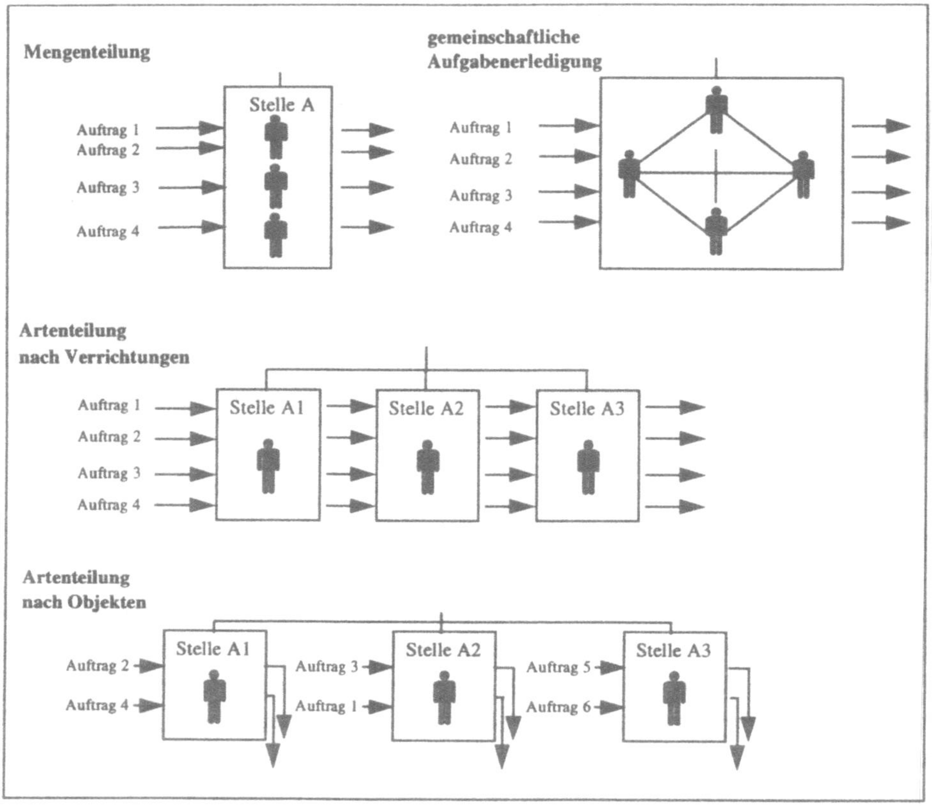

Abbildung 5.2-1: Arten der Arbeitsteilung
(erweitert in Anlehnung an Wall (1996), S. 101)

Arbeitsteilung kann dabei prinzipiell sowohl nach Mengen als auch nach der Art der Aufgaben erfolgen. Die *Arbeitsteilung nach Mengen* zerlegt die Gesamtaufgabe in eine Reihe gleichartiger Teilaufgaben, beispielsweise indem die Anrufe in einem Call-Center mittels des Anrufeingangs zugewiesen werden. Bei der *Arbeitsteilung nach der Art der Verrichtungen* entstehen dagegen unterschiedliche Teilaufgaben an den einzelnen Stellen, so daß sich Spezialisierungen herausbilden. Sie läßt sich differenzieren in die *Artenteilung nach Verrichtungen* und die *Artenteilung nach Objekten*, wobei als Objekte sowohl Produkte, Kundengruppen als auch Regionen in Betracht kommen.[35] Erfolgt eine *gemeinschaftliche Erledigung der Auftragslast*, so bearbeiten die Mitglieder einer Kooperationseinheit die Aufgabe zusammen, ohne daß eine Spezialisierung der Stellen

---

[35] Vgl. Kieser/Kubicek (1992), S. 80; Schulte-Zurhausen (1995), S. 116; Wall (1996), S. 96.

nach der Art der Aufgaben oder eine Mengenteilung stattfindet.[36] Die Abbildung 5.2-1 stellt die Auftragsbearbeitung bei den Grundformen der Arbeitsteilung vereinfacht dar.Hinsichtlich der Zuordnung verschiedener Formen der Arbeitsteilung zu unterschiedlichen Aufgabentypen können nur Tendenzaussagen getätigt werden, die in Abbildung 5.2-2 zusammengefaßt werden. Routine- (Aufgabentyp 3) und Regelaufgaben (Aufgabentyp 2b) dürften in der Praxis weniger durch die gemeinschaftliche Aufgabenerledigung denn durch verschiedene Formen der arbeitsteiligen Aufgabenerledigung zu charakterisieren sein, weil die Komplexität und Dynamik der Aufgaben einerseits weniger hoch ist und andererseits das Kreativitätspotential der Kooperanden weniger gefragt ist. Stattdessen sind sich wiederholende Aufgabenstellungen zu erledigen, bei denen die erforderlichen Arbeitsschritte häufiger ex ante festzulegen und zu verteilen sind. Bei den Projekt- (Aufgabentyp 2a) und Einzelfallaufgaben (Aufgabentyp 1) dürften eher gemeinschaftliche Formen der Aufgabenerledigung anzutreffen sein. Dies liegt zum einen darin begründet, daß die notwendigen Arbeitsschritte bei diesen Aufgabentypen häufig nicht ex ante zu bestimmen und deshalb auch nicht in eine bestimmte Reihenfolge zu bringen sind sowie zum anderen daran, daß die Synergie-, Abstimmungs-, Austausch- und Ausgleichseffekte der Kooperation hier ihre volle Wirkung entfalten sollen, um der Komplexität und Dynamik der Aufgabenstellungen gerecht zu werden.

Form der Arbeitsteilung / **Aufgabentyp**	Arbeitsteilung nach Mengen, Objekten oder Verrichtungen	Gemeinschaftliche Aufgabenerledigung
Routineaufgaben (Aufgabentyp 1) Regelaufgaben (Aufgabentyp 2a)		
Projektaufgaben (Aufgabentyp 2b) Einzelfallaufgaben (Aufgabentyp 3)		

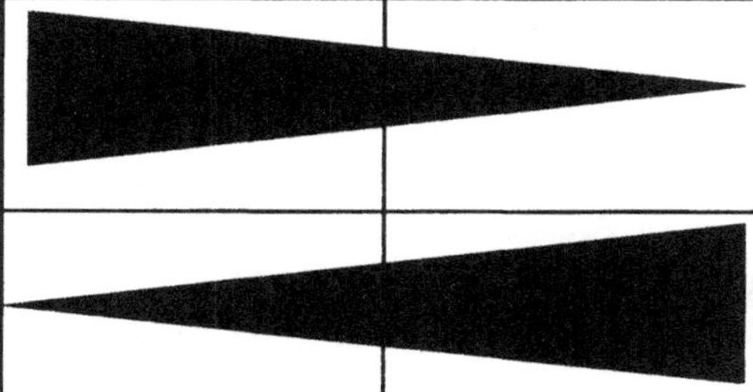

Abbildung 5.2-2: Anwendbarkeit verschiedener Formen der Arbeitsteilung bei verschiedenen Aufgabentypen

Das ***Ausmaß der Arbeitsteilung*** drückt aus, wie stark die Aufgaben der Kooperationseinheit in unterschiedliche Teilaufgaben aufgespalten werden. Es ist sowohl über die Anzahl der unterschiedlichen Teilaufgaben bzw. die Anzahl der Bearbeitungsstationen als

36 Neben den genannten Formen existieren darüber hinaus auch Kombinationen der Grundformen, welche hier allerdings nicht beachtet werden.

auch über den inhaltlichen Umfang mit Hilfe von Kriterien wie Anzahl der verschiedenen Operationen, Anzahl der prozeßbeteiligten Stellen, zeitliche Länge des Arbeitszyklus etc. zu bestimmen.[37] Je nach Grad der Arbeitsteilung obliegt einer Stelle bzw. einem einzelnen Mitarbeiter innerhalb einer Kooperationseinheit im einen Extrem die komplette Erledigung einer Aufgabe oder im anderen Extrem lediglich die Ausführung einzelner Handgriffe.

In diesen Zusammenhang ist auch die Betrachtung der Tätigkeitsspielräume von Mitarbeitern zu stellen. Der Tätigkeitsspielraum bestimmt sich aus der Anzahl oder der Varietät der unterscheidbaren Arbeitsvollzüge,[38] also aus dem quantitativen Arbeitsinhalt.[39] Während Generalisten eine Vielzahl unterschiedlicher Tätigkeiten wahrnehmen, verrichten Spezialisten wiederholt dieselben Aktivitäten bezüglich bestimmter Objekte oder Verrichtungen.
Das *Ziel der Spezialisierung* besteht in der Erhöhung der Produktivität und Wirtschaftlichkeit von Unternehmungseinheiten. Zunächst ging man davon aus, daß eine größtmögliche Arbeitsteilung bzw. der damit zumeist verbundene hohe Spezialisierungsgrad effizient ist. Begründet wurde dieses damit, daß[40]

- hoch spezialisierte Stellen nur kurze Anlern- und Einarbeitungszeiten erfordern,
- die mit der Spezialisierung häufig einhergehende Arbeitsvereinfachung den Einsatz von Mitarbeitern mit geringeren Kenntnissen und Fähigkeiten ermöglicht,
- die niedrigere Qualifikation die Zahlung eines niedrigeren Lohnes gestattet,
- sich ständig wiederholende Aufgabenstellungen einen Trainingseffekt bewirken, so daß die Mitarbeiter eine hohe Geschicklichkeit entwickeln und die Leistung sowie die Qualität der Aufgabenausführung aufgrund von Lerneffekten weiter gesteigert werden können.

Die Beurteilung der Spezialisierung aus personenbezogener Sicht hängt vom tatsächlichen Ausmaß der Arbeitsteilung ab. Spezialisierung ist deshalb nicht immer mit niedrigen Qualifikationsanforderungen verbunden. In Unternehmungen existieren in der Regel eine Vielzahl von Stellen, die hoch spezialisiert sind und dennoch eine hohe Quali-

---

[37] Vgl. Hill/Fehlbaum/Ulrich (1994), S. 301; Wittmann (1990), S. 139. Zur Problematik der Messung des Spezialisierungsgrades vgl. Bünting (1995), S. 110-115.

[38] Vgl. Osterloh (1985), S. 294.

[39] Der primär durch die Arbeitsteilung bzw. Spezialisierung beeinflußte Tätigkeitsspielraum bildet zusammen mit dem durch den Delegationsgrad definierten Entscheidungs- und Kontrollspielraum den Handlungsspielraum von Stellen bzw. Kooperationseinheiten. Zum Konzept des Handlungsspielraums vgl. Ulich (1972), S. 266ff.; Ulich/Groskurth/Bruggemann (1973), S. 64f.; Osterloh (1985), S. 291ff.; Müller-Böling (1979), S. 304f.

[40] Vgl. Kieser/Kubicek (1992), S. 78; Hill/Fehlbaum/Ulrich (1994), S. 312f.

fikation erfordern, wie beispielsweise die juristische Beratung, die Marktforschung, die Planung oder die Entwicklung.[41]
Ein hohes Ausmaß der Arbeitsteilung und die damit verbundene Spezialisierung insbesondere bei einer Artenteilung nach Verrichtungen in Zusammenhang mit wenig komplexen (Teil-)Aufgaben und geringen Qualifikationsanforderungen bringt aufgrund der Einseitigkeit der Belastungen *negative Wirkungen* für die Mitarbeiter mit sich. Sie können die Vorteile überkompensieren:[42]

- Verkümmerung nicht genutzter geistiger Fähigkeiten aufgrund von Unterforderung,
- einseitige psycho-physische Belastung und damit einhergehende Ermüdung,
- Reizarmut (Monotonie),
- Entfremdung zur Arbeit, da der Bezug zur Gesamtleistung für die Mitarbeiter vielfach nicht herstellbar ist.

Hohe Fluktuations-, Abwesenheits- und Fehlerquoten stellen Symptome für solche negativen sozio-emotionalen Effekte dar, die sich ebenfalls auf die Leistungsfähigkeit von Kooperationseinheiten auswirken.

Verschiedene strukturelle Konzepte verfolgen eine Rücknahme des Arbeitsteilungsgrades insbesondere bei Regel- (Typ 2b) und Routineaufgaben (Typ 3) im Bereich der Sachbearbeitungs- und Unterstützungskräfte.[43] Bei diesen Aufgabentypen bestehen vielfach eine ausgeprägte Artenteilung nach Verrichtungen und streng sukzessive Arbeitsflüsse. Die negativen Auswirkungen umfassen neben ökonomischen Aspekten wie zu hohen Durchlaufzeiten aufgrund der Vielzahl von Schnittstellen, einer geringen Flexibilität der Leistungserstellung und der Akteure sowie einer geringen Kundenorientierung vor allem auch sozio-emotionale Aspekte, die sich in der Unzufriedenheit der Mitarbeiter äußern. Zur Beseitigung der negativen Folgen einer hohen horizontalen Arbeitsteilung und seit neuerem auch zur Realisierung einer prozeßorientierten Perspektive der Leistungsaktivitäten erfolgt deshalb bisweilen eine (Re-)Integration von Teilaufgaben oder die Rotation der Ausübung der Teilaufgaben innerhalb der Einheit.[44] Bei anforderungsarmen Aufgaben führt die Addition gleichwertiger Aufgaben allerdings nicht zu einem höheren Bedarf der arbeitsinhaltlichen Abstimmung und bietet somit nur schwache Ansatzpunkte zur Kooperation. Entscheidender ist in diesem Zusammenhang vielmehr die Übertragung der

41 Vgl. Kieser/Kubicek (1992), S. 79f.

42 Vgl. Hill/Fehlbaum/Ulrich (1994), S. 309f. Ähnlich Kieser/Kubicek (1992), S. 77ff.; Bleicher (1991a), S. 57f.

43 Vgl. Nippa (1988), S. 127 und die dort angegebene Literatur.

44 Vgl. Nippa (1988), S. 200. In diesem Zusammenhang wird auch von Arbeitserweiterung bzw. Job enlargement gesprochen. Demgegenüber führt eine Erweiterung der Entscheidungs- und Kontrollspielräume durch Verringerung der vertikalen Spezialisierung zur Arbeitsbereicherung bzw. Job enrichment. Vgl. z.B. Schulte-Zurhausen (1995), S. 123.

Planungs- und Kontrollfunktionen bzw. die Übertragung von Entscheidungskompetenzen auf die ausführenden Stellen.
Bei den Konzepten der Rundum-Sachbearbeitung und des Case Management[45] versucht man, den Dysfunktionalitäten eines hohen Arbeitsteilungsgrades zu begegnen, indem man alle Arbeitsschritte zur Erledigung eines Auftrages bei einem Sachbearbeiter reintegriert oder von einer Arbeitsgruppe erledigen läßt. Dies erfolgt vor allem mit den Zielsetzungen, die Anzahl von Schnittstellen zwischen verschiedenen Funktionsbereichen zu verringern und den Kundenkontakt effektiv zu gestalten. Bei einer Arbeitsteilung, die homogene Tätigkeitskomplexe erzeugt, treten kooperative Handlungen vor allem in Form von Hilfeleistungen und von koordinativen Aktivitäten, wie z.B. der Verteilung der Arbeitsaufträge, auf. Der Einsatz von CSCW-Technologien muß dieses entsprechend berücksichtigen. Bei einer Arbeitsteilung, die inhomogene Tätigkeitsfelder der Akteure einer Kooperationseinheit bildet, kann die Flexibilität der Akteure durch eine rotierende Zuweisung der Aktivitäten gewährleistet werden (Job rotation). Handelt es sich um sehr begrenzte, funktionale Arbeitsbereiche, sollten diese sowohl inhaltlich als auch im Hinblick auf die Entscheidungsspielräume erweitert werden, um die Funktionsfähigkeit einer Kooperationseinheit dauerhaft zu erhalten. Insgesamt ist insbesondere im Bereich von Unterstützungs- und Sachbearbeitungskräften darauf zu achten, daß den Kooperationseinheiten hinreichend komplexe Aufgabe übertragen werden, um die Voraussetzungen für eine flexible Arbeitsteilung zu schaffen. Insbesondere sollte die übertragene Aufgabe nicht derart eng formuliert sein, daß eine sinnvolle Arbeitsteilung innerhalb der Kooperationseinheit nur noch quantitativ, aber nicht mehr qualitativ erfolgen kann.[46]
Dagegen ist bei komplexeren Aufgaben vom Typ der Projektaufgaben (Typ 2a) bzw. der Einzelfallaufgaben (Typ1) tendenziell davon auszugehen, daß die Spezialisierung innerhalb der Kooperationseinheiten aufrechterhalten werden muß (z.B. bei der Kooperation von technischen und betriebswirtschaftlichen Fachkräften), um den qualitativen Anforderungen der Aufgaben gerecht werden zu können. In diesem Zusammenhang sind die Verarbeitung gemeinsamer Objekte und Materialien sowie die Koordination als Dimensionen der Kooperation von großer Bedeutung.

An dieser Stelle seien einige Überlegungen darüber angestellt, wie die Arbeitsteilung zwischen Kooperationseinheiten gestaltet werden sollte. Die Bildung von Kooperationseinheiten ist, läßt man soziale Ziele unbeachtet, überall dort sinnvoll, wo die Nutzensteigerung durch die größere Wissensbasis und das höhere Informationsverarbeitungspotential die zusätzlichen Aufwendungen bezüglich Koordination und Kommunikation übersteigt. Die Arbeitsteilung zwischen (aber auch innerhalb von) Kooperationseinheiten kann sich entweder an der Gleichartigkeit der Handlungen (verrichtungsorientierte

---

45 Siehe Abschnitt 2.2.3 dieser Arbeit.

46 Vgl. Höller/Kubicek (1991), S. 180; Höller/Kubicek (1990), S. 28f.

Arbeitsteilung) oder an bestehenden problembezogenen Interdependenzen (objektorientierte Arbeitsteilung) ausrichten. Insbesondere bei Einzelfallaufgaben sollte die Spezialisierung ganzer Kooperationseinheiten nach dem Kriterium der Probleminterdependenz und nicht nach dem Kriterium der Gleichartigkeit der verrichteten Handlungen erfolgen.[47] Dieses liegt vor allem darin begründet, daß die Wissensbasen der Aufgabenträger dann kombiniert werden können, um neues Wissen zu generieren. Dabei kommt der Kommunikation eine besondere Bedeutung zu. Geht man davon aus, daß Kommunikation über die Grenzen von Einheiten hinaus signifikant höhere Kosten verursacht als innerhalb der Kooperationseinheiten, können die Kosten der Kommunikation und der Informationsbeschaffung minimiert werden, indem der aus Interdependenzen zwischen Kooperationseinheiten resultierende Kommunikations- und Koordinationsbedarf möglichst klein gehalten wird.[48] Gleichzeitig beinhaltet eine Arbeitsteilung nach Objekten zwischen Kooperationseinheiten den Vorteil, daß die Orientierung am gemeinsamen Ergebnis leichter zu bewerkstelligen ist und insgesamt eine höhere Kundenorientierung realisiert werden kann.

Gleichzeitig ist bei der Arbeitsteilung zwischen Kooperationseinheiten darauf zu achten, daß den Kooperationseinheiten solche Aufgaben übertragen werden, die hinreichend komplex sind, so daß die Voraussetzungen einer flexiblen Arbeitsteilung gegeben sind und hinreichend anspruchsvolle Tätigkeitskomplexe für die einzelnen Akteure entstehen können.[49]

Die Art und Intensität der Arbeitsteilung innerhalb einer Kooperationseinheit nimmt nicht nur Einfluß auf die Aufbauorganisation, sondern beeinflußt über die entstehenden *Interdependenzen* der Ressourcennutzung, der Leistungsflüsse und der Handlungen auch die Ablauforganisation.[50]

Ressourceninterdependenzen ergeben sich aufgrund der gemeinsamen Nutzung von Gebrauchsfaktoren. Sie können prinzipiell bei jeder Art und Intensität der Arbeitsteilung bestehen, sind aber relativ leicht durch die Bereitstellung zusätzlicher Ressourcen zu beseitigen.[51] Aus diesem Grund sind keine allgemeinen Aussagen darüber möglich, in welcher Intensität sie bei verschiedenen Arten der Arbeitsteilung vorliegen und welcher Kooperationsbedarf sich daraus ergibt. Ressourceninterdependenzen bleiben deshalb bei den folgenden Ausführungen unberücksichtigt. Greifen Akteure auf gemeinsame Res-

47 Vgl. Hippel (1990), S. 411f.

48 Vgl. Kieser/Kubicek (1992), S. 89; Hippel (1990), S. 409.

49 Vgl. Höller/Kubicek (1991), S. 180; Höller/Kubicek (1990), S. 28f.

50 Zur Unterscheidung der Arten von Interdependenzen siehe Abschnitt 2.4.3 dieser Arbeit.

51 Vgl. Wall (1996), S. 98 und die dort angegebene Literatur.

sourcen (z.B. Räume, Daten, Verarbeitungskapazitäten) zurück, spricht man auch von *'pooled interdependence'*.[52]

Liegen *Leistungs- oder Handlungsinterdependenzen* vor, stellt die Ausführung einer Teilaufgabe die Voraussetzung für die Erfüllung einer anderen dar. Das Ausmaß der Interdependenzen wird direkt durch die Art und die Intensität der Arbeitsteilung beeinflußt. Hinsichtlich der *Richtung der Interdependenz* lassen sich sequentielle, reziproke und integrative Formen differenzieren,[53] welche die Reihenfolge der zur Aufgabenlösung notwendigen Aktivitäten (synonym: Arbeitsfluß) bestimmen:[54]

- Beim *sequentiellen Arbeitsfluß* ('sequential work flow') stellt der Output einer Stelle den Input einer anderen Stelle dar, so daß eine einseitige Verknüpfung entsteht. Die Mitglieder der Kooperationseinheit, denen jeweils individuell unterschiedliche (Teil-)Aufgaben obliegen, führen den Arbeitsprozeß am gleichen Gegenstand fort, so daß die Fertigstellung des vorherigen Arbeitsschrittes Voraussetzung für die Erledigung der Gesamtaufgabe ist. Es bestehen einseitige Input-Output-Beziehungen und somit auch einseitige Übermittlungsvorgänge von Informationen bzw. gemeinsamen Materialien. Erfolgt die Aufgabenerledigung streng sequentiell, spricht man vom 'starren Reihenprinzip'. Das 'Parallelprinzip' als zweite Variante des sequentiellen Arbeitsflusses mildert die Strenge des sequentiellen Ablaufs insofern, als daß auch parallele Aktivitäten durchgeführt werden. Auch hier findet allerdings kein wechselseitiger Austausch von Informationen statt.
- Bei *reziprokem Arbeitsfluß* ('reciprocal workflow', 'Projektprinzip') bestehen gegenseitige Handlungs- bzw. Leistungsinterdependenzen der Kooperationspartner, die den zweiseitigen Austausch von Informationen und Arbeitsergebnissen erfordern. Bei dieser Form des Arbeitsflusses können die einzelnen Aktivitäten zumindest prinzipiell eindeutig einzelnen Akteuren zugewiesen und ex ante in eine Reihenfolge gebracht werden.
- *Integrative Arbeitsflüsse* ('team workflow') liegen dann vor, wenn mehrere Akteure eine Problemlösung in netzwerkartig verknüpfter, gemeinsamer Arbeit

---

[52] Vgl. Thompson (1967), S. 541.

[53] In diesem Zusammenhang ist die Reihenfolgeplanung der Arbeitstätigkeiten als ablauforganisatorischer Aktionsparameter von Interesse. Mit Blick auf die Ablauforganisation können neben der Reihenfolgeplanung (Zeitfolgeplanung) die folgenden organisatorischen Aktionsparameter unterschieden werden: Festlegung der Arbeitsgangdauer (Zeitdauerplanung), Gruppierung der Arbeitsaufträge (Zeit-Mengen-Relation), Terminierung der Arbeitsaufträge (Zeitpunktplanung) und Reihenfolge der Arbeitsaufträge (Prioritätenplanung). Vgl. Nippa (1988), S. 159f. und die dort angegebene Literatur. Nippa spricht in diesem Zusammenhang von zeitlicher Büroprozeßstrukturierung. Vgl. Nippa (1988), S. 160 bezüglich der Anwendungsproblematik der genannten ablaufbezogenen Aktionsparameter bei der Ablauforganisation im Bürobereich.

[54] Zur Unterscheidung der verschiedenen Formen vgl. Thompson (1967), S. 54f., dort bezogen auf Abteilungen; Van de Ven/Delbecq/Koenig (1976), S. 334f.; Nippa (1988), S. 188; Van de Ven/Ferry (1980), S. 166ff.

erbringen (z.B. Ideensammlung und -auswertung im Rahmen eines Brainstorming). Die Aufgabenerledigung erfordert den gegenseitigen Austausch von Informationen und Arbeitsergebnissen. Die Reihenfolge der Arbeitsschritte kann ex ante nicht angegeben werden und der Beitrag einzelner Akteure ist ex post nicht mehr zu isolieren. Häufig können Handlungen sogar nur dann vollzogen werden, wenn sich die Akteure zur gleichen Zeit am gleichen Ort befinden.

Mit jeder Stufe steigen die Verflechtung der Leistungserstellungsprozesse und die Intensität der Abhängigkeit zwischen den verschiedenen Aufgabenträgern aufgrund von Handlungs- oder Leistungsinterdependenzen,[55] was sich auch auf den Koordinationsbedarf auswirkt. Dabei greifen die verschiedenen Formen auf die jeweils vorgenannten zurück. Beispielsweise lassen sich reziproke Arbeitsflüsse in sequentielle Interdependenzen zerlegen. Liegen keine Handlungs- oder Leistungsinterdependenzen vor, besteht ein *unabhängiger Arbeitsfluß* ('independent workflow').

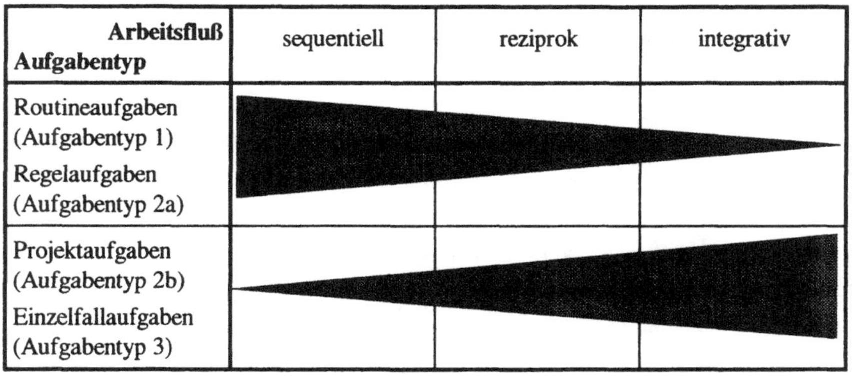

Abbildung 5.2-3: Bedeutung verschiedener Richtungen der Interdependenz bei unterschiedlichen Aufgabentypen

Die Art der Arbeitsteilung und die Art der Aufgabe sind auch in Zusammenhang mit den Formen des Arbeitsflusses zu bringen.

Bei reinen Mengenteilungen bzw. Artenteilungen nach der Art der Objekte entstehen unabhängige Arbeitsflüsse. Bei einer Artenteilung nach Verrichtungen sind dagegegen sowohl sequentielle und reziproke Formen des Arbeitsflusses als auch integrative Arbeitsflüsse möglich. Gemeinschaftliche Arbeitserledigung ist mit integrativen Arbeitsflüssen verbunden.

Ordnet man die Formen des Arbeitsflusses unterschiedlichen Aufgabentypen zu, so ist zu vermuten, daß bei den Kooperationsaufgaben vom Typ der Routineaufgaben (Typ 3) und

[55] Vgl. Thompson (1967), S. 54; Fornfeist (1985), S. 41. Kritisch äußern sich zu dieser Schlußfolgerung Kieser/Kubicek (1992), S. 94.

der Regelaufgaben (Typ 2b) regelmäßig sequentielle und einfache reziproke Arbeitsflüsse anwendbar sind, während bei Projektaufgaben (Tpy 2a) und Einzelfallaufgaben (Typ 1) reziproke oder integrative Arbeitsflüsse dominieren (siehe Abbildung 5.2-3).[56] Diese Hypothese geht vor allem auf den unterschiedlichen Strukturiertheits- und Komplexitätsgrad und die variierende Planbarkeit der notwendigen Aktivitäten und ihrer Reihenfolgen bei den verschiedenen Aufgabentypen zurück.

5.2.1.2 Schlußfolgerungen bezüglich Informationsstruktur und Kooperationserwartung auf Grundlage der Gestaltung des Aktionsparameters 'Arbeitsteilung'

Die Art und das Ausmaß der Arbeitsteilung beeinflussen die Informationsstruktur über verschiedene Merkmale. Die folgenden Ausführungen beschreiben die relevanten Merkmale zunächst, treffen danach Aussagen über deren Ausprägungen bei unterschiedlichen Arten der Arbeitsteilung und gehen schließlich auf die damit verbundene Kooperationserwartung ein.

Das Informationsstrukturmerkmal *'auftragsbezogene Breite des Informationsbedarfs und der Informationsbereitstellung'* charakterisiert den Inhalt der Informationen, die zur Erledigung der Arbeitsaufträge erforderlich sind. Dabei kann zwischen der *'mengenbezogenen Breite'* und der *'inhaltlichen Breite'* des Informationsbedarfs sowie der Informationsbereitstellung unterschieden werden. Die inhaltliche Breite gibt an, ob ein Aufgabenträger zur Erledigung eines Auftrags lediglich einzelne oder alle Informationen über die Auftragseigenschaften (z.B. Auftraggeber, Bearbeitungsmodalitäten) benötigt. Die mengenbezogene Breite erfaßt, ob sich der Informationsbedarf eines Kooperationspartners auf die gesamte oder lediglich auf einen Ausschnitt der Auftragslast bezieht.[57]

Die Untersuchung der horizontalen Informationsbeziehungen erlaubt Schlußfolgerungen darüber, welche Einheiten die zur Auftragserfüllung benötigten Informationen im Sinne von Vorleistungen bereitstellen und ob Informationen weitergeleitet werden. Das Informationsstrukturmerkmal *'horizontale Informationsautarkie'* zeigt an, welches Ausmaß leistungsbezogener Verflechtungen zwischen verschiedenen Stellen innerhalb einer Kooperationseinheit besteht. Vollkommene horizontale Autarkie besteht dann, wenn die Stellen zur Erledigung eines Auftrages keine Informationen von gleichrangigen Einheiten beziehen, sondern diese ausschließlich selbst erzeugen. Das Informationsstrukturmerkmal *'horizontale Informationsautonomie'* gibt demgegenüber das Ausmaß an, in dem die

56 Ähnliche Schlußfolgerungen zieht Nippa (1988), S. 186.
57 Vgl. Wall (1996), S. 143.

Informationsprozesse der Kooperanden unabhängig, d.h. ohne Berücksichtigung der Aktivitäten der Kooperationspartner, gestaltet werden können. Horizontale Informationsautarkie und -autonomie stehen in engem Zusammenhang. Besitzt ein Akteur eine niedrige horizontale Informationsautarkie, muß er Informationen von anderen Aufgabenträgern beziehen und verfügt demnach auch nur über eine geringe horizontale Informationsautonomie, d.h. wenig Möglichkeiten, seine Informationsverarbeitungsprozesse unabhängig zu gestalten. Eine hohe oder niedrige Informationsautonomie stellt also die Folge einer hohen oder niedrigen Informationsautarkie dar. Die Informationsautarkie wird wiederum von der Art der Arbeitsteilung bestimmt.[58] Eine niedrige (hohe) Informationsautarkie weist direkt auf eine hohe (niedrige) Kooperationserwartung bei der Aufgabenerfüllung hin, da bei niedriger (hoher) Informationsautarkie viele (wenige) Informationen von anderen Aufgabenträgern mittels Kommunikationsaktivitäten bezogen werden müssen, um eine gemeinsame Aufgabe zu erledigen.

Je stärker die Handlungs- und Leistungsinterdependenzen aufgrund der Art und des Ausmaßes der Arbeitsteilung ausgeprägt sind, desto geringer ist die horizontale Informationsautarkie. Folglich ist die horizontale Informationsautonomie ebenfalls geringer. Dieses läßt die folgenden Schlußfolgerungen zu, die um Aussagen zur inhaltlichen und mengenmäßigen Breite des Informationsbedarfs und der -bereitstellung (IBuB) ergänzt werden:[59]

- Bei *mengenorientierter Arbeitsteilung* bestehen keine Leistungs- oder Handlungsinterdependenzen, d.h. keine Verflechtungen mit der Aufgabenerledigung anderer Mitarbeiter (unabhängiger Arbeitsfluß). Demnach liegen eine hohe horizontale Informationsautarkie und -autonomie vor. Die mengenbezogene Breite des Informationsbedarfs einzelner Akteure ist tendenziell als niedrig und die inhaltliche Breite als hoch im Vergleich zum gesamten Informationsbedarf einzustufen.
- Die Arbeitsteilung in Form der *Artenteilung nach Verrichtungen* induziert hohe Handlungs- und Leistungsinterdependenzen bei typischerweise sequentiellem oder reziprokem Arbeitsfluß und demnach eine geringe horizontale Informationsautarkie und eine geringe Informationsautonomie. Die mengenbezogene Breite des Informationsbedarfs und der Informationsbereitstellung ist hoch und die inhaltliche Breite des IBuB gering.
- Die Arbeitsteilung in Form der *Artenteilung nach Objekten* zeichnet sich durch geringe Leistungs- und Handlungsinterdependenzen aus, da keine unmittelbar auf den Leistungsprozeß zurückzuführenden Interdependenzen bestehen (unabhängiger

58 Vgl. Wall (1996), S. 104f.

59 Zu den folgenden Ausführungen vgl. Wall (1996), S. 99-105. Wall geht jedoch nicht auf die spezifische Problematik der Kooperation und der Interdependenzen ein und befaßt sich nicht mit der gemeinschaftlichen Aufgabenerledigung.

Arbeitsfluß), so daß eine hohe horizontale Informationsautarkie und -autonomie besteht. Die mengenbezogene Breite ist niedrig und die inhaltliche Breite des IBuB als hoch einzustufen.

- Existiert bei der Leistungserstellung eine *gemeinschaftliche Erledigung* der Arbeitsaufträge durch die Mitglieder einer Kooperationseinheit, bestehen eine Vielzahl von Leistungs- und Handlungsinterdependenzen sowie eine geringe Informationsautonomie und -autarkie der einzelnen Aufgabenträger (integrativer Arbeitsfluß). Über die mengenbezogene und inhaltliche Breite des Informationsbedarfs eines jeden einzelnen Kooperationspartners sind ex ante jedoch keine Aussagen möglich, so daß jedem Kooperationspartner zunächst die gesamte mengen- und inhaltsbezogene Breite der Informationen zur Verfügung zu stellen ist.

Bei fester Arbeitsteilung innerhalb einer Kooperationseinheit läßt sich der Informationsbedarf der Akteure aus der Summe der (Teil-)Aufgaben der einzelnen Akteure ableiten. Eine variable Arbeitsteilung erfordert dagegen eine komplexere Informationsstrukturierung. Beispielsweise muß festgelegt werden, welche Informationen für die gesamte Gruppe erforderlich sind, wer den Änderungsdienst für einzelne Daten übernimmt und wie Vorgänge so dokumentiert werden, daß sie für andere Mitglieder der Kooperationseinheit nachvollziehbar werden.[60]

Die vorangehenden Ausführungen erläutern nicht nur die Wirkungen der Arbeitsteilung auf die Informationsstruktur, sondern erlauben auch Schlußfolgerungen bezüglich der *Kooperationserwartung* auf Grundlage der *Formen der Arbeitsteilung* innerhalb von Kooperationseinheiten und geben damit Hinweise auf die Einsetzbarkeit von CSCW-Technologien. Existieren beispielsweise aufgrund einer objektorientierten Arbeitsteilung keine Leistungs- und Handlungsinterdependenzen zwischen verschiedenen Akteuren, sind auch keine aufgabenbezogenen Kommunikations- oder Koordinationsaktivitäten notwendig und liegen keine gemeinsamen Objekte vor. Die Kooperationserwartung ist demnach als niedrig einzustufen. In diesem Fall bestehen vorrangig Einsatzpotentiale für allgemeine multifunktionale Anwendungssysteme oder dedizierte Systeme, weniger für spezifische Kooperationstechnologien.
Je höher die Anzahl der Schnittstellen, je unbestimmter die an diesen Schnittstellen zu übergebenden Leistungen bzw. durchzuführenden Handlungen und je mehr gemeinsam genutzte Ressourcen existieren, desto höher ist die Kooperationserwartung, d.h. die aufgrund der Arbeitsteilung gegebene Notwendigkeit zu kommunzieren, sich zu koordinieren und gemeinsame Objekte zu verarbeiten. Demnach besteht auch ein Einsatzpotential für CSCW-Technologien. Bezogen auf die Informationsstruktur stellt dabei das durch die Arbeitsteilung bestimmte Ausmaß der horizontalen Informationsautonomie

60 Vgl. Kubicek/Höller (1991), S. 165.

einen Indikator für die Kooperationserwartung dar. Je geringer die horizontale Informationsautonomie innerhalb einer Kooperationseinheit ausgeprägt ist, desto höher die Kooperationserwartung. Leistungs- und Handlungsinterdependenzen weisen auf eine eher geringe horizontale Informationsautonomie und -autarkie und somit auf eine hohe Kooperationserwartung hin.

Bei *gemeinschaftlicher Aufgabenerledigung* und bei Arbeitsteilung in Form der *Artenteilung nach Verrichtungen* ist die Kooperationserwartung am höchsten. Hier sind die Kooperationsform der abgestimmten arbeitsteiligen Leistungserstellung (Kooperationstyp 3), die gemeinsame Erstellung von Leistungen (Kooperationstyp 4) oder Kooperationstypen niedrigerer Ordnung anzutreffen (Kooperationstyp 1 (Verhandeln und Aushandeln) und Kooperationstyp 2 (Austausch von Hilfeleistungen)).[61] Bei der Artenteilung nach Verrichtungen ist die hohe Kooperationserwartung vor allem auf die entstehenden Koordinationserfordernisse zurückzuführen, welche allerdings auch von der Form des Arbeitsflusses bzw. von der Richtung der Interdependenz abhängen. Die horizontale Informationsautonomie sinkt von der sequentiellen über die reziproke bis zur integrativen Leistungserstellung, weil die Anzahl der Schnittstellen und der Grad der Verflechtung der Informationsverarbeitungsprozesse tendenziell zunehmen.

Bei einer *Mengenteilung* und einer *Artenteilung nach Objekten* innerhalb der Kooperationseinheit besteht dagegen lediglich eine geringe strukturelle Kooperationserwartung auf Grundlage der horizontalen Arbeitsteilung, weil die Anzahl der Interdependenzen gering ist und demnach keine unmittelbar auf den Leistungsprozeß zurückzuführenden Informationsbeziehungen bestehen und eine hohe horizontale Informationsautarkie herrscht. Deshalb ergibt sich hier allenfalls eine Kooperationserwartung hinsichtlich des Austausches von Hilfeleistungen (Kooperationstyp 2) oder der Zuordnung der Mengen bzw. Objekte als Form der Koordination bei arbeitsteiliger Leistungserstellung (Kooperationstyp 3). Auch in diesem Fall sind wiederum Kooperationstypen niedrigerer Ordnung möglich.

Besteht das Ziel der Gestaltung im Hinblick auf die Arbeitsteilung darin, eine maximale Kooperationserwartung bezüglich der Leistungserstellung zu realisieren, sind nach Maßgabe der vorausgehenden Ausführungen also die Artenteilung nach Verrichtungen oder die gemeinschaftliche Aufgabenerledigung der Mengenteilung und der Artenteilung nach Objekten als Formen der horizontalen Arbeitsteilung vorzuziehen. Dies kann jedoch nur dann gelten, wenn gleichzeitig auch kooperationsadäquate Koordinationsmechanismen zum Einsatz gelangen.[62] Wird beispielsweise eine verrichtungsorientierte Arbeitsteilung mit reziprokem Arbeitsfluß vorgenommen, besteht eine mittlere bis hohe Kooperationserwartung aufgrund der Form der Arbeitsteilung. Werden die Handlungsspiel-

[61] Zu den Kooperationstypen siehe Abschnitt 2.4.1 dieser Arbeit.

[62] Siehe Abschnitt 5.2.2 dieser Arbeit.

räume der Akteure hinsichtlich der Koordination jedoch durch Anweisungen von Vorgesetzten stark eingeengt, handelt es sich lediglich um koordinierte, nicht aber um kooperative Leistungserstellung.

Die Tabelle 5.2-1 faßt die Schlußfolgerungen zusammen, die sich aus der Art der horizontalen Arbeitsteilung für die Informationsstrukturmerkmale und die Kooperationserwartung ergeben.

Art der Arbeitsteilung	Leistungs- und Handlungs-interdependenz	dominierende Richtung der Interdependenz	mengen-/inhaltsbezogene Breite des IBuB	horizontale Informationsautonomie	Kooperationserwartung	Mögliche Arten der Kooperation
Mengenteilung	keine	unabhängig	niedrig/ hoch	hoch	niedrig	Hilfeleistungen (Typ 2) Arbeitsteilige Verrichtung (Typ 3)
Artenteilung nach Objekten	keine	unabhängig	niedrig/ hoch	hoch	niedrig	Hilfeleistungen (Typ 2) Arbeitsteilige Verrichtung (Typ 3)
Artenteilung nach Verrichtungen	hoch	sequentiell, reziprok	hoch/ niedrig	niedrig	mittel bis hoch	Arbeitsteilige Verrichtung (Typ 3)
gemeinschaftliche Aufgabenerledigung	hoch	integrativ	hoch/ hoch	niedrig	hoch	Durchführung gemeinsamer Tätigkeitsbestandteile (Typ 4)

Tabelle 5.2-1: Zusammenhänge zwischen der Art der Arbeitsteilung, Merkmalen der Informationsstruktur und Kooperationserwartung

Hinsichtlich des *Ausmaßes der Arbeitsteilung* kann davon ausgegangen werden, daß sowohl ein sehr hohes als auch ein sehr niedriges Ausmaß der Arbeitsteilung eine relativ niedrige *Kooperationserwartung* beinhalten. Diese Hypothese geht vor allem darauf zurück, daß ein sehr hohes Ausmaß der Arbeitsteilung häufig mit einem hohen Ausmaß der Standardisierung und einer ausgeprägten Einengung der Entscheidungsspielräume der Akteure verbunden ist, so daß kein Raum für kooperative Aktivitäten bleibt. Bei ganzheitlicher Aufgabenerfüllung einzelner Akteure bestehen demgegenüber nur geringe

Interdependenzen zur Leistungserstellung anderer Akteure, so daß sich kooperative Aktivitäten mit Ausnahme von Hilfeleistungen weitgehend erübrigen.
Bei der Bestimmung des Ausmaßes der Arbeitsteilung sollte berücksichtigt werden, daß Kooperation nur dort erfolgreich etabliert werden kann, wo die einzelnen Akteure einen essentiellen Beitrag zu den Teilaufgaben anderer Akteure und/oder zur Gesamtaufgabe leisten.

Von einer Steigerung des Arbeitsteilungsgrades und der damit verbundenen Spezialisierung verspricht man sich vor allem eine Steigerung der Leistungsqualität durch professionellere Aufgabenerfüllung. Dieses läßt höhere Anforderungen an das Informationsstrukturmerkmal *'Informationsqualität, Aussagegehalt'* erwarten. Darüber hinaus gilt: „Differentiation affects information-processing capability since specialized subunits develop idiosyncratic norms, values, languages, and coding schemes which make communication across boundaries difficult [...]“[63]. Bei großen Differenzen aufgrund einer hohen Spezialisierung muß zunächst eine gemeinsame Verständigung zwischen den Akteuren auf Grundlage der Interpretation der Unterschiede erreicht werden. Auch dieses erhöht den qualitativen Informationsverarbeitungsbedarf.[64]

Zusammenfassend geht von der Arbeitsteilung gemäß der vorangehenden Ausführungen ein Einfluß auf die Informationsstrukturmerkmale 'mengen- und inhaltsbezogene Breite des Informationsbedarfs und der Informationsbereitstellung', 'horizontale Informationsautonomie' und 'horizontale Informationsautarkie' sowie 'Informationsqualität, Aussagegehalt' aus.
Insbesondere die Artenteilung nach Verrichtungen und die gemeinschaftliche Aufgabenerledigung zeichnen sich durch eine, direkt aus dem regelmäßigen Arbeitsprozeß resultierende, hohe Kooperationserwartung aus, da sich diese beiden Formen übereinstimmend durch eine niedrige horizontale Informationsautonomie und -autarkie auszeichnen. Deshalb werden kommunizierende, koordinierende und gemeinsame Objekte verarbeitende Handlungen notwendig.

5.2.2 Aktionsparameter 'Koordination'

Neben der Arbeitsteilung stellt die Koordination den wichtigsten Aktionsparameter der strukturellen Gestaltung dar. Arbeitsteilung erfordert notwendigerweise koordinierende Aktivitäten, um die arbeitsteilig erbrachten Leistungen zu reintegrieren. In der Koordinationsform manifestiert sich die Qualität der Kooperation darüber hinaus am stärksten.

---

63 Vgl. Tushman (1979), S. 85, zitiert in Bork (1994), S. 181.
64 Vgl. Daft/Lengel (1986), S. 564ff.

Abschnitt 5.2.2.1 nimmt zunächst eine Charakterisierung des strukturellen Aktionsparameters ‘Koordination’ und dessen möglicher Ausprägungen bei Vorliegen unterschiedlicher Aufgabentypen vor. Im sich anschließenden Abschnitt 5.2.2.2 sind dann Implikationen der verschiedenen Formen der Koordination für die Informationsstruktur und die darin zum Ausdruck kommende Kooperationserwartung abzuleiten.

5.2.2.1 Charakterisierung des Aktionsparameters ‘Koordination’

Koordination beinhaltet die Abstimmung von Sachverhalten oder Aktivitäten hinsichtlich eines definierten Zieles. Die strukturellen Koordinationsmechanismen Pläne, Programme, Anweisungen und Selbstabstimmung wurden bereits charakterisiert.[65]
Zu rekapitulieren ist, daß kooperative Arbeitsorganisation eine dominierende Koordination mittels *Selbstabstimmung* als personellem, horizontalem Koordinationsmechanismus beinhaltet, auf dessen Vorteile im folgenden noch einzugehen ist.
Pläne als vertikale oder horizontale technokratische Koordinationsmechanismen bilden einen geeigneten ergänzenden Koordinationsmechanismus für Kooperationsprozesse, um die Ziele der Kooperationseinheit mit denen der Unternehmung in Übereinstimmung zu bringen. Pläne sind dabei als geplante, i.d.R. periodenbezogene Handlungs- bzw. Leistungsziele zu interpretieren, deren qualitative Inhalte durch quantitative Angaben präzisiert werden und als Grundsätze oder Ziele gemeinsamer Aktivitäten dienen.[66]
Programme als primär vertikale technokratische Koordinationsmechanismen eignen sich dagegen weniger für die Koordination in Kooperationsprozessen, weil sie häufig mit hoher Standardisierung einhergehen und die Handlungsspielräume der Akteure dabei dauerhaft über festgelegte, generelle Verfahrensrichtlinien und Lösungswege einengen.[67]
Standardisierung erlaubt allerdings auch eine Handlungsorientierung, die auch in kooperativen Arbeitssituationen erforderlich ist, um die Handlungen der Kooperationspartner zu antizipieren. Darüber hinaus sind auch Formen denkbar, in denen lediglich vertikale Rahmenprogramme der Regelung von Kooperationsprozessen existieren oder in denen sich die Standardisierung auf die Anwendung allgemeiner Problemlösungsmethoden und

---

65 Siehe Abschnitt 2.4.3 dieser Arbeit.

66 Vgl. Hoffmann (1980), S. 347; Kieser/Kubicek (1992), S. 114f. Hoffmann weist in diesem Zusammenhang darauf hin, daß Koordination durch Planung Ähnlichkeiten mit dem Führungsprinzip des ‘management by objectives’ aufweist. Hurtz/Flick (1998), S. 74 sprechen von der Führung durch Zielvereinbarung.

67 Von der mit der Programmierung verbundenen Standardisierung gehen häufig negative sozialpsychologische Wirkungen aus. Im einzelnen sind die Tendenz zur Bürokratisierung, Motivationsreduzierung, Rückzug auf formale Handlungsvorschriften und die Herabsetzung der Innovationsfähigkeit und -bereitschaft zu nennen. Vgl. z.B. Gaitanides (1983), S. 187f.; Kieser/Kubicek (1992), S. 113.

-techniken beschränkt, so daß ausreichend Spielraum für horizontale Abstimmungsprozesse bleibt. Im Zusammenhang mit Kooperationsprozessen sind beipielsweise Programme einsetzbar, die Regeln bezüglich Themen, Häufigkeit, Regelmäßigkeit, Länge, Teilnehmer, Zeitpunkte, Ort usw. gemeinsamer Sitzungen oder anzuwendender Abstimmungs- bzw. Schlichtungsregeln betreffen. Werden Programme oder Pläne durch die Kooperationseinheit selbst festgelegt, stellt dieses einen Akt der Selbstabstimmung dar.
Der vertikale, persönliche Koordinationsmechanismus der *Anweisung* scheidet in kooperativen Arbeitssituationen weitgehend als Koordinationsinstrument aus, denn er beruht im Extremfall auf dem Prinzip der fallweisen, vollständigen Beschränkung individueller Handlungsalternativen, so daß sich die zu Koordinierenden in dieser asymmetrischen Beziehung lediglich an vorgegebene Entscheidungen anpassen können. Nur vom Vorgesetzten angeordnete Handlungen wären dann zulässig. Anweisungen können in kooperativen Arbeitssituationen jedoch beispielsweise dann notwendig werden, wenn sich die Kooperanden nicht mit den übergeordneten Zielen identifizieren oder Konflikte nicht durch die Kooperationseinheit selbst gelöst werden können.

Im folgenden wird detaillierter auf den Koordinationsmechanismus der *'Selbstabstimmung'* eingegangen, da er von wesentlicher Bedeutung für die Gestaltung der Kooperationssituationen in Unternehmungen ist.
Selbstabstimmung ist gleichzeitig der „historisch älteste und einfachste Mechanismus zur Koordination“[68] als auch ein moderner Koordinationsmechanismus, denn „(formalisierte) Selbstkoordination funktioniert auch noch dann, wenn andere Koordinationsmechanismen bereits wieder versagen oder aus anderen Gründen nicht eingesetzt werden können.“[69] Sie zeichnet sich durch einen geringen Regelungsgrad aus, beruht in erster Linie auf der Initiative der betroffenen Mitarbeiter und vollzieht sich durch wechselseitigen, direkten Informationsaustausch bis eine Lösung des Problems erreicht ist.[70] Ein Eingriff übergeordneter Stellen erfolgt nur, wenn die Selbstabstimmung zwischen den Akteuren versagt. Ansonsten obliegt es den selbstabstimmenden Akteuren, zu einem Konsens zu gelangen, auch wenn konfliktäre Zielsetzungen, begrenzte oder widersprüchliche Informationen oder Bewertungen und persönliche Antipathien vorliegen.[71] Der strukturellen (Fremd-)Gestaltung obliegt es hier allenfalls, eine Rahmenordnung zu schaffen, während weitere fallweise oder dauerhafte Regelungen der Kooperationseinheit überlassen werden. Im einzelnen können als Formen die fallweise Interaktion nach

---

68 Schanz (1994), S. 71. Ähnlich Mintzberg (1979), S. 3.

69 Schanz (1994), S. 72. Ähnlich Mintzberg (1979), S. 3.

70 Vgl. Laßmann (1992), S. 281f. Bezüglich des direkten, wechselseitigen Charakters der Selbstabstimmung vgl. Schanz (1994), S. 12 und 71.

71 Vgl. Wunderer (1991), S. 206, 209 und 211.

eigenem Ermessen der Akteure, die themenspezifische Interaktion, bei der abstimmungsbedürftige Probleme vorab verbindlich festgelegt werden, und die institutionalisierte Interaktion in Ausschüssen, Arbeitskreisen, Komitees und Konferenzen genannt werden. Der Einsatz struktureller Regeln zur Unterstützung der Selbstabstimmung beschränkt sich auf die Einrichtung von Kommunikationskanälen, auf die Ausstattung bestimmter Gremien mit Entscheidungskompetenzen, auf die Vorgabe von Anlässen für die Durchführung von Koordinationsmaßnahmen oder auf die Spezifikation abstimmungsbedürftiger Fragen.[72] Der Einschränkung, Selbstabstimmung komme durch informale Kommunikation zustande,[73] kann in ihrer Ausschließlichkeit nicht gefolgt werden. Allerdings finden Vorgänge der Selbstkoordination aufgrund der geringen Regelungsdichte tatsächlich häufig auf informalem Wege statt.[74]

Ein vermehrter Einsatz des Koordinationsmechanismus 'Selbstabstimmung' beinhaltet die Abkehr von der Wahrnehmung der Koordination als klassischer Führungsaufgabe[75] und eine partielle Reintegration von Führungs- und Ausführungsaufgaben, da die Akteure auf der gleichen hierarchischen Ebene stehen und die Einheit von Ausführung und Kontrolle hergestellt wird. Aber auch in primär hierarchischen, d.h. auf vertikale Koordinationsmechanismen und darunter insbesondere auf Anweisung und vertikal festgelegte Programme zurückgreifenden Unternehmungen existiert Selbstabstimmung. Die Ursache hierfür liegt vor allem in den beschränkten Informationsverarbeitungskapazitäten der Instanzen, welche der Anwendbarkeit der Anweisung Grenzen setzt. So schlägt beispielsweise schon FAYOL vor, den vertikalen Dienstweg unter bestimmten Bedingungen durch die Selbstabstimmung zu ersetzen[76], und auch GUTENBERG fordert, die Hierarchie durch ein „System kooperativer Zusammenarbeit" „als eine Art Selbstkoordinierung"[77] zwischen Abteilungen zu ergänzen. Insgesamt besteht in der Literatur allerdings keine einhellige Meinung darüber, ob die Selbstabstimmung andere Koordinationsmechanismen ersetzen oder lediglich ergänzen kann.[78]

---

72 Vgl. Kieser/Kubicek (1992), S. 107ff.

73 Vgl. Mintzberg (1979), S. 3f. und S. 7f.

74 Vgl. Schanz (1994), S. 71.

75 Koordination wird seit Fayol (1929) als eine zentrale Managementaufgabe angesehen. Vgl. Staehle (1994), S. 528.

76 Vgl. Fayol (1929), S. 29.

77 Vgl. Gutenberg (1962), S. 127.

78 Vgl. Schäffer (1996a), S. 61. So vertritt beispielsweise Schanz (1994), S. 74 die Ansicht, daß hierarchische (d.h. vertikale) Koordination partiell durch Selbstabstimmung ersetzt werden kann. Darüber hinaus ist nicht abschließend geklärt, in welchem Ausmaß strukturelle durch nicht-strukturelle Koordinationsmechanismen, wie z.B. die Unternehmungskultur, substituierbar sind.

Für den Einsatz des Koordinationsmechanismus der Selbstabstimmung innerhalb von Kooperationseinheiten sprechen trotz ihres häufig relativ hohen Anwendungsaufwandes verschiedene Gründe:[79]

- Quantitative Probleme: Nicht alle betrieblichen Sachverhalte und Handlungsbedingungen, die Koordinationserfordernisse betreffen, lassen sich durch vertikale Beziehungen regeln, wenn eine Überlastung der Instanzen vermieden werden soll. Kooperative Arbeitsformen beanspruchen vertikale Kommunikationskanäle weniger und die Einheit zwischen Ausführung und Kontrolle bleibt erhalten.
- Qualitative Probleme: Die Komplexität und Dynamik der zu koordinierenden Sachverhalte überfordert die Informationsverarbeitungskapazität der Instanzen und ist auch nicht immer einer Vorauskoordination und der technokratischen Vermittlung zugänglich. Gleichzeitig besteht gegenüber dem Einsatz von Programmen eine geringere Gefahr, daß Tatbestände als gleichartig behandelt und einer generellen Regelung unterzogen werden, die einer Einzelregelung bedürften.[80] Arbeitssysteme mit hierarchischen, zentralisierten Planungs- und Entscheidungsverfahren neigen mit zunehmender Komplexität des Abstimmungsproblems zu Fehleranfälligkeit, Schwerfälligkeit und zu überlangen Kommunikationsketten. Die lokale Ansiedlung von Planungs-, Entscheidungs- und Koordinationskompetenzen bei Selbstabstimmung ermöglicht eine erhöhte Störungssicherheit und Reagibilität, was sich positiv auf den Zeit- und Qualitätsaspekt der Abstimmung von Interdependenzen auswirken kann. Selbstabstimmung erlaubt, lokale Störungen am Ort des Auftretens nicht nur zu erkennen, sondern auch veränderte Anforderungen unmittelbar vor Ort im Arbeitsprozeß zu berücksichtigen. Darüber hinaus kann sich die erforderliche Konfliktaustragung zwar negativ auf die benötigte Zeit, aber positiv auf die Qualität des Abstimmungsergebnisses auswirken.
- Zugangsprobleme: Selbst ausgefeilte Instrumente der vertikalen Koordination können an der Verweigerungshaltung oder Leistungsminderung von Mitarbeitern scheitern, wenn sie das Autonomie-, Selbstverantwortungs- und Selbstgestaltungsbedürfnis der Akteure nicht beachten. Selbstabstimmung kann die Motivation der beteiligten Akteuren steigern, da sie ein gewisses Maß an Selbständigkeit und aktiver Beteiligung gewährleistet. Sie erfordert jedoch im besonderen Maße soziale Handlungskompetenz von den Handlungsträgern. Unternehmungen, die fallweise Koordination mittels Selbstabstimmung zulassen, weisen häufig eine ausgeprägte

79 Vgl. Jung (1985), S. 46ff., zitiert in Staehle (1994), S. 536, i.V. mit Laßmannn (1992), S. 286f. Staehle verwendet die Begriffe Selbstkoordination und Selbstorganisation unzulässigerweise synonym. Organisation beinhaltet das Setzen organisatorischer Regeln. Diese Regeln können sich entsprechend der genannten Aktionsparameter auf verschiedene Sachverhalte beziehen. Regeln der Koordination stellen demnach nur einen Regelungsgegenstand dar, weshalb die beiden Begriffe nicht synonym verwendet werden können.

80 Vgl. Gutenberg (1962), S. 145f.

Gruppen- und Teamkultur und einen hohen Grad an Wertschätzung und Vertrauen gegenüber den Mitarbeitern auf.[81]

Insgesamt läßt sich der Koordinationsmechanismus Selbstabstimmung nur dann einsetzen, wenn die Mitglieder einer Kooperationseinheit ein starkes Interesse an der Realisierung der Unternehmungsziele haben. Ausgeprägte Konkurrenz zwischen den Akteuren oder die Ausrichtung auf individuelle Erfolge verhindern eine erfolgreiche Selbstabstimmung. Selbstabstimmung erfordert deshalb eine Problemkonstituierung, die Prämissen für die Handlungsvollzüge aller Beteiligten setzt, damit die Akteure ihr Handeln an den gemeinsamen Zielen ausrichten.[82]

Während Selbstabstimmung vor allem auch eignet, um die Koordination innerhalb der Kooperationseinheiten zu gewährleisten, bietet sich Koordination mittels *Plänen* an, um die Abstimmung der Leistungen einer Kooperationseinheit mit den übergeordneten Unternehmungszielen zu fördern oder sicherzustellen. Pläne können dabei auch als Kennzahlensysteme interpretiert werden, welche die Soll-Leistung einer Kooperationseinheit angeben. Kennzahlen sind solche absoluten oder relativen Größen, die problembezogene Informationen komprimiert ausdrücken. Die folgenden Kennzahlengruppen stellen mögliche Plangrößen für Kooperationseinheiten im Bürobereich dar:[83]

- Prozeßkennzahlen wie Durchlaufzeiten, Kapazitätsauslastung, Bestand unerledigter Aufträge, Qualitätskennzahlen, Termineinhaltung etc.
- Kundenkennzahlen wie z.B. Erfolgsquote von Angeboten, Kundenfluktuation, Reklamationsquote, Marktanteil im Zielmarkt, Kundenzufriedenheit etc.
- auf die Kooperationseinheit bezogene Kennzahlen wie Umsatz, Zahl der Verbesserungsvorschläge, Krankenstand, Fluktuationsrate, Qualitätsniveau etc.

Anders als bei Programmen geben Pläne nicht die anzuwendenden Verfahren vor, sondern setzen die zu erzielenden Ergebnisse als Koordinationsinstrument ein, um die Unternehmungsziele zu operationalisieren. Pläne in Form von Kennzahlen motivieren die Mitarbeiter, da sie ein gezieltes Feedback ermöglichen, die Handlungsspielräume der Mitarbeiter nur in relativ geringem Ausmaß einschränken und deshalb bezüglich der Umsetzung der jeweiligen Ziele in Aktivitäten einen hohen Autonomiegrad der Akteure beinhalten.[84]

---

81 Siehe Abschnitt 5.4.6 dieser Arbeit.

82 Vgl. Kieser/Kubicek (1992), S. 107; Gaitanides (1983), S. 200.

83 Vgl. Fähnrich/Lott/Meiren et al. (1997), S. 30.

84 Vgl. Fähnrich/Lott/Meiren et al. (1997), S. 29f. Brater/Büchele (1993) stellen ein Beispiel aus der Mengensachbearbeitung einer Bank dar, bei dem die zu bearbeitende Beleglast als Kennzahl eingesetzt wurde.

5.2.2.2 Schlußfolgerungen bezüglich Informationsstruktur und Kooperationserwartung auf Grundlage der Gestaltung des Aktionsparameters 'Koordination'

Der Koordinationsbedarf innerhalb einer Kooperationseinheit hängt - vernachlässigt man gezielte Maßnahmen zur Reduzierung des Koordinationsbedarfs - unmittelbar vom Ausmaß und der Art der Arbeitsteilung und der sich daraus ergebenden Komplexität und Intensität der Interdependenzen ab.[85] Der Bedarf an explizit koordinierenden Aktivitäten erhöht sich allerdings auch dann, wenn große Distanzen (räumlich, zeitlich, sachlich, menschlich) zu überwinden sind oder sich die zu lösenden Aufgaben als komplex, dynamisch und unstrukturiert darstellen.[86]
Im folgenden wird die Einsetzbarkeit der verschiedenen Koordinationsmechanismen in Verbindung mit der Art der Aufgabe, der Art der Arbeitsteilung und der Richtung der Interdependenz diskutiert. Für die verschiedenen Koordinationsmechanismen lassen sich dann Schlußfolgerungen im Hinblick auf die Informationsstrukturmerkmale und die in der Struktur zum Ausdruck kommende Kooperationserwartung ableiten. Nicht vernachlässigt werden darf dabei allerdings, daß die Auswahl und die Gewichtung der verschiedenen Koordinationsmechanismen auch die Präferenzen der Gestalter widerspiegelt.[87]

Zunächst ist also zu diskutieren, welche Koordinationsmechanismen bei welcher Art der Aufgabe, bei welcher Art der Arbeitsteilung und bei welcher Art der Interdependenz in Frage kommen.

Im Hinblick auf die *Art der Aufgabe* ist festzuhalten, daß mit steigender Komplexität und Variabilität der Aufgaben[88], also geringerer Wiederholungshäufigkeit und Routinisierbarkeit, tendenziell ein substituierender Übergang von technokratischen Koordinations-

---

[85] Vgl. Hoffmann (1980), S. 232. Als Maßnahmen zur Reduzierung des Koordinationsbedarfs werden vor allem der Einsatz flexibler Ressourcen, die Anlage von Reserveressourcen (slack), die Einrichtung von Puffern, die Etablierung von Standards und Bandbreiten, die Bildung autonomer Stellen und Abteilungen und die Verringerung von Leistungsanforderungen genannt. Vgl. Schulte-Zurhausen (1995), S. 190 unter Bezugnahme auf Kieser/Kubicek (1992), S. 102f.; Poensgen (1980), Sp. 1131f. Ähnlich Hoffmann (1980), S. 328ff.

[86] Vgl. Rühli (1992), Sp. 1165. Beispielsweise bei unmittelbarer Nähe der Akteure findet Koordination auch implizit statt, etwa indem sichtbar ist, welche Aktivitäten gerade durchgeführt werden.

[87] Vgl. Kieser/Kubicek (1992), S. 193.

[88] Zur Operationalisierung der beiden Größen vgl. Van de Ven/Delbecq/Koenig (1976), S. 324. Sie ähnelt abgesehen von der 'Aufgabenemotionalität' den hier verwendeten Abgrenzungskriterien für Aufgaben. Siehe Abschnitt 5.1.1 dieser Arbeit.

mechanismen zu personellen Mechanismen mit horizontalem Informationsfluß, d.h. z.B. Selbstabstimmung, erfolgt (siehe Abbildung 5.2-4).[89]
Die Möglichkeit des Einsatzes von Programmen besteht vor allem dann, wenn eine Aufgabe in relativer Regelmäßigkeit in gleicher Form auftritt. Sie steigt zugleich mit der Strukturiertheit und Determiniertheit einer Aufgabe, d.h. in dem Maße, in dem die Aufgabe in einzelne Lösungsschritte zerlegt und ein eindeutiges Lösungsverfahren angegeben werden kann. Multipersonelle Routineaufgaben (Aufgabentyp 3) und Regelaufgaben (Aufgabentyp 2b) eignen sich prinzipiell sowohl dazu, Programme und Pläne als auch Anweisungen und Selbstabstimmung einzusetzen. Daß vielfach Programme zur Koordination dieser Aufgabentypen eingesetzt werden, dürfte vor allem daran liegen, daß die Standardisierung von Koordinationsaufgaben durch Programme zur Reduktion des Entscheidungsaufwands führt, die Prozesse nach bekannten Verhaltensmustern abgewickelt und die Anzahl von Konflikten reduziert werden können. Dagegen dominieren Selbstabstimmung und Pläne bei Projektaufgaben (Aufgabentyp 2a) und Einzelfallaufgaben (Aufgabentyp 1) aufgrund der Komplexität und Variabilität der Aufgabenelemente, die eine detaillierte ex ante-Koordination verhindern. Da Anweisungen lediglich ein untergeordnetes Instrument für die Koordination in Kooperationsprozessen darstellen, bleiben sie hier unbeachtet.

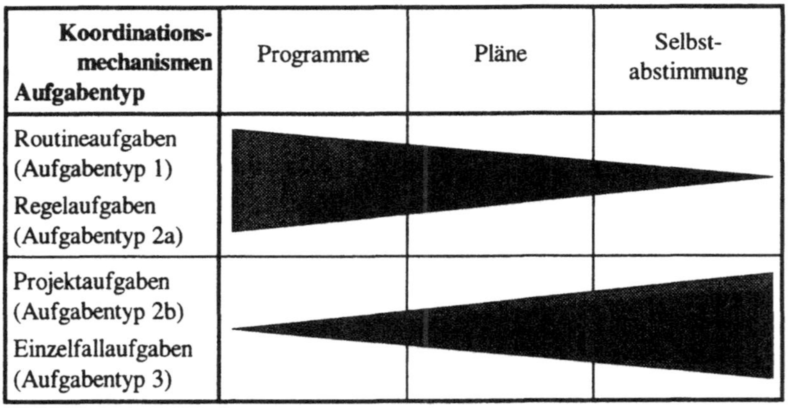

Abbildung 5.2-4: Bedeutung verschiedener Koordinationsmechanismen bei unterschiedlichen Aufgabentypen

Stellt man auf die *Art der Arbeitsteilung* in Kooperationseinheiten ab, ist anzunehmen, daß sich bei verrichtungsorientierter Arbeitsteilung und gemeinschaftlicher Aufgabenerledigung ein höherer Koordinationsbedarf gegenüber der Mengenteilung und der Arten-

[89] Vgl. Van de Ven/Delbecq/Koenig (1976), S. 332. Zu ähnlichen empirischen Ergebnissen kommen Tushman/Nadler (1978), S. 617ff.; Daft/Macintosh (1981), S. 221f. Ähnlich Staehle (1994), S. 452ff.

teilung nach Objekten ergibt, weil eine höhere Anzahl von Schnittstellen und ausgeprägtere Handlungs- und Leistungsinterdependenzen zwischen den Akteuren bestehen. Bei Mengenteilung, Artenteilung nach Objekten und Artenteilung nach Verrichtungen läßt sich die Koordination prinzipiell sowohl mittels Anweisungen, Programmen, Plänen als auch mittels Selbstabstimmung vornehmen. Für eine gemeinschaftliche Aufgabenerledigung, d.h. bei integrativem Arbeitsfluß und gemeinschaftlicher Aufgabenerledigung, ist dagegen davon auszugehen, daß die Selbstabstimmung den dominierenden Koordinationsmechanismus darstellt, der gegebenenfalls durch Pläne zu ergänzen ist (siehe Tabelle 5.2-2).

Je größer der Anteil der Koordination durch Selbstabstimmung oder Pläne ist, desto höher ist die *Kooperationserwartung* in bezug auf die Wahrnehmung koordinierender Aufgaben, weil diese die für kooperative Aktivitäten notwendigen Handlungsspielräume gewährleisten können. Stellen die Bestimmung der Arbeitsteilung und die sich daraus ergebenden Koordinationserfordernisse unabhängig von der Form der Arbeitsteilung selbst den Gegenstand der kooperativen Aktivitäten dar, ist dieses als Form der gemeinschaftlichen Aufgabenerledigung zu interpretieren.

	Koordinationsbedarf	**einsetzbare Koordinationsmechanismen**	**Kooperationserwartung**
Mengenteilung	niedrig	Programme, Pläne Selbstabstimmung	niedrig
Artenteilung nach Objekten	niedrig	Programme, Pläne Selbstabstimmung	niedrig
Artenteilung nach Verrichtungen	mittel bis hoch	Programme, Pläne Selbstabstimmung	mittel bis hoch
gemeinschaftliche Aufgabenerledigung	hoch	Pläne, Selbstabstimmung	hoch

Tabelle 5.2-2: Zusammenhänge zwischen der Art der Arbeitsteilung, Koordinationsmechanismen und Kooperationserwartung

Neben der Art der Aufgabe gibt auch die *Richtung der Interdependenz* genaueren Aufschluß über die einsetzbaren Koordinationsformen. Dies gilt insbesondere bezüglich der Artenteilung nach Verrichtungen und der gemeinschaftlichen Aufgabenerledigung, während der Koordinationsbedarf bei der Mengenteilung und der Artenteilung nach Objekten deutlich geringer ist. Von der sequentiellen bis zur integrativen Interdependenz steigen sowohl die Häufigkeit als auch die Intensität der Abhängigkeiten aufgrund von Leistungs- und Handlungsinterdependenzen sowie die damit einhergehenden Koordinationserfordernisse.[90] Die Komplexität der Koordinationsaktivitäten und der damit verbundenen Kommunikationserfordernisse weist eine hierzu parallele Entwicklung auf, was Programme bei steigender Komplexität weniger geeignet zur Koordination erscheinen läßt. Deshalb kann die in Tabelle 5.2-3 dargestellte Einstufung der Mechanismen auf Grundlage ihrer Fähigkeit zur Komplexitäts- und Variabilitätshandhabung vorgenommen werden. Sequentielle oder einfache reziproke Formen des Arbeitsflusses lassen zu, die Arbeitsschritte ex ante in eine Reihenfolge zu bringen und eindeutige Schnittstellen zu definieren. Dabei kann vorab festgelegt werden, welcher Akteur welche Handlungen oder Leistungen zu erbringen hat und welche Zwischenergebnisse zu übergeben sind. Die Häufigkeit und die Intensität der Verflechtungen und damit der Koordinations- und Kommunikationsbedarf steigen von der sequentiellen bis zur integrativen Leistungsverflechtung.[91] Mit dem Anstieg der Häufigkeit und der Intensität der Interdependenz (von sequentiellen über reziproke zu integrativen Arbeitsflüssen) nimmt die Nutzung von Koordinationsmechanismen insgesamt zu. Die persönlichen Koordinationsmechanismen (Anweisung und Selbstabstimmung) gewinnen darüber hinaus gegenüber standardisierenden, technokratisch vermittelten Koordinationsformen (Pläne, Programme) mit steigender Interdependenz relativ an Bedeutung. Dabei ist eine besonders hohe Zunahme der Koordination durch Selbstabstimmung festzustellen. Gleichzeitig dürften bei reziproker Interdependenz jedoch nicht nur die Selbstabstimmung, sondern auch die Programmierung und Planung anwendbar sein, weil das Ausmaß der Verflechtung noch nicht so hoch ist.[92]

	Anwendbarkeit der Koordinationsmechanismen			**Kooperationserwartung**
Richtung der Interdependenz	**Programme**	**Pläne**	**Selbstabstimmung**	
sequentiell	hoch	hoch	hoch	mittel
reziprok	mittel	hoch	hoch	mittel bis hoch
integrativ	niedrig	hoch	hoch	hoch

Tabelle 5.2-3: Anwendbarkeit verschiedener Koordinationsmechanismen bei unterschiedlichen Richtungen der Interdependenz

Dieses läßt Schlußfolgerungen bezüglich der *Kooperationserwartung* auf Grundlage der Unterscheidung der verschiedenen Richtungen der Interdependenz zu (siehe Tabelle 5.2-

90 Vgl. Hoffmann (1980), S. 309.
91 Vgl. Fornfeist (1985), S. 41; Hoffmann (1980), S. 310.
92 Vgl. die Ergebnisse der empirischen Untersuchung von Van de Ven/Delbecq/Koenig (1976), S. 332ff. Vgl. Nippa (1988), S. 190; Staehle (1994), S. 452ff.; Hoffmann (1980), S. 310.

3). Die Häufigkeit und die Intensität der Verflechtungen und damit der steigende Koordinations- und Kommunikationsbedarf sowie die höhere relative Bedeutung der Selbstabstimmung und der Pläne von der sequentiellen bis zur integrativen Leistungsverflechtung implizieren eine parallel steigende Kooperationserwartung im Hinblick auf die Wahrnehmung von Koordinationsaufgaben. Will man also eine günstige Kooperationssituation gestalten, sollten bevorzugt die Koordinationsmechanismen 'Plan' und 'Selbstabstimmung' zur Anwendung kommen. Die durch die Art der Arbeitsteilung bestimmte Richtung der Interdependenz wirkt in diesem Zusammenhang als Restriktionsparamter für die Wahl des Koordinationsmechanismus.

Im folgenden ist nun zu untersuchen, wie sich die Wahl eines Koordinationsmechanismus auf die *Informationsstrukturmerkmale* auswirkt.

Die Merkmale 'Vermittlungsform der Koordinationsleistung' (personenbezogen vs. technokratisch) sowie die 'Strategie der Koordination' (Voraus- vs. Feedbackkoordination) der verschiedenen Koordinationsmechanismen wirken auf die Informationsstrukturmerkmale *'Standardisierung der Informationsverarbeitungsprozesse'* sowie *'Bestimmtheit des Informationsbedarfs und der Informationsbereitstellung'*. Die Tabelle 5.2-4 bildet die im folgenden begründete Einstufung der einzelnen Koordinationsmechanismen ab.

	Standardisierung der Informations-verarbeitungs-prozesse	**Bestimmtheit der Informationsbereit-stellung und des Informationsbedarfs**	**Gegenstand der Koordination**
Selbstabstimmung	gering	gering	unbestimmt
Pläne	mittel	mittel	primär Output, evtl. Verfahren
Programme	hoch	hoch	Input, Output, Verfahren

Tabelle 5.2-4: Implikationen der Wahl des Koordinationsmechanismus für Merkmale der Informationsstruktur und mögliche Gegenstände der Koordination

Standardisierung beinhaltet die Spezifikation, d.h. die detaillierte Beschreibung, und die Generalisierung organisatorischer Regelungen, d.h. die von einzelnen Personen und Ereignissen unabhängige dauerhafte Regelung von Sachverhalten und Prozessen. Eine koordinierende Wirkung kommt der Standardisierung zu, wenn sie sich auf die Abstimmung mehrerer interdependenter Aktivitäten verschiedener Akteure bezieht.[93] Bei niedrigem Standardisierungsgrad des Koordinationsmechanismus - wie bei den personellen, tendenziell fallweisen Koordinationsmechanismen der Anweisung und der Selbstabstimmung - muß bei jedem Auftrag eine entsprechende Regelung gefunden werden. Deshalb ist hier auch die Bestimmbarkeit des Informationsbedarfs und der Informationsbereitstellung sowie der Informationsverarbeitungsprozesse gering. Standardisierende Koordinationsverfahren zeichnen sich dagegen dadurch aus, daß ex ante Regelungen für verschiedene Aufträge festgelegt werden, welche die Interdependenzen zwischen den Akteuren implizit berücksichtigen. Generelle, standardisierende Regelungen ersetzen einzelfallspezifische Abstimmungsprozesse. Standardisierung stellt die Voraussetzung für die technokratische Vermittlung von Koordination dar. Bei steigendem Standardisierungsgrad der Koordinationsmechanismen steigt auch der Standardisierbarkeit der zugehörigen Informationsverarbeitungsprozesse. Das Ausmaß der Standardisierbarkeit hängt dabei auch von der Strukturiertheit und Variabilität der Aufträge sowie der Komplexität der Interdependenzen zwischen den Akteuren ab.[94]

Als *Standardisierungsgegenstände* sind die Standardisierung von Abläufen bzw. Verfahren, der Arbeitsergebnisse bzw. des Output und der Qualifikationen sowie die Vereinheitlichung von Wertvorstellungen der Mitarbeiter zu unterscheiden, wobei die beiden letzteren als nichtstrukturelle Standardisierungsgegenstände einzustufen sind. Für die Untersuchung der Informationsprozesse in Kooperationseinheiten bzw. Unternehmungen ist vor allem die Ablaufstandardisierung und die Standardisierung der Arbeitsergebnisse bedeutend.

Ablaufstandardisierung, wie sie für den Koordinationsmechanismus Programm typisch ist, beinhaltet die generelle Vorgabe von Verfahrensweisen zur Transformation eines bestimmten Input in einen Output. Hierzu bedarf es der Festlegung der Inputgrößen, d.h. der Informationsbereitstellungsprozesse, und der möglicherweise konditional verzweigten Abfolgen von Verarbeitungsschritten, die auf die in den Arbeitsprozeß eingehenden Informationen anzuwenden sind. Der Einsatz des Koordinationsmechanismus Programm beinhaltet mehr oder weniger standardisierte Prozesse der Aufgabenerfüllung, d.h. der Informationsverarbeitung beispielsweise im Hinblick auf die Informationsbeschaffung.

---

93 Vgl. Wall (1996), S. 134 unter Verweis auf Kieser/Kubicek (1992), S. 111 und Gaitanides (1983), S. 177. Wall verwendet den Begriff der Standardisierung synonym zu dem der Programmierung. Wall (1996) problematisiert den Aktionsparameter 'Koordination' aufgrund des Rückgriffs auf die Systematisierung von Organisationsstrukturen durch die Aston-Gruppe nicht. Sie geht lediglich auf den Aktionsparameter 'Standardisierung' ein, welcher Bezüge zum Koordinationsmechanismus 'Programm' aufweist.
Hill/Fehlbaum/Ulrich (1994), S. 266 sehen 'Standardisierung' als einen eigenständigen Aktionsparameter der organisatorischen Gestaltung an.

94 Vgl. Wall (1996), S. 138.

Der Routinisierungs- und Innovationsgrad von Aufgaben nimmt dabei einen wesentlichen Einfluß auf den möglichen Umfang der Ablaufstandardisierung. Routine- und Regelaufgaben (Aufgabentypen 3 und 2b), welche hinsichtlich Art und Inhalt ähnliche Informationsverarbeitungsprozesse induzieren, erlauben die Formulierung ablaufbezogener Programme, die nicht nur die personelle Zuständigkeit, sondern auch den zeitlichen und räumlichen Vollzug innerhalb der Kooperationseinheit bestimmen. Dagegen erlauben Projekt- und Einzelfallaufgaben (Aufgabentypen 2a und 1) keine oder nur wenige exakte Strukturierungsmaßnahmen, sondern lediglich die allgemeine Einschränkung der Handlungsspielräume durch Basisvorgaben mit weitgehenden Eigengestaltungsmöglichkeiten der Akteure.
Standardisierungen des Output üben zwar auch eine standardisierende Wirkung auf die Informationsbereitstellung und den Informationsbedarf aus, diese ist jedoch weniger unmittelbar als die Ablaufstandardisierung.[95] Beim Einsatz von Plänen liegen vor allem solche Standardisierungen des Output vor, welche die gewünschten Ergebnisse oder Rahmenbedingungen in Form der anzuwendenden Verfahren spezifizieren. Insofern ist der Standardisierungsgrad bei Plänen geringer als beim Einsatz von Programmen. Für die Selbstabstimmung kann der Gegenstand der Koordination nicht allgemein angegeben werden.

Die mit einem Koordinationsmechanismus verbundene Koordinationsrichtung bestimmt das Ausmaß der vertikalen und horizontalen Informationsautonomie im Hinblick auf die Wahrnehmung von Koordinationsaufgaben. Wie im Zusammenhang mit dem Aktionsparameter 'Arbeitsteilung' bereits ausgeführt wurde, gibt die *horizontale Informationsautonomie* das Ausmaß an, in dem die Informationsprozesse der Kooperanden unabhängig, d.h. ohne Berücksichtigung der Aktivitäten der Kooperationspartner, gestaltet werden können. Dagegen beschreibt die *vertikale Informationsautonomie* die Möglichkeit einer Kooperationseinheit, ihre Informationsprozesse in bezug auf die Koordination unabhängig von übergeordneten Instanzen zu gestalten. Beide Merkmale sind auf das Ausmaß der *vertikalen bzw. horizontalen Informationsautarkie* zurückzuführen, welche das Ausmaß beinhalten, in dem koordinationsrelevante Informationen vertikal oder horizontal von anderen/an andere Akteure(n) übermittelt werden müssen. Die Akteure erhalten Informationen darüber, welche Koordinationsaktivitäten durchzuführen sind und berichten über die Ergebnisse der Aktivitäten. Das Ausmaß der horizontalen Informationsautarkie bestimmt darüber hinaus auch das Ausmaß der durch den Aktionsparameter 'Koordination' bestimmten Kooperationserwartung. Je mehr koordinationsrelevante Informationen zwischen den Akteuren zu übermitteln sind, desto höher ist die in der Informationsstruktur angelegte Kooperationserwartung.

---

95 Vgl. Wall (1996), S. 135 und 138f.

Im einzelnen ergeben sich für die Koordinationsinstrumente die folgenden Ausprägungen der genannten Informationsstrukturmerkmale, die auch in Tabelle 5.2-5 wiedergegeben sind.

	horizontale Informations-autarkie	**vertikale Informations-autarkie**	**Kooperations-erwartung**
Selbstabstimmung	niedrig	hoch	hoch
vertikale Pläne	niedrig bis mittel	mittel	mittel
vertikale Programme	hoch	niedrig	niedrig
horizontale Pläne	niedrig	hoch	hoch
horizontale Programme	mittel	hoch	mittel

Tabelle 5.2-5: Implikationen der Form und der Richtung der Koordination für Merkmale der Informationsstruktur und Kooperationserwartung

Der Einsatz des horizontalen Koordinationsmechanismus 'Selbstabstimmung' impliziert eine geringe horizontale und eine hohe vertikale Informationsautarkie innerhalb der Kooperationseinheit, da koordinationsrelevante Informationen nicht an übergeordnete Stellen, sondern zwischen gleichgeordneten Kooperationspartnern zu übermitteln sind. Darüber hinaus wird der Koordinationsbedarf hier nicht standardisiert, sondern fallweise gedeckt, was ebenfalls auf eine geringe horizontale Informationsautarkie hinweist.
Werden Pläne und Programme durch eine den Akteuren übergeordnete Einheit festgelegt, führt dies im Vergleich zur Selbstabstimmung zu einer Erhöhung der horizontalen und zu einer Verminderung der vertikalen Informationsautarkie hinsichtlich der Koordinationsaktivitäten. Vertikal festgelegte Pläne beinhalten dann eine niedrig bis mittel ausgeprägte vertikale Informationsautarkie, weil sie in der Regel den Charakter von Rahmenregeln im Hinblick auf den Output tragen und Informationen über den Erfüllungsgrad der Planung an höhere Hierarchieebenen weiterzuleiten sind. Die übrigen koordinationsrelevanten Informationen werden direkt zwischen den Kooperationspartnern ausgetauscht, und Störungen werden direkt durch die Akteure selbst beseitigt. Dieses weist auf eine niedrige horizontale Informationsautarkie hin. Vertikal festgelegte Programme standardisieren die Informationsverarbeitungsprozesse, was sich im Vergleich zu den vertikalen festgelegten Plänen in einer weiteren Senkung der vertikalen und einer Steigerung der horizontalen Informationsautonomie und -autarkie niederschlägt. Koordinationsrelevante Aspekte wie Prozesse, Input und Output sind ex ante geregelt und müssen nicht fallweise abgestimmt werden. Die generelle Regelung reduziert somit den im Einzelfall notwendigen Koordinationsaufwand. Technokratische Koordinationsmechanismen verringern somit den Koordinationsbedarf.

Legen die Akteure in der Kooperationseinheit die Pläne und Programme dagegen selbst fest (horizontal), impliziert dies gegenüber den vertikalen Formen eine Verringerung der horizontalen und eine Erhöhung der vertikalen Informationsautarkie, weil z.B. der Einsatz von Programmen fallweise Abstimmungsnotwendigkeiten reduziert, aber Kommunikation zwischen den Akteuren über die Festlegung und Abänderung von Programmen erfolgt. Für Pläne gilt dieses analog, wobei wie zuvor erläutert ein niedriger Grad der horizontalen Autarkie den Ausgangspunkt bildet.
Das Koordinationsinstrument 'Weisung' vernachlässigen die Ausführungen wiederum, weil es im Rahmen von Kooperationsprozessen von untergeordneter Bedeutung ist.

Zusammenfassend läßt sich festhalten, daß der Aktionsparameter 'Koordination' die Informationsstrukturmerkmale 'horizontale Informationsautonomie', 'horizontale Informationsautarkie', 'vertikale Informationsautonomie', 'vertikale Informationsautarkie', 'Standardisierung der Informationsverarbeitungsprozesse' sowie die 'Bestimmtheit des Informationsbedarfs und der Informationsbereitstellung' beeinflußt.
Vor allem beim Einsatz von Selbstabstimmung mit Abstrichen auch beim Einsatz horizontaler Pläne besteht eine niedrige horizontale Informationsautarkie und -autonomie und eine hohe vertikale Informationsautonomie und -autarkie sowie eine hohe Kooperationserwartung. Gleichzeitig zeichnet sich die Informationsstruktur durch niedrige bis mittlere Maße der Standardisierung der Informationsverarbeitungsprozesse und der Bestimmtheit der Informationsbereitstellung und des -bedarfs aus.
Da aus einer hohen Standardisierung von Informationsprozessen eine hohe Bestimmtheit des Informationsbedarfs und der Informationsbereitstellung folgt, reicht es im folgenden aus, sich auf den Bestimmtheitsgrad des Informationsbedarfs und der Informationsbereitstellung zu beschränken.[96]

Abschließend seien einige Überlegungen dazu angestellt, wie die verschiedenen Koordinationsmechanismen in CSCW-Technologien umgesetzt werden können.
Die Übertragung von Koordinationsaktivitäten auf CSCW-Technologien zur Reduzierung des Koordinationsaufwandes, wie sie beispielsweise beim Einsatz automatisierender Workflowsysteme erfolgt, setzt die Programmierbarkeit der Aktivitäten, d.h. die Anwendbarkeit des Koordinationsmechanismus 'Programm', voraus. Dies dürfte nur bei einfachen Aufgaben mit hohem Wiederholungsgrad der Fall und wirtschaftlich umsetzbar sein. Gestaltende und Anwendende müssen sich darüber bewußt sein, daß die Automatisierung und Steuerung von Koordinationsaktivitäten mittels Informationstechnologien der Selbstabstimmung widerspricht, wenn sie nicht durch die Kooperanden selbst veranlaßt wird. Deshalb müssen solche Werkzeuge zur Verfügung gestellt werden, die eine anpaßbare, flexible und durch die Akteure gesteuerte Koordination unterstützen.

---

96 Vgl. Wall (1996), S. 146.

Da Koordination in der Regel mit Kommunikationsprozessen verbunden ist, kann eine Erhöhung des 'Kommunikationsdurchsatzes', d.h. die pro Zeiteinheit übertragene Menge von Informationen, zur Senkung der Koordinationskosten und zur Intensivierung der Koordinationsaktivitäten beitragen. CSCW-Technologien bieten Werkzeuge bzw. Medien zur Kommunikationsunterstützung an, die sowohl beim Einsatz von Plänen als auch bei Selbstabstimmung ihre Wirkung entfalten können. Die Anwendung von Computertechnologien führt dort zur Verringerung des vertikalen Koordinationsbedarfs, wo sie zu einer besseren Informationsversorgung der Akteure beiträgt, denn dann gelingt es diesen leichter, Sachverhalte direkt und unabhängig von vertikalen Eingriffen aufeinander abzustimmen. Koordinationsunterstützende CSCW-Technologien tragen daneben im Vergleich zu papiergestützten Medien auch zur zeitnäheren interpersonellen Visualisierung der durchzuführenden Aktivitäten und des realisierten Arbeitsfortschritts bei, beispielsweise indem Task-Listen elektronisch vorgehalten und gepflegt werden.
Auch die engere Bindung der Aktivitäten der Akteure beispielsweise durch den Zugriff auf gemeinsame Datenbestände beinhaltet eine implizit koordinierende Wirkung.

5.2.3 Aktionsparameter 'Delegation'

Die folgenden Ausführungen befassen sich mit dem strukturellen Aktionsparameter 'Delegation'. Analog zu den vorherigen Abschnitten nimmt Abschnitt 5.2.3.1 zunächst eine grundlegende Charakterisierung des Aktionsparameters vor. Im sich anschließenden Abschnitt 5.2.3.2 werden dann Implikationen eines bestimmten Ausmaßes der Delegation für die Informationsstrukturmerkmale und die Kooperationserwartung abgeleitet.

5.2.3.1 Charakterisierung des Aktionsparameters 'Delegation'

Der Aktionsparameter 'Delegation' befaßt sich mit der umfangmäßigen Verteilung von Entscheidungskompetenzen, d.h. formalen Handlungsrechten, zur Auswahl von Alternativen von der Unternehmungsleitung an nachgeordnete Stellen bzw. Stellenmehrheiten. Die Delegationsempfänger erhalten dabei die Befugnis, Sachverhalte für die Unternehmung verbindlich nach innen und außen zu regeln,[97] so daß Stellen mit dem Charakter von Instanzen entstehen. Sie verfügen über besondere Rechte und Pflichten, indem ihnen Entscheidungsbefugnisse zugewiesen werden. Die Stelleninhaber übernehmen Verantwortung, d.h. sie werden verpflichtet, über Art und Weise von Entscheidungen

---

97 Vgl. Kieser/Kubicek (1992), S. 155; Grün (1987), S. 137; Schulte-Zurhausen (1995), S. 177; Steinle (1992), Sp. 501.

sowie deren Ergebnisse Rechenschaft abzulegen.[98] Delegation dient der institutionalisierten Handhabung von Unsicherheit und entsteht aufgrund ungenügender Informationen über die Aufgabenerfüllung bzw. begrenzter Informationsverarbeitungskapazitäten übergeordneter Instanzen.[99]
Interpretiert man Aktivitäten der Entscheidung als Gegenpol zu Aktivitäten der Ausführung, entsteht bei geringer Entscheidungsdelegation an nachgeordnete Hierarchieebenen eine Aufgabenspezialisierung nach dem Rang der Aufgaben[100] bzw. eine vertikale Arbeitsteilung.[101] Während Instanzen Entscheidungsaufgaben wahrnehmen und die Ausführung der Entscheidungen kontrollieren, befassen sich die ausführenden Stellen mit der Umsetzung der getroffenen Entscheidungen. Je mehr Entscheidungen aufgrund organisatorischer Regeln durch nachgeordnete Stellen wahrgenommen werden, desto größer ist der Delegationsgrad und desto größer ist der Selbststeuerungsgrad der Akteure bzw. der Kooperationseinheiten bei der Erfüllung ihrer Aufgaben.

Die einer Stelle bzw. Kooperationseinheit übertragenen Entscheidungskompetenzen stehen in engem Zusammenhang mit dem Handlungspielraum der Kooperanden. Der Handlungsspielraum umfaßt den Tätigkeitsspielraum, den Entscheidungs- sowie den Kontrollspielraum. Während der Tätigkeitsspielraum vor allem durch die Gestaltung des Aktionsparameters 'Arbeitsteilung' geprägt wird, bildet die Zuweisung von Entscheidungs- und Kontrollkompetenzen die Grundlage des Entscheidungs- und Kontrollspielraums. Dieser kann auch als „das Ausmaß, in dem eine eigenständige Regulation der Tätigkeit möglich ist“[102] definiert werden und bringt die aufgabenbezogene Selbständigkeit der Akteure zum Ausdruck. Die Adäquanz der Handlungspielräume stellt in ihrer Gesamtheit einen entscheidenden Einflußfaktor der Arbeitsmotivation und somit der Leistungsbereitschaft von Akteuren dar.[103]

Nachgeordnete Stellen treffen auch bei einem geringen Ausmaß der Delegation Entscheidungen. Sie sind jedoch nicht mit *wesentlichen* Entscheidungskompetenzen ausgestattet.[104] Der Delegationsgrad ist umso höher,[105]

- je mehr Entscheidungskompetenzen auf untere Hierarchieebenen verlagert werden,
- je wichtiger die auf die unteren Hierarchieebenen übertragenen Entscheidungskompetenzen sind,

98 Vgl. Bühner (1994), S. 66f.
99 Vgl. Wittmann (1990), S. 159.
100 Vgl. Kosiol (1962), S. 49ff.
101 Vgl. Schanz (1994), S. 154; Bleicher (1991a), S. 57.
102 Osterloh (1985), S. 294.
103 Vgl. Osterloh (1983), S. 39ff.
104 Vgl. Picot (1984), S. 113.
105 Vgl. Dale (1952), S. 107, zitiert in Kieser/Kubicek (1992), S. 185.

- je größer die Reichweite der Entscheidungskompetenzen, d.h. je mehr andere Stellen von der Kompetenzausübung berührt werden,
- je weniger Abstimmung mit übergeordneten Stellen erforderlich ist bzw. je weniger andere Stellen in die Entscheidungsfindung einzubeziehen sind.

Statt von Delegation wird stellenweise synonym auch von (De-)zentralisation gesprochen.[106] Vollkommene Zentralisation bezeichnet den theoretischen Extremfall, daß die Entscheidungsbefugnisse ausschließlich durch die oberste Instanz, also die Unternehmungsleitung, ausgeübt werden, während die nachgeordneten Ebenen ausschließlich ausführende Tätigkeiten wahrnehmen und über keinerlei Entscheidungskompetenzen verfügen. Dagegen verteilt Delegation die Entscheidungskompetenzen auf viele Stellen in der Unternehmung, so daß die Stellen auf mittlerer und unterer Ebene über ein gewisses Maß an Entscheidungskompetenz, Selbständigkeit und Selbstverantwortung verfügen.[107] Einen der Delegation ähnlichen Sachverhalt bezeichnet auch der Begriff der Partizipation.[108] Er nimmt jedoch insofern einen anderen Blickwinkel ein, als er das Ausmaß der Beteiligung der Mitarbeiter an Entscheidungen höherer Ebenen umfaßt.

Vorteile der Delegation liegen in der Entlastung übergeordneter Stellen, der Verbesserung der Flexibilität des Systems, der schnelleren Entscheidungs- und Leistungsprozesse sowie in der Erfüllung der Selbständigkeits- und Entfaltungsbedürfnisse der Mitarbeiter, was zur Steigerung der Motivation und der Zufriedenheit beitragen kann.[109] Dies liegt vor allem in der unmittelbaren Wirksamkeit der Entscheidungsfolgen in dezentralen Strukturen begründet. Verzögerungen, Rückfragen und der Durchlauf langwieriger Instanzenwege werden vermieden. Dieser Vorteil wird umso wirksamer, je höher die Interdependenzen zwischen verschiedenen Akteuren und die Zahl der stellenübergreifenden Entscheidungen sind. Gleichzeitig impliziert eine Verlagerung von Entscheidungsprozessen auf untere Hierarchieebenen eine verstärkte horizontale Koordination, weil bei Entscheidungen, die die Aufgabenerfüllung mehr als einer Stelle betreffen, Abstim-

---

[106] Vgl. Kieser/Kubicek (1992), S. 157. Andere Abgrenzungen des Begriffs der (De-)Zentralisation vertreten Steinle (1993), S. 42; Bühner (1994), S. 105; Hill/Fehlbaum/Ulrich (1994), S. 224. Hill/ Fehlbaum/Ulrich unterscheiden Delegation explizit von Dezentralisation.

[107] Vgl. Picot (1993), S. 220.

[108] Hill/Fehlbaum/Ulrich (1994), S. 235ff. fassen den Partizipationsgrad als eigenständigen Aktionsparameter der strukturellen Gestaltung auf.

[109] Vgl. Jakob (1980), S. 82f. Die Übernahme von Entscheidungen bzw. die Beteiligung an Entscheidungen führt allerdings nur dann zu mehr Innovationsfreude und Zufriedenheit der Akteure, wenn die Entscheidung wichtig für die Arbeit ist, der Entscheidungsinhalt in erkennbarem Zusammenhang mit der Arbeitsleistung steht, wenn die Beteiligung als legitim beurteilt wird (Einklang mit sozialen Werten und Normen der Betroffenen) und wenn keine Ressentiments gegen die Technik der Mitentscheidung (als Manipulationsinstrument) vorliegen. Vgl. Steinmann/Schreyögg (1997), S. 575f. unter Bezugnahme auf eine empirische Studie von French/Israel/As (1969), S. 487-504.

mungsprozesse zwischen den Akteuren notwendig sind.[110] Eine Vergrößerung des Entscheidungsspielraumes durch die Delegation von Entscheidungskompetenzen fördert darüber hinaus die Eigenverantwortlichkeit der Mitarbeiter, so daß Anteilnahme, Initiative und Verantwortung der Kooperanden zunehmen. Gleichzeitig führt die Delegation häufig zu einer höheren Identifikation mit den getroffenen Entscheidungen und bietet somit günstige Ausgangsbedingungen für ihre Umsetzung.[111]

Nachteile einer weitreichenden Entscheidungsdelegation liegen vor allem in der Gefahr suboptimaler Leistungsprozesse auf dem nächsthöheren Aggregationsniveau, wenn Stellen oder Kooperationseinheiten nur ihre eigenen Interessen verfolgen und nicht über eine umfassende Kenntnis der Gesamtsituation verfügen. Delegation bringt im Vergleich zum straffen Mechanismus der direkten Anweisung und Überwachung zusätzliche Probleme hinsichtlich der Koordination mit sich. Die entstehende Koordinationslücke läßt sich insbesondere durch den Mechanismus der wechselseitigen Abstimmung füllen. Schließlich besteht bei einer unzureichenden Qualifikation auch die Gefahr der Überforderung der Delegationsempfänger.[112]

Dezentrale Arbeitsformen übertragen Mitarbeitern umfangreiche Entscheidungskompetenzen. Die Rolle von Führungskräften beschränkt sich in diesem Fall auf die Beobachtung und Weiterentwicklung der Prämissen für die Geschäftstätigkeit,[113] die Zielentwicklung in Interaktion mit den Akteuren sowie die Förderung von Kooperationsprozessen beispielsweise durch Mobilisierung der notwendigen Ressourcen und die Entwicklung der Mitarbeiter. Darüber hinaus bestimmen sie die Rahmenbedingungen, die der Unternehmung das Erreichen langfristiger Ziele ermöglichen. Den Mitarbeitern bieten sie weitreichende Freiräume bei der Aufgabenerledigung und Selbststeuerung. Die Mitarbeiter verrichten bei einem hohen Ausmaß der Delegation vermehrt auch Aufgaben, die Entscheidungen z.B. bezüglich des Personalmanagements, der Arbeitszeitabstimmung, der Weiterbildung, des Produktionsmanagements oder der Optimierung der Ablauforganisation erfordern.[114] Solche Tätigkeiten wurden zuvor primär von darauf spezialisierten Stelleninhabern ausgeführt.

---

110 Ergänzend sei hier angeführt, daß empirische Untersuchungen auf eine positive Korrelation zwischen Delegationsgrad und Einsatz des Koordinationsmechanismus Selbstabstimmung hinweisen. Vgl. Kieser/Kubicek (1992), S. 195. Dieses stellt jedoch keinen Beweis für die Kausalität dar.

111 Vgl. Brummund (1983), S. 154f; Wittmann (1990), S. 221; Schanz (1994), S. 214f.; Hill/Fehlbaum/Ulrich (1994), S. 230f.

112 Vgl. Schanz (1994), S. 216; Wittmann (1990), S. 222. Für eine kritische Betrachtung der organisatorischen Dezentralisierung vgl. Kühl (1995); Drumm (1996), S. 13ff.

113 Vgl. Picot (1993), S. 227f. Zur Rolle von Führungskräften in kooperativen Arbeitssituationen vgl. Hurtz/Flick (1998), S. 74f.

114 Vgl. Sperling (1994), S. 32.

Im einzelnen werden die folgenden *Gegenstände der Entscheidungsdelegation* an Kooperationseinheiten genannt. Je mehr dieser Entscheidungstatbestände durch Kooperationseinheiten wahrgenommen werden, desto größer ist der Delegationsgrad und gleichzeitig auch das Maß der Selbststeuerung der Kooperationseinheit:[115]

- Einfluß auf die Festlegung quantitativer und qualitativer Ziele der Kooperationseinheit,
- Festlegen von Regelungen bezüglich der Führung innerhalb der Kooperationseinheit, Auswahl einer Führungsperson,[116]
- Entscheidungen bezüglich der Übernahme zusätzlicher Aufgaben,
- Festlegung der Arbeitszeit,
- Entscheidungen über die zu verwendenden Arbeitsverfahren,
- Bestimmung der Arbeitsverteilung innerhalb der Kooperationseinheit,
- Entscheidungen über die Zusammensetzung der Kooperationseinheit,
- Bestimmung der Arbeitsmethoden.

HACKMAN[117] unterscheidet verschiedene Formen von Arbeitsgruppen in Unternehmungen. Seine Klassifizierung von Einheiten, denen mehr als die Ausführung von Entscheidungen obliegt, gibt indirekt Aufschluß über verschiedene Delegationsgrade. Sich selbst führende Einheiten nehmen nicht nur ausführende Aktivitäten wahr, sondern überwachen und steuern diese auch. Sich selbst strukturierende Einheiten verfügen darüber hinaus auch über die Kompetenz, die innerhalb der Einheit und in der Interaktion mit anderen Einheiten geltenden Regeln zu bestimmen. Sich selbst Ziele setzende Einheiten bestimmen schließlich auch die Ziele der Einheit selbst. Die verschiedenen Formen treten dabei nicht eindeutig abgestuft auf, sondern gehen kontinuierlich ineinander über. Ein Teil der Aufgaben von Kooperationseinheiten kann vertikal gesteuert werden, während andere Aufgaben vollkommen in der Verantwortung der Kooperationseinheit liegen.[118]

Bei geringer Qualifikation der Mitarbeiter verringert sich die Möglichkeit zur Delegation et vice versa. Je höher die Qualifikation der Mitarbeiter ist, desto mehr wird Delegation von den Beschäftigten zur Befriedigung ihrer Selbststeuerungsbedürfnisse auch eingefordert. Bei geringer Qualifikation stellt die Reduktion des Delegationsrisikos einen besonderen Beweggrund für die Bildung von Kooperationseinheiten dar, um ein Gegengewicht zur beschränkten Informationsverarbeitungskapazität und evtueller Unterqualifikation einzelner Stelleninhaber zu bilden sowie das Risiko von Fehlentscheidungen durch das

---

115 Vgl. Gulowsen (1972), S. 376-378, der diese Kriterien zur Bestimmung des Autonomiegrades teilautonomer Gruppen verwendet.

116 Der Träger der Rolle des Führenden fungiert dabei i.d.R. als 'primus inter pares'.

117 Vgl. Hackman (1986), S. 92.

118 Vgl. Kieser/Kubicek (1992), S. 470.

Phänomen des Fehlerausgleichs in Gruppen zu reduzieren. Dabei ergeben sich gleichzeitig Möglichkeiten zur Initiierung individueller Lernprozesse und zur Verbesserung der Qualifikation der Akteure.
Insgesamt läßt sich festhalten, daß die Delegation von Entscheidungen an Kooperationseinheiten, eigenverantwortliches und ergebnisorientiertes Handeln fördert. Die Kompetenzen und Verantwortlichkeiten sollten demnach soweit wie möglich an die Kooperationseinheit delegiert werden.

5.2.3.2 Schlußfolgerungen bezüglich Informationsstruktur und Kooperationserwartung auf Grundlage der Gestaltung des Aktionsparameters 'Delegation'

Zur Bestimmung der Kooperationserwartung auf Grundlage des Aktionsparameters 'Delegation' wird auch hier auf die Ausprägungen der Informationsstrukturmerkmale zurückgegriffen. Während der im nächsten Abschnitt zu erläuternde Aktionsparameter 'Leitungssystem' (Konfiguration) die grundlegende Struktur der vertikalen Informationsbeziehungen festlegt, bestimmt der Delegationsgrad ihre inhaltliche Ausprägung. Bereits eine rein quantitative Untersuchung der Anzahl der Informationsbeziehungen in zentralen gegenüber dezentralen Strukturen zeigt, daß ein hoher Delegationsgrad eine geringere Anzahl vertikaler Informationsbeziehungen erfordert als ein niedrigerer Dezentralisationsgrad.[119]

Im Zusammenhang mit dem Aktionsparameter 'Delegation' zeigt die *vertikale Informationsautarkie* die Notwendigkeit auf, entscheidungsrelevantes Wissen an übergeordnete Einheiten weiterzugeben. Die Übermittlung der relevanten Informationen an übergeordnete Stellen dient bei geringem Ausmaß der Entscheidungsdelegation einerseits der Entscheidungsvorbereitung auf der nächsthöheren Ebene, andererseits liefern die Informationen auch die Grundlage für die Kontrolle der Entscheidungsumsetzung. Bei hoher Entscheidungsdelegation ist das entscheidungsrelevante Wissen im Gegensatz zur geringen Entscheidungsdelegation nicht an übergeordnete Stellen weiterzuleiten und Entscheidungskompetenz wird dort angesiedelt, wo das entscheidungsrelevante Wissen entsteht. Je höher der Delegationsgrad von Entscheidungskompetenzen, desto höher die vertikale Informationsautarkie, da das entscheidungsrelevante Wissen selbst produziert wird. Das heißt auch, daß die Informationsverarbeitungsprozesse unabhängig von übergeordneten Stellen gestaltet werden können (hohe *vertikale Informationsautonomie*).[120]

---

[119] Vgl. Wall (1996), S. 126f.
[120] Vgl. Wall (1996), S. 125 und 128ff. Wall greift in diesem Zusammenhang statt auf das Merkmal der vertikalen Informationsautarkie auf das Merkmal des Verdichtungsgrads von Informationen zurück,

Handlungsträger können nur dann kooperieren, wenn sie mit einem Mindestmaß an Entscheidungskompetenz ausgestattet sind. Sind die Aktivitäten der Akteure lediglich vorbereitender oder ausführender Natur, während die Entscheidungen von übergeordneter Stelle getroffen und ihr Vollzug durch übergeordnete Einheiten kontrolliert werden, bleibt nur wenig Raum für kooperative Aktivitäten. Kooperation erfordert ein Mindestmaß an Autonomie - i.S. der Unabhängigkeit von übergeordneten Stellen - bezüglich der Regelung der kooperativen Aktivitäten. Kooperative Arbeit setzt zumindest partielle Autonomie der Kooperationseinheit zum einen im Hinblick auf die interne Planung, Steuerung, Organisation und Kontrolle der Arbeitsprozesse und zum anderen im Hinblick auf die Leistungserstellung an den einzelnen Stellen selbst voraus. Je mehr Entscheidungskompetenzen eine Kooperationseinheit besitzt, d.h. je höher der Delegationsgrad ist, desto höher sind auch die *Kooperationserwartungen*, da der Kooperationseinheit umso mehr Regelungskompetenzen und Verantwortung übertragen werden, die sie kooperativ zu lösen hat. Sind dagegen nicht direkt Beteiligte mit weitreichenden Entscheidungsbefugnissen in der Kooperationsangelegenheit ausgestattet, besteht nicht nur eine geringere Flexibilität, da diese Instanz jeweils konsultiert werden muß. Letztlich bleibt nur wenig Raum zu selbstregulierenden Aktivitäten der Akteure, da ihre Entscheidungen und Handlungen durch entscheidungsbefugte Dritte ständig revidiert werden könnten. Dieses mindert das Vertrauen der Kooperationspartner in den Sinn und die Beständigkeit der Kooperation und läßt darüber hinaus eher auf koordinierte denn auf kooperative Aktivitäten schließen.
Werden die Kompetenzen durch die Gesamtheit der Akteure in einer Kooperationseinheit wahrgenommen oder betreffen die delegierten Entscheidungskompentenzen die Interaktionen mit anderen Akteuren in der Kooperationseinheit, beinhaltet dieses eine Verringerung der *horizontalen Informationsautarkie und -autonomie*, weil entscheidungsrelevantes Wissen zwischen den Akteuren übermittelt werden muß. Die Delegation von Entscheidungskompetenzen, die lediglich den individuellen Arbeitsbereich der Akteure betreffen, ändert dagegen nichts an der Ausprägung der horizontalen Informationsautonomie und -autarkie.

In der Regel dürfte die Verteilung von Entscheidungskompetenzen auch mit der Verteilung von Verfügungskompetenzen auf Informationen verbunden sein, da die Wahrnehmung von Entscheidungskompetenzen die *auftragsbezogene Breite des Informationsbedarf* an den entsprechenden Stellen erhöht. Die Zugriffsrechte auf Informationen

welches Aufschluß über die Art der an vorgesetzte Stellen weiterzuleitenden Informationen gibt. Der dabei hergestellte Zusammenhang zwischen vertikaler Informationsautarkie und Verdichtungsgrad (S. 131) bleibt dabei unklar und wird deshalb hier nicht weiter beachtet. Neben den genannten Merkmalen führt Wall die Merkmale 'Komplexität der Prozesse der Informationsbeschaffung' und 'Dringlichkeit der vertikalen Informationsbeziehungen' an, die hier nicht relevant sind.

legen fest, wer auf welches Objekt unter welchen Bedingungen zugreifen darf. Unter Zugriff wird dabei allgemein das Lesen, Schreiben oder Verändern von Daten verstanden. Darüber hinaus ist auch der Zugriff auf Kommunikationskanäle als Verfügungskompetenz zu interpretieren. Eine zentrale Informationsstruktur ist durch die heterogene Verteilung der Informationen bzw. Möglichkeiten zu deren Beschaffung zu kennzeichnen. Demgegenüber haben die Akteure in einer dezentralen Informationsstruktur nur unwesentlich unterschiedlichen Zugang zu Informationen.[121]
Kooperative Arbeitsstrukturen erfordern einen dezentralen und breiten Zugang zu Informationen, da Informationsvorsprünge Einzelner Machtvorsprünge darstellen, die Kooperation asymmetrisch werden lassen.[122]

Die Tabelle 5.2-6 faßt die Auswirkungen des Delegationsgrades auf verschiedene Merkmale der Informationsstruktur und die Kooperationserwartung zusammen.

	Vertikale Informations-autonomie und -autarkie	**horizontale Informations-autonomie und -autarkie**	**auftrags-bezogene Breite des Informations bedarfs**	**Kooperations-erwartung**
hoher Delegationsgrad an einzelne Akteure/ an gesamte Kooperationseinheit	hoch	kein Einfluß/ niedrig	hoch	kein Einfluß/ hoch
niedriger Delegationsgrad an einzelne Akteure/ an gesamte Kooperationseinheit	niedrig	kein Einfluß/ niedrig	niedrig	kein Einfluß niedrig

Tabelle 5.2-6: Ausprägungen verschiedener Merkmale der Informationsstruktur bei unterschiedlichen Delegationsgraden

Computergestützte kooperative Arbeitsformen bringen keineswegs automatisch eine lineare Verschiebung ehemals entscheidungszentralisierender Arbeitsformen hin zu mehr Selbstregelung mit sich. Technikeinsatz kann einerseits die Konzentration von Entscheidungsbefugnissen unterstützen, wenn aus Kapazitäts- und Komplexitätsgründen delegierte Entscheidungsbefugnisse aufgrund schnellerer und leistungsfähigerer Informations-, Planungs- und Kontrollsysteme, beispielsweise mittels Data-Warehouse-Konzepten und darauf basierenden analytischen Informationssystemen - rezentralisiert werden

121 Vgl. Fornfeist (1985), S. 47.
122 Vgl. Wimmer/Neuberger (1981), S. 191.

können.[123] Andererseits bestehen mit CSCW-Technologien auch neue Möglichkeiten, einen für die Integration von ausführenden und dispositiven Aufgaben notwendigen dezentralen, enthierarchisierten Informationszugang zu unterstützen und so die Grundlage für Entscheidungsdelegation zu schaffen.

Im Hinblick auf die Möglichkeiten der Entscheidungsdelegation spielen die folgenden, auf den Technikeinsatz bezogenen Aspekte eine Rolle:[124]

- Zugriffsmöglichkeiten auf externe Informationen,
- Archivierung und Abfragemöglichkeit großer Bestände an markt- und unternehmungsrelevanten Daten,
- Bereitstellung von Methoden- und Modellbanken,
- bessere Möglichkeiten der Hinzuziehung einer größeren Anzahl und Variation von Personen, die als Informationslieferanten in Frage kommen und einfachere Bildung persönlicher Netzwerke,
- gemeinsame Entscheidungsfindung kann komfortabler auch ohne Face-to-face-Kontakt vollzogen werden.

Insgesamt ist festzuhalten, daß sich der Delegationsgrad auf die Informationsstrukturmerkmale 'auftragsbezogene Breite des Informationsbedarfs und der Informationsbereitstellung', 'horizontale Informationsautonomie und -autarkie' und die 'vertikale Informationsautonomie und -autarkie' auswirkt. Eine ausgeprägte Entscheidungsdelegation weist dann auf eine hohe Kooperationserwartung hin, wenn bei der Delegation von Entscheidungskompetenzen an eine Kooperationseinheit gemeinsame Verantwortlichkeiten für die Entscheidungsfindung bei der Erledigung der Aufgaben geschaffen werden. Zur Wahrnehmung dieser Verantwortung sind kommunikative und koordinative Handlungen innerhalb der Kooperationseinheit notwendig, welche umso intensiver ausgeprägt sein dürften, je höher das Ausmaß der an die Kooperationseinheit delegierten Entscheidungen ist. Ein hoher Delegationsgrad impliziert ein hohe auftragsbezogene Breite des Informationsbedarfs und der -bereitstellung, eine hohe vertikale Informationautonomie und -autarkie und wiederum eine niedrige horizontale Informationsautonomie und -autarkie innerhalb der Kooperationseinheit.

---

[123] Vgl. Picot (1993), S. 227; Krickl (1995), S. 125; Huber (1990), S. 57; Krüger (1991), S. 290. Eine intensive Auseinandersetzung mit den Auswirkungen des Einsatzes von Informationstechnologien auf die Kompetenzen findet sich bei Wittmann (1990).

[124] Vgl. Huber (1990), S. 50ff.

5.2.4 Aktionsparameter 'Leitungssystem'

Die folgenden Abschnitte befassen sich mit dem strukturellen Aktionsparameter 'Leitungssystem'. Auch hier erfolgt zunächst eine grundlegende Charakterisierung des Aktionsparameters (Abschnitt 5.2.4.1). Im Abschnitt 5.2.4.2 werden dann Implikationen der Gestaltung des Leitungssystems für die Informationsstruktur und die Kooperationserwartung abgeleitet.

5.2.4.1 Charakterisierung des Aktionsparameters 'Leitungssystem'

Der Aktionsparameter 'Leitungssystem'[125] (synonym: Konfiguration) beschreibt die Struktur der auf Weisungsbefugnissen beruhenden Über- und Unterordnungsverhältnisse zwischen Stellen. Das Leitungssystem bildet die äußere Form des Stellengefüges und wird häufig mit Hilfe von Organigrammen dargestellt.[126] Zur Beschreibung des Leitungssystems untersucht man die Grundform der Weisungsbeziehungen (Einlinien- versus Mehrlinienstruktur), die Tiefe und Breite der Leitungshierarchie mittels Leitungsspanne und Gliederungstiefe sowie die Relationen, bspw. zwischen Stabs- und Linienstellen.[127]

Durch die stufenweise Zuordnung von Stellen zu den zugehörigen Instanzen ergibt sich die hierarchische Struktur einer Unternehmung. Die Anzahl der einer mit Entscheidungs- und Weisungskompetenzen ausgestatteten Instanz zugeordneten Stellen (Leitungsspanne) bestimmt bei gleicher Größe der Unternehmumg die Anzahl der Leitungsebenen, d.h. die Leitungstiefe. Je geringer die Leitungsspanne ist, desto mehr Hierarchieebenen müssen bei gleicher Stellenzahl existieren. In Abhängigkeit von der Leitungstiefe wird die Pyramidenform der Hierarchie demnach steiler oder flacher. Bei einer geringen Leitungstiefe, also einer geringen Anzahl von Hierarchieebenen spricht man von einer schlanken bzw. flachen, bei einer hohen Leitungstiefe, d.h. einer hohen Anzahl von Hierarchieebenen, von einer breiten oder steilen Konfiguration.[128]

---

125 Vgl. Rühli (1980), Sp. 1205ff.; Wall (1996), S. 108; Hill/Fehlbaum/Ulrich (1994), S. 191ff. sprechen von Funktionalisierung bzw. Funktionalisierungsgrad, welcher „das Ausmaß der Spezialisierung im Bereich der Leitungsfunktion" (Hill/Fehlbaum/Ulrich (1994), S. 211) angibt.

126 Vgl. Kieser/Kubicek (1992), S. 126.

127 Vgl. Wall (1996), S. 109. Als Grundformen der Konfiguration sind Einliniensysteme, Mehrliniensysteme, Mischformen und mehrdimensionale Organisationsstrukturen zu unterscheiden. Vgl. Staerkle (1992), Sp. 1232. Zur Unterscheidung von Einlinien- und Mehrliniensystemen sowie zum Charakter und zur Bedeutung von Stabsstellen vgl. Kieser/Kubicek (1992), S. 127 und 135ff.; Hill/Fehlbaum/Ulrich (1994), S. 191ff. Zu Modellen der Konfiguration vgl. Bleicher (1991a), S. 388ff.; Schulte-Zurhausen (1995), S. 221ff.

128 Vgl. Schulte-Zurhausen (1995), S. 206 i.V. mit S. 210f.; Schanz (1994), S. 124f.

Je mehr Entscheidungs- und Koordinationsaktivitäten auf nachgeordnete Stellen übertragen werden, desto flacher kann das Leitungssystem gestaltet werden, da die Summe der auf der jeweiligen Leitungsebene wahrzunehmenden Entscheidungs- und Koordinationsaufgaben geringer wird. Die Unterstützung der direkten Kommunikation zwischen Akteuren innerhalb eines Leistungsprozesses sowie die Bildung dauerhafter oder temporärer Gremien mit Koordinationsaufgaben stellen Maßnahmen zur Verringerung der Koordinationsaufgaben von Instanzen dar.[129] Damit soll die Hierachie regelmäßig nicht vollständig abgelöst werden, es erfolgt jedoch eine Aufbrechung hierarchischer Grundstrukturen. Dies dient vor allem dazu, eine schnellere und ungefilterte Kommunikation zu ermöglichen, als sie über die vertikalen Kommunikationsstrukturen bei einer hohen Anzahl von Hierarchieebenen und Instanzen stattfinden kann.

Einen Aspekt, der im Hinblick auf die Leistungsfähigkeit von Kooperationseinheiten häufig diskutiert wird, stellt die *Größe der Kooperationseinheit* dar. Er soll hier dem Aktionsparameter 'Leitungssystem' zugeordnet werden, da er einen dem Aspekt des Leitungssystems ähnlichen Sachverhalt behandelt. Kooperation setzt die Interaktion zwischen den Akteuren voraus. Dabei bestehen sehr unterschiedliche Ansichten darüber, welche Größe multipersoneller Einheiten noch eine unmittelbare Interaktion erlaubt. Empirische Untersuchungen weisen neben fehlenden auch positive oder negative Korrelationen zwischen der Qualität oder Quantität der Leistung und der Größe von Einheiten auf.[130] Das Anwachsen der Anzahl der Akteure in einer Kooperationseinheit beinhaltet eine Verbreiterung der Wissensbasis und der Informationsverarbeitungskapazität. Gleichzeitig steigt mit der Größe jedoch auch der Koordinationsaufwand und die dafür gebundene Kapazität der Kooperationseinheit. In großen Einheiten - als groß sollen hier Einheiten mit mehr als sieben Akteuren angesehen werden - verändern sich nicht nur Anzahl und Intensität der direkten Kontakte, sondern auch die Normengefüge.[131] Kleine Kooperationseinheiten können Probleme und Aufgabenstellungen häufig noch im direkten Kontakt lösen. Bei größeren Kooperationseinheiten werden explizit vorgegebene Verhaltensnormen, an denen sich die einzelnen Akteure orientieren können, außerordentlich wichtig. Bisweilen werden fünf bis sieben Personen als Richtgröße für die optimale Größe von Kooperationseinheiten angegeben. Bei dieser Größe sind Kooperationseinheiten noch überschaubar, so daß man sich auf die Eigenheiten einzelner Akteure einstellen kann und direkte Kommunikation möglich ist. In kleineren Kooperationseinheiten gestaltet sich der persönliche Kontakt zwar einfacher, die Vorteile der Spezialisierung und Arbeitsteilung können jedoch nicht ausgeschöpft werden.[132] Bisweilen

---

129 Vgl. Krickl (1995), S. 114.

130 Einen Überblick über solche Versuche vermittelt Redel (1982), S. 283ff.

131 Vgl. Homans (1965), S. 13ff.

132 Vgl. Endress (1991), S. 54.

werden zusätzliche Personen in Kooperationseinheiten aufgenommen, wenn sensible Entscheidungen mit weitreichenden personellen oder politischen Konsequenzen anstehen, um die Akzeptanz der Entscheidungen zu gewährleisten. Eine steigende Größe der Kooperationseinheit beinhaltet jedoch die Gefahr des Sinkens der Qualität und Effizienz der Leistung der Kooperationseinheit.[133]
Abschließend ist festzuhalten, daß die optimale Größe einer Kooperationseinheit allenfalls bezüglich des konkreten Einzelfalls, nicht jedoch im Rahmen einer allgemeinen Untersuchung festgelegt werden kann.[134]

Einen speziellen Aspekt des Leitungssystems, der von großem Interesse für die Untersuchung der Kooperationsorientierung einer Unternehmung ist, beinhaltet die *Übertragung von Entscheidungsbefugnissen* auf *Mehrpersoneninstanzen.* Entscheidungen und Leistungsprozesse stellen dann das Ergebnis multipersoneller Entscheidungsprozesse dar.[135] Die entsprechenden Konfigurationskonzepte gehen dabei von der Überlegenheit der Integration von Akteuren in multipersonellen Einheiten gegenüber Linienverknüpfungen einzelner Stellen aus.[136] Prinzipiell kann zwischen solchen Ansätzen unterschieden werden, bei denen mehrpersonelle Instanzen in der Primärorganisation angelegt sind, und solchen, bei denen sich gruppenorientierte Strukturen in der Sekundärorganisation finden. Die Primärorganisation stellt die hierarchische Grundstruktur der Unternehmung dar und beinhaltet „alle dauerhaften Organisationseinheiten, die durch hierarchische Beziehungen miteinander verknüpft sind."[137] Dagegen umfaßt die Sekundärorganisation dauerhafte oder temporäre, hierarchieergänzende oder hierarchieübergreifende Strukturen und überlagert damit gewissermaßen die Primärorganisation.[138] Formal vorgesehene Kooperationseinheiten können sowohl in Ergänzung zur Hierarchie als Teil der Sekundärorganisation (Ausschüsse, Komitees, Kommissionen, Projektteams,[139] Kollegien, Modell der ergänzenden Teamvermaschung nach SCHNELLE) oder aber als Ersatz der hierarchischen Beziehungen zwischen singularen Instanzen als Teil der Primärorganisation (Konzept der überlappenden Gruppen von LIKERT, Konzept der teamorientierten Matrixorganisation von SCHNEIDER und Colleague-Modell von GOLEM-

133 Vgl. Hackman (1989), S. 327.

134 Vgl. Shaw (1981), S. 173. Zur Frage der Zusammensetzung von Kooperationseinheiten siehe Abschnitt 5.4.3 dieser Arbeit.

135 Vgl. Bendixen (1980), Sp. 2227; Grochla (1978d), S. 253.

136 Vgl. Staehle (1994), S. 719f.

137 Schulte-Zurhausen (1995), S. 221.

138 Vgl. Schulte-Zurhausen (1995), S. 247.

139 Bühner (1994), S. 215 spricht in diesem Zusammenhang bei den vorgenannten Kooperationseinheiten von Teamworkorganisation bzw. von leitungslosen Teams.

BIEWSKI) Anwendung finden.[140] Neue Konzepte der Unternehmungsstrukturierung greifen letzteres Modell bisweilen in neuem Gewand auf. Sie lösen die hierarische Grundform des Leitungssystems in verschiedener Weise auf bzw. ergänzen diese. Das geschieht beispielsweise, indem sie Heterarchien als Formen flukturierender hierarchischer Beziehungen zwischen Individuen oder Subsystemen vorsehen oder aus lose gekoppelten, sich weitgehend selbst steuernden Einheiten bestehen. Eine weitere Möglichkeit stellt die Bildung mehrerer Ebenen von Kooperationseinheiten dar, wobei die jeweils übergeordneten Kooperationseinheiten primär die Koordination zwischen Kooperationseinheiten wahrnehmen.[141]

5.2.4.2 Schlußfolgerungen bezüglich Informationsstruktur und Kooperationserwartung auf Grundlage des Aktionsparameters 'Leitungsystem'

Das Leitungssystem bildet eine Struktur von Unter- und Überordnungsbeziehungen zwischen Stellen und formt damit primär vertikale Informationsbeziehungen innerhalb der Informationsstruktur. Dabei ist die Richtung der Informationsbeziehungen von besonderer Bedeutung. Durch das Leitungssystem wird bestimmt, ob untergebene Aufgabenträger Informationen von einer oder mehreren übergeordneten Instanzen benötigen oder die Instanzen ihrerseits Informationen zur Wahrnehmung von Entscheidungsbefugnissen oder zur Ausübung von Kontrolle einfordern.[142] Dieser Tatbestand wurde bereits im Zusammenhang mit dem Aktionsparameter 'Delegation' erläutert.[143]

Die Grundform der Weisungsbeziehungen, d.h. insbesondere die Unterscheidung von Einlinien- und Mehrlinienstrukturen, wirkt sich vornehmlich auf das Informationsstrukturmerkmal *'leitungsbezogene Breite des Informationsbedarfs und der Informationsbereitstellung'* aus, d.h. auf den Informationsbedarf und die Informationsbereitstellung der den Kooperationseinheiten übergeordneten Instanzen, und ist eng mit den bereits behandelten Implikationen der Delegation verbunden. Das Leitungssystem bestimmt über seinen Typ (Einlinen-, Mehrlinien- oder Matrixsystem), von wievielen Instanzen die Kooperationseinheit Anordnungen und Unterrichtungen zum Entscheidungsvollzug erhält und an welche Instanzen Mitteilungen und Meldungen zur Kontrolle weitergeleitet

---

140 Vgl. Schnelle (1966); Likert (1961); Schneider (1974); Golembiewski (1966), (1967a) und (1967b). Zur zusammenfassenden Darstellung und kritischen Würdigung der verschiedenen Konzepte vgl. Bendixen (1980); Grochla (1978d).

141 Für einen Überblick über verschiedene Konzepte der Einbindung von Kooperationseinheiten in Unternehmungen vgl. Wahren (1994), S. 70-106.

142 Vgl. Wall (1996), S. 111f.

143 Siehe Abschnitt 5.2.3.2 dieser Arbeit.

werden. Die mit der Art des Leitungssystems und der Gliederungstiefe bzw. Leitungsspanne verbundenen Merkmale der Informationsstruktur[144] beziehen sich in erster Linie auf die der Kooperationseinheit übergeordneten Instanzen. Der Fall, daß Kooperationseinheiten selbst Instanzen darstellen, die Informationen von nachgeordneten Stellen erhalten, wird im folgenden vernachlässigt.
Kooperationsbeziehungen sind primär durch horizontale oder laterale Beziehungen zu charakterisieren. Der Aktionsparameter 'Leitungssystem' bezieht sich jedoch in erster Linie auf vertikale Informationsbeziehungen, so daß die diesbezüglichen Informationsstrukturmerkmale hier vernachlässigt werden können. Auch die Kooperationserwartung wird primär durch horizontale Informationsbeziehungen bestimmt. Sowohl von der Art des Leitungssystems als auch von der Existenz von Stabsstellen gehen keine Auswirkungen auf die Kooperationserwartung aus. Eine geringe Anzahl von Stabsstellen weist jedoch auf eine geringe Arbeitsteilung hinsichtlich der Planung und Entscheidungsvorbereitung hin und könnte ein Indikator für ein hohes Ausmaß an Delegation darstellen, da Stäbe vielfach gebildet werden, um den begrenzten Kapazitäten der Instanzen gerecht zu werden.

Allenfalls die Ausprägung der *Leitungsspanne* läßt indirekte Schlüsse auf die *Kooperationserwartung* in einer Unternehmung zu, da erstere in engem Zusammenhang mit den Aktionsparametern 'Koordination' und 'Delegation' steht. Die Gestaltung geringer Leitungsspannen beinhaltet tendenziell die Zielsetzung, den Leitungsstellen eine zufriedenstellende Wahrnehmung von Steuerungsaufgaben zu ermöglichen. Bei gleicher qualitativer und quantitativer Informationsverarbeitungskapazität der Leitungsstellen deutet eine flache Konfiguration, d.h. eine geringe Leitungstiefe sowie eine große Leitungsspanne demgegenüber bisweilen darauf, daß Steuerungsaufgaben vermehrt an tieferliegende Instanzen delegiert werden, um einen schnellen und unverfälschten horizontalen Informationsaustausch sowie schnelle Entscheidungsprozesse zu gewährleisten. Das Koordinationsinstrument der Anweisung gelangt bei einer großen Leitungsspanne an seine Grenzen, so daß auf andere Koordinationsmaßnahmen, darunter das für die Kooperation wichtige Koordinationsinstrument der Selbstabstimmung, zurückgegriffen und nachgeordneten Stellen bei entsprechender Qualifikation ein größerer Entscheidungsspielraum zugebilligt wird.[145] Andererseits kann eine große Leitungsspanne jedoch auch

---

[144] Wall (1996), S. 118 nennt in diesem Zusammenhang u.a. die 'Breite der Informationskonzentration', 'Stufen der Informationskonzentration' und den 'Verdichtungsgrad der Informationen' als Merkmale der Informationsstruktur.

[145] Vgl. Schulte-Zurhausen (1995), S. 211 und die dort angegebene Literatur. Anders bei Mintzberg (1979), S. 139 und 141, der die Hypothese formuliert, je höher das Ausmaß der Standardisierung, desto größer das organisationale Subsystem und damit die Leitungsspanne und je größer die Bedeutung der Selbstabstimmung, desto kleiner das strukturelle Element und damit die Leitungsspanne.

auf den vermehrten Einsatz des Koordinationsmechanismus 'Programm' hinweisen, um das Delegationsrisiko zu reduzieren.
Die Leitungsspanne hängt auch von den Merkmalen der Aufgaben ab. Je komplexer, dynamischer und weniger determiniert die Aufgaben, je unterschiedlicher die Teilaufgaben der tieferen Hierarchieebenen und je größer die Interdependenz der Teilaufgaben der Akteure sind, desto kleiner wird die Leitungsspanne im allgemeinen sein. Routineaufgaben erlauben also eine größere Leitungsspanne als Einzelfallaufgaben. Insgesamt hängt die realisierbare Leitungsspanne jedoch vor allem von der Leistungsfähigkeit der verschiedenen Koordinationsmechanismen ab.[146]

Innerhalb der oben genannten Formen von *Mehrpersoneninstanzen* ist vielfach davon auszugehen, daß kooperative Arbeitsstrukturen realisiert werden, da sich die hierarchischen Beziehungen der (möglicherweise unterschiedlich spezialisierten) Akteure durch Horizontalität oder Lateralität auszeichnen, so daß der Koordinationsmechanismus der Weisung nicht greift. Die Zielsetzung der formalen Verankerung solcher Kooperationseinheiten besteht dabei häufig gerade darin, spezifische Ziele, Standpunkte und Lösungsideen in den Problemlösungsprozeß einzubringen und ein von allen Beteiligten getragenes Ergebnis zu produzieren.[147] Insbesondere die Bildung von Ausschüssen, Kollegien und Projektgruppen dient häufig der Selbstkoordination. Sie werden vor allem dann eingesetzt, wenn sich das Verhalten der Akteure nicht standardisieren läßt oder nicht standardisiert werden soll. Die Institutionalisierung von Kooperationseinheiten mit ihren lateralen und horizontalen Informationsstrukturen löst dabei hierarchische Strukturen ab, indem sie funktionsübergreifende, direkte, netzartig strukturierte Kommunikations-, Koordinations- und Kooperationsbeziehungen vorsehen. Hierdurch kann eine Institutionalisierung der Selbstabstimmung und der hierarchiearmen Problemlösung erfolgen.[148]
Aus diesem Grund ist zu schlußfolgern, daß eine ausgeprägte, auf multipersonalen Instanzen beruhende Primär- oder Sekundärstruktur einer Unternehmung eine hohe *Kooperationserwartung* in der Unternehmung widerspiegelt.
Allgemein gilt, daß die Chancen der Verbreitung und des Bestehens kooperativer Arbeitsformen umso größer sind, je weniger sich Kooperationseinheiten bzw. Kooperationsbeziehungen gegen dominante Hierarchiestrukturen durchsetzen müssen, in die sie eingebettet sind.

---

146 Vgl. Hill/Fehlbaum/Ulrich (1994), S. 222 und die dort angegebene Literatur; Bleicher (1969), S. 1534. Vgl. Hill/Fehlbaum/Ulrich (1994), S. 222f. bezüglich weiterer Einflußfaktoren auf die Leitungsspanne.

147 In diesem Zusammenhang spricht Schanz (1994), S. 182f. auch von Verbindungseinrichtungen, welche sich durch Lateralität der Kooperationsbeziehungen auszeichnen.

148 Vgl. Schulte-Zurhausen (1995), S. 254 i.V. mit Picot/Reichwald (1994), S. 555ff.

Hinsichtlich der *Größe der Einheiten* in Unternehmungen wird hier die Hypothese vertreten, daß in kleinen Einheiten (weniger als acht Personen) eine höhere *Kooperationserwartung* besteht, da direkte Interaktion eher möglich ist. Mehrere Gründe sprechen allgemein dafür, tendenziell kleine Kooperationseinheiten zu bilden:[149]

- Bei vollständiger kommunikativer Vernetzung (Kommunikationswege zwischen allen Kooperanden)[150] steigt die Anzahl der möglichen Kommunikationswege und damit der Aufwand bei ihrer Nutzung. Kommunikation ist von wesentlicher Bedeutung für kooperative Prozesse. Die Kooperation ist umso größer, je mehr die Akteure über die gegenseitigen Absichten und Einstellungen erfahren. In großen Gruppen ist die Kooperation deshalb erschwert, weil direkte Kommunikation nicht immer umzusetzen ist und die Bereitschaft abnimmt, den anderen Akteuren freiwillig eigene Informationen zur Verfügung zu stellen.
- Der Anteil der genutzten Kommunikationsbeziehungen und die individuelle Aktivität nehmen mit der Größe der Kooperationseinheit ab.[151]
- Mit steigender Größe der Kooperationseinheit wächst die Anonymität und sinken die Möglichkeiten zur Befriedigung sozialer Bedürfnisse. Gleichzeitig sinkt die Bereitschaft zu kooperieren, da die Kohäsion der Kooperationseinheit sinkt und sich häufiger Cliquen bilden. Das Sinken der Kohäsion wirkt sich negativ auf die Erfüllung der Leistungsziele aus, auch wenn die Akteure den Zielen der Unternehmung positiv gegenüberstehen.[152]
- Je größer eine Kooperationseinheit ist, desto weniger sind die individuellen Beiträge erkennbar, so daß die Motivation der Akteure mit steigender Größe der Kooperationseinheit sinkt. Deshalb gibt es Hinweise auf eine abnehmende Produktivität bei stark zunehmender Größe von Kooperationseinheiten. Letzteres dürfte dabei allerdings auch auf den Anstieg der Koordinationserfordernisse zurückzuführen sein.

Je kleiner eine Kooperationseinheit ist, desto größer ist die Wahrscheinlichkeit, daß sie sich als Gruppe wahrnimmt und sich leistungssteigernde Gruppeneffekte einstellen. Gleichzeitig ist festzustellen, daß die Zufriedenheit der Mitglieder einer Kooperationseinheit mit steigender Größe der Kooperationseinheit sinkt.[153]

Vergleicht man die Ausführungen bezüglich der Gruppengröße und der Leitungsspanne, ergeben sich widersprüchliche Aussagen. Im Hinblick auf die Leitungsspanne war

---

149 Vgl. Hacker (1986), S. 97 i.V. mit Spiess (1996), S. 25. Ähnlich Türk (1980), S. 194.

150 Zum Einfluß der Kommunikationsstruktur auf die Leistung von Kooperationseinheiten vgl. Nieder/Naase (1977), S. 79; Rosenstiel (1993), S. 331.

151 Vgl. die empirischen Studien von Gibb (1951) und Bales/Strodtbeck/Mills et al. (1951).

152 Vgl. Rosenstiel/Molt/Rüttinger (1988), S. 62 und die dort angegebene Literatur.

153 Vgl. Steinmann/Schreyögg (1997), S. 544.

geschlußfolgert worden, daß eine große Leitungsspanne tendenziell eher eine hohe Kooperationserwartung beinhaltet, weil sie darauf hinweist, daß Steuerungsaufgaben vermehrt von nachgeordneten Stellen wahrgenommen werden, es sei denn, daß eine ausgeprägte Standardisierung der Aktivitäten vorliegt. Die große Leitungsspanne steht jedoch scheinbar im Gegensatz zu den obigen Ausführungen zur Größe von Kooperationseinheiten. Dieser Widerspruch löst sich auf, wenn man davon ausgeht, daß die von der Leitungsspanne umschlossenen Akteure nicht notwendigerweise zu *einer* Kooperationseinheit gehören müssen. So ist beispielsweise denkbar, daß einer Führungskraft mehrere Kooperationseinheiten unterstehen.

Insgesamt muß festgehalten werden, daß der Aktionsparameter 'Leitungssystem' kaum kooperationsrelevante Implikationen für die Informationsstruktur beinhaltet, da primär die vertikalen Informationsbeziehungen betroffen sind. Es kann jedoch festgehalten werden, daß eine hohe Anzahl multipersonaler Instanzen innerhalb der Primär- oder Sekundärstruktur einer Unternehmung auf eine hohe Bedeutung horizontaler Informationsprozesse und damit auf eine hohe Kooperationserwartung schließen läßt. Dementsprechend wird auch ein hohes Einsatzpotential für CSCW-Technologien bestehen. Eine große Leitungsspanne und eine geringe Größe der Einheiten können ebenfalls auf eine hohe Kooperationserwartung hinweisen. Dieses ist jedoch primär auf die damit einhergehende steigende Bedeutung des Koordinationsmechanismus der Selbstabstimmung und einen vermutlich größeren Delegationsgrad zurückzuführen.

5.2.5 Aktionsparameter 'Formalisierung'

Als letzter Aktionsparameter der strukturellen Gestaltung ist hier der Aktionsparameter 'Formalisierung' hinsichtlich seiner Auswirkungen auf die Informationsstruktur und eine kooperationsadäquate Ausgestaltung zu untersuchen. Auch hier erfolgt zunächst eine Charakterisierung des Aktionsparameters (Abschnitt 5.2.5.1), bevor die Implikationen für die Informationsstruktur und die Kooperationserwartung erläutert werden (Abschnitt 5.2.5.2).

5.2.5.1 Charakterisierung des Aktionsparameters 'Formalisierung'

Der Aktionsparameter 'Formalisierung' bezieht sich auf das Ausmaß der Dokumentation organisatorischer Regeln, Verfahrensvorschriften und Prozesse auf personenungebundenen Datenträgern zum Zweck des Nachvollziehens und der Kontrolle. Dabei lassen sich drei Arten der Formalisierung differenzieren:[154]

- Fixierung organisatorischer Regeln (Strukturformalisierung) beispielsweise in Form von Organigrammen, Stellenbeschreibungen oder Richtlinien,
- Formalisierung der Leistungserfassung und -beurteilung von Unternehmungsmitgliedern zur Gewinnung von Entscheidungsgrundlagen für personalpolitische Entscheidungen, etwa über Arbeitsstatistiken, Arbeitszeitkarten oder analytische Arbeitsbewertung und
- Formalisierung des Informationsflusses im Sinne der Aktenmäßigkeit der Informationsverarbeitungsaktivitäten.

Je größer das Ausmaß der Formalisierung, d.h. die Fixierung auf personenungebundenen Informationsträgern, ist, desto größer ist die Transparenz und die Nachvollziehbarkeit von Aktivitäten sowie die Zuweisbarkeit von Verantwortung für durchgeführte Aktivitäten.[155] Formalisierung dient auch dazu, eine bestimmte Ordnung zu verfestigen. Eine möglicherweise unerwünschte Überstabilisierung tritt jedoch dann auf, wenn die dokumentierten Regeln nicht laufend auf ihre Relevanz für sich wandelnde Rahmenbedingungen überprüft werden.

Die ursprüngliche Verwendung verbindet den Aktionsparameter 'Formalisierung' vor allem mit der schriftlichen Fixierung von Informationen auf personenenungebundenen Informationsträgern wie z.B. Papier. Diese Verwendung stellt sich im Zusammenhang mit dem Einsatz moderner Informationstechnologien als zu eng dar, da aufgrund der weiten Verbreitung multimedialer Technologien neben textuellen auch bildliche und akustische Informationen bearbeitet und gespeichert werden können. Multimediale Dokumente können sowohl Text als auch Sprach- und/oder Videosequenzen enthalten. Der Begriff der Formalisierung muß deshalb auch die zugehörigen Speicherformen bzw. Trägermedien umfassen. Für das Begriffsverständnis problematisch erweist sich auch, daß die interpersonelle Übertragung von Informationen de facto eine (Zwischen-) Speicherung erfordert. 'Dokumentation' liegt nach dem hier vertretenen Verständnis jedoch nur dann vor, wenn eine dauerhafte Speicherung der Informationen zum Zweck des Nachvollziehens und der Kontrolle erfolgt. Diese dauerhafte Speicherung kann auch

[154] Vgl. Kieser/Kubicek (1992), S. 160ff. In diesem Zusammenhang sei noch einmal explizit darauf hingewiesen, daß Formalisierung im hier vorliegenden Zusammenhang im Sinne der Fixierung von Informationen auf personenungebundenen Informationsträgern einen anderen Bedeutungsinhalt hat, als die Unterscheidung in formale und informale Sachverhalte innerhalb einer Unternehmung. Siehe Abschnitt 4.3.2 dieser Arbeit.

[155] Vgl. Wall (1996), S. 137 und 139. Im Zusammenhang mit den Wirkungsfeldern von CSCW-Technologien wurde bereits auf das zwiespältige Verhältnis zwischen Transparenz und Kontrolle in kooperativen Arbeitskontexten hingewiesen. Siehe Abschnitt 3.4 dieser Arbeit.

akustische oder bildliche Informationen umfassen, wie z.B. die Aufzeichnung einer Videokonferenz.

Das Ausmaß der Formalisierbarkeit steht inhaltlich in engem Zusammenhang zum Grad der Vorausbestimmung der Leistungsprozesse in einer Unternehmung. Die schriftliche Fixierung von Regeln wird nur dann effizient sein, wenn ausreichend Wissen über die Prozesse der Leistungserstellung besteht und eine hinreichend häufige Wiederholung ihrer Anwendung erwartet wird. Ist dagegen nicht bekannt, welche Informationen und Aktivitäten für die Problemlösung notwendig sind, sind der Vorausbestimmung der Leistungsprozesse und damit auch der schriftlichen Fixierung der zugehörigen Regeln enge Grenzen gesetzt. Darüber hinaus kann sich ein hoher Formalisierungsgrad auch negativ auf die Motivation der Akteure auswirken.[156]
Der Grad der Formalisierung stellt gleichzeitig einen Indikator für die Art der Kommunikation innerhalb einer Unternehmung dar. Die Auswahl von Kommunikationsmedien und das Ausmaß der Dokumentation von Kommunikationsprozessen hängt nicht nur von der Größe einer Unternehmung, von der zur bearbeitenden Aufgabe und der verwendeten Informationstechnik ab. Regelungen bezüglich der Zulässigkeit bestimmter Kommunikationsmedien spiegeln auch das Vertrauen bzw. das Mißtrauen der Unternehmung gegenüber ihren Beschäftigten wider. Insbesondere komplexe und dynamische Aufgabenfelder erfordern eine geringe Formalisierung der Kommunikation, um wechselnden Anforderungen schnell gerecht werden zu können. Formalisierung betont die Vorstrukturierung der zu übermittelnden Informationen und die Zweckrationalität der Kommunikation. Ein hoher Formalisierungsgrad der Kommunikation verringert die Handlungsspielräume im Hinblick auf die Wahl der Kommunikationsmedien und die Form der Kommunikation.[157]

In Kooperationseinheiten sollten Informationen in der Regel direkt, schnell und unbürokratisch zwischen den Akteuren ausgetauscht werden können, so daß auf übermäßige Formalisierung der Informationsflüsse insbesondere dort verzichtet werden sollte, wo die Formalisierung nicht dem Leistungsnachweis gegenüber den Kunden dient. In kooperativen Arbeitsformen sollte schnell und unbürokratisch Rücksprache gehalten werden können, um fallspezifischen und situativen Gegebenheiten gerecht werden zu können. Gleichzeitig wächst bei permanenter Zusammenarbeit das Verständnis für die Anforderungen der Leistungsnehmer und die unternehmungsinternen Gegegebenheiten. Dies verringert den Dokumentationsaufwand z.B. in Form aufwendiger Produktbeschreibungen und Arbeitspläne. Die gemeinsame Verantwortlichkeit einer Kooperationseinheit für eine Aufgabenlösung erlaubt darüber hinaus den Verzicht auf formale Stellenbeschreibungen. Stattdessen sind allerdings Beschreibungen der Ziele der Kooperationseinheit

[156] Vgl. Schäffer (1996a), S. 158 und die dort angegebene Literatur.
[157] Vgl. Noll (1996), S. 76.

denkbar, welche eine Übersicht über die zu erstellenden Leistungen beinhalten. Insgesamt dürften kooperative Arbeitsformen also tendenziell durch einen geringen Formalisierungsgrad zu kennzeichnen sein.

Computergestützte Kooperationsformen erfordern bisweilen allerdings die Dokumentation von Informationen bzw. Informationsverarbeitungsaktivitäten auf personenungebundenen Trägern, um ihre zeitliche und räumliche Übertragung zu ermöglichen und die Transparenz der Aktivitäten der Kooperationspartner zu gewährleisten. Diese Dokumentation kann sich dabei sowohl auf Aktivitäten der Kommunikation, der Koordination als auch der Verarbeitung gemeinsamer Objekte beziehen. Bei der Anwendung von CSCW-Technologien steigt der Formalisierungsgrad auch dadurch, daß kooperative Handlungen bei der Abbildung in CSCW-Technologien explizit modelliert werden müssen und Kooperationsprozesse aufgrund ihrer Abwicklung über technische Medien dokumentierbar werden.

5.2.5.2 Schlußfolgerungen bezüglich Informationsstruktur und Kooperationserwartung auf Grundlage der Gestaltung des Aktionsparameters 'Formalisierung'

Im Hinblick auf die Informationsstruktur leitet WALL aus dem Aktionsparameter 'Formalisierung' Einflüsse auf das Informationsstrukturmerkmal *'Informationsqualität (Darstellungsweise)'*, das heißt die äußere Gestalt von Informationen, ab.[158] Dokumentation dient dazu, die Geschehnisse in der Unternehmung intersubjektiv nachvollziehbar zu machen. Dies erfordert die Auswahl eines geeigneten personenungebundenen Trägermediums für die zu speichernden Informationen. Mit zunehmendem Formalisierungsgrad steigt der Umfang der Informationsspeicherung auf personenungebundenen Speichermedien. Das Speichermedium wirkt jedoch auf die Qualität der Informationen. Gleichzeitig erfolgt Formalisierung wie ausgeführt auch dazu, Informationen zeitlich und interpersonell übertragen zu können. Dieses erfordert die für andere nachvollziehbare Darstellung der Informationen. Legt der Aktionsparameter 'Formalisierung' in diesem Zusammenhang nicht nur fest, daß Informationen zu speichern sind, sondern darüber hinaus auch wie sie zu speichern sind, erfolgt eine Vereinheitlichung der äußeren Darstellungsform von Informationen (Formatierung).[159]

---

[158] Vgl. Wall (1996), S. 139f. und 146.
[159] Vgl. Wall (1996), S. 139f.

Hinsichtlich des Zusammenhangs zwischen dem Ausmaß der Formalisierung und der in der Unternehmungsstruktur repräsentierten *Kooperationserwartung* lassen sich lediglich indirekt Schlußfolgerungen ableiten.
Die Formalisierbarkeit der Aktivitäten in Kooperationseinheiten dürfte im Zusammenhang zur Vorausbestimmbarkeit von Ablauf- und Aufbaustrukturen stehen. Eine ausgeprägte Formalisierung, insbesondere in Form der Formalisierung der Ablaufstrukturen, weist auf den Versuch der dezidierten Handlungssteuerung der Akteure hin. Dies ist vor allem dort möglich, wo strukturierte, wenig dynamische Aufgabenstellungen vorliegen. Lassen sich die Aktivitäten zur Erfüllung einer Aufgabe dagegen ex ante nicht bestimmen, ist auch keine detaillierte Formalisierung der Abläufe möglich. Kreative Problemlösungen werden durch Formalisierung tendenziell verhindert, da die vorgegebenen Wege nicht verlassen werden können. Kooperative Arbeitsformen werden gerade auch dazu eingesetzt, eine höhere Flexiblität der Leistungserstellungsprozesse zu ermöglichen.[160] Die mit der Strukturformalisierung verbundene Stabilisierung organisatorischer Regeln steht im Widerspruch zu diesem Ziel.
Ein niedriger Formalisierungsgrad ist zur Schaffung günstiger Kooperationsbedingungen auch deshalb vorzuziehen, weil er Vertrauen in die verantwortungsvolle Lösung der übertragenen Aufgaben, die Gewährung von Handlungsspielräumen und den Verzicht auf Kontrollpotentiale dokumentiert. Ein hoher Formalisierungsgrad impliziert demgegenüber insbesondere dann ein geringes Vertrauen gegenüber den Mitarbeitern, wenn die Formalisierung Leistungsdokumentationen beinhaltet.
Gleichzeitig muß jedoch bedacht werden, daß Kooperation vielfach ein gewisses Maß der Dokumentation der Informationsverarbeitungsaktivitäten erfordert, um die Aktivitäten für disloziert oder asynchron tätige Akteure sichtbar und nachvollziehbar zu machen.

5.2.6 Interdependenzen der strukturellen Aktionsparameter

Die vorangehend dargestellten Strukturdimensionen sind nicht unabhängig voneinander. Wie die folgende Darstellung der Interdependenzen zeigen wird, wirken gerade die Arbeitsteilung und die Koordinationsform wesentlich auf die übrigen Aktionsparameter ein, wie auch verschiedene empirische Untersuchungen belegen.[161] Abbildung 5.2-5 spiegelt die im folgenden dargestellten Zusammenhänge wider.

---

[160] Siehe Abschnitt 1.1 dieser Arbeit.

[161] Vgl. hierzu und im folgenden Kieser/Kubicek (1992), S. 191-196.

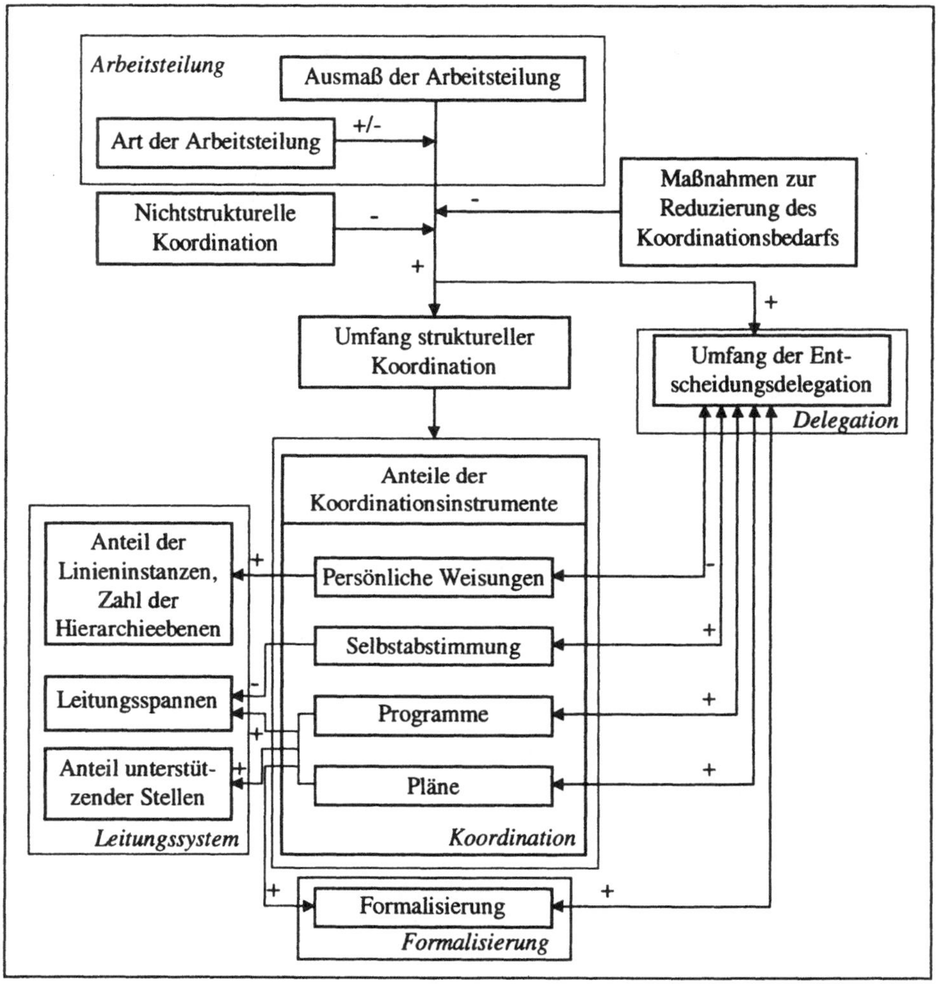

Abbildung 5.2-5: Interdependenzen struktureller Aktionsparameter (in Anlehnung an Kieser/Kubicek (1992), S. 192)

Mit steigendem Arbeitsteilungsgrad wächst der Koordinationsbedarf. Das Ausmaß und die Art der Arbeitsteilung korrelieren mit dem Umfang struktureller Koordination. Methoden der nichtstrukturellen Koordination (wie z.B. die Unternehmungskultur) und gezielte Maßnahmen zur Reduzierung des Koordinationsbedarfs (wie z.B. die Entkopplung von Einheiten) weisen empirisch auf eine Verringerung des Umfangs struktureller Koordination hin.

Die Gewichtung der verschiedenen Koordinationsinstrumente hängt dagegen von der Stabilität der Aufgabenstellungen als auch von den Präferenzen der Gestalter bzw. des Managements ab. Gleichzeitig sind Korrelationen des Anteils der verschiedenen Koordi-

nationsmechanismen zum Ausmaß der Entscheidungsdelegation und zur Gestaltung des Leitungssystems festzustellen.
Zwischen dem Anteil der Koordination durch persönliche Weisung und dem Umfang der Entscheidungsdelegation wurde eine negative Korrelation ermittelt. Koordination durch persönliche Weisung korreliert gleichzeitig positiv mit einer höheren Anzahl von Hierarchieebenen. Dieses dürfte darauf zurückzuführen sein, daß Instanzen nur eine begrenzte Anzahl von Stellen koordinieren können. Bei gleicher Anzahl ausführender Stellen werden demnach mehr Instanzen und Hierarchieebenen benötigt.

Der Anteil der übrigen Koordinationsinstrumente korreliert dagegen positiv mit dem Ausmaß der Entscheidungsdelegation. Bezüglich der technokratischen Koordinationsmechanismen (Programme und Pläne) führen KIESER und KUBICEK dieses darauf zurück, daß das Delegationsrisiko bei ihrem Einsatz durch die mögliche Beschränkung der Entscheidungsspielräume (beispielsweise durch die Vorgabe von Lösungskorridoren) reduziert werden kann. Der Einsatz von Programmen erlaubt gleichzeitig eine größere Standardisierung der Aufgabenerfüllung und damit eine größere Leitungsspanne, was die positive Korrelation erläutert. Der Anteil der Koordination durch Programme korreliert gleichzeitig positiv mit dem Formalisierungsgrad, da Programme bei ihrem Einsatz zumeist auch formalisiert werden und der Aktenmäßigkeit von Vorgängen eine große Bedeutung zugemessen wird. Auch hinsichtlich des Zusammenhangs zwischen Selbstabstimmung und Entscheidungsdelegation wird eine positive Korrelation festgestellt. Zunehmende Delegation ist demnach mit einem höheren Maß an Selbstabstimmung verbunden.[162] Dieses legt die Vermutung nahe, daß bei Einsatz des Koordinationsmechanismus Selbstabstimmung auf die Absicherung der Entscheidungen durch Einschränkungen der Entscheidungsspielräume verzichtet wird. Ein Grund hierfür könnte dabei darin liegen, daß Selbstabstimmung bisher vor allem bei unvorhersehbaren und unstrukturierten Problemen eingesetzt wird, bei denen die Absicherung der delegierten Entscheidungsbefugnisse ohnehin schwierig ist. Aus diesem Grund ist der Einsatz des Koordinationsmechanismus Selbstabstimmung vermutlich auch regelmäßig mit einem geringen Formalisierungsgrad verbunden.

162 Vgl. auch Mintzberg (1992), S. 152.

5.2.7 Zusammenfassung verschiedener Ausprägungen der strukturellen Aktionsparameter zu Konfigurationen

Der folgende Abschnitt faßt die Schlußfolgerungen der vorangehenden Ausführungen noch einmal zusammen und integriert verschiedene Ausprägungen struktureller Aktionsparameter zu Konfigurationen, d.h. Strukturtypen von Unternehmungen.

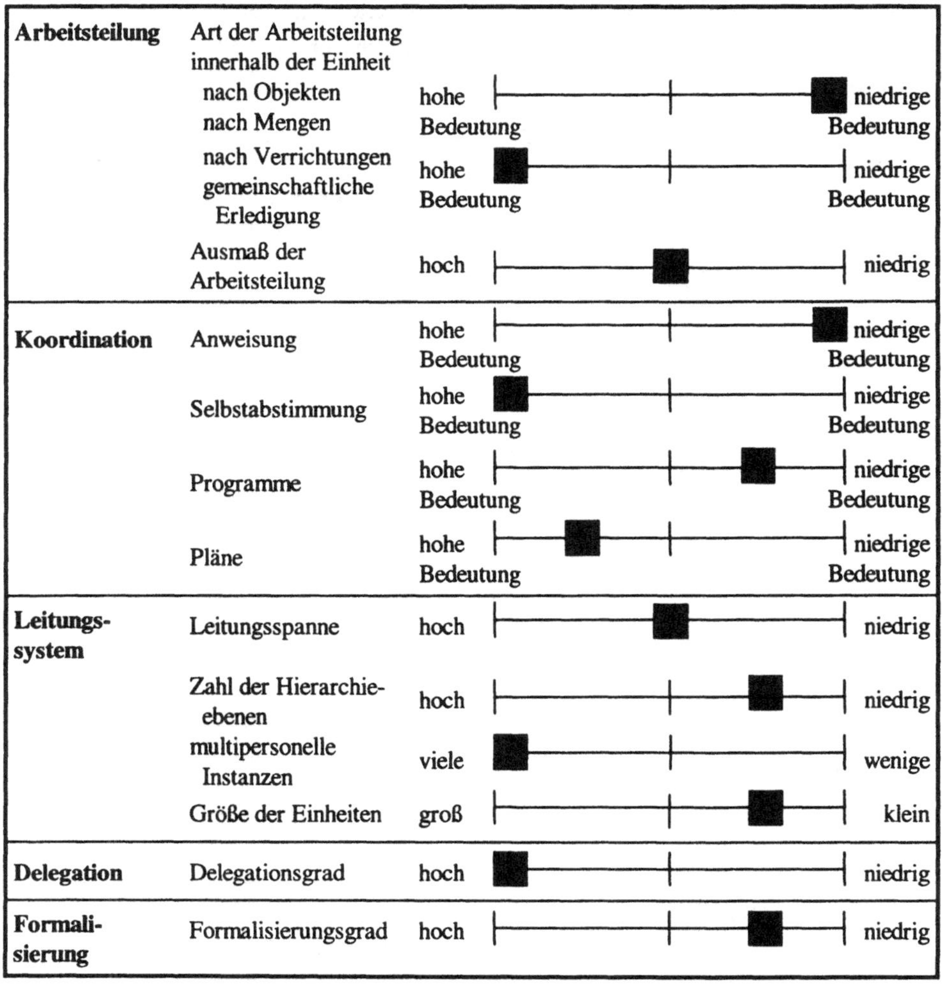

Abbildung 5.2-6: Struktur einer Unternehmung mit hoher Kooperationserwartung

Eine in der Struktur einer Unternehmung zum Ausdruck kommende hohe Kooperationserwartung besteht nach Maßgabe der vorangehenden Ausführungen dann, wenn die in Abbildung 5.2-6 dargestellten Ausprägungen der strukturellen Aktionsparameter vorliegen. Will man also eine hohe Kooperationserwartung erzeugen, müssen die strukturellen

Aktionsparameter entsprechend ausgestaltet werden, wobei die durch die Aufgabe einer Kooperationseinheit gegebenen Restriktionen zu beachten sind.

Insgesamt ist eine solche Struktur dadurch gekennzeichnet, daß den Mitarbeitern weitreichende Handlungsspielräume zugewiesen werden, um deren Handlungs- und Problemlösungspotential zu nutzen. Dabei führt die dezentrale Ansiedelung der Planungs- und Entscheidungskompetenzen zu mehr Flexibilität insbesondere hinsichtlich der Reaktionsfähigkeit auf Störungen, da lange Kommunikationsketten entfallen. Bei Vorliegen einer solchen Struktur bestehen günstige Voraussetzungen für den Einsatz von CSCW-Technologien.

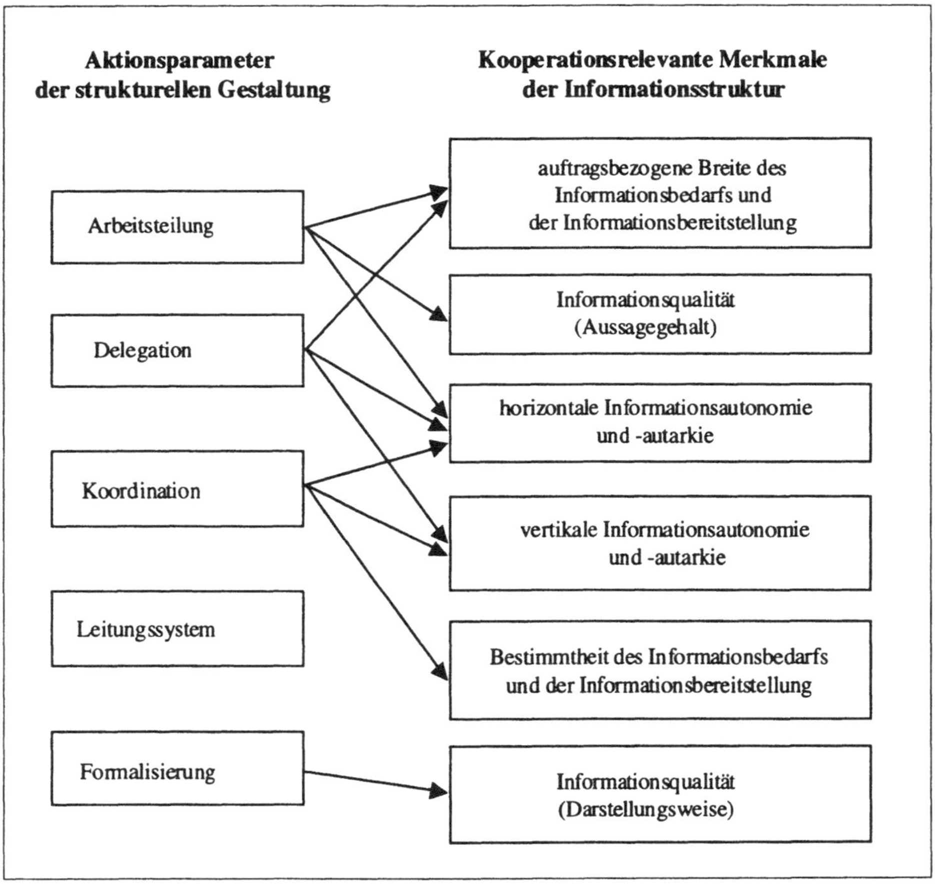

Abbildung 5.2-7: Von der Gestaltung der strukturellen Aktionsparameter beeinflußte kooperationsrelevante Merkmale der Informationsstruktur

Die Abbildung 5.2-7 zeigt, welche Merkmale der Informationsstruktur von der strukturellen Gestaltung beeinflußt werden. Sie werden im folgenden Abschnitt zur technischen

Gestaltung dort von Bedeutung sein, wo die Aktionsparameter angesprochen sind, die die Technikarchitektur gestalten. Strukturen mit einer hohen Kooperationserwartung zeichnen sich übereinstimmend durch eine relativ niedrige horizontale Informationsautonomie und eine hohe vertikale Informationsautonomie aus. Bei den übrigen Informationsstrukturmerkmalen bestehen auch bei hoher Kooperationserwartung keine für alle Ausprägungen der jeweiligen strukturellen Aktionsparameter übereinstimmenden Aussagen. Sie weisen abhängig von der Gestaltung der jeweiligen strukturellen Aktionsparameter unterschiedliche Ausprägungen auch bei übereinstimmend hoher Kooperationserwartung auf.

Bevor im folgenden Abschnitt auf die Gestaltung des technischen Subsystems für computergestützte Kooperation eingegangen wird, soll nun gezeigt werden, daß sich Ausprägungen struktureller Aktionsparameter, welche mit einer hohen Kooperationserwartung einhergehen, auch in sogenannten Unternehmungskonfigurationen wiederfinden. Die Verwendung solcher Konfigurationen erlaubt eine Pointierung der Aussagen zur Kooperationserwartung im Hinblick auf verschiedene Strukturtypen.

Die vorangehenden Ausführungen untersuchen verschiedene strukturelle Aktionsparameter auf günstige Ausprägungen hinsichtlich der Kooperationserwartung. Hierzu wurde auf die im Rahmen der situativen Theorie zur Beschreibung von Unternehmungsstrukturen entwickelten Parameter zurückgegegriffen. Der situative Ansatz führt Unterschiede der Strukturen von Unternehmungen auf kontextuale, d.h. sich auf die Umgebung einer Unternehmung oder Merkmale der Unternehmung wie ihr Alter oder ihre Größe zurück.[163] Dabei spielt der Fit bzw. die Kongruenz zwischen den Strukturvariablen und der Umwelt eine herausragende Rolle bei der Erklärung der Effektivität von Unternehmungen.[164]
Ein anderer organisationstheoretischer Ansatz, nämlich der Konfigurationsansatz, geht davon aus, daß sowohl ein interner als auch externer Fit zwischen den Variablen bestehen muß, um günstige Voraussetzungen für die Effektivität von Unternehmungen zu erreichen. MINTZBERG, neben MILLER und KHANDWALLA ein herausragender Vertreter dieses Ansatzes, geht dabei von drei Hypothesen hinsichtlich der effektiven Gestaltung von Unternehmungen aus. Die *Kongruenzhypothese* besagt, daß eine effektive Gestaltung von Unternehmungen Übereinstimmung zwischen den sogenannten situativen Faktoren (z.B. Dynamik der Unternehmungsumwelt, Alter und Größe der Unternehmung) und der Struktur der Unternehmung erfordert (externe Kongruenz).[165] Dane-

---

163 Vgl. das erweiterte Grundmodell des situativen Ansatzes bei Kieser/Kubicek (1992), S. 57.

164 Der situative Ansatz wird auch aus anderen Gründen kritisiert. Vgl. hierzu z.B. Schreyögg (1978), S. 212ff.

165 Dieses entspricht einem Umwelt-System-Fit in der Terminologie von Scholz. Siehe Abschnitt 4.3.5.1 dieser Arbeit.

ben bedarf eine effektive Gestaltung jedoch auch der internen Konsistenz der Gestaltungsparameter, die als *Konfigurationshypothese* bezeichnet wird. MINTZBERG vereinigt diese beiden Hypothesen schließlich zur *erweiterten Konfigurationshypothese.*[166] Sie beinhaltet „daß effektive Organisationen sowohl interne Konsistenz unter ihren Gestaltungsparametern als auch Kompatibilität mit ihren situativen Bestimmungsfaktoren erzielen und somit Konfigurationen bilden."[167] Konfigurationen stellen dabei „repräsentative Muster oder Kombinationen von Ausprägungen zahlreicher interdependenter Unternehmungs- und Umweltmerkmale"[168] dar. Die Konfigurationen (synonym: Gestalten, Quanten, Archetypen, Typen) sind durch eine höchstmögliche Harmonie zwischen den Strukturvariablen gekennzeichnet, unterscheiden sich typischerweise in einer großen Zahl von Ausprägungen der Strukturvariablen und differieren hinsichtlich der Umwelttypen. Das 'Ganze' erhält dabei bestimmte Eigenschaften, die nicht aus der Summe der Komponenten abgeleitet werden können.
Die Vertreter des Konfigurationsansatzes kommen aufgrund ihrer theoretischen und empirischen Untersuchungen zu dem Ergebnis, daß sich ein Großteil der Grundgesamtheit der Unternehmungen durch wenige typische Konfigurationen beschreiben läßt. Dieses beruht auch darauf, daß sie von der Interdependenz der Strukturvariablen ausgehen, wodurch die Anzahl der möglichen Konfigurationsvarianten eingeschränkt wird.[169] Gleichzeitig gehen die vorliegenden Ausführungen davon aus, daß sich die Erkenntnisse in beschränktem Maße auch auf unterschiedliche Teilbereiche, d.h. im vorliegenden Fall Kooperationseinheiten, innerhalb von Unternehmungen übertragen lassen. Komplexe sozio-technische Systeme spalten ihre Umwelt in besser überschaubare Subumwelten und bearbeiten einen bestimmten Teilaspekt der Umwelt im Hinblick auf die Ziele des Systems.[170]

BURNS und STALKER[171] unterscheiden mit dem mechanistischen und dem organischen Unternehmungstyp zwei Tpyen, die sich, wie Tabelle 5.2-7 darstellt, durch gegenteilig ausgeprägte Merkmalsausprägungen charakterisieren lassen. Der mechanistische Typ zeigt aufgrund seiner Stabilität, Starrheit und der gering ausgeprägten Anpassungsfähigkeit an Umweltänderungen Ähnlichkeiten mit dem Bürokratiemodell von WEBER[172].

---

166 Dieses entspricht einem Intrasystem-Fit in der Terminologie von Scholz. Siehe Abschnitt 4.3.5.1 dieser Arbeit.

167 Mintzberg (1992), S. 206.

168 Henselek (1996), S. 50, unter Auslassung der Hervorhebungen.

169 Vgl. Henselek (1996), S. 54. Vgl. ebenda bezüglich ausführlicherer Begründungen.

170 Vgl. Staehle (1994), S. 441-445. Nach Staehle (1994), S. 444 bestehen bei dem Teilbereich 'Finanzierung' Interdependenzen mit dem 'Geld- und Kapitalmarkt', während das 'Personal' in Interaktion mit der Subumwelt 'Arbeitsmarkt' steht.

171 Vgl. Burns/Stalker (1961), S. 121.

172 Vgl. hierzu Staehle (1994), S. 28ff. Bürokratien zeichnen sich danach durch eine spezialisierte Aufgabenerfüllung (Arbeitsteilung), einen streng hierarchischen Aufbau (Amtshierarchie), die

Organische Systeme zeichnen sich demgegenüber vor allem durch eine schwach ausgeprägte Hierarchie aus. Die Zweiteilung in mechanistische und organische Typen geht davon aus, daß Unternehmungen in einer durch geringe Veränderungen der relevanten Märkte und Produktionstechnologien gekennzeichneten Umwelt mit einer mechanistischen Struktur erfolgreich sein können, während in Umwelten mit hohen Änderungsraten organische Unternehmungen überlegen sind.[173]

Merkmale	**mechanistische Systeme**	**organische Systeme**
Spezialisierung	stark	schwach
Formalisierung	stark	schwach
Führungsebenen	viele	wenige
Führungsstil	autoritär	partizipativ
Kommunikation	vertikal	lateral
Kontrolle	Vorgesetzte	Selbstkontrolle

Tabelle 5.2-7: Gegenüberstellung verschiedener Strukturvariablen mechanistischer und organischer Systeme (Quelle: Staehle (1994), S. 440)

Mechanistische Strukturen zeichnen sich durch zentralisierte Planungs- und Steuerungssysteme, durch eine hohe vertikale Arbeitsteilung, d.h. die Ausgliederung der Planungs-, Steuerungs- und Kontrollaufgaben, durch eine ausgeprägte horizontale Arbeitsteilung und durch die Verselbständigung von Hilfsstellen (z.B. zur Qualitätssicherung) aus. Als Charakteristika werden vor allem die geringe Transparenz der Geschehnisse in der Unternehmung, die Größe der Regelkreise, die Vielzahl der Schnittstellen, die geringen Handlungs- und Entscheidungsspielräume und der hohe Koordinationsaufwand genannt. Dennoch sind mechanistische Systeme dort den organischen Systemen überlegen, wo sie in einer relativ stabilen Umwelt mit geringen Innovationsraten agieren.[174]

In organischen Strukturen dominiert dagegen die Zusammenfassung planender, ausführender und kontrollierender Tätigkeiten, d.h. eine geringe vertikale Arbeitsteilung. Auch die horizontale Arbeitsteilung ist als gering einzustufen, und den Mitarbeitern werden hohe Handlungsspielräume gewährt. Organische Strukturen erlauben im Vergleich zu

Amtsführung durch Beamte nach technischen Regeln und Normen sowie durch die Aktenmäßigkeit der Verwaltung aus. Ebenda.

173 Vgl. Staehle (1994), S. 440. Hill/Fehlbaum/Ulrich (1992), S. 387 sprechen in diesem Zusammenhang von Typ A- (mechanistisch) und Typ-B-Organisationen (organisch). Vgl. die ähnliche Unterscheidung bei Bleicher (1991a), 70ff., welcher in Mißtrauens- (mechanistisch) und Vertrauensorganisation (organisch) differenziert.

174 Vgl. Staehle (1994), S. 440.

den mechanistischen Systemen eine größere Flexibilität, eine frühere Fehlererkennung und die bessere Nutzung des vorhandenen Know-hows der Mitarbeiter.[175] Die organische Struktur zeichnet sich im Gegensatz zur mechanistischen Struktur durch eine höhere Informationsverarbeitungskapazität aus, was vor allem durch die damit verbundenen horizontalen Informationsflüsse begründet ist, welche die Möglichkeit zur Rückkopplung und Fehlerkorrektur beinhalten. Sie ist mechanistischen Systemen dann überlegen, wenn dynamische Umweltbedingungen und hohe Innovationsraten in den Umsystemen vorliegen.[176]
Im Hinblick auf die Kooperationserwartung ist relativ offensichtlich, daß die organische Struktur große Übereinstimmung mit den oben beschriebenen Ausprägungen der Gestaltungsparameter aufweist, die eine hohe strukturelle Kooperationserwartung induzieren.

MINTZBERG unterscheidet zur Ableitung seiner idealtypischen Konfigurationen zwischen Restriktionsparametern und Gestaltungsparametern der Unternehmungsstruktur. Er leitet fünf hinsichtlich ihrer Merkmale unterscheidbare Konfigurationen ab: Einfachstruktur, Maschinenbürokratie, Profibürokratie, Spartenstruktur sowie Adhokratie. Jede der Konfigurationen stellt unter Berücksichtigung der jeweiligen Restriktionen eine erfolgreiche Gestaltungsalternative dar, wobei jeweils unterschiedliche Unternehmungsteile[177] dominieren und verschiedene Ausprägungen der strukturellen Aktionsparameter realisiert werden. Die Einfachstruktur neigt zur Zentralisierung der Entscheidungskompetenzen und zur Koordination durch persönliche Weisung. Die Maschinenbürokratie wird durch Standardisierung und Rationalisierung der Arbeitsabläufe geprägt. Demgegenüber streben Experten in der Profibürokratie nach weitgehender Autonomie. In der Spartenstruktur erhalten vor allem die nach Produkten gegliederten Einheiten Autonomie. In der Adhokratie steht dagegen die Innovation und Koordination durch gegenseitige Abstimmung im Vordergrund.[178]
Die Konfigurationen können hier nicht im einzelnen detailliert beschrieben werden, stattdessen sei auf die zusammenfassende Darstellung in Tabelle 5.2-8 verwiesen, wobei hier die unternehmungsexternen Restriktionsparameter (dort situative Faktoren genannt) vernachlässigt werden, da hier der Intrasystem-Fit im Vordergrund der Betrachtung steht.

---

175 Vgl. Staehle (1994), S. 440; Bullinger (1995), S. 18f.
176 Vgl. Hage/Aiken/Marett (1971), S. 860ff.; Snadowsky (1972), S. 283; Bork (1994), S. 171.
177 Als Unternehmungsteile unterscheidet Mintzberg (1992), S. 206ff. den operativen Kern (Transformation von Input zu Output sowie alle damit unmittelbar zusammenhängenden Vorgänge), die strategische Spitze (Gestaltung der Innen- und Außenbeziehungen, Festlegung der Ziele), das mittlere Linienmanagement (Abstimmung zwischen Top-Management und operativem Kern), die Technostruktur (Steigerung der Effektivität in den vorgenannten Bereichen z.B. durch Standardisierung, Planung, Kontrolle) sowie die unterstützenden Einheiten (nur indirekt mit dem Transformationsprozeß befaßt).
178 Vgl. Mintzberg (1992), S. 205ff.; Mintzberg (1991), S. 120ff.

Auch wenn MINTZBERG andere Gestaltungsparameter als die hier benutzten verwendet, können Schlußfolgerungen hinsichtlich der Kooperationserwartung in verschiedenen Konfigurationen gezogen werden.
Die Adhokratie weist die größte Übereinstimmung mit den eine hohe Kooperationserwartung widerspiegelnden Ausprägungen der strukturellen Gestaltungsparameter auf. Begründet ist dieses vor allem im geringen Formalisierungs- und Standardisierungsgrad, der hohen Bedeutung der Zusammenarbeit von Spezialisten in marktorientierten, aufgabenspezifischen Kooperationseinheiten sowie in der zentralen Bedeutung der informalen, intensiven Kommunikation, welche der Selbstabstimmung der Aufgabenerfüllungsprozesse dient.
Neben der Adhokratie weist die Konfiguration der Profibürokratie eine große strukturell implementierte Kooperationserwartung auf. Dieses ist vor allem mit der horizontalen und vertikalen Dezentralisation zu begründen. Die Standardisierung der Qualifikation widerspricht einer darüber hinaus stattfindenden Koordination durch Selbstabstimmung nicht. Auch eine hohe horizontale Spezialisierung weist bei hohem Ausbildungsstand auf eine hohe strukturelle Kooperationserwartung hin.
Insgesamt kann nicht etwa gefolgert werden, daß in der Einfachstruktur, Maschinenbürokratie und Spartenstruktur grundsätzlich keine Kooperation stattfindet. Auch in diesen Konfigurationen werden Kooperationsprozesse anzutreffen sein. Dort ist jedoch in der Gesamtstruktur der Unternehmung keine hohe Kooperationserwartung repräsentiert. Dies ist vor allem darauf zurückzuführen, daß die Handlungsspielräume der Akteure durch verschiedene Gestaltungsparameter eingeschränkt werden.

	Einfachstruktur	**Maschinenbürokratie**	**Profibürokratie**	**Spartenstruktur**	**Adhokratie**
Wichtigster Bereich der Konfiguration	strategische Spitze	Technostruktur	operativer Kern	mittleres Management	Unterstützungs-einheiten
Vorrangiger Koordinations-mechanismus	persönliche Weisung, direkte Überwachung	Standardisierung der Arbeitsprozesse	Standardisierung der Qualifikation	Standardisierung der Arbeitsprodukte	gegenseitige Abstimmung
Gestaltungsparameter					
Aufgaben-spezialisierung	kaum Spezialisierung	starke horizontale und vertikale Speziali-sierung	starke horizontale Spezialisierung	schwache horizontale und vertikale Speziali-sierung (zw. Sparte und Zentrale)	starke horizontale Spezialisierung
Ausbildung und Indoktrination	kaum Ausbildung und Indoktrination	kaum Ausbildung und Indoktrination	hoher Ausbildungs-stand und Indoktri-nation	gewisse Ausbildung und Indoktrination (bei Spartenleitern)	hoher Ausbildungsstand
Verhaltens-formalisierung	kaum Formalisierung, organisch	ausgeprägte Formali-sierung, bürokratisch	kaum Formalisierung, bürokratisch	starke Formalisierung (innerh. der Sparten), bürokratisch	kaum Formalisierung, organisch
Gruppierung	gewöhnlich funktional	gewöhnlich funktional	funktional und marktorientiert	marktorientiert	funktional und marktorientiert
Abteilungsgröße	groß	auf unteren Ebenen groß, sonst klein	auf unteren Ebenen groß, sonst klein	an der Spitze groß	überall klein
Planungs- und Kontrollsysteme	kaum Planung und Kontrolle	Aktionsplanung	kaum Planung und Kontrolle	hohes Ausmaß an Leistungskontrolle	eingeschränkte Leistungskontrolle
Kontaktinstrumente	wenig	wenig	in der Administration	wenig	überall viel
Dezentralisation	Zentralisation	eingeschränkte horizontale Dezentrali-sation	horizontale und verti-kale Dezentralisation	eingeschränkte vertikale Dezentralisation	selektive Dezentralisation

Tabelle 5.2-8: Ausprägungen der Gestaltungsparameter der fünf Konfigurationen nach MINTZBERG (in Anlehnung an Henselek (1996), S. 89, dort unter Anlehnung an Mintzberg (1992), S. 370)

5.3 Technische Gestaltung und computergestützte Kooperation

In Abschnitt 4.2 wurden die Aufgaben, die Struktur, das Personal und die Technik als Komponenten der Kooperationssituation identifiziert. Die vorangehenden Abschnitte dieses Kapitels untersuchen die Implikationen der Aufgaben und der strukturellen Gestaltung für die Kooperationssituation. An dieser Stelle soll nun präzisiert werden, welche Empfehlungen für die Ausgestaltung der Informationstechnik auszusprechen sind, um eine wirksame Unterstützung kooperativer Arbeitsformen zu bieten und den Zielen des Einsatzes kooperativer Arbeitsformen gerecht zu werden.

Die folgenden Ausführungen befassen sich zum einen damit, wie die Architektur der Technikkomponenten zu gestalten ist. Der Begriff der Architektur bezeichnet die Anordnung der Elemente der Informationstechnik. Die Gestaltungsempfehlungen für die Technikarchitektur sind aus den Charakteristika der Informationsstruktur abzuleiten, welche wiederum auf die Aufgaben und die Varianten der Gestaltung der strukturellen Aktionsparameter zurückgehen. Die Technikgestaltung hängt somit mittelbar von der strukturellen Gestaltung und den Aufgaben ab.[1] Auf Grundlage der kooperationsspezifischen Ausprägungen der Merkmale der Informationsstruktur ist hier nun zu untersuchen, wie diese in der Informationstechnik nachgebildet werden können, um einen Fit zwischen Struktur, Aufgabe und Architektur der Technik herzustellen. Im einzelnen sind in diesem Zusammenhang die technischen Aktionsparameter 'Verteilung' (Abschnitt 5.3.2), 'Spezialisierung' (Abschnitt 5.3.3) und 'Integration' (Abschnitt 5.3.4) zu betrachten und jeweils für die Komponenten des technischen Subsystems zu konkretisieren. Abhängig von der Ausprägung der Merkmale der Informationsstruktur sind dann Gestaltungsempfehlungen für die einzelnen Aktionsparameter abzuleiten.
Weitere Ausführungen zur Gestaltung der technischen Komponente der Kooperationssituation beziehen sich auf solche Aktionsparameter, die nicht der Architekturgestaltung zugerechnet werden können. Auf Grundlage der Charakteristika kooperativer Arbeit werden Empfehlungen für die Gestaltung des Aktionsparameters 'Funktionalität' von Informationstechnologien zur Unterstützung der Koordination, Kommunikation und der Verarbeitung gemeinsamer Objekte abgeleitet (Abschnitt 5.3.5) und Empfehlungen bezüglich des Aktionsparameters 'Anpassungsfähigkeit' ausgesprochen (Abschnitt 5.3.6).
Einleitend werden verschiedene Leitbilder der technischen Gestaltung diskutiert und ein für die Gestaltung kooperationsunterstützender Technologien adäquates Leitbild ausge-

---

[1] Welche Aktionsparameter der strukturellen Gestaltung bzw. welche Merkmale der Aufgaben auf welche Informationsstrukturmerkmale wirken und welche Ausprägungen diese bei Formen mit hoher Kooperationserwartung annehmen, wurde in den vorangehenden Abschnitten konkretisiert. Siehe Abschnitt 5.1 und Abschnitt 5.2 dieser Arbeit.

wählt (Abschnitt 5.3.1). Dieses dient dazu, eine grundlegende Vorstellung über den möglichen Charakter kooperationsunterstützender Technologien zu vermitteln.

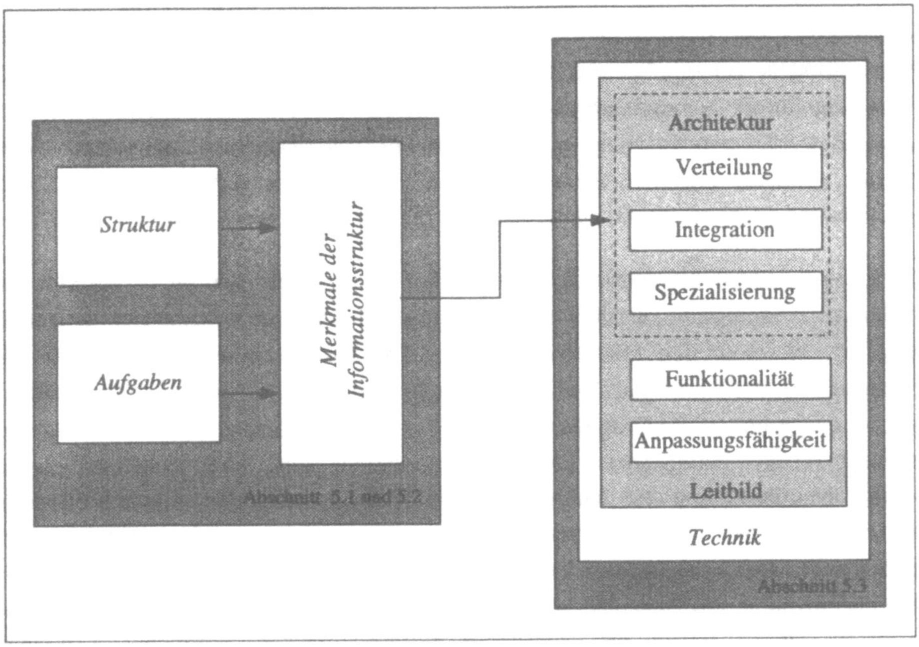

Abbildung 5.3-1: Aktionsparameter der technischen Gestaltung im Zusammenhang mit anderen Komponenten der Kooperationssituation

Abbildung 5.3-1 illustriert die Einordnung des Abschnitts 5.3.

Prinzipiell ist es möglich, auch Gestaltungsaussagen zur Skalierung, d.h. zur kapazitätsmäßigen Ausgestaltung kooperationsunterstützender Informationstechnologien etwa hinsichtlich der Speicherkapazität von Rechnereinheiten oder der Übertragungsraten von Netzen zu tätigen. Anwendungssoftware impliziert Anforderungen an die Skalierung, um bestimmte Funktionalitäten überhaupt bereitstellen zu können. Die Skalierung hängt demnach von der Architektur der Informationstechnologie ab und stellt somit lediglich einen nachgeordneten Aktionsparameter dar.[2] Gleichzeitig sind die Anforderungen an die Skalierung durch verschiedene Anwendungssysteme aus dem Feld der CSCW-Technologie zu heterogen, zu spezifisch und zu dynamisch, als daß hier allgemeingültige Aussagen getätigt werden könnten. Aus den genannten Gründen wird auf Aussagen über mögliche Varianten der Skalierung deshalb im folgenden verzichtet.

2 Vgl. Wall (1996), S. 164.

5.3.1 ‘Werkzeuge und Materialien in Werkstätten’ als Leitbild für die Gestaltung kooperationsunterstützender Technologien

Der vorangehende Abschnitt zur strukturellen Gestaltung beschreitet den Weg, zunächst einzelne Aktionsparameter der strukturellen Gestaltung hinsichtlich ihrer Implikationen für die Kooperationserwartung zu untersuchen und die Ergebnisse zusammenfassend zu verschiedenen Strukturprofilen zu verdichten, um die Gestaltungsrichtung zu verdeutlichen. Im folgenden gehen die Ausführungen dagegen einen davon abweichenden Weg. Auf Grundlage der bisherigen Ausführungen zur Kooperation wird zunächst ein stimmiges Leitbild der Technikgestaltung ausgewählt, vor dessen Hintergrund die Gestaltung der Technikkomponenten erfolgen soll. Erst dann werden konkrete Gestaltungsempfehlungen für die einzelnen technischen Aktionsparameter aus den Informationsstrukturmerkmalen bzw. den Ausführungen zum Charakter kooperativer Arbeit abgeleitet und schließlich zu einem für die Kooperationsunterstützung geeigneten Technikprofil zusammengefaßt.

Die technische Unterstützung von Kooperationsaktivitäten reicht von einfachen, unsynchronisierten Zugriffen auf gemeinsame Objekte über die komplexe Synchronisation von Arbeitsprozessen bis hin zur Steuerung der Interaktion in kooperativen Prozessen, welche weit in die damit verbundenen sozialen Prozesse hineinreicht. Gleichzeitig ist nur wenig empirisch fundiertes Wissen verfügbar, das die eindeutige Prognose der Wirkungen alternativer Gestaltungsmaßnahmen auf das Kooperationsverhalten und die Kooperationsergebnisse erlaubt. Somit gehen explizite und implizite Wertvorstellungen in die Gestaltung von Unternehmungen im allgemeinen und die Gestaltung von Technikanwendungen im besonderen ein. Dieses schlägt sich beispielsweise darin nieder, welche Informationsstrukturen im Softwaresystem nachgebildet werden, welcher Stellenwert den funktionellen und ergonomischen Geräteeigenschaften eingeräumt wird oder ob das Denken in Datenstrukturen dominiert. Auch hinsichtlich der Computerunterstützung kooperativer Arbeit werden die in der Technikgestaltung angelegten Potentiale vom Wissen, vom Verständnis und von der Beurteilung kooperativer Phänomene beeinflußt. Die Gestaltung und die Anwendung von CSCW-Technik in Unternehmungen ist damit auch Ausdruck unterschiedlicher *Perspektiven* und *Leitbilder*, die über die verwendeten Theorien, Modelle und Konzepte eine reale Bedeutung für praktische Gestaltungsprozesse einnehmen.
„Perspektiven sind [...] Sichtweisen, die von Menschen eingenommen werden, um ihre Umwelt zu interpretieren, zu bewerten und zu verändern. Eine Perspektive kann durch den betrachteten Weltausschnitt, die für wichtig erachteten Aspekte und verwendete

Bewertungsmaßstäbe charakterisiert werden."[3] Perspektiven umfassen grundlegende Einstellungen und Werte oder Sichten auf einen Gegenstand. Sie sind einerseits das Produkt von Traditionen, spiegeln andererseits jedoch auch den jeweiligen 'Zeitgeist' wider.

Der Ausdruck und Transport von Perspektiven erfolgt häufig über Leitbilder oder Metaphern. Ein 'Leitbild' übersetzt Perspektiven in ein plakatives, d.h. allgemein verständliches, idealisierendes Bild, das als wünschenswerter Sollzustand erachtet wird. Metaphern stellen bildhafte Beschreibungen von Sachverhalten dar, die Analogien von bekannten auf unbekannte Sachverhalte erlauben.[4] Der Begriff des Leitbildes betont im Gegensatz zum Begriff der Metapher, welcher die Bildhaftigkeit der Beschreibung besonders herausstellt, den Sollcharakter einer bestimmten Form des Technikeinsatzes. Leitbilder üben eine Steuerungsfunktion aus, indem sie die mit den Gestaltungsmaßnahmen verfolgten Ziele und den Gestaltungsgegenstand präzisieren und somit als Vermittlungshilfe und Orientierung für die Interpretation komplexer Situationen dienen, Sinnstiftung anbieten, motivieren und/oder legitimieren sowie unterschiedliche Gestaltungsoptionen identifizieren und bewerten.[5] Auf die Technikgestaltung bezogene Leitbilder repräsentieren Nutzungskonzeptionen, Visionen von möglichen und/oder gewünschten Szenarien der Wirkungsdimensionen des Technikeinsatzes sowie Vorstellungen bezüglich der Rolle des Menschen in der Arbeitswelt, der Arbeitsteilung zwischen Mensch und Technik und der Rollen von Benutzern und Entwicklern.[6] Sie üben einen Einfluß auf alle Aktivitäten der Gestaltung und Nutzung von Informationstechniken aus, so daß allein auf dieser Grundlage sehr unterschiedliche Gestaltungsergebnisse entstehen können. Beispiele für Leitbilder bilden das 'papierlose Büro', der 'Produktionsfaktor Information', die 'menschenleere Fabrik' oder das 'schlanke Büro'.[7]

---

3 Oberquelle (1991d), S. 9f. Ähnlich Rolf/Berger/Klischewski et al. (1990), S. 34; Ortmann/Windeler/Becker et al. (1990), S. 8. Perspektiven und Leitbilder können sich sowohl auf die geplante oder die wahrgenommene Erscheinung eines Gegenstandes ('Sein', Gestalt-/ Raum-Orientierung) als auch auf den Prozeß der Entstehung und Weiterentwicklung ('Werden', Prozeß-/ Zeitorientierung) beziehen. Vgl. Oberquelle (1991d), S. 9.

4 Metaphern dienen als Lernhilfe, tragen zur Problemlösung und Analyse bei oder beinhalten eine sprachliche Kurzformel für eine Gesamtorientierung. Die Funktion der Kurzformel kommt wiederum dem Begriffsverständnis des Leitbildes sehr nahe. Beispiele von Metaphern im Zusammenhang mit dem Einsatz von Informationstechnologie stellen der 'Papierkorb' in Benutzungsoberflächen von Bürosoftware oder die 'Datenautobahn' dar. Vgl. Hoschka (1991), S. 429.

5 Vgl. Rolf/Berger/Klischewski et al. (1990), S. 26; Ortmann/Windeler/Becker et al. (1990), S. 62.

6 Vgl. Dierkes (1989), S. 77. Dierkes vertritt als Repräsentant der sozialwissenschaftlichen Technikfolgenabschätzung die Auffassung, daß die Entwicklung technischer Systeme maßgeblich von den Konstruktionstraditionen und -stilen ihrer Entwickler, von der Kultur der Unternehmungen, in denen diese tätig sind, sowie von bestimmten Nutzungsvorstellungen geprägt ist.

7 Zwei grundlegende Problematiken von Leitbildern bestehen darin, daß Leitbilder zum einen bisweilen als Sachzwang mißverstanden werden, so daß andere Alternativen unberücksichtigt bleiben, und daß sie zum anderen von Interessengruppen für ihre Ziele instrumentalisiert und verbreitet werden. Leitbilder werden von Herstellern, Experten und Verbänden generiert und verbreitet, um

Die folgenden Ausführungen gehen verschiedenen Leitbildern für die Softwaregestaltung und den Softwareeinsatz nach, um geeignete Leitbilder für die Gestaltung des Einsatzes von CSCW-Technologien zu identifizieren.[8] Dabei erfolgt eine Begrenzung auf die Softwarekomponente technischer Systeme, da ihre Anwendung im Vergleich zur Hardware in einem unmittelbareren Zusammenhang zur Aufgabenerledigung steht.

Das Leitbild, das das Arbeitsmittel Anwendungssoftware als *Maschine* oder *Automaten* interpretiert, betrachtet den Menschen in erster Linie als Technikbediener. Nach diesem Leitbild entwickelte Software bearbeitet wiederholt auftretende, formal erfaßte Prozesse und beinhaltet hierzu standardisierte Ablaufbeschreibungen, d.h. Algorithmen.[9] Software mit Maschinen- oder Automatencharakter ist durch einen vollständig determinierten Systembeitrag zu charakterisieren, in dem nur geringe Handlungsspielräume für die Akteure bestehen. Dabei wird davon ausgegangen, daß der Mensch die technischen Systeme und Arbeitsabläufe aufgrund deren Komplexität nicht verstehen kann und aufgrund seiner Unvollkommenheit und seines Störpotentials durch höchstmögliche technische Effizienz zu ersetzen ist. Die menschliche Aufgabenerledigung wird dem von der Technik vorgegebenem Ablauf untergeordnet oder aus dem Arbeitsprozeß eliminiert. Vom Technikeinsatz verspricht man sich dabei eine gleichbleibend hohe Qualität, Zeitgewinne und Ressourcenersparnisse. Anpassungen an veränderte Anforderungen oder Rahmenbedingungen nehmen allein die Systementwickler vor.[10]
Die Gestaltung von Prozeßsteuerungssystemen folgt vielfach diesem Leitbild, indem Dokumente entsprechend einer vorbestimmten Logik von einem Akteur zum nächsten weitergeleitet, die Bearbeitung möglicherweise sogar innerhalb einer bestimmten Zeitspanne verlangt wird und Aktivitätenfolgen lediglich durch Organisatoren verändert werden können.
Software mit Maschinen- oder Automatencharakter kann dann für eine Aufgabenlösung angemessen sein, wenn die Aufgabe die Einhaltung einer bestimmten Reihenfolge der Arbeitsschritte zwingend erfordert oder ein Benutzer einen komplizierten Arbeitsgang (wie bspw. die Konfiguration eines Betriebssystems) nur selten durchführt oder sich mit den Details nicht näher befassen will.[11] Die Abbildung der Arbeitsprozesse in einer Software mit maschinen- oder Automatencharakter entspricht der Formalisierung und Programmierung von Abläufen, da jeder Arbeitsschritt verbindlich festgelegt wird. Als

Einfluß auf die Nutzungsvorstellungen der Anwender von Informationstechnik zu nehmen. Derjenige, der Definitionsmacht über Leitbilder besitzt, bestimmt weitestgehend was als möglich und richtig angesehen wird. Vgl. Rolf/Berger/Klischweski et al. (1990), S. 19f. und S. 26.

8 Vgl. hierzu und im folgenden Oberquelle (1991d), S. 9-19; Oberquelle (1991c), S. 46-50; Maaß/ Oberquelle (1992), S. 237-242 i.V. mit Schwabe (1995), S. 165-181.

9 Vgl. Budde/Züllighoven (1990), S. 140ff.

10 Vgl. Oberquelle (1991d), S. 9-19 und Oberquelle (1991c), S. 46-50; Steinmüller (1993), S. 339.

11 Vgl. Schwabe (1995), S. 168.

nachteilig erweist sich diese Lösung aufgrund der Unflexibilität im Hinblick auf die Aufgabenlösung und die Gängelung der Benutzer, die zu Frustationen und Ablehnung der Technologie führen kann. Nach dem Leitbild der 'Maschine' gestaltete Software eignet sich nicht zum Einsatz in kooperativen Arbeitskontexten, da kooperative Arbeitsformen vor allem durch weitreichende Handlungsspielräume der Akteure gekennzeichnet sind. Dieses erfordert flexiblere Formen der Technikunterstützung.

Das Leitbild des *'Dialogpartners'* beschreibt Mensch und Computer als gleichberechtigte und eigenständige Partner. Bei der Verfolgung dieser Perspektive soll das Techniksystem und die Interaktion mit diesem, z.B. unter Anwendung von Techniken der Künstlichen Intelligenz und (adaptiven) Benutzermodellen, möglichst menschenähnlich gestaltet werden, um den Menschen von Routinetätigkeiten zu entlasten und auf einen durch den Entwickler vordefinierten 'optimalen' Weg zu lenken. Für die Benutzer kann dabei die Transparenz und Kalkulierbarkeit des Verhaltens des Computers verloren gehen, und ihre Handlungsspielräume und Lernmöglichkeiten können eingeschränkt werden.[12] Einer solchen Perspektive folgen beispielsweise intelligente Agenten, die Teilaktivitäten 'selbständig' ausführen.

Andere Leitbilder betonen den medialen Charakter von Informationstechnologien, indem sie diese in eine Reihe mit anderen Kommunikationsmedien wie z.B. dem Rundfunk, Anschlagbrettern oder der Post stellen. In diesem Kontext werden Computernetzwerke als flexible technische *Medien* zur Unterstützung der Kommunikation zwischen Akteuren beschrieben.[13] Die Verfolgung dieses Leitbildes im Kontext computergestützter Kooperation würde eine einseitige Schwerpunktverschiebung hin zu kommunikativen Aktivitäten beinhalten, während die Verarbeitung gemeinsamer Objekte und die Koordination als weitere Teilaktivitäten der Kooperation nicht berücksichtigt würden. Deshalb müßte die Gestaltung von CSCW-Technologie um andere Leitbilder ergänzt werden.

Das Leitbild von der Software als *Werkzeug*, die im Rahmen von *Werkstätten* eingesetzt wird, betrachtet den Benutzer als qualifizierten Menschen und Anwendungsexperten, der den Computer zur Unterstützung seiner Aufgabenerledigung benutzt, jederzeit Kontrolle über die ablaufenden Interaktionen und Abläufe ausübt und die Auswirkungen des Softwareeinsatzes unmittelbar erkennen kann. Werkzeuge sind Gegenstände (Arbeitsmittel), mit deren Hilfe Objekte bearbeitet und verändert werden. Sie bilden Arbeitsprozesse nach und gehen im Gegensatz zum Objekt bzw. Material (Arbeitsgegenstand) nicht in das Arbeitsergebnis ein.[14] Mit jedem Werkzeug ist eine fachliche Funktionalität, eine

---

12 Vgl. Oberquelle (1991d), S. 9-19 und Oberquelle (1991c), S. 46-50.

13 Vgl. Maaß/Oberquelle (1992), S. 241; Budde/Züllighoven (1990), S. 150.

14 Vgl. Bäumer/Budde/Sylla et al. (1995), S. 204f.

bestimmte Art der Handhabung und die Präsentation an der Benutzungsschnittstelle verbunden. Werkzeuge bieten ihre Funktionalität als einen Satz von Kommandos an.[15] Sie dienen der Erweiterung und nicht dem Ersatz menschlicher Fähig- und Fertigkeiten. Für den Benutzer ist der kausale Zusammenhang zwischen der Ursache und der Wirkung des Werkzeuges auf die Objekte bzw. Materialien transparent. Jede Aktivität des Werkzeugs wird durch eine Benutzungsaktivität ausgelöst. Der Benutzer übt also Kontrolle über das Material und das Werkzeug aus, wobei das Hauptaugenmerk dem Material und nicht dem Werkzeug gilt. Gute Werkzeuge sind gleichzeitig sowohl unsichtbar als auch unabkömmlich.[16] Die Benutzer können die Werkzeuge gemäß ihren Zielsetzungen einsetzen oder aber auf ihre Anwendung verzichten.[17]

Bezogen auf die Interaktion zwischen Akteuren einer Kooperationseinheit beinhaltet der Werkzeugcharakter von CSCW-Technologien, daß die Kooperanden die Reihenfolge der Interaktionen bestimmen und auch anderen als den vorgeschlagenen Arbeitsschritten folgen können, ohne daß das Werkzeug in einen 'undefinierten' Zustand gerät.[18] Beispielsweise muß der Benutzer von Prozeßunterstützungssystemen mit Werkzeugcharakter jederzeit in der Lage sein, zu vorangehenden Arbeitsschritten zurückzuspringen, andere als die vorgesehenen Laufrichtungen eines Dokumentes einzuschlagen etc. Daß dieses Inkonsistenzen erzeugt oder bestehenden Regeln widerspricht, ist denkbar, jedoch unabhängig vom Werkzeuggebrauch zu beurteilen. Software mit Werkzeugcharakter unterbindet Inkonsistenzen nicht unmittelbar,[19] sondern stellt Möglichkeiten zur Beseitigung von Konflikten über soziale Protokolle zur Verfügung. Ein Softwaresystem, das den Ablauf von Aktivitäten innerhalb eines Kooperationsprozesses steuert, folgt stattdessen tendenziell dem Leitbild der Maschine.

Ein Ziel der Gestaltung der Werkstatt und der Werkzeuge ist es, diese derart zu formen, daß die Interaktionsaufgabe mit dem Computer in den Bewußtseinshintergrund tritt und sie dem Benutzer die Konzentration auf seine Sachaufgabe, d.h. auf die kooperativ zu erledigende Aufgabe, ermöglicht. Nicht das Werkzeug steht im Vordergrund, sondern der Gegenstand der Arbeit. Dabei obliegt die Anpassung an veränderte Aufgabenstellungen ebenso dem Benutzer wie auch die Ausgestaltung der Werkstatt und der Werkzeuge.[20]

Im beschriebenen Sinn könnten Medien als spezielle Werkzeuge zur Kommunikation interpretiert werden, die es ihrem Benutzer raum- und/oder zeitüberbrückend erlauben, mit anderen Personen zu kommunizieren. Die hierbei verwendeten materiellen Träger der

---

15 Vgl. Gryzan/Wulf/Züllighoven (1996), S. 90.
16 Vgl. Schwabe (1995), S. 171; Coy/Feuerstein/Günther et al. (1988), S. 695.
17 Vgl. Steinmüller (1993), S. 333.
18 Vgl. Budde/Züllighoven (1990), S. 213.
19 Vgl. Schwabe (1995), S. 171.
20 Zur Werkzeugperspektive vgl. Budde/Züllighoven (1990).

zu übermittelnden Informationen sind dann als Objekte bzw. Materialien zu interpretieren.
Grenzen dieses Leitbildes für die Verwendung im CSCW-Kontext liegen darin, daß es tendenziell eher die individuelle Verwendung von Werkzeugen assoziieren läßt (z.B. bei Textverarbeitungssoftware) als die Verwendung im Kooperationskontext. Auch Werkzeuge dürfen darüber hinaus nicht als vollkommen ergebnis- oder wertneutral angesehen werden, da bereits ihre Konstruktion bestimmte Anwendungszwecke impliziert.

Kooperative Arbeitsformen zeichnen sich durch vergleichsweise weitreichende Handlungs-, Planungs- und Steuerungsspielräume der Akteure aus. Sie dienen dazu, eine ausreichende Flexibilität der Aufgabenerfüllung zu ermöglichen, sozialen Zielsetzungen oder der fehlenden Standardisierbarkeit der Aufgabenerfüllung gerecht zu werden. Darüber hinaus ist es zumeist unmöglich, „menschliche Handlungen und Entscheidungsprozesse adäquat in vollständige formale (z.B. ablauffähige) Modelle"[21] zu übertragen. Auch bei Routine- und Regelaufgaben existieren unvorhersehbare Ausnahmen oder informelle Mechanismen der Aufgabenerledigung. Selbst vermeintlich hochroutinisierte Büroarbeit zeichnet sich durch eine erstaunliche Nicht-Linearität und Unbestimmbarkeit der realen Prozesse aus, die zu erheblichen Interpretationsspielräumen und situativen Entscheidungsbedürfnissen führen. Die Probleme bei der Einführung von Prozeßautomatisierungssoftware verdeutlichen dieses eindringlich, wobei sich vor allem die fehlende situative Anpaßbarkeit als Problem erweist. Andererseits spricht nichts dagegen, Kooperationseinheiten solche Werkzeuge zur Verfügung zu stellen, die ihnen selbst erlauben, Regeln der Aufgabenerfüllung, auf die sie sich selbst verständigt haben, in einer Software abzubilden und Veränderungen derer auch selbst vorzunehmen. Bei maschinenartiger Software werden organisatorische Regeln dagegen, beispielsweise bezüglich der Abläufe bei der Aufgabenerfüllung, im technischen als auch im organisatorischen Sinne durch dritte, nicht direkt an der Aufgabenerfüllung beteiligte Personen programmiert.

Den Zielsetzungen der Steigerung der Flexibilität und der Erreichung sozialer Ziele werden nur solche Technikkonzepte gerecht, die den Menschen adäquate Handlungsspielräume auch bei der Auswahl ihrer Arbeitsmittel und Arbeitsverfahren zugestehen und einen eigenverantwortlichen Technikeinsatz unterstützen. Zum einen läßt „die Degradierung des arbeitenden Menschen vom Subjekt der Arbeitshandlung zum Maschinenbediener [...] die Bereitschaft (oder gar die Möglichkeit) zum verantwortlichen Handeln in der Arbeit schwinden."[22] Zum anderen können die Akteure „ihre unersetzlichen Eigenschaften und Stärken [...] nur dann entfalten, wenn ihnen die Technik 'wie

---

21 Budde/Züllighoven (1990), S. 65 zur Begründung ihrer Ablehnung maschinenartiger Software unter Rückgriff auf die Philosophie Heideggers.

22 Coy/Feuerstein/Günther et al. (1988), S. 694.

ein Werkzeug' zur Verfügung steht."[23] Werkzeuge erweitern die menschlichen Fähigkeiten.[24] Der Einsatz von Software mit Werkzeugcharakter erhöht den Grad der Unterstützung kooperativer Arbeit, ohne eine Bevormundung der Akteure hervorzurufen.

Den Einsatz von CSCW-Technologien nach dem Leitbild von Werkzeugen in Werkstätten zu gestalten, die den Akteuren einer Kooperationseinheit zum selbstbestimmten Einsatz zur Verfügung stehen und die Akteure nicht in die Benutzung bestimmter Arbeitsmittel und Strukturen der Aufgabenerfüllung zwingen, steigert darüber hinaus die Akzeptanz von CSCW-Technologien. Softwaresysteme, die den Akteuren bestimmte Kommunikations-, Entscheidungs- oder andere Aufgabenerfüllungsstrukturen zu Kontroll- und Disziplinierungszwecken vorschreiben oder die Autonomie der Akteure in anderer Weise verringern, stoßen eher auf Ablehnung. Werden solche Systeme zur Steuerung kooperativer Arbeit eingesetzt, verfehlen sie die Flexibilitäts- und Sozialziele des Einsatzes kooperativer Arbeit, indem sie die Selbststeuerungsmechanismen der Akteure unterhöhlen. Stattdessen muß die Durchführung der kooperativen Aktivitäten jederzeit durch die Akteure selbst steuerbar sein. Beim Umgang mit Werkzeugen in Werkstätten sind steuernde und ausführende Tätigkeiten eng miteinander verknüpft,[25] was der geringen vertikalen Arbeitsteilung in kooperativen Arbeitskonzepten entspricht. Groupware sollte einem souveränen und selbstbestimmten Benutzer als leistungsstarkes und flexibles Werkzeug dienen, das auch in der Nutzung anpaßbar bleibt.[26] Die organisatorisch gewollte Autonomie und Flexibilität der Akteure beim Einsatz kooperativer Arbeit sollte nicht durch technische Vorgaben sowie Kontroll- und Eingriffsmöglichkeiten von außen eingeschränkt werden.[27]

Die Gestaltung von Software mit Werkzeugcharakter gewinnt bei der Unterstützung mehrerer Personen allerdings eine besondere Problematik, da die Aktivitäten der Akteure unmittelbar interdependent sind und der Werkzeugeinsatz sich somit auf die Aktivitäten der übrigen Akteure auswirken kann. Der Handlungsspielräume bereitstellende Charakter von Werkzeugen kann jedoch dann erhalten bleiben, wenn die Akteure die Gelegenheit erhalten, sich auf die zu benutzenden Materialien und Werkzeuge zu einigen, mögliche Konfliktpotentiale angezeigt und computergestützte Mechanismen zur Initiierung von Konfliktlösungen eingesetzt werden. Gleichzeitig müssen die Akteure in einer Koopera-

---

23 Coy/Feuerstein/Günther et al. (1988), S. 694.

24 Vgl. Schwabe (1995), S. 171.

25 Vgl. Budde/Züllighoven (1990), S. 219ff.

26 Vgl. Grüninger (1996), S. 115. Zur Anpaßbarkeit siehe auch die Ausführungen in Abschnitt 5.3.5 dieser Arbeit.

27 Vgl. Kubicek/Höller (1991), S. 166.

tionseinheit nicht nur die Folgen ihres eigenen Handelns nachvollziehen können, sondern es muß auch differenzierbar sein, was auf die Aktivitäten anderer zurückzuführen ist.[28]

Nach dieser ersten Näherung an mögliche grundlegende Ausrichtungen der Technikgestaltung werden im folgenden einzelne Aktionsparameter der technischen Gestaltung im Detail untersucht. Zu diesem Zweck werden Gestaltungshinweise bezüglich der auf die Architektur der Informationstechnik bezogenen Aktionsparameter aus den Ausprägungen der Informationsstrukturmerkmale abgeleitet.

5.3.2 Aktionsparameter 'Verteilung'

Der Aktionsparameter 'Verteilung' stellt neben der 'Integration' und der 'Spezialisierung' einen derjenigen Aktionsparameter dar, die die Architektur, d.h. die Struktur bzw. Anordnung der Komponenten der Informationstechnik betreffen. Die folgenden Ausführungen erläutern zunächst die Teildimensionen des technischen Aktionsparameters 'Verteilung'. Zu diesem Zweck ist der Aktionsparameter jeweils für die hier als Komponenten des technischen Subsystems definierten Betrachtungsgegenstände, d.h. Rechner, Netze, Anwendungssoftware und Daten, zu konkretisieren (Abschnitt 5.3.2.1). Die identifizierten Teildimensionen der Verteilung sind anschließend auf adäquate Gestaltungsvarianten nach Maßgabe der sich aus kooperativen Arbeitsformen ergebenden Ausprägungen der Informationsstrukturmerkmale zu untersuchen (Abschnitt 5.3.2.2 bis Abschnitt 5.3.2.8).

5.3.2.1 Teildimensionen der Verteilung

Die Verteilung von Komponenten des technischen Subsystems stellt eine Form der Differenzierung dar. Differenzierungen bewirken Abstufungen bzw. Aufgliederungen. Die Literatur bezeichnet die Verteilung von Rechnerkapazitäten analog zur Delegation von Entscheidungsbefugnissen in der strukturellen Gestaltung[29] auch als Distribuierung bzw. (De-)Zentralisierung.[30] Im folgenden ist nun zunächst zu untersuchen, auf welche Technikkomponenten der Aktionsparameter 'Verteilung' angewendet werden kann. Hieraus ergeben sich die einzelnen Teildimensionen der Verteilung.[31] Die Abbildung 5.3-

---

28 Vgl. Schwabe (1995), S. 172.

29 Siehe Abschnitt 5.2.3 dieser Arbeit.

30 Vgl. Wall (1996), S. 160.

31 Zu den Abhängigkeiten zwischen verschiedenen Teildimensionen vgl. die Ausführungen bei Wall (1996), S. 190ff. Beispielsweise können die (physischen) Datenbestände oder die Anwendungs-

2 faßt die im folgenden erläuterten komponentenspezifischen Teildimensionen des Aktionsparameters 'Verteilung' zusammen.

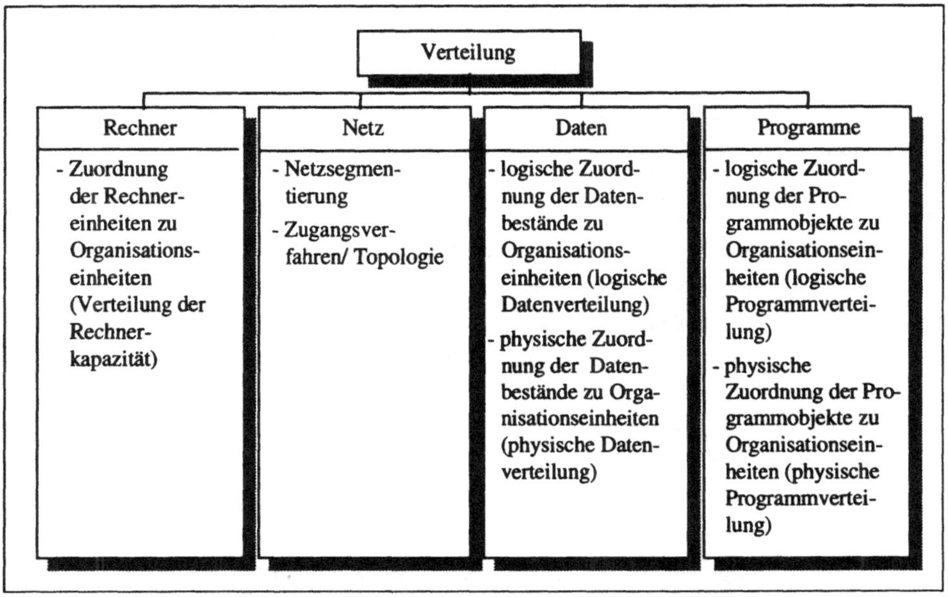

Abbildung 5.3-2: Teildimensionen des Aktionsparameters 'Verteilung' (in Anlehnung an Wall (1996), S. 190)

Die Technikkomponente *'Rechner'* umfaßt autonome technische Einheiten zur Verarbeitung von Daten. Sie bestehen jeweils aus einer Zentraleinheit und peripheren Einheiten wie z.B. Ein- und Ausgabeeinheiten sowie den zugehörigen Betriebssystemen. Hinsichtlich der Komponente Rechner lassen sich die folgenden Teildimensionen der Verteilung differenzieren: Die technische Verteilung behandelt die Frage, ob die Verarbeitungskapazität auf autonome Rechner verteilt oder durch eine einzige Einheit bereitgestellt wird.[32] Die räumliche Verteilung beinhaltet die Zuteilung von Rechnerkapazitäten oder -einheiten zu verschiedenen Aufstellungsorten und setzt technische Verteilung voraus. Sie wird im folgenden nicht näher betrachtet. Die organisatorische Verteilung ordnet die Verarbeitungskapazitäten den organisatorischen Einheiten zu und erfordert ebenfalls eine technische Verteilung.[33]
Bei vollkommener organisatorischer Zentralisierung der Verarbeitungskapazitäten wird sämtlicher Bedarf an Rechnerkapazität der Organisationseinheiten ausschließlich durch

programme nur dann einer Organisationseinheit zugeordnet werden, wenn diese über die entsprechenden Rechnerkapazitäten verfügt.

32 Vgl. auch Heinrich/Roithmayr (1995), S. 547.

33 Vgl. hierzu und im folgenden Wall (1996), S. 165ff.

zentrale Rechner gedeckt, d.h. Rechner, die keiner Einheit exklusiv zur Verfügung stehen. Vollkommen dezentrale Lösungen statten dagegen jeden Arbeitsplatz (räumlich) bzw. jede Stelle (organisatorisch) innerhalb einer Einheit mit eigener Rechnerkapazität aus und nehmen eine exklusive Zuordnung vor. Zwischen den beiden Extremen der vollkommenen Zentralisierung bzw. Dezentralisierung der Verarbeitungskapazität bestehen abstufbare Lösungsmöglichkeiten, beispielsweise indem neben der dezentralen Ausstattung mit Personal Computern zentrale Rechner zur Verfügung gestellt werden.

Netze verbinden mindestens zwei Datenstationen durch Übertragungskanäle. Die Technikkomponente 'Netz' faßt Einheiten zur Übertragung von Daten zwischen Datenstationen zusammen. Im einzelnen beinhaltet diese Technikkomponente Übertragungswege und Kopplungseinheiten für die verschiedenen Subnetze, das Netzbetriebssystem sowie die Protokolle, also die Regeln, nach denen der Verbindungsaufbau und der Datenaustausch erfolgen.[34]
Wendet man den Aktionsparameter 'Verteilung' auf Netze an, konkretisiert er sich in der Teildimension der Segmentierung in Subnetze und daraus folgend in der Anzahl der Stufen, in denen diese angeordnet sind. Ein Subnetz stellt ein autonomes Teilsystem eines Netzes dar, das aufgrund der Gesamtheit der physikalisch-technischen und logisch-funktionellen Komponenten zur Datenübertragung zwischen den angeschlossenen Endsystemen selbständig, d.h. ohne die Aktivität anderer technischer Komponenten, arbeiten kann.[35] Die Einrichtung von Subnetzen erfolgt zum einen aufgrund technischer Restriktionen (beispielsweise Begrenzungen hinsichtlich des maximalen Abstandes zweier Stationen oder hinsichtlich der anschließbaren Datenstationen), aber zum anderen auch, um die Datensicherheit zu verbessern, die Auswirkungen von Fehlern zu begrenzen und die Verfügbarkeit der Übertragungskanäle zu erhöhen. Ein vollständig zentralisiertes Netz, d.h. ein Netz ohne Segmentierung in Subnetze, verbindet demgegenüber alle Datenstationen (Zentral-, Abteilungsrechner und Arbeitsplatzrechner) über ein einheitliches Netz.[36]
Neben dem Gefüge der Subnetze berührt die Verteilung der Komponente Netz die Teildimensionen Topologie des Netzes und Form der Zugangsregelung. Sterntopologien stellen eine zentralisierte Netztopologie dar. Demgegenüber ist die Topologie von Maschennetzen als vollkommen dezentralisiert zu charakterisieren. Ring- und Bustopologien nehmen hinsichtlich des Zentralisierungsgrades eine Zwischenstellung ein. Eine Beurteilung der Ring- und Bustopologie im Hinblick auf den Zentralisierungsgrad ermöglicht erst die Unterscheidung der Zugangsverfahren in Wettkampfverfahren (z.B.

34 Vgl. Wall (1996), S. 152.
35 Vgl. Löffler (1988), S. 220, zitiert in Wall (1996), S. 171.
36 Vgl. Wall (1996), S. 171.

CSMA/CD)[37] und Token-Verfahren. Das Token-Verfahren beinhaltet dabei eine strenge Zugangsregelung, da zu einem bestimmten Zeitpunkt jeweils nur eine Station auf das Übertragungsmedium zugreifen kann, so daß keine Überschneidungen auftreten. Demgegenüber steht beim Wettkampfverfahren CSMA/CD, einem Verfahren mit geringem Regelungsgrad, nicht von vornherein fest, wer als nächster senden kann.[38] Ringtopologien werden üblicherweise mit dem Token-Verfahren ausgestattet, bei dem stets nur eine Datenstation über die Sendeberechtigung verfügt und somit eine stärkere Zentralisierung durch das Zugriffsverfahren vorliegt. Bei der Bustopologie kommt zumeist das Wettkampfverfahren zum Einsatz. Dabei senden alle Stationen grundsätzlich gleichberechtigt, müssen allerdings das Problem auftretender Kollisionen lösen.[39]

Daten stellen maschinenverarbeitbares Wissen dar. Wendet man den Aktionsparameter 'Verteilung' auf Daten an, ist zwischen den Teildimensionen der physischen und der logischen Datenzuordnung zu unterscheiden.[40]
Die logische Zuordnung von Daten erfolgt mittels der Bestimmung verschiedener Sichten auf das konzeptionelle Datenmodell durch externe Schemata,[41] welche den Organisationseinheiten zugeordnet und durch Zugriffsberechtigungen mit den Daten verbunden werden. Prinzipiell können auf ein konzeptionelles Datenmodell beliebig viele, sich möglicherweise überschneidende externe Sichten definiert werden. Hinsichtlich der Teildimension der logischen Datenzuordnung wird in den folgenden Ausführungen im Mittelpunkt der Überlegungen stehen, geeignete Kriterien für die Zuordnung von Sichten zu bestimmen.
Die physische Zuordnung von Daten bezieht sich auf die physische Verteilung der Datenbestände, also auf die interne Ebene des Datenmodells.[42] Diese umfaßt die physikalische Ordnung der Daten auf personenungebundenen Trägermedien auf den Knoten eines Netzwerkes. Dabei wird in den folgenden Ausführungen eine organisationsbezogene Interpretation der Datenverteilung vorgenommen. Von Datenzentralisierung wird hier dann gesprochen werden, wenn der Datenbestand keiner Organisationseinheit bzw. der von ihnen exklusiv genutzten Rechnereinheiten zugeordnet wird. Die Verteilung von Daten kann mittels Partitionierung und/oder Replikation erfolgen. Die Partitionierung trennt Datenbestände in disjunkte, redundanzfreie Teilmengen. Vollkommene Verteilung von Daten liegt nach dem hier zugrundegelegten Verständnis dann vor, wenn eine bestimmte Partition des Datenbestandes ausschließlich auf einem Rechner ange-

37 CSMA/CD = Carrier Sense Multiple Access with Collision Detection.
38 Vgl. Hansen (1996), S. 1104ff.
39 Vgl. Wall (1996), S. 172f.; Hansen (1996), S. 1104ff.
40 Vgl. hierzu und im folgenden Wall (1996), S. 175ff.
41 Vgl. Gabriel/Röhrs (1995), S. 272.
42 Vgl. Gabriel/Röhrs (1995), S. 271.

siedelt ist, der exklusiv von einer Organisationseinheit verwendet wird. Eine vollständige Verteilung liegt also dann vor, wenn beispielsweise ein relational repräsentierter Datenbestand anhand von Tupeln oder Attributgruppen in disjunkte Fragmente zerlegt wird und diese exklusiv bei einzelnen Organisationseinheiten gespeichert bzw. auf Rechnern vorgehalten werden, die die Einheit exklusiv nutzt. Bei der Replikation als weiterer Variante zur dezentralen Allokation entstehen mittels Vervielfältigung Replikate, d.h. redundante Datenbestände, die mehreren oder allen Rechnern in einem Netz zugeordnet werden. Replikation und die damit verbundene Redundanz stellt sich hinsichtlich der höheren Speicherkosten und der aufwendigen Synchronisationserfordernisse bei Datenveränderungen als problematisch dar. Vorteile der Verteilung von Daten mittels Replikation liegen in der höheren Verfügbarkeit, der größeren Betriebssicherheit und dem Antwortzeitverhalten bei umfassenden Abfragen. Vor allem bei einer geringen Zahl von Datenänderungen und vorwiegend lesendem Zugriff erweist sich Datenreplikation häufig als vorteilhaft.
Konkrete Aussagen über Vorteilhaftigkeit, Art und Granularität der Datenverteilung sind allerdings nur für genau spezifizierte Anwendungssituationen möglich. Neben der räumlichen Verteilung der Akteure stellen auch die Häufigkeit der Ausführungen bestimmter Applikationen sowie die Zahl, Art und statistische Verteilung der Datenzugriffe wichtige Einflußfaktoren auf das effiziente Ausmaß der Datenverteilung dar.[43]

Die Technikkomponente *'Anwendungssoftware'* unterstützt unmittelbar die Ausführung von Informationsverarbeitungsaufgaben durch die Anwender. Im Gegensatz hierzu steuert und kontrolliert die Systemsoftware den Einsatz der Anwendungssoftware technisch und versucht, die effektive Nutzung der DV-Ressourcen zu gewährleisten.[44] Die logische Verteilung weist den Organisationseinheiten die Anwendungsprogramme zur Nutzung zu und erteilt die entsprechenden Nutzungs- und Zugriffsberechtigungen. Die physische Verteilung bezieht sich mittelbar auf die Frage der Zuordnung der physischen Repräsentationen der Anwendungsprogramme zu den Organisationseinheiten. Sie ist, wie auch die Verteilung von Daten, im Zusammenhang mit der (De-)Zentralisation von Rechnern zu betrachten. Das unmittelbare Verteilungsziel bilden die Rechnerknoten im Netz. Unter der Annahme, daß die Rechnerknoten bestimmten Organisationseinheiten zugeordnet sind, bilden letztere das mittelbare (De-)Zentralisierungsziel. Die Vorhaltung aller Anwendungsprogramme auf einem zentralen Rechner entspricht einer vollständigen Zentralisierung der Bestände an Anwendungsprogrammen. Analog zur Verteilung von Daten besteht jedoch auch die Möglichkeit, den Bestand an Anwendungsprogrammen zu partitionieren, d.h. in disjunkte Teile zu zerlegen, oder die Anwendungsprogramme zu

[43] Vgl. Wall (1996), S. 178 und die dort angegebene Literatur. Zur Vorteilhaftigkeit bestimmter Verteilungsformen vgl. auch Esswein (1993), S. 170ff.

[44] Vgl. Gabriel (1995), S. 9.

replizieren, d.h. Kopien auf mehreren Verarbeitungseinheiten vorzuhalten, um eine exklusive Zuordnung zu den Organisationseinheiten, d.h. eine dezentrale Verteilung, umzusetzen.[45]

Auf Grundlage der Schlußfolgerungen von WALL ergeben sich die in Abbildung 5.3-3 dargestellten Dependenzen zwischen den Merkmalen der Informationsstruktur und den genannten Teildimensionen der technischen Gestaltung (Verbindung der mittleren und der rechten Spalte der Abbildung). Die für die Verteilung der Technikkomponenten relevanten Aspekte hebt die Abbildung hervor, während Punkte, die auf die Teildimensionen der Aktionsparameter 'Spezialisierung' und 'Integration' wirken, zunächst noch zurücktreten. Da die Merkmale der Informationsstruktur durch die strukturelle Gestaltung und die Art der Aufgaben beeinflußt werden (Verbindung der linken und der mittleren Spalte der Abbildung),[46] entsteht ein mittelbarer Zusammenhang zwischen den Aufgaben und der strukturellen Gestaltung einerseits sowie der technischen Gestaltung andererseits. Auf diese Weise erfolgt die Technikgestaltung nach Maßgabe der strukturellen Gestaltung und den Merkmalen der Aufgaben. Anders formuliert beinhaltet dieses, daß die Organisationsstruktur und die Restriktionen der Aufgaben mittels der Informationsstrukturmerkmale in der Technikstruktur nachgebildet werden.
Die Abbildung zeigt beispielsweise, daß die zur Verteilung gehörende Teildimension 'logische Zuordnung der Daten' nach Maßgabe der Ausprägung des Informationsstrukturmerkmals 'auftragsbezogene Breite des Informationsbedarfs und der Informationsbereitstellung' zu gestalten ist. Welche Ausprägung dieses Informationsstrukturmerkmal annimmt, hängt wiederum vom Aufgabentyp und der Gestaltung der strukturellen Aktionsparameter 'Arbeitsteilung' und 'Delegation' ab. So können beispielsweise aus der Art der Arbeitsteilung mittels der davon beeinflußten Informationsstrukturmerkmale Empfehlungen für bestimmte Teildimensionen der technischen Gestaltung abgeleitet werden.

---

45 Vgl. Wall (1996), S. 182.

46 Die Auswirkungen der organisatorischen Gestaltung und der Merkmale der Aufgaben auf die Merkmale der Informationsstruktur erläutern die Ausführungen in Abschnitt 5.1 und 5.2 dieser Arbeit.

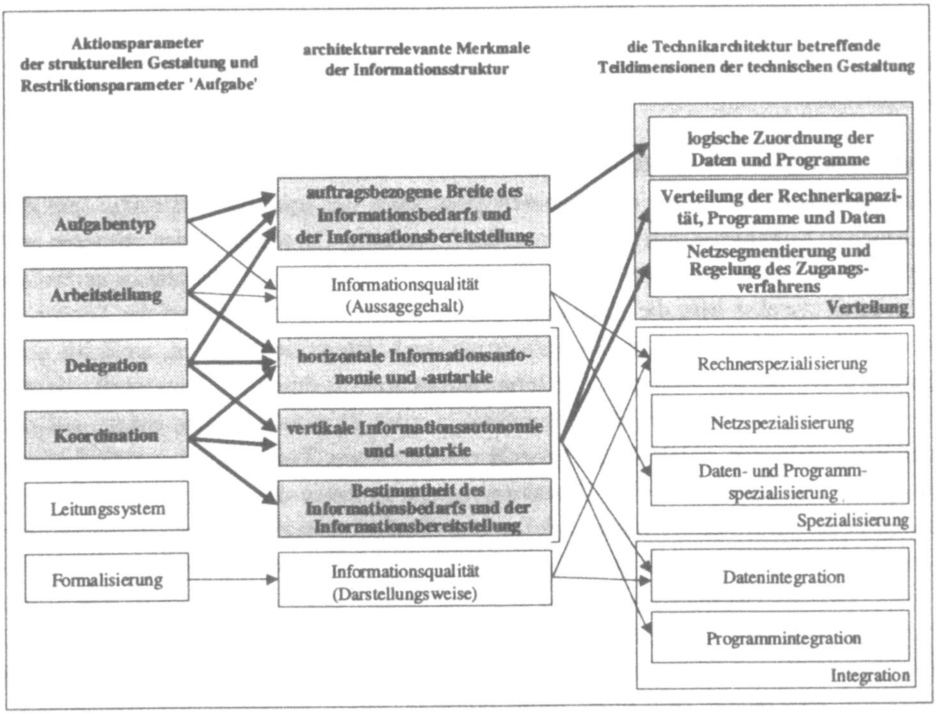

Abbildung 5.3-3: Einflußfaktoren auf die Gestaltung der Verteilung der Technikkomponenten

Die Tabelle 5.3-1 visualisiert vorausschauend auf die Erläuterungen in den folgenden Abschnitten auch die Richtung des Zusammenhangs zwischen den Informationsstrukturmerkmalen und den Teildimensionen der Gestaltung. Beispielsweise wird im folgenden die Empfehlung vertreten werden, daß die Dezentralisierung umso ausgeprägter zu gestalten ist, je höher die horizontale Informationsautonomie ist. Die Tabelle gibt somit bestimmte Gestaltungsrichtungen an (Beispiel: Dezentralisierung von Rechnerkapazitäten).[47]

47 Die Ausführungen beschränken sich auf die Merkmale der Informationsstruktur, die durch die strukturelle Gestaltung kooperativer Arbeit und die Kooperationsaufgaben beeinflußt werden. Siehe hierzu die Ausführungen in den Abschnitten 5.1 und 5.2.

Gestaltungsvarianten der Teildimensionen des Aktionsparameters 'Verteilung'	architekturrelevante Merkmale der Informationsstruktur: Auftragsbezogene Breite von IBuB	Horizontale Informations-autonomie und -autarkie	Vertikale Informations-autonomie und -autarkie	Informationsqualität, Aussagegehalt	Informationsqualität, Darstellungsweise	Bestimmtheitsgrad von IBuB
Dezentralisierung von Rechnerkapazitäten	0	+	+	0	0	+
Dezentralisierung von Programmen (phys.)	0	+	+	0	0	+
Dezentralisierung von Daten (phys.)	0	+	+	0	0	+
Logische Datenzuordnung	K	0	0	0	0	0
Logische Programmzuordnung	K	0	0	0	0	0
Netzsegmentierung	0	+	+	0	0	+
Netz: Regelung des Zugangsverfahrens	0	-	-	0	0	+

0 = kein Zusammenhang
\+ = je höher die Ausprägung des I.strukturmerkmals, desto höher die Ausprägung der Teildimension
\- = je höher die Ausprägung des I.strukturmerkmals, desto niedriger die Ausprägung der Teildimension
K = klassifikatorisches Merkmal
IBuB = Informationsbedarf und Informationsbereitstellung
phys. = physisch

Tabelle 5.3-1: Gestaltungsempfehlungen für die Teildimensionen der 'Verteilung' in Abhängigkeit von architekturrelevanten Informationsstrukturmerkmalen (erweitert in Anlehnung an Wall (1996), S. 262)

Die Kombinationen, die einen Zusammenhang zwischen den architekturrelevanten Merkmalen der Informationsstruktur und der Gestaltung der Teildimensionen der Verteilung bezüglich der Architektur der Informationstechnologie anzeigen ('+', '-', 'K'), werden in den Abschnitten 5.3.2.2-5.3.2.8 im einzelnen untersucht. Besteht kein Zusammenhang zwischen einem Informationsstrukturmerkmal und der jeweiligen Teildimension der Gestaltung der Technikarchitektur ('0'), unterbleibt eine weitere Betrachtung. Insgesamt gilt es, die allgemeinen Schlußfolgerungen von WALL bezüglich des Zusammenhangs zwischen den Merkmalen der Informationsstruktur und der Architektur der Informationstechnik auf die Computerunterstützung kooperativer Arbeit anzuwenden und die diesbezüglich relevanten Gestaltungsempfehlungen zu konkretisieren.

Die folgenden Ausführungen sind nach den Teildimensionen der Gestaltung des technischen Aktionsparameters 'Verteilung' gegliedert. Für jede der Teildimensionen wird zunächst betrachtet, in welchem Zusammenhang sie zu den als relevant erachteten Informationsstrukturmerkmalen steht. Dann gilt es zu untersuchen, welche Ausprägungen die relevanten Informationsstrukturmerkmale in kooperativen Arbeitskontexten auf Grundlage der strukturellen Gestaltung aufweisen, und es werden entsprechende Gestaltungsempfehlungen für die jeweilige Teildimension abgeleitet.[48]

5.3.2.2 Verteilung der Rechnerkapazität

Für die Gestaltung der Verteilung der Rechnerkapazität sind die Informationsstrukturmerkmale 'horizontale Informationsautonomie', 'vertikale Informationsautonomie' sowie 'Bestimmtheitsgrad des Informationsbedarfs und der Informationsbereitstellung' relevant.[49] Ihre durch die strukturelle Gestaltung beeinflußten Ausprägungen bestimmen, welche Variante der Verteilung der Rechnerkapazität angemessen ist. Die folgenden Ausführungen untersuchen die relevanten Informationsstrukturmerkmale und ihre Ausprägungen in kooperativen Arbeitsformen und leiten daraus Empfehlungen für die Verteilung der Rechnerkapazität ab.

Geringe *horizontale Informationsautarkie* (d.h. Interdependenz gleichrangiger Einheiten) beinhaltet eine hohe Notwendigkeit, Informationen auszutauschen. Besteht demgegenüber eine hohe Autarkie, sollte auch eine hohe Autonomie in dem Sinne vorliegen, daß die entsprechenden Einheiten ihre datenverarbeitungstechnischen Prozesse auch unabhängig voneinander durchführen und gestalten können. Autonomie beinhaltet dann auch, daß die Verfügbarkeit technischer Komponenten nicht durch die Inanspruchnahme durch andere Einheiten eingeschränkt wird. Darüber hinaus darf die Berücksichtigung von Anforderungen hinsichtlich der Eigenschaften der Technikkomponenten nicht zu Lasten einer gleichgeordneten Einheit gehen.[50] Je höher die horizontale Informationsautonomie und -autarkie ist, desto höher sollte auch die organisatorische Dezentralisierung der Rechnerkapazität ausgestaltet sein. Daraus kann die Schlußfolgerung gezogen werden, daß ein zentrales Rechnerkonzept die genaueste Nachbildung einer geringen Informationsautonomie darstellt. Dieses entspricht jedoch keiner technisch zentralen Lösung durch einen 'monolitischen Mainframe'. Vielmehr beinhaltet eine zentrale Zuordnung, daß keinem Akteur bzw. keiner Organisationseinheit Rechnerkapazitäten ex ante exklusiv und dauerhaft zugeordnet werden. Dies kann auch mittels mehrerer funktional spezialisierter Rechner realisiert werden (technische Verteilung, aber organisatorisch zentrale Zuordnung der Kapazitäten). Bei hoher Informationsautonomie und -autarkie ist

---

48 Dieses Vorgehen wird nicht nur bei den Teildimensionen des Aktionsparameters 'Verteilung', sondern auch bei denen der 'Spezialisierung' (Abschnitt 5.3.3) und der 'Integration' (Abschnitt 5.3.4) angewendet werden.

49 Siehe Abbildung 5.3-3.

50 Vgl. Wall (1996), S. 213.

dagegen eine exklusive Zuordnung von Verarbeitungskapazitäten zu Organisationseinheiten vorzunehmen.[51] In der Regel geht organisatorische Verteilung auch mit technischer Verteilung der Kapazitäten einher, beispielsweise indem Personal Computer zur Verfügung gestellt werden.

Die horizontale Informationsautonomie und -autarkie wird durch die Ausgestaltung der strukturellen Aktionsparameter 'Arbeitsteilung', 'Koordination' und 'Delegation' bestimmt.

Der Informationsaustausch stellt ein wesensbestimmendes Merkmal funktionierender Kooperationsbeziehungen dar. Je nach Art der Arbeitsteilung liegt eine hohe horizontale Informationsautonomie und -autarkie (Artenteilung nach Objekten oder Mengenteilung, geringe Kooperationserwartung) innerhalb einer Kooperationseinheit oder geringe horizontale Informationsautonomie und -autarkie (Artenteilung nach Verrichtungen oder gemeinschaftliche Aufgabenerledigung, hohe Kooperationserwartung) vor. Bei Artenteilung nach Verrichtungen und gemeinschaftlicher Aufgabenerledigung sollte demnach keine exklusive Zuordnung der Rechnerkapazitäten zu den einzelnen Akteuren innerhalb der Kooperationseinheit erfolgen.

Gleichzeitig zeigt auch die Koordination multipersoneller Aktivitäten durch Selbstabstimmung und durch Pläne, wie sie in kooperativen Arbeitssituationen vorherrscht, tendenziell eine niedrige bis mittlere horizontale Informationsautarkie und -autonomie sowie eine hohe Kooperationserwartung an, weil koordinationsrelevante Informationen zwischen den Akteuren ausgestauscht werden müssen. Diese beiden Formen implizieren somit eine zentrale Zuordnung der Rechnerkapazitäten.

Der Delegationsgrad weist dann auf eine geringe entscheidungsbezogene horizontale Informationsautonomie und -autarkie sowie eine hohe Kooperationserwartung hin, wenn die Kompetenzen von höherrangigen Ebenen auf die Kooperationseinheit als ganzes delegiert werden. Dann müssen die Akteure Informationen zur Wahrnehmung der Entscheidungskompetenzen austauschen. Werden Entscheidungskompetenzen zwar von übergeordneten Ebenen an untergeordnete Ebenen delegiert, aber einzelnen Akteuren zugewiesen, berührt dieses die horizontale Informationsautonomie und -autarkie innerhalb der Kooperationseinheit nicht, da horizontal zwischen den Akteuren aufgrund der Gestaltung dieses strukturellen Aktionsparameters dann keine Informationen ausgetauscht werden müssen. Werden Entscheidungskompetenzen demgegenüber durch die Kooperationseinheit als Ganzes wahrgenommen, entspricht dem eine zentrale Zuordnung der Rechnerkapazitäten.

Organisationsstrukturen, die durchgängig eine hohe Kooperationserwartung repräsentieren, zeichnen sich insgesamt durch eine geringe horizontale Informationsautarkie und

---

51 Vgl. Wall (1996), S. 213ff.

-autonomie aus.[52] Für die Gestaltung der Verteilung der Rechnerkapazität in einer Kooperationseinheit bedeutet dies, daß aufgrund der geringen horizontalen Informationsautarkie und -autonomie der Akteure innerhalb einer Kooperationseinheit keine exklusive Zuordnung der Rechnerkapazitäten erfolgen kann. Führen die einzelnen Akteure darüber hinaus auch Aktivitäten aus, die (weitgehend) unabhängig von den übrigen Akteuren sind, sind sowohl zentrale, d.h. gemeinsam zu nutzende Kapazitäten, als auch dezentrale, d.h. exklusiv zugeordnete Kapazitäten, vorzuhalten.

Neben der horizontalen Informationsautonomie und -autarkie gehen auch von der *vertikalen Informationsautonomie und -autarkie* Auswirkungen auf die Verteilung der Rechnerkapazitäten aus. Je höher die vertikale Informationsautarkie einer Einheit ist, desto stärker sollte sie ihre Informationsverarbeitungsprozesse selbständig und unabhängig von der übergeordneten Einheit gestalten können (Autonomie). Dementsprechend ist die Schlußfolgerung zu ziehen, daß je höher der Grad der vertikalen Informationsautonomie und -autarkie ist, desto stärker sollten die Rechnerkapazitäten, bezogen auf die Verteilung zwischen diesen Ebenen, organisatorisch dezentralisiert werden. Dezentrale Konzepte der Verteilung der Rechnerkapazitäten und/oder der zugehörigen Gestaltungskompetenzen ermöglichen im Vergleich zu zentralen Konzepten eine höhere Entscheidungsautonomie der untergeordneten Einheiten bezüglich der Gestaltung und Nutzung der Rechnerkapazitäten.[53]
Die vertikale Informationsautarkie einer Kooperationseinheit wird im wesentlichen von den strukturellen Aktionsparametern 'Delegation' und 'Koordination' bestimmt. Bei hohem Delegationsgrad und einer Dominanz der Koordinationsmechanismen 'Plan' und 'Selbstabstimmung', wie für kooperative Arbeitsformen typisch, besteht eine mittlere bis hohe vertikale Informationsautarkie. Dementsprechend sind die Rechnerkapazitäten dezentral vorzuhalten.

Für Kooperationssituationen mit hoher Kooperationserwartung (geringe horizontale und hohe vertikale Informationsautonomie und -autarkie) resultieren somit auf den ersten Blick widersprüchliche Gestaltungsempfehlungen bezüglich der Verteilung der Rechnerkapazitäten. Während die geringe horizontale Informationsautonomie tendenziell auf eine Zentralisierung der Rechnerkapazitäten hinweist, resultiert aus einer hohen vertikalen Informationsautonomie die Forderung nach einer organisatorisch dezentralen Verteilung der Rechnerkapazitäten. Dieser Widerspruch löst sich auf, wenn man bedenkt, daß es sich zum einen um die horizontale Verteilung der Rechnerkapazität auf die kooperierenden Akteure und zum anderen um die Verteilung der Rechnerkapazität zwischen übergeordneten und untergeordneten Stellen handelt. Mit Blick auf die

52 Siehe Abschnitt 5.2.7 dieser Arbeit.
53 Vgl. Wall (1996), S. 230f.

Informationsverarbeitungsprozesse der höherrangigen Ebenen ist ein dezentrales Konzept zu bevorzugen, während zwischen den Akteuren umso mehr zentrale Rechnerkapazitäten erforderlich sind, je mehr Entscheidungskompetenzen gemeinsam wahrgenommen und Koordinationsaufgaben an die Kooperationseinheit delegiert werden.

Schließlich sind auch die Empfehlungen zu berücksichtigen, die sich aus der Ausprägung des Informationsstrukturmerkmals '*Bestimmtheitsgrad des Informationsbedarfs und der Informationsbereitstellung*' ergeben. Ein niedriger Bestimmtheitsgrad des Informationsbedarfs und der Informationsbereitstellung weist darauf hin, daß die strukturelle Gestaltung eine hohe Flexibilität hinsichtlich der Aufgabenlösung vorsieht oder die Aufgaben unabhängig von der strukturellen Gestaltung ein hohes Maß an Flexibilität erfordern. Diese Sachverhalte müssen sich in einer entsprechend flexiblen Technikarchitektur widerspiegeln. Von einer größeren Flexibilität wird im allgemeinen dann ausgegangen, wenn mehrere Rechnereinheiten statt eines universellen Rechners zur Verfügung stehen, beispielsweise weil erstere Variante über eine höhere Skalierbarkeit verfügt. Umgekehrt kann sich ein hoher Bestimmtheitsgrad des Informationsbedarfs und der Informationsbereitstellung in einer entsprechend spezifizierten Architektur niederschlagen.[54]
Rechnerkapazitäten sind organisatorisch um so mehr zu dezentralisieren, d.h. exklusiv zuzuordnen, je höher der Bestimmtheitsgrad des Informationsbedarfs und der Informationsbereitstellung ist. Dieses stellt die Konsequenz daraus dar, daß bei einem hohen Bestimmtheitsgrad transparent ist, welche Informationsverarbeitungskapazität an welchem Ort benötigt wird. Gemäß dem Prinzip der Lokalität kann demnach eine direkte Zuordnung der Rechnerkapazitäten zu den entsprechenden Akteuren erfolgen. Detaillierte Überlegungen zur Verteilung von Rechnerkapazitäten (wie auch von Programmen und Daten) können prinzipiell nur dann angestellt werden, wenn bekannt ist, welche Einheit welche Komponenten in welcher Form nutzt.[55]
Vor allem der strukturelle Aktionsparameter 'Koordination' beeinflußt das Informationsstrukturmerkmal 'Bestimmtheitsgrad des Informationsbedarfs und der Informationsbereitstellung'. Interaktionssituationen mit hoher Kooperationserwartung zeichnen sich durch die dominante Anwendung der Mechanismen 'Selbstabstimmung' und 'Plan' und demnach durch einen geringen Bestimmtheitsgrad des Informationsbedarfs und der Informationsbereitstellung hinsichtlich der individuellen oder multipersonellen Aktivitäten aus. Je mehr jedoch der Koordinationsmechanismus 'Programm' zum Einsatz gelangt, desto eher sind die zur individuellen oder multipersonellen Aufgabenerfüllung erforderlichen Informationen, die notwendigen Verfahren und der Output a priori zu bestimmen, so daß ein hohes Ausmaß des Bestimmtheitsgrads des Informationsbedarfs und der Informationsbereitstellung vorliegt.

---

[54] Vgl. Wall (1996), S. 258.

[55] Vgl. Wall (1996), S. 253-255 und 258.

Für Kooperationsaufgaben, die durch den Mechanismus 'Programm' koordiniert werden, implizieren die vorangehenden Ausführungen eine dezentralere Verteilung, d.h. einen größeren Anteil exklusiver Zuordnung, während Informationsstrukturen mit einem geringen Bestimmtheitsgrad des Informationsbedarfs und der Informationsbereitstellung (bspw. bei Anwendung der Mechanismen 'Selbstabstimmung' und 'Plan') durch eine zentrale Verteilung, d.h. durch einen größeren Anteil gemeinsamer Informationsverarbeitungskapazitäten unterstützt werden sollten. Je unbestimmter die Anforderungen an die Rechnerarchitektur aufgrund eines niedrigen Bestimmtheitsgrades des Informationsbedarfs und der Informationsbereitstellung sind, aber auch je häufiger Kooperationseinheiten lediglich temporär und in wechselnden Zusammensetzungen gebildet werden, desto sinnvoller ist es, einen Pool von Rechnereinheiten (und Anwendungsprogrammen) zentral zur Verfügung zu stellen, der den Akteuren in den Kooperationseinheiten situationsspezifisch (z.B. projektweise) zugeordnet werden kann. Dieses beinhaltet eine technisch dezentrale, strukturell jedoch zentrale Lösung. Sie ist deshalb stimmig, weil im Extremfall der völligen Unbestimmtheit der Anforderungen an die Rechnerkapazität kein dezidiertes Verteilungskonzept erstellt werden kann.

Die Abbildung 5.3-4 faßt die Schlußfolgerungen für die Verteilung der Rechnerkapazitäten auf Grundlage der Informationsstrukturmerkmale und deren Abhängigkeit von den strukturellen Gestaltungsparametern zusammen. Die Abbildung rekapituliert dabei nicht nur, welche Implikationen die Ausprägungen der strukturellen Aktionsparameter für die Informationsstrukturmerkmale beinhalten, sondern bildet auch die sich daraus jeweils ergebende Empfehlung für die Verteilung der Rechnerkapazitäten ab (kursive Schrift). So läßt sich beispielsweise ablesen, daß eine gemeinschaftliche Form der Aufgabenerledigung eine geringe horizontale Informationsautonomie und -autarkie beinhaltet (linke Hälfte des zugehörigen Quadranten). Bei geringer horizontaler Informationsautonomie und -autarkie ist eine zentrale Zuordnung der Rechnerkapazitäten (kursive Schrift, rechte Hälfte des Quadranten) zu empfehlen. Die kursiv gedruckten Gestaltungsvarianten der Verteilung der Rechnerkapazität sind also bei Vorliegen der entsprechenden strukturellen Gestaltungsvarianten zu empfehlen.
Darüber hinaus hebt die Abbildung die strukturellen Varianten hervor, die eine hohe Kooperationserwartung beinhalten (graue Hinterlegung). Betrachtet man diese Zeilen, ergibt sich bei einer in allen relevanten strukturellen Aktionsparametern zum Ausdruck kommenden hohen Kooperationserwartung die Empfehlung, computergestützte Kooperation durch organisatorisch zentrale Formen der Verteilung der Rechnerkapazitäten zu unterstützen. Dies beinhaltet, daß keine exklusive Zuordnung der Kapazitäten zu den einzelnen Akteuren innerhalb der Kooperationseinheit erfolgt. Gegenüber übergeordneten Einheiten ist eine dezentrale Verteilung der Rechnerkapazitäten angemessen.

strukturelle Aktionsparameter	Merkmale der Informationsstruktur: Horizontale Informations-autonomie und Informationsautarkie	Vertikale Informationsauto-nomie und Informationsautarkie	Bestimmtheitsgrad von IBuB
Arbeitsteilung			
nach Objekten	hoch *dezentral*	-	-
nach Verrichtungen	gering *zentral*	-	-
nach Mengen	hoch *dezentral*	-	-
gemeinschaftlich	gering *zentral*	-	-
Delegationsgrad			
hoch	--*/gering *--/zentral*	hoch *dezentral*	-
gering	--*/hoch *--/dezentral*	gering *zentral*	-
Koordination			
Programme	hoch-mittel *eher dezentral*	hoch/gering *dezentral/zentral*	hoch *dezentral*
Pläne	gering-mittel *eher zentral*	mittel-hoch *eher dezentral*	mittel *zentral/dezentral*
Selbstabstimmung	gering *zentral*	hoch *dezentral*	gering *zentral*

Legende: *Gestaltungsempfehlung für die Verteilung der Rechnerkapazität*
strukturelle Gestaltungsvariante mit hoher Kooperationserwartung
* = kein Einfluß bei individueller Kompetenzzuordnung

Abbildung 5.3-4: Gestaltungsempfehlungen für die Teildimension 'Verteilung der Rechnerkapazität'

Unabhängig von den Informationsstrukturmerkmalen seien hier noch einige Anmerkungen zur Verteilung von Rechnerkapazitäten in kooperativen Arbeitssystemen angefügt.

Eine hohe Autonomie der technischen Systeme, der in der hier verwendeten Terminologie ein hoher Dezentralisierungsgrad der Verarbeitungskapazitäten entspricht, ist prinzipiell mit einer Verringerung der Möglichkeiten der Kooperationsunterstützung verbunden und umgekehrt. Geeignete Plattformen für die Unterstützung von Kooperation liegen deshalb zwischen vollkommen autonomen Personal Computern oder Workstations und der Bereitstellung zentraler Rechnerkapazitäten. Der Einsatz autonomer Personal

Computer verhindert die Wahrnehmung von Rechnerverbundvorteilen[56] wie z.B. der computergestützten Kommunikation oder der Nutzung gemeinsamer Ressourcen. Eine Computerunterstützung von Kooperation kann in diesem Extremfall aufgrund der fehlenden Einbindung in Netze nicht stattfinden. Hostumgebungen sind demgegenüber im Zugriff auf und im Austausch von Informationen nicht flexibel genug. Bei ihrem Einsatz ist man darüber hinaus bestrebt, die Aktivitäten der User voneinander zu isolieren, was dem Ziel der Interaktionsunterstützung fundamental widerspricht. Vermittelnd zwischen den beiden extremen Positionen der vollkommen autonomen Personal Computer bzw. Workstations und den Hostumgebungen haben sich im CSCW-Bereich verschiedene Varianten der Verteilung von Rechnerkapazitäten entwickelt:[57]

- Autonome Systeme mit Mailing-Kapazität: Sie werden primär in PC-Umgebungen eingesetzt, um asynchrone textbasierte Kommunikation zu unterstützen.
- Systeme zur Teilung gemeinsamer Ressourcen: Sie erlauben den Zugriff auf vernetzte Ressourcen unabhängig davon, ob diese lokal oder entfernt angesiedelt sind. Solche Systeme stellen primär eine geeignete Alternative für Anwendungssoftware zur Unterstützung asynchroner Kooperation dar, ermöglichen jedoch nur eine rudimentäre Unterstützung synchroner Kooperation.
- Systeme auf Grundlage verteilter Betriebssysteme: Sie sind aufgrund der engen Kopplung in der Lage, Ressourcen in einer verteilten Umgebung in synchronen Kooperationsformen zu organisieren und beruhen häufig auf Client-Server-Modellen. Die Lokalisierung von Objekten und die Behandlung von Fehlern oder Konflikten wird hier mit Hilfe des Betriebssystems gelöst. Darüber hinaus werden komplexe Synchronisierungsmechanismen zur Verfügung gestellt.

Von der ersten bis zur letzten der genannten Varianten geht die Autonomie der Knoten im Netz verloren, wobei ein Kontinuum von autonomen bis zu eng gekoppelten Einheiten entsteht. Je höher die Autonomie der Rechnereinheiten ist, desto geringer ist die Unterstützungsleistung für die Kooperationsaktivitäten und umgekehrt.[58]

Die Entscheidung bezüglich der Frage, ob Personal Computer (dezentrale Verarbeitungskapazität), Terminals mit Zugriff auf eine zentrale Recheneinheit (zentrale Verarbeitungskapazität) oder dazwischenliegende Formen zur Unterstützung der Kooperation zur Verfügung gestellt werden, bestimmt letztlich die Freiräume der Akteure bei der Konfiguration von Programmen und Daten. Wenn die individuell zu erledigenden Aufgaben innerhalb einer Kooperationseinheit, bei räumlich zumindest benachbarten Lokationen der Akteure, keine lokale Verarbeitungskapazität erfordern, können kleine Mehrplatzsysteme mit angeschlossenen Terminals auch für Kooperationseinheiten

---

56 Zu Rechnerverbundvorteilen vgl. Hansen (1996), S. 1030.

57 Vgl. Rodden/Mariani/Blair (1992), S. 45; Rodden/Blair (1991), S. 53f.

58 Vgl. Rodden/Mariani/Blair (1992), S. 47f.; Rodden/Blair (1991), S. 54.

geeignet sein. Wenn die Kooperationsaufgabe dagegen individuelle Verarbeitungskapazitäten am Arbeitsplatz, die gruppenzentrale Haltung von Daten sowie deren Austausch zwischen den Mitgliedern der Kooperationseinheit erfordert, bietet sich der Einsatz vernetzter Arbeitsplatzcomputer und zentraler Server an. Die Server unterstützen dabei vielfach insbesondere das Teilen von Informationen, die Verbreitung von Informationen und das Routing von Nachrichten.[59]

Gerade die Verbreitung von Personal Computern bildet einen Ausgangspunkt für das Interesse an der Computerunterstützung von Kooperation, wobei man die isolierten, exklusiv zugeordneten Verarbeitungskapazitäten über Netze verbinden will, um Medienbrüche zu vermeiden und die Übertragungszeiten der Informationen zu verringern. Die Einbindung von Personal Computern in Client-Server-Strukturen bietet dabei eine Verbindung dezentraler Rechnerkapazitäten an den einzelnen Arbeitsplätzen zur Wahrnehmung individueller Aufgaben (d.h. diesbezüglich auch hohe horizontale Informationsautonomie und -autarkie) und zentraler (nicht exklusiv zugeordneter) Verarbeitungskapazität durch zentrale Server. Auch die räumliche Verteilung der Akteure oder die Existenz zeitlich begrenzt operierender Kooperationseinheiten spricht für die Verteilung der Rechnerkapazitäten und die Einrichtung zentraler Server, auf deren Verarbeitungskapazität bei Bedarf zugegriffen wird.
Insgesamt scheint die Schlußfolgerung angemessen, daß eine dezentrale Verteilung der Rechnerkapazität mit gleichzeitiger Bereitstellung zentraler Kapazitäten und Ressourcen im Rahmen eines Client-Server-Konzeptes geeignet ist, Anforderungen unterschiedlichster kooperativer Arbeitssituationen zu erfüllen. Dieses gilt insbesondere deshalb, weil sie den Kooperanden Spielräume eröffnet, die Gestaltung der technischen Umgebung auf Grundlage ihrer spezifischen Erfordernisse vorzunehmen. Der Mittelweg zwischen zentraler und dezentraler Verteilung der Kapazitäten durch Client-Server-Konzepte stellt dabei zugleich ein Spiegelbild der Aussage dar, dernach Kooperanden gleichzeitig autonom als auch interdependent sind.

5.3.2.3 Physische Verteilung der Anwendungsprogramme

Anwendungsprogramme versetzen Rechnereinheiten in die Lage, anwendungsnahe Teilaufgaben durchzuführen. Für die physische Verteilung der Anwendungsprogramme gilt analog zur Verteilung der Rechnerkapazitäten, daß sie in Abhängigkeit von den Ausprägungen der Merkmale 'horizontale Informationsautonomie', 'vertikale Informations-

[59] Vgl. Höller/Kubicek (1990), S. 36-38; Liang/Lai/Chen et al. (1994), S. 73.

autonomie' und 'Bestimmtheitsgrad des Informationsbedarfs und der Informationsbereitstellung' zu gestalten ist.[60]

Eine hohe *horizontale Informationsautonomie bzw. -autarkie* kann mittels einer dezentralen Zuordnung der Anwendungsprogramme abgebildet werden. Vollkommene Autarkie beruht auf dem Umstand, daß gleichrangige Einheiten keine Informationen voneinander benötigen. Sind die Informationsverarbeitungsprozesse weitgehend unabhängig voneinander, sollten auch die zugehörigen Datenverarbeitungsprozesse unabhängig voneinander durchgeführt werden können (hohe Autonomie).
Für den unkritischen Teil des Programmbestandes, d.h. die Teile, die exklusiv von einem Akteur benötigt werden, ist eine dezentrale Verteilung der jeweiligen Partition des Bestandes an Anwendungsprogrammen zu empfehlen. Die Partitionen werden also exklusiv auf dem Netzknoten vorgehalten, der dieser Einheit zugewiesen ist, so daß die Verfügbarkeit nicht durch die Inanspruchnahme der Rechner- oder Netzkapazität durch andere Akteure beeinträchtigt wird. Wie hoch der Anteil der unkritischen Programme am Gesamtbestand ist, läßt sich allerdings nur aufgrund der auftragsbezogenen Breite des Informationsbedarfs und der Informationsbereitstellung feststellen.[61]
Der Anteil des Programmbestandes, den mehrere Akteure bei der Aufgabenlösung benutzen - der sogenannte 'kritische Programmanteil' - kann entweder zentral vorgehalten oder repliziert werden. Je höher die Autonomie der Akteure ist, desto höher sollte das Ausmaß der Replizierung sein, um eine hohe Verfügbarkeit der Anwendungsprogramme zu gewährleisten. Die Replizierung offeriert gleichzeitig ausgeprägtere Möglichkeiten zur Anpassung an die spezifischen Anforderungen der jeweiligen Akteure etwa mittels Parametereinstellungen.[62]
Für Kooperationssituationen mit hoher Kooperationserwartung, d.h. geringer horizontaler Informationsautonomie, impliziert dieses eine zentrale Haltung der kritischen Anwendungsprogramme. Welche Anwendungsprogramme als kritisch einzustufen sind, hängt dabei von der Art der Arbeitsteilung, bei gemeinschaftlicher Entscheidungsfindung vom Delegationsgrad und von der Form der Koordination ab. Die Programme, die von mehreren Akteuren individuell oder gemeinschaftlich benötigt werden (struktureller Aktionsparameter 'Arbeitsteilung'), zur Durchführung gemeinsamer Koordinationsaufgaben (struktureller Aktionsparameter 'Koordination') oder zur gemeinschaftlichen Kompetenzwahrnehmung (struktureller Aktionsparameter 'Delegation') dienen, sind dem kritischen Teil des Programmbestandes zuzurechnen. Sie sind umso stärker zu replizieren und dezentral vorzuhalten, je höher das Ausmaß der horizontalen Informationsautonomie

---

60 Siehe Abbildung 5.3-3.

61 Vgl. Wall (1996), S. 214f.

62 Vgl. Wall (1996), S. 214f. Zur Anpassung von Anwendungsprogrammen siehe die Ausführungen in Abschnitt 5.3.5 dieser Arbeit.

und -autarkie nach Maßgabe der Ausprägungen der drei relevanten strukturellen Aktionsparameter ist. Beispielsweise erfordern die Mengenteilung und die Artenteilung nach Objekten als Formen der Arbeitsteilung mit geringer Kooperationserwartung eine dezentrale, replizierte Haltung des kritischen Bestandes an Anwendungsprogrammen, während die gemeinschaftliche Aufgabenerledigung oder die Artenteilung nach Verrichtung dank ihrer geringen horizontalen Informationsautonomie eine zentrale Haltung der Anwendungsprogramme nahelegen. Der unkritische Teil der Anwendungsprogramme ist wiederum dezentral repliziert vorzuhalten.

Hinsichtlich der *vertikalen Informationsautonomie und -autarkie* ergeben sich analoge Empfehlungen.[63] Anwendungsprogramme, die sowohl von der Kooperationseinheit als auch von den übergeordneten Ebenen zur Wahrnehmung von Entscheidungskompetenzen ('Delegation') oder Koordinationsaufgaben zu benutzen sind ('Koordination') (kritische Anwendungsprogramme), sind bei hoher vertikaler Informationsautonomie zu replizieren, bei geringer vertikaler Informationsautonomie zentral vorzuhalten.
Arbeitsformen mit hoher Kooperationserwartung (hoher Delegationsgrad auf multipersonelle Entscheidungsträger) und einer damit verbundenen hohen vertikalen Informationsautonomie implizieren demnach eine hohe Notwendigkeit, die kritischen Anwendungsprogramme zu replizieren. Unkritische entscheidungsrelevante Programme sind dezentral vorzuhalten.

Analog zur Verteilung der Rechnerkapazitäten können nur dann fundierte Überlegungen zur Verteilung der Anwendungsprogramme angestellt werden, wenn aufgrund eines hohen *Bestimmtheitsgrades des Informationsbedarfs und der Informationsbereitstellung* feststeht, welche Anwendungsprogramme von welchen Akteuren benötigt werden. Im Extremfall der völligen Unbestimmtheit des Informationsbedarfs und der Informationsbereitstellung ist der gesamte Programmbestand als kritisch zu beurteilen, da ex ante nicht beurteilt werden kann, wer welche Programme benötigt. In diesem Fall ist eine zentrale Vorhaltung zu präferieren, da die Replikation und dezentrale Vorhaltung der Programme einen hohen Aufwand verursachen, dem unter Umständen kein Ertrag gegenübersteht.[64]
Unkritische Programme sind nur für einen Akteur relevant und diesem dezentral zuzuordnen. Ein Bestand kritischer Anwendungsprogramme ergibt sich bei einem hinreichenden Maß der Bestimmtheit des Informationsbedarfs und der Informationsbereitstellung einerseits daraus, daß mehrere Akteure zur Durchführung ihrer Aktivitäten das gleiche Programm benötigen oder andererseits daraus, daß Programme der Koordination mehrerer Akteure dienen. Hier gilt die Schlußfolgerung, daß eine dezentrale, replizierte

---

63 Vgl. Wall (1996), S. 238.
64 Vgl. Wall (1996), S. 256.

Vorhaltung umso dringlicher ist, je höher die Bestimmtheit des Informationsbedarfs und der Informationsbereitstellung ist.
Welche Schlußfolgerungen lassen sich für Kooperationssituationen ziehen? Bei Einsatz des Mechanismus 'Selbstabstimmung' zur Koordination besteht aufgrund der Interdependenz der Akteure bei der Wahrnehmung von Koordinationsaufgaben und aufgrund der niedrigen Bestimmtheit des Informationsbedarfs und der Informationsbereitstellung, d.h. der fehlenden Zuordnungsfähigkeit der zur Selbstabstimmung dienenden Anwendungsprogramme zu einzelnen Akteuren, lediglich ein kritischer Programmbestand. Dieser sollte zentral vorgehalten werden.
Die Anwendung der Mechanismen 'Programm' und 'Plan' kann sich zum einen auf Aktivitäten beziehen, die nur ein Akteur durchführt, beispielsweise indem geregelt wird, wie bestimmte individuelle Aktivitäten zu erledigen sind oder welcher Output zu erbringen ist (z.B. Verfahrensvorschrift für die Buchung von Abschreibungen). Die zugehörigen Anwendungsprogramme sind als unkritisch zu beurteilen, weil jeweils nur ein Akteur betroffen ist. Zum anderen werden mit den Mechanismen aber auch Aktivitäten geregelt, die von mehreren Akteuren, aber unabhängig voneinander durchgeführt werden (z.B. Reisekostenabrechnung). Die zugehörigen Anwendungsprogramme sind aufgrund ihrer Verwendung durch mehrere Akteure als kritisch zu beurteilen. Zum dritten können sich die Mechanismen 'Programm' und 'Plan' auf die Koordination mehrerer Akteure beziehen (Beispiele: Wer übergibt wann welche Daten an wen? Kooperationseinheit X soll im Zeitintervall y Z Aufträge bearbeiten! Verteilung der Aufträge auf die Akteure). Die zugehörigen Anwendungsprogramme sind ebenfalls als kritisch zu beurteilen.
Kritische Anwendungsprogramme sind dabei umso stärker zu replizieren und dezentral vorzuhalten, je höher die Bestimmtheit des Informationsbedarfs und der Informationsbereitstellung ist. Für den Mechanismus 'Programm' beinhaltet dieses die Empfehlungen, kritische Anwendungsprogramme dezentral repliziert und unkritische Anwendungsprogramme dezentral vorzuhalten. Für den Koordinationsmechanismus 'Plan' ist keine eindeutige Aussage hinsichtlich des kritischen Programmbestandes zu treffen, da eine mittlere Ausprägung der Bestimmtheit des Informationsbedarfs und der Informationsbereitstellung vorliegt. Die unkritischen Anwendungsprogramme sind auch in diesem Fall dezentral vorzuhalten.

strukturelle Aktionsparameter	Merkmale der Informationsstruktur: Horizontale Informationsautonomie und Informationsautarkie	Vertikale Informations-autonomie und Informationsautarkie	Bestimmtheitsgrad von IBuB
Arbeitsteilung			
nach Objekten nach Mengen	hoch *kritische A.p.: dezentral repliziert;* *unkritische A.p.: dezentral*	-	-
nach Verrichtungen gemeinschaftlich	gering *kritische A.p.: zentral;* *unkritische A.p.: dezentral*	-	-
Delegationsgrad			
hoch	--*/gering *unkritische A.p.: dezentral;* *kritische A.p.: zentral*	hoch *kritische A.p.: dezentral repliziert;* *unkritische A.p.: dezentral*	-
gering	--*/hoch *unkritische A.p.: dezentral;* *kritische A.p.: dezentral repliziert*	gering *kritische A.p.: zentral;* *unkritische A.p.: dezentral*	-
Koordination			
Programme	hoch-mittel *kritische A.p.: eher dezentral repliziert;* *unkritische A.p.: dezentral*	hoch/gering *kritische A.p.: dezentral repliziert/zentral;* *unkritische A.p.: dezentral*	hoch *kritische A.p.: dezentral repliziert;* *unkritische A.p.: dezentral*
Pläne	gering-mittel *kritische A.p.: eher zentral;* *unkritische A.p.: dezentral*	mittel-hoch *kritische A.p.: eher dezentral repliziert;* *unkritische A.p.: dezentral*	mittel *kritische A.p.: dezentral repliziert/zentral* *unkritische A.p.: dezentral*
Selbstabstimmung	gering *kritische A.p.: zentral*	hoch *kritische A.p.: dezentral repliziert;* *unkritische A.p.: dezentral*	gering *kritische A.p.: zentral*

Legende:	*Gestaltungsempfehl. für die phys. Verteilung der Anwendungsprogr.*
	strukturelle Gestaltungsvariante mit hoher Kooperationserwartung
	A.p. = Anwendungsprogramme
	* = kein Einfluß bei individueller Kompetenzzuordnung

Abbildung 5.3-5: Gestaltungsempfehlungen für die Teildimension 'physische Verteilung der Anwendungsprogramme'

Die Zusammenfassung der Gestaltungsempfehlungen in Abbildung 5.3-5 erlaubt die Schlußfolgerung, daß Arbeitsformen mit durchgängig hoher Kooperationserwartung eine zentrale Vorhaltung der kritischen Anwendungsprogramme erfordern. Gegenüber der Kooperationseinheit übergeordneten Ebenen ist eine dezentrale, d.h. replizierte Haltung der kritischen Anwendungsprogramme angemessen. Die unkritischen Anwendungsprogramme sind jeweils dezentral vorzuhalten.

5.3.2.4 Physische Datenverteilung

Auch die Datenverteilung ist wie die beiden vorgenannten Teildimensionen der Verteilung nach Maßgabe der Ausprägungen der Informationsstrukturmerkmale 'horizontale Informationsautonomie', 'vertikale Informationsautonomie' und 'Bestimmtheitsgrad des Informationsbedarfs und der Informationsbereitstellung' zu gestalten. Sie ist somit wiederum auf die Ausgestaltung der organisatorischen Aktionsparameter 'Arbeitsteilung', 'Delegation' und 'Koordination' zurückzuführen.[65]

Daten sollten nach dem Prinzip der Lokalität möglichst den Einheiten zugeordnet werden, die sie benötigen, um eine hohe Verfügbarkeit und Zuverlässigkeit zu gewährleisten. Die Umsetzung dieses Grundsatzes gestaltet sich vor allem dann relativ unkompliziert, wenn der Datenbestand in disjunkte Teile zu partitionieren ist, die jeweils nur von einer organisatorischen Einheit bzw. einem Akteur benutzt werden (unkritische Daten). Bei hoher *horizontaler Informationsautonomie bzw. -autarkie* besteht ein hoher Anteil unkritischer Daten. Sie müssen nur der Einheit zur Verfügung stehen, die sie auch erzeugt hat. Je höher der Grad der Informationsautonomie ist, desto weitgehender kann der Datenbestand partitioniert und die Datenhaltung dezentralisiert werden. Der Anteil der kritischen Daten, d.h. von mehreren Akteuren benötigte, nicht teilbare und nicht eindeutig zuzuordnende Daten, ist umso höher, je geringer die horizontale Informationsautonomie und -autarkie ist. Bezüglich dieser kritischen Daten bestehen wiederum die Alternativen der zentralen Verwaltung und der Replizierung. Je höher die horizontale

[65] Siehe Abbildung 5.2-7 und Abbildung 5.3-9.

Informationsautarkie und -autonomie der Akteure ist, desto stärker ist der kritische Datenbestand zu replizieren, um eine hohe Verfügbarkeit der Daten zu gewährleisten und damit dem Autonomieniveau der Akteure gerecht zu werden. Der Bestand an kritischen Daten ist dabei allerdings gegenüber Situationen mit geringer horizontaler Informationsautonomie und -autarkie geringer.[66]

Bei mengen- und objektorientierter Arbeitsteilung besteht aufgrund der hohen horizontalen Informationsautonomie und -autarkie ein hoher Anteil unkritischer Daten. Diese können den jeweiligen Akteuren dezentral, d.h. exklusiv zugeordnet werden. Der Anteil kritischer Daten am gesamten Datenbestand ist demgegenüber vergleichsweise gering. Um dem hohen Autonomieniveau gerecht zu werden, das durch die hohe horizontale Informationsautonomie und -autarkie angezeigt wird, sollten diese kritischen Daten möglichst repliziert und dezentral gehalten werden.
Die verrichtungsorientierte und die gemeinschaftliche Aufgabenerledigung als Formen der Arbeitsteilung mit hoher Kooperationserwartung und geringer horizontaler Informationsautonomie erfordern eine zentrale Haltung der kritischen Daten. Deren Anteil gegenüber den unkritischen Daten ist dabei aufgrund der geringen horizontalen Informationsautonomie und -autarkie deutlich höher als bei den vorgenannten Formen der Arbeitsteilung. Die unkritischen Daten sind den Kooperanden dagegen wiederum dezentral, d.h. exklusiv zuzuordnen.
Bezüglich des Delegationsgrades gelten auf Grundlage der horizontalen Informationsautonomie und -autarkie analoge Aussagen. Je höher die mit der jeweiligen Variante verbundene horizontale Informationsautonomie und -autarkie ist, desto stärker sind die entscheidungsrelevanten, kritischen Daten zu replizieren und dezentral vorzuhalten. Der unkritische Anteil der entscheidungsrelevanten Daten ist jeweils dezentral zu speichern. Über die Anteilsverteilung zwischen kritischen und unkritischen Daten können keine allgemeingültigen Aussagen getätigt werden, da Kompetenzen in unterschiedlichem Ausmaß sowohl individuell als auch der Kooperationseinheit ingesamt zugeordnet werden können.
Im Hinblick auf die Koordination kann es bei Anwendung des Mechanismus 'Selbstabstimmung' wiederum nur kritische Daten geben, da sich diese Form auf die Koordination der Aktivitäten mehrerer Akteure bezieht. Diese sind aufgrund der niedrigen horizontalen Informationsautonomie und -autarkie zentral vorzuhalten.
Bei Anwendung der Mechanismen 'Programm' und 'Plan' können Daten vorliegen, die lediglich die Steuerung der Programm- bzw. Planerfüllung eines Akteurs betreffen. Diese sind als unkritisch einzustufen und demnach dezentral zuzuordnen. Daten zur Koordination der gemeinsamen Plan- bzw. Programmerfüllung (kritische Daten) sind abhängig

66 Vgl. Wall (1996), S. 207f.

vom Grad der horizontalen Informationsautonomie dagegen wiederum repliziert dezentral (Programm) oder eher zentral (Plan) vorzuhalten.

Kooperative Arbeitssituationen erfordern die Etablierung und Erhaltung eines gemeinsamen Kontextes. Dieser manifestiert sich häufig in einer mehr oder weniger ausgeprägten Nutzung gemeinsamer Informationsbestände. Deshalb gilt die Schlußfolgerung, daß Daten, die von mehreren Kooperationspartnern benutzt werden, zentral zu speichern oder zu replizieren sind. Die Replizierung spiegelt eine größere Autonomie der einzelnen Akteure wider, da eine höhere Verfügbarkeit der Daten gegenüber der zentralen Speicherung gegeben ist. Die Replizierung gemeinsamer Daten ist umso dringlicher, je autonomer die einzelnen Kooperanden in der Erfüllung einzelner Teilaufgaben der kooperativen Aufgabe sind. Zu berücksichtigen sind in diesem Zusammenhang auch Rahmenbedingungen wie die Art des Zugriffs auf die Daten (bspw. schreibender gegenüber nur lesendem Zugriff) und die notwendige Zuverlässigkeit und Verfügbarkeit der Daten.[67] Replikation stellt einen wichtigen Bestandteil vieler CSCW-Technologien dar, insbesondere, wenn eine räumlich oder zeitlich verteilte Verarbeitung erfolgt. Bei der Bearbeitung dezentraler Kopien mit zentralem Original werden dabei regelmäßige Abgleiche der Datenbestände erforderlich. Replikationskonflikte, die durch CSCW-Technologien gelöst werden müssen, ergeben sich vor allem dann, wenn die gleichen Daten in mehreren dezentralen Kopien verändert wurden.
Im Hinblick auf die Autonomie des Einzelnen in kooperativen Arbeitssituationen und die Reduzierung von Kontrollpotentialen ist die Datenverteilung in kooperativen Arbeitssituationen so vorzunehmen, daß individuelle Daten (hohe horizontale Informationsautarkie und -autonomie sowie geringe Kooperationserwartung) im Vertrauensbereich des jeweiligen Akteurs gespeichert, dagegen für verschiedene Akteure relevante Daten (geringe horizontale Informationsautarkie und -autonomie, hohe Kooperationserwartung) entsprechend zentral vorgehalten werden.[68]

Analog zu den Ausführungen hinsichtlich der Verteilung der Rechnerkapazität und der Verteilung der Anwendungsprogramme ist aus der hohen *vertikalen Informationsautonomie und -autarkie* in Arbeitssituationen mit hoher Kooperationserwartung zu folgern, daß das Verteilungskonzept der Datenhaltung bezogen auf das Verhältnis zwischen der Kooperationseinheit und den übergeordneten Ebenen dezentral zu gestalten ist. Der Kooperationseinheit exklusiv zuzuordnende Daten sind demnach auch dezentral (d.h. bei der Kooperationseinheit und nicht bei der übergeordneten Einheit) zu speichern. Bei völliger Entscheidungszentralisation (geringe vertikale Informationsautarkie und -autonomie) wären demgegenüber theoretisch sämtliche ausführungsorientierten Daten allen

67 Vgl. Wall (1996), S. 209.
68 Vgl. Höller/Kubicek (1990), S. 36.

Hierarchiestufen oberhalb der Kooperationseinheit zugänglich zu machen, ohne eine Verdichtung der Daten vorzunehmen. Werden Daten von mehreren Stellen unterschiedlicher Ebenen benötigt (kritische Daten), ist die Datenreplikation gegenüber der zentralen Datenhaltung umso mehr notwendig, je höher die vertikale Informationsautonomie und -autarkie ist.[69] Diesem Tatbestand werden auch Data-Warehouse-Konzepte gerecht. Dort werden die aus Sicht der Kooperationseinheit für höhere Ebenen relevanten Daten aus den für die Kooperationseinheit relevanten Systemen kopiert, in einer eigenen Datenbank gespeichert und somit von den vorgelagerten operativen Systemen abgekoppelt.[70] Es handelt sich also um eine Form der Replizierung, bei der die Daten allerdings für die Zwecke der übergeordneten Ebene aufbereitet werden.

Daten sind dort zu speichern, wo sie benötigt werden. Dieses setzt voraus, daß ex ante festgelegt werden kann, welche Einheit welche Daten benötigt. Bei einem geringen *Bestimmtheitsgrad des Informationsbedarfs und der Informationsbereitstellung* ist dieses jedoch gerade nicht der Fall. Der unkritische Teil der Daten, also der Teil, den nur ein Akteur benötigt, kann ex ante nicht identifiziert werden. Es muß dann angenommen werden, daß der gesamte Datenbestand für alle Akteure relevant ist, so daß die Daten zentral vorzuhalten oder zu replizieren sind. Gegen die Replizierung spricht bei einem niedrigem Grad der Bestimmheit des Informationsbedarfs und der Informationsbereitstellung u.a., daß die Replikation von Daten mit einem hohen wirtschaftlichen Aufwand (Speicher, Synchronisationsmechanismen) verbunden ist, dem unter Umständen kein Nutzen gegenübersteht. Ist dagegen eindeutig feststellbar, welche Akteure welche Daten benötigen, sind die Daten auch entsprechend dezentral zu speichern.[71]
Ein geringer Grad der Bestimmtheit des Informationsbedarfs und der Informationsbereitstellung ist typisch für den Einsatz der Mechanismen 'Selbstabstimmung' und 'Plan'. Gerade flexibles Problemlösungsverhalten und die Suche nach innovativen Lösungen, welche mit einem niedrigen Bestimmtheitsgrad des Informationsbedarfs und der Informationsbereitstellung einhergehen, erfordern die Aufhebung von Beschränkungen des Informationsflusses und des Zugangs zu Informationen. Deshalb sind zentrale Datenhaltungskonzepte oder replizierte Bestände der kritischen Daten für Situationen mit hoher Kooperationserwartung angemessen.
Der Einsatz des Koordinationsmechanismus 'Programm' geht dagegen mit einer hohen Bestimmtheit des Informationsbedarfs und der Informationsbereitstellung einher, weshalb dezentrale (unkritische Daten) bzw. dezentral replizierte Formen der Datenhaltung (kritische Daten) zu bevorzugen sind.

69 Vgl. Wall (1996), S. 231f.
70 Vgl. Gluchowski/Gabriel/Chamoni (1997), S. 267f.
71 Vgl. Wall (1996), S. 255f. und die dort angegebene Literatur.

	Merkmale der Informationsstruktur		
strukturelle Aktionsparameter	Horizontale Informationsautonomie und Informationsautarkie	Vertikale Informationsautonomie und Informationsautarkie	Bestimmtheitsgrad von IBuB
Arbeitsteilung			
nach Objekten nach Mengen	hoch *kritische D.: geringer Anteil, dezentrale Replikate;* *unkritische D.: hoher Anteil, dezentral*	-	-
nach Verrichtungen gemeinschaftlich	gering *kritische D.: hoher Anteil, zentral;* *unkritische D.: geringer Anteil, dezentral*	-	-
Delegationsgrad			
hoch	--*/gering *unkritische D.: dezentral* *kritische D.: zentral*	hoch *kritische D.: geringer Anteil, dezentrale Replikate;* *unkritische D.: hoher Anteil, dezentral*	-
gering	--*/hoch *unkritische D.: dezentral;* *kritische D.: dezentral repliziert*	gering *kritische D.: hoher Anteil, zentral;* *unkritische D.: geringer Anteil, dezentral*	-
Koordination			
Programme	hoch-mittel *kritische D.: eher dezentral repliziert* *unkritische D.: dezentral*	hoch/gering *kritische D.: zentral/dezentrale Replikate;* *unkritische D.: dezentral*	hoch *kritische D.: dezentral repliziert;* *unkritische D.: dezentral*
Pläne	gering-mittel *kritische D.: eher zentral* *unkritische D.: dezentral*	mittel-hoch *kritische D.: eher zentral;* *unkritische D.: dezentral*	mittel *kritische D.: dezentral repliziert/zentral* *unkritische D.: dezentral*
Selbstabstimmung	gering *kritische D.: zentral*	hoch *kritische D.: zentral;* *unkritische D.:*	gering *kritische D.: zentral*

Legende:	*Gestaltungsempfehlung für die physische Verteilung der Daten*
	strukturelle Gestaltungsvariante mit hoher Kooperationserwartung
	D.: Daten
	* = kein Einfluß bei individueller Kompetenzzuordnung

Abbildung 5.3-6: Gestaltungsempfehlungen für die Teildimension 'physische Datenverteilung'

Die zusammenfassende Darstellung in Abbildung 5.3-6 läßt die Schlußfolgerung zu, daß für Arbeitsformen mit hoher Kooperationserwartung eine zentrale Haltung kritischer Daten zu empfehlen ist. Unkritische Daten sind demgegenüber jeweils dezentral beim relevanten Akteur zu speichern.

5.3.2.5 Logische Zuordnung der Daten

Die logische Datenzuordnung wird durch die Ausprägung des Informationsstrukturmerkmals *'Breite des Informationsbedarfs und der Informationsbereitstellung'* bestimmt.[72] Dieses Merkmal hängt von der Gestaltung der strukturellen Aktionsparameter 'Arbeitsteilung' und 'Delegation' und dem Aufgabentyp ab. Für diese Teildimension der Verteilung kann keine Gestaltungsrichtung für die Architektur der Informationstechnik angegeben werden. Stattdessen sind klassifikatorische Aussagen zu tätigen, welche die bedarfsgerechte Zuordnung der Daten zu den Akteuren betreffen.

Die Gesamtaufgabe einer Organisationseinheit läßt sich anhand der Summe der Aufträge (Auftragslast) konkretisieren. Das Merkmal 'auftragsbezogene Breite des Informationsbedarfs und der Informationsbereitstellung' zeigt in inhaltlicher Hinsicht an, ob sich der Informationsbedarf einer Organisationseinheit bzw. eines Akteurs lediglich auf einzelne oder auf alle Eigenschaften der Aufträge bezieht. Mengenbezogen umfaßt das Merkmal, ob sich der Informationsbedarf und die Informationsbereitstellung auf die gesamte oder lediglich auf eine Teilmenge der Auftragslast erstreckt. Die Auftragslast spiegelt sich in den Bewegungsdaten bzw. ereignisbezogenen Daten hinsichtlich der zu erstellenden oder zu verwertenden Leistungen wider. Dieses sind z.B. abgegebene Angebote, noch nicht abgerechnete Kundenaufträge oder noch offene Bestellungen. Solche Daten entstehen durch die betrieblichen Leistungsprozesse ständig neu und bewirken Veränderungen von

[72] Vgl. Wall (1996), S. 262. Neben der auftragsbezogenen Breite des Informationsbedarfs und der Informationsbereitstellung identifiziert Wall (1996), S. 218ff., darüber hinaus die leitungsbezogene Breite des Informationsbedarfs und der Informationsbereitstellung als ein die logische Datenzuordnung beeinflussendes Merkmal der Informationsstruktur. Da dieses Merkmal im Rahmen kooperativer Arbeitsformen nicht relevant ist, werden die Implikationen für die Architektur der Informationstechnik hier nicht betrachtet.

Bestandsdaten.[73] Die verschiedenen Varianten, die die Menge der Aufträge in den Bewegungsdaten annimmt, steht im Zusammenhang mit den Aktivitäten, die zur Erledigung der Auftragslast erforderlich sind. So sind beispielsweise Angebotsdaten, Kundenaufträge und Versandmeldungen den für Vertriebsaktivitäten vorgesehenen Einheiten sowie Bestell- und Wareneingangsdaten den Beschaffungsaktivitäten durchführenden Einheiten zuzuordnen.[74]
Mittels der auftragsbezogenen Breite des Informationsbedarfs und der Informationsbereitstellung ist nun zu untersuchen, wie die unterschiedlichen Arten der Arbeitsteilung in der logischen Datenzuordnung nachzubilden sind. Die Verteilung der Menge der Aufträge auf organisatorische Einheiten kann in der Strukturierung der ereignisbezogenen Daten nachvollzogen werden.

Bei der Artenteilung nach Verrichtungen (hohe Kooperationserwartung) kommen die Akteure innerhalb einer Kooperationseinheit mit allen Aufträgen in Berührung. Dieses entspricht in einem relationalen Datenmodell der vertikalen Fragmentierung der Daten und der Zuordnung von Relationen. Dieses impliziert beispielsweise, daß den die Vertriebsaktivitäten durchführenden Akteuren die Relation 'Angebote' und den beschaffenden Akteuren die Relation 'Bestellungen' zuzuordnen ist. Die Daten werden entsprechend den Verrichtungen gegliedert, wobei enge Verflechtungen beispielsweise zwischen Kunden- und Fertigungsaufträgen bestehen. Stamm- und Bestandsdaten können den Aufträgen nicht unmittelbar zugeordnet werden. Deshalb ist die logische Zuordnung nur bei verrichtungsspezifischer Gliederung der Stamm- und Bestandsdaten (z.B. bezüglich bestimmter Betriebsmittel) möglich.[75]
Bei der Artenteilung nach Objekten, etwa nach Produktgruppen (geringe Kooperationserwartung), sind die Bewegungsdaten den entsprechenden Organisationseinheiten nach dem Objektbildungsprinzip zuzuordnen. Dabei beziehen sich die Aktivitäten der Akteure nicht auf alle Aufträge, sondern auf diejenigen, die das zugeordnete Objekt (z.B. eine Kundengruppe) betreffen. Bei relationaler Datenmodellierung führt eine objektorientierte Arbeitsteilung innerhalb einer Kooperationseinheit zu einer horizontalen Aufgliederung der Relationen, d.h. zu einer Zuordnung bestimmter Tupel über die Definition entsprechender Benutzersichten. Inwieweit auch Stammdaten (z.B. Kreditoren- oder Debitorenstammdaten) objektweise zugeordnet werden können, kann aus der Art der Aufgabenteilung nicht abgeleitet werden. Bei der Objektgliederung nach Produktgruppen hängt deren Zuordnung auch von der Unterschiedlichkeit hinsichtlich des Absatzmarkts oder der Verfahren der Leistungserstellung ab.[76]

---

73 Vgl. Hansen (1996), S. 9.
74 Vgl. Wall (1996), S. 196.
75 Vgl. Wall (1996), S. 196.
76 Vgl. Wall (1996), S. 198.

Eine reine Mengenteilung (geringe Kooperationserwartung) erlaubt keine Schlußfolgerungen über die Zuordnung der Bewegungsdaten und Bestandsdaten, da bei dieser Lastverteilung keine inhaltliche Klassifizierung der Aufträge erfolgt.[77]
Für die gemeinschaftliche Aufgabenerledigung (hohe Kooperationserwartung) läßt sich schlußfolgern, daß unter Annahme eines relationalen Datenmodells eine Aufgliederung der Bewegungsdaten weder nach Relationen noch nach Tupeln erfolgen kann, da die Akteure alle Aufträge und die gesamte Menge der Verrichtungen gemeinschaftlich bearbeiten bzw. wahrnehmen. Allen Akteuren der Kooperationseinheit ist somit der gesamte Bestand an Bewegungs- und Stammdaten zuzuordnen. Dieses dürfte auch dann gelten, wenn einerseits Formen der Arbeitsteilung (etwa nach Verrichtungen oder nach Objekten) vorliegen, aber die Zuordnung der Teilaufgaben andererseits rotierend erfolgt.

Die Ausführungen zur strukturellen Gestaltung zeigen darüber hinaus, daß auch der Delegationsgrad Auswirkungen auf die auftragsbezogene Breite des Informationsbedarfs und der Informationsbereitstellung beinhaltet.[78] Ein niedriger Delegationsgrad kann sich im Hinblick auf die Auftragslast zum einen darauf beziehen, daß bestimmte Aktivitäten nur von Führungskräften durchgeführt werden. Dieses könnte beispielsweise beinhalten, daß nur Führungskräfte den Verkaufspreis einer Leistungseinheit verändern oder daß untergeordnete Akteure den Verkaufspreis lediglich inerhalb eines bestimmten Intervalls variieren können. Bei relationaler Modellierung der Daten entspricht dieses der Vergabe bestimmter Rechte bei der Festlegung möglicher Attributausprägungen. Zum anderen kann sich ein niedriger Delegationsgrad auch darin zeigen, daß untergeordnete Einheiten keine Entscheidungskompetenzen bezüglich bestimmter (besonders wichtiger) Kunden besitzen. Dieses äußert sich bei relationaler Modellierung tendenziell in der Verweigerung des Zugriffs auf bestimmte Tupel. Neben diesen beiden Varianten der Kompetenzbegrenzung der untergeordneten Einheiten können darüber hinaus auch Kombinationen auftreten (Tupel-Attribut-Kombinationen). Über das Ausmaß der Einschränkungen bzw. die Vollständigkeit des Zugriffs auf sämtliche Auftragseigenschaften und Aufträge sind keine allgemeingültigen Aussagen zu treffen. Tendenziell ist jedoch zu empfehlen, Einschränkungen des Zugriffs auf die auftragsbezogenen Daten umso weniger vorzusehen, je höher der Delegationsgrad ist.

Darüber hinaus spiegelt sich der Delegationsgrad auch in den Auswertungsmöglichkeiten der direkt auftragsbezogenen Daten wider, also beispielsweise in der Aggregation oder Selektion von Daten. Bei einem hohen Delegationsgrad wird einer Kooperationseinheit beispielsweise auch die Kompetenz erteilt, Daten über das gesamte Umsatzvolumen oder über das Umsatzvolumen nach Erzeugnishauptgruppen etc. aus den operativen Daten zu

[77] Vgl. Wall (1996), S. 200.
[78] Siehe Abschnitt 5.2.3.2 dieser Arbeit.

aggregieren, entsprechende Schlußfolgerungen zu ziehen und gegebenenfalls geeignete Maßnahmen zu ergreifen. Bezogen auf eine relationale Datenmodellierung beinhaltet dieses eine Ausweitung der den Akteuren innerhalb eines externen Schemas zugewiesenen Berechtigungen dahingehend, bestimmte Abfragen basierend auf den elementaren Daten durchzuführen.

Die Ausführungen zu den Implikationen unterschiedlicher Aufgabentypen[79] für die Merkmale der Informationsstruktur gehen davon aus, daß die Art der Aufgabe Auswirkungen auf die Breite des Informationsbedarfs und der Informationsbereitstellung hat. Je komplexer und dynamischer eine Aufgabe ist, desto unterschiedlichere Informationen benötigt eine Kooperationseinheit tendenziell, um die Aufgabenstellung zu lösen. So ist anzunehmen, daß bei Einzelfall- und Projektaufgaben ein höherer Informationsbedarf besteht als bei Routine- und Regelaufgaben. Je stärker die Aufgaben den Charakter von Einzelfallaufgaben tragen, desto flexibler muß die logische Zuordnung von Daten tendenziell sein. Darüberhinausgehend können jedoch keine allgemeingültigen Aussagen abgeleitet werden.

Gleichzeitig ist weiterhin darauf hinzuweisen, daß kooperative Applikationen neue Anforderungen an die Dynamik von Datenschemata stellen, da sie die Struktur der Gruppe, die die jeweilige Anwendung nutzt, widerspiegeln. Insbesondere ist in Frage zu stellen, ob es in kooperativen Arbeitskontexten einen privilegierten Benutzer geben kann, der externe Schemata definiert und kontrolliert.[80]

5.3.2.6 Logische Zuordnung der Anwendungsprogramme

Die logische Zuordnung der Anwendungsprogramme steht analog zur logischen Zuordnung der Daten in engem Zusammenhang zur *'auftragsbezogenen Breite des Informationsbedarfs und der Informationsbereitstellung'*.[81] Auch hier sind klassifikatorische Gestaltungsempfehlungen möglich.

Bei verrichtungsorientierter Arbeitsteilung bezieht sich der Informationsbedarf eines Akteurs innerhalb einer Kooperationseinheit auf die Gesamtmenge der Aufträge. Die Aufgabenerledigung eines Akteurs umfaßt jedoch lediglich einen Teil der erforderlichen Verrichtungen. Grundsätzlich läßt sich daraus schließen, daß bestimmte Teile der Anwendungsprogramme auch nur von diesem Akteur benötigt werden. Beispielhaft seien

79 Siehe Abschnitt 5.1.2 dieser Arbeit.
80 Vgl. Rodden/Mariani/Blair (1992), S. 53.
81 Siehe Abbildung 5.3-3.

Programme zur Rechnungsschreibung in einer Prozeßgruppe zur Erledigung des Geschäftsprozesses 'Auftragsabwicklung' genannt. Die vorherige Aussage hat jedoch nur für funktionsspezifische Anwendungsprogramme Gültigkeit, so daß lediglich die funktions- bzw. verrichtungsspezifischen Anwendungsprogramme bzw. -funktionen eindeutig zugeordnet werden können. Verrichtungsübergreifende Anwendungen (z.B. Benutzungsoberflächen) sind demgegenüber nicht exklusiv zuzuordnen.[82]
Bei objektorientierter Arbeitsteilung bearbeitet jeder Akteur eine bestimmte Teilmenge der Aufträge vollständig, indem er alle zugehörigen Verrichtungen durchführt. Dieses beinhaltet, daß dem Akteur sowohl Zugriff auf die verrichtungsspezifischen als auch auf die verrichtungsunspezifischen Anwendungsprogramme zu gewähren ist.[83] Gleiches gilt auch für die Mengenteilung und die gemeinschaftliche Aufgabenerledigung, wobei letztere Form keine Teilung der Auftragsmenge beinhaltet, sondern alle Aufträge von den Akteuren gemeinsam bearbeitet werden.

Auf Grundlage des strukturellen Aktionsparameters der Delegation ist vermittelt durch das Informationsstrukturmerkmal 'auftragsbezogene Breite des Informationsbedarfs und der Informationsbereitstellung' die Schlußfolgerung zu ziehen, daß ein hoher Delegationsgrad die Zuweisung solcher Anwendungsprogramme bzw. Programmfunktionalitäten zu einer Kooperationseinheit bzw. zu den Akteuren innerhalb einer Kooperationseinheit erfordert, die die Wahrnehmung der zugewiesenen Entscheidungskompetenzen unterstützen. Gegenüber Arbeitsformen mit geringem Delegationsgrad dürfte der notwendige Bestand an Anwendungsprogrammen bei der Kooperationseinheit bzw. bei den einzelnen Akteuren tendenziell zunehmen. Dieses liegt darin begründet, daß die Akteure auch Programme zur Unterstützung von Entscheidungsaktivitäten benötigen.

Im Hinblick auf die Art der Aufgabe ist wiederum schlußzufolgern, daß die logische Zuordnung der Anwendungsprogramme aufgrund der höheren Breite des Informationsbedarfs und der Informationsbereitstellung tendenziell umso flexibler und breiter sein muß, je stärker die Aufgaben den Charakter von Einzelfallaufgaben tragen.

5.3.2.7 Netzsegmentierung

Wendet man den Aktionsparameter 'Verteilung' auf Netze an, bezieht sich dieser auf die Segmentierung eines Gesamtnetzes in Subnetze und in die Zahl der Stufen, in denen die

82 Vgl. Wall (1996), S. 203.
83 Vgl. Wall (1996), S. 204.

Subnetze angeordnet sind. Ein Subnetz stellt ein autonomes Teilsystem eines Netzes dar.[84]
Auch diese Teildimension des Aktionsparameters 'Verteilung' ist in Abhängigkeit von den Informationsstrukturmerkmalen 'horizontale Informationsautonomie und -autarkie', 'vertikale Informationsautonomie und -autarkie' sowie 'Bestimmtheit des Informationsbedarfs und der Informationsbereitstellung' zu gestalten.[85] Diese Merkmale der Informationsstruktur hängen wiederum von der Form der Arbeitsteilung, dem Delegationsgrad und der Form der Koordination ab.

Bei geringer *horizontaler Informationsautarkie* sind im Regelfall Informationen zwischen den Akteuren zu übertragen, so daß auch eine geringe *horizontale Informationsautonomie* besteht, d.h. eine geringe Möglichkeit, Informationsprozesse selbständig und unabhängig von gleichgeordneten Einheiten zu gestalten. Situationen mit geringer horizontaler Informationsautonomie und -autarkie stellen im Gegensatz zu Situationen mit hoher Informationsautonomie und -autarkie aufgrund der höheren Übertragungslast höhere Anforderungen an die Datenübertragungseinrichtungen, wenn eine Computerunterstützung der Interaktionen erfolgen soll. Eine hohe Informationsautarkie und Informationsautonomie der organisatorischen Einheiten kann nachgebildet werden, indem man die Einheiten (also beispielsweise unterschiedliche Kooperationseinheiten) durch die Bildung von Subnetzen voneinander abgrenzt und somit die Verfügbarkeit der Übertragungskanäle erhöht und bessere Bedingungen zur Wahrung der Datensicherheit gewährleistet. Demgegenüber spiegelt ein einheitliches, nicht segmentiertes Netz eine geringe Autonomie und Autarkie der organisatorischen Einheiten bzw. der einzelnen Akteure wider. Strebt man eine homologe Nachbildung der Informationsstruktur an, ist also eine möglichst geringe Netzsegmentierung angemessen.[86]
Einer möglichst geringen Netzsegmentierung widersprechen im Fall räumlich verteilter Mitglieder der Kooperationseinheit allerdings teilweise sowohl technische (z.B. Höchstzahl der anzuschließenden Stationen) als auch räumliche Restriktionen. Darüber hinaus dürfen die vorangehenden Schlußfolgerungen nicht derart interpretiert werden, daß jeder Akteur innerhalb einer Kooperationseinheit bei hoher Informationsautonomie und -autarkie ein eigenes Subnetz erhält. Vielmehr kann die Aussage derart verstandem werden, daß es nicht als potentiell leistungsmindernd angesehen werden muß, wenn sich die Akteure in unterschiedlichen Netzsegmenten befinden. Umgekehrt ist bei geringer

---

84 Vgl. Löffler (1988), S. 220, zitiert in Wall (1996), S. 171.

85 Siehe Abbildung 5.3-3. Wall (1996), S. 262, führt darüber hinaus in diesem Zusammenhang auch das Merkmal der Informationskonzentration als Einflußfaktor auf die Netzsegmentierung an, bemerkt jedoch, daß es von relativ geringem Aussagegehalt ist. Aus diesem Grund und weil dieses Merkmal keine hohe Bedeutung für kooperative Arbeitsstrukturen besitzt, da es sich primär auf vertikale Informationsflüsse bezieht, wird im folgenden auf die Erläuterung verzichtet.

86 Vgl. Wall (1996), S. 212.

Informationsautonomie und -autarkie darauf zu achten, daß die Akteure möglichst durch ein gemeinsames, d.h. nicht segmentiertes Netz verbunden sind, um Übertragungsprobleme zu vermeiden.

Auf Grundlage der *vertikalen Informationsautonomie und -autarkie* ergibt sich hinsichtlich der Netzsegmentierung auf den ersten Blick eine konträre Gestaltungsempfehlung. Es kann argumentiert werden, daß die Aufgabe der Hierarchieebenen zwischen den Akteuren und der entscheidenden Einheit bei Zentralisierung der Entscheidungskompetenzen (geringe vertikale Informationsautonomie und -autarkie) im wesentlichen darin besteht, Informationen weiterzuleiten. Diese Aufgabe wird am ehesten durch ein unsegmentiertes Netz unterstützt, da Verbindungsstationen zwischen verschiedenen Subnetzen potentielle Engpaßfaktoren darstellen. Umgekehrt ist das Netz umso stärker zu segmentieren, je höher der Grad der vertikalen Informationsautonomie ist, da die untergeordneten Einheiten weitgehend autonom sind.[87]
Die sich aus der horizontalen und der vertikalen Informationsautonomie und -autarkie scheinbar ergebenden Widersprüche bezüglich des Segmentierungsgrades unter Zugrundelegung der typischen Ausprägungen in Kooperationssituationen, d.h. niedriger horizontaler und hoher vertikaler Informationsautonomie, lösen sich wiederum auf, wenn man die Ebene der Segmentierung berücksichtigt. So sollte zwischen den kooperativen Akteuren eine möglichst geringe Segmentierung vorherrschen, um der geringen horizontalen Informationsautarkie und -autonomie zwischen den Kooperanden gerecht zu werden. Gegenüber der übergeordneten Hierarchieebene kann jedoch aufgrund der hohen vertikalen Informationsautonomie und -autarkie eine Segmentierung des Netzes erfolgen.

Hinsichtlich des Merkmals '*Bestimmtheit des Informationsbedarfs und der Informationsbereitstellung*' kann den Ausführungen zur Verteilung von Daten und Programmen gefolgt werden. Läßt sich ex ante nicht bestimmen, welche Datenmengen über das Netz zu übertragen sind oder welche Knoten besonders häufig Daten austauschen, kann es bei hoher Übertragungslast an den Verbindungsknoten der Subnetze zu Engpässen kommen. Deshalb ist die Schlußfolgerung zu ziehen, daß Netze umso geringer zu segmentieren sind, je geringer die Bestimmtheit des Informationsbedarfs und der Informationsbereitstellung ist.[88]
Für Kooperationssituationen mit einer hohen Bestimmtheit des Informationsbedarfs und der Informationsbereitstellung, also mit einer hohen Bedeutung des Koordinationsmechanismus 'Programm', kann demnach ein segmentiertes Netz eingesetzt werden, das in seiner Kapazitätsauslegung entsprechend angepaßt ist. Bei Aufgaben mit ausgepräg-

---

87 Vgl. Wall (1996), S. 239.
88 Vgl. Wall (1996), S. 258f.

tem Einsatz der Koordinationsmechanismen 'Selbstabstimmung' und 'Plan' sind möglichst gering segmentierte Netze vorzuziehen.

	Merkmale der Informationsstruktur		
strukturelle Aktionsparameter	Horizontale Informations-autonomie und Informationsautarkie	Vertikale Informationsauto-nomie und Informationsautarkie	Bestimmtheitsgrad von IBuB
Arbeitsteilung			
nach Objekten	hoch _hoch_	-	-
nach Verrichtungen	**gering** _**gering**_	-	-
nach Mengen	hoch _hoch_	-	-
gemeinschaftlich	**gering** _**gering**_	-	-
Delegationsgrad			
hoch	**--*/gering** _**--/gering**_	**hoch** _**hoch**_	-
gering	--*/hoch _--/hoch_	gering _gering_	-
Koordination			
Programme	hoch-mittel _mittel-hoch_	hoch/gering _hoch/gering_	hoch _hoch_
Pläne	**gering-mittel** _**eher gering**_	**mittel-hoch** _**eher hoch**_	**mittel** _**eher gering**_
Selbstabstimmung	**gering** _**gering**_	**hoch** _**hoch**_	**gering** _**gering**_

Legende: _Gestaltungsempfehlung für die Netzsegmentierung_
strukturelle Gestaltungsvariante mit hoher Kooperationserwartung
* = kein Einfluß bei individueller Kompetenzzuordnung

Abbildung 5.3-7: Gestaltungsempfehlungen für die Teildimension 'Netzsegmentierung'

Die Abbildung 5.3-7 zeigt die Gestaltungsempfehlungen für die Segmentierung der Netze auf Grundlage möglicher Ausprägungen der strukturellen Aktionsparameter im einzelnen. Insgesamt ist bei hoher Kooperationserwartung ein möglichst gering segmentiertes Netz zwischen den kooperierenden Akteuren zu bevorzugen. Gegenüber den höheren Ebenen sollte das Netz aufgrund der hohen vertikalen Informationsautonomie und -autarkie segmentiert sein.

5.3.2.8 Regelung des Netzzugangs

Auch die verteilungsbezogene Teildimension 'Regelung des Netzzugangs' ist in Abhängigkeit von den Ausprägungen der Informationsstrukturmerkmale 'vertikale Informationsautonomie und - autarkie' sowie 'Bestimmtheit des Informationsbedarfs und der Informationsbereitstellung' zu gestalten. Darüber hinaus kann auch ein Zusammenhang zur 'horizontalen Informationsautonomie und -autarkie' hergestellt werden.[89]

Gestaltungsempfehlungen hinsichtlich des Netzzugangs lassen sich aus der Verteilung der Entscheidungskompetenzen bzw. der *vertikalen Informationsautonomie und -autarkie* ableiten. Mit der Regelung des Netzzugangs wird darüber entschieden, wann welche Datenstation Zugang zum Netz erhält. Allerdings ist zu berücksichtigen, daß für die Wahl des Zugangsverfahrens auch die Marktsituation bezüglich der vorhandenen Netzbetriebssysteme und hinsichtlich der geltenden Standards bedeutend ist. Je niedriger der Grad der vertikalen Informationsautonomie (hohes Ausmaß der Entscheidungszentralisierung) ist, desto eher sollte der Netzzugang zentral geregelt sein. Demgegenüber spiegelt ein ungeregeltes, dezentrales Zugangsverfahren wie CSMA/CD eine hohe vertikale Informationsautonomie,[90] wie sie bei Arbeitsformen mit hoher Kooperationserwartung typisch ist, wider.

Abweichend von den Ausführungen von WALL wird hier davon ausgegangen, daß auch das Merkmal 'horizontale Informationsautarkie und -autonomie' für die Regelung des Zugriffsverfahrens von Bedeutung ist. Je geringer die *horizontale Informationsautarkie und -autonomie* ist, desto mehr Daten müssen zwischen den Akteuren übertragen werden. Zwar hängt es stark von der konkreten betrieblichen Bedingungslage ab, welches Zugangsverfahren zu bevorzugen ist, jedoch läßt sich feststellen, daß Token-Netze bei hoher Übertragungslast eine höhere Leistungsfähigkeit aufweisen als Netze mit CSMA/CD-Technologie, da sich bei hoher Übertragungslast beim Wettkampfverfahren die Kollisionen häufen. Daraus kann gefolgert werden, daß bei geringer horizontaler Informationsautarkie und -autonomie eine Regelung des Zugangs durch das Tokenverfahren zu bevorzugen ist. Bei hoher horizontaler Informationsautarkie und -autonomie bzw. bei geringer Übertragungslast kann dagegen das CSMA/CD-Verfahren geeignet sein, da nicht der volle Zyklus des Token abgewartet werden muß. Bei geringer Übertragungslast zwischen einer geringen Anzahl von Stationen treten kaum Kollisionen auf und jeder Sender kommt schnell an die Reihe.[91]

---

89 Siehe Abbildung 5.3-3.

90 Vgl. Wall (1996), S. 239.

91 Vgl. Hansen (1996), S.1109.

Hinsichtlich der *Bestimmtheit des Informationsbedarfs und der Informationsbereitstellung* vertritt WALL die Ansicht, daß ein geregelter Netzzugang mittels Token-Verfahren einem hohen Bestimmtheitsgrad entspricht, da es beispielsweise einen Beitrag dazu leisten kann, die Erledigung von Aktivitäten in der vorgesehenen zeitlichen Reihenfolge sicherzustellen. Demgegenüber ist bei niedriger Bestimmtheit des Informationsbedarfs und der Informationsbereitstellung der ungeregelte Netzzugang (Wettkampfverfahren) sinnvoll.[92]
Bei ausgeprägtem Einsatz des Koordinationsmechanismus 'Programm' (hohe Bestimmtheit des Informationsbedarfs und der Informationsbereitstellung) wäre demnach das Tokenverfahren zu wählen, während die Koordinationsmechanismen 'Selbstabstimmung' und 'Plan' (niedrige Bestimmheit des Informationsbedarfs und der Informationsbereitstellung) einen ungeregelten Netzzugang nahelegen.

Zusammenfassend zeigt sich, daß sich hinsichtlich solcher Situationen mit hoher Kooperationserwartung widersprüchliche Schlußfolgerungen auf Grundlage der typischen Ausprägungen der Merkmale horizontale und vertikale Informationsautonomie und -autarkie ergeben. Dieser Widerspruch läßt sich nicht auflösen, da der Zugang zu Netzen nicht skalierbar ist und entweder die Ausprägung 'geregelt' oder 'ungeregelt' annimmt, wenn man Token- und CSMA/CD-Verfahren gegenüberstellt. Deshalb kann der Zugang einer übergeordneten Einheit und der Kooperanden, welche über Netze miteinander verbunden sind, nicht unterschiedlich ausgeprägt sein. Insgesamt erscheint die Teildimension des Netzzugangs allerdings von eher untergeordneter Bedeutung für die Gestaltung der Technikstruktur in kooperativen Arbeitssituationen, da die Wahl des Zugangsverfahrens wesentlich durch die Wahl des Netzbetriebssystems und durch herrschende Standards beeinflußt wird. Die Widersprüchlichkeit der Gestaltungsempfehlungen scheint deshalb weniger gravierend. Darüber hinaus erlaubt nur die Betrachtung der konkreten Situation Aussagen darüber, wie hoch die Übertragungslast tatsächlich ist und ob sich die Anzahl der Kollisionen in relevantem Ausmaß leistungsmindernd auswirkt, ob also bei geringer horizontaler Informationsautonomie tatsächlich ein geregelter Netzzugang zu bevorzugen ist.

5.3.3 Aktionsparameter 'Spezialisierung'

Als zweiter die Technikarchitektur gestaltender Aktionsparameter wird an dieser Stelle der Aktionsparameter 'Spezialisierung' untersucht. Die folgenden Ausführungen zeigen erneut zunächst die Teildimensionen des technischen Aktionsparameters 'Speziali-

---

92 Vgl. Wall (1996), S. 259.

sierung' auf, indem sie erläutern, was 'Spezialisierung' für die Komponenten des technischen Subsystems, d.h. Rechner, Netze, Anwendungssoftware und Daten beinhaltet (Abschnitt 5.3.3.1). Die entstehenden Teildimensionen sind dann auf eine adäquate Ausgestaltung hinsichtlich der sich aus kooperativen Arbeitsformen ergebenden Informationsstrukturmerkmale zu untersuchen (Abschnitt 5.3.3.2 bis Abschnitt 5.3.3.4).

5.3.3.1 Teildimensionen der Spezialisierung

Die Spezialisierung von Technikkomponenten stellt neben der Verteilung einen der differenzierenden, d.h. aufgliedernden Aktionsparameter dar. Analog zur Spezialisierung aufgrund der Arbeitsteilung ergibt sich technische Spezialisierung gewissermaßen aus der Arbeitsteilung bei der Ausführung von Informationsverarbeitungsaufgaben und einer entsprechenden Ausrichtung der Technikkomponenten (bspw. die Bereitstellung von Datenbankrechnern). Den Gegenpol zur Spezialisierung stellt die 'Universalisierung' der Komponenten des technischen Subsystems dar.[93] Zunächst soll analog zum vorangehend untersuchten Aktionsparameter 'Verteilung' erläutert werden, auf welche Komponenten des technischen Subsystems der Aktionsparameter 'Spezialisierung' bezogen werden kann und welche Teildimensionen der Gestaltung sich daraus ergeben. Die Abbildung 5.3-8 faßt die im folgenden beschriebenen Teildimensionen des Aktionsparameters 'Spezialisierung' zusammen.

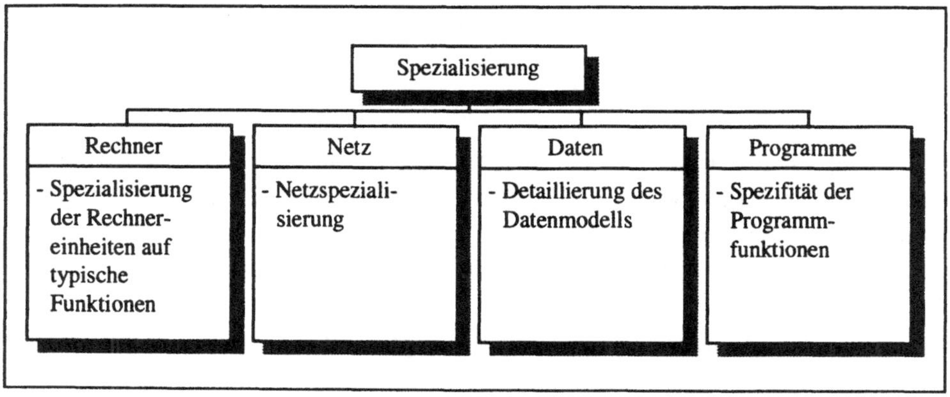

Abbildung 5.3-8: Teildimensionen des Aktionsparameters 'Spezialisierung' (in Anlehnung an Wall (1996), S. 190)

Zunächst sei hier der Aspekt der Spezialisierung von *Rechnern* erläutert. Mögliche Funktionen der Technikkomponente Rechner lassen sich unter dem Oberbegriff der Daten-

93 Vgl. Wall (1996), S. 160f.

verarbeitung zusammenfassen. Der Terminus der Datenverarbeitung fungiert analog zum Begriff der Informationsverarbeitung als Sammelbegriff für den Umgang mit Daten, d.h. maschinenverarbeitbarem Wissen.[94] Neben der Dateneingabe und Datenausgabe können die Datentransformation, d.h. die Manipulation von Daten, die Datenspeicherung zur Schaffung einer zeitlich überdauernden Existenz und die Datenübertragung begleitende Aktivitäten (z.B. Kodierung und Dekodierung) unterschieden werden. Diese Datenverarbeitungsfunktionen beziehen sich auf unterschiedliche Bestandteile der Technikkomponente Rechner. Während für die Transformation beispielsweise unter anderem die Leistungsfähigkeit des Zentralprozessors von Bedeutung ist, wird die Eignung zur Datenspeicherung durch die Eigenschaften der externen Speichereinheiten bestimmt. Im Rahmen der Diskussion um die Ablösung universaler Großrechner stellen Client-Server-Architekturen Beispiele dafür dar, wie Rechner in verteilten Rechnerkonzepten spezialisiert eingesetzt werden, so daß die Abarbeitung von Datenverarbeitungsaufgaben arbeitsteilig durch verschiedene Rechnereinheiten durchgeführt wird. Vorteile dieser Variante können z.B. in der besseren Skalierbarkeit des Datenverarbeitungssystems, in einer höheren Flexibilität sowie in der Erschließung von Kostensenkungspotentialen bestehen. Beispiele für die Spezialisierung von Servern stellen die Einrichtung von Rechnern zur Durchführung von Operationen des Datenzugriffs (Daten(bank)server), die Bereitstellung begleitender Funktionen zur Datenübertragung (Mailserver) oder die Übernahme von Rechenleistungen (Computeserver) dar. Die Spezialisierung erlaubt darüber hinaus eine im Hinblick auf die Qualität der Datenverarbeitungsfunktionen und die Ressourcenausnutzung optimale Konfiguration der Rechnerkapazitäten. Gleichzeitig bestehen bei funktionalen Rechnerkonzepten gegenüber der Bereitstellung von Universalrechnern jedoch auch höhere Anforderungen an die Schnittstellen zur Datenübertragung und die Koordination der Rechnereinheiten.[95]

Wendet man den Aktionsparameter der Spezialisierung auf *Netze* an, konkretisiert sich diese Teildimension im Zuschnitt von Netzen auf spezifische Anforderungen und Gegebenheiten bezüglich der Datenübertragung. Die Spezialisierung von Netzen beinhaltet die Ausrichtung von (Sub-)Netzen auf spezifische Anforderungen, beispielsweise hinsichtlich der notwendigen Übertragungsgeschwindigkeit und -kapazität. Die sich daraus ergebende Heterogenität von Netzen stellt einen wesentlichen Einflußfaktor auf die zu realisierende Übertragungsgeschwindigkeit zwischen Subnetzen dar, welche sich wiederum auf die Integrationswirkung von Netzen auswirkt. Zur Verbindung von Netzen werden Kopplungseinheiten wie z.B. Repeater, Bridges, Gateways und Router verwendet. Sie operieren auf unterschiedlichen Schichten des OSI-Referenzmodells.[96]

---

94 Siehe Abschnitt 2.1.2.
95 Vgl. Wall (1996), S. 168.
96 Vgl. Wall (1996), S. 173f.

Auf die Komponente *Daten* läßt sich der Aktionsparameter 'Spezialisierung' nur im übertragenen Sinne anwenden. Der Begriff der Spezialisierung bezeichnet hier den Detaillierungsgrad der Daten zur Modellierung des relevanten Realitätsausschnitts. Zur Messung des Spezialisierungsgrades von Daten kann neben der Anzahl der verwendeten Attribute auch überprüft werden, ob ein Datenmodell detaillierter als ein branchenspezifisches Referenzmodell oder dessen Umsetzung in einem konzeptionellen Modell ist.[97]

Auch die Spezialisierung von *Anwendungsprogrammen* kann nur als ihre Ausrichtung auf bestimmte betriebliche Funktionen interpretiert werden. Je stärker Anwendungsprogramme auf die Unterstützung spezifischer Verrichtungen oder auf die Verarbeitung bestimmter Objekte zugeschnitten sind, desto spezialisierter ist der Programmbestand.[98]

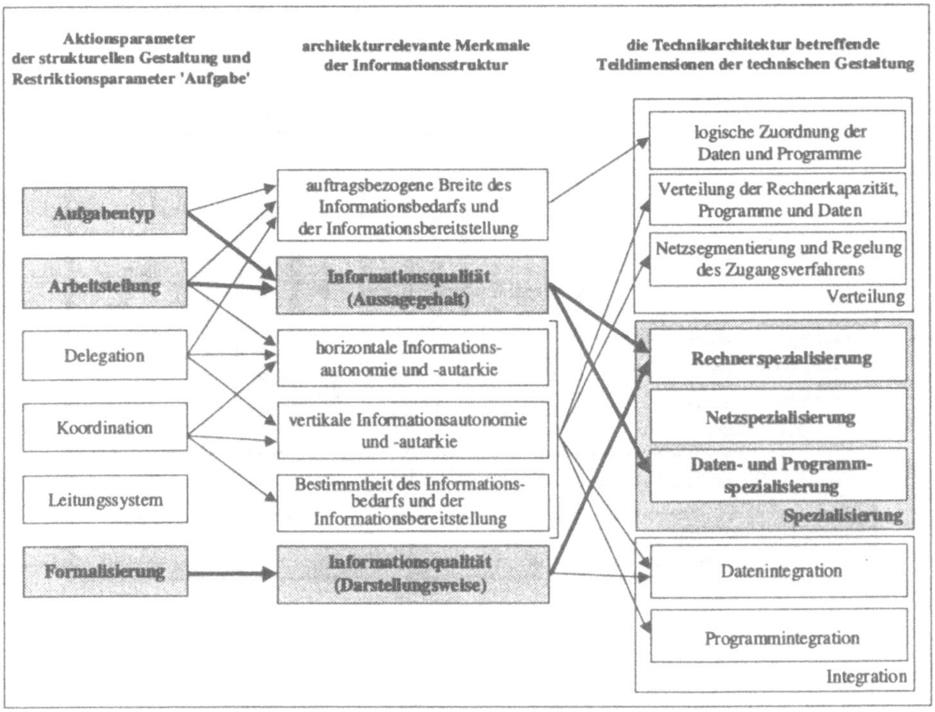

Abbildung 5.3-9: Einflußfaktoren auf die Gestaltung der Spezialisierung der Technikkomponenten

Verbindet man die verschiedenen Informationsstrukturmerkmale mit den Teildimensionen der Spezialisierung, so ergeben sich die in Abbildung 5.3-9 dargestellten Depen-

97 Vgl. Wall (1996), S. 179.

98 Vgl. Wall (1996), S. 183f.

denzen. Die Abbildung verdeutlicht gleichzeitig die mittelbare Beeinflussung der Gestaltung der Technikarchitektur durch die strukturellen Aktionsparameter und den Restriktionsparameter 'Aufgabe'. So zeigt die Abbildung beispielsweise, daß das Informationsstrukturmerkmal 'Informationsqualität, Aussagegehalt' die Teildimension 'Rechnerspezialisierung' beeinflußt. Welche Ausprägung dieses Informationsstrukturmerkmal annimmt, hängt wiederum vom Aufgabentyp und von den strukturellen Aktionsparametern 'Arbeitsteilung' und 'Formalisierung' ab.
Insgesamt sind die Ausprägungen der Informationsstrukturmerkmale 'Informationsqualität, Aussagehalt' und 'Informationsqualität, Darstellungsweise' bestimmend für die Gestaltung der Spezialisierung der Technikkomponenten. Die übrigen architekturrelevanten Informationsstrukturmerkmale sind dagegen für die Spezialisierung der Technikkomponenten nicht relevant.

Gestaltungsvarianten der Teildimensionen des Aktionsparameters 'Spezialisierung'	**architekturrelevante Merkmale der Informationsstruktur**: Auftragsbezogene Breite von IBuB	Horizontale Informationsautonomie und -autarkie	Vertikale Informationsautonomie und -autarkie	Informationsqualität, Aussagegehalt	Informationsqualität, Darstellungsweise	Bestimmtheitsgrad von IBuB
Rechnerspezialisierung	0	0	0	+	+	0
Netzspezialisierung	0	0	0	0	0	0
Datenspezialisierung	0	0	0	+	0	0
Programmspezialisierung	0	0	0	+	0	0

0 = kein Zusammenhang
\+ = je höher die Ausprägung des I.strukturmerkmals, desto höher die Ausprägung der Teildimension
\- = je höher die Ausprägung des I.strukturmerkmals, desto niedriger die Ausprägung der Teildimension
IBuB = Informationsbedarf und Informationsbereitstellung

Tabelle 5.3-2: Gestaltungsempfehlungen für die Teildimensionen der 'Spezialisierung' in Abhängigkeit von architekturrelevanten Informationsstrukturmerkmalen (in Anlehnung an Wall (1996), S. 262)

Die Tabelle 5.3-2 visualisiert, vorausschauend auf die folgenden Abschnitte, die Richtung des Zusammenhangs zwischen den Merkmalen der Informationsstruktur und den Teildimensionen der Gestaltung der Spezialisierung. So wird z.B. im folgenden die Empfehlung vertreten, daß die Rechnerspezialisierung umso ausgeprägter sein sollte, je höher die Anforderungen an die 'Informationsqualität, Aussagegehalt' sind.

Die Kombinationen, die einen Zusammenhang zwischen den architekturrelevanten Merkmalen der Informationsstruktur und den Teildimensionen der Spezialisierung anzeigen ('+'), werden in den Abschnitten 5.3.3.2 bis 5.3.3.4 im einzelnen untersucht. Besteht kein Zusammenhang zwischen einem Informationsstrukturmerkmal und der jeweiligen Teildimension der Spezialisierung ('0'), so unterbleibt die Betrachtung im folgenden.

5.3.3.2 Rechnerspezialisierung

Die Gestaltung der Rechnerspezialisierung sollte mit Blick auf die Informationsstrukturmerkmale 'Informationsqualität, Aussagegehalt' und 'Informationsqualität, Darstellungsqualität' erfolgen. Während die Informationsqualität im Hinblick auf ihren Aussagegehalt vor allem durch den strukturellen Aktionsparameter 'Arbeitsteilung' und die Art der gestellten Aufgabe bestimmt wird, wird die Darstellungsqualität vor allem vom strukturellen Aktionsparameter 'Formalisierung' sowie von der Art der Aufgabe beeinflußt.[99]

Das Merkmal *'Informationsqualität, Aussagegehalt'* bezieht sich auf qualitative Eigenschaften von Informationen, wie z.B. Genauigkeit (Detaillierungsgrad) und Vollständigkeit von Informationen. Eine Erhöhung des Aussagegehaltes ist in der Regel auch mit höheren Anforderungen an die Informationsverarbeitungsprozesse verbunden. So können etwa zusätzliche externe Informationsquellen bemüht oder komplexe Prognoseverfahren angewendet werden, um die Wahrscheinlichkeit prognostischer Informationen zu erhöhen. Der Aussagegehalt und die Komplexität der Informationsverarbeitungsprozesse geben wiederum Hinweise auf die notwendige Leistungsfähigkeit der technischen Komponenten.[100]
Qualitätseigenschaften, die für einen hohen Aussagegehalt von Bedeutung sind (z.B. Wahrscheinlichkeit von Prognosen, Qualität von Planungsrechnungen), stehen in enger Beziehung zur Verarbeitungskapazität der Rechnereinheiten. Im Rahmen der hier vorliegenden Ausführungen können im Hinblick auf die Anforderungen, die sich auf die Skalierung von Rechnereinheiten beziehen, jedoch keine konkreten Aussagen getätigt werden, da die Anwendungsgebiete computergestützter Kooperation zu vielfältig sind.

---

[99] Siehe Abbildung 5.3-9.
[100] Vgl. Wall (1996), S. 248.

Will man hohe Anforderungen an die Datenqualität in der Technikarchitektur nachbilden, ist eine entsprechende Spezialisierung der Rechnereinheiten erforderlich. Hierzu eignet sich erneut die Anwendung von Client-Server-Systemen. Je höher die Anforderungen an die Informationsqualität bezogen auf den Aussagegehalt sind, desto spezialisierter sollten die Rechnereinheiten genutzt werden.[101]
Von einer hohen Komplexität der Informationsverarbeitungsprozesse und damit von einer hohen Ausprägung des Merkmals 'Informationsqualität, Aussagegehalt' ist vor allem bei Aufgaben vom Typ der Einzelfallaufgaben und der Projektaufgaben auszugehen. Dieses gilt auch für Kooperationseinheiten, in denen die Akteure aufgrund eines hohen Ausmaßes an Arbeitsteilung stark auf bestimmte Verrichtungen oder Objekte spezialisiert sind. Entsprechend ist auch eine hohe Spezialisierung der Rechnerkomponenten zu empfehlen.

Ferner lassen sich Empfehlungen für die Rechnerspezialisierung auch aus dem Informationsstrukturmerkmal *'Informationsqualität, Darstellungsweise'* ableiten, wobei insbesondere die Erfordernisse der Speicherung von Daten von Interesse sind. Hohe Dokumentationsanforderungen bedingen regelmäßig den Einsatz von Archiv- bzw. Fileservern. Je höher die Anforderungen an die Dokumentation von Informationen sind, desto mehr auf die Datenspeicherung spezialisierte Rechnereinheiten sind bereitzustellen.[102]

5.3.3.3 Netzspezialisierung

Die Spezialisierung von Netzen kann derart interpretiert werden, daß Netze auf spezifische Gegebenheiten und Anforderungen der Datenübertragung zuzuschneiden sind. Diese Spezialisierung läßt sie jeweils für verschiedene Zwecke und unterschiedliche Belastungsarten geeignet erscheinen. Als problematisch erweist sich in diesem Zusammenhang jedoch, daß die Heterogenität von Netzen auf Grundlage ihrer Spezialisierung einen entscheidenden Einflußfaktor auf die Übertragungsgeschwindigkeit zwischen verschiedenen Subnetzen darstellt. Dieses hat Konsequenzen für die Integrationswirkung von Netzen.[103]

Die Netzspezialisierung steht mit keinem architekturrelevanten Merkmal der Informationsstruktur in Verbindung, so daß keine entsprechenden Aussagen abgeleitet werden können. Die Spezialisierung von Netzen erfolgt auf Grundlage skalierender Maßnahmen,

101 Vgl. Wall (1996), S. 248.
102 Vgl. Wall (1996), S. 251.
103 Vgl. Wall (1996), S. 173.

um ausreichend hohe Übertragungskapazitäten bereitzustellen. Sollen beispielsweise nicht nur textuelle, sondern auch akkustische und visuelle Informationen übertragen werden, steigen die Anforderungen an die Leistungsfähigkeit der Netze stark an. Von steigenden Anforderungen an die Skalierung von Netzen ist auch dann auszugehen, wenn ein Übergang von der Unterstützung asynchroner Kooperationssituationen zur Unterstützung synchroner Kooperationssituationen erfolgt.
Je höher die Anforderungen an die Leistungsfähigkeit der Verbindung sind, desto geringer ist die Eignung analoger Netze gegenüber digitalen Netzen. Im einzelnen hängt die Auswahl des Netzes von den Anforderungen an die Bandbreite, von der Eignung für den jeweiligen Kommunikationstyp (textbasiert, visuell etc.) und von netzspezifischen Kriterien ab, die die zum Einsatz kommenden Anwendungen betreffen. Im einzelnen ist bei solchen netzspezifischen Kriterien an Datendurchsatz, Transitverzögerung, Verzögerungsvarianz, Fehlertoleranz, Fähigkeiten zum Caching und an Multicasting-/ Broadcasting-Eignung zu denken.[104]

5.3.3.4 Datenspezialisierung

Die Teildimension 'Datenspezialisierung' ist in Abhängigkeit vom Informationsstrukturmerkmal '*Informationsqualität, Aussagegehalt*' zu gestalten. Die Ausprägung dieses Merkmals geht dabei auf den Restriktionsparameter 'Aufgabe' und den strukturellen Aktionsparameter 'Arbeitsteilung' zurück.

Die Datenspezialisierung gibt an, wie detailliert die Daten den abzubildenden Diskursbereich widerspiegeln. Datenspezialisierung äußert sich also in der Detaillierung des Datenmodells. Hinsichtlich eines semantischen Datenmodells, beispielsweise in Form eines Entity-Relationship-Modells, ist die Datenspezialisierung etwa maßgebend dafür, wieviele Attribute die Entity-Typen und die attributtragenden Beziehungstypen aufweisen. Zur Abbildung eines hohen Aussagegehalts der Informationen ist ein entsprechend detailliertes Datenmodell notwendig. Werden an den Aussagegehalt der Informationen dagegen niedrige Anforderungen gestellt, ist ein niedriger Detaillierungsgrad des Datenmodells ausreichend.[105]

Je höher die Spezialisierung ist, desto detaillierter müssen Datenmodelle sein, um eine Unterstützung mittels Technikkomponenten leisten zu können. Vergleicht man CSCW-Systeme mit klassischen Mehrbenutzersystemen, sind zusätzliche Informationen zu den repräsentierten Objekten notwendig, was als Spezialisierung des Datenmodells interpre-

---

[104] Vgl. Fluckinger (1995), S. 322ff., zitiert in Reiss/Kutsch (1997), S. 95.
[105] Vgl. Wall (1996), S. 247f.

tiert werden kann. Die Notwendigkeit zusätzlicher Daten bzw. Informationen liegt zum einen darin begründet, daß ein erhöhter Informationsbedarf bezüglich der gemeinsam genutzten Objekte besteht. Zum anderen erfordern kooperative Arbeitskontexte Informationen über die Aktivitäten der übrigen Akteure innerhalb der Kooperationseinheit.[106] Die Abbildung 5.3-10 zeigt eine Klassifikation verschiedener in CSCW-Kontexten abzubildender Informationen.

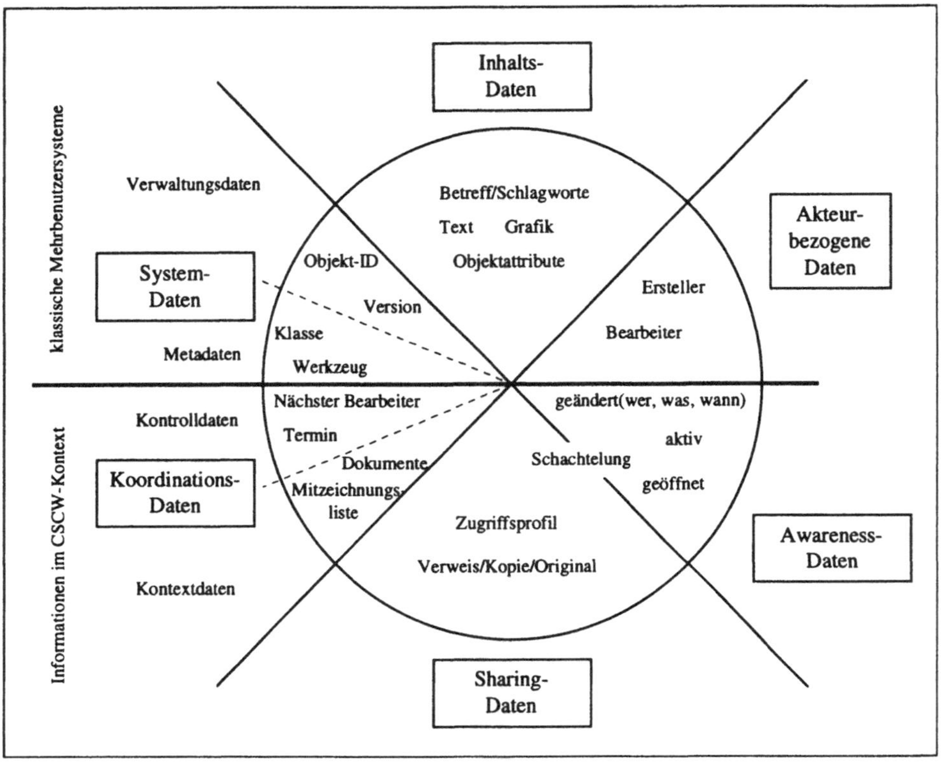

Abbildung 5.3-10: Erweiterung von Datenmodellen beim Einsatz von CSCW-Technologien (in Anlehnung an Pfeifer/Lehner (1996), S. 78)

Die obere Hälfte der Abbildung bildet die typischerweise in klassischen Mehrbenutzersystemen zur Verfügung gestellten Daten ab. Sie können in Systemdaten, Inhaltsdaten und akteurbezogene Daten differenziert werden. Systemdaten werden vom Softwaresystem zur Verwaltung bzw. Verarbeitung eines Objektes benötigt. Die Inhaltsdaten umfassen den eigentlichen Inhalt, d.h. den Text, die Grafik oder die Belegung der Attribute des Objektes. Akteurbezogene Daten enthalten Informationen über den Ersteller

106 Vgl. Pfeifer/Lehner (1996), S. 78.

oder Bearbeiter eines Objektes oder dessen Bearbeitungsstand. Im unteren Teil der Abbildung finden sich Daten, die in CSCW-Umgebungen zu den in Mehrbenutzersystemen abgebildeten Daten hinzutreten. Sie sind danach zu differenzieren, ob sie die Koordination beispielsweise im Rahmen von Prozeßunterstützungssystemen unterstützen, den Zugriff auf gemeinsame Materialien erlauben oder der Wahrnehmbarkeit der Aktivitäten der übrigen Akteure (Awareness) dienen. Informationen zur Unterstützung koordinativer Aktivitäten variieren dabei abhängig davon, ob sehr einfache oder komplexe Prozesse unterstützt werden sollen. Bei der Verarbeitung gemeinsamer Objekte fallen insbesondere Daten über die Zugriffsmöglichkeiten verschiedener Nutzer bis hin zu den verwendeten Sperrverfahren an. Die sogenannten Awareness-Daten[107] sollen den Nutzern einen Überblick über die Aktivitäten im System ermöglichen. Dazu gehören auch Informationen darüber, auf welchem Arbeitsplatz sich ein bestimmtes Objekt befindet oder welche Akteure Verweise auf dieses Objekt besitzen (Schachtelung).[108]

Die vorangehenden Ausführungen zeigen, daß innerhalb von CSCW-Systemen eine Spezialisierung von Daten im Hinblick auf die Computerunterstützung kooperativer Arbeitssituationen erfolgt.[109]

5.3.3.5 Programmspezialisierung

Auch die Programmspezialisierung ist nach Maßgabe der Ausprägung des Informationsstrukturmerkmals *'Informationsqualität, Aussagegehalt'* zu gestalten, das in Zusammenhang mit dem strukturellen Aktionsparameter 'Arbeitsteilung' und der Art der Aufgabe steht.[110]

Programmspezialisierung umfaßt die Ausrichtung von Anwendungsprogrammen auf bestimmte betriebliche Aufgaben. Soll eine in der Informationsstruktur abgebildete hohe Informationsqualität in der Informationstechnik nachgebildet werden, sind Anwendungsprogramme zur Erzielung eines hohen Aussagegehaltes spezifisch auf die jeweilige Aktivität bzw. die zu verarbeitenden Objekte auszurichten. Beispielsweise erfordert die Anwendung moderner Planungsverfahren eine präzise Ausrichtung der Algorithmen auf

---

107 Vgl. hierzu auch Fuchs/Pankoke-Babatz/Prinz (1995).

108 Vgl. Pfeifer/Lehner (1996), S. 79.

109 Auf die Frage, welchen spezifischen Anforderungen zugehörige Systeme zur Datenspeicherung genügen müssen, wird noch einzugehen sein. Siehe Abschnitt 5.3.6.2 dieser Arbeit.

110 Siehe Abbildung 5.3-9.

das Planungsproblem. Je stärker Anwendungsprogramme auf bestimmte Objekte oder Verrichtungen ausgerichtet sind, desto spezialisierter ist der Programmbestand.[111]
Demnach erfordern ein hohes Ausmaß an Arbeitsteilung und die damit verbundene Spezialisierung, vermittelt durch das Informationsstrukturmerkmal 'Informationsqualität, Aussagegehalt', auch ein hohes Ausmaß an Programmspezialisierung.
Bezüglich des Zusammenhangs zwischen den verschiedenen Aufgabentypen und der Programmspezialisierung ist auf dieser Grundlage zu empfehlen, Einzelfall- und Projektaufgaben aufgrund ihrer hohen Ausprägungen des Informationsstrukturmerkmals 'Informationsqualität, Aussagegehalt' durch hoch spezialisierte Anwendungsprogramme zu unterstützen. Demgegenüber bei Routineaufgaben ein geringer Spezialisierungsgrad aus. Projekt- und Regelaufgaben sind zwischen diesen beiden Polen einzuordnen.

CSCW-Technologien bieten aufgrund ihrer spezifischen Ausrichtung auf kooperative Aktivitäten einerseits spezialisierte Funktionalitäten an. Die einzelnen Anwendungssystemklassen spezialisieren sich auf die Unterstützung der kooperativen Aktivitätenklassen 'Kommunikation', 'Koordination' und 'Verarbeitung gemeinsamer Objekte'.[112]
Andererseits kommt CSCW-Technologien mehr und mehr der Charakter multipersoneller Basissysteme, d.h. ein universeller Charakter zu, je stärker ihre Funktionalität in funktions- oder aufgabenspezifische Anwendungen eingebunden wird (z.B. Erweiterung von Decision Support Systemen für Projektaufgaben um CSCW-Funktionalität). Insbesondere die Anwendungssysteme zur Unterstützung von Kommunikationsprozessen wie z.B. E-Mail und Bulletin-Boards besitzen tendenziell einen wenig spezialisierten Charakter und sind deshalb als Basissysteme anzusehen. Dagegen weisen zum Beispiel Sitzungsunterstützungssysteme oder Coautorensysteme einen recht hohen Spezialisierungsgrad auf.

5.3.4 Aktionsparameter 'Integration'

Als dritter Aktionsparameter, der die Architektur von Technikkomponenten berührt, ist die Integration der Technikkomponenten zu untersuchen. Die folgenden Ausführungen identifizieren zunächst die Teildimensionen des Aktionsparameters 'Integration', indem sie ihn hinsichtlich der Komponenten des technischen Subsystems, d.h. Rechner, Netze, Anwendungssoftware und Daten, konkretisieren (Abschnitt 5.3.4.1). Die entstehenden Teildimensionen sind dann auf eine adäquate Ausgestaltung hinsichtlich der sich aus

---

[111] Vgl. Wall (1996), S. 247.

[112] Siehe Abschnitt 3.3 dieser Arbeit und die Ausführungen zu Gestaltungsempfehlungen bezüglich der Funktionalität von CSCW-Technologien in Abschnitt 5.3.5 dieser Arbeit.

kooperativen Arbeitsformen ergebenden Informationsstrukturmerkmale zu untersuchen (Abschnitt 5.3.4.2 und Abschnitt 5.3.4.3).

5.3.4.1 Teildimensionen der Integration

Integration beinhaltet „die Herstellung oder Wiederherstellung eines Ganzen durch Vereinigen oder Verbinden logisch zusammengehöriger Teile"[113]. Im Zusammenhang mit computergestützten Informationssystemen kann der Integrationsbegriff auf verschiedene Tatbestände bezogen werden. Man unterscheidet zwischen dem Gegenstand der Integration, der Integrationsrichtung und der Integrationsreichweite. Als Gegenstand der Integration sind prinzipiell Daten, Funktionen, Prozesse, Methoden und Programme denkbar. Daneben wird hinsichtlich der Integrationsrichtung im Hinblick auf die Zuordnung zu verschiedenen Hierarchieebenen die horizontale von der vertikalen Integration unterschieden. Bezüglich der Integration von Programmen bezeichnet die horizontale Integration die Verbindung von Programmen unterschiedlicher Anwendungsbereiche ohne Medienbrüche. Vertikale Integration kennzeichnet eine Durchgängigkeit der Applikationen derart, daß von aggregierten Informationen auf die Ebene der Urereignisse, der Vorgänge oder der Belege zurückgegriffen werden kann. Das Kriterium der Reichweite der Integration unterscheidet in die bereichsbezogene, die innerbetriebliche und die zwischenbetriebliche Integration.[114]
Die Zielsetzungen einer integrierten Informationsverarbeitung liegen u.a. darin, ein möglichst originäres Abbild der Informationsflüsse in der Informationstechnik nachzubilden sowie Mehrfacherfassungen und Redundanz von Daten zu vermeiden, um den Aufwand zur Datenpflege und die Fehlerwahrscheinlichkeit zu verringern.[115]

Im folgenden ist analog zum Vorgehen bei den vorangehenden Aktionsparametern zu untersuchen, auf welche Technikkomponenten der Aktionsparameter 'Integration' angewendet werden kann. Im Anschluß hieran werden die identifizierten Teildimensionen im einzelnen behandelt und aus den kooperationsspezifischen Implikationen Gestaltungsempfehlungen für Technikkomponenten zur Unterstützung computergestützter Kooperation abgeleitet. Die Abbildung 5.3-11 nennt die einzelnen Teildimensionen des Aktionsparameters 'Verteilung' nach Komponenten geordnet.

---

113 Vgl. Heinrich/Roithmayr (1995), S. 271.

114 Vgl. Mertens (1997), S. 2 unter Bezug auf Schumann (1992), S. 10ff. Mertens erweitert dort die Systematisierung von Schumann, indem er den Automatisierungsgrad (Vollautomation bzw. Teilautomation) in die Differenzierung einführt und darüber hinaus eine weitergehende Differenzierung der Integrationsgegenstände vornimmt. Vgl. Wall (1996), S. 162.

115 Vgl. Mertens (1997), S. 2ff.

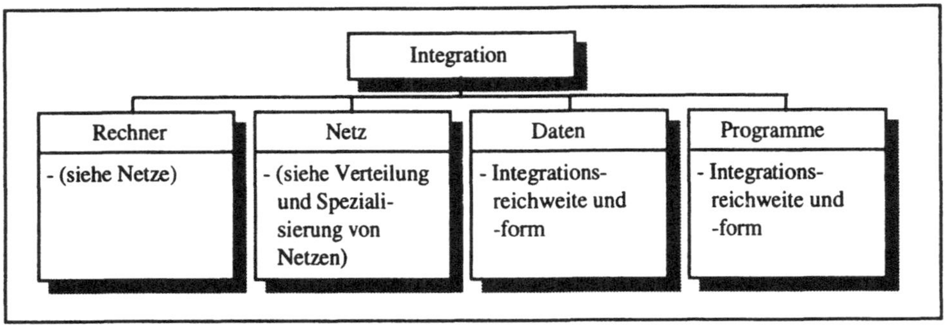

Abbildung 5.3-11: Teildimensionen des Aktionsparameters ‚Integration' (in Anlehnung an Wall (1996), S. 190)

Die Verbindung zwischen autonomen *Rechnern* wird durch den Austausch von Anwendungs- oder Steuerdaten realisiert. Der niedrigste Integrationsgrad (bzw. keine Integration) zwischen Rechnern besteht bei Datenträgerinkompatibilität zwischen den Einheiten. In deren Folge müssen die Daten jeweils neu eingegeben werden. Die nächste Stufe bildet der manuelle Austausch von Datenträgern. Den höchsten Integrationsgrad realisiert die Verbindung von Rechnern mittels Netzen. Da die manuelle Datenerfassung nicht Gegenstand bewußter Gestaltungsmaßnahmen beim Einsatz von Informationstechnik sein kann, gehen die folgenden Ausführungen davon aus, daß zumindest die Möglichkeit zum Austausch von Datenträgern besteht.[116]

Der wesenseigene Zweck von *Netzen*, nämlich zu integrieren, wurde bereits überall dort angesprochen, wo Netze den Gegenstand der Gestaltung darstellen. Verfeinern ließe sich die Anwendung des Aktionsparameters 'Integration' auf Netze nur, indem man annimmt, daß der Integrationsgrad zwischen zwei Recheneinheiten umso höher ist, je größer die Datenübertragungskapazität der Übertragungsleitungen ist oder je direkter die Verbindung zwischen den Rechnereinheiten ist, d.h. je weniger Zwischenstationen eingeschaltet sind.[117]

Hinsichtlich der Technikkomponente *Daten* bezeichnet Integration die „gemeinsame Nutzung derselben Daten durch unterschiedliche betriebliche Funktionen."[118] Benötigen zwei Unternehmungseinheiten unterschiedliche Daten, kann auf die Datenintegration verzichtet werden.
Die zur Integration notwendigen Abstimmungsmaßnahmen beziehen sich auf die physische Repräsentationsform (physische Integration) und die logische Integration der Daten. Dabei lassen sich verschiedene Formen der Integration realisieren. Der niedrigste

---

116 Vgl. Wall (1996), S. 169f.
117 Vgl. Wall (1996), S. 169f.
118 Zilahi-Szabo (1995), S. 142.

Datenintegrationsgrad liegt vor, wenn die Daten isoliert voneinander, etwa anwendungsprogrammbezogen, gestaltet und gespeichert werden. Ein höherer Integrationsgrad besteht, wenn die Daten von einem Anwendungsprogramm zum anderen weitergegeben werden können. Dieses setzt eine Abstimmung derart voraus, daß die Verarbeitungsfähigkeit durch das empfangende Programm gesichert ist. Liegen heterogene Systemwelten vor, sind standardisierte Austauschformate und offene Schnittstellen zwischen den verschiedenen Systemen erforderlich. Die notwendige Integration der zugrundeliegenden Datenmodelle kann durch den Einsatz von Data Dictionaries, Repositories und Data-Warehouse-Konzepten erfolgen.[119] Eine noch engere Form der Integration stellt die Benutzung gemeinsamer Datenbanken durch verschiedene Anwendungssysteme dar, so daß Programmunabhängigkeit der Daten besteht. Die Reichweite der Integration gibt an, ob sich die Integration lediglich auf eine Teileinheit der Unternehmung oder auf die gesamte Unternehmung bezieht (Unternehmungsdatenmodell). Je intensiver die Datenintegration ist, die eine bestimmte Integrationsform realisiert, desto engere Verflechtungen der Anwendungen sind erforderlich.[120]

Für die *Anwendungsprogramme* sind analog die Teildimensionen Integrationsreichweite und Integrationsform von Anwendungsprogrammen abzuleiten. Integration von Anwendungsprogrammen bezeichnet die Abstimmung der einzelnen Programme im Hinblick auf ihr zeitliches Ablaufverhalten und ihre Funktionalitäten. Die weitreichendste Integrationsform beinhaltet die Implementierung automatisch festgelegter Ablaufreihenfolgen zwischen den Anwendungsprogrammen. Dieses erfolgt mittels ereignisgesteuerter Trigger, d.h. durch das Auslösen von Aktionen bei Eintreten eines bestimmten Ereignisses oder bei Erfüllung bestimmter Bedingungen,[121] wie sie beispielsweise für automatisierende Prozeßunterstützungssysteme typisch sind. Werden die Reihenfolge und Häufigkeit der Programmausführung dagegen nicht automatisch hergestellt, sondern ihre Einhaltung nur überwacht oder manuell durch den Anwender hergestellt, liegen schwächere Formen der Programmintegration im Sinne einer Ablaufintegration vor. Je höher die Anzahl der Programme ist, die zeitlich zu koordinieren sind, desto schwieriger gestaltet sich der manuelle Vollzug.[122]

Verbindet man die verschiedenen Merkmale der Informationsstruktur mit den Teildimensionen der Integration, so ergeben sich die in Abbildung 5.3-12 dargestellten Dependenzen. Die Abbildung verdeutlicht erneut die mittelbare Beeinflussung der Gestaltung der Technikarchitektur durch die strukturellen Aktionsparameter und den

119 Vgl. Reiss/Kutsch (1997), S. 94.
120 Vgl. Wall (1996), S. 180f. und die dort angegebene Literatur.
121 Vgl. Reinwald (1995), S. 142ff.
122 Vgl. Wall (1996), S. 185f.

Restriktionsparameter 'Aufgabe'. Im Hinblick auf den Aktionsparameter 'Integration' zeigt die Abbildung beispielsweise, daß die Teildimension 'Programmintegration' nach Maßgabe der Informationsstrukturmerkmale 'horizontale Informationsautonomie und -autarkie', 'vertikale Informationsautonomie und -autarkie' sowie die 'Bestimmtheit des Informationsbedarfs und der Informationsbereitstellung' zu gestalten ist. Welche Ausprägung diese Informationsstrukturmerkmale annehmen, hängt wiederum von verschiedenen strukturellen Aktionsparametern ab.

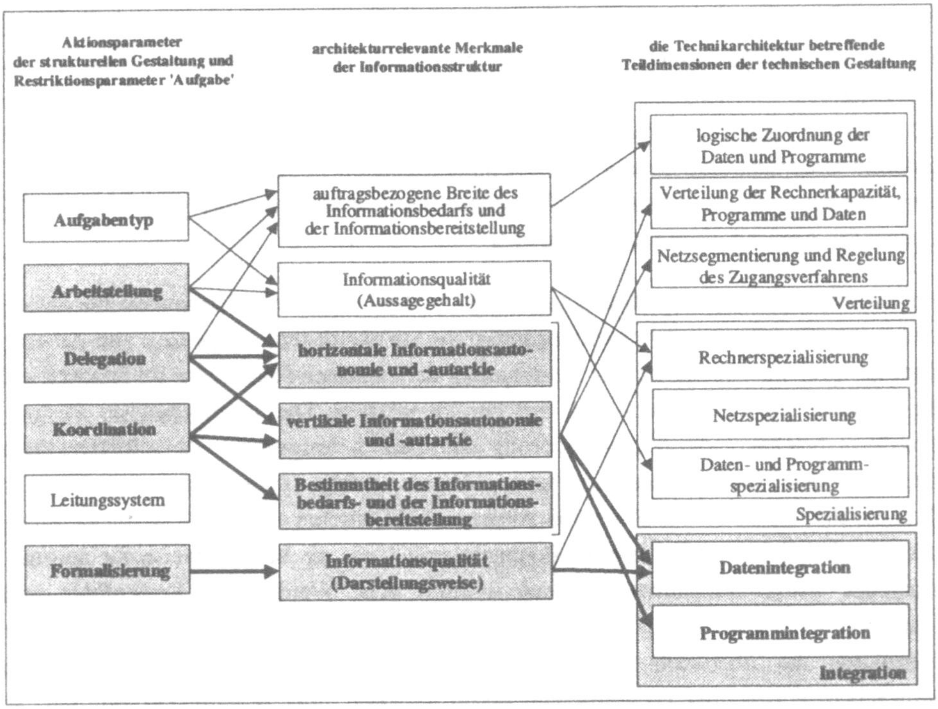

Abbildung 5.3-12: Einflußfaktoren auf die Gestaltung der Integration der Technikkomponenten

Die Tabelle 5.3-3 visualisiert die im folgenden zu erläuternden Richtungen des Zusammenhangs zwischen den Informationsstrukturmerkmalen und den Teildimensionen der Gestaltung. Z.B. wird im folgenden empfohlen, die Datenintegration umso geringer auszugestalten, je höher die horizontale Informationsautonomie und -autarkie ist.

Teildimensionen des Aktionsparameters 'Integration'	Auftragsbezogene Breite von IBuB	Horizontale Informations-autonomie und -autarkie	Vertikale Informations-autonomie und -autarkie	Informationsqualität, Aussagegehalt	Informationsqualität, Darstellungsweise	Bestimmtheitsgrad von IBuB
Datenintegration	0	-	-	0	+	-
Programmintegration	0	-	-	0	0	+

(Spaltenüberschrift: architekturrelevante Merkmale der Informationsstruktur)

0 = kein Zusammenhang
+ = je höher die Ausprägung des I.strukturmerkmals, desto höher die Ausprägung der Teildimension
- = je niedriger die Ausprägung des I.strukturmerkmals, desto niedriger die Ausprägung der Teildimension
IBuB = Informationsbedarf und -bereitstellung

Tabelle 5.3-3: Gestaltungsempfehlungen für die Teildimensionen der 'Integration' in Abhängigkeit von architekturrelevanten Informationsstrukturmerkmalen (in Anlehnung an Wall (1996), S. 262)

Die Kombinationen, die einen Zusammenhang zwischen den architekturrelevanten Merkmalen und den Teildimensionen der Spezialisierung anzeigen ('+', '-'), untersuchen die Abschnitte 5.3.4.2 und 5.3.4.3 im einzelnen und konkretisieren diese im Hinblick auf die Computerunterstützung kooperativer Arbeit.

5.3.4.2 Datenintegration

Die Teildimension 'Datenintegration' ist in Abhängigkeit von den Ausprägungen der Informationsstrukturmerkmale 'horizontale Informationsautonomie', 'vertikale Informationsautonomie', 'Informationsqualität, Darstellungsweise' und 'Bestimmtheit des Informationsbedarfs und der Informationsbereitstellung' zu gestalten.[123]

Die *horizontale Informationsautonomie und -autarkie* stellt einen Indikator für die Verflechtungen organisatorischer Einheiten dar. Je höher die Verflechtung ist, desto

[123] Siehe Abbildung 5.3-12.

höher sollte auch der Integrationsgrad der Daten zwischen den betroffenen Einheiten sein. Liegt dagegen der extreme Fall der vollständigen horizontalen Informationsautarkie vor, können die organisatorischen Einheiten die Daten isoliert voneinander gestalten.[124]
Bei kooperativen Arbeitsformen ist von einer hohen Verflechtung der Informationsverarbeitungsprozesse und demnach von einem niedrigen Autonomie- und Autarkiegrad auszugehen. Um eine möglichst hohe Integration sicherzustellen, wird die Nutzung gemeinsamer Datenbanken erforderlich.[125]
Die horizontale Informationsautonomie und -autarkie ist auf die strukturellen Aktionsparameter 'Arbeitsteilung', 'Koordination' und 'Delegation' zurückzuführen. Die vorangehenden Ausführungen implizieren, daß bei Arbeitsteilungsformen mit niedriger horizontaler Informationsautonomie (z.B. verrichtungsorientierte Arbeitsteilung oder gemeinschaftliche Arbeitsformen, bei einem hohen Grad der Delegation auf die Kooperationseinheit sowie bei Einsatz der Koordinationsmechanismen 'Selbstabstimmung' und 'Plan') tendenziell eine hohe Datenintegration innerhalb der Kooperationseinheit zu realisieren ist. Arbeitsformen mit geringer Kooperationserwartung induzieren dagegen Formen mit geringer Datenintegration.

Hinsichtlich der *vertikalen Informationsautonomie* läßt sich festhalten, daß bei niedriger vertikaler Informationsautonomie, wie sie für zentralisierte Entscheidungsstrukturen typisch ist, eine hohe Datenintegration erfolgen sollte. Am theoretischen Beispiel vollständiger Entscheidungszentralisation läßt sich dieses verdeutlichen. In diesem Fall benötigt die Spitze der Unternehmung alle Daten, so daß theoretisch ein Unternehmungsdatenmodell notwendig ist, in dem alle Daten aufeinander abgestimmt sind und den Entscheidungsträgern der Durchgriff auf einzelne operative Daten ermöglicht wird. Daraus ist die Schlußfolgerung zu ziehen, daß die Datenintegration um so ausgeprägter sein muß, je geringer der Grad der vertikalen Informationsautonomie ist.[126]
Dieses beinhaltet analog für die bei kooperativen Arbeitssituationen vorfindbare hohe vertikale Informationsautonomie (aufgrund eines hohen Delegationsgrads und Koordination mittels Selbstabstimmung oder Plänen), daß eine geringe Datenintegration zu den übergeordneten Hierarchieebenen eine stimmige Gestaltungsvariante darstellt. Dieses beinhaltet wiederum keinen Widerspruch zu den Schlußfolgerungen aus der horizontalen Informationsautarkie, da es sich um die zwei unterschiedlichen Tatbestände der vertikalen und der horizontalen Datenintegration handelt, die getrennt realisiert werden können.

---

124 Vgl. Wall (1996), S. 211.

125 Auf die Frage, welchen Anforderungen solche Datenbanken genügen müssen, um kooperative Arbeit wirksam unterstützen zu können, wird noch einzugehen sein. Siehe die Ausführungen bzgl. der Verarbeitung gemeinsamer Objekte in Abschnitt 5.3.6.2 der vorliegenden Arbeit.

126 Vgl. Wall (1996), S. 237.

In diesem Zusammenhang kann wiederum das Data-Warehousing einen Beitrag leisten. Sein zentrales Anwendungsgebiet besteht in der Bereitstellung aggregierter Daten zu Analysezwecken. Ein Kern der Funktionalität besteht dabei darin, Daten aus heterogenen Basissystemen und verteilten Datenbeständen zusammenzuführen, um flexible und schnelle Möglichkeiten der Verdichtung und Selektion zu ermöglichen.[127] Data-Warehouse-Konzepte bilden einerseits die Autonomie untergeordneter Einheiten nach, die sich dann auch in der Autonomie im Hinblick auf die Gestaltung der Informationsverarbeitungsprozesse und demzufolge in möglicherweise heterogenen Technikarchitekturen widerspiegelt. Andererseits stellen diese Konzepte Methoden bereit, um Entscheider mit integrierten, entscheidungsrelevanten Daten zu versorgen, die die Situation der Unternehmung auf höher aggregiertem Niveau als dem einer Kooperationseinheit abbilden.

Das Informationsstrukturmerkmal *'Bestimmtheit der Informationsbeschaffung und Informationsbereitstellung'* bildet ab, inwieweit die zu nutzenden Informationen und Ergebnisse der Transformationsprozesse ex ante bestimmbar sind. In einem geringen Bestimmtheitsgrad kommt ein geringes Ausmaß an Standardisierung und der Wunsch nach einer hohen Flexibilität zum Ausdruck. Ursachen hierfür können darin liegen, daß die Umweltkomplexität und -dynamik eine Standardisierung der Informationsverarbeitung verhindert oder daß negative Auswirkungen auf das Verhalten der Mitarbeiter vermieden werden sollen. Unabhängig von den Beweggründen muß sich der Bestimmtheitsgrad in der Architektur der Informationstechnik widerspiegeln. Hinsichtlich der Datenintegration läßt sich festhalten, daß gemeinsame Datenbestände flexiblere Nutzungsmöglichkeiten z.B. für Abfragen beinhalten als isolierte Teildatenbestände. In Situationen, in denen nicht im voraus zu bestimmen ist, welche Daten in welchen Funktionen verwendet werden, sind schwache Formen der Datenintegration deshalb weniger geeignet. Hieraus ist die Schlußfolgerung zu ziehen, daß die Datenintegration umso ausgeprägter gestaltet werden sollte, je geringer die Bestimmtheit des Informationsbedarfs und der Informationsbereitstellung ist.[128]
Für Formen der Arbeitsteilung mit hoher Kooperationserwartung (verrichtungsorientiert oder gemeinschaftlich), für Koordinationsformen mit hoher Kooperationserwartung (Selbstabstimmung und/oder Plan) oder Delegationsformen mit hoher Kooperationserwartung (hoher Grad der Entscheidungsdelegation auf Kooperationseinheiten) empfiehlt sich aufgrund der damit regelmäßig verbundenen niedrigen Bestimmtheit des Informationsbedarfs und der Informationsbereitstellung deshalb tendenziell ein hohes Maß an Datenintegration. Umgekehrt läßt vor allem die Koordination mittels Programmen eine niedrigere Datenintegration zu.

---

[127] Vgl. Gluchowski/Gabriel/Chamoni (1997), S. 266.
[128] Vgl. Wall (1996), S. 257f.

strukturelle Aktionsparameter	Merkmale der Informationsstruktur: Horizontale Informations-autonomie und Informations-autarkie	Vertikale Informations-autonomie und Informations-autarkie	Bestimmtheits-grad von IBuB	Anforderungen an die Informa-tionsqualität (Darstellungs-weise)
Arbeitsteilung				
nach Objekten	hoch *gering*	-	-	-
nach Verrichtungen	gering *hoch*	-	-	-
nach Mengen	hoch *gering*	-	-	-
gemeinschaftlich	gering *hoch*	-	-	-
Delegationsgrad				
hoch	--*/gering *--/hoch*	hoch *gering*	-	-
gering	--*/hoch *--/gering*	gering *hoch*	-	-
Koordination				
Programme	hoch-mittel *eher gering*	hoch/gering *gering/hoch*	hoch *gering*	-
Pläne	gering-mittel *eher hoch*	mittel-hoch *eher gering*	mittel *mittel*	-
Selbstabstimmung	gering *hoch*	hoch *gering*	gering *hoch*	-
Formalisierung				
hoch	-	-	-	gering *hoch*
niedig	-	-	-	hoch *gering*

Legende: *Gestaltungsempfehlung für die Datenintegration*

strukturelle Gestaltungsvariante mit hoher Kooperationserwartung

* = kein Einfluß bei individueller Kompetenzzuordnung

Abbildung 5.3-13: Gestaltungsempfehlungen für die Teildimension 'Datenintegration'

Aus dem Merkmal '*Informationsqualität, Darstellung*' kann abgeleitet werden, daß die 'Allgemeinverständlichkeit' von Informationen mit steigendem Formalisierungsgrad an Bedeutung gewinnt und dementsprechend ein umso höherer Integrationsgrad der Daten realisiert werden sollte. Eine geringe 'Allgemeinverständlichkeit' liegt dann vor, wenn Daten nur auf eine Anwendung zugeschnitten sind und von anderen Anwendungen nicht benutzt werden können. Hohe Anforderungen an die Allgemeinverständlichkeit von Informationen, die sich aus einem hohen Formalisierungsgrad ergeben, sind demnach durch eine hohe Datenintegration nachzubilden. Demgegenüber besteht bei geringem

Formalisierungsgrad eine höhere Bedeutung der Subjektbezogenheit, dem ein geringer Grad der Datenintegration entspricht.[129]

Die Abbildung 5.3-13 zeigt die Gestaltungsempfehlungen für die Teildimension 'Datenintegration' auf Grundlage möglicher Ausprägungen der strukturellen Aktionsparameter im einzelnen. Zusammenfassend läßt sich festhalten, daß für kooperative Arbeitsstrukturen ein hoher Grad der Datenintegration zwischen den Akteuren zu empfehlen ist. Gegenüber den Ebenen, die der Kooperationseinheit übergeordnet sind, ist ein niedriger Integrationsgrad zu realisieren.

5.3.4.3 Programmintegration

Die Programmintegration ist ebenso wie die Datenintegration nach Maßgabe der Ausprägungen der Informationsstrukturmerkmale 'horizontale Informationsautonomie', 'vertikale Informationsautonomie' und 'Bestimmtheit des Informationsbedarfs und der Informationsbereitstellung' zu gestalten.[130]

Bei vollkommener *horizontaler Informationsautarkie* besteht keine Notwendigkeit, die Anwendungen der betrachteten Einheiten aufeinander abzustimmen. Dieses erlaubt auch eine hohe Informationsautonomie der Akteure, so daß sie die von ihnen benutzten Anwendungsprogramme unabhängig von anderen Akteuren gestalten können. Je geringer jedoch das Ausmaß der horizontalen Informationsautonomie ist, desto größer ist die Notwendigkeit, einen hohen Integrationsgrad der Anwendungen zu realisieren.[131]
In Arbeitsformen mit hoher Kooperationserwartung liegt zumeist ein geringes Ausmaß an horizontaler Informationsautarkie vor. Dementsprechend ist ein hohes Ausmaß an Programmintegration zu realisieren. Gerade CSCW-Technologien werden häufig auch als Plattformen genutzt, um verschiedene Programme zu integrieren.
Im Hinblick auf den Einsatz von CSCW-Technologien wird vielfach gefordert, daß sie in der Lage sein sollten, verschiedene Formen der Kooperation bzw. verschiedene Aktivitäten und Situationen in Kooperationsformen ohne Medienbrüche zu unterstützen. In diesem Zusammenhang wird dabei auch von Nahtlosigkeit oder 'seamlessness' gesprochen. Die darunter behandelten Aspekte entsprechen dem hier verwendeten Terminus der Integration von Anwendungsprogrammen. Konkret wird mit der Forderung nach Integration von Groupwaretechnologien die Vorstellung verbunden, die Funktionen zur Steuerung von CSCW-Technologien derart in die Fachanwendungen oder

---

129 Vgl. Wall (1996), S. 251f.
130 Siehe Abbildung 5.3-12.
131 Vgl. Wall (1996), S. 215f.

Nutzungsoberflächen der einzelnen Arbeitsplätze einzubinden, daß sie direkt durch die Benutzer ansprechbar sind. Die kooperativ zu verarbeitenden Informationen sollten unmittelbar aus dem Anwendungskontext in kooperationsunterstützende Anwendungsprogramme übernommen werden können.[132] Tatsächlich stellt die fehlende Integrationsfähigkeit von CSCW-Technologien in die 'normale' Arbeitsumgebung einen wesentlichen Faktor für die verhaltene Diffusion von CSCW-Technologien dar. Fehlende Integration zwingt die Nutzer dazu, mehrere Computersysteme zu nutzen, mit anderen Oberflächen umzugehen sowie unterschiedliche Interaktionsformen mit dem Techniksystem zu verwenden. Insbesondere bestehen vielfach keine oder nur sehr begrenzte Möglichkeiten, die Daten in die 'normale' Arbeitsumgebung zu übernehmen.[133]

Im einzelnen werden die folgenden Aspekte der Integration von Anwendungsprogrammen zur Unterstützung kooperativer Arbeit genannt:[134]

- Integration der verschiedenen Anwendungssystemklassen[135] von CSCW-Technologien: Dabei bezieht sich der Integrationsgedanke sowohl darauf, Werkzeuge innerhalb einer Kategorie zu integrieren, als auch darauf, Werkzeuge zur Unterstützung verschiedener Kooperationssituationen zu vereinigen. Beispielsweise soll Integrationsfähigkeit sowohl zwischen verschiedenen Werkzeugen zur Unterstützung asynchroner Kooperation an verschiedenen Orten hergestellt werden als auch zwischen Werkzeugen zur Unterstützung asynchroner und synchroner Kooperationssituationen. Dieser Anspruch ergibt sich vor allem aus der Forderung, eine bruchlose Unterstützung für verschiedene Phasen der Kooperation zu ermöglichen.
- Integration der auf verschiedenen Kommunikationsmedien beruhenden Anwendungsprogramme: Dieser Aspekt betrifft den Sachverhalt, kontinuierliche (z.B. Ton und Video) und diskontinuierliche Medientypen (z.B. Text, Grafik) miteinander zu verknüpfen.
- Integration zwischen Anwendungsprogrammen zur Unterstützung sowohl individueller als auch kooperativer computergestützter Aktivitäten in einem Arbeitsprozeß: Auch hier besteht ein Interesse daran, einen möglichst nahtlosen Übergang zwischen individuellen und kooperativen Aktivitäten gewährleisten zu können.

Basierend auf den Bedürfnissen der Nutzer und den sich aus den Aufgaben ergebenden Erfordernissen sind die entsprechenden Anwendungsprogramme zusammenzustellen und so weit wie notwendig zu integrieren. Die Einführung von Groupware darf in diesem Zusammenhang insbesondere nicht dazu führen, daß neue Medienbrüche entstehen und

---

[132] Vgl. Fuchs-Kittowski/Nentwig/Sandkuhl (1997), S. 61.

[133] Vgl. Lubich (1995), S. 9.

[134] Vgl. Borghoff/Schlichter (1995), S. 150f.; Friedrich/Früchtenicht/Hoheisel et al. (1993), S. 102; Syring (1994), S. 29f. Integrationsaspekte sprechen auch Ishii (1990), S. 14; Stefik/Brown (1989), S. 162; Wendel (1996), S. 96; Reichwald/Möslein (1996), S. 60 an.

[135] Siehe Abschnitt 3.2 dieser Arbeit.

sich damit Unterbrechungen der Arbeitstätigkeit der Akteure ergeben. Vor diesem Hintergrund werden derzeit im Rahmen der 'pragmatischen Phase' der Groupwareentwicklung[136] verstärkt die Modularisierung, die Portabilität und Herstellung von Interoperationalität, d.h. Kombinierbarkeit unterschiedlicher Softwarekomponenten, von CSCW-Technologien sowie die Bereitstellung geeigneter Plattformen[137] diskutiert und vorangetrieben.

Die sich aus der *vertikalen Informationsautonomie* ergebenden Ausführungen hinsichtlich der Datenintegration lassen sich sinngemäß auf die Programmintegration übertragen. Auch hier ist als Empfehlung auszusprechen, daß die Programmintegration um so stärker ausgeprägt sein sollte, je geringer die vertikale Informationsautonomie ist.[138]
Für kooperative Arbeitsstrukturen mit ihrer typischerweise hohen vertikalen Informationsautonomie gilt entsprechend, daß lediglich eine geringe Notwendigkeit zur Programmintegration zwischen der Kooperationseinheit und den übergeordneten Ebenen besteht.

Nimmt ein Anwendungsprogramm einem Aufgabenträger eine Aufgabe ab, die mehrere Programmschritte koordiniert, besteht eine Form der Programmintegration, die die Ablaufhäufigkeit und Ablaufreihenfolge von Programmen bestimmt. Bei einer niedrigen *Bestimmtheit des Informationsbedarfs und der Informationsbereitstellung* ist ex ante nicht zu bestimmen, in welcher Reihenfolge einzelne Arbeitsgänge durchzuführen sind. Je höher jedoch der Grad der Bestimmtheit der Informationsprozesse ist, desto umfassendere Maßnahmen zur Integration von Anwendungsprogrammen sind möglich.[139]
Die Art der eingesetzten Koordinationsmechanismen nimmt wesentlichen Einfluß auf die Möglichkeiten sowie auf den Umfang der ablauforganisatorischen Gestaltung und das Ausmaß der Bestimmtheit des Informationsbedarfs und der Informationsbereitstellung. Insbesondere Routine- und Regelaufgaben werden häufig mittels Programmen koordiniert. Damit ist vielfach eine zeitliche, logische und räumliche Festlegung des Vollzugs der Teilaktivitäten verbunden. So ist als entscheidendes Merkmal von Prozeßunterstützungssystemen festzuhalten, daß sie beim Einsatz zur Unterstützung von Routine- und Regelaufgaben über genaue Definitionen der Ablaufschemata verfügen und auch die Reihenfolge der einzusetzenden Programme bestimmen. Vorausgedachte Arbeitsabläufe werden durch eine feste Sequenz von Menüs und Bildschirmmasken angestoßen, gesteuert und kontrolliert. Dagegen liegen beim Einsatz der Mechanismen 'Selbstabstimmung' und 'Plan' keine exakten zeitlichen und räumlichen Strukturierungsmaßnahmen

---

136 Vgl. Burger (1997), S. 9.
137 Vgl. z.B. Messer/Sandkuhl (1995).
138 Vgl. Wall (1996), S. 238.
139 Vgl. Wall (1996), S. 257.

vor. Ablaufbezogene Integrationsmaßnahmen sind deshalb weder möglich noch angemessen.

	Merkmale der Informationsstruktur		
strukturelle Aktionsparameter	Horizontale Informationsautonomie und Informationsautarkie	Vertikale Informationsautonomie und Informationsautarkie	Bestimmtheitsgrad von IBuB
Arbeitsteilung			
nach Objekten	hoch *gering*	-	-
nach Verrichtungen	gering *hoch*	-	-
nach Mengen	hoch *gering*	-	-
gemeinschaftlich	gering *hoch*	-	-
Delegationsgrad			
hoch	--*/gering *--/hoch*	hoch *gering*	-
gering	--*/hoch *--/gering*	gering *hoch*	-
Koordination			
Programme	hoch-mittel *eher gering*	hoch/gering *gering/hoch*	hoch *hoch*
Pläne	gering-mittel *eher hoch*	mittel-hoch *eher gering*	mittel *mittel*
Selbstabstimmung	gering *hoch*	hoch *gering*	gering *gering*

Legende: *Gestaltungsempfehlung für die Programmintegration*
strukturelle Gestaltungsvariante mit hoher Kooperationserwartung
* = kein Einfluß bei individueller Kompetenzzuordnung

Abbildung 5.3-14: Gestaltungsempfehlungen für die Teildimension 'Programmintegration'

Betrachtet man die in Abbildung 5.3-14 zusammengefaßten Gestaltungsempfehlungen für die Programmintegration, ist festzustellen, daß auf Grundlage der Informationsstrukturmerkmale 'horizontale Informationsautonomie und -autarkie' und 'vertikale Informationsautonomie und -autarkie' ein hoher Integrationsgrad der Programme, die die interpersonellen Aktivitäten betreffen, zu empfehlen ist. Im Hinblick auf die 'Bestimmtheit des Informationsbedarfs und der Informationsbereitstellung' ergibt sich für Arbeitsformen mit hoher Kooperationserwartung auf den ersten Blick ein gegenteiliges Bild. In diesem Zusammenhang bezieht sich die Integration der Anwendungsprogramme allerdings auf die Ablaufhäufigkeit und -reihenfolge von Programmen. Damit ist prinzipiell ein von der sonstigen Programmintegration zu unterscheidender Tatbestand angesprochen, so daß kein grundlegender Widerspruch besteht.

5.3.5 Aktionsparameter 'Anpassungsfähigkeit'

Mit dem Aktionsparameter 'Anpassungsfähigkeit' wird im folgenden ein Aktionsparameter untersucht, der nicht der Gestaltung der Architektur der Informationstechnik zuzuordnen ist. Die Informationsstrukturmerkmale sind deshalb von untergeordneter Bedeutung. Gleichzeitig weist dieser Abschnitt damit auch eine veränderte Strukturierung auf.

Technologien zur Unterstützung von Kooperation in Unternehmungen sind sorgfältig auf die von der Kooperationseinheit zur Lösung ihrer spezifischen Aufgaben angewandten Arbeitsmethoden abzustimmen. In Unternehmungen koexistieren jedoch zum einen sehr unterschiedliche, nicht notwendigerweise voraussehbare Formen der Kooperation, zum anderen verändern sich Kooperationseinheiten und ihre Aufgabenerledigung im Zeitablauf.[140] Dieses impliziert hohe Flexibilitätsanforderungen an die Technikgestaltung und insbesondere an die eingesetzten Softwaresysteme.
Flexibilität von Softwaresystemen zeigt sich zum einen in der Nutzungsbreite, wie sie im Grundzustand ohne spezifische Anpassungen gegeben ist, und zum anderen im technischen Aufwand, der bei einer Systemanpassung oder -erweiterung entsteht. CSCW-Technologien sind dann flexibel, wenn sie an den spezifischen Nutzungskontext der Kooperationseinheit bzw. der einzelnen Akteure anpaßbar sind.[141] So fordert beispielsweise PAETAU „im Anwendungsbereich immer wieder konfigurierbare und modifizierbare Systeme"[142]. Die Notwendigkeit der Anpassung ergibt sich nicht zuletzt aus der ex ante unvollständigen Kenntnis der zukünftigen Eigenschaften von Benutzergruppen, der Aufgaben und der Strukturen sowie deren Dynamik. Eine unvollkommene Übereinstimmung zwischen Kooperationskonzept und vorhandener CSCW-Technologie bedeutet bei entsprechender Anpaßbarkeit nicht notwendigerweise ein Scheitern der Gestaltungsbemühungen. Anpaßbarkeit stellt eine notwendige Voraussetzung für die Akzeptanz von CSCW-Technologien dar.[143] Gleichzeitig spiegelt Anpaßbarkeit der Softwaresysteme strukturell gewünschte Handlungsspielräume der Kooperanden auch beim Technikeinsatz wider. Entsprechend dem Leitbild von CSCW-Technologien als 'Werkzeug in Werkstätten' sollten CSCW-Technologien souveränen und selbstbestimmten Benutzern als leistungsstarkes, aber flexibles Werkzeug dienen, das auch in der Nutzung anpaßbar bleibt.[144] Anpaßbarkeit und Flexibilität stellen kritische Faktoren für den Erfolg von CSCW-Technologien dar. Dieses gilt nicht nur, weil kooperative Arbeits-

140 Vgl. Rodden/Mariani/Blair (1992), S. 43.

141 Vgl. Hartmann/Kahler/Wulf (1993b), S. 75; Oberquelle (1994), S. 31f. Ähnlich Herrmann/Just (1994), S. 95.

142 Paetau (1991), S. 146.

143 Vgl. Oberquelle (1993), S. 41.

144 Vgl. Grüninger (1996), S. 115 und 134.

strukturen den Akteuren weitreichende Spielräume verleihen, die auch die Anpassungsfähigkeit der Software an die konkreten Bedürfnisse und Erfordernisse erfordert, sondern auch, weil alle Akteure einer Kooperationseinheit das Softwaresystem akzeptieren müssen, damit es kooperationsunterstützend eingesetzt werden kann.[145]

Auch software-ergonomische Grundsätze, die im Zusammenhang mit der Gestaltung von CSCW-Technologien angeführt werden,[146] zielen auf die flexible Anpassungsfähigkeit und Nutzbarkeit der Systeme ab, wobei auch der Begriff der Steuerbarkeit verwendet wird.[147] Steuerbarkeit bezieht sich dabei auf unterschiedliche inhaltliche Tatbestände. 'Steuerbarkeit der Erreichbarkeit' sieht vor, daß Teilnehmer einerseits zwischen verschiedenen Medien und Funktionen beim Aufbau von Verbindungen wählen können und Teilnehmer andererseits ihre Erreichbarkeit unter Angabe ausgewählter Zeiträume, Teilnehmer und Inhalte bis hin zur Abschottung einschränken können. Hinsichtlich der 'Steuerbarkeit der Verteilung' von Dokumenten und Informationen sollten Teilnehmer wählen können, ob Dokumente den Empfänger direkt (Versand- oder push-Prinzip) oder indirekt (Zugriffs- oder pull-Prinzip) erreichen. Teilnehmern, die von der Verteilentscheidung betroffen sind, sollten verschiedene Wahlmöglichkeiten bspw. bezüglich der Weiterverteilung offenstehen. Die 'Steuerbarkeit des Zugriffs' auf Objekte beinhaltet, die Zugriffsmöglichkeiten anderer Teilnehmer auf Objekte im eigenen Arbeitsbereich regulieren zu können sowie auch dann noch auf selbst bearbeitete Objekte zugreifen zu können, wenn eine indirekte Verbindung abgebrochen oder das Objekt weitergeleitet wurde.[148]

Anpassung kann durch drei komplementäre Kriterien von der Nutzung unterschieden werden. Anpassung verändert Aspekte der Funktionalität von CSCW-Technologien. Sie bezieht sich auf die Veränderungen von Funktionen, mit denen bestimmte technisch vermittelte Kanäle, auf denen Inhaltsdaten zwischen den Akteuren zugänglich gemacht werden, oder Transparenzdaten[149] manipuliert werden. Demgegenüber stellen Modifi-

---

145 Vgl. Teege (1998), S. VII.

146 Als Gestaltungsgrundsätze im Hinblick auf die ergonomische Gestaltung von CSCW-Technologien werden neben der Steuerbarkeit die Kriterien Informationsangemessenheit (Ergänzbarkeit, Referenzierbarkeit, Strukturierbarkeit), Transparenz, informationelle Moderierbarkeit, Aushandelbarkeit, gruppenorientierte Konfigurierbarkeit, groupware-spezifische Fehlerrobustheit und Normkonformität genannt. Vgl. Herrmann (1994), S. 76ff.

147 Vgl. Herrmann/Wulf/Hartmann (1993), S. 203; Herrmann (1994), S. 76ff.

148 Vgl. Herrmann (1994), S. 88-92 unter Angabe von Beispielen für unterschiedliche Systemklassen von CSCW-Technologien.

149 Unter dem Begriff 'Inhaltsdaten' sind die datentechnischen Repräsentationen der mittels CSCW-Technologien zwischen den Akteuren ausgetauschten Kommunikationsinhalte bzw. der zwischen ihnen übermittelten kooperationsrelevanten Objekte zu verstehen. Demgegenüber dienen 'Transparenzdaten' nicht dem originären Nutzungsinteresse, sondern geben Auskunft darüber, wie

kationen der Kanäle oder der Transparenzdaten selbst keine Anpassung dar. Darüber hinaus bewirkt Anpassung längerfristige Veränderungen.[150]
Realisieren läßt sich Anpaßbarkeit mittels einer *Bandbreite technischer Lösungen*:[151]

- *Parametrisierung* beinhaltet die Anpassung durch Auswahl von Attributen aus einer fest vorgegebenen Menge und setzt damit voraus, daß die für die Anpassung benötigten Aspekte und Wertebereiche vorab bekannt sind (z.B. Auswahl der Art der Zugriffsberechtigung 'Lesen' aus vier Varianten).
- Die *Auswahl aus Katalogen* umfaßt die Konfiguration von CSCW-Technologien durch Kombination fertiger Komponenten aus Bibliotheken.
- Bei der *Komposition aus Baukästen* werden Baukästen von Gestaltungsoptionen bereitgestellt, aus denen Groupwarekomponenten in freier Kombination zusammengesetzt werden können (z.B. bei der Gestaltung neuer Dokumenttypen). In diesem Zusammenhang unterstützen Arbeitsplattformen die Koordination vorhandener Werkzeuge und erlauben dadurch eine an den Arbeitsprozeß anpaßbare Umgebung.[152]
- *Makros* werden durch Aufzeichnung von Abläufen und Benennung gebildet. Sie sind anschließend als elementare Einheiten verfügbar.
- Eine *Erweiterung von Katalogen und Baukästen* kann durch das Offenhalten der Sammlungen der Hilfsmittel realisiert werden.
- Die Ab*wandlung von Programmen* stellt eine Vorstufe zur Neukonstruktion bspw. durch Vornahme nicht vorgesehener Parametrisierungen dar.
- Die *Re-Programmierung* stellt die weitreichendste Möglichkeit der Anpassung dar. Sie ist aufgrund der notwendigen Spezialkenntnisse in der Regel Personen mit Entwickler-Know-how vorbehalten.

Von der ersten Form der Parametrisierung bis zur Re-Programmierung sinkt die Nutzbarkeit der Mechanismen durch die Benutzer selbst. Allerdings ist bei der Anpassung von CSCW-Technologien zu berücksichtigen, daß diese nicht nur individuelle Auswirkungen, sondern aufgrund der interindividuellen Unterstützung auch interindividuelle Auswirkungen haben werden und den Interessen anderer Teilnehmer widersprechen können.[153] Beispielsweise ist bei der Umleitung von Vorgängen in einem Prozeßunterstützungssystem nicht nur derjenige betroffen, der diese Umleitung einleitet, sondern auch die Person, auf die Vorgänge umgeleitet werden. Die Anpaßbarkeit erfordert deshalb gleichzeitig die Möglichkeit von Aushandlungsprozessen zwischen den indivi-

Funktionen genutzt werden oder wurden (z.B. Verbindungsdaten, Kontrolldaten). Vgl. Hammer/Pordesch/Roßnagel (1993), S. 32ff.

150 Vgl. Henderson/Kyng (1991), S. 223ff.

151 Vgl. Oberquelle (1993), S. 48f.; Oberquelle (1994), S. 39f.

152 Vgl. Messer/Sandkuhl (1995), S. 119.

153 Vgl. Herrmann/Just (1994), S. 98 für mögliche Gründe.

duellen und kollektiven Interessenlagen innerhalb der Kooperationseinheit. Dieses beinhaltet etwa bezüglich des Beispiels aus der Prozeßunterstützung, die Umleitung der Vorgänge erst dann wirksam werden zu lassen, wenn die entsprechende zweite Person der Umleitung zustimmt. Anpassungen sollen von den Betroffenen abgelehnt, angenommen, modifiziert und kommentiert werden können.[154] Hierzu sind geeignete softwaretechnische Mechanismen bereitzustellen.

Die Anpaßbarkeit der eingesetzten kooperationsunterstützenden Technikkomponenten sollte umso höher sein, je höher die Flexibilitätsanforderungen an die Technik aufgrund der Art der Aufgaben[155] oder der strukturellen Gestaltung sind. Insbesondere eine niedrige Ausprägung des durch die strukturelle Gestaltung beeinflußten Informationsstrukturmerkmals 'Bestimmtheit des Informationsbedarfs und der Informationsbereitstellung' weist auf eine hohe Flexibilitätserfordernis und damit auf eine hohe Notwendigkeit der Anpassungsfähigkeit der eingesetzten Technologie hin. Auch das Vorliegen von Einzelfall- und Projektaufgaben impliziert besonders hohe Anforderungen an die Anpassungsfähigkeit von CSCW-Technologien. Wie bereits ausgeführt, existieren jedoch auch bei Regel- und Routineaufgaben Anpassungserfordernisse, weil selbst diese häufig nicht zufriedenstellend ex ante in technischen Systemen abgebildet werden können. Darüber hinaus erfordern auch unterschiedliche individuelle Bedürfnisse der Kooperanden eine weitreichende Anpassungsfähigkeit der CSCW-Technologien.

5.3.6 Aktionsparameter 'Funktionalität'

Mit dem Aktionsparameter 'Funktionalität' wird hier die Gestaltung eines zweiten Aktionsparameters behandelt, der sich nicht auf die Architektur der Informationstechnik bezieht. In Kapitel 3 wurde die Funktionalität einzelner Anwendungssystemklassen von CSCW-Technologien bereits ausführlich erläutert. An dieser Stelle werden Gestaltungshinweise für die Funktionalität von CSCW-Software abgeleitet, die grundlegender, allgemeiner Art im Hinblick auf die Gestaltung von Techniksystemen zur Unterstützung computergestützter Kooperation sind. Ihre Ausgestaltung wird von Informationsstrukturmerkmalen beeinflußt, geht auf die Art der kooperativen Aufgaben zurück, wird jedoch auch durch die Forderung nach dem Werkzeugcharakter von CSCW-Technologien beeinflußt. Die Ausführungen gliedern sich gemäß der Aktivitätenklassen kooperativen Verhaltens. Es wird also auf die durch die Informationstechnik bereitgestellte Funktionalität zur Unterstützung von Kommunikation (Abschnitt 5.3.6.1), zur

[154] Vgl. Hartmann/Kahler/Wulf (1993b), S. 76. Zur Aushandelbarkeit vgl. auch Herrmann/Just (1994), S. 98-102; Wulf (1997), S. 91ff.

[155] Siehe Abschnitt 5.1.2 dieser Arbeit.

Verarbeitung gemeinsamer Objekte (Abschnitt 5.3.6.2) sowie zur Koordination (Abschnitt 5.3.6.3) einzugehen sein.
Darüber hinaus werden mit dem 'Workgroup Computing', dem 'Workflow Computing' und dem 'Information Sharing' drei Nutzungskonzepte kooperationsunterstützender Technologien erörtert (Abschnitt 5.3.6.4). Sie verbinden Ziele des Einsatzes kooperationsunterstützender Technologien mit spezifischen situativen Einsatzbedingungen und bilden dabei idealisierte Funktionalitätsbündel.

5.3.6.1 Kommunikation

Der Unterstützung kommunikativer Aktivitäten kommt bei der computergestützten Kooperation insbesondere dann eine hohe Bedeutung zu, wenn räumlich verteilte und/oder zeitlich asynchron agierende Formen der Kooperation vorliegen. Als potentielle Anwendungssystemklassen, die den Schwerpunkt der Unterstützung auf die kommunikativen Aktivitäten legen, wurden E-mail-, Video-, Audio-, Desktopkonferenz- und Bulletin-Board-Systeme charakterisiert.[156]
Die Frage nach der adäquaten Unterstützung von Kooperationsprozessen durch Kommunikationsmedien nimmt einen breiten Raum in der Debatte um CSCW-Systeme ein. Strukturelle Varianten, die eine hohe Kooperationserwartung widerspiegeln, zielen im wesentlichen darauf ab, eine Verbesserung der Kommunikation und Informationsverteilung zu erzielen. Umsomehr ist zu hinterfragen, ob bzw. unter welchen Bedingungen persönliche Kommunikation durch technikvermittelte Kommunikation ersetzt oder ergänzt werden kann.

Prinzipiell ist festzuhalten, daß effiziente Kooperation in hohem Maße auf effizienter Kommunikation beruht. Kommunikation sollte deshalb

- so oft wie nötig, (geplant oder ungeplant),
- mit guter Qualität (d.h. aufgabenadäquat) und
- mit geringem Aufwand realisierbar sein.

Der erste Aspekt impliziert, daß die Mitglieder einer Kooperationseinheit bei Bedarf jederzeit Kontakt aufnehmen können sollten. Die höchste Qualität der Kommunikation liegt dann vor, wenn ein freies, gleichzeitiges Gespräch mit direkter Rückmeldung, audio-visuellen Kommunikationskanälen und ein gemeinsamer Zugriff auf Dokumente ermöglicht wird. Kommunikation erfüllt nicht nur aufgabenbezogene, sondern auch soziale Funktionen innerhalb von Kooperationsprozessen. Dementsprechend muß es das Ziel des Einsatzes von Informationstechnik zur Kommunikationsunterstützung in Koope-

---

156 Vgl. die Ausführungen in Abschnitt 3.3 dieser Arbeit.

rationssituationen sein, hierfür bestmöglich geeignete Medien zur Verfügung zu stellen. Dies gilt insbesondere dann, wenn face-to-face-Kontakt aufgrund räumlicher Verteilung nicht uneingeschränkt möglich ist. Der Aspekt des geringen Aufwandes bezieht sich weniger auf finanzielle Ressourcen als auf die Einfachheit des Zustandekommens der Kommunikation. Bei der Anwesenheit des Kooperationspartners im Nachbarbüro kann dieser Aufwand niedrig sein. Die Miete eines Videokonferenzstudios oder das Anmelden und Abmelden einer Telefonkonferenz erfordern dagegen einen wesentlich höheren Aufwand, um den Kommunikationsprozeß in Gang zu setzen.[157]

In diesem Zusammenhang seien einige wichtige Konsequenzen des Medieneinsatzes in Kommunikationsprozessen (Media Impact) dargestellt:[158]

- *Verminderung der sozialen Präsenz*: Soziale Präsenz bezeichnet das Ausmaß, in dem ein Medium den Kommunikationspartnern das Gefühl vermittelt, präsent zu sein.[159] Unterschiedliche Medien beeinflussen Kooperation und Interaktion aufgrund ihrer unterschiedlichen Fähigkeit zur Vermittlung sozialer Präsenz um so stärker, je mehr beziehungsbezogene Aspekte in der Kommunikation im Vordergrund stehen. Während rein sachliche, d.h. inhaltsbezogene Informationsprozesse relativ unabhängig vom eingesetzten Medium sind, zeigen sich erhebliche Veränderungen bezüglich der persönlichen Bewertungen, Überzeugungen, Verhandlungen, Konflikte und Kohäsion in Gruppen beim Einsatz von Medien, da Informationen auf der Beziehungsebene primär nonverbal und implizit übertragen werden.[160]
- *Ausblendung des sozialen Kontextes* bei computergestützter Textkommunikation: Eine nicht am möglichst unverzerrten Nachrichtentransport, sondern am Verhalten der Akteure orientierte Sicht versteht Kommunikation als absichtsvolles Handeln, das sich auf die Vorstellungswelt anderer Menschen bezieht. Sich verständigen heißt dann, dem Erfahrungshorizont des Adressaten mit Hilfe von Mitteilungen möglichst nahe zu kommen. Weil es jedoch prinzipiell unsicher ist, ob eine Verständigung zustande gekommen ist oder ob man mißverstanden wurde, werden Kommunikationsprozesse durch Aktivitäten der Verständigungssicherung begleitet. Nachfragen oder Beobachtungen des Verhaltens des Kommunikationspartners dienen zur Absicherung einer Mitteilung, indem sie beispielsweise überprüfen, ob der Kommunikationspartner zuhört, versteht, überrascht ist, ablehnt oder

157 Vgl. Teufel/Sauter/Mühlherr et al. (1995), S. 75f.

158 Vgl. Goecke (1997), S. 108. Zum Einfluß von Medien auf die Interaktion in Gruppen vgl. die empirischen Beiträge von Short/Williams/Christie (1976); Hiltz/Turoff (1978); Sproull/Kiesler (1991); Kiesler/Siegel/McGuire (1984); Galegher/Kraut (1990). Vgl. auch Schneider/Stitzel (1990).

159 Vgl. Short/Williams/Christie (1976), S. 64-66.

160 Vgl. Short/Williams/Christie (1976), S. 62, 77-139. Vgl. auch die Darstellung verschiedener Studien bei Theis (1994), S. 253f.

zustimmt. Kommunikationsvorgänge sind darüber hinaus in einen fortlaufenden Kommunikationszusammenhang eingebettet. Die Kommunizierenden bedienen sich des ihnen zur Verfügung stehenden Kontexthorizontes, um zu verstehen, vor welchem Hintergrund, über welche Inhalte und mit welchem Ziel kommuniziert wird.[161] Bei Einsatz computergestützter, textbasierter Medien reduzieren sich die Ausdrucksmöglichkeiten der beteiligten Personen gegenüber der face-to-face-Kommunikation durch das Wegfallen non-verbaler Kommunikationsbestandteile. Die notwendige Rekonstruktion der Intention und des Informationsstandes eines Kommunikationspartners wird zudem eingeschränkt, da Rückfragen und Erläuterungen (insbesondere bei asynchronen Mitteilungen) nur bedingt möglich sind. Die darüber hinaus auftretende Ausblendung des sozialen Kontextes bei computergestützter textbasierter Kommunikation läßt diese vor allem für Aufgaben geeignet erscheinen, die präzise, nicht von sozialen Einflüssen überlagerte und rationale Argumentation erfordern.[162] Elektronische Medien verbessern zwar die Erreichbarkeit von Kommunikationspartnern über räumliche und zeitliche Barrieren, es findet jedoch eine Einengung des Kontextes sprachlicher Äußerungen statt. In Kommunikationssituationen, in denen Kooperationsbeziehungen und die zugehörigen Vertrauensverhältnisse erst aufgebaut werden müssen oder die Kommunikation durch eine hohe Komplexität, einen hohen Bedarf an Vertraulichkeit oder persönliche Abstimmung geprägt ist, gewinnen informelle, ungeplante, ungeregelte sowie nicht technisch vermittelte Kommunikationsformen an Bedeutung.

- *Veränderungen des Kommunikationsverhaltens und des Kommunikationsstils*: Computergestützte Kommunikation in Gruppen ist unpersönlicher, anonymer und 'oberflächlicher' (i.S. einer geringeren Bindung an die getätigten Äußerungen).[163] Kommunikationspartner tendieren aufgrund des fehlenden (nonverbalen) Feedbacks dazu, in ihrem Verhalten ausschließlich den Nachrichteninhalt und weniger die hinter den Nachrichten stehenden Personen zu beachten.[164] Die Kommunikation wird weniger durch soziale Normen beeinflußt, was dazu führen kann, daß Nachrichten und Emotionen deutlicher und ungehemmter zum Ausdruck gebracht werden. Das Kommunikationsverhalten wird beim Einsatz computergestützter

161 Vgl. Knittel (1995), S. 140f.

162 Vgl. Hiltz/Turoff (1978), S. 138. Zur Reduzierung von „social context cues" beim Einsatz von E-mail-Systemen vgl. auch Sproull/Kiesler (1986).

163 Widersprechend Hartmann/Kahler/Wulf (1993a), S. 64, die feststellen, daß mit Hilfe elektronischer Medien übermittelte Nachrichten eine höhere Verbindlichkeit als die im persönlichen oder telefonischen Gespräch geäußerten Ansichten haben, weil sie gespeichert und erneut gelesen werden können. Dies erschwere einen unverbindlichen Austausch von Positionen, der häufig die Voraussetzung für das inhaltliche Aufeinanderzugehen darstellt.

164 Vgl. Sproull/Kiesler (1991), S. 40-55.

Medien leichter kontrollierbar, was sich hinsichtlich der Lösung einer gemeinsamen Aufgabe aus psychologischen Gründen unter Umständen kontraproduktiv auswirkt. Elektronische Medien wie E-mail erleichtern jedoch auch die Koordination und die Informationsverteilung, so daß ein stärkeres Gefühl des Eingebundenseins entsteht. Elektronische, schriftliche Kommunikation kann einen Kommunikationsstil fördern, der stärker auf die Aufgaben (Lokomotion) bzw. faktenorientiert und weniger auf den Zusammenhalt (Kohäsion) bzw. personenorientiert ausgerichtet ist.[165] Textbasierte Kommunikationsformen (bspw. in Meeting Support Systemen) ersetzen spontane sprachliche Äußerungen durch überlegtes Schreiben. Gleichzeitig findet häufiger eine einseitige Informationsübertragung bzw. eine Aneinanderreihung von Beiträgen als ein echter Dialog statt.[166] Informelle Kommunikation, Meinungsäußerungen, -bewertungen und -analysen werden reduziert.[167] Mehrere Studien weisen darauf hin, daß der Übergang zu textbasierter Kommunikation zur Formalisierung der Kommunikation beiträgt. Insbesondere formular- und menüorientierte Benutzungsoberflächen sowie Dialogformen formalisieren Kommunikationsinhalte vielfach aufgabenunangemessen und kontextverengend.[168]

Insgesamt muß festgehalten werden, daß die Auswirkungen des Medieneinsatzes auf das Kommunikationsverhalten und die Kooperationsergebnisse keine einseitig negative oder positive Beurteilung der Veränderungen durch den Einsatz computergestützter Medien zulassen. Eine größere Faktorenorientierung beispielsweise kann sich sowohl positiv als auch negativ auf die Kommunikationsergebnisse auswirken. Dies gilt insbesondere, weil die Verschränkung der Inhalts- und Beziehungsebene in der face-to-face-Kommunikation, welche beim Einsatz von Medien verändert wird, als ambivalent beurteilt werden muß.[169] Deshalb ist jede Arbeitssituation exakt dahingehend zu analysieren, ob direkte Kommunikation erforderlich ist bzw. welche medial vermittelten Kommunikationsformen sich zu dem Zweck eignen, den jeweiligen kooperativen Aufgabenerfüllungsprozeß effektiv zu unterstützen.

In diesem Zusammenhang stellen sich die Erkenntnisse der situativ orientierten, empirischen Kommunikationsforschung als zentral für die Ableitung von Gestaltungsempfehlungen für die Unterstützung von Kommunikation in kooperativen Prozessen dar. Während akzeptanzorientierte Studien personelle Kommunikationspräferenzen in

165 Vgl. Grote (1994), S. 75.
166 Vgl. Schneider/Stitzel (1990), S. 48. Vgl. auch Wagner (1991), S. 178.
167 Vgl. Freisleben/Rüttinger/Sourisseaux et al. (1991), S. 255.
168 Vgl. Herrmann (1991b), S. 62; Herrmann (1989), S. 62.
169 Vgl. Schneider/Stitzel (1990), S. 48f.

bestimmten Situationen ermitteln (Theorie der subjektiven Medienakzeptanz), untersuchen effizienzorientierte Studien wie die Media-Richness-Theorie die Eignung, den Nutzen und die Probleme der Medienanwendung in unterschiedlichen Situationen. Als dritter Ansatz ist die Social-Influence-Theorie[170] zu nennen, nach der die Akzeptanz des Mediums im Umfeld der Kommunikationspartner auf die Medienwahl wirkt. Alle drei Varianten befassen sich mit der Wahl von Kommunikationsmedien, so daß auch von 'Media Choice Theorien' gesprochen wird.[171]

Zur Ableitung von Gestaltungsempfehlungen wird hier die Theorie der 'Media-Richness' bzw. 'Information-Richness' von DAFT und LENGEL[172] erläutert. Sie unterscheidet Medien nach ihrer Reichhaltigkeit (richness). Reichhaltigkeit von Medien bezeichnet deren Fähigkeit, die wechselseitige Verständigung von Kommunikationspartnern innerhalb einer bestimmten Zeitspanne sicherzustellen.[173] Die Reichhaltigkeit eines Kommunikationsmediums ergibt sich aus seiner Kapazität zur Übertragung schriftlicher, sprachlicher und visueller Informationen, den Möglichkeiten zur schnellen Rückkopplung zur Absicherung der Verständigung und der Art und Menge der Zusatzinformationen (cues) mittels der Nutzung verschiedener Kommunikationskanäle (z.B. Körpersprache oder Tonlage). Die soziale Präsenz korreliert mit der Reichhaltigkeit der übermittelten Informationen. Reichhaltige Medien stellen eine virtuelle Präsenz der Kooperationspartner her, in der die zeitliche und/oder räumliche Verteilung kaum noch wahrnehmbar ist. Face-to-face-Kommunikation besitzt die größte Reichhaltigkeit und den höchsten Grad sozialer Präsenz, während numerische Dokumente eine sehr geringe Reichhaltigkeit und soziale Präsenz aufweisen. Dazwischen liegen in absteigender Reihenfolge der Reichhaltigkeit Videokommunikation, Telefon, Voice Mail, Computerkonferenzen, Telefax, Briefpost/Dokumente und E-Mail. Als reich(haltig) eingestufte Medien eignen sich dazu, Unsicherheiten aufgrund von Mehrdeutigkeiten von Informationen (equivocality) durch Etablierung eines gemeinsamen Referenzrahmens zu reduzieren, während ein Mangel an Informationen (uncertainty) auch durch weniger reiche Medien verringert werden kann.[174]

---

170 Vgl. Fulk/Schmitz/Steinfield (1990).

171 Vgl. Goecke (1997), S. 61.

172 Vgl. Daft/Lengel (1984); Daft/Legel/Trevino (1987). Diese Theorie bezieht sich ursprünglich vor allem auf das Kommunikationsverhalten von Managern.

173 Daft/Lengel (1986), S. 560: „Information richness is defined as the ability of information to change understanding within a time interval. Communication transactions that can overcome different frames of reference or clarify ambiguous issues to change understanding in a timely manner are considered rich. Communications that require a long time to enable understanding or that cannot overcome different perspectives are lower in richness. In a sense, richness pertains to the learning capacity of a communication."

174 Vgl. Daft/Lengel (1986), S. 560ff. Kritisch äußert sich Markus (1994), S. 502ff. zur Media-Choice-Theorie, indem sie aufzeigt, daß das an Reichhaltigkeit 'arme' Medium E-mail durchaus zur

Nach der Theorie der Reichhaltigkeit von Medien entscheidet die Übereinstimmung zwischen den Charakteristika des eingesetzten Mediums und der Kommunikationsaufgabe über die Effektivität und Effizienz der aufgabenbezogenen Kommunikation. So wirkt sich sowohl eine zu niedrige als auch eine zu hohe Reichhaltigkeit des Mediums im Vergleich zu den Anforderungen der Kommunikationsaufgabe negativ auf die Effektivität aus. Es konnte empirisch nachgewiesen werden, daß die folgenden Zusammenhänge zwischen der Reichhaltigkeit eines Mediums und seiner Effektivität bezüglich der Aufgabenerledigung bestehen:[175]

Je höher die Komplexität einer (Teil-)Aufgabe, desto effektiver und effizienter ist die Kommunikation über Medien mit hoher Reichhaltigkeit und sozialer Präsenz. Komplexe Aufgaben (d.h. insbesondere Einzelfall- und Projektaufgaben) stellen deshalb eine Domäne persönlicher Kommunikation und audiovisueller Konferenzsysteme dar, während eine geringe Eignung textueller Kommunikationsmedien besteht.

Je größer das Ausmaß der Strukturiertheit einer (Teil-)Aufgabe ist, desto effektiver ist die Anwendung von Medien mit geringer Reichhaltigkeit und geringer sozialer Präsenz. Bei Regel- und Routineaufgaben können deshalb textorientierte Kommunikationsformen zur Anwendung gelangen, während sprachliche, persönliche Kommunikation weniger geeignet ist.

Je mehrdeutiger eine (Teil-)Aufgabe ist - dieses impliziert z.B. Notwendigkeiten der Interpretation, Einschätzung von Personen und Situationen - desto effektiver ist der Einsatz reichhaltiger Medien zur Unterstützung der Kommunikation. Hier liegt wiederum eine Domäne persönlicher Kommunikation und audiovisueller Kommunikationsunterstützung sowie eine geringe Eignung textueller Kommunikation vor. Diesem Typ

---

Lösung komplexer Aufgaben eingesetzt wird. Andere Theorien weisen darauf hin, daß auch andere Charakteristika wie etwa die Kooperationsstruktur (z.B. Anzahl und geographische Verteilung der Akteure), persönliche Eigenschaften (z.B. Präferenzen, Arbeitsstil und Geübtheit im Umgang mit Medien), sozio-kulturelle Faktoren und andere Eigenschaften des Mediums (z.B. Verbreitung, Geschwindigkeit und Zuverlässigkeit/Sicherheit, Änderbarkeit und Persistenz der Informationen) auf die Medienwahl und das Kommunikationsverhalten wirken. Vgl. Goecke (1997), S. 240f.; Zerbe/Schwarzer/Krcmar (1995), S. 31.

175 Vgl. Rice (1992), zit. in Goecke (1997) i.V. mit Picot/Reichwald (1987), S. 72. Letztere beziehen sich bei ihrer Differenzierung von Aufgaben auf die Typen improvisatorisch/innovativ, administrativ/ sachbezogen, determiniert/routinisiert. Diese Differenzierung weist eine hinreichende Übereinstimmung mit der im Rahmen der vorliegenden Arbeit präferierten Differenzierung von Aufgabentypen nach Nippa (siehe Abschnitt 5.1.1 dieser Arbeit) auf, so daß die Erkenntnisse übertragbar sind.
Zu ähnlichen Schlußfolgerungen kommt entsprechend auch das Modell der aufgabenorientierten Medienwahl (vgl. Reichwald (1993), S. 483) im Kontext typischer Kommunikationsaufgaben im Führungsbereich. Dabei wird auf die Anforderungen der Kommunikationsprozesse hinsichtlich Komplexität, Vertraulichkeit, Schnelligkeit/Bequemlichkeit und Genauigkeit/Dokumentiertheit sowie die diesbezügliche Eignung verschiedener Medien abgehoben. Vgl. Reichwald (1993), S. 483.
Vgl. McGrath/Hollingshead (1993), S. 91-93, die die Task-Media-Fit-Hypothese auf die Aufgabenklassifikation von McGrath (siehe Abschnitt 5.1.1 dieser Arbeit) anwenden.

sind Einzelfall- und Projektaufgaben zuzuordnen. Insbesondere Kommunikation mit dem Ziel der Vertrauensbildung (z.B. Kennenlernen, Konflikte lösen, verhandeln, überzeugen) und der Motivation erfordern persönlichen Kontakt.[176] Auch Aufgaben, bei denen ein gemeinsames Problemverständnis und ein gemeinsamer Bezugsrahmen erst noch hergestellt werden müssen, sollten mit reichen Medien unterstützt werden.
Zusammenfassend läßt sich festhalten, daß technische Kommunikationsunterstützung dort, wo soziale Präsenz zur Lösung von Problemen notwendig ist, z.B. um Vertrauen herzustellen, Glaubwürdigkeit zu ergründen, um Informationen für schlecht strukturierte Probleme kreativ zu generieren und zu bewerten, höchstens eine subsidiäre Funktion ausüben sollte. Besteht jedoch zwischen den Kooperationspartnern ein gewisser Wertekonsens und Vertrauen, sind die zu bewältigenden Aufgaben nicht übermäßig schlecht strukturiert und die Schnittstellen zwischen den Beteiligten nicht zu komplex, läßt sich das Koordinationsproblem mit Hilfe leistungsfähiger Technologien unterstützen, auch wenn eine räumliche und/oder zeitliche Verteilung der Akteure vorliegt.[177]

Stellt man die Informationsstrukturmerkmale in diesen Zusammenhang, ist zu vermuten, daß ein Zusammenhang zwischen den Merkmalen 'Informationsqualität, Aussagegehalt' sowie 'Informationsqualität, Darstellungsweise' und der Medienwahl besteht. Je höher die Ausprägung des Merkmals 'Informationsqualität, Aussagegehalt' ist, desto eher sind reiche Medien zu bevorzugen, da die Interpretation komplexer, mehrdeutiger Informationen durch nicht-sprachliche Informationen erleichtert wird. Demgegenüber sind bei hoher Ausprägung des Merkmals 'Informationsqualität, Darstellungsweise' 'arme' Medien angemessen, da Formalisierung, welche auf die 'Informationsqualität, Darstellungsweise' wirkt, an schriftliche Medien und Beweisbarkeit von Informationen anknüpft.

Die Kohäsion von Kooperationseinheiten wird wesentlich durch die Interaktionshäufigkeit beeinflußt. Kooperationseinheiten, die durch eine Vielzahl sozialer Kontakte beispielsweise durch face-to-face-Kommunikation und direkte Kommunikationsbeziehungen zwischen allen Mitgliedern der Kooperationseinheit gekennzeichnet sind, weisen eine signifikant höhere Kohäsion auf.[178] Demnach darf es nicht Ziel des Technikeinsatzes in Kooperationsprozessen sein, Interaktionen zwischen den Akteuren zu verhindern. Die Gestaltung der Funktionalität der einzusetzenden kooperationsunterstützenden Technologien sowie der zugehörigen Benutzungsregeln sollte deshalb die Kommunikationsmöglichkeiten und die Spielräume der Akteure bei der Wahl des Kommunikationsmediums nicht beschneiden. Die Möglichkeit eines ungehinderten Medienwechsels ist für das

176 Vgl. Schneider/Stitzel (1990), S. 46.
177 Vgl. Picot/Reichwald (1994), S. 563f.
178 Vgl. Steinmann/Schreyögg (1997), S. 526.

benutzungsgerechte Angebot von besonderer Bedeutung, da die Benutzer nicht durch technische Sachzwänge behindert werden wollen und sollen. Diese Freiheit beinhaltet jedoch auch die Möglichkeit, nicht auf technikvermittelte Kommunikation zurückzugreifen. Die technische Unterstützung von Kommunikationsprozessen sollte kooperative Arbeitsbeziehungen nicht stören, indem Kommunikation durch Einsatz technischer Medien formalisiert und in bestimmte Bahnen gezwungen wird. Deshalb muß die Funktionsfähigkeit der eingesetzten CSCW-Technologie auch dann erhalten bleiben, wenn Kommunikation nicht durchgängig von Technik unterstützt wird. Den Akteuren sollten Wahlmöglichkeiten eröffnet werden, zwischen denen sie sich auf Grundlage des Charakters der Aufgabe und ihrer persönlichen Präferenzen entscheiden können. Gleichzeitig ist darauf zu achten, daß ausreichende Möglichkeiten zur ungebundenen, sozialen (informellen) Kommunikation geschaffen werden bzw. erhalten bleiben. Selbst bei Routineaufgaben muß von ständigem, situativ bedingtem Abstimmungs- und Entscheidungsbedarf ausgegangen werden. Hierzu müssen bei allen Aufgabentypen variable und angemessen reichhaltige Medien zur Verfügung gestellt werden.

5.3.6.2 Verarbeitung gemeinsamer Objekte

Die Verarbeitung gemeinsamer Objekte als eine Aktivitätenklasse der Kooperation[179] spricht vor allem Problembereiche im Zusammenhang mit der Speicherung und der Transformation von Daten in Datenbanken an. Deshalb wird im folgenden auf die speziellen Anforderungen der computergestützten Kooperation an Datenbankmanagementsysteme eingegangen.

In einigen Punkten stellt die Anwendung von CSCW-Technologien *geringere Anforderungen* an Datenbankmanagementsysteme als andere betriebliche Anwendungen. Zum einen ist die Anzahl der Nutzer in den konkreten Anwendungssituationen eher gering. Anwenderzahlen von 100 Personen sind die Ausnahme. Die Anwender verfügen in der Regel über eigene Verarbeitungskapazitäten (z.B. PC), so daß die Anforderungen an Timesharing-Mechanismen relativ gering sind. Zudem werden in den meisten typischen Anwendungsfeldern keine Massendaten verarbeitet. Zum anderen besteht in Kooperationseinheiten regelmäßig eine vergleichsweise gute Kenntnis der Aktivitäten der übrigen Akteure. Deshalb sind Mechanismen einsetzbar, die die Nutzer aktiv in die Problemlösung (etwa bei Dateninkonsistenzen) einbeziehen.[180]

---

[179] Siehe Abschnitt 2.4.4 dieser Arbeit.

[180] Vgl. Barent/Gräslund/Schwabe (1995), S. 8.

In anderen Punkten liegen im Vergleich zu konventionellen Anwendungen *übereinstimmende Anforderungen* an Datenbankmanagementsysteme vor.[181]
Die Vearbeitung gemeinsamer Objekte impliziert den Zugriff mehrerer Personen. Dieses erfordert hinsichtlich der Gestaltung der Datenbanksysteme eine geeignete Verwaltung der Benutzer, die Synchronisierung ihrer Zugriffe und die Sicherstellung der Datenintegrität.[182]
Die Gemeinsamkeit der Objekte erfordert eine persistente Vorhaltung, so daß Recovery- und Rollbackmechanismen verfügbar sein sollten. Für das Wiederfinden von Informationen sind geeignete Suchmechanismen zur Verfügung zu stellen. Die vollständige Indizierung von Dokumenten erlaubt das Durchsuchen von Datenbanken nach bestimmten Wörtern oder Wortkombinationen.[183]
Ein weiterer Aspekt stellt die Bereitstellung adäquater Zugriffs- und Sicherheitsmechanismen dar. Für diese Funktionalität müssen Zugriffsrechte dezentral einzurichten sein, und die Vertraulichkeit der Daten muß sichergestellt werden. Dazu gehört auch die Trennung zwischen öffentlichem und privatem Arbeitsbereich. Erfolgt eine Replikation verschiedener Kopien einer Datenbank, darf es zu keiner Verschlechterung der Sicherheitseigenschaften der ursprünglichen Datenbank kommen.[184]

Darüber hinaus ergeben sich aus der Verarbeitung gemeinsamer Objekte im Rahmen der computergestützten Kooperation im Vergleich zu herkömmlichen Softwaresystemen *zusätzliche Anforderungen* an Datenbankmanagementsysteme.[185]
Das Datenbankmanagementsystem sollte auch die Verarbeitung solcher Daten ermöglichen, die nicht dem Standard-Datentyp entsprechen. Insbesondere ist vielfach die Ablage unstrukturierter Informationen und multimedial vorliegender Dokumente notwendig. Die Grafiken und Texte haben bisweilen eine variable Länge, wodurch eine effiziente Abbildung in den Tabellen relationaler Datenbanken verhindert wird. Groupwareanwendungen erfordern deshalb die Bereitstellung von Datentypen, die neben formatiertem Text auch Grafiken, Texte und Tonaufnahmen abbilden können. Sind Texte hypertextartig miteinander vernetzt und verschiedene Darstellungformen (Grafiken, Zahlentabellen und Texte) ineinander verschachtelt, erweisen sich Tabellen als ineffizient bei der Abbildung vernetzter Strukturen.
Kooperiert eine Kooperationseinheit computergestützt, stellt es sich als essentiell dar, daß die einzelnen Akteure Kenntnis über die Aktivitäten der übrigen Akteure erlangen

---

181 Vgl. hierzu und im folgenden Barent/Gräslund/Schwabe (1995), S. 8, soweit nicht explizit anders angegeben.

182 Auf diesen Aspekt wird am Ende des Abschnittes noch ausführlicher eingegangen werden.

183 Vgl. Scholer (1998), S. 39.

184 Vgl. Scholer (1998), S. 40.

185 Vgl. hierzu und im folgenden Barent/Gräslund/Schwabe (1995), S. 9f. Ähnlich Liang/Lai/Chen et al. (1994), S. 75; Riggert (1998), S. 219; Haake/Marshall/Wiil (1994), S. 9f.

können. Arbeiten mehrere Personen an einem gemeinsamen Objekt, beispielsweise in Form eines gemeinsamen Dokumentes, kann die Koordination der Aktivitäten nur dann erfolgen, wenn der einzelne Akteur erkennen kann, was die anderen gerade tun. Dies kann beispielsweise geschehen, indem die gerade bearbeiteten Abschnitte markiert werden. Trigger können die Akteure dabei von wichtigen Ereignissen wie z.B. der Veränderung eines Datums oder dem Ende einer Transaktion in Kenntnis setzen und das Update der übrigen Anwendungen anstoßen. Die Information über die Aktualität eines Objekts muß gewährleistet werden. Hierzu sind Informationen über den jeweiligen Status sowie über die Historie von Veränderungen bereitzustellen. Um Informationen gleichzeitig bearbeiten zu können, bedarf es des Einsatzes geeigneter Mechanismen, welche die sonst bei Datenbanken üblicherweise gegebene Exklusivität des (ändernden) Datenzugriffs abschwächen, indem Mechanismen wie Benachrichtigungen, temporäre Integritätsbedingungen und Verhandlungsmechanismen eingeführt werden.
Kooperation stellt besondere Anforderungen an die Reichhaltigkeit, Synchronisation und Transparenz der gemeinsamen Objekte. Da gemeinsame Objekte häufig einen unterschiedlichen Ursprung aufweisen, müssen diese sowie die zugehörigen Bezüge und Autorisierungen gespeichert werden.
Das Datenbankmanagementsystem sollte darüber hinaus in der Lage sein, asynchrone, verteilte Kooperation zu unterstützen. Während in herkömmlichen Anwendungen zumeist eine Online-Verbindung mit dem Datenbanksystem besteht, beinhaltet asynchrone, dislozierte Kooperation häufig einen Wechsel zwischen fest vernetzten Umgebungen (z.B. am Arbeitsplatz oder in computergestützten Sitzungsräumen) und unvernetzten Umgebungen (z.B. bei der Einzelarbeit an mobilen Rechnern oder bei Ad-hoc-Sitzungen). Wichtige Datenbestände müssen in diesen Fällen lokal auf den Rechnern vorgehalten werden. Dazu sind Mechanismen zur Duplikation und zum Zusammenfügen von Datenbeständen (Replikation) notwendig. Lösungsansätze bieten auch verteilte Datenbankmanagementsysteme und solche Systeme, die das Arbeiten mit verschiedenen Versionen des zugrundeliegenden Objektes ermöglichen.
Die bestehenden Zugriffsmechanismen in Datenbankmanagementsystemen und die damit verbundene zentrale Vergabe gering differenzierter Zugriffsrechte sind aufgrund der fehlenden Flexibilität nicht ausreichend, um kooperative Prozesse zu unterstützen.[186] Zugriffsrechte sollten stattdessen dynamisch vom Eigentümer der Daten vergeben und zurückgenommen werden können. Darüber hinaus wäre es wünschenswert, zulässige Operationen, die über das Lesen und Schreiben hinausgehen, differenzieren zu können.[187]

[186] Vgl. Greif/Sarin (1988), S. 493 und Ellis/Gibbs/Rein (1991), S. 55.

[187] Vgl. Shen/Dewan (1992), S. 51f., die für die kooperative Texterstellung eine Anwendung entwickelt haben, die mehr als 50 verschiedene, hierarchisch geordnete Zugriffsrechte differenziert.

Insbesondere die Sicherstellung der Datenkonsistenz stellt einen vieldiskutierten Aspekt im Zusammenhang mit der Verarbeitung gemeinsamer Objekte dar. Die Anwendung von Methoden der strengen Ressourcenreservierung und Sperrung wird in Frage gestellt, weil sich sowohl die Anforderungen an die Konsistenz der Daten als auch die Form der Interaktion von den Anforderungen unterscheiden, die an herkömmliche Datenbanken oder verteilte Systeme zu stellen sind. Es kann sowohl technische (z.B. Zeit-Constraints, Transaktionsverarbeitung oder Netzwerkkapazität) als auch nicht-technische Gründe (z.B. geringe Akzeptanz von Lösungen, da die Benutzer gezwungen werden, ihren Arbeitsstil anzupassen) haben, daß die strikte Konsistenzerhaltung gemeinsamer Objekte nicht durch die Applikation erfolgen oder zumindest nicht in allen Fällen für die Benutzer sichtbar sein sollte.[188] Im einzelnen können systemgesteuerte, systemunterstützte und benutzerkontrollierte Formen der Kontrolle über gemeinsame Objekte unterschieden werden:[189]

- Bei *systemgesteuerter Kontrolle* übernimmt die Software die vollständige Kontrolle über den Zugriff auf die gemeinsamen Objekte (z.B. Dokumente oder Interaktionskanäle). Die Kontrolle über die Objekte muß jeweils angemeldet werden und wird durch die Applikation geregelt. Der Zugriff auf ein Objekt wird dabei vielfach lediglich für eine bestimmte Zeitspanne gewährt.
- Bei *systemunterstützter Kontrolle* des Zugriffs stellt das System Mittel zur Unterstützung der Zugriffskontrolle zur Verfügung, beispielsweise indem Rollen explizit oder implizit definiert werden können.
- Bei *benutzergesteuerter Kontrolle* des Zugriffs beruht die Konsistenzwahrung allein auf einem adäquaten Verhalten der Benutzer. In diesem Fall ist es regelmäßig erforderlich, synchrone, qualitativ hochwertige Interaktionskanäle zur Verfügung zu stellen, mittels derer Verhandlungen bezüglich des Zugriffs und der Konfliktlösung durchgeführt werden können.

Obwohl strikte Mechanismen dem Charakter kooperativer Interaktionen widersprechen, etwa weil Kooperation vielfach die Wahrnehmbarkeit der Aktivitäten der Akteure erfordert, muß diesem Argument entgegengehalten werden, daß konfliktionäre und kollidierende Operationen auch in kooperativen Arbeitskontexten auftreten und daß die Wahrung der Konsistenz der gemeinsamen Objekte es rechtfertigen kann, solche Mechanismen vorzusehen. Letzteres wird insbesondere auch vor dem Hintergrund vertreten, daß konfliktionäre Operationen (z.B. mit der Folge des Löschens eines Dokumentes) häufig unbeabsichtigt auftreten und dieses nicht mittels Interaktion verhindert werden kann. Gegen die Implementierung strikter Formen der Ressourcenreservierung spricht vor allem, daß solche von den Benutzern als künstlich, umständlich

[188] Vgl. Lubich (1995), S. 54f.

[189] Vgl. Lubich (1995), S. 54f., u.a. unter Verweis auf Greenberg (1991b).

in der Benutzung und zu restriktiv empfunden werden. Gleichzeitig wird argumentiert, daß die Akteure auf Grundlage ihrer sozialen Erfahrung beurteilen können, wie Konfliktsituationen gehandhabt werden müssen. Die Lösung von Konflikten durch die Benutzer selbst stellt die natürlichste Methode der Interaktion dar und wird somit vermutlich mit der größten Wahrscheinlichkeit akzeptiert.[190] Darüber hinaus ist zu vermuten, daß Konflikten bei der Verarbeitung gemeinsamer Objekte auch inhaltliche oder soziale Divergenzen zugrundeliegen (z.B. Löschen eines Dokumentes, das von einem anderen Akteur noch benötigt wird). Deren Lösung kann durch technische Mechanismen wie z.B. der Aushandlung, Kommentierung, Intervention und Gegensteuerung[191] ohnehin allenfalls unterstützt, jedoch nicht gesteuert werden.

Insgesamt erscheint es angemessen, die Akteure selbst verhandeln und festlegen zu lassen, welche Form der Zugriffsregelung auf gemeinsame Objekte verwendet wird. Schließlich wird das verwendete Verfahren sowohl Einfluß auf die Ergebnisse als auch auf die Dynamik der Kooperation nehmen.[192] Deshalb sollten CSCW-Technologien verschiedene Alternativen anbieten.

5.3.6.3 Koordination

Die Unterstützung koordinativer Aktivitäten durch CSCW-Technologien zielt vor allem darauf, den Interdependenzen zwischen den Akteuren bzw. deren Aktivitäten, die eine gemeinsame Aufgabe mit Hilfe des Einsatzes von Computern erfüllen, gerecht zu werden. Zwar dienen auch Termin- und Projektmanagementsysteme der Unterstützung koordinativer Anteile in Kooperationsprozessen, die nachfolgenden Ausführungen erfolgen allerdings vor allem mit Blick auf Prozeßunterstützungssysteme. Sie eignen sich primär dazu, die Koordination in sequentiell arbeitsteiligen Arbeitsprozessen zu unterstützen.

Kooperation kann nur dann stattfinden, wenn die Akteure über ein Mindestmaß an Handlungsspielräumen verfügen. Gerade der Einsatz von Prozeßunterstützungssystemen wird jedoch häufig in einer Form umgesetzt, in der die Steuerung der Aktivitäten auf die Software übertragen wird und dem Management neue Mechanismen zur Kontrolle der Aktivitäten der Akteure zur Verfügung gestellt werden. Prozeßunterstützungssysteme erfordern dann ex ante eine formale Modellierung der zu unterstützenden Prozesse, auf deren Grundlage den Anwendern Sequenzen von Abarbeitungsschritten vorgegeben

---

190 Vgl. Lubich (1995), S. 56f.
191 Vgl. Wulf (1997), S. 82ff.
192 Vgl. Lubich (1995), S. 123.

werden. Die Ablaufbeschreibungen können dabei zur Laufzeit der Systeme zumeist nicht mehr verändert werden. Es zeigt sich jedoch, daß allenfalls einfache Routineaufgaben vollständig formal abgebildet werden können. Die folgenden Ausführungen geben Hinweise für die Gestaltung von Prozeßunterstützungssystemen mit Hilfe eines Ansatzes, der die Anwender als Experten ihres Faches ansieht, welche Software-Werkzeuge für die eigenverantworliche Erledigung der Aufgaben verwenden, und der somit das Leitbild der 'Werkzeuge und Materialien in Werkstätten' umsetzt. Den Anwendern werden Werkzeuge und Materialien an die Hand gegeben, die sich unter ihrer Kontrolle entsprechend den Erfordernissen der Arbeitssituation verwenden lassen. Der Ansatz geht davon aus, daß die Arbeit qualifizierter Akteure nicht automatisiert oder geregelt, sondern allenfalls unterstützt werden kann. Dieses beinhaltet vor allem eine Distanzierung von dem Versuch, Koordinationsprozesse in kooperativen Arbeitsprozessen mit Hilfe des Koordinationsmechanismus 'Programm' herbeizuführen, indem die Koordinationsprozesse ex ante mittels vorformulierter, als 'objektiv' richtig angesehener Aktivitätenfolgen standardisiert werden und die Gesamtlogik der Aktivitäten in ein software-technisches System implementiert wird.[193] Die Systemunterstützung versucht also nicht, eine spezielle Form der Koordination zu erzwingen.[194]

GRYCZAN, WULF und ZÜLLIGHOVEN konzeptionalisieren Aktivitätenfolgen der Koordination als 'Ressourcen' situativen Arbeitshandelns. Die Repräsentationen der Koordinationsprozesse werden dabei nicht algorithmisiert und als formale, geschlossene Handlungsfolge interpretiert, sondern es werden punktuelle Anleitungen und Orientierungen bei der Koordination kooperativer Aktivitäten sowie situativ einsetzbare Hilfsmittel angeboten. Dieses trägt der Tatsache Rechnung, daß kooperative Arbeitsprozesse und die damit verbundenen Koordinationsaktivitäten Ergebnisse dezentraler Aushandlungsprozesse darstellen. Die kooperierenden Akteure stimmen sich untereinander über Aktivitäten, Reihenfolgen und Zuständigkeiten ab. Die Kontrolle der Aktivitäten bleibt vollständig in der Verantwortung der einzelnen Akteure.[195]
Hierzu führen die Autoren *Prozeßmuster* als eine Form des gemeinsamen Materials in die Betrachtung ein. Diese Prozeßmuster vergegenständlichen bestimmte Formen der Zusammenarbeit zwischen den Akteuren, die sich bei der arbeitsteiligen Erledigung einer Routine- oder Regelaufgabe bewährt haben. Die Grundidee besteht darin, Vorgangsmappen mit angehefteten Prozeßmustern zwischen den software-technischen Arbeitsumgebungen der kooperierenden Akteure zu transportieren. In den Prozeßmustern werden die zu erledigenden Aktivitäten, ihre Interdependenzen, die verantwortlichen Personen bzw. Rollenträger und die notwendigen Dokumente benannt. Der Stand der

[193] Vgl. Gryczan/Wulf/Züllighoven (1996), S. 90f.
[194] Vgl. Syring (1994), S. 28.
[195] Vgl. Gryczan/Wulf/Züllighoven (1996), S. 91.

Kooperation läßt sich vor dem Hintergrund einer bereits etablierten Kooperation mittels eines Blickes auf das gemeinsame Material erkennen. Es findet keine zentralisierte Steuerung und Kontrolle statt. Die Prozeßmuster repräsentieren einen 'Normalfall', der sich aufgrund der Erfahrungen der Akteure herausgebildet hat. Die Weiterleitung der Vorgangsmappe erfolgt mit Hilfe elektronischer Posteingangs- und Postausgangsfächer, die exklusiv den individuellen Akteuren zugeordnet werden. Die entnommenen Materialien werden in den Eingangskorb des nächsten Bearbeiters transportiert.[196]
Die Prozeßmuster dienen als Arbeitsgegenstand, der von den Anwendern für die spezifische Kooperationssituation erstellt wird. Sie können jedoch auch als Anweisung für den Transport interpretiert werden. Die Prozeßmuster erlauben die Information über den Stand der Kooperation und den Verbleib eines Vorganges sowie die Anpassung an die konkrete Situation (z.B. Änderung von Zuständigkeiten, Festlegen neuer oder Entfernen vorhandener Tätigkeiten und Abhängigkeiten). Verschiedene Prozeßmuster können in der individuellen elektronischen Arbeitsumgebung quasi als Vorlagen vorgehalten und neue, verbesserte Prozeßmuster generiert werden, was der Dynamik der Koordinationsprozesse gerecht wird. Zu ihrer Bearbeitung werden Editor- und Browserwerkzeuge bereitgestellt. Der notwendige Gestaltungsspielraum der Akteure wird gesichert, da auf die Werkzeuge und Materialien nicht von außen zugegriffen werden kann und die Aktivitäten nicht von außen kontrolliert werden können. Die Software 'entscheidet' nicht darüber, ob eine Aktivität abgeschlossen ist und veranlaßt auch nicht 'selbständig' den Weitertransport der Vorgangsmappen.[197]

Insgesamt wirkt dieser Ansatz der Tendenz entgegen, die Kompetenzen zur Definition von Prozessen auf Akteure außerhalb der Kooperationseinheiten (bspw. spezielle Stabsstellen) zu übertragen. Dieses ist vielfach dort der Fall, wo die in komplexe Vorgangssteuerungssysteme implementierten Prozesse durch Organisatoren und DV-Experten modelliert und implementiert werden. Stattdessen bleibt die Selbsteuerung der Akteure auch beim Einsatz koordinationsunterstützender CSCW-Technologien erhalten. Der Ansatz stellt somit ein gelungenes Beispiel dafür dar, wie eine Unterstützung kooperativer Akteure auf Grundlage des Einsatzes von Software mit Werkzeugcharakter aussehen kann.

---

[196] Vgl. Gryczan/Wulf/Züllighoven (1996), S. 97ff.
[197] Vgl. Gryczan/Wulf/Züllighoven (1996), S. 99f., 101f.

5.3.6.4 Einsatzkonzepte kooperationsunterstützender Technologien

Jenseits der technischen Aktionsparameter und ihrer Verbindung zu den Informationsstrukturmerkmalen seien hier konkrete Einsatzkonzepte kooperationsunterstützender Technologien dargestellt. Sie verbinden die Ziele des Einsatzes kooperationsunterstützender Technologien mit spezifischen Einsatzsituationen. Im einzelnen lassen sich die drei idealisierten Nutzungskonzepte 'Workgroup Computing', 'Workflow Computing' und 'Information Sharing' unterscheiden. Sie werden im folgenden untersucht.[198]

Ein zentraler Aspekt der Unterstützung kooperativer Arbeit besteht in der Bereitstellung und Nutzung gemeinsamer Informationsbestände. Das Nutzungskonzept des *Information Sharing* stellt diese gemeinsamen Informationsbestände in den Mittelpunkt der Unterstützung und strebt dabei eine erhöhte Transparenz bezüglich der in der Unternehmung vorhandenen Informationen an. Das Ziel besteht dabei darin, das Leistungspotential der Kooperationseinheiten, die Reaktionsfähigkeit sowie die Flexibilität der Unternehmung durch einen breiten Zugang zu Informationen in formalen und informalen Darstellungsformen zu erhöhen. Eine wesentliche Funktion des Technikeinsatzes liegt dabei darin, Informationen zu verteilen, zum Zweck der Wiedergewinnung strukturiert zu speichern, einen leichten, wahlfreien Zugang auch zu räumlich verteilten Informationsbeständen zu eröffnen sowie die kontextabhängige Suche in Informationsbeständen zu erleichtern. Die technologische Unterstützung erfolgt vor allem mit Hilfe von E-Mail-Systemen, Computerkonferenzen sowie Datenbanksystemen, die auf der Basis von Bulletin-Board-Funktionalität agieren.
Die unternehmungsweite Adreßverwaltung, Archive mit Präsentationsunterlagen, Kataloge und Preislisten stellen einfache Anwendungsbeispiele dar, bei denen die Erhöhung der Aktualität und Verbesserung der Wartbarkeit von Informationsbeständen im Mittelpunkt steht. Fortgeschrittene Anwendungen versuchen, das in der Unternehmung bzw. bei den Akteuren verfügbare Know-How in speziellen verteilten Datenbanken in Form semi-strukturierter Dokumente zu speichern. Mögliche Inhalte solcher Dokumente sind die Dokumentation von Referenzprojekten oder Vorgängen. Der Einsatzzweck dieses Wissensbestandes und die Anzahl der Beteiligten sind dabei nicht notwendigerweise ex ante bestimmbar. Die Wissensbasis trägt den Charakter eines Informationspotentials, wobei das sogenannte Meta-Wissen bezüglich des Kontextes der Informationen, also des

---

198 Vgl. Bornschein-Grass (1995), S. 61-64, welche die vier praxisorientierten Ansätze Shared Workspace, Information Sharing, Workgroup Computing und Workflow Automation bzw. Management differenziert, ohne Unterscheidungskriterien offenzulegen.
Hasenkamp/Syring (1994), S. 26-28 differenzieren das Workgroup Computing vom Workflow Computing und verwenden dazu einen Satz von Unterscheidungskriterien, an dem sich die folgenden Ausführungen orientieren.

Entstehungshintergrundes, sowie bezüglich des Zweckes der Informationserzeugung und -sammlung etc. eine wesentliche Rolle spielt. Anwendungsbeispiele eines solchen Einsatzkonzeptes finden sich beispielsweise in Unternehmungen der Beratungsbranche oder anderen Wirtschaftszweigen, die Aufgaben mit ausgeprägtem Projektcharakter wahrnehmen. Die Möglichkeit des Zugriffs auf verschiedene Wissensquellen etwa im Zusammenhang mit der Angebotserstellung für ein komplexes Projekt, die Dokumentation der Erfahrungen mit einem bestimmten Verfahren oder die Sammlung spezieller Branchendaten kann sowohl Kosten- als auch Zeiteinsparungen sowie eine höhere Leistungsqualität ermöglichen und unterstützt gleichzeitig die Lernprozesse in einer Unternehmung. Aber auch bei Aufgaben mit hoher Wiederholungshäufigkeit und geringen Variationen finden sich geeignete Anwendungsgebiete.
Im Zusammenhang mit Information Sharing kann man auch vom 'Knowledge-Networking' sprechen. Hierbei findet Kooperation insofern statt, als daß Wissen bzw. Informationen nicht als privat oder quasi 'gruppen-privat' behandelt werden, sondern einer breiteren Nutzergruppe zur Verfügung gestellt werden. In der Unternehmung bereits erworbene Erfahrungen und gesammeltes Wissen werden demnach einer erneuten Nutzung zugänglich gemacht, um aktiv zur Verbesserung kooperativer Arbeit beizutragen. Gleichzeitig findet über den Zugriff auf gemeinsame Informationsobjekte eine indirekte Koordination statt. Die gemeinsame Wissensbasis kann darüber hinaus als Medium zur Anbahnung von Kooperationsbeziehungen dienen.

Das Nutzungskonzept des *Workgroup Computing* zielt primär auf integrative Leistungszusammenhänge in kleinen Kooperationseinheiten von überschaubarer Größe, wie etwa in Projektgruppen, in Sitzungen oder bei der Lösung spezieller Aufgaben, beispielsweise der gemeinschaftlichen Erstellung eines Dokumentes. Organisatorische Regeln, die bei der Gestaltung einer adäquaten Technikgestaltung zu beachten wären, spielen eher eine untergeordnete Rolle. Nicht die Arbeitsteilung, sondern die gemeinsame Leistungserstellung steht im Vordergrund. Die bearbeiteten Aufgaben sind häufig nicht ex ante durch Verfahrensvorschriften geregelt und bedürfen in hohem Ausmaß der Selbstkoordination der Akteure. Dies gilt umso mehr, je geringer die Wiederholungshäufigkeit und je größer die Komplexität einer Aufgabe ist. Diese Ausführungen dürfen jedoch nicht zu der Annahme verleiten, daß Gruppen oder Teams in Unternehmungen nur komplexe und schwach strukturierte Aufgaben erledigen. Anders als beim Workflow Computing, bei dem die Unterstützung koordinativer Handlungen im Vordergrund steht, kann beim Workgroup Computing keine eindeutige Zuordnung zu einer kooperativen Teilaktivität vorgenommen werden. Die Computerunterstützung bezieht sich sowohl auf die Koordination, die Verarbeitung gemeinsamer Informationsobjekte als auch auf die Kommunikation. Das Ziel der Technikunterstützung besteht weniger in der Effizienzerhöhung als vielmehr in der Erhöhung der Flexibilität und der Leistungsqualität der Kooperationseinheit. Technisch umgesetzt wird dieses Nutzungskonzept vor allem mit Hilfe des Einsatzes von Technologien für E-Mail, Telekonferenzen, Sitzungsunterstützung, Termin- und Projektmanagement sowie Co-Autoren-und Screen-Sharing-Systeme.

Das Nutzungskonzept des *Workflow Computing* legt den Schwerpunkt der Unterstützung auf die Koordination arbeitsteiliger Aktivitäten und die damit verbundenen Objekt- und Arbeitsflüsse. Es steht also weniger die gemeinsame Lösung einer Aufgabe als vielmehr die notwendige Koordination als Folge der Aufteilung eines Teilproblems in Teilaktivitäten im Vordergrund. Der Anknüpfungspunkt der technischen Unterstützung insbesondere mit Hilfe von Prozeßunterstützungssystemen liegt dabei nicht primär bei den Interaktionen einer Arbeitsgruppe, sondern im Arbeitsprozeß und dem damit verbundenen Informationstransport, der die rechtzeitige Bereitstellung von Informationen an der richtigen Stelle gewährleisten soll. Effizienzkriterien wie z.B. Kostensenkungen und die Reduzierung von Durchlaufzeiten stehen bei diesem Einsatzkonzept im Vordergrund. Der derzeitige Entwicklungsstand der Technologie erlaubt vor allem die Unterstützung stark strukturierter Arbeitsprozesse mit sequentieller oder einfach reziproker Leistungsinterdependenz und hoher Wiederholungshäufigkeit. Hierzu werden der Zugriff auf gemeinsame Ressourcen geregelt, die Reihenfolge der Bearbeitung der Informationsobjekte festgelegt und software-technisch abgebildet sowie parallele und sequentielle Abläufe synchronisiert (Aktivitätenklasse 'Koordination'). Die unterstützten Prozesse sind häufig dokumenten- oder formularbasiert und in hohem Ausmaß an formelle Regeln gebunden, die die Kommunikationsbeziehungen und Entscheidungskompetenzen regeln sowie mit bestimmten Rollen- bzw. Tätigkeitserwartungen an die Aufgabenträger verbunden sind. Die unterstützten Arbeitsprozesse können dabei über formelle Einheiten einer Unternehmung hinwegreichen, wobei Abteilungsgrenzen überwunden werden und häufig eine große Anzahl von Beteiligten involviert ist. Prinzipiell umfaßt das Nutzungskonzept des Workflow Computing auch die Unterstützung von Arbeitsflüssen in schwach strukturierten Arbeitsprozessen.

Die praxisorientierte Literatur diskutiert derzeit vor allem die beiden Einsatzkonzepte Workgroup Computing und Workflow Computing. Problematisch ist, daß diese beiden Begriffe dabei häufig zur Charakterisierung bestimmter Produktgruppen und nicht anhand der Charakterisierung der zugrundeliegenden Arbeitssituation verwendet werden. Darüber hinaus werden die beiden Einsatzkonzepte aufgrund des derzeitigen Entwicklungsstandes der Technologien mit unterschiedlichen Strukturierungsgraden der primär unterstützten Aufgaben verbunden. Neben der Gleichsetzung der Nutzungskonzepte mit Technologieklassen ist auch die einseitige Zuordnung bestimmter Aufgabentypen zu kritisieren. Workflow Computing wird häufig mit Prozeßsteuerungssoftware für stark strukturierte Prozesse mit hoher Wiederholungshäufigkeit und algorithmischem Regelungspotential gleichgesetzt und der Terminus Workgroup Computing zur Bezeichnung von CSCW-Technologien verwendet, die schwach strukturierte Aufgaben mit geringem

Wiederholungsgrad unterstützen.[199] Diese simplifizierende Differenzierung vernachlässigt, daß Arbeitsabläufe mit sequentiellem Charakter, welche typischerweise mit dem Workflow Computing in Verbindung gebracht werden, auch schwach strukturierte Anteile aufweisen und beispielsweise Projektteams andererseits, welche typischerweise mit unstrukturierten Aufgaben und dem Ansatz des Workgroup-Computing assoziert werden, auch stark strukturierte, sequentialisierbare Aktivitäten durchführen.[200] Die Gleichsetzung der Unterstützung stark strukturierter Aufgaben mit dem Workflow Computing bzw. schwach strukturierter Aufgaben mit Workgroup Computing stellt eine Verkürzung dar, der hier nicht gefolgt werden kann.
Da beim Workflow-Ansatz aufgrund des derzeitigen Entwicklungsstandes primär einfache Aufgaben mit hohem Strukturierungsgrad und hohem Ausmaß an formeller Regelung unterstützt werden, geht damit ein hohes Automatisierungs- und Steuerungspotential einher. Automatisierende und steuernde Varianten des Workflow Computing (Workflow Automation, Workflow Management) in arbeitsteiligen Aufgabenerfüllungsprozessen stehen einem Gestaltungsleitbild nahe, das in der Tradition der Büroautomation und hierarchisch-bürokratischer Organisationsmodelle steht.[201] In solchen Konzepten des Workflow Computing wird der Mensch als ein zu eliminierender Störfaktor angesehen, der möglichst aus dem Arbeitsprozeß zu entfernen ist bzw. dessen Handlungsspielräume möglichst gering gehalten werden sollen. Davon verspricht man sich eine höhere Schnelligkeit, Sicherheit und Zuverlässigkeit der Arbeitsabläufe. Die Prozesse werden durch Organisatoren gestaltet und zur Implementierung vorbereitet. Steuerungs- und Kontrollaktivitäten werden software-technisch implementiert, wobei Anpassungen und Änderungen durch die Mitarbeiter nicht vorgesehen sind. Dieses führt dazu, daß die Mitarbeiter ihre Arbeit als fremdgesteuert und ihre Handlungsspielräume als eingeschränkt erleben. Inzwischen bemühen sich allerdings verschiedene Forschergruppen darum, Systeme zur Unterstützung des Prozeßcharakters der Leistungserstellung zu entwickeln, die auf der Werkzeug-Material-Metapher beruhen und ein hohes Ausmaß an Selbststeuerung und Autonomie der Mitarbeiter erlauben.[202]

Tabelle 5.3-4 stellt die Nutzungskonzepte 'Workflow Computing', 'Workgroup Computing' und 'Information Sharing' gegenüber.

---

199 Stellvertretend für andere, die dieser Abgrenzung folgen, vgl. Schulze/Böhm (1996), S. 286; Rentschler (1996), S. 47; Wilrich (1996); Schäfer/Wiedmann (1993), S. 51.

200 Vgl. Hasenkamp/Syring (1994), S. 26f.

201 Vgl. Höller/Kubicek (1990), S. 14.

202 Siehe die Ausführungen in Abschnitt 5.3.6.3 dieser Arbeit.

	Workgroup Computing	Workflow Computing	Information Sharing
primär Form der Interaktion	gemeinsame Lösung einer Aufgabe durch die Akteure	Aufteilung von Aktivitäten zwischen Akteuren	unbestimmt
unterstützte Teilaktivität der Kooperation	Koordination, Verarbeitung gemeinsamer Objekte, Kommunikation	Koordination	Verarbeitung gemeinsamer Objekte
primäre Ziele des Technologieeinsatzes	bisher: Erhöhung der Flexibilität und der Qualität der Leistungserstellung	bisher: Effizienzorientierung: Kostensenkung, Reduzierung der Durchlaufzeiten	Erhöhung der Informationsqualität und Flexibilität der Unternehmung durch Erhöhung von Know-how und Transparenz
zeitliche Verteilung	zur gleichen Zeit/ zu unterschiedlichen Zeiten	bisher: zu unterschiedlichen Zeiten	zu unterschiedlichen Zeiten
räumliche Verteilung	unterschiedlicher Ort/gleicher Ort	unterschiedlicher Ort/gleicher Ort	unterschiedlicher Ort/gleicher Ort
primär unterstützter Aufgabentyp	bisher: Einzelfall- und Projektaufgaben	bisher: Routine- und Regelaufgaben	alle Typen
Wiederholungsfrequenz der unterstützten Aufgaben	eher niedrig	eher hoch	niedrig bis hoch
Art der Interdependenzen	primär: komplexe reziproke und integrative Leistungsinterdependenzen, sekundär: Ressourceninterdependenz	sequentielle, parallele oder einfache reziproke Leistungsinterdependenzen	Ressourceninterdependenz

	Workgroup Computing	Workflow Computing	Information Sharing
Anzahl der Beteiligten	primär: wenige	wenige bis viele	wenige bis viele
Bedeutung organisatorischer Regeln	niedrig	hoch	niedrig
inhaltlicher Anknüpfungspunkt des Technikeinsatzes	Interaktion der Mitglieder einer Kooperationseinheit	Arbeitsfluß (häufig in Dokumenten vergegenständlicht)	gemeinsame Informationsobjekte
Rolle der Benutzer / der Technik	aktiv, pull-Prinzip / passiv	passiv, push-Prinzip / aktiv	aktiv oder passiv; pull- oder push-Prinzip / aktiv oder passiv
Integration der eingesetzten Technik mit anderer betrieblicher IT	bisher: keine Integration oder niedriger Integrationsgrad	teilweise	bisher keine Integration oder niedriger Integrationsgrad
unterstützende CSCW-Software	E-Mailsys., Telekonferenzsys., Sitzungsunterstützungssys., Termin- und Projektmanagementsys., Co-Autoren- und Screen-Sharingsystem, gemeinsame Arbeitsbereiche	Prozeßunterstützungssysteme, Termin- und Projektmanagementsysteme	E-Mailsys., Bulletin-Boardsys. und Computerkonferenzsysteme, gemeinsame Arbeitsbereiche

Tabelle 5.3-4: Unterscheidung verschiedener Nutzungskonzepte von CSCW-Technologien

5.3.7 Skizzierung eines für die Kooperationsunterstützung geeigneten Technikprofils

Der folgende Abschnitt faßt die Schlußfolgerungen der vorangehenden Ausführungen zur technischen Gestaltung zusammen und integriert die Ausprägungen der verschiedenen Aktionsparameter zu einem Technikprofil, das eine stimmige Technikgestaltung für Arbeitsformen mit durchgängig hoher Kooperationserwartung darstellt (vgl. Tabelle 5.3-5).

Leitbild		Werkzeuge in Werkstätten
Verteilung	physische Verteilung der Rechnerkapazitäten - innerhalb der Kooperationseinheit - zu übergeordneten Einheiten	 zentral (nicht exklusiv) dezentral (exklusiv)
	physische Verteilung der Anwendungsprogramme - innerhalb der Kooperationseinheit kritische Anwendungsprogramme unkritische Anwendungsprogr. - zu übergeordneten Einheiten kritische Anwendungsprogramme unkritische Anwendungsprogr.	 zentral (nicht exklusiv) dezentral (exklusiv) dezentral repliziert dezentral
	physische Verteilung der Daten - innerhalb der Kooperationseinheit kritische Daten unkritische Daten - zu übergeordneten Einheiten kritische Daten unkritische Daten	 zentral (nicht exklusiv) dezentral (exklusiv) dezentral repliziert dezentral (exklusiv)
	logische Zuordnung der Daten	klassifikatorisch
	logische Zuordnung der Anwendungsprogramme	klassifikatorisch
	Netzsegmentierung - innerhalb der Kooperationseinheit - zu übergeordneten Einheiten	 möglichst unsegmentiert segmentiert
	Netzzugang	tendenziell ungeregelt

Speziali-sierung	Rechnerspezialisierung	hohe Spezialisierung insbesondere für Einzelfall- und Projektaufgaben
	Datenspezialisierung	Erweiterung von Datenmodellen um Koordinations-, Sharing- und Awarenessdaten
	Programmspezialisierung	hohe Spezialisierung insbesondere für Einzelfall- und Projektaufgaben
Integration	Datenintegration - innerhalb der Kooperationseinheit - zu übergeordneten Einheiten	 hoch niedrig
	Anwendungsprogrammintegration - innerhalb der Kooperationseinheit - zu übergeordneten Einheiten	 hoch niedrig
Anpassungs-fähigkeit	Anwendungsprogramme	hoch Steuerbarkeit der Erreichbarkeit Steuerbarkeit des Zugriffs Steuerbarkeit der Verteilung
Funktionali-tät	Kommunikation	adäquate Reichhaltigkeit der Medien
	Koordination	keine Übertragung der Modellierung der Aktivitätenfolgen auf Organisatoren und EDV-Experten, Unterstützung der Selbststeuerung
	Verarbeitung gemeinsamer Objekte	Berücksichtigung der besonderen Anforderungen an Datenbankmanage-mentsysteme und variable Zugriffs-regelungen
	Einsatzkonzepte	Workgroup Computing Workflow Computing Information Sharing

Tabelle 5.3-5: Profil einer stimmigen Technikgestaltung bei hoher Kooperationserwartung

Grundsätzlich sollte die Technikgestaltung dem *Leitbild* der Werkzeuge in Werkstätten folgen. Es gesteht den Akteuren auch bei der Auswahl der Arbeitsmittel und der Arbeitsverfahren adäquate Spielräume zur Gestaltung und Steuerung der Aktivitäten zu, erlaubt einen eigenverantwortlichen Technikeinsatz und unterstützt die Flexibilitäts- und Sozialziele des Einsatzes kooperativer Arbeitsformen.

Im Hinblick auf die Gestaltung der Architektur der Techniksysteme wurden in den vorangehenden Ausführungen die Aktionsparameter 'Verteilung', 'Spezialisierung' und 'Integration' differenziert, welche auf die Technikkomponenten 'Rechner', 'Programme', 'Daten' und 'Netze' angewendet wurden.

Zunächst seien hier die Gestaltungsempfehlungen zur Verteilung der Technikkomponenten zusammengefaßt.
Die *Verteilung der Rechnerkapazitäten* innerhalb der Kooperationseinheit ist organisatorisch zentral zu gestalten. Dieses beinhaltet, daß im Hinblick auf die kooperativen Aktivitäten der Informationsverarbeitung keine exklusive Zuordnung der Kapazitäten zu den einzelnen Mitgliedern der Kooperationseinheit erfolgen sollte. Für individuell zu erledigende Aktivitäten bedarf es demgegenüber dezentral zugeordneter Rechnerkapazitäten. Diesen divergierenden Ansprüchen kann durch Client-Server-Konzepte Rechnung getragen werden. Sie eröffnen den Akteuren sowohl Spielräume im Hinblick auf die Gestaltung der technischen Umgebung auf Grundlage ihrer individuellen, spezifischen Erfordernisse, stellen jedoch gleichzeitig zentrale Kapazitäten und Ressourcen zur Wahrnehmung der kooperativen Aktivitäten zur Verfügung. Gegenüber übergeordneten Einheiten ist eine dezentrale Verteilung, d.h. eine exklusive Zuordnung, der Rechnerkapazitäten zu empfehlen.
Bezüglich der *physischen Verteilung der Anwendungsprogramme* und der *physischen Verteilung der Daten* gilt, daß die unkritischen Anwendungsprogramme und Daten dem jeweiligen Akteur exklusiv zugeordnet werden sollten (dezentral). Der Teil des Programmbestandes und der Daten, den mehrere Akteure der Kooperationseinheit bei der Aufgabenlösung benutzen, ist zentral vorzuhalten. Gegenüber übergeordneten Einheiten ist eine dezentrale Vorhaltung angemessen. Sie kann mittels Replizierung der kritischen Anwendungsprogramme und Daten umgesetzt werden.
Im Hinblick auf die *logische Datenzuordnung* und *die logische Zuordnung der Anwendungsprogramme* sind klassifikatorische Gestaltungsaussagen zu treffen. Hier seien die beiden Formen der Arbeitsteilung herausgegriffen, die die höchste Kooperationserwartung aufweisen. Eine Artenteilung nach Verrichtungen entspricht in einem relationalen Datenmodell einer vertikalen Fragmentierung der Daten und der Zuordnung von Relationen. Die einzelnen Akteure benötigen jeweils die zugehörigen verrichtungsspezifischen Teile des Bestandes an Anwendungsprogrammen. Die gemeinschaftliche Erledigung von Aufgaben läßt weder eine Aufgliederung der Bewegungsdaten nach Relationen noch nach Tupeln zu. Alle Akteure innerhalb der Kooperationseinheit benötigen Zugriff auf den gesamten Bestand der Bewegungs- und Stammdaten, auf die verrichtungs- bzw. objektspezifischen als auch auf die verrichtungsunspezifischen Anwendungsprogramme.
Mit Blick auf die *Netzsegmentierung* empfiehlt sich, Arbeitsformen mit hoher Kooperationserwartung durch möglichst gering segmentierte Netze zu unterstützen. Zu übergeordneten Einheiten sollte eine Abgrenzung mittels der Bildung verschiedener Segmente erfolgen. Hinsichtlich der *Regelung des Netzzugangs* ist die Variante des ungeregelten Netzzugangs zu präferieren.

Bezüglich der Spezialisierung der Technikkomponenten gelten die folgenden Schlußfolgerungen für die Gestaltung der Technikarchitektur bei hoher Kooperationserwartung:

Für die Gestaltung der Teildimensionen *'Rechnerspezialisierung'* wurde ermittelt, daß das Vorliegen von Kooperationsaufgaben vom Typ der Einzelfall- und Projektaufgaben oder ein hoher Formalisierungsgrad eine ausgeprägte Spezialisierung der relevanten Rechnereinheiten nahelegen.
Für die *Datenspezialisierung* wurden kooperationsspezifische Detaillierungen von Datenmodellen aufgezeigt. Insbesondere sind die Datenmodelle zur wirksamen Unterstützung durch Koordinations-, Sharing- und Awarenessdaten zu erweitern.
Eine hohe *Programmspezialisierung* ist insbesondere zur Unterstützung von Einzelfall- und Projektaufgaben angezeigt. CSCW-Technologien tragen allerdings vielfach den Charakter von Basissystemen, d.h. sie weisen einen geringen Spezialisierungsgrad auf.

Bezüglich der Integration der Technikkomponenten gelten die folgenden Schlußfolgerungen für die Unterstützung von Arbeitsformen mit hoher Kooperationserwartung:
Innerhalb der Kooperationseinheit ist ein hoher Grad an *Daten- und Programmintegration* zu präferieren. Bei der Programmintegration ist dabei nicht auf die Integrationsfähigkeit verschiedener Anwendungssystemklassen von CSCW-Technologien, sondern auf die Integrationsfähigkeit der Anwendungsprogramme zur Unterstützung der Kooperation mit individuell benutzten Programmen zu achten. Gegenüber übergeordneten Einheiten reicht dagegen ein niedriger Integrationsgrad der Programme und Daten aus.

Stellt man dieses Profil in einen größeren Rahmen, ist es als organisch zur charakterisieren. Ergänzend seien hier deshalb deterministische und organische Technikeinsatzkonzepte (siehe Tabelle 5.3-6) als bipolare Ausprägungen möglicher Technikeinsatzkonzepte gegenübergestellt. Diese Differenzierung knüpft unmittelbar an die Unterscheidung mechanistischer (bzw. hierarchisch-bürokratischer) gegenüber organischen Strukturprofilen an.[203] Der Einsatz der Informationstechnik spiegelt dabei strukturelle Aktionsparameter wie die Form der Arbeitsteilung, die Aufteilung von Entscheidungskompetenzen und die Koordination innerhalb organisatorischer Gruppen wider.

203 Vgl. Bullinger/Niemeier/Schäfer (1993), S. 122, welche in mechanistische und organische Modelle differenzieren, und Kubicek/Höller (1991), S. 151, welche hierarchisch-bürokratische und professionelle Modelle unterscheiden. Siehe auch Abschnitt 5.2.7 dieser Arbeit, in dem mechanistische und organische Strukturmodelle gegenübergestellt werden.

Deterministisches Technikeinsatzkonzept	**Organisches Technikeinsatzkonzept**
hochintegrierte horizontale und vertikale informationelle Vernetzung	partielle Integration der Informationsverarbeitungsaktivitäten
automatisierte Totalansätze innerhalb vorgeplanter Prozesse	unterstützende Partialansätze mit Möglichkeiten zur fallweisen, situativen Anpassung
hohe Datenqualität	Umgang mit Unschärfen und Bandbreiten
Produktivitätssteigerung als primäres Ziel des Technikeinsatzes	Flexibilitätssteigerung als primäres Ziel des Technikeinsatzes
hohes Ausmaß der Fremdgestaltung durch 'Experten'	Einbeziehung der Systembenutzer als Experten (höherer Anteil der Selbstgestaltung)
Mensch als Technikbediener	Mensch als Entscheider
extremes Kapazitätsgefälle zwischen zentralen und dezentralen Einheiten	geringes Kapazitätsgefälle zwischen zentralen, intermediären und dezentralen Einheiten
Softwaregestaltung nach dem Leitbild der 'Maschine'	Softwaregestaltung nach dem Leitbild des'Werkzeuges' oder des 'Mediums'
Ziel der Beherrschung der Informationsverarbeitung in der Unternehmung durch zentrale Lenkung der Informationsversorgung und -verarbeitung	Ziel der Selbstlenkung der Informationsverarbeitung in den Kooperationseinheiten mittels verteilter Informationen und Informationsverarbeitung
hierarchische Struktur mit zentraler Verarbeitungskapazität und -kompetenz außerhalb der Kooperationseinheiten	vernetzte Struktur mit auf die Kooperationseinheiten verteilten Verarbeitungskapazitäten und –kompetenzen
Informationsversorgung nach vorgegebenen Kriterien in weitgehend standardisierter Form (Verteilermodell)	Akteure definieren ihren Informationsbedarf selbst und können ihn durch ihre leistungsfähige Infrastruktur effizient und flexibel decken (Nachfragemodell)
unidirektionale, einseitig aktive Prozesse	multidirektionale, interaktive Prozesse

Tabelle 5.3-6: Deterministische und organische Technikeinsatzkonzepte (in Anlehnung an Bullinger/Niemeier/Schäffer (1993), S. 122 und Schwaninger (1993), S. 113)

Im mechanistischen oder hierarchisch-bürokratischen Modell ist es Aufgabe der Informationstechnik, einen hohen Grad an Spezialisierung, klare Kompetenzabgrenzungen, eindeutige Weisungsbeziehungen, eine hohe Zentralisierung von Entscheidungen, die Regelgebundenheit des Handelns und eine hohe Formalisierung der Abläufe zu gewährleisten. Insgesamt läßt sich dieses Konzept durch ein hohes Ausmaß an Fremdsteuerung der Akteure kennzeichnen, dem auch der Einsatz von Informationstechnik dient. In diesem Zusammenhang wird auch von *deterministischen Technikeinsatzkonzepten* gesprochen. Im Mittelpunkt steht die Automatisierung von Aktivitäten mit dem Ziel, die menschlichen Arbeitsanteile zu minimieren. Die Informationstechnik bildet hier ein wichtiges Steuerungs- und Kontrollinstrument für übergeordnete Unternehmungseinheiten. Deterministische Technikkonzepte zeichnen sich durch eine hochintegrierte horizontale und vertikale informationelle Vernetzung, automatisierte Totalansätze innerhalb vorgeplanter Prozesse sowie durch die Zielsetzungen der hohen Datenqualität, der Genauigkeit und der Produktivität aus. Information ist in dieser Konzeption primär für Experten vorgesehen. Die Mitarbeiter werden in die Rolle von Systembedienern verwiesen und es wird eine expertenorientierte Gestaltung präferiert.[204] Die eingesetzte Software trägt primär Maschinencharakter.

Im organischen Organisationsmodell unterstützt die Informationstechnik einen geringen Grad horizontaler Arbeitsteilung, eine niedrige Anzahl von Hierarchieebenen sowie eine dominante Koordination durch Selbstabstimmung und Pläne. Insgesamt besteht gegenüber dem ersten Leitbild eine deutlich ausgeprägtere Selbststeuerung der Akteure. Konsistent konzipierte Informationstechniken weisen Werkzeugcharakter auf, indem sie den Akteuren Applikationen zur Verfügung stellen, deren inhaltliche und zeitliche Benutzung der Kontrolle der Akteure in den Kooperationseinheiten und nicht von Akteuren außerhalb dieser obliegt. Solche *organischen Technikeinsatzkonzepte* zeichnen sich durch partielle Unterstützung der Aktivitäten aus, die auch fallweise Entscheidungen erlauben. Im Vordergrund der Technikgestaltung stehen der Umgang mit Unschärfen und Bandbreiten sowie die Schnelligkeit und Flexibilität der Informationsverarbeitung. Es findet eine breite Informationsversorgung statt, die Akteure werden als Entscheider und nicht als Technikbediener angesehen und partizipieren an der Technikgestaltung.[205] Das organische Technikkonzept weist eine hohe Stimmigkeit zum organischen Organisationsmodell auf und korrespondiert mit dem Leitbild der 'Werkzeuge in Werkstätten', so daß es kooperative Arbeitsformen in der Technikgestaltung widerspiegelt.

---

204 Vgl. Bullinger/Niemeier/Schäfer (1993), S. 122.

205 Vgl. Bullinger/Niemeier/Schäfer (1993), S. 122.

5.4 Personelle Gestaltung und computergestützte Kooperation

Welche Ergebnisse kooperative Interaktionen erzeugen und ob die Ziele der Kooperation erreicht werden können, hängt nicht nur von den Merkmalen der Aufgabe, der Struktur der Kooperationseinheit bzw. der Unternehmung sowie der unterstützend eingesetzten Technik, sondern auch von personellen Faktoren ab. Strukturen und Technologien allein schaffen kein kooperatives Verhalten. Statt dessen sind die Bereitschaft und die Fähigkeit der Akteure notwendig, die Strukturen zu tragen und eigeninitiativ zu füllen. Damit werden Individuen, ihre Eigenschaften, Einstellungen und Motive zu wesentlichen Einflußfaktoren für die Realisierung der Ziele computergestützter Kooperation. Personelle Gestaltung bezieht sich in diesem Zusammenhang darauf, die Kooperationsbereitschaft und -fähigkeit der Akteure zu sichern, indem man das 'Wollen' der Akteure z.B. über die Anreiz- und Sanktionsgestaltung kooperationskonform gestaltet (Kooperationsbereitschaft), aber auch das 'Können' der Akteure (Kooperationsfähigkeit) beispielsweise durch entsprechende Bildungsmaßnahmen oder Personalauswahl fördert.
Personalwirtschaftliche Erörterungen befassen sich mit quantitativen, qualitativen, zeitlichen und örtlichen Aspekten. Die folgenden Ausführungen zur personellen Gestaltung legen den Schwerpunkt auf die qualitativen Aspekte, indem sie Einflußfaktoren auf die Kooperationsbereitschaft und -fähigkeit betrachten. Im einzelnen wird zu untersuchen sein, wie die personellen Aktionsparameter 'Personalbeschaffung' (Abschnitt 5.4.2), 'Personaleinsatz' (Abschnitt 5.4.3), 'Personalentwicklung' (Abschnitt 5.4.4) und 'Personalerhaltung' (Abschnitt 5.4.5) auf die Kooperationsbereitschaft und die Kooperationsfähigkeit einwirken. Abschließend wird die Beeinflussung der Kooperationsbereitschaft der Akteure mittels der kulturorientierten Personalführung thematisiert (Abschnitt 5.4.6). Die Personalbedarfs- und Personalbestandsanalyse stellt eine grundlegende Voraussetzung für den zielgerechten Einsatz der Aktionsparameter dar, weshalb sie vorausgehend zu erörtern ist (Abschnitt 5.4.1).

5.4.1 Personalbedarfs- und Personalbestandsanalyse

Die Personalbedarfs- und die Personalbestandsanalyse stellt die notwendige informatorische Voraussetzung für den Einsatz der im folgenden zu behandelnden Aktionsparameter, wie z.B. der Personalbeschaffung oder der Personalentwicklung, dar.

Die *Bestandsanalyse* zielt darauf ab, eine zweckgerichtete Bewertung des gegenwärtigen Mitarbeiterpotentials vorzunehmen. Dabei sind zum Zeitpunkt der Analyse auch bereits absehbare zukünftige Veränderungen des Potentials zu berücksichtigen.[1] Die qualitative Personalbestandsermittlung erfaßt die derzeitigen oder zukünftigen Leistungspotentiale von Mitarbeitern, welche in Fähigkeitsprofilen zusammengefaßt werden können.[2]

Die *Bedarfsanalyse* dient der Bestimmung der personellen Kapazitäten, die zur Erfüllung der betrieblichen Aufgabe, d.h. des zu realisierenden Leistungsprogrammes, notwendig sind. Im Gegensatz zur Bestandsanalyse beinhaltet die Bedarfsanalyse also die Ermittlung des Soll-Personalbedarfs. Zu diesem Zweck wird der Personalbedarf bezüglich des gegenwärtigen und zukünftigen Sollbestands der Personalkapazität anhand der vier Aspekte Art und Menge des Personals sowie Zeitraum und Ort des Einsatzes spezifiziert sowie Überdeckungen, Deckungen oder Unterdeckungen ermittelt.[3] In qualitativer Hinsicht mündet die Bestimmung des Personalbedarfs in die Aufstellung von Anforderungsprofilen. Idealerweise stimmten die sich aus der Bedarfsermittlung ergebenden Anforderungsprofile mit den Fähigkeitsprofilen der Mitarbeiter überein. Ist dieses nicht der Fall, sind Maßnahmen der Personalbeschaffung, der Personalentwicklung oder der Personalerhaltung in Betracht zu ziehen.
Kurzfristig liegen die Aufgaben der Personalbedarfsbestimmung in kooperativen Arbeitskontexten darin, die quantitative und qualitative personelle Ausstattung einer Einheit zu bestimmen.[4] Die qualitativen und quantitativen Personalbedarfe ergeben sich unter anderem aus der Art, dem Umfang, der Bedeutung und den Terminvorgaben der (kooperativ zu lösenden) Aufgaben.[5] Längerfristig ist es Aufgabe der qualitativen Personalbedarfsbestimmung, Anforderungen an die Kenntnisse, Fähigkeiten und Verhaltensweisen der Akteure zu formulieren.[6]

Bei der Bestimmung des quantitativen Personalbedarfs ergeben sich bei kooperativen Arbeitsformen eine Reihe von Problemen. Klassische Verfahren der quantitativen Personalbedarfsplanung[7] können vor allem dann nicht angewendet werden, wenn, wie häufig bei neuartigen und komplexen Aufgaben anzutreffen, keine zuverlässigen Größen

---

1 Vgl. Scholz (1994), S. 45.

2 Vgl. Scholz (1994), S. 133f. Die Bestandsermittlung kann sich dabei sowohl auf den einzelnen Mitarbeiter beziehen als auch aggregierend auf Stellentypen oder auf das gesamte Personal bezogen erfolgen. Vgl. Scholz (1994), S. 133-151. Die folgenden Ausführungen beschränken sich auf individuelle Aspekte.

3 Vgl. Mag (1998), S. 63f. Auf die Betrachtung örtlicher und zeitlicher Aspekte wird im folgenden verzichtet. Mag ordnet die Bedarfsanalyse der Aktivität der Personalbeschaffung zu.

4 Vgl. Scheff (1993), S. 136.

5 Vgl. Mag (1998), S. 71. Darüber hinaus hängen sie laut Mag jedoch auch von Faktoren wie der Struktur, dem Technologisierungsgrad und dem Beschäftigungsgrad ab.

6 Vgl. Scheff (1993), S. 136.

7 Vgl. hierzu z.B. Drumm (1995), S. 204-224; Hentze (1994), S. 182-200; Mag (1998), S. 72ff.; Scholz (1994), S. 167-215.

über die auszubringende Produktmenge und die Produktqualität existieren, an denen der Bedarf gemessen werden kann. Aufgrund der fehlenden Bezugsgrößen gestaltet sich die Entwicklung geeigneter Methoden und Instrumente deshalb schwierig.[8]
Die qualitative Bedarfsermittlung erfaßt die Leistungsanforderungen an eine unbenannte Person, die von den Tätigkeiten zur Bewältigung der definierten (Teil-)Aufgabe ausgehen. Als Instrument der Ermittlung kann dabei beispielsweise das Instrument der Stellenbeschreibung eingesetzt werden, welches Informationen über die Arbeitsaufgaben, die strukturelle Einordnung der Stelle und die spezifischen Leistungsanforderungen enthält. Die daraus gewonnenen Merkmale und Merkmalsausprägungen bilden die Grundlage für die Ermittlung von Anforderungsprofilen, die die Anforderungshöhen einzelner Tätigkeiten im Rahmen der Ausfüllung bestimmter Stellen angeben.[9] Bei kooperativen Arbeitsformen besteht dabei vielfach das Problem, daß die Aufgabenverteilung zwischen den Akteuren in der Kooperationseinheit häufig kaum über Stellenbeschreibungen fixiert werden kann. In Bezug auf den Einsatz computergestützter Kooperation muß es dennoch Aufgabe der Bedarfsermittlung sein, festzustellen, inwieweit die Aufgabenerfüllung kooperative Aktivitäten erfordert. Hierzu kann beispielsweise auf das arbeitspsychologische Analyseverfahren KABA[10] ('*K*ontrastive *A*ufgabenanalyse und -gestaltung der *B*üro- und Verwaltungs*a*rbeit') zurückgegriffen werden, das auf Grundlage allgemeiner, arbeitswissenschaftlicher Prinzipien und Kriterien der Arbeitsgestaltung auch Fragen zu Planungs- und Entscheidungserfordernissen sowie zum Kooperations- und Kommunikationsverhalten umfaßt. Aus dem Ergebnis der Analyse wären dann Anforderungen an die Mitarbeiter abzuleiten.

Die Vorteile der Kooperation lassen sich nur dann nutzen, wenn die Individuen fähig und bereit sind, sich mit den Beiträgen der anderen Mitglieder der Kooperationseinheit produktiv auseinanderzusetzen. Im folgenden wird zu untersuchen sein, welche Aspekte im Zusammenhang mit dem Einsatz computergestützter Kooperation von Bedeutung sind. Damit werden sowohl Hinweise darauf gegeben, welche Anforderungen Kooperation an die Akteure stellt (Bedarfsbestimmung) und auf welche Qualifikationen bei der Bestandsbestimmung im Hinblick auf den Einsatz kooperativer Arbeitsformen zu achten ist (Bestandsbestimmung).

Als *Qualifikation* bezeichnet man „die Gesamtheit an individuellen Fähigkeiten, Fertigkeiten und Kenntnissen im Berufsleben [...], die zur Erledigung arbeitsplatzspezifischer Tätigkeiten befähigt."[11] Dabei umfassen die *Fähigkeiten* „das gesamte relativ verfestigte

8 Vgl. Scheff (1993), S. 137.
9 Vgl. Hentze (1994), S. 202 und 208.
10 Vgl. Dunckel/Volpert/Zölch et al. (1993); Dunkel/Volpert (1992). Vgl. auch die zusammenfassende Beschreibung in Knittel/Reif-Mosel (1998), S. 20-26.
11 Staehle (1994), S. 164.

Potential eines Individuums, seine Umwelt zu beherrschen, d.h. in allen Lebenssituationen kompetent zu handeln."[12] *Fertigkeiten* entstehen durch Übung und werden relativ automatisiert durch Individuen ausgeführt. Letzteres beinhaltet jedoch nicht notwendigerweise, daß keine bewußte Kontrolle stattfindet. Fertigkeiten wie z.B. die Anwendung von Fremdsprachen oder die Bedienung einer Benutzungsoberfläche eines PC lassen sich durch gezielte Trainingsmaßnahmen und durch Learning by Doing erwerben oder vervollkommnen. *Kenntnisse* stellen durch Schulungsmaßnahmen erworbenes kognitives Wissen über das Individuum und seine Umwelt sowie Techniken zu ihrer Beherrschung dar.[13]
Geht man davon aus, daß die *Kooperationsfähigkeit* eine spezifische Form der Qualifikation darstellt, wird diese sowohl durch angeborene Anlagen als auch durch erlernte Fertigkeiten und Wissen bestimmt.

Inhaltlich sind Qualifikationen (synonym: Kompetenzen) danach zu differenzieren, ob sie sich auf soziale, fachliche oder methodische Sachverhalte beziehen. *Soziale Qualifikationen* beinhalten die erlernte, erinnerte oder antizipierte Befähigung, soziale Interaktionen bezüglich deren Personen- und Aufgabenadäquanz zu differenzieren und daraus angemessene Interaktionsstrategien zu entwickeln.[14] Sie äußern sich beispielsweise in Toleranz, sozialer Sensibilität, Vertrauen, Offenheit und Verhandlungsgeschick. *Fachliche Qualifikationen* ermöglichen die theoretische und praktische Beherrschung des Arbeitsgebiets inklusive eines grundlegenden Verständnisses der angrenzenden Arbeitsgebiete. Sachkenntnisse, d.h. Fertigkeiten zur inhaltlichen Lösung einer gestellten Aufgabe, sowie Eigenschaften wie Intelligenz und Abstraktionsvermögen stellen tendenziell fachliche Qualifikationen dar. *Methodische Qualifikationen* umfassen das Wissen um bzw. Anwenden systematischer Vorgehensweisen bei der Problemlösung. Sie beinhalten somit die Fähigkeit, den Arbeitsprozeß im Hinblick auf bekannte und neue Probleme bewußt, zielgerichtet, ökonomisch und kreativ zu gestalten.[15] Computergestützte Kooperation erfordert methodische Fähigkeiten zum einen hinsichtlich des Umgangs mit und des Einsatzes von kooperationsunterstützenden Technologien und zum anderen hinsichtlich der Planung, Strukturierung und systematischen Durchführung von Kooperationsprozessen.

Aus dem Einsatz computergestützter kooperativer Arbeitsformen resultieren insbesondere erhebliche Anforderungen an die soziale Qualifikation der Akteure. Sie stellt

---

12 Staehle (1994), S. 165.
13 Vgl. Staehle (1994), S. 165.
14 Vgl. Udris (1998), S. 190.
15 Vgl. Hohmann (1987), S. 59.

gewissermaßen einen Schlüssel für die Funktionsfähigkeit kooperativer Arbeitsformen dar. Deshalb sollen sie hier eingehender betrachtet werden.
Sozialkompetenz bezeichnet die „Verfügbarkeit und angemessene Anwendung von aktionalen (verbalen und nonverbalen), kognitiven und emotionalen Verhaltensweisen zur effektiven sozialen Interaktion in einem spezifischen sozialen Kontext [...].“[16] UDRIS spezifiziert dieses genauer: „Soziale Handlungskompetenz ist die Fähigkeit (und die Bereitschaft) einer Person oder einer Gruppe von Personen, ein inneres, kognitives Abbild einer sozialen Situation [...] hinsichtlich der Anforderungen der Situation (Situationskonzept) sowie von sich selbst in dieser Situation (Selbstkonzept) zu entwickeln, daraus abgeleitet (allein oder gemeinsam mit anderen) Ziele zu entwerfen und zu formulieren, situations- und zielangemessenes Handeln zu planen, durchzuführen und zu bewerten und schließlich über diesen Prozeß zu reflektieren und zu kommunizieren (Metakommunikation).“[17] Sozialkompetenz befähigt die Akteure in kooperativen Arbeitszusammenhängen dazu, soziale Begegnungssituationen auf Grundlage bestimmter Werthaltungen gegenüber anderen Menschen zu meistern und dem mit kooperativen Arbeitsprozessen verbundenen Regelungsbedarf mittels sozialer Konsensbildungsprozesse nachzukommen. Sozialkompetenz ist vor allem dort erforderlich, wo ein hohes Ausmaß interpersoneller Interdependenzen vorliegen, Konflikte in und zwischen Kooperationseinheiten bestehen und gemeinsame Zielvereinbarungen getroffen werden sollen. Ein hohes Ausmaß an sozialer Qualifikation der Akteure soll dazu beitragen, betriebliche Problemstellungen auf einem hohen qualitativen Niveau zu lösen.[18]
Soziale Qualifikationen werden bereits im Prozeß der vorberuflichen Sozialisation z.B. in Familie oder Schule erworben.[19] Für ihre Diagnose existieren kaum wissenschaftlich uneingeschränkt anerkannte Meßinstrumente, da sie sich aus einer Vielzahl komplexer Einzelfähigkeiten zusammensetzen, die in ihrem kaum überschaubaren Zusammenwirken zu analysieren wären.[20]

Menschliches Handeln wird jedoch nicht nur von der Handlungsfähigkeit (Können), d.h. der Qualifikation, sondern auch vom Willen, d.h. der Handlungsbereitschaft der Akteure, beeinflußt. Übertragen auf kooperative Arbeitssituationen ist hier demnach die *Kooperationsbereitschaft* angesprochen. Kooperationsbereitschaft bezeichnet die in Meinungen, Kenntnissen und Verhalten erkennbare positive Einschätzung der Kooperation sowie den Grad der Bereitschaft, sich diesen Einschätzungen gemäß zu verhalten.

---

16 Döpfner (1989), S. 2, zitiert in Böhnisch/Nöbauer (1995), Sp. 1946f.
17 Udris (1998), S. 190.
18 Vgl. Böhnisch/Nöbauer (1995), Sp. 1946f.
19 Vgl. Bungard (1995), S. 410.
20 Vgl. Sowarka (1995), S. 366 zur Problematik der Diagnostik sozialer Fähigkeiten und Fertigkeiten.

Die folgenden Ausführungen vermitteln einen Eindruck von der Bandbreite der im Verhalten eines Akteurs zum Ausdruck kommenden Indikatoren für die Kooperationsfähigkeit und -bereitschaft. Dabei wird danach differenziert, welche Verhaltensdimensionen als kooperationsförderlich und welche Verhaltensweisen als nicht kooperationsförderlich eingestuft werden.[21]

- Bezüglich des *Informationsverhaltens* ist die Fähigkeit und Bereitschaft notwendig, eigene Beiträge situationsgerecht in Interaktionen einzubringen und Informationen nicht manipulativ auszutauschen, Beiträge angemessen, für andere verständlich, verbal und nonverbal darzustellen und zuzuhören. Dieses umfaßt auch die Verbalisierung, die Wahrnehmung und das Verständnis von Gefühlen, Bedürfnissen, Interessen, Meinungen und Erfahrungen. Ein *mangelhaftes Informationsverhalten* zeigt sich demgegenüber darin, daß vorhandene Informationsquellen nicht genutzt werden, Informationen als Bringschuld angesehen werden, mangelnde oder irreführende Information erfolgt und der Information durch andere kaum Aufmerksamkeit geschenkt wird. Zum anderen ist ein solches Verhalten durch geringe Mitteilsamkeit über Lösungswege, Aktivitäten und das Vermeiden von Problemdiskussionen zu charakterisieren.
- Das *Integrationsverhalten* äußert sich in der Fähigkeit und Bereitschaft, auf andere Personen einzugehen, sie zu unterstützen und zu ermutigen, ihre Persönlichkeit und ihre Leistungen zu achten, Toleranz gegenüber anderen Meinungen aufzubringen, nach Konsens zu streben sowie das Gruppenklima durch Vermittlung bei Konflikten oder fehlender Einbeziehung bestimmter Akteure zu fördern. Auch Teilen von Erfolg und Mitverantwortung für Handlungen anderer, Erkennen gemeinsamer Ziele, Einsatz für diese gemeinsamen Ziele, Akzeptanz von Kritik sowie Kompromißbereitschaft stellen sich als kooperationsförderlich dar. Als Indikator für Kooperationsunfähigkeit und -bereitschaft wird demgegenüber die *mangelnde Integration* angesehen. Sie zeigt sich in der herabsetzender Kritik sowie in Intoleranz, Rücksichtslosigkeit und fehlender Kompromißbereitschaft. Vermeintliche eigene Stärken werden hervorgehoben, während Fehler anderen Personen zugewiesen werden. Es erfolgt keine Anpassung an die von den übrigen Akteuren akzeptierten Regeln. Auch Attribute wie Egoismus, Eigensinnigkeit, Egozentrik, Prestigedenken, Neid und Mißgunst werden als Indikatoren für fehlende Kooperationsbereitschaft und -fähigkeit bewertet. Der Einsatz in der Kooperationseinheit wird von solchen Akteuren primär unter dem Gesichtpunkt der persönlichen Nutzenmaximierung betrachtet, ohne die Ziele der Kooperationseinheit und der übrigen Akteure zu beachten. Darüber hinaus wird nicht das

[21] Vgl. Jochum (1995), S. 415; Wahren (1994), S. 207f.; Coburn-Staege (1977), S. 78f.; Lilge (1981), S. 227; Bungard (1995), S. 410; Wimmer/Neuberger (1981), S. 192ff.; Forster (1981), S. 151, 156; Weber (1998), S. 51.

Gesamtergebnis der Kooperationseinheit, sondern die eigene Leistung in den Vordergrund gestellt.

- *Aufgeschlossenheit* umfaßt die Bereitschaft und Fähigkeit, sich mit anderen Gebieten, Ideen, Handlungen und Meinungen inhaltlich auseinanderzusetzen, sich einzuarbeiten und einzudenken. Demgegenüber werden solche Menschen als kooperationsunfähig aufgrund eines *mangelnden Kontaktverhaltens* angesehen, die 'eigenbrödlerisches' und kontaktarmes, abkapselndes Verhalten zeigen, diskussionsunwillig und/oder verschlossen sind, bevorzugt zurückgezogen arbeiten sowie mißtrauisch und feindselig agieren.
- Die Verhaltensdimension *Selbstführung* beinhaltet die Fähigkeit zur realen Selbsteinschätzung und zum selbstkritischen Umgang mit den eigenen Beiträgen (Selbstkontrolle), Selbstbewußtsein, Eigenmotivationsfähigkeit, Selbstdisziplin sowie Konsequenz bezüglich auferlegter Verpflichtungen. Demgegenüber wird *Selbstüberschätzung* als Indikator für Kooperationsunfähigkeit angesehen. Sie äußert sich in der Überschätzung der eigenen Fähigkeiten, fehlender Fähigkeit zu Selbstkritik, Rechthaberei, Überheblichkeit und der Unfähigkeit, Wissenslücken zuzugeben. Auch eine *geringe emotionale Stabilität* wird als Indikator für Kooperationsunfähigkeit bewertet. Sie äußert sich in empfindlicher Reaktion auf Kritik und in Unsicherheit, so daß nur Beiträge eingebracht werden, wenn große Sicherheit besteht.
- Die Verhaltensdimension *Initiative* und *Aktivität* zeigt sich in einem besonderen Engagement, in ausdauerndem und bereitwilligem Arbeiten sowie der Bereitschaft, einen sichtbaren und nützlichen Beitrag zur Aufgabenlösung zu leisten. Es werden Lösungen vorgeschlagen, neue Ideen und Problemdefinitionen vorgebracht und Materialien neu strukturiert. Dieses wirkt sich häufig auch motivierend auf andere aus. Demgegenüber zeigt sich *Passivität* darin, daß ohne Aufforderung keine eigenen Beiträge erbracht werden und die Arbeit auf genau definierte Aktivitäten beschränkt wird.
- Die Verhaltensdimension *Durchsetzungsvermögen* äußert sich im positiven Sinn vor allem in der überzeugenden Darstellung der eigenen Standpunkte sowie der Durchsetzung der eigenen Ideen mittels Überzeugung der anderen Akteure. Durchsetzungsvermögen in einer für Kooperation nachteiligen Art äußert sich dagegen in der Anwendung rigider und unterdrückender Verhaltensstandards.
- Im Hinblick auf die *intellektuellen Fähigkeiten* weist es auf eine fehlende Kooperationsbereitschaft und -fähigkeit hin, wenn das Denken eines Akteurs als unflexibel, unbeweglich, stark fachbezogen, uneinsichtig, schwerfällig, an eigenen oder etablierten Ideen festhaltend oder unfähig, sich in die Arbeit und die Probleme der übrigen Mitglieder der Kooperationseinheit hineinzudenken, beschrieben werden muß. Demgegenüber ist es der Kooperation dienlich, wenn Akteure fachübergreifende Zusammenhänge überblicken, neue Ideen bereitwillig in die eigenen Über-

legungen aufnehmen und abwägen sowie in der Lage sind, sich in die Probleme anderer hineinzuversetzen.

Insgesamt besteht bezüglich der Kooperationsfähigkeit und -bereitschaft sowohl bei der Bestimmung der Fähigkeitsprofile bzw. der Entwicklungspotentiale im Rahmen der Bestandsbestimmung aber auch bei der Bestimmung der Anforderungsprofile der Stellen ein grundlegendes Problem darin, valide (gültige) und reliable (verläßliche) Meßverfahren zu finden.[22] Eine differenzierte, graduelle Abstufung der Kooperationsbereitschaft und -fähigkeit kann deshalb derzeit kaum vorgenommen werden.
Gleichzeitig verdeutlichen die Ausführungen, daß Kooperation hohe Anforderungen an die Akteure stellt. DRUMM behauptet sogar, daß neue dezentrale Gestaltungskonzepte für Unternehmungen, deren Bestandteil kooperative Arbeitsformen vielfach sind, von einem zu positiven Menschenbild ausgehen, in denen die Akteure ‚Erzengeln' gleichen müßten. Statt dessen seien Gestaltungskonzepte auf die Stärken und Schwächen des vorhandenen Personals zuzuschneiden.[23] Dieser Ansicht soll hier nicht gefolgt werden. Statt dessen muß es Aufgabe der Gestaltung sein, kooperatives Verhalten zu belohnen, verschüttete kooperationsrelevante Potentiale bei den derzeitigen Mitarbeitern freizulegen, diese systematisch zu fördern und bei Neueinstellungen sowie Einsatz in Kooperationseinheiten konkret auf die Kooperationsbereitschaft und -fähigkeit der Akteure zu achten.

5.4.2 Aktionsparameter 'Personalbeschaffung'

Das Ziel des Aktionsparameters 'Personalbeschaffung' besteht darin, Personal zur Deckung eines festgestellten Personalbedarfs in qualitativer, quantitativer, zeitlicher und örtlicher Hinsicht bereitzustellen.[24] Die Planung der langfristigen Personalbeschaffung muß sich dabei mit der Frage auseinandersetzen, welche Art von Personen angestellt werden sollen. Kurzfristig steht demgegenüber die interne oder externe Rekrutierung von Akteuren für bestimmte Kooperationseinheiten zur Lösung konkreter Aufgabenstellungen im Vordergrund.[25]
Zur Personalbeschaffung existieren sowohl intern als auch extern wirkende Instrumente.[26] Gerade bei der internen Personalbeschaffung bestehen enge Verbindungen zur

---

22 Vgl. Wiswede (1980) S. 84ff. Zur Problematik der Diagnose der Kooperationsfähigkeit und ihrer Determinanten vgl. Bungard (1995), S. 411f.

23 Vgl. Drumm (1996), S. 18.

24 Vgl. Hentze (1994), S. 217; Mag (1998), S. 81. Vgl. Hentze (1994), S. 238 für eine Übersicht verschiedener interner und externer Formen der Personalbeschaffung.

25 Vgl. Scheff (1993), S. 138.

26 Vgl. Mag (1998), S. 82.

Personalentwicklung, welche Möglichkeiten der Personalbeschaffung anhand der individuellen Laufbahnplanung und der betrieblichen Bildung bietet.[27]

Die Personalbeschaffung umfaßt verschiedene Entscheidungstatbestände. Dazu gehören die Feststellung der Personalanforderungen, Personalforschung, -werbung, -beurteilung und -auswahl, -bindung (Einstellung) sowie die Personaleinführung und -einarbeitung.[28] Die folgenden Erörterungen befassen sich mit ausgewählten qualitativen Aspekten der Personalbeschaffung. Aspekte der Feststellung der Personalanforderungen wurden bereits im Zusammenhang mit der Personalbedarfsanalyse erläutert.

Personalwerbung beinhaltet die Ansprache relevanter potentieller Mitarbeiter. Im Gegensatz zu indirekten, unterstützenden, allgemeinen Werbemaßnahmen der Öffentlichkeitsarbeit in Form von Imagepflege und -verbesserung (indirekte Personalwerbung) zielt die direkte Personalwerbung auf die Deckung eines konkreten Personalbedarfs ab.[29] Die Personalwerbung erfüllt zum einen eine Informationsfunktion über die Unternehmung, die zu besetzende Stelle und die Anforderungen an die Bewerber. Zum anderen kommt der Personalwerbung eine Akquisitionsfunktion zu, d.h. die Ansprache möglichst vieler Personen zur Einreichung ihrer Bewerbung. Über diese zwei Aspekte hinaus erfüllt die Personalwerbung eine Selektionsfunktion, wenn sie geeignete Bewerber anspricht und nicht geeignete aus dem Beschaffungsprozeß ausgrenzt.[30]
Im Hinblick auf kooperative Arbeitsformen ist es wichtig, die Anforderungen der zu besetzenden Stelle im Hinblick auf die Kooperationsfähigkeit und -bereitschaft bereits im Prozeß der Personalwerbung zu verdeutlichen und Personen anzusprechen, die diesem Anforderungsprofil ihrer eigenen Einschätzung nach entsprechen. Dieses gilt unabhängig davon, ob die Personalwerbung mittels Maßnahmen der internen bzw. externen Stellenausschreibung, des Einsatzes von Personalberatern oder der Kontaktaufnahme über Arbeitsämter, Hochschulen oder andere Ausbildungsinstitutionen erfolgt. Durch glaubhafte Informationen und Maßnahmen des Personalmarketings kann erreicht werden, daß sich vermehrt solche Personen bewerben, die zur Unternehmung passen.

Ziel der *Personalbeurteilung* und *-auswahl* ist es, das Qualifikationsprofil potentieller Mitarbeiter festzustellen, um diejenigen herauszufiltern, die die Anforderungen der zu besetzenden Stelle am besten erfüllen und vermutlich geeignete Beiträge zur Erfüllung der Aufgaben der Unternehmung leisten werden.[31] Die Qualifikation des Personals einer Unternehmung ist von wesentlicher Bedeutung für die Ausschöpfung der Nutzenpoten-

27 Vgl. Hentze (1994), S. 242.
28 Vgl. Mag (1998), S. 88f. Ähnlich Hentze (1994), S. 220ff.; Marr/Stitzel (1979), S. 142.
29 Vgl. Hentze (1994), S. 249.
30 Vgl. Mag (1998), S. 90 und 92 i.V. mit Hentze (1994), S. 249.
31 Vgl. Drumm (1995), S. 286f.; Kupsch/Marr (1983), S. 685.

tiale computergestützter Kooperation sowohl für die Unternehmung als auch für die Mitarbeiter selbst. Grundsätzlich ist beim Einsatz kooperativer Arbeitsformen darauf zu achten, die hierfür notwendige Qualifikation frühzeitig sicherzustellen. Dieses gilt es sowohl im Rahmen der Personalbeschaffung als auch bei der Entwicklung vorhandenen Personals zu berücksichtigen. Die Bedeutung einer im Hinblick auf die Kooperationsfähigkeit und -bereitschaft adäquaten Personalauswahl wird auch dadurch unterstrichen, daß insbesondere soziale Qualifikationen nur sehr schwer und wenn, dann nur langfristig zu ändern sind. Potentielle Mitarbeiter sollten also nicht nur über die notwendigen fachlichen Qualifikationen, sondern auch über Kooperationsfähigkeit und -bereitschaft verfügen und sich in eine konkrete Kooperationseinheit einfügen können.
Bei der Personalauswahl ist es wichtig, innerhalb kurzer Zeit durch die Anwendung adäquater Methoden möglichst zuverlässige Informationen über die Eignung (d.h. den Grad der Übereinstimmung zwischen Anforderungs- und Fähigkeitsprofil) eines Bewerbers zur Besetzung einer Stelle zu erhalten, um Fehlbesetzungen und Frustrationen während der Beschäftigung aufgrund enttäuschter Erwartungen zu vermeiden.[32] Im Zusammenhang mit internen Beschaffungsmaßnahmen werden für kooperative Arbeitsformen insbesondere bei Projektarbeit nach funktionalen als auch auf die Hierarchieebenen bezogenen Gesichtspunkten gegliederte 'Team-Pools' vorgeschlagen, aus denen potentielle Mitglieder einer Kooperationseinheit anhand ihrer Qualifikation und Mitwirkungswünsche ausgewählt werden können. Davon verspricht man sich ein rasches und flexibles Agieren bzw. Reagieren auf veränderte Ausgangsbedingungen (z.B. beim Einsatz von Krisenstäben oder Projekteams).[33] Dabei liegen im Gegensatz zu externen Beschaffungsmaßnahmen bereits Erkenntnisse über die Qualifikation und die Einstellungen der Akteure vor.
Während bei internen Beschaffungsmaßnahmen generell auch Methoden der Personalbeurteilung eine mögliche Auswahlgrundlage darstellen,[34] bedarf es bei der Begutachtung externer Bewerber anderer Instrumente, um deren Qualifikationen und Einstellungen zu ermitteln. Aufgabe der Eignungsdiagnose ist es in diesem Zusammenhang, die „Passung einer konkreten Person in/für Klassen von (zukünftigen) Situationen, zu denen die betreffende Person gehören und die sie mitgestalten wird"[35] festzustellen. Die Auswertung der Bewerbungsunterlagen, Arbeitsproben, psychologische Untersuchungen und Testverfahren, Assessment-Center-Verfahren und Vorstellungsgespräche stellen dabei

32 Vgl. Hentze (1994), S. 272.

33 Vgl. Scheff (1993), S. 140.

34 Zur Personalbeurteilung vgl. Hentze (1994), S. 252-272. Die Personalbeurteilung dient neben der Auswahl und Überprüfung der Auswahlentscheidung (Beförderung, Versetzung und Entlassung) auch der Gehalts- und Lohndifferenzierung, der Beratung der Mitarbeiter, der Feststellung der Notwendigkeit betrieblicher Bildungsmaßnahmen, der Förderung von Kommunikationsbeziehungen und der Befriedigung von Informationsbedürfnissen. Vgl. Hentze (1994), S. 254.

35 Neuberger (1995), S. 415.

häufig eingesetzte Auswahlmethoden dar. Zur Erfassung der psychologischen Merkmale in Form von Fähigkeiten, Fertigkeiten, Einstellungen, Motiven und Interessen, d.h. auch der Kooperationsfähigkeit und -bereitschaft, kommen neben der Analyse der Bewerbungsunterlagen und dem Interview vor allem psychometrische Testverfahren (z.B. Persönlichkeitstests, Leistungstests oder computerbasierte Prüfverfahren) zum Einsatz, während Arbeitsproben und graphologische Gutachten nur noch selten eingesetzt werden.[36]

Die Kooperationsfähigkeit und -bereitschaft und dabei insbesondere die Sozialkompetenz versucht man bisweilen, in einem situativen Test während der Durchführung einer durch mehrere Personen zu erledigenden realistischen Aufgabe aus dem Arbeitsleben beispielsweise im Rahmen eines Assessment Centers[37] zu ermitteln, wobei Plan- und Rollenspiele sowie Gruppendiskussionen angewendet werden. Die Objektivität, Validität und Reliabilität von Assessment Centern ist jedoch gerade aufgrund der Ambivalenz der Untersuchungssituationen, möglicher Verzerrungseffekte durch divergierende Interpretationen der Beobachter und selektive Beobachtereffekte umstritten.[38]

Die Durchführung psychologischer Eignungsuntersuchungen zum Test der Kooperationsfähigkeit und -bereitschaft kann nur dann reliabel und valide sein, wenn definierte Anforderungsprofile der zu besetzenden Stelle existieren, Eignungsvoraussetzungen den Anforderungsprofilen zugeordnet werden können und adäquate psychologische Instrumente zur Erfassung und Bewertung der eignungsrelevanten Merkmale ausgewählt bzw. entwickelt werden.[39] Die fehlenden Kenntnisse über die Determinanten der individuellen Kooperationsfähigkeit und -bereitschaft, fehlende Meßinstrumente zur Messung möglicher Teildimensionen sowie die Situationsspezifität der entsprechenden Eigenschaften und Fähigkeiten führen dazu, daß Fragen der Personalselektion (und auch der Anforderungsanalyse) im Hinblick auf die Kooperationsfähigkeit und -bereitschaft zumindest aus wissenschaftlichem Blickwinkel nicht befriedigend beantwortet werden können. Unklar ist insbesondere, welche konkreten Eigenschaften bzw. Fähigkeiten, anhand welcher Indikatoren und mit welchen Methoden erfaßbar sind.[40] In praktischer Hinsicht kommt es bei der Begutachtung potentieller Mitarbeiter deshalb darauf an, erfahrene und entsprechend geschulte Beobachter hinzuzuziehen.

---

36 Vgl. Hentze (1994), S. 273 und 277. Zur Validität verschiedener Auswahlverfahren vgl. Schuler (1995), S. 130-142. Zu Vor- und Nachteilen von Tests vgl. Steinmann/Schreyögg (1997), S. 656.

37 Zu Vor- und Nachteilen von Assessment-Centern vgl. Rosenstiel (1992), S.179-185; Steinmann/ Schreyögg (1997), S. 659 und die dort angegebene Literatur.

38 Vgl. Drumm (1996), S. 15.

39 Vgl. Hentze (1994), S. 279 und S. 255 sowie die dort angegebene Literatur. Hentze (1994), S. 279 nennt darüber hinaus weitere Anforderungen.

40 Vgl. Bungard (1995), S. 412.

Die *Personaleinführung* dient nach der Einstellung dazu, den neuen Mitarbeitern eine Orientierung in der neuen Arbeitsumgebung zu ermöglichen. Demgegenüber bezieht sich die *Personaleinarbeitung* direkt auf die konkrete Stelle und beinhaltet die Eingliederung eines neues Mitarbeiters in den konkreten Aufgabenbereich. Hierzu sind Informationen über die Unternehmung, die Aufgabenstellung, die Abteilung, ihre Einordnung in das Unternehmungsgeschehen sowie über die Inhalte der Tätigkeit, deren Einordnung in den Leistungsprozeß und über den Verantwortungsbereich zu vermitteln.[41] Die neuen Mitarbeiter sollen in die konkrete Arbeitssituation eingewiesen werden und eine schnelle Einführung auch in die neue soziale Umgebung gelingen. Produktivität und Qualität der Arbeit hängen entscheidend von der Art und Güte der Einarbeitung und Einführung ab.[42] Der Prozeß der Integration in die Kooperationseinheit oder allgemeiner in das soziale System Unternehmung stellt dabei einen speziellen Sozialisationsprozeß dar.[43] Er dient dazu, Werte, Motive, Einstellungen oder auch Kenntnisse und Fähigkeiten zu vermitteln. Bestehende Normen sollen internalisiert oder zumindest als vernünftig oder sinnvoll anerkannt werden.[44] Zu den Inhalten, die neue Mitarbeiter übernehmen sollen, zählen die Ziele der Unternehmung, die Mittel, die zur Zielrealisierung als angemessen angesehen werden, sowie Verhaltenserwartungen beispielsweise im Falle von Konflikten.[45] Die Einführung und Einarbeitung kann dann als erfolgreich beurteilt werden, wenn der neue Mitarbeiter am Ende dieses Prozesses die mit der Stelle verbundenen Aufgaben kennt, wenn Wissens- und Fähigkeitsdefizite ausgeglichen sind, wenn der Mitarbeiter Loyalität und eine hohe Bindung an die Unternehmung (Commitment) entwickelt hat und mit der Kultur der Unternehmung vertraut ist.[46]

Im Hinblick auf die Kooperation in Unternehmungen stellt es sich als bedeutend dar, neue Mitarbeiter nicht nur gründlich in die fachlichen Gegebenheiten einzuarbeiten, sondern bewußt Raum zum Aufbau von Kooperationsbeziehungen zu schaffen sowie die Bedeutung kooperativer Aktivitäten zu verdeutlichen. Dieses kann zum Beispiel dadurch geschehen, daß potentielle Kooperationspartner persönlich vorgestellt werden, Informationen über potentielle Kooperationspartner und Kooperationsgepflogenheiten vermittelt werden und die Gelegenheit dazu gegeben wird, eine grundsätzliche Vertrauensbasis aufzubauen, die in konkreten Kooperationssituationen vertieft werden kann. Die Einarbeitungszeit selbst, die für viele Mitarbeiter zunächst durch Orientierungslosigkeit geprägt ist, bietet Kooperationsmöglichkeiten durch Hilfeleistungen der Kooperationspartner bei der Einfindung in die Gegebenheiten der Unternehmung.

---

41 Vgl. Marr/Stitzel (1979), S. 332.

42 Vgl. Mag (1998), S. 96.

43 Vgl. Schanz (1993), S. 330.

44 Vgl. Marr/Stitzel (1979), S. 333.

45 Vgl. Hoefert (1976), S. 184.

46 Vgl. Kieser (1995), S. 150.

5.4.3 Aktionsparameter 'Personaleinsatz'

Kernaufgabe des personellen Aktionsparameters 'Personaleinsatz' ist es, eine möglichst zielgerechte Zuordnung der qualitativen und quantitativen Personalkapazität auf Teilaufgaben oder Stellen vorzunehmen. Die personellen Fähigkeiten und Bedürfnisse müssen dabei mit den Anforderungen der Stelle bzw. des Arbeitsplatzes in Übereinstimmung gebracht werden. Die Personaleinsatzplanung befaßt sich darüber hinaus auch mit Fragen der Analyse der Arbeitsbedingungen (Gestaltung von Arbeitsplätzen, Arbeitsmitteln und Arbeitsumwelt) und Fragen der Arbeitssicherheit, Arbeitszeit und Pausenregelungen sowie der Nachfolgeplanung.[47] Die in diesem Zusammenhang auch genannte Planung der Personalorganisation (inkl. Aufgabenverteilung, Planung des betrieblichen Führungs- und Leitungssystems sowie der Arbeitsabläufe)[48] überschneidet sich mit Sachverhalten, die im Rahmen der vorliegenden Arbeit bereits im Zusammenhang mit strukturellen Fragestellungen behandelt wurden. In kooperativen Arbeitskontexten befaßt sich die Personaleinsatzplanung primär mit der Qualifikation der Akteure (Vermeidung von Unter- bzw. Überforderung), der Anzahl der Akteure in der Kooperationseinheit, der Art der Abstellung des Personals für die kooperativ zu erledigende Aufgabe (permanent oder beratend, dauerhaft oder wechselnd) und Fragen der parallelen Mitgliedschaft in Kooperationseinheiten.[49]
Maßnahmen der Planung und Umsetzung des Personaleinsatzes stehen in engem Zusammenhang zu den übrigen Instrumenten der personellen Gestaltung, aber auch zu anderen Aktionsparametern. Kann beispielsweise der Personalbedarf weder intern noch extern gedeckt werden, stößt die Personaleinsatzplanung Maßnahmen der Personalentwicklung an.[50]

Im Zusammenhang mit dem personellen Aktionsparameter 'Personaleinsatz' soll hier vor allem die Frage der qualitativen und quantitativen *Zusammensetzung von Kooperationseinheiten* diskutiert werden. Zunächst seien qualitative Aspekte erörtert.

Zum Zusammenhang zwischen den Merkmalen der Mitglieder einer Einheit und dem Verlauf und den Ergebnissen von Gruppenprozessen liegt eine Vielzahl von Untersuchungen vor. Neben der fachlichen Qualifikation wurden auch der Einfluß des Geschlechts, der Intelligenz und der durch die Sozialisation in der Familie erworbenen Eigenschaften (Erstgeborene, Nachgeborene, Einzelkinder) untersucht. Die Untersuchungen belegen für verschiedene Faktoren zwar einen Zusammenhang zur Effektivität

47 Vgl. Mag (1998), S. 99.
48 Vgl. Mag (1998), S. 99.
49 Vgl. Scheff (1993), S. 146.
50 Vgl. Mag (1998), S. 99.

von Gruppen, erlauben jedoch aufgrund der Komplexität situativer Variablen keine allgemeingültigen Aussagen.[51]
Effektive Kooperationseinheiten kennzeichnet die Fähigkeit, relevante Daten zu sammeln, eine freie und sachkundige Auswahl bzw. Entscheidung zu treffen sowie die getroffenen Entscheidungen umzusetzen. Hierzu ist eine entsprechende Qualifikation der Mitglieder der Kooperationseinheit notwendig. Die fachliche Qualifikation wirkt dabei auch auf den Status der einzelnen Akteure und über diesen auf ihre Einflußmöglichkeiten auf die Kooperationsprozesse. Kooperationseinheiten sollten so gebildet werden, daß alle zur Lösung einer Aufgaben notwendigen Qualifikationen in der Kooperationseinheit vorhanden sind, so daß eine selbständige und eigenverantwortliche Lösung der Kooperationsaufgabe möglich ist.
Im Hinblick auf Machtunterschiede der Akteure läßt sich festhalten, daß große Machtunterschiede eher ein Klima des gegenseitigen Mißtrauens erzeugen, insbesondere wenn mächtigere Partner nicht gezielt ausgleichend gegensteuern. Kooperationseinheiten sollten demnach tendenziell aus etwa gleich starken Partnern bestehen.[52]
Während unterschiedliche Erfahrungen und Persönlichkeiten häufig zu Konflikten in Kooperationseinheiten führen, wirkt sich die diesbezügliche Homogenität der Handlungsträger positiv auf die Kooperationsbereitschaft, die Zufriedenheit der Akteure und die Stabilität einer Einheit aus. Heterogenität bzw. Homogenität läßt sich beispielsweise im Hinblick auf die Kenntnisse, die Werte oder den Arbeitsstil der Akteure feststellen..[53]
Die Effektivtät kooperativer Arbeitsformen hängt nicht nur von den Wissensbeständen der einzelnen Akteure, sondern auch von deren Bereitschaft ab, dieses Wissen in den interindividuellen Arbeitsprozeß einzubringen. Gerade in lateralen Kooperationsprozessen treffen unterschiedliche 'professional communities' mit eigenen Standesvertretungen und syndikalistischen Interessen, ethischen Standards und mit einem besonderen fachlichen Selbstverständnis aufeinander. Professionalisierte Subkulturen in Unternehmungen beziehen ihre Identität nicht nur aus einem problemspezifischen Wissen, sondern auch aus eigenen Einstellungen und Verhaltensstandards. Dieses kann einen limitierenden Faktor bei der Gestaltung innerbetrieblicher Kooperationssituationen darstellen.[54] Allgemein ergeben sich zwei gegenläufige, bei der Zusammensetzung von Kooperationseinheiten auszubalancierende Effekte: Die in einer homogenen Kooperationseinheit wahrgenommene Ähnlichkeit der Denkhaltungen und der Wertprofile der Akteure fördert die Bereitschaft, die Vorschläge anderer zu akzeptieren und eigene

51 Vgl. Scholz (1994), S. 355f.

52 Vgl. Tröndle (1987), S. 120.

53 Vgl. Nieder/Naase (1977), S. 84; Argote/McGrath (1993), S. 349. Zur Diskussion der Auswirkungen der Zusammensetzung von Gruppen auf deren Leistung vgl. auch Schneider (1985), S. 214ff.

54 Vgl. Bleicher (1991b), S. 145f.

Gedanken mitzuteilen.[55] Eine heterogene Zusammensetzung von Kooperationseinheiten verbreitert demgegenüber die Informationsbasis und schafft damit Raum für die Entwicklung neuer, kreativer Ideen.[56]
Computergestützte Kooperation setzt ein permanentes und aktives Mitgestalten des Einzelnen zum Nutzen der Kooperationseinheit voraus. Diese Bereitschaft verlangt eine konstruktive, offene Arbeitsatmosphäre innerhalb der Kooperationseinheit. Die Bereitschaft zur Kooperation ist dabei vielfach an ein Mindestmaß an Sympathie der Akteure gebunden. Gegenseitige Sympathie der Akteure trägt dazu bei, Konflikte zu vermeiden und die Qualität und Quantität der Leistung zu steigern.[57] Ein niedriger Sympathiegrad verringert die Akzeptanz und Kooperationsbereitschaft der Akteure; dem sollte soweit wie möglich durch eine geeignete Zusammensetzung der Kooperationseinheit entgegengewirkt werden. So kann die Verträglichkeit der Interessen z.B. durch die Berücksichtigung persönlicher Beziehungen bei der Auswahl der Kooperanden positiv beeinflußt werden. Gleichzeitig könnte dieses allerdings die bisweilen problematische Bildung von Untergruppen fördern.
Die Mitglieder der Kooperationseinheit sollten insgesamt einerseits über eine Bandbreite von Wissen und Perspektiven verfügen, die der Lösung der Aufgabe dienlich ist, aber andererseits derart homogen sein, daß eine Verständigung möglich ist.[58] Für die praktische Gestaltung besteht allerdings zum einen das Problem, daß sich Kooperationseinheiten nicht immer so bilden lassen, daß sich die Personen hinsichtlich ihrer Leistungsfähigkeit und -bereitschaft entsprechen sowie gegenseitige Sympathie vorliegt. Bei der Zusammenstellung von Kooperationseinheiten sind auch Aspekte wie die Auslastung von Personen- und Sachressourcen, Kompetenzen, politische Faktoren und Rollen zu beachten.[59] Zum anderen dürfte sich die Diagnose solcher Übereinstimmungen schwierig gestalten.

Auch die Frage nach der quantitativen Zusammensetzung einer Kooperationseinheit läßt sich nicht allgemeingültig beantworten, wie bereits ausgeführt wurde.[60] Wesentlich ist eine angemessene Stärke im Hinblick auf die Kooperationsaufgabe. Eine steigende Größe der Kooperationseinheit wirkt sich nicht nur auf die Kosten, sondern auch auf die Kommunikationsmöglichkeiten, die Motivation und die Kohäsion (von der insbesondere dann ein positiver Einfluß ausgeht, wenn die Zielvorstellungen der Gruppe denen der

---

55 Vgl. Gebert/Rosenstiel (1992), S. 123 und die dort angegebene Literatur.
56 Vgl. Delhees (1983), S. 373; Redel (1982), S. 303.
57 Vgl. Wiswede (1980), S. 176.
58 Vgl. Hackman (1989), S. 327.
59 Vgl. Teufel/Schmidt (1992), S. 40ff.
60 Siehe Abschnitt 5.2.4.1 dieser Arbeit.

Unternehmung entsprechen) aus, da sich die Anzahl der interpersonellen Beziehungen erhöht und sich deshalb vielfach Untergruppen bilden.[61]

5.4.4 Aktionsparameter 'Personalentwicklung'

Die praktische Umsetzung kooperativer Arbeitskonzepte konfrontiert die Akteure mit neuen Aufgabenstellungen, deren Erledigung vielfach eine Anpassung der Qualifikationen der Mitarbeiter in Form der Vermittlung anderer, zusätzlicher oder neuer Kenntnisse erfordert. Die Personalentwicklung befaßt sich damit, dem Personal Qualifikationen zur Bewältigung der gegenwärtigen und zukünftigen Anforderungen zu vermitteln und so die Leistungspotentiale der Mitglieder der Unternehmung zu verbessern.[62] Personalentwicklung dient gleichzeitig auch der Personalbeschaffung, wenn der Personalbedarf aufgrund von Personalentwicklungsmaßnahmen auf dem innerbetrieblichen Arbeitsmarkt gedeckt werden kann, als auch der qualitativen Personalerhaltung, da die Leistungsabgabe der Mitarbeiter durch Entwicklungsmaßnahmen gesichert werden kann.[63]
Personalentwicklung umfaßt sowohl Maßnahmen der Personalbildung durch Ausbildung, Fortbildung und Weiterbildung als auch Maßnahmen der Personalförderung als aktive Unterstützung bei positionellen Verbesserungen der Mitarbeiter. Die folgenden Ausführungen gehen zunächst auf die Personalbildung ein.

Der personelle Aktionsparameter '*Personalbildung*' umfaßt zielgerichtete, bewußte und planmäßige Maßnahmen, die sich auf eine Vermehrung bzw. Veränderung des Wissens, des Könnens (Fähigkeiten und/oder Fertigkeiten) und/oder des Verhaltens der Akteure beziehen. Sie werden dort notwendig, wo der derzeitige oder zukünftige qualitative Personalbedarf nicht mittels des zur Verfügung stehenden Personals gedeckt werden kann, da Eignungsdifferenzen bestehen, die nicht durch Freisetzungs- oder Beschaffungsmaßnahmen ausgeglichen werden sollen oder können. Personalbildung erstreckt sich sowohl auf die Ausbildung und die Fortbildung als auch auf die Weiterbildung. Während die Ausbildung die erstmalige Einführung in eine berufliche Tätigkeit bezeichnet, beinhaltet die Fortbildung die Vertiefung und Aktualisierung des Wissens und Könnens nach einer abgeschlossenen Ausbildung auf der gleichen beruflichen Ebene. Weiterbildung erfolgt zur Erweiterung der Kenntnisse und Neuorientierung im bisherigen Berufsfeld.[64]

---

61 Vgl. Scheff (1993), S. 139.
62 Vgl. Hentze (1994), S. 315.
63 Vgl. Scholz (1994), S. 251 i.V. mit Mag (1998), S. 147.
64 Vgl. Mag (1998), S. 146f.

Prinzipiell lassen sich vier *Strategien der Personalbildung* differenzieren, welche sich im Hinblick auf den zeitlichen Planungshorizont und die Planungsfolge bezüglich struktureller, technischer und personeller Aspekte unterscheiden. Bei der 'ad-hoc'-Strategie erfolgen Überlegungen zur Personalbildung kurzfristig und weitgehend ungeplant bei Vorliegen eines aktuellen Bedarfs. Bei der anforderungsorientierten Strategie stellt die Personalbildung das Ergebnis technisch-struktureller Anforderungen dar, wobei die Personalbildung kurz- bis mittelfristig zeitlich nachgeordnet erfolgt. Auch bei der synchronisierten Strategie bilden Überlegungen zur Personalbildung eine Folge technisch-struktureller Überlegungen, finden jedoch bereits zu einem früheren Zeitpunkt statt. Die potentialorientierte Strategie stellt dagegen nicht die konkreten Anforderungen in den Mittelpunkt der Überlegungen, sondern das verfügbare bzw. zu entwickelnde Qualifikationspotential, wobei das Personal als Triebfeder für Innovation und Veränderungen angesehen wird. Personalbildung dient hier weniger der einseitigen Anpassung der Mitarbeiter an vordefinierte Anforderungen, sondern stellt vielmehr einen integrativen Lernprozeß dar.[65]
Gerade im Hinblick auf soziale Qualifikationen erfordern kooperative Arbeitskonzepte präventive Maßnahmen. Die Akteure sollten kooperationsfähig und -bereit sein, wenn sie ihren gemeinsamen Leistungsprozeß und die damit verbundenen Gestaltungsprozesse beginnen. Synchronisierte bzw. potentialorientierte Strategien sind deshalb zu bevorzugen, da gerade soziale Kompetenzen eine gewisse Einübungszeit erfordern und nicht kurzfristig zu entwickeln sind. In Trainings können die Akteure einer Kooperationseinheit Regeln vereinbaren, wie sie im Team miteinander arbeiten und umgehen wollen. Als problematisch stellt sich beim Einsatz computergestützter Kooperationsformen dar, daß vielfach weder eine begleitende noch eine präventive soziale Qualifizierung erfolgen, da entsprechende Maßnahmen kostenintensiv sind und die Relevanz sozialer und methodischer Qualifikation unterschätzt wird.[66]

Aus dem Einsatz computergestützter kooperativer Arbeit resultieren Qualifikationsanforderungen, die sich in die Dimensionen fachaufgabenbezogene, methodische und soziale Qualifikationen unterscheiden lassen. Die Abbildung 5.4-1 zeigt wesentliche Teilaspekte der drei Qualifikationsgebiete auf. Sie sollen mit Maßnahmen der Personalbildung verbessert und/oder gesichert werden.

---

65 Vgl. Pawlosky/Bäumer (1995), S. 150 und 159, dort bezogen auf die Weiterbildung.
66 Vgl. Minssen/Keese (1995), S. 27.

fachliche Qualifikation	**methodische Qualifikation**	**soziale Qualifikation**
• horizontale und vertikale Aufgabenerweiterung erfordert ein höheres Zusammenhangswissen • Fähigkeit zur Eigenverantwortung und zur autonomen Entscheidung (u.a. Erkennen der Grenzen der Autonomie und der Vorteile der Kooperation) • Fähigkeit zur innovativen Problemlösung bei der Aufgabenerfüllung	• Fähigkeiten und Kenntnisse zur Moderation, Zielfindung, Strukturierung und Entscheidungsfindung in Kooperationsprozessen • Fähigkeit zur Beurteilung von Einsatzmöglichkeiten und -grenzen computergestützter Kooperation • Beherrschung neuer Formen technikgestützter Kooperation (z.B. raum- und zeitversetzte Kooperation) • Benutzungsfertigkeiten (Oberflächenbenutzung, Systeminteraktion, Handhabung von Werkzeugen) • Kompetenz im Umgang mit Daten (Datensicherheit, Datenschutz) • Einhaltung von Anwendungsregeln (z.B. hinsichtlich Zugriff, Werkzeugeinsatz)	• Fähigkeiten zur partnerschaftlichen Mitwirkung bei der Planung und Einführung kooperationsunterstützender Technologien • Fähigkeit zur Mitgestaltung von Anwendungsregeln • Sozialverantwortlichkeit im Umgang mit Daten • Kompetenz im Hinblick auf technikgestützte und nicht-technikgestützte Kommunikation • Kommunikations- und Interaktionsfähigkeit im Umgang mit 'fachfremden' Partnern (z.B. beim Anwender-Entwickler-Dialog) • Fähigkeit zur Weitergabe von Wissen

Abbildung 5.4-1: Notwendige Qualifikationen im Hinblick auf die Realisierung computergestützter Kooperationsformen (in Anlehnung an Reichwald (1993a), S. 485)

Zunächst unabhängig von der technischen Unterstützung umfassen *methodische Qualifikationen* Fähigkeiten zur Moderation, Zielfindung, Strukturierung und Entscheidungsfindung in Kooperationsprozessen. Der Einsatz computergestützter Kooperationsformen erfordert darüber hinaus die Fähigkeit, ihre Einsatzmöglichkeiten und -grenzen adäquat zu beurteilen. Hierzu ist es erforderlich, den Akteuren die Idee und Konzeption der eingesetzten CSCW-Technologien zu vermitteln und verschiedene Nutzungsalternativen, Wirkungsweisen und Wirkungszusammenhänge zu verdeutlichen. CSCW-Technologien setzen mehr als andere Technologieformen die Anwendung durch alle zur Kooperationseinheit gehörenden Akteure voraus. Dieses erfordert einerseits die souveräne Beherrschung des Leistungsspektrums von CSCW-Werkzeugen, so daß der Anwendungsauf-

wand minimiert werden kann, und andererseits die Transparenz des Nutzens für die Kooperationseinheit und die einzelnen Akteure.[67] Die hierzu notwendigen Qualifikationen sind nicht mittels der üblichen Benutzungsschulungen der Systemhersteller und -lieferanten im Stile des 'Knöpfchen drücken' zu vermitteln.[68] Statt dessen erfordert gerade auch der Einsatz computergestützter Kooperation eine umfassendere Anwenderqualifizierung. Dort, wo die Akteure den kooperationsunterstützenden Charakter von CSCW-Technologien nicht verstehen oder nicht schätzen, werden die Technologien allenfalls wie herkömmliche Software (bspw. Textverarbeitung) interpretiert und genutzt.[69]
Die Gestaltung von CSCW-Technologien nach dem Leitbild der 'Werkzeuge in Werkstätten' legt ihre Anwendung nicht auf im voraus bestimmbare Anwendungsbereiche fest. Die Form der Anwendung wird dabei wesentlich durch die konkreten Gestaltungsmaßnahmen und die Anpassung an die Anforderungen der Kooperationssituation bestimmt. Zu diesem stetigen Prozeß, an dem alle Akteure zu beteiligen sind, können nur qualifizierte Akteure einen konstruktiven Beitrag leisten. Deshalb sollten die Akteure dazu qualifiziert werden, Gestaltungsalternativen auszuloten, aber auch die Risiken und Grenzen technikgestützter Kooperations abzuschätzen.
In diesen Zusammenhang sind Maßnahmen der Schulung der Mitarbeiter in der Techniknutzung und im Verhalten während Kooperationssituationen, die Information potentieller Anwender durch ein internes Marketing in Form von Rundschreiben, Berichten in der Hauszeitung etc., Vorführungen bzw. Probesitzungen sowie der Einsatz von Mentoren und Multiplikatoren denkbar. Je bewußter sich die potentiellen Anwender der Vorteilhaftigkeit und Funktionalität der CSCW-Technologien sind, desto eher sind sie in der Lage, ein geeignetes Medium für die Aufgabenerfüllung auszuwählen. Nur ein spürbarer persönlicher Nutzen wird zu einer breiten Akzeptanz computergestützter Kooperation führen.

Entscheidungsdezentralisation und eine relative Autonomie der Entscheidungsträger in Kooperationseinheiten gegenüber übergeordneten Ebenen bedingen im Zusammenhang mit einer höheren Aufgabenkomplexität, einem größeren Ausmaß an Selbstabstimmung und -steuerung sowie der Mitarbeit in wechselnden Kooperationseinheiten höhere und breitere Anforderungen an die Kenntnisse und Fähigkeiten des Personals, so daß von einem Anforderungsschub im Hinblick auf die *fachliche Qualifikation* gesprochen werden kann.[70] Tendenziell ist in kooperativen Arbeitskontexten ein größeres Zusammenhangwissen und eine fachübergreifende Qualifikation notwendig, um die vergrößer-

67 Vgl. Bornschein-Grass (1995), S. 140.
68 Vgl. Bahl-Benker (1991), S. 1248.
69 Vgl. Lullies (1991), S. 1172ff.; Bullen/Bennett (1991), S. 275f.
70 Vgl. Drumm (1996), S. 15.

ten Handlungsspielräume auszufüllen und sich in die Beiträge von Kooperationspartnern hineindenken zu können. Das Bewußtsein und das Verständnis für die gesamte Kooperationsaufgabe einschließlich der vielfältigen Interdependenzen der Aktivitäten können die Beteiligten vielfach nur mittels umfangreicher Fachkenntnisse entwickeln. Fachspezifisches Wissen, welches über die unmittelbare Erledigung der eigenen Teilaufgaben hinausgeht, verdeutlicht darüber hinaus die Position und den Beitrag der eigenen Aktivitäten innerhalb des kooperativen Gesamtprozesses der Leistungserstellung. Ihre Kenntnis ermöglicht den Trägern der Kooperation ein schnelles und flexibles Reagieren auf unvorhergesehene Ereignisse, die Einschätzung von Fehlentwicklungen und die selbständige Entwicklung von Problemlösungsstrategien.
In diesem Zusammenhang stellen Ansätze des systematischen Arbeitsplatzwechsels (Job-rotation) einen möglichen Ansatz dar, die fachliche Qualifikation spezialisierter Akteure zu erweitern. Dieser Ansatz trägt insbesondere in Kooperationseinheiten, die primär mit Regel- und Routineaufgaben betraut sind, dazu bei, die Arbeitsmonotonie und einseitige Belastungen zu verringern und eine umfassende Qualifizierung der Akteure zu unterstützen. Die Verbesserung der Kooperationsbereitschaft der Mitarbeiter wird explizit als ein Vorteil der Job-rotation genannt,[71] indem ein breites Verständnis für die Aufgaben und Probleme anderer Akteure gefördert wird.

Die Arbeit in Gruppen und vernetzten Kommunikationsstrukturen stellt hohe Anforderungen an die *soziale Qualifikation* des Personals, wie bereits an anderer Stelle verdeutlicht wurde.[72] Nicht nur die konstruktive Auseinandersetzung, sondern auch die Lösung und Verminderung von Konflikten aufgrund der Vielzahl von Interdependenzen und die aus verschiedenen Gründen geringere Bedeutung präsituativer Regelungen erfordert eine Reihe sozialer Qualifikationen. Diese befähigen die Akteure, den resultierenden Regelungsbedarf über soziale Konsensbildungsprozesse abzudecken und konstruktiv mit Konflikten umzugehen. Grundsätzlich scheint die Vermittlung sozialer Qualifikationen im Vergleich zu fachlichen Qualifikationen in der Personalentwicklungspraxis eine eher untergeordnete Rolle zu spielen. Die große, vielleicht sogar entscheidende Bedeutung sozialer Qualifikationen für den Erfolg kooperativer Arbeitsformen wird statt dessen vielfach unterschätzt. Ein grundlegendes Problem der Umsetzung kooperativer Arbeitskonzepte liegt deshalb darin, daß bei der Einführung kooperativer Arbeitsformen vielfach weder präventive Qualifizierungsmaßnahmen noch begleitende soziale Qualifizierungsmaßnahmen durchgeführt werden, da solche Maßnahmen zunächst relativ hohe Kosten verursachen, während ihre Notwendigkeit und ihr Nutzen unterschätzt werden. Bei der Einführung kooperativer Arbeitsformen kann jedoch nicht notwendigerweise davon ausgegangen werden, daß ausreichende soziale Qualifikationen vorhanden sind, da

---

71 Vgl. Hentze (1994), S. 352.

72 Siehe Abschnitt 5.4.1 dieser Arbeit.

sie in streng hierarchischen, stark vertikal und horizontal arbeitsteilig strukturierten Arbeitsformen vielfach systematisch unterdrückt werden. Maßnahmen der Arbeitsgestaltung und -strukturierung, die eine hohe Kooperationserwartung repräsentieren, stellen zwar eine günstige Voraussetzung für den Erwerb sozialer Qualifikationen dar, erzeugen sie jedoch nicht quasi automatisch. Soziale Qualifikationen müssen deshalb verstärkt vermittelt und gefördert werden, worauf viele und zum Teil langwierige Maßnahmen und Anstrengungen zu verwenden sind.[73]

Als Instrumente zur Verbesserung der Arbeitskultur und der Produktivität in Kooperationseinheiten werden z.B. Team-, Sensitivitäts- und Verhaltenstrainings, Transaktionsanalyse, Selbsterfahrungsansätze, Coaching und Prozeßberatung genannt.[74] Sie versuchen, individuelle und/oder interindividuelle Fähigkeiten zu verbessern. Diese Instrumente richten sich auf die Verbesserung konkreter Problemsituationen oder auf das grundsätzliche Kooperationspotential. Mit ihrer Hilfe sollen soziale und methodische Kompetenzen wie z.B. Kommunikations- oder Konfliktlösungstechniken vermittelt sowie Einstellungen und Verhaltensweisen verändert werden. So ist es beispielsweise Ziel der primär individuumsbezogenen Sensitivitätsanalyse, den Akteuren eine schärfere Beobachtungsfähigkeit gegenüber Gruppenprozessen, eine höhere Einsicht in die Determinanten des eigenen Verhaltens und in gruppendynamische Prozesse sowie in die sozialpsychologischen Bedingungsfaktoren in Kooperationseinheiten zu vermitteln.[75] Die gruppenbezogene Teamentwicklung richtet sich demgegenüber darauf, die Kohäsion und Effizienz einer bestehenden oder neugegründeten Kooperationseinheit mittels gruppendynamischer Übungen zu erhöhen. Als konkrete Ziele werden dabei die Entwicklung von Kooperationszielen, die Entwicklung von gegenseitigem Vertrauen, Unterstützung, Sicherheit und offener Kommunikation sowie die Klärung der Rollen der Akteure genannt.[76] Im einzelnen könnten Trainings zur Stimulierung der sozialen Handlungskompetenz beispielsweise die folgenden Themenblöcke beinhalten:[77]

- Einflußnahme auf diejenigen Bedingungen, die kooperative Aktivitäten und darunter inbesondere Kommunikation im täglichen Arbeitsablauf fördern bzw. hemmen,

---

73 Vgl. Minssen/Keese (1995), S. 26f.

74 Vgl. Staehle (1994), S. 889-905; Schneider (1985), S. 266ff.

75 Vgl. Hentze (1994), S. 362. Zur Beschreibung verschiedener Methoden vgl. Schneider (1985), S. 266.

76 Vgl. Staehle (1994), S. 899. Vgl. auch Comelli (1995), S. 388ff. Vgl. Scheff (1993), S. 142ff. für Teamentwicklungsmaßnahmen in verschiedenen Phasen des Teamentwicklungsprozesses (Forming, Storming, Norming, Performing). Zur Kritik an Teamtrainings als Bestandteil der Kritik der Praxis der Kooperationsförderung vgl. Müller/Nachreiner (1981), S. 286ff.

77 Vgl. Udris (1998), S. 191.

- erfolgreiche gemeinsame Bewältigung der Anforderungen mittels effizienter Konfliktbewältigung, Zeiteinteilung und Planung der Aufgabenerledigung, kollektiver Problemlösung und Entscheidungsfindung,
- verstärkte gegenseitige Hilfe und soziale Unterstützung in schwierigen Situationen,
- Erleichterung der Integration neuer Mitglieder.

Einige der Konzepte wirken in erheblicher Weise auf den Persönlichkeitsbereich der Akteure ein, weshalb ein äußerst behutsames Vorgehen notwendig ist. Darüber hinaus ist die Effizienz verschiedener Methoden zur Förderung kooperativen Verhaltens durch Training aufgrund der fehlenden theoretischen Basis der Konstrukte der Kooperationsfähigkeit und -bereitschaft umstritten.[78] Insgesamt wird der Erfolg von derartigen Bildungsmaßnahmen stark davon abhängen, ob die Beteiligten Defizite selbst erkennen, die entsprechenden Schulungsmaßnahmen akzeptieren und ob der Transfer in die Realsituation gelingt.[79] Zur weiteren Unterstützung sollten deshalb Maßnahmen des On-the-job-trainings ergriffen werden. Entscheidend ist die Erfahrung aller Akteure, daß kooperatives Verhalten in bestimmten Situationen bessere Ergebnisse als Einzelarbeit oder kompetitives Verhalten erzielen kann.
Primär kognitiv orientierte Methoden der Personalbildung bieten sich vor allem dort an, wo z.B. Unklarheit über die Anreizsysteme oder Nutzenkriterien der Kooperation sowie über zu erreichende Ziele und Wege zu deren Realisierung besteht.[80]
Insgesamt gilt es zu berücksichtigen, daß in praktischen Arbeitssituationen durch die Akteure zu vertretende Positionen und Rollen bestimmte Interessenlagen und spezifische Konflikte mit sich bringen. Diese lassen sich nicht ohne weiteres durch Schulungen oder Bewußtmachung verändern.

Soziale und methodische Qualifikationen stellen sogenannte Schlüsselqualifikationen dar, die unabhängig von den sich ändernden fachlichen Inhalten relevant sind. Ein Problem der Personalentwicklung besteht jedoch darin, die fachlichen Inhalte der Personalbildung zu spezifizieren, wenn aufgrund sich schnell ändernder Anforderungen keine mittel- bis langfristigen Prognosen über die zukünftigen Arbeitsinhalte möglich sind.[81] Gleichzeitig können die umfangreichen und dynamischen Anforderungen an die Qualifikation der Akteure in kooperativen Arbeitssituationen aufgrund von Zeit- und Kostenrestriktionen nur teilweise in Schulungen und Seminaren vermittelt werden. Auch die Persönlichkeitsentwicklung im Sinne der Entwicklung sozialer und methodischer Qualifikationen erfordert gleichzeitige arbeitsimmanente Qualifizierungsprozesse, um

78 Vgl. Müller/Nachreiner (1981), S. 286f.
79 Vgl. Marr (1992), Sp. 1163.
80 Vgl. Müller/Nachreiner (1981), S. 290.
81 Vgl. Drumm (1996), S. 15.

Qualifikationsbestandteile zu ergänzen, weiterzuentwickeln und zu stabilisieren.[82] Dieses setzt die Fähigkeit und gegenseitige Bereitschaft zur Weitergabe von Wissen an andere Akteure voraus und stellt somit Kooperation zum Zweck der Qualifizierung dar. Als diesbezügliche Strategie des innerbetrieblichen Wissenstransfers wird in der Literatur das Konzept der *kooperativen Selbstqualifikation* vorgeschlagen. Es handelt sich dabei um eine Form der Personalbildung, bei der der Einzelne vom Wissen und den Erfahrungen anderer Akteure und diese wiederum von seinem Know-how profitieren. Besonderes Merkmal ist das partnerschaftliche Verhalten, wobei bei der Problemlösung voneinander und miteinander gelernt wird sowie bestehende oder entstehende Konflikte gelöst werden. Im Vordergrund steht nicht die reine Wissensvermittlung oder das Lernen 'auf Vorrat', sondern vielmehr die Sicherung einer situationsgerechten Verfügbarkeit und Umsetzbarkeit des Erlernten sowie die Motivation durch das gemeinsam erzielte Ergebnis.[83]
Die Bereitschaft zur Weitergabe von Wissen an andere Akteure ist jedoch nicht ohne weiteres gegeben. Gerade die hierarchische Strukturierung von Unternehmungen fördert und belohnt tendenziell eher die Einstellung 'Wissen ist Macht'. Diese Einstellung führt dazu, daß Informationsvorsprünge nicht in den Dienst der Interessen der Kooperationseinheit oder der Unternehmung gestellt werden, sondern zur eigenen Profilierung genutzt werden, weil diese Haltung vielfach die einzige Möglichkeit zur Einkommenssteigerung darstellt. Eine solche Werthaltung erzeugt keine Bereitschaft zur Informationsweitergabe und läßt keine kooperative Selbstqualifikation zu.[84]

Nachdem vorangehend Aspekte der Personalbildung behandelt wurden, gilt es nun, die Implikationen des Aktionsparameter *'Personalförderung'* für die computergestützte Kooperation herauszuarbeiten. Die Personalförderung dient der Unterstützung der positionellen Verbesserung von Mitarbeitern in der Unternehmung. Vakante oder vakant werdende Stellen sind mit geeigneten Mitarbeitern unter Beachtung eines vertikalen oder diagonalen Aufstiegsweges zu besetzen.[85] Im einzelnen sind die Instrumente Laufbahnplanung, Laufbahnlinien, Entwicklungsbeurteilung sowie betriebliche Bildung zu unterscheiden.[86]
Kooperative Arbeitsstrukturen sind vielfach in flache Unternehmungsstrukturen eingebettet bzw. einzubetten. Dieses beinhaltet jedoch, daß vertikale Karrieren kaum noch möglich sind. Statt dessen werden Karrieren von der Hierarchie entkoppelt, verlaufen Laufbahnen eher horizontal zwischen verschiedenen Stellen bzw. organisatorischen

---

82 Vgl. Ulich (1994), S. 351.
83 Vgl. Heidack (1995), S. 110ff. und S. 115; Heidack (1993), S. 381ff.
84 Vgl. Heidack (1995), S. 120f.
85 Vgl. Mag (1998), S. 156.
86 Vgl. Hentze (1994), S. 315.

Einheiten oder fach- und/oder projektbezogen. Fach- und Projektlaufbahnen schaffen zusätzliche Möglichkeiten, die Karrieren ausgewählter Personenkreise zu planen, und erlauben gleichzeitig eine Leistungs- und Potentialbeurteilung. Kooperative Arbeitsformen beispielsweise im Rahmen einer Projektorganisation stellen gewissermaßen 'reale' Assessment-Center dar.[87] Die fehlende vertikale Ausrichtung der genannten Personalförderungskonzepte entspricht jedoch keineswegs dem auch heute noch gängigen Verständnis von Karriere.[88] Deshalb sind zusätzliche oder andere Anreize notwendig, um die Leistungsbereitschaft der Mitarbeiter zu erhalten, neue Mitarbeiter zu akquirieren oder den Austritt von Mitarbeitern zu verhindern.[89] Beispielsweise können monetäre Anreize einen Ausgleich für fehlende Aufstiegschancen darstellen.

5.4.5 Aktionsparameter 'Personalerhaltung'

Der Aktionsparameter 'Personalerhaltung' beschäftigt sich mit der Fragestellung, wie der quantitative Personalbestand bei gegebenen oder veränderten Anforderungen gesichert, neue Mitglieder gewonnen und Leistungen stimuliert werden können. Fehlen die monetären und/oder nicht-monetären Anreize, die die Verhaltensbereitschaft zur Teilnahme oder zur Leistung aktivieren, kann dieses dazu führen, daß Eintritte in die Unternehmung bzw. in eine Kooperationseinheit unterbleiben (Teilnahmeentscheidung), daß Austritte erfolgen (Austrittsentscheidung) oder Leistungen auf andere Art oder nicht im erforderlichen Ausmaß erbracht werden als erwartet (Verhaltensentscheidung).[90] Die Kooperationsbereitschaft wird im folgenden als eine spezielle Form der Verhaltensbereitschaft interpretiert. Bei der Gestaltung von Anreizsystemen ist festzulegen, welche Indikatoren als Bemessungsgrundlage für die Gewährung von Belohnungen dienen, welche Arten von Anreizen, d.h. welche Belohnungen bzw. Sanktionen, geboten werden, und in welcher Relation die Leistungskriterien zu den Anreizen stehen.[91]

Zuvor sei hier zum einen eingefügt, daß auch der Aktionsparameter 'Personalentwicklung' Aspekte der Anreizgestaltung enthält, indem Bildungs- und Aufstiegsanreize geboten werden.[92] Mit der Personalbeschaffung ergeben sich insofern Überschneidungen,

---

87 Vgl. Domsch (1995), S. 441ff. und S. 445.

88 Vgl. Drumm (1996), S. 16.

89 Siehe hierzu die Ausführungen zur Personalerhaltung in Abschnitt 5.4.5.

90 Vgl. Mag (1998), S. 121f. i.V. mit Hentze (1991), S. 24. Hentze (1991), S. 20 unterscheidet in diesem Zusammenhang Personalerhaltung und Leistungsstimulation. Dieser Unterscheidung wird hier nicht gefolgt.

91 Vgl. Winter (1997), S. 616.

92 Vgl. Mag (1998), S. 122.

als daß die Anreize auch dazu beitragen, daß Personal in die Unternehmung eintritt.[93] Zum anderen sei angemerkt, daß die Leistungsbereitschaft nicht nur durch personelle Maßnahmen, sondern auch durch die Aufgaben und die strukturelle Gestaltung beeinflußt wird. Auch aus diesem Grund stellt die Sicherstellung der Leistungsbereitschaft der Akteure einen komplexen, bis heute nur unzureichend durchschauten Vorgang dar, da eine Vielzahl von Einflußfaktoren und komplexe Ursache-Wirkungs-Beziehungen existieren. Aus empirischer Sicht stellt sich die Wirkung von Anreizen als stark kontextgebunden dar. Sie hängt beispielsweise auf vom sozialen Kontext, Gerechtigkeitserwägungen und Einflußmöglichkeiten der Betroffenen ab.[94]

Neben den Fähigkeiten der Akteure und Merkmalen der Situation sind auch die subjektiven Einstellungen und Interpretationen bezüglich der Kooperationssituation für den Kooperationserfolg entscheidend.[95] Das Ausmaß der Kooperationsbereitschaft wird durch eine Reihe persönlichkeitsprägender Merkmale wie Werte, Einstellungen und Motive der Kooperationsträger bestimmt.[96]

Einstellungen stellen positive oder negative Bewertungen eines Objektes, einer Person oder einer Situation durch Individuen dar. Sie werden durch die jeweilige Erfahrungswelt der Akteure gelernt. Über die subjektiven Bilder von der Situation, die Wahrnehmung der Umwelt, die Auseinandersetzung mit ihr und über die daraus abgeleiteten Präferenzmuster beeinflussen sie das individuelle Verhalten.[97] Einstellungen können sich negativ oder positiv auf Kooperationsprozesse auswirken.
Allgemein lassen sich positive, differenzierende und negative Einstellungen zu Kooperation. Während Akteure mit negativer Einstellung zur Kooperation keine geeigneten Träger von Kooperation darstellen, erfordern die beiden anderen Varianten eine nähere Betrachtung. Eine uneingeschränkt positive Einstellung beinhaltet als Vorteil das Engagement für die kooperativen Aktivitäten sowie die Aufrechterhaltung der Kooperation auch bei kleineren Rückschlägen. Als nachteilig kann sich erweisen, daß die Euphorie leicht in Resignation umschlagen kann, was einen Abbruch trotz positiver Leistungsbeiträge beinhalten kann. Insofern scheint eine differenzierende Einstellung des inneren Abwägens von Gefahren und Chancen der Kooperation von Vorteil.[98]

---

93 Zur Abgrenzung der Personalentwicklung von der Personalerhaltung vgl. Mag (1998), S. 121f. Vgl. auch Hentze (1994), S. 320.

94 Vgl. Winter (1997), S. 616 i.V. mit Bleicher (1991b), S. 156.

95 Vgl. Tröndle (1987), S. 72.

96 Vgl. Marr (1992), Sp. 1159.

97 Vgl. Herkner (1975), S. 143.

98 Vgl. Tröndle (1987), S. 116. Zum Einfluß verschiedener Einstellungen gegenüber Kooperation auf die Ergebnisse von Spielen vom Charakter des Gefangenen-Dilemmas vgl. Reber (1981), S. 110ff.

Im Vergleich zur konkreten Wertung von Objekten, d.h. Einstellungen, sind *Werte* genereller Natur. Werte sind Einstellungen quasi vorgelagert sowie umfassender und längerfristiger als diese und darüber hinaus situationsübergreifend. Sie können als generelle Wegweiser für das Verhalten angesehen werden und werden durch die jeweilige individuelle Erfahrungswelt erlernt.[99]

Bei der Untersuchung der Handlungsbereitschaft im allgemeinen bzw. der Kooperationsbereitschaft im speziellen geht man von der Vorstellung aus, daß in Personen innere Antriebskräfte im Hinblick auf angestrebte Zielzustände wirken. Antriebskräfte in Form zeitlich relativ überdauernder physischer Dispositionen bezeichnet man als *Motive*. Sie sind zum Teil angeboren oder reifen nach einer für die Art kennzeichnenden Gesetzlichkeit oder werden im Zuge der Sozialisierung des Menschen insbesondere in der frühen Kindheit erworben.[100] Die Motivebene kann deshalb nur in geringem Ausmaß oder nur durch massiv therapeutische Eingriffe beeinflußt werden und ist deshalb als Erwartungsparameter der Gestaltung anzusehen.[101] Motive werden von Bedürfnissen, d.h. subjektiv empfundenen Mangelzuständen, ausgelöst[102] und stellen isolierte Verhaltensbereitschaften in bezug auf mögliche Zustände dar, die latent vorhanden und zunächst noch nicht aktualisiert sind.[103] *Motivation* beinhaltet demgegenüber ein Gefüge aktivierter Motive vielfältiger Art, das in einem Interiorisierungsprozeß entsteht und die Richtung, Intensität und Form des Handelns beeinflußt.[104] Motivation bildet eine Voraussetzung für zielorientiertes Verhalten. Sie entsteht durch die in einer bestimmten Situation herrschenden äußeren und inneren Reize und stellt damit eine Kombination überdauernder Motivlagen und situativer Variablen dar.[105]
Die Unterscheidung in *extrinsische und intrinsische Motivation* lenkt die Betrachtung auf den Inhalt und die Ursache der Bedürfnisbefriedigung. Intrinsische Motivation entsteht im Zusammenhang mit dem Arbeitsverhalten aus der Tätigkeit selbst, z.B. bei der Befriedigung durch die Lösung einer schwierigen Aufgabe. Die Arbeit wirkt dann an sich belohnend, macht Spaß und wird aus diesem Grund als befriedigend erlebt. Als

---

99 Vgl. Staehle (1994), S. 151 und 157ff.

100 Vgl. Rosenstiel (1992), S. 216ff.

101 Vgl. Tröndle (1987), S. 117 i.V. mit Mag (1998), S. 144. Selbst die Diagnose von Motiven gestaltet sich in Unternehmungspraxis schwierig. Zwar existieren in der Psychologie akzeptierte Testverfahren wie z.B. der Thematische Apperzeptionstest, bei dem den Probanden Bilder präsentiert werden, die sie in Form einer kurzen Geschichte kommentieren müssen, welche dann zur Diagnostik der Motive ausgewertet werden. Der Einsatz als Grundlage für personelle Gestaltungsmaßnahmen dürfte jedoch allein aus ethischen Gründen unrealistisch sein.Vgl. Scholz (1994), S. 425 i.V. mit S. 427.

102 Vgl. Staehle (1994), S. 154; Berthel (1995), S. 19f.

103 Vgl. Hentze (1991), S. 26.

104 Vgl. Löwe (1974), S. 45. Ähnlich Hentze (1991), S. 26; Rosenstiel (1992), S. 216f.

105 Vgl. Rosenstiel (1992), S. 217.

intrinsische Motive werden insbesondere das Bedürfnis nach Abwechslung, Komplexität und Neuigkeit oder das Bedürfnis nach Stimulation genannt. *Intrinsisch motivierte Kooperationsbereitschaft* liegt analog im kooperativen Handeln selbst begründet. Ein intrinsisch motivierter Akteur kooperiert, weil ihm die Zusammenarbeit mit anderen Personen Spaß macht. Extrinsische Motivation entsteht demgegenüber aus den Begleitumständen der Arbeit und hängt von äußeren Anreizen wie z.B. der Bezahlung, der Anerkennung oder dem Status ab. Analog ist von *extrinsisch motivierter Kooperationsbereitschaft* zu sprechen, wenn sich die Bereitschaft zum kooperativen Handeln auf deren Folgen bzw. Begleitumstände wie z.B. (finanzielle) Belohnungen zurückführen läßt, welche auf die Bedürfnisbefriedigung außerhalb der Arbeit gerichtet sind. Die intrinsische Motivation wird bisweilen als die 'wertvollere' angesehen, da sie Initiative, Einsatzbereitschaft und hohe Ansprüche an die eigene Leistung erwarten läßt und äußere Anreize oder Kontrollen weniger notwendig und zweckdienlich sind. Allgemein gilt jedoch, daß Leistung durch das komplexe Zusammenwirken extrinsischer und intrinsischer Anreize beeinflußt wird.[106]

Eine Funktion von Anreizen besteht darin zu motivieren, d.h. latente Motive durch situative Gelegenheiten zu aktivieren.[107] Anreize sind im Gegensatz zu den Motiven selbst einer Gestaltung zugänglich.[108] Um auf die Motivation mittels Anreizen einwirken zu können, müssen Erkenntnisse darüber vorliegen, welche Motive Menschen zu einem bestimmten Verhalten veranlassen und wie der Motivationsprozeß erfolgt. Die sogenannten *Inhaltstheorien* klassifizieren Motive und untersuchen, welches Motiv auf welches Verhalten wirkt. In diesem Zusammenhang sind die Theorien von MASLOW (Motivpyramide), HERZBERG (Zwei-Faktoren-Theorie), ALDERFER (ERG-Theorie) und MCCLELLAND (Theorie der sozialisierten Bedürfnisse) zu nennen. Die beiden letzten Theorien werden im folgenden stellvertretend für andere Inhaltstheorien aufgegriffen. Die sogenannten *Prozeßtheorien* wie z.B. die im folgenden aufgegriffene Theorie von VROOM (VIE-Theorie) und die Motivationstheorie von PORTER/LAWLER befassen sich demgegenüber damit, wie der Prozeß der Motivation abläuft, wie ein bestimmtes Verhalten hervorgebracht, gelenkt, erhalten und abgebrochen wird. Die Inhalte der Motive thematisieren sie dagegen nicht.[109]

---

106 Vgl. Sandholzer (1990), S. 58 i.V. mit Staehle (1994), S. 152 und Wiswede (1980), S. 91.
107 Vgl. Hentze (1991), S. 26.
108 Vgl. Mag (1998), S. 144.
109 Vgl. Berthel (1995), S. 20f.; Staehle (1994), S. 206; Rosenstiel (1992), S. 161ff.

Die Inhaltstheorie von ALDERFER[110] (ERG-Theorie) bildet drei Motivklassen:[111]

- *E*xistence Needs (Existenzbedürfnisse) umfassen physiologische Bedürfnisse und materielle Sicherheitsbedürfnisse (Vorsorge für Alter und Arbeitslosigkeit, Bezahlung etc.).
- *R*elatedness Needs (Beziehungsbedürfnisse) beinhalten immaterielle Sicherheitsbedürfnisse (z.B. Schutz vor Angriffen) sowie Bedürfnisse nach sozialem Kontakt und Anerkennung.
- *G*rowth Needs (Wachstumsbedürfnisse) umfassen Bedürfnisse nach Entfaltung, Unabhängigkeit oder Selbstvertrauen.

Nach der *Theorie der sozialisierten Bedürfnisse* von MCCLELLAND werden Menschen eine Reihe von Bedürfnissen im Laufe der frühen Sozialisation, der Arbeits- und Berufserfahrung sowie der derzeitigen Arbeitssituation vermittelt. MCCLELLAND geht davon aus, daß die aus der Bewältigung der Umwelt resultierenden Lernprozesse und die dabei entstehende Bedürfnisstruktur auch die Arbeitsleistung beeinflussen. Belohntes Verhalten wird mit höherer Wahrscheinlichkeit wieder auftreten. Die Theorie unterscheidet die drei Motivklassen Leistungsstreben, soziales Streben und Machtstreben, welchen bestimmten motivationalen Voraussetzungen zuzuordnen sind, wie die Tabelle 5.4-1 zeigt.[112]

Grundmotiv	Inhalte	motivationale Voraussetzungen
Leistungs-streben	Bedürfnis nach herausfordernden Aufgaben und persönlicher Verantwortung	Betonung persönlicher Verantwortung, kalkuliertes Risiko und Innovationsmöglichkeiten, Anerkennung und Belohnung guter Leistung (rasches Feed-back), Mitgliedschaft in einem erfolgreichen Team, schwache Strukturierung und Formalisierung
Soziales Streben	Bedürfnis nach freundschaftlichen Beziehungen und der Zugehörigkeit zu anderen	Entwicklungsmöglichkeiten für enge und vertraute zwischenmenschliche Beziehungen, Unterstützung und Förderung des einzelnen, von allen akzeptierte Mitgliedschaft in einer Gruppe vom Typ 'Familie', geringe Strukturierung und Formalisierung
Machtstreben	Bedürfnis, starken Einfluß auf andere auszuüben	starke Strukturierung und Formalisierung, klare Hierarchie von Status, Autorität und Verantwortung, Möglichkeiten, Problem- und Konfliktsituationen mittels formaler Autorität zu lösen

Tabelle 5.4-1: Inhalte und motivationale Voraussetzungen der Grundmotive nach MCCLELLAND Vgl. Staehle (1994), S. 213 i.V. mit Scholz (1994), S. 424 und Berthel (1995), S. 32.

110 Vgl. Alderfer (1972), S. 6ff.

111 Vgl. Berthel (1995), S. 24f.; Staehle (1994), S. 209; Hentze (1991), S. 31f.

112 Vgl. Staehle (1994), S. 213f.; Scholz (1994), S. 424; Hentze (1991), S. 40 sowie Berthel (1995), S. 32, der diese Theorie allerdings den Prozeßtheorien zuordnet.

Kooperative Arbeitsformen können dazu beitragen, bestimmte Motivklassen zu befriedigen und über diese eine Anreizwirkung für die Akteure ausüben. Je instrumenteller sich Kooperation für die Befriedigung individueller Bedürfnisse darstellt, desto stärker wird das Interesse der Kooperationspartner an der erfolgreichen Durchführung einer Kooperation sein. Dem Einsatz kooperativer Arbeitsformen kommt somit selbst ein Anreizcharakter zu.
Die soziale Interaktion mittels Kommunikation in Kooperationsprozessen kann dazu dienen, *Beziehungsbedürfnisse* bzw. das *soziale Streben* zu erfüllen. Dieses gilt insbesondere dann, wenn die Kommunikation und die Mitgliedschaft in einer Kooperationseinheit emotionale, soziale und aufgabenbezogene Unterstützung sowie immaterielle Sicherheit vermittelt und keine Außenseiter- oder Sündenbockpositionen auftreten.[113] Die sich in sozialen Gruppen herausbildenden Normen helfen, die Beziehungen zur sozialen Umwelt zu definieren und geben einen Bezugsrahmen für das eigene Handeln vor. Ferner wirken sie auf die Vorhersehbarkeit von Handlungen und schaffen Verhaltenssicherheit.[114]
Trägt die Kooperation beispielsweise aufgrund von Synergieeffekten zu einer Leistungssteigerung bei, können die Mitglieder einer Kooperationseinheit eine höhere Anerkennung durch ihre Umwelt erfahren und befriedigen gleichzeitig ihr *Leistungsstreben*. Die Befriedigung des Bedürfnisses nach Leistung hängt dabei u.a. von der Wertigkeit, Komplexität und Neuartigkeit des Kooperationsprojektes ab.[115] Von der Erfüllung des Anerkennungsbedürfnisses kann wiederum ein Anreiz auf schwächere Akteure ausgehen,[116] einen hohen Beitrag zur Leistung der Kooperationseinheit zu erbringen. Dabei muß Trittbrettfahrerverhalten allerdings verhindert werden, damit es nicht zu negativen Auswirkungen auf die Motivation der übrigen Akteure kommt. Ermöglichen kooperative Arbeitsformen die Aneignung zusätzlichen Wissens und größerer Handlungsspielräume, so tragen sie zur Befriedigung des Strebens nach Selbstverwirklichung, einem Aspekt des Wachstumsbedürfnisses, und zur Erfüllung des Leistungsstrebens bei.[117]
Schließlich kann auch das *Machtstreben* durch Kooperation angesprochen werden, da Kooperation immer auch mit gegenseitigen Abhängigkeiten, beispielsweise aufgrund verschiedener Informationsbestände, verbunden ist. Ein stark ausgeprägtes Machtstreben einzelner Akteure kann kooperative Interaktionen allerdings dauerhaft beschädigen, da Kooperation auf Transparenz, symmetrischen Beziehungen sowie Vertrauen basiert und damit auch auf der Erwartung, daß vorhandene Machtvorsprünge nicht zum Nachteil der

113 Dieser Aspekt dürfte sich nicht nur auf die Motivation, sondern auch auf die Disposition von Mitarbeitern auswirken, da soziale Unterstützung als streßmindernd oder ihr Fehlen streßsteigernd wirken kann. Vgl. Kesten (1998), S. 207 und die dort angegebene Literatur.
114 Vgl. Kesten (1998), S. 211.
115 Vgl. Marr (1992), Sp. 1159.
116 Vgl. Unger (1985), S. 45.
117 Vgl. Nick (1974), S. 125.

anderen Akteure eingesetzt werden. Die im Zusammenhang mit dem Machtstreben in Tabelle 5.4-1 genannten motivationalen Voraussetzungen, wie z.B. starke Strukturierung und Formalisierung, klare Hierarchie von Status, Autorität und Verantwortung, werden durch kooperative Arbeitsformen eher nicht erfüllt. Leistungsstreben und soziales Streben werden durch kooperative Arbeitsformen eher befriedigt als Machtstreben. Ausgeprägtes Machtstreben dürfte sich statt dessen vielfach eher kontraproduktiv auf die Kooperation in Kooperationseinheiten auswirken.[118]

Welche Motive ein Akteur durch Kooperation befriedigen kann, hängt stark von der Gesamtsituation ab, welche allerdings durch verschiedene Maßnahmenbündel (wie z.B. die strukturelle Maßnahme der Gewährung von Entscheidungskompetenzen) beeinflußt werden kann. Die Kenntnis möglicher Einzelbedürfnisse und Bedürfnisbündel, welche sich in Verhaltensmotiven und Verhaltensweisen niederschlagen, erleichtern den Entwurf von Anreizsystemen, da die zielgerechte Auswahl und der Umfang der Anreize von der Art und dem Umfang der Motive abhängt.[119] Für die Gestaltung von Anreizen läßt sich aus den Inhaltstheorien schlußfolgern, daß eine Vielzahl von Kombinationen unterschiedlicher Motive existieren. Sie können allerdings sowohl kurzfristigen Schwankungen als auch einem langfristigen Wandel unterliegen.[120] Deshalb ist es sinnvoll, Anreizsysteme flexibel einsetzbar zu gestalten.

Die Erkenntnisse der Inhaltstheorien vermitteln vor allem Einsichten darüber, welche Motive auf das Verhalten wirken können, sie können jedoch nicht erklären, wie ein bestimmtes Verhalten und damit Leistung zustandekommt, d.h. welche Prozesse in Individuen ablaufen, die man als Motivation bezeichnet.[121] Die den *Prozeßtheorien* zuzuordnende *Valenz-Instrumentalitäts-Erwartungs-Theorie* von VROOM[122] (VIE-Theorie) erklärt nicht nur das Entstehen des Leistungswillens, sondern auch dessen Ausmaß und Intensität. Diese Theorie stellt eine psychologisch orientierte Entscheidungstheorie dar. Eine solche Motivationstheorie erklärt, warum ein Individuum eine bestimmte Alternative favorisiert, d.h. motiviert ist, diese zu ergreifen. Die VIE-Theorie basiert dabei auf den folgenden Annahmen:[123]

---

118 Zum Einfluß der verschiedenen Motivdispositionen auf die Ergebnisse von Spielen mit dem Charakter des Gefangenen-Dilemmas vgl. Reber (1981), S. 114ff.

119 Vgl. Mag (1998), S. 126.

120 Vgl. Staehle (1994), S. 427 und die dort angegebene Literatur.

121 Vgl. Staehle (1994), S. 215f.

122 Vgl. Vroom (1967), S. 17ff. und die Darstellungen in Staehle (1994), S. 216-221; Hentze (1991), S. 39f.; Kesten (1998), S. 216-224; Scholz (1994), S. 433-436; Wiswede (1980), S. 131; Weinert (1992b), Sp. 1435f. Zu den Grenzen des Modells vgl. Steinmann/Schreyögg (1997), S. 481f.

123 Vgl. Lawler (1973), S. 49, zitiert in Staehle (1994), S. 220.

- Individuen besitzen unterschiedliche Präferenzen für unterschiedliche Ergebnisse,
- Individuen verfügen über Erwartungen bezüglich der Wahrscheinlichkeit, daß die eigenen Handlungen zu einem erwünschten Verhalten führen,
- Individuen haben Erwartungen über die Wahrscheinlichkeit, daß ein bestimmtes Ergebnis aus einem bestimmten Verhalten resultiert (Instrumentalität),
- die momentanen Erwartungen und Präferenzen bestimmen die von einem Individuum gewählten Handlungen in jeder Situation.

Nach dieser Theorie wählen Menschen solche (Handlungs-)Alternativen, die den subjektiv erwarteten Nutzen maximieren (Weg-Ziel-Ansatz). Leistungen (Weg) werden dann als erstrebenswert angesehen, wenn sie dazu dienen, ein angestrebtes Ziel (Zweck) zu erreichen (vgl. Abbildung 5.4-2). Ein Akteur strebt das Endziel E2 an und bildet sich ein Urteil darüber, wie wünschenswert dieses Ziel ist (Valenz). Die Valenz kann positiv (Ergebnis wird angestrebt), negativ (Ergebnis wird vermieden) oder null (Indifferenz gegenüber dem Ergebnis) sein. Danach wird geprüft, inwieweit das zur Verfügung stehende Mittel (hier Ergebnis erster Ebene, Ergebnis mit Bezug zur Unternehmung, E1) in der Lage ist, ein Ergebnis der zweiten Ebene (E2, für den Mitarbeiter persönlich wichtiges Ergebnis) herbeizuführen (Instrumentalität). Daneben hängt die Anstrengungsbereitschaft auch von der subjektiv wahrgenommenen Wahrscheinlichkeit (Erwartung) ab, durch eine bestimmte Handlung tatsächlich das Ergebnis der zweiten Ebene (E2) herbeiführen zu können. Die VIE-Theorie kommt also zu der Schlußfolgerung, daß sich die Anstrengungsbereitschaft aus der Wertigkeit eines Zieles und seiner Realisierbarkeit bestimmt, welche multiplikativ verknüpft sind. Sie unterstellt, daß ein Akteur Kräfte für das Verhalten einsetzt, das nach seiner Einschätzung mit hoher Wahrscheinlichkeit Mittel zum Zweck ist (*I*nstrumentalität), um subjektiv positiv oder negativ bewertete Anreize (*V*alenz, Wertigkeit) mit hoher subjektiver Wahrscheinlichkeit (*E*xpectation, Erwartung) zu erreichen bzw. zu vermeiden. Das Individuum entscheidet sich für diejenige Alternative, die den höchsten positiven (bzw. kleinsten negativen) Motivationswert hat.[124]

---

124 Vgl. Rosenstiel (1992), S. 380 i.V. mit Steinmann/Schreyögg (1997), S. 474f. Das Motivationsmodell von Porter und Lawler, welches durch empirische Studien weitgehend bestätigt werden konnte, erweitert das VIE-Modell. Neben den Valenzen, Erwartungen und Anstrengungen gehen hier weitere Faktoren in das Modell ein und veranschaulichen den komplexen Zusammenhang zwischen Motivation, Leistung und Zufriedenheit. Vgl. die Darstellung bei Kesten (1998), S. 224.

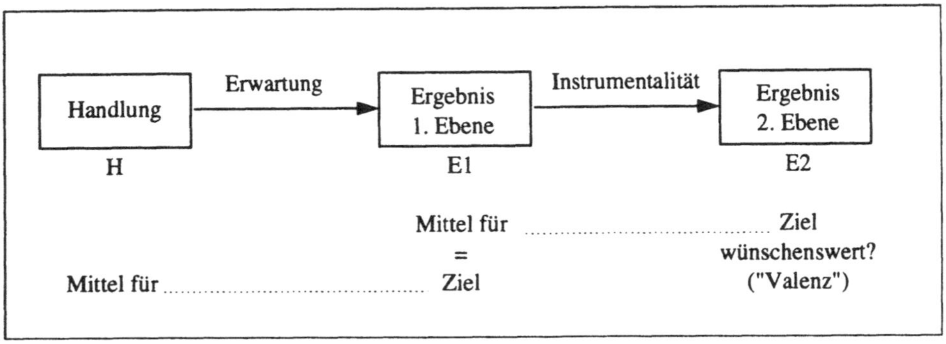

Abbildung 5.4-2: Vereinfachte Darstellung des Modells von VROOM (in Anlehnung an Scholz (1994), S. 433)

Welche Schlußfolgerungen lassen sich hieraus für die Gestaltung von Anreizsystemen im Kontext kooperativer Arbeit ziehen? Die Akteure versehen also nicht nur Ziele mit individuellen Wertigkeiten, sie bilden sich auch Urteile über instrumentale Relationen und Wahrscheinlichkeiten. Motivation stellt dann ein Verknüpfungsproblem organisationaler und individueller Ziele dar. Für die Gestaltung von Anreizsystemen impliziert dieses, daß es nicht genügt, den Akteuren subjektiv interessante Anreize (positive Valenz von Zielen) zu bieten, sondern es müssen auch Mittel zur Erreichung dieser Ziele verdeutlicht werden (Instrumentalität), die von den Akteuren als in ihrem Möglichkeitsbereich liegend angesehen werden (Erwartung).[125] Verschiedene Schlußfolgerungen werden im folgenden im Hinblick auf die Beeinflussung der Valenz, der Instrumentalität und der Erwartungen systematisiert und bezüglich Kooperation konkretisiert.

Die *Valenz* spiegelt die subjektive Bewertung des Nutzenbeitrags eines Anreizes wider. Es kommt deshalb darauf an, solche Belohnungen für kooperatives Verhalten anzubieten, die von den Akteuren als bedeutend bewertet werden. Anreizsysteme, deren Anreize fragwürdig erscheinen, ambivalent bewertet oder in ihrer Bedeutung nicht transparent sind, sollten vermieden werden.[126] Gleichzeitig sollten Anreizsysteme individuelle Unterschiede in der Nutzenbewertung berücksichtigen und das Angebot von Wahlmöglichkeiten zwischen verschiedenen Belohnungen erwogen werden. Monetäre Anreize in Form der Entlohnung, der Erfolgsbeteiligung und der betrieblichen Sozialleistungen eignen sich aufgrund ihrer Tauschmitteleigenschaft für die Erreichung verschiedener Individualziele und stellen deshalb vielfach ein effektives Mittel zur Motivation kooperativen Verhaltens dar.[127] Andererseits existieren auch viele arbeitsbezogene, nichtmonetäre Anreize, wie z.B. angenehme Arbeitsbedingungen, soziale Beziehungen etc.

[125] Vgl. Scholz (1994), S. 436.
[126] Vgl. Rosenstiel (1992), S. 385.
[127] Vgl. Winter (1997), S. 618 und die dort angegebene Literatur.

Nichtmonetäre Anreize umfassen ferner Leistungen zur Befriedigung sozialer Bedürfnisse wie z.B. die Selbstverwirklichung bei der Aufgabenerfüllung, das Erlebnis der Mitgliedschaft in einer Gruppe, die Zufriedenheit am Arbeitsplatz, die Teilhabe an der informalen Kommunikation und die Übernahme von Führungsaufgaben.[128] In kooperativen Arbeitskonzepten kann eine Motivation auch durch die Möglichkeit zur Entfaltung der eigenen Persönlichkeit und der eigenen Fähigkeiten erfolgen.[129] Negative Anreize wie z.B. finanzielle Verluste, kognitive Dissonanzen, Mißerfolge und Angst dienen der Vermeidung von Zuständen.[130]

Zur Förderung der Motivation ist wichtig, einen engen Zusammenhang zwischen Leistung und Belohnung herzustellen. Dabei muß die *Instrumentalität* des Leistungsverhaltens (Ergebnisse erster Ebene) für die angestrebten Endziele (Ergebnisse zweiter Ebene) subjektiv wahrnehmbar sein. Es sollte also ein möglichst transparenter Zusammenhang zwischen Leistung und Belohnung hergestellt werden.[131] Kooperationsbeziehungen werden dann angeknüpft oder aufrechterhalten, wenn eine hohe Instrumentalität des kooperativen Verhaltens für die Erreichung der individuellen Ziele besteht. Existiert ein Ungleichgewicht zwischen den Beiträgen zu Kooperationsbeziehungen, beispielsweise weil aufgrund des Zuschnitts bestimmter Teilaufgaben keine Reziprokität der Leistungsbeiträge besteht, kann darauf mittels eines entsprechenden Gratifikationssystems reagiert werden.[132]
Im Kontext kooperativer Arbeitsstrukturen sollte sowohl individuelles als auch kooperatives Leistungsverhalten eine positive Instrumentalität für das Erreichen der Ziele haben. Dabei sollten Anreize geschaffen werden, kollektive Interessen zu vertreten. Das Anreizsystem sollte deshalb einerseits partnerschaftliches Miteinander fördern und andererseits Strategien der individuellen Profilierung sanktionieren. Dieses gelingt nur dann, wenn die Akteure nicht nur individuell, sondern auch nach den Leistungen der Kooperationseinheit beurteilt werden und die Anreizmuster nicht individuell, sondern kollektiv geregelt werden.[133] Zu diesem Zweck darf das Anreizsystem nicht derart ausgestaltet sein, daß Mitglieder den Erfolg der gesamten Kooperationseinheit zur Erzielung eines marginalen persönlichen Gewinns riskieren (z.B. aufgrund eines klassischen

---

128 Vgl. Hentze (1991), S. 63f.

129 Vgl. Katzenbach/Smith (1994), S. 211.

130 Vgl. Reber (1980), Sp. 80.

131 Vgl. Rosenstiel (1992), S. 386. Kritisch wird zur unterstellten Zweck-Mittel-Beziehung, die auf dem Gedanken der extrinsischen Motivation fußt, angemerkt, daß auch Ergebnisse der ersten Ebene als Endziel angesehen werden können. Hier ist die intrinsische Motivation angesprochen, wenn eine herausragende Arbeitsleistung selbst als Belohnung empfunden wird. Vgl. Steinmann/Schreyögg (1997), S. 476.

132 Vgl. Brummund (1983), S. 33.

133 Vgl. Trebesch (1980), Sp. 2222.

individualistischen Vorschlagswesens). Statt dessen sind Anreize notwendig, die Auswirkungen der eigenen Aktivitäten auf die Arbeit der übrigen Mitglieder einer Kooperationseinheit wahrzunehmen und zu bewerten. Je interdependenter die Leistungsbeiträge sind, desto größer ist allerdings die Gefahr opportunistischen Verhaltens, da sich der Beitrag einzelner nur schwer evaluieren läßt, so daß eine verursachungsgemäße Erfolgszurechnung nicht möglich ist. Auch dürfte der Versuch, eine Beurteilung von Einzelbeiträgen vorzunehmen, die Konkurrenz innerhalb einer Kooperationseinheit bzw. ein bestehendes Konfliktpotential eher verschärfen. Der Bereitschaft zur Kooperation wäre damit eine wichtige Grundlage entzogen. Eine Lösungsmöglichkeit besteht darin, die gesamte Kooperationseinheit bei Unterschreiten einer bestimmten Marke zu sanktionieren. Als problematisch ist dabei jedoch zum einen die gering einzuschätzende Durchführbarkeit dieser Maßnahme und zum anderen die Gefährdung weiterer kooperativer Handlungen anzusehen. Ohnehin geht man davon aus, daß von positiven Anreizen ein höheres Verhaltensänderungspotential ausgeht als von negativen.[134] Gruppenboni als positiver Anreiz scheinen insgesamt eine geeignete Maßnahme zu sein, vor allem dann, wenn eine hohe Identifikationskraft der Gruppe vorliegt und die Gruppe nicht zu groß ist, d.h. der individuelle Erfolgsanteil nicht zu gering wird. Dabei sollte vermieden werden, daß Wettbewerb zwischen den Akteuren um den größten Anteil eines fixen Belohnungspools entsteht. Generell ist bei der Auslobung von kollektiven Belohnungen festzustellen, daß die einzelnen Mitglieder sich verstärkt auch gegenseitig kontrollieren und Druck in Richtung auf die Einhaltung der vereinbarten Ziele ausüben, was sich zumindest bezüglich der Leistung als förderlich erweist.[135]

Für die Gestaltung der Anreize ist besonders bedeutend, ob es gelingt, zu einem Verhalten zu motivieren, das auf das Erreichen der Kooperationsziele ausgerichtet ist. Bevor Anreize ein bestimmtes Verhalten auslösen können, müssen sie von den Individuen wahrnehmbar sein. Dieser Wahrnehmungsprozeß ist als selektiv zu bezeichnen und wird auch durch Motive, Anspruchsniveaus, Einstellungen und Erwartungen gesteuert.[136] Bezogen auf die *Erwartungen* läßt sich festhalten, daß die Akteure die individuell wahrnehmbare Möglichkeit haben sollten, die Zielerreichung mittels des Leistungsverhaltens in der Kooperationseinheit zu beeinflussen. Gleichzeitig ist es erforderlich, die Leistungsziele der Kooperationseinheit klar zu formulieren.
Die Motivation zu einem bestimmten Verhalten kann demnach nicht nur durch die Erhöhung der Belohnung, sondern auch durch die Verbesserung der subjektiven Erwartung ihrer Eintrittswahrscheinlichkeit verbessert werden. Zur Motivation müssen die Akteure die Wahrscheinlichkeit hoch einschätzen, die geforderte Leistung auch zeigen zu

---

134 Vgl. Winter (1997), S. 623 und die dort angegebene Literatur.
135 Vgl. Winter (1997), S. 621f.; Ehrlich (1991), S. 253.
136 Vgl. Hentze (1991), S. 26f. Ähnlich Staehle (1994), S. 152f.

können und somit die Belohnungen erreichen bzw. negative Auswirkungen vermeiden zu können. Werden Individuen durch die Anforderungen der Stelle überfordert oder wird die Leistung weitgehend durch situative Umstände (z.B. Einflüsse nicht zur Kooperationseinheit gehörender Akteure, Informationsmängel, Zufall etc.) determiniert, bleiben auch ausgefeilte Anreizsysteme ohne Einfluß auf die Leistungsbereitschaft.[137] Zu diesem Zweck sind eindeutige Kriterien für die Messung der Leistung bzw. des Verhaltens und geeignete, funktionierende Systeme der Personalbeurteilung notwendig,[138] die eine (intersubjektiv) nachvollziehbare Beurteilung erlauben und die Beurteilung von Leistungen von zufallsbedingten Einflüssen befreien.

Um zu kooperativem Verhalten motivieren zu können, besteht eine Voraussetzung darin, daß die Akteure das Ziel haben müssen, sich kooperativ zu verhalten. Eine andere Voraussetzung kooperativen Verhaltens liegt in der individuellen Erwartung, daß sich die Kooperationspartner ebenfalls kooperativ verhalten. Dabei besteht das Risiko, daß sich einige Akteure nicht kooperativ verhalten, indem sie den kooperationsbereiten Akteur übervorteilen. Ist die Erwartung des kooperativen Verhaltens anderer sehr niedrig, kann es sinnvoll sein, nicht zu kooperieren. Nach der Tit-for-Tat-Strategie orientiert sich das eigene Verhalten auch am Verhalten des Gegenüber: Kooperatives Verhalten des Gegenübers wird kooperativ beantwortet, konkurrierendem Verhalten wird konkurrierendes Verhalten entgegengebracht. Beginnt eine Interaktionssituation mit kooperativem Verhalten, besteht zwar in der 'ersten Runde' die Gefahr eines individuellen Verlustes, gleichzeitig eröffnet sich jedoch die Chance auf eine längerfristige positive Sequenz und kollektive Gewinnmaximierung. Im Alltag dienen Hinweisreize zur Einschätzung der Kooperationsbereitschaft der Akteure.[139] So zeigt eine empirische Erhebung im Zusammenhang mit dem Einsatz computergestützter Kooperation, daß ein Großteil derer, die bei anderen in bezug auf kooperative Handlungen Resignation wahrnehmen, davon ausgeht, daß eigene Anstrengungen sinnlos sind, wenn sich die Mehrheit nicht entsprechend engagiert.[140] Besteht aufgrund eigener Erfahrungen ein Verlust des Vertrauens in die Vorteilhaftigkeit von Kooperation, kann dieses durch das positive Sanktionieren kooperativer Handlungen und durch eine kooperationsfördernde Kultur positiv beeinflußt werden. Insbesondere freie und drohfreie Kommunikation, Normen wie Solidarität, Vertrauen und Offenheit, soziale Kompetenz der Akteure und kooperative Vorleistungen nehmen einen großen Einfluß auf den Verlauf und den Ausgang von Interaktionsprozessen.[141] Darüber hinaus läßt sich das kooperative

---

137 Vgl. Rosenstiel (1992), S. 386f.

138 Vgl. Rosenstiel (1992), S. 386.

139 Vgl. Ehrlich (1991), S. 244 i.V. mit Reber (1981), S. 120 und S. 123 sowie die dort angegebene Literatur.

140 Vgl. Hummel (1996), S. 84.

141 Vgl. Reber (1981), S. 120.

Engagement durch die Offenlegung der Belohnungsverteilung in der Kooperationseinheit erhöhen.[142]

Kooperation setzt die Bereitschaft zur Weitergabe von Wissen an andere voraus. Dieses ist jedoch nur in solchen Umfeldern gegeben, in denen die Einstellung 'Wissen ist Macht' nicht systematisch gefördert und belohnt wird, sondern Anreize dafür bestehen, Wissens- und Informationsvorsprünge in den Dienst der Kooperationseinheit zu stellen und nicht zur eigenen Profilierung, z.B. mit Blick auf die eigene Karriere, zu nutzen. In diesem Zusammenhang erscheint es zweckmäßig, Arbeitsbewertungsgrundsätze zu überdenken und ein Lohnsystem zu installieren, das die Qualifizierungsbereitschaft stimuliert, indem es die erreichte Qualifikation honoriert. In einem solchen, als Polyvalenzsystem bezeichneten System, wird, um die Qualifikation und die Flexibilität der Mitarbeiter zu fördern, nicht nur belohnt, was jemand tut, sondern vor allem auch, was jemand tun kann.[143] Diese Vorgehensweise des 'Pay for knowledge' entkoppelt die Bezahlung von bestimmten hierarchischen Positionen, so daß ein Konkurrenzkampf unter Einsatz von Wissensvorsprüngen als Konkurrenzvorteil zur Erklimmung der nächsten Hierarchiestufe vermieden wird und somit für die Beteiligten weniger Gründe bestehen, ihr Wissen nicht weiterzugeben. Eine hohe Befähigung wird demjenigen zuerkannt, der fragt, um Rat bittet, Informationen gibt, traut und zutraut, Spielraum läßt und einfordert, Verantwortung überträgt und trägt.[144]

Insgesamt gilt es bei der Gestaltung des Anreizsystems zu berücksichtigen, daß sich Angestellte, die typischerweise primär informationsverarbeitende Tätigkeiten ausüben, häufig sowohl bezüglich ihrer Arbeit als auch hinsichtlich ihres gesellschaftlichen Selbstverständnisses stärker an individualistischen Konzepten orientieren als gewerbliche Mitarbeiter. Auch läßt sich im ersteren Fall der Leistungsbeitrag zumindest bei traditionellen Formen der Arbeitsgestaltung eher individuell messen. Darüber hinaus sind Handlungskompetenzen, etwa in der öffentlichen Verwaltung, juristisch an einzelne Amtsinhaber gebunden. Hieran orientieren sich auch die Besoldungsmerkmale. Dieses erschwert die Einführung kooperativer Arbeitskonzepte zusätzlich.[145] Um so mehr kommt es darauf an, geeignete Anreizsysteme bereitzustellen und personelle Maßnahmen neben strukturellen und technischen zu ergreifen.

---

142 Vgl. Müller/Nachreiner (1981), S. 283.

143 Vgl. Ulich (1994), S. 450.

144 Vgl. Fuchs (1998), S. 84. Vgl. Bösenberg (1993), S. 35 für die Darstellung eines Entlohnungssystems nach Wissen und Können, wobei Leistungsmerkmale wie Produktivität, Erfahrung/Flexibilität, Qualität, Selbständigkeit, Kommunikation und Rolle im Team zugrundegelegt werden.

145 Vgl. Ganter (1993), S. 75f. und die dort angegebene Literatur.

5.4.6 Aktionsparameter 'kulturorientierte Personalführung'

Personalführung beinhaltet die zielorientierte Beeinflussung von Einstellungen und Verhaltensweisen anderer Personen.[146] In kooperativen Arbeitskonzepten verschiebt sich die Basis des Führungsanspruchs dabei tendenziell von der hierarchischen Stellung zu fachlicher Kompetenz und sozialer Anerkennung durch die Glaubwürdigkeit und Überzeugungskraft der Persönlichkeit.[147]

Prinzipiell ist davon auszugehen, daß ein partizipativer oder delegativer Führungsstil für kooperative Arbeitsformen adäquat ist. Der partizipative Führungsstil zeichnet sich dadurch aus, daß die Kooperationseinheit der Führungskaft Vorschläge für die Problemlösung und Entscheidung unterbreitet. Dieses sollte insbesondere für solche Problemstellungen gelten, für die die Kooperationseinheit nicht selbst die Entscheidungskompetenz wahrnehmen kann oder soll, von denen ihre Leistungserstellung jedoch betroffen ist. Aus den Vorschlägen wählt die Führungskraft die von ihr favourisierte Problemlösung bzw. Entscheidung aus. Der delegative Führungsstil beinhaltet eine Erweiterung der Entscheidungsspielräume der Kooperationseinheit, da diese selbst entscheidet und die Aufgabe der Führungskraft entweder darin besteht, Probleme aufzuzeigen, Grenzen des Entscheidungsspielraums festzulegen oder als zusätzlicher Koordinator nach außen und innen zu agieren.[148]
Akteure mit Führungsrollen sollten in kooperativen Arbeitskonzepten primär als Coaches, Moderatoren oder Strategen agieren und versuchen, für die Aufgabenerfüllung der Kooperationseinheit dienlich zu sein, beispielsweise indem sie außerhalb des Wahrnehmungsradius der Kooperationseinheit liegende Informationen weiterleiten. Darüber hinaus besteht die Aufgabe von Führungskräften in kooperativen Arbeitskontexten darin, die Komplexität der Umwelt auf ein Maß zu reduzieren, das für die Kooperationseinheit zu verarbeiten ist[149] und die Ziele der Kooperationseinheit in Interaktion mit den Akteuren abzustecken.[150]

---

146 Vgl. Mag (1998), S. 8.

147 Vgl. Trebesch (1989), Sp. 2222; Forster (1981), S. 159.

148 Vgl. Tannenbaum/Schmidt (1958), S. 96, zitiert in Staehle (1994), S. 317. Die beschriebenen Formen befinden sich dabei am kooperativen Ende eines Kontinuums von Führungsstilen zwischen autoritären und kooperativen Ausprägungen, welche sich anhand der Verteilung der Entscheidungsspielräume zwischen Vorgesetztem und Kooperationseinheit abstufen lassen.

149 Vgl. Sinclair (1992), S. 618.

150 Zu verschiedenen Führungsstilen bei Gruppenarbeit in der Produktion vgl. Lantz/Friedrich (1998), S. 75. Sie unterscheiden diese anhand der drei Kritierien 'Vorstellungen der Führungskraft zum Phänomen Gruppe', 'Umsetzung ihrer Erwartungshaltung zur Funktion von Gruppenarbeit in Handlungen' sowie 'Art und Weise der Beeinflussung von Gruppen und Gruppenarbeit mittels ausgewählter Rückkopplungsprozesse und -inhalte'.

Innerhalb der Kooperationseinheit kann die Führungsrolle auch als Moderatorenrolle konzipiert werden und/oder zwischen den Akteuren rotieren.[151]

Kooperationsförderung sollte sich planmäßig 'von oben nach unten' vollziehen.[152] Die Einführung und Umsetzung computergestützter kooperativer Arbeit setzt deshalb voraus, daß der Einsatz kooperativer Arbeitsformen von den Führungskräften mitgetragen wird. Sie müssen deren Bedeutung und Nutzen allen Beteiligten überzeugend und glaubwürdig bewußt machen sowie über Vertrauen in die Leistungsfähigkeit und das Verantwortungsbewußtsein der Mitarbeiter verfügen. Kooperative Arbeitsformen zeichnen sich durch die Gewährung mehr oder weniger großer Handlungsspielräume für die Akteure aus. Dieses beinhaltet auch, daß die Führungskräfte nicht in allen Arbeitsschritten Kontrollen ausüben können und die Selbstregulation der Kooperationseinheit zulassen müssen, d.h. nicht in die Aktivitäten der Kooperationseinheit hineinagieren dürfen. Die Führungskräfte sollten vielmehr eine Vorbildfunktion hinsichtlich Kooperationsbereitschaft und -fähigkeit einnehmen, der sie nur dann genügen können, wenn sie diese mittels ihrer eigenen Handlungen und Überzeugungen beweisen.[153] Dieses kann beispielsweise auch dadurch geschehen, daß sie die für die kooperative Aufgabenerfüllung relevanten Werte kommunizieren, die Eigeninitiative der Akteure fördern und bei Problemen in der Kooperationseinheit als Gesprächspartner zur Verfügung stehen. Für die erfolgreiche Durchführung und Beständigkeit von Kooperation scheint es besonders wichtig, daß die Akteure über gemeinsame Ziele verfügen. Aufgabe der Führungskräfte könnte es in diesem Zusammenhang deshalb auch sein, die Ziele der Kooperationseinheit zusammen mit den Akteuren deutlich herauszuarbeiten, die Akteure auf diese gemeinsamen Ziele zu verpflichten, die für die Zielerfüllung relevanten Beiträge der einzelnen Akteure und der Kooperationseinheit insgesamt anzuerkennen und ein auf die Kooperationseinheit bezogenes Feedback zu geben.

Die *Unternehmungskultur* bietet einen gegenüber den in den vorangehenden Abschnitten aufgezeigten Aktionsparametern der personellen Gestaltung übergreifenden Ansatzpunkt zur Gestaltung und Führung. Unternehmungskultur kann als die Grundgesamtheit der von den Mitarbeitern einer Unternehmung oder eines Unternehmungsteils geteilten Wertvorstellungen, Normen sowie Denk- und Verhaltensmuster definiert werden.[154] Die

---

[151] Vgl. Trebesch (1980), Sp. 2222; Forster (1981), S. 159.

[152] Vgl. Müller/Nachreiner (1981), S. 285.

[153] Vgl. Bornschein-Grass (1995), S. 142.

[154] Vgl. Bleicher (1991a), S. 732. Ähnlich Steinmann/Schreyögg (1997), S. 585; Schein (1985), S. 14ff. Demgegenüber versteht man unter dem Unternehmungsklima „das Ergebnis der individuellen Wahrnehmungen der gesamthaften, komplexen innerorganisatorischen Wirklichkeit durch die Mitglieder dieses Sozialsystems." Staehle/Conrad (1987), Sp. 1607. „Während die Organisationskultur sich langfristig entwickelt und konstitutiv manifestiert wird, handelt es sich beim Betriebsklima um einen situativen Tatbestand, der zum Ausdruck bringt, inwieweit die

Führung über gemeinsame grundlegende Werte, Normen und Einstellungen *(kulturorientierte Führung)* ergänzt traditionelle Führungsinstrumente und -modelle und verstärkt deren Wirkung.[155]
Für die Gestaltung computergestützter Kooperation ist die Unternehmungskultur deshalb relevant, weil das unternehmungsbezogene Wertesystem das individuelle Wertesystem der Akteure in mehr oder weniger starkem Ausmaß überlagert.[156] Auch computergestützte Kooperation und ihre Gestaltung erfolgt immer auf Grundlage des in der Unternehmung herrschenden Werte- und Normengefüges, das sich allenfalls mittel- bis langfristig verändern läßt. Das in einer Unternehmung herrschende Normen- und Wertesystem prägt die Erwartungen, die ihrerseits wiederum die Motivation und das Verhalten der Akteure beeinflussen. Herrscht in einer Unternehmung eine wettbewerbsorientierte Grundhaltung der Akteure vor, sind die Chancen für eine weite Verbreitung kooperativer Verhaltensformen eher als schlecht zu beurteilen, da lediglich ein geringer Anpassungsdruck besteht, sich kooperativ zu verhalten. Dieses wirkt sich auch auf die Akzeptanz und die Anwendung von CSCW-Technologien aus. Bei der Einführung und dem Einsatz computergestützter kooperativer Arbeitsformen zeigt sich, inwieweit die Mitarbeiter bereit sind, ihr Verhalten zu verändern und kooperationsunterstützende Technologien einzusetzen.
Die Interdependenz der Einführung computergestützter Kooperationsformen mit der Unternehmungskultur verdeutlicht auch eine empirische Studie bezüglich der Einführung einer CSCW-Technologie in einer Beratungsunternehmung. Die Technologie wurde dabei mit dem Ziel eingeführt, „to leverage the expertise of [the] firm"[157]. Die Anwendung wurde eher im traditionellen Stil einer single-user-stand-alone-Lösung verwendet, während der kooperationsunterstützende Charakter außer acht gelassen wurde. Aufgrund einer kompetitiven Unternehmungskultur und fehlender Anreize zu kooperieren, d.h. in diesem Fall eine gemeinsame Expertise zu entwickeln, wurde die CSCW-Technologie nicht angenommen.[158]

Ansprüche und Erwartungen der Systemmitglieder innerhalb der Unternehmung aktuell abgedeckt werden." Bleicher (1991a), S. 733. Die Begriffe Unternehmungs- und Organisationskultur einerseits sowie Betriebsklima und Unternehmungsklima andererseits werden im Rahmen dieser Arbeit als gleichbedeutend interpretiert.
Für einen Überblick über verschiedene Definitionsansätze der Unternehmungskultur vgl. Kasper (1987), S. 74ff.

155 Vgl. Dill (1986), S. 212. Dill hebt hervor, daß der Erfolg des Einsatzes der Unternehmungskultur als unterstützendem Führungsinstrument auch davon abhängt, inwieweit der bestehenden Unternehmungskultur Rechnung getragen wird.

156 Vgl. Marr (1992), Sp. 1159.

157 Orlikowski (1992b), S. 363.

158 Vgl. Orlikowski (1992b), S. 362ff.

SCHEIN[159] entwirft ein Drei-Ebenen-Schema der Unternehmungskultur. Die Basis der Kultur bilden selbstverständliche, unsichtbare und zumeist unbewußte, grundlegende Orientierungs- und Verhaltensmuster, die die Wahrnehmung und das Handeln der Akteure leiten. Sie beinhalten die Beziehungen zur Umwelt, das Verhältnis zur Realität sowie zu Zeit und Raum, die Einstellungen zu Menschen und ihren Handlungen sowie die Natur der menschlichen Beziehungen, welche sich zu einem 'Weltbild' zusammenfügen. Dieses Weltbild findet seinen Niederschlag in konkretisierten Wertvorstellungen und Verhaltensstandards, indem z.B. Maximen, ungeschriebene Verhaltensrichtlinien und Verbote geformt werden. Sie bilden die zweite Kulturebene. Die aus den Basisannahmen entstehenden Verhaltensstandards bündeln die Prioritäten für das Handeln in der Unternehmung, steuern die Wahrnehmung und fließen in die Interpretation des eigenen und des Verhaltens anderer ein. Auf der obersten Ebene der Unternehmungskultur befinden sich Symbole, Zeichen und Artefakte. Sie stellen den sichtbaren, aber nicht immer dechiffrierbaren Teil der Unternehmungskultur dar und sind nur im Zusammenhang mit den zugrundeliegenden Wertvorstellungen interpretierbar. Hierzu gehören auch die angewendete Technologie, Kunst, Legenden, Riten, die architektonische Gestaltung der Räume, die Kleidung und die Sprache (Firmenjargon).[160]

Unternehmungskultur entsteht und formt sich aus dem Verhalten der Unternehmungsmitglieder im Laufe der erfahrungsreichen Bewältigung der Anforderungen der unternehmerischen Erfolgssicherung nach außen sowie der sozialen Integration nach innen und wirkt umgekehrt wiederum steuernd und prägend auf dieses Verhalten zurück.[161] Die fehlende Übereinstimmung grundlegender Werte, Einstellungen und die daraus entstehenden Verhaltensorientierungen verschiedener Akteure in der Unternehmung führen langfristig zur (inneren) Kündigung von Mitarbeitern oder aber zu graduellen Veränderungen der Unternehmungskultur, sofern viele Akteure neue Verhaltensregeln favorisieren.[162]

Prinzipiell kann zwischen starken und schwachen Kulturen unterschieden werden. Insbesondere für starke Unternehmungskulturen wird ein erhebliches Potential zur Effizienz- und Effektivitätssteigerung von Unternehmungen unterstellt,[163] wobei die Stärke bzw. Schwäche einer Kultur dann auch in Relation zur intendierten unter-

159 Vgl. Schein (1985), S. 14.
160 Vgl. Steinmann/Schreyögg (1997), S. 607-611.
161 Vgl. Ulrich (1984), S. 313 i.V. mit Steinle/Eggers/ter Hell (1994), S. 130; Steinmann/Schreyögg (1997), S. 606; Scholz (1994), 495.
162 Vgl. Scholz (1994), S. 495.
163 Vgl. Dill (1986), S. 8; Steinmann/Schreyögg (1997), S. 615. Kritisch dazu Dierkes/Hähner/Raske (1996), S. 319.

nehmungspolitischen Entwicklung beurteilt werden muß.[164] Je stärker eine Unternehmungskultur, desto eher prägt sie das Verhalten der Akteure.[165] Starke Unternehmungskulturen sind durch die folgenden Merkmale gekennzeichnet:[166]

- *Prägnanz*: Starke Unternehmungskulturen zeichnen sich durch eindeutige Verhaltens- und Orientierungsmuster aus. Hierzu müssen die Werte, Standards und Symbolsysteme relativ konsistent und die kulturellen Orientierungsmuster umfassend angelegt sein, so daß sie als Maßstäbe in unterschiedlichen Situationen dienen können.[167]
- *Verbreitungsgrad*: Starke Unternehmungskulturen werden von vielen Mitarbeitern getragen. Es liegt also Homogenität bezüglich der Kulturelemente vor. Subkulturen und kulturelle Heterogenität treten in starken Unternehmungskulturen nicht auf.
- *Verankerungstiefe*: In starken Kulturen sind die kulturellen Muster im Rahmen von Sozialisierungsprozessen internalisiert worden, d.h. selbstverständlicher Bestandteil des Handelns der Akteure und nicht lediglich kalkulierte Anpassung. Dieses mündet in Persistenz, d.h. Stabilität der Kultur über eine längere Zeit hinweg.

Starke Unternehmungskulturen erfüllen eine *Identifikationsfunktion*, indem sie eine einheitliche Orientierung und die Grundlage für die Identifikation der Akteure mit der Unternehmung bieten. Sie erfüllen eine *Koordinationsfunktion*, indem sie Handlungsabläufe fixieren und Handlungsfreiräume definieren.[168] Starke Unternehmungskulturen steigern die Leistungsbereitschaft der Akteure, indem sie ihnen Sicherheit und den Sinn ihrer Arbeit vermitteln und somit eine *Motivationsfunktion* ausüben. Schließlich beinhalten starke Unternehmungskulturen auch eine *Profilierungsfunktion*, indem sie die Abgrenzung zu anderen Unternehmungen erlauben.[169]

---

164 Vgl. Bleicher (1991a), S. 758.

165 Vgl. Scholz (1994), S. 499.

166 Vgl. Steinmann/Schreyögg (1997), S. 615 und die zusammenfassende Darstellung bei Kesten (1998), S. 340.

167 Zu beachten ist in diesem Zusammenhang, daß die Begriffe 'Kultur' und 'Ethik' getrennt werden müssen. Eine Bewertung des Wertesystems, d.h. des Anspruchs, der Moralität etc. wird nicht angestrebt. Allenfalls die Frage, ob Kulturen für die Erfolgsträchtigkeit von Unternehmungen als funktional oder dysfunktional zu beurteilen sind, könnte bei der Beurteilung von Unternehmungskulturen aus betriebswirtschaftlicher Perspektive eine Rolle spielen. Vgl. Steinmann/Schreyögg (1997), S. 615.

168 So führen Kieser/Kubicek (1992), S. 118 die Unternehmungskultur explizit als nicht-strukturelles Koordinationsinstrument an.

169 Vgl. Scholz (1995), S. 240. Ähnlich Dill/Hügler (1987), S. 147ff., welche die Koordinations-, Integrations- und Motivationsfunktion sowie derivative Funktionen der Unternehmungskultur unterscheiden.

Im einzelnen beeinflussen starke Unternehmungskulturen[170] die Handlungsorientierung mittels Komplexitätsreduktion, die Güte der Kommunikation, die Geschwindigkeit des Findens und Implementierens von Entscheidungen, den Kontrollaufwand, die Motivation sowie Loyalität der Mitarbeiter, das Gemeinschaftsgefühl, die Stabilität und die Zuverlässigkeit der Akteure in einer Unternehmung positiv. Als negative Effekte einer starken Unternehmungskultur werden die Tendenz zur Abschließung, die Blockierung neuer Orientierungen, Implementationsbarrieren für neue Ideen, die Fixierung auf traditionelle Erfolgsmuster, kollektive Vermeidungshaltung gegenüber kritischen Argumentationen, Konformitätszwang und Mangel an Flexibilität genannt.[171]
Eine starke Unternehmungskultur ist allerdings nicht allein für den Erfolg oder Mißerfolg einer Unternehmung verantwortlich. Auch hier kommt es auf den Fit mit den übrigen Merkmalen des Systems Unternehmung an. So muß die Unternehmungskultur zu den durch die organisatorischen Regeln bestimmten Unternehmungsstruktur und der damit verbundenen Informationsstruktur passen. Die tiefgreifende Veränderung der Unternehmungsstrukturen oder der Charakteristika des Personals erfordert vielfach auch eine Veränderung der Unternehmungskultur, insbesondere in der Denkhaltung der Führungskräfte. Beispielsweise erheben qualifiziertere Mitarbeiter den Anspruch, ihr Wissen auch einsetzen zu können, wozu die Führungskräfte den Mitarbeitern Freiheitsgrade eröffnen müssen.[172]

In einer polarisierenden Darstellung lassen sich zwei Formen von Unternehmungskulturen differenzieren: Während in der einen Gruppe der Unternehmungskulturen Werte wie Solidität, Stabilität, Geradlinigkeit, Bodenständigkeit, Zuverlässigkeit, Stetigkeit und Seriösität eine bedeutende Rolle spielen, läßt sich die zweite Gruppe der Unternehmungskulturen durch Wertnennungen wie Offenheit, partnerschaftliches Denken, Teamorientierung, Ehrgeiz, Kreativität, kommunikatives und konsensförderndes Klima sowie Flexibilität abgrenzen.[173] Die Gegenüberstellung zeigt unmittelbar, daß computergestützte Kooperation in der zweiten Gruppe der Unternehmungskulturen aufgrund internalisierter kooperationsrelevanter Werte und Normen einen anderen Stellen-wert einnehmen kann oder bereits in umfangreichem Rahmen praktiziert wird. In Unternehmungen, in denen die Unternehmungskultur durch gegenseitige Anerkennung und Vertrauen, umfassende Informationsbereitstellung und offene Kommunikation, partnerschaftlichen und gleichberechtigten Umgang, gegenseitige Unterstützung und konstruktive Konfliktlösungsansätze charakterisiert ist, werden die Akteure vermutlich eine

---

170 Zu nichtfunktionalen, pathologischen Kulturen vgl. Scholz (1994), S. 503f. Er differenziert zwischen den Patologien paranoider, depressiver, dramatischer, zwanghafter und schizoider Kultur.

171 Vgl. Steinmann/Schreyögg (1997), S. 620.

172 Vgl. Dierkes/Hähner/Raske (1996), S. 322. Zum Fit zwischen Kultur, Struktur und Umwelt vgl. auch Scholz (1994), S. 513f.

173 Vgl. Dierkes/Hähner/Raske (1996), S. 322.

höhere Kooperationsbereitschaft aufweisen als in solchen Unternehmungen, in denen hierarchische Machtausübung, interner Wettbewerb, und 'win-lose-Situationen' bevorzugt werden, Konflikte personalisiert werden, auch sachliche Kritik unterdrückt wird und angst- sowie mißtrauensdominierte Grundeinstellungen vorherrschen.

Vertrauen stellt einen zentralen Wert für die Stabilisierung und Etablierung von Kooperation dar: „Die wichtigste Voraussetzung von Kooperation ist aber Vertrauen - erst Vertrauen macht Lösungen und Übereinkünfte möglich, die ansonsten, bei wechselseitigem Mißtrauen, scheitern müssen. Dieses Vertrauen herzustellen, ist letztendlich die Aufgabe der Unternehmungskultur."[174] Kooperation erfordert nicht zuletzt auch Vertrauen in die Zuverlässigkeit, Integrität, Ehrlichkeit und Gerechtigkeit der Kooperationspartner. Kooperation entsteht durch Vertrauen und Vertrauen entsteht durch Kooperation. Vertrauensbildung kann durch verschiedene Maßnahmen begünstigt werden.[175] Dazu gehört auch das Zugeständnis, Fehler machen zu dürfen, so daß die Chance gegeben ist, eine bisher falsche Verhaltensmaxime mit Blick auf die Zukunft zu ändern.[176] Interessensgegensätze und Konflikte sollten anerkannt werden, aber andererseits sollte das Bemühen um Konsens vorherrschen. Vertrauen verlangt nicht zuletzt auch Verbindlichkeit, d.h. durch die Kooperationspartner festgelegte Regeln: Akteure in Einheiten, „in denen keine Normen tradiert sind, denen keine Zeit zur Strukturierung und Normenbildung oder zur Übernahme bereits vorhandener Normen gegeben sind, können nicht miteinander kooperieren."[177] Wird den Akteuren in einer Unternehmung Vertrauen entgegengebracht, dürfte die Etablierung kooperativer Arbeitsstrukturen günstige Rahmenbedingungen vorfinden.

Darüber hinaus dürfte insbesondere der Teilaspekt der Kommunikationskultur in einer Unternehmung eng mit dem Kooperationsverhalten verknüpft sein.[178] In Kommunikationsvorgängen sind motivationale, soziale sowie aufgabenbezogene Informationen miteinander verbunden. Die im Kommunikationsstil zum Ausdruck kommenden Werte, Normen und Einstellungen der Führungskräfte prägen das individuelle Kommunikationsverhalten, die entstehenden Kommunikationsbeziehungen sowie die benutzten Medien.[179] Eine offene Kommunikationskultur beinhaltet ein ausgeprägtes 'Miteinander' der Mitglieder der Unternehmung gekennzeichnet. Dagegen ist eine geschlossene Kom-

---

174 Beyer/Fehr/Nutzinger (1995), S. 158.

175 Zu Maßnahmen der Förderung von Vertrauen in konkreten Handlungssituationen mittels des GRIT-Ansatzes vgl. Lindskold (1981), S. 242ff.

176 Vgl. Ehrlich (1991), S. 244.

177 Thomas (1993), S. 128.

178 Kobi/Wüthrich (1986), S. 128-140 unterscheiden in ihren Fragebögen zur Erhebung von Unternehmungskulturen neben der Kommunikationsorientierung die Kunden-, Mitarbeiter-, Resultats-, Innovations-, Kosten-, Unternehmungs- und Technologieorientierung als Teildimensionen der Unternehmungskultur.

179 Vgl. Winterstein (1998), S. 146f.

munikationskultur durch das 'Gegeneinander' zu kennzeichnen.[180] Auch von den eingesetzten Informationstechnologien geht einerseits ein Einfluß auf die Kultur aus, andererseits sind diese selbst kulturgeprägt. Informationstechnologien besitzen eine symbolische Bedeutung, indem sie Einflußverteilung, Offenheit und/oder Technologiefreudigkeit ausdrücken. Insofern kann die Einführung von Groupware-Technologien einen symbolischen Wert besitzen. DAVENPORT weist darauf hin, daß eine Kulturveränderung der beste und auch schwierigste Weg zur Implementierung von Informationstechnologien ist: „Changing the company's information culture is the best way to implement IT, but it's also the hardest way to carry out".[181] Widersprechen die Kultur, die Anwendungsform und der Einführungsprozeß kooperationsunterstützender Technologien deren grundlegender Funktionalität zur Unterstützung kooperativer Handlungen, so kann dieses zur Nichtakzeptanz solcher Systeme führen.

Umstritten ist vor allem, inwieweit die Unternehmungskultur die Rolle eines Aktionsparameters erfüllen kann, also inwieweit Unternehmungskultur für die Unternehmungsführung instrumentalisierbar ist. Unternehmungskultur wird zum einen als gestalterischer, empirisch erfaßbarer Aktionsparameter neben anderen erfaßt, der dazu beiträgt, den Zielerreichungsgrad der Unternehmung zu erhöhen (funktionalistisch-objektivistischer Ansatz, 'die Unternehmung hat eine Kultur'). Zum anderen wird die Auffassung vertreten, daß die Unternehmungskultur ein in Unternehmungen wirksames Phänomen mit Restriktionscharakter darstellt, das sich der kurz- und mittelfristigen bewußten Gestaltung entzieht und deshalb nicht instrumentalisiert werden kann (subjektiv-interpretativer Ansatz, 'die Unternehmung ist eine Kultur').[182]
Im Rahmen dieser Arbeit wird davon ausgegangen, daß Unternehmungskultur nicht kurzfristig und mechanistisch gestaltbar ist, aber langfristig und mittelbar im Sinne einer geplanten Evolution[183] beeinflußt oder verstärkt werden kann. Personalauswahl und -einführung, Trainings- und Entwicklungsprogramme sowie die Gestaltung der Anreizsysteme lassen sich zur langfristigen Entwicklung oder Bewahrung der für die Kooperation in der Unternehmung relevanten Werte und Einstellungen einsetzen. Eine eindeutige Verankerung von Kooperationsgrundsätzen beispielsweise in der Unternehmungsphilosophie, dem Leitbild und den Führungsgrundsätzen schafft nicht nur Transparenz über die als erstrebenswert angesehenen Werte und Einstellungen, sondern nimmt auch eine Personalführungsfunktion wahr, wenn sie über plakative Absichtserklärungen

---

180 Vgl. die bei Lautz (1995), S. 84 angegebene Literatur.

181 Davenport (1994), S. 127. Vgl. auch die Untersuchung von Grote/Baitsch (1991) bezüglich der Interdependenzen von Unternehmungskultur und der Einführung von CSCW-Technologien in Form von E-mail und Gruppenterminkalendern.

182 Vgl. Beyer/Fehr/Nutzinger (1995), S. 56 i.V.m. S. 61; Scholz (1994), S. 508f.

183 Vgl. Dill (1986), S. 247.

hinausgeht und auch tatsächlich gelebt wird.[184] Gleichzeitig kann eine bewußt auf die kooperationsrelevanten Werte und Normen ausgerichtete Personalführung Verstärkungseffekte bewirken. Maßnahmen zur Veränderung der Unternehmungskultur im Rahmen einer kulturorientierten Personalführung zielen darauf ab, beim Personal eine Identifizierung mit den Zielen bzw. eine Verinnerlichung der als wünschenswert erachteten Werte und Normen zu erreichen. Führungskräfte sollten hierbei als 'Wertpromotoren' dienen, Wertesysteme vorleben und für symbolische Führung sensibilisieren. Dadurch stecken sie den Verhaltensrahmen für die Mitarbeiter immer wieder ab. Die Akteure durchlaufen dabei einen Lernprozeß, der über die Angleichung der Wahrnehmungsfilter und Interpretationsmuster zur interpersonell-identischen Interpretation von Stimuli[185] oder langfristig zum (inneren) Austritt aus der Unternehmung führt. Die Beeinflussung der Unternehmungskultur stellt einen langwierigen Prozeß dar, der die weitreichende Beteiligung der Mitarbeiter, glaubwürdige Vorbilder, Offenheit und Transparenz erfordert.
Insgesamt darf die Rolle der Unternehmungskultur bei der Einführung computergestützter kooperativer Arbeit nicht unterschätzt werden. Gleichzeitig sind Maßnahmen ihrer Beeinflussung und Verstärkung aufgrund der jahrzehntelangen Einübung der Orientierungs- und Verhaltensmuster langfristig anzulegen.

Die Unternehmungskultur wird durch die Erfahrungen der Unternehmungsmitglieder geprägt. Da Erfahrungen nicht übertragen werden können, kann bei kooperationshemmender Werte- und Normenstruktur eine erfahrbare 'Gegenkultur' in abgegrenzten Bereichen sinnvoll sein, die sich dann über die Überzeugung der Teilnehmer zu anderen Einheiten ausweiten kann. Überschaubare Kooperationsvorhaben bieten sich an, um (computergestützte) kooperative Arbeitsformen schrittweise einzuführen. Die traditionellen personalwirtschaftlichen Aktionsparameter, wie z.B. die Personalentwicklung und eine geeignete Anreizgestaltung, sollten dabei nicht vernachlässigt werden.

---

[184] Vgl. Scholz (1994), S. 115; Scholz (1995), S. 241; Steinle/Eggers/ter Hell (1994), S. 140ff.
[185] Vgl. Scholz (1994), S. 523.

6 Schlußbetrachtung

Unabhängig davon, ob in einer Unternehmung lediglich eine punktuelle Einführung computergestützter Kooperation erfolgen soll oder ob die Kooperation in Kooperationseinheiten ein durchgängiges Prinzip der Leistungserstellung in der Unternehmung darstellt, greift eine rein technische Betrachtung computergestützter Kooperation deutlich zu kurz. Zur Unterstützung einer zielorientierten Gestaltung zeigt die vorliegende Arbeit eine Vielzahl struktureller, personeller und technischer Gestaltungsalternativen auf und verdeutlicht, wie deren abgestimmte Gestaltung erfolgen kann. Letztlich bestimmt das Verhalten der Akteure in Form kommunikativer, koordinierender und gemeinsame Objekte verarbeitender Aktivitäten über die Art der Kooperationsergebnisse und den Zielerreichungsgrad der Kooperation. Die in den vorangehenden Ausführungen abgeleiteten Empfehlungen konzentrieren sich deshalb darauf, eine günstige Kooperationssituation als Rahmen für diese kooperativen Aktivitäten zu gestalten.

Kooperatives Verhalten wird in diesem Zusammenhang als eine Funktion aufgabenbezogener, struktureller, personeller und technischer Aspekte konzeptionalisiert:
Die Merkmale der sich aus den Wettbewerbsstrategien der Unternehmung ergebenden, kooperativ zu lösenden *Aufgaben* bilden eine Restriktion der Gestaltung. Grundsätzlich gilt, daß Aufgaben selbst, d.h. unabhängig von der strukturellen Gestaltung, einen unterschiedlichen Kooperationsbedarf beinhalten. Dieser ergibt sich beispielsweise auf Grundlage der qualitativen oder zeitlichen Erfordernisse einer marktgerechten Leistungserstellung. Die Identifizierung verschiedener Aufgabentypen erlaubt Schlußfolgerungen bezüglich der Art der Informationsverarbeitung und impliziert gleichzeitig bestimmte Anforderungen an die zur Unterstützung eingesetzte Informationstechnik.
Mittels der strukturellen Aktionsparameter, welche unterschiedliche Typen organisatorischer Regeln beinhalten, kann auf die in der *Struktur* der Unternehmung bzw. der Kooperationseinheit zum Ausdruck kommende Kooperationserwartung als eine spezielle Form der Verhaltenserwartung Einfluß genommen werden. Vor dem Hintergrund der Aufgabentypen lassen sich dabei verschiedene strukturelle Gestaltungsstrategien, beispielsweise im Hinblick auf die Art der Arbeitsteilung und die vorgesehenen Koordinationsmechanismen, verwirklichen. Dabei stellt die Gewährung von Spielräumen auch zur Planung, Steuerung und Kontrolle der Aktivitäten für die Akteure in Kooperationseinheiten ein zentrales Element dar, die sich in den Gestaltungsempfehlungen für die einzelnen strukturellen Aktionsparameter widerspiegeln. Sowohl für die verschiedenen Aufgabentypen als auch für verschiedene strukturelle Varianten werden Implikationen für die Informationsstruktur, d.h. für das Geflecht der Informationsbedarfe und der Informationsbereitstellung der Aufgabenträger, aufgezeigt.

Die Architektur der Komponenten der Informations*technik* ist nach Maßgabe dieser Implikationen für die Merkmale der Informationsstruktur zu gestalten. Darüber hinaus ist durch die Softwaresysteme eine im Hinblick auf die verschiedenen Aktivitätenklassen kooperativer Handlungen geeignete Funktionalität anzubieten. Unterstützungspotentiale von Informationstechnik für Kooperation werden zum einen anhand der Leistungspotentiale derzeit angebotener CSCW-Technologien erörtert. Zum anderen werden konkrete Hinweise abgeleitet, wie die Technikarchitektur und die Funktionalität der Technik kooperationsförderlich ausgestaltet sein sollten und wie die notwendige Anpassungsfähigkeit der Software zu gewährleisten ist.
Letztlich hängt Kooperation von der Bereitschaft und Fähigkeit des *Personals* ab, die in der Struktur zum Ausdruck kommende Kooperationserwartung und die angebotene technische Unterstützung tatsächlich für kooperative Aktivitäten zu nutzen. In diesem Zusammenhang wird gezeigt, welche Möglichkeiten bestehen, die grundsätzliche Kooperationsbereitschaft und -fähigkeit der Akteure zu (computergestützter) Kooperation zu erhalten und zu steigern.
Die Förderung computergestützter Kooperation stellt dabei eine Aufgabe dar, die nicht punktuell an einem Subsystem computergestützter Informationssysteme ansetzen und enden kann. Statt dessen ist eine aufeinander abgestimmte Gestaltung aller Subsysteme erforderlich, wobei die Heterogenität der verschiedenen Subsysteme ein besonderes Problem darstellt. Hierzu wird demonstriert, wie mittels der Informationsstruktur eine stimmige Gestaltung der Aufgaben, der Struktur und der Technikarchitektur erfolgen kann.

Kooperatives Verhalten entzieht sich der mechanistischen Plan- und Herstellbarkeit. Vielmehr sollte es Ziel sein, möglichst gute Rahmenbedingungen für kooperative Aktivitäten zu schaffen, um die Vorteile kooperativer Arbeitsformen nutzen zu können. Die vorliegenden Ausführungen bieten einen Orientierungsrahmen und eine Perspektive für die Gestaltung der Rahmenbedingungen computergestützter Kooperation in Unternehmungen. Standardlösungen existieren jedoch nicht, da die Formen der Kooperation in Unternehmungen variieren und sich dynamisch entwickeln, so daß eine darauf spezifisch abgestimmte Gestaltung erforderlich ist. Welche Aktivitäten im konkreten Fall notwendig sind und welche Kombination und Gewichtung die Aktionsparameter im 'Instrumentenmix' aufweisen sollten, muß im Einzelfall entschieden werden. Im Hinblick auf die Umsetzung der aufgezeigten Gestaltungsempfehlungen in praktische Gestaltungsaktivitäten besteht die Herausforderung letztlich darin, die verschiedenen Aktionsparameter auf die konkret vorliegenden Bedingungen abzustimmen und auch den Gestaltungsprozeß so zu formen, daß die im konkreten Gestaltungsvorhaben angestrebten Ziele erreicht werden können.
Gestaltungsaktivitäten greifen in gewachsene Macht-, Normen- und Rollenstrukturen sowie Privilegien ein. Bei der Gestaltung von Rahmenbedingungen für die Realisierung

computergestützter Kooperation ist größte Sorgfalt und Umsicht notwendig, da negative Erfahrungen der Akteure mit computergestützter Kooperation die Chancen auf eine weitreichende Umsetzung deutlich verringern werden. Grundlegende Veränderungen werden insgesamt nur dann stattfinden können, wenn der erforderliche Handlungsbedarf allen Akteuren bewußt ist. Die Herausarbeitung gemeinsamer Ziele ist nicht nur für die Beständigkeit von Kooperation wichtig, sondern stellt auch für Aktivitäten der Gestaltung computergestützter Kooperation eine grundlegende Voraussetzung dar. Die Ziele der Gestaltungsmaßnahmen sind deshalb verständlich, transparent und vollständig darzustellen und gemeinsam mit den betroffenen Akteuren herauszuarbeiten. Nur wenn es gelingt, jedem Mitarbeiter die Konsequenzen und Chancen des Wandels im Hinblick auf die Unternehmung und die eigene Person aufzuzeigen, werden eigene Beiträge der Akteure entstehen. Die Gestaltung computergestützter Kooperation stellt dabei selbst ein Anwendungsfeld kooperativer Arbeitsformen dar. Insbesondere dort, wo tiefgreifende Veränderungen im Verhalten und Denken der Beteiligten erforderlich sind, weil die Zielausrichtung des Verhaltens der Akteure jahrelang über Anweisungen und Verfahrensvorschriften vollzogen wurde, ist es notwendig, einen ausreichenden Zeithorizont für die Wandlungsprozesse vorzusehen. Auch der Gestaltungsprozeß selbst kann nicht deterministisch geplant und vollzogen werden. Statt dessen ist ein evolutionäres Vorgehen erforderlich, das die Erfahrungen, fachlichen und sozialen Bedürfnisse der Akteure anerkennt und in angepaßte Gestaltungsstrategien einfließen läßt. Die soziale Relevanz computergestützter Kooperation erfordert dabei eine Orientierung, die sich nicht auf die repräsentative Beteiligung der Akteure an Implementierungsprozessen beschränken darf. Statt dessen sind intensive Diskussionen und gegenseitige Lernprozesse zwischen den Kooperanden und den Gestaltern Voraussetzung.

Kooperative Arbeitsformen erlauben vielfach sowohl eine sach- als auch menschengerechte Gestaltung der Arbeit in Unternehmungen. Die erfolgreiche Realisierung computergestützter Kooperation stellt dabei insgesamt weniger ein technisches, denn ein strukturelles und personelles Problem dar. Insbesondere ist ein umfassendes Verständnis der sozialen Prozesse notwendig, die anhand des Einsatzes von CSCW-Technologien unterstützt werden sollen. Diesbezügliche Erkenntnisse werden im Forschungsgebiet CSCW jedoch erst in Ansätzen berücksichtigt und im Hinblick auf computergestützte Kooperation weiterentwickelt. Über die hier aufgezeigten grundlegenden Perspektiven der Gestaltung computergestützter Kooperation hinaus bedarf es weiterer Anstrengungen und Forschungsaktivitäten, welche die Interdependenzen der bei der Realisierung computergestützter Kooperation relevanten Subsysteme berücksichtigen.

Literaturverzeichnis

Alderfer, Clayton P. (1972): Existence, Relatedness, and Growth: Human Needs in Organizational Settings, New York 1972

Aldred, C. (1994): Workflow-Automation of the Desktop, in: Spurr, Kathy/Layzell, Paul/Jennison, Leslie et al. (Eds.): Computer Support for Cooperative Work, Chicester et al. 1994, S. 57-70

Anders, Wolfgang (1986): Die Gestaltung der organisatorischen Kommunikation: Grundlagen und Elemente eines geschlossenen Gestaltungskonzeptes, München, Univ., Diss., 1986

Anger, Hans/Nachreiner, Friedhelm (1975): Gruppenverhalten im Betrieb, in: Grochla, Erwin/Wittmann, Waldemar (Hrsg.): Handwörterbuch der BWL, Bd. 2, 4. Aufl., Stuttgart 1975, Sp. 1728-1738

Anson, Robert/Bostrom, Robert/Wynne, Bayard (1995): An Experiment Assessing Group Support System and Faciliator Effects on Meeting Outcomes, in: Management Science, Vol. 41 (1995), No. 2 (Feb.), S. 189-208

Antoni, Conny H. (1993): Rationalisierung durch die Einführung von Gruppenarbeit, Einsatzmöglichkeiten von Problemlösegruppen, in: Angewandte Arbeitswissenschaft, Nr. 138, o. Jg. (1993), S. 45-62

Antoni, Conny H. (Hrsg.) (1994): Gruppenarbeit in Unternehmen: Konzepte, Erfahrungen, Perspektiven, Weinheim 1994, S. 19-48

Argote, Linda/McGrath, Joseph E. (1993): Group Processes in Organizations: Continuity and Change, in: Cooper, Cary L./Robertson, Ivan T. (Eds.): International Review of Industrial and Organizational Psychology, New York 1993, S. 333-389

Austin, John L. (1962): How to do Things with Words, Cambridge 1962

Axelrod, Robert (1988): Die Evolution der Kooperation, München 1988

Babatz, Robert/Bogen, Manfred/Pankoke-Babatz, Uta (1990): Elektronische Kommunikation - x.400 MHS, Braunschweig 1990

Baethge, Martin/Oberbeck, Herbert (1986): Zukunft der Angestellten: neue Technologien und berufliche Perspektiven in Büro und Verwaltung, Frankfurt/Main, New York 1986

Baethge, Martin/Oberbeck, Herbert (1990): Systemische Rationalisierung von Dienstleistungsarbeit und Dienstleistungsbeziehungen: eine neue Herausforderung für Unternehmen und wissenschaftliche Analyse, in: Rock, Reinhard/Ulrich, Peter/ Witt, Frank (Hrsg.): Strukturwandel in der Dienstleistungsrationalisierung, Frankfurt 1990, S. 149-175

Bahl-Benker, Angelika (1991): Qualifizierung und Beteiligung beim Einsatz neuer Bürotechniken aus gewerkschaftlicher Sicht, in: Bullinger, Hans-Jörg (Hrsg.): Handbuch des Informationsmanagements im Unternehmen, Bd. 2, München 1991, S. 1227-1253

Bahrdt, Hans Paul (1972): Industriebürokratie: Versuch einer Soziologie des industrialisierten Bürobetriebes und seiner Angestellten, Stuttgart 1972

Bahrdt, Hans Paul (1987): Schlüsselbegriffe der Soziologie: eine Einführung mit Lehrbeispielen, 3. Aufl., München 1987

Bales, Robert D./Strodtbeck, Fred L./Mills, Theodore M. (1951): Channels of Communication in Small Groups, in: American Sociological Review, Vol. 16 (1951), S. 461-468

Bannon, Liam J./Schmidt, Kjeld (1991): CSCW: Four Characters in Search of a Context, in: Bowers, John M./Benford, Steven D. (Eds.): Studies in Computer Supported Cooperative Work: Theory, Practice and Design, Amsterdam 1991, S. 3-16

Bannon, Liam/Bjørn-Andersen, Niels/Due-Thomsen, Benedicte (1988): Computer Support for Cooperative Work: An Appraisal and Critique, in: Bullinger, H.-J./ Protonotarios, E. N./Bouwhuis, D. (Eds.): Information Technology for Organisational Systems, Amsterdam 1988, S. 297-303

Barent, Volker/Gräslund, Karin/Schwabe, Gerhard (1995): Groupware und Datenbanken, Arbeitspapiere des Lehrstuhls für Wirtschaftsinformatik, Universität Hohenheim, Nr. 87, Stuttgart 1995

Bartram, Peter (1969): Die innerbetriebliche Kommunikation, Berlin 1969

Bauch, Horst H. (1998): Videokonferenz-Systeme im Überblick, in: technologie & management, 47. Jg. (1998), Nr. 2, S. 34-37

Bäumer, Dirk/Budde, Reinhard/Sylla, Karl-Heinz et al. (1995): Objektorientierte Konstruktion von Software-Werkzeugen und -Materialien, in: Informatik Spektrum, 18. Jg. (1995), Nr. 4, S. 203-210

Beard, David/Palaniappan, Murugappan/Humm, Alan et al. (1990): A visual calendar for scheduling group meetings, in: ACM (Ed.): CSCW '90, Proceedings of the Conference on Computer-Supported-Cooperative Work, Los Angeles, Oct 7-10, 1990, New York 1990, S. 279-290

Becker, Jochen (1998): Marketing-Konzeptionen: Grundlagen des strategischen und operativen Marketing-Managements, München 1998

Becker, Jörg/Vossen, Gottfried (1996): Geschäftsprozeßmodellierung und Workflow-Management: Eine Einführung, in: Vossen, Gottfried/Becker, Jörg (Hrsg.): Geschäftsprozeßmodellierung und Workflowmanagement: Modelle, Methoden, Werkzeuge, Bonn et al. 1996, S. 17-26

Bellmann, Knut (1989): Kostenoptimale Arbeitsteilung im Büro: der Einfluß der Informations- und Kommunikationstechnik auf Organisation und Kosten der Büroarbeit, Berlin 1989

Bellmann, Kurt (1993): Tayloristische Arbeitsteilung und Kosten der Büroarbeit: Eine kritische Analyse vor dem Hintergrund des Einsatz moderner Informations- und Kommunikationstechnik (Teil I), in: Zeitschrift Führung & Organisation, 62. Jg. (1993), Nr. 5, S. 319-330

Bendixen, Peter (1976): Kreativität und Unternehmensorganisation, Köln 1976

Bendixen, Peter (1980): Teamorientierte Organisationsformen, in: Grochla, Erwin (Hrsg.): Handwörterbuch der Organisation, 2. Aufl., Stuttgart 1980, Sp. 2227-2236

Bentley, Richard/Rodden, Tom/Sawyer, Pete et al. (1994): Architectural Support for Cooperative Multiuser Interfaces, in: Computer, Vol. 27 (1994), May, S. 37-46

Berkel, Karl (1995): Verhandlung und Konfliktlösung, in: Sarges, Werner (Hrsg.): Management-Diagnostik, 2. Aufl., Göttingen, Toronto, Zürich 1995, S. 419-424

Bertalanffy, Ludwig von (1972): Zu einer allgemeinen Systemlehre, in: Bleicher, Knut (Hrsg.): Organisation als System, Wiesbaden 1972, S. 31-45

Berthel, Jürgen (1992): Informationsbedarf, in: Frese, Erich (Hrsg.): Handwörterbuch der Organisation, 3. Aufl., Stuttgart 1992, Sp. 872-886

Berthel, Jürgen (1995): Personalmanagement: Grundzüge für Konzeptionen betrieblicher Personalarbeit, 4. Aufl., Stuttgart 1995

Betzl, Konrad (1996): Entwicklungsansätze in der Arbeitsorganisation und aktuelle Unternehmenskonzepte - Visionen und Leitbilder, in: Bullinger, Hans Jörg/ Warnecke, Hans Jürgen (Hrsg.): Neue Organisationsformen im Unternehmen: ein Handbuch für das moderne Managment, Berlin, Heidelberg 1996, S. 29-64

Beyer, Heinrich/Fehr, Ulrich/Nutzinger, Hans G. (1995): Unternehmenskultur und innerbetriebliche Kooperation: Anforderungen und praktische Erfahrungen, Wiesbaden 1995

Bialek, Alexandra G. (1997): Die Workflow Management Coalition, in: Becker, Jörg/ Rosemann, Michael (Hrsg.): Organisatorische und technische Aspekte beim Einsatz von Workflowmanagementsystemen, Proceedings zum Workshop vom 10.4.1997, Institut für Wirtschaftsinformatik, Universität Münster, Arbeitsbericht Nr. 54, Münster 1997, S. 69-80

Bignoli, C./Simone, C. (1991): All Techniques for Supporting Human to Human Communication in CHAOS, in: Bowers, John M./Benford, Steven D. (Eds.): Studies in Computer Supported Cooperative Work: Theory, Practice and Design, Amsterdam 1991, S. 103-118

Bilitza, Klaus (1979): Leistungsvorteile in Gruppen, in: Heigl-Evers, Anneliese (Hrsg.): Die Psychologie des 20. Jahrhunderts, Bd. VIII: Lewin und die Folgen, Düsseldorf 1979, S. 477-485

Binkelmann, Peter/Braczyk, Hans-Joachim/Seltz, Rüdiger (1993): Organisationswandel und Gruppenarbeit, in: Binkelmann, Peter/Braczyk, Hans-Joachim/Seltz, Rüdiger (Hrsg.): Entwicklung der Gruppenarbeit in Deutschland, Frankfurt, New York 1993, S. 17-29

Binkelmann, Peter/Braczyk, Hans-Joachim/Seltz, Rüdiger (Hrsg.) (1993) (Hrsg.): Entwicklung der Gruppenarbeit in Deutschland, Frankfurt, New York 1993

Bisani, Fritz (1995): Personalwesen und Personalführung: Der State of the Art der betrieblichen Personalarbeit, 4. Aufl., Wiesbaden 1995

Bleicher, Knut (1969): Span of Control, in: Grochla, Erwin (Hrsg.): Handwörterbuch der Organisation, 1. Aufl., Stuttgart 1969, Sp. 1531-1536

Bleicher, Knut (1972): Die Organisation der Unternehmung in systemtheoretischer Sicht, in: Bleicher, Knut (Hrsg.): Organisation als System, Wiesbaden 1972, S. 173-190

Bleicher, Knut (1991a): Organisation: Strategien - Strukturen - Kulturen, 2. Aufl., Wiesbaden 1991

Bleicher, Knut (1991b): Kooperation als Teil des organisatorischen Harmonisationsprozesses, in: Wunderer, Rolf (Hrsg.): Kooperation: Gestaltungsprinzipien und Steuerung der Zusammenarbeit zwischen Organisationseinheiten, Stuttgart 1991, S. 143-157

Bleicher, Knut (Hrsg.) (1972): Organisation als System, Wiesbaden 1972, S. 173-190

Bleicher, Knut/Meyer, Erik (1976): Führung in der Unternehmung: Formen und Modelle, Reinbek bei Hamburg 1976

Blohm, Hans (1980): Kooperation, in: Grochla, Erwin (Hrsg.): Handwörterbuch der Organisation, 2. Aufl., Stuttgart 1980, Sp. 1112-1117

Bode, Jürgen (1993): Information, in: Die Betriebswirtschaft, 53. Jg. (1993), Nr. 2, S. 275-277

Bode, Jürgen (1997): Der Informationsbegriff in der Betriebswirtschaftslehre, in: Zeitschrift für betriebswirtschaftliche Forschung, 49. Jg. (1997), S. 449-468

Bodendorf, Freimut/Langer, Klaus/Schmidt, Werner (1993): Die Zukunft des computergestützten Büros, in: Office Management, 41. Jg. (1993), Nr. 11, S. 16-20

Boettcher, Erik (1974): Kooperation und Demokratie in der Wirtschaft, Tübingen 1974

Böhm, Andreas/Oberndorfer, Wolfgang/Schmitz, Roland et al. (1996a): Unterstützung der Rollen in verteilten Telekommunikationsprojekten durch verschiedene CSCW-Werkzeuge, in: Uellner, Stefan (Hrsg.): Computer Supported Cooperative Work (CSCW) in großen Unternehmungen, Tagungsband zum Workshop der GI-Fachgruppe 5.5.1 'CSCW in Organisationen' und dem Technologiezentrum Darmstadt der Deutschen Telekom AG vom 9.-10.5.1996, Darmstadt 1996, S. 19-29

Böhm, Andreas/Oberndorfer, Wolfgang/Schmitz, Roland et al. (1996b): CSCW-Werkzeuge für Forscher und Manager in europaweiten Telekommunikationsprojekten, in: Krcmar, Helmut/Lewe, Henrik/Schwabe, Gerhard (Hrsg.): Herausforderung Telekooperation: Einsatzerfahrungen und Lösungsansätze für ökonomische und ökologische, technische und soziale Fragen unserer Gesellschaft, DCSCW '96, Stuttgart-Hohenheim, 30.09.-02.10.1996, Berlin et al. 1996, S. 123-137

Böhnisch, Wolf/Nöbauer, Brigitta (1995): Soziale Kompetenz, in: Kieser, Alfred/Reber, Gerhard/Wunderer, Rolf (Hrsg.): Handwörterbuch der Führung, 2. Aufl., Stuttgart 1995, Sp. 1945-1958

Böhret, Carl (1983): Technology Assessment: Anlaß, Methode und Organisation, Speyer 1983

Böhret, Carl/Franz, Peter (1982): Technologiefolgenabschätzung: institutionelle und verfahrensmäßige Lösungsansätze, Frankfurt, New York et al. 1982

Bonnet, Petra (1994): Methoden und Verfahren der Technikfolgenabschätzung: exotische Hausmannskost?, in: Bullinger, Hans-Jörg (Hrsg.): Technikfolgenabschätzung (TA), Stuttgart 1994, S. 33-54

Borghoff, Uwe M./Schlichter, Johann H. (1995): Rechnergestützte Gruppenarbeit: eine Einführung in Verteilte Anwendungen, Berlin, Heidelberg et al. 1995

Bork, Thomas A. (1994): Informationsüberlastung in der Unternehmung: eine Mehrebenenanalyse zum Problem 'information overload' aus betriebswirtschaftlicher Sicht, Frankfurt 1994, zugl.: München, Hochsch. der Bundeswehr, Diss., 1994

Bornschein-Grass, Carin (1995): Groupware und computergestützte Zusammenarbeit: Wirkungsbereiche und Potentiale, Wiesbaden 1995, zugl.: München, Univ., Diss., 1994

Bösenberg, Dirk (1993): Seine Rolle im 'Lean' finden, in: Personalwirtschaft, 20. Jg. (1993), Nr. 11, S. 35-37

Böttger, Christian (1998): Elektronische Beratung, Videokonferenzen: Stand der Dinge, in: iX, o. Jg. (1998), Nr. 1, S. 122-129

Brater, Michael/Büchele, Ute (1993): Entwicklungsschritte zur Gruppenarbeit in der Mengensachbearbeitung: ein Leitfaden am Beispiel des Inlandzahlungsverkehrs der Vereins- und Westbank, Hamburg, München und Mering 1993

Brummund, Werner (1983): Zusammenarbeit zwischen Organisationseinheiten in soziotechnischen Systemen, Essen, Univ. GHS Essen, Diss., 1983

Budde, Reinhard/Züllighoven, Heinz (1990): Software-Werkzeuge in einer Programmierwerkstatt: Ansätze eines hermeneutisch fundierten Werkzeug- und Maschinenbegriffs, München et al. 1990, zugl.: Berlin, Techn. Univ., Diss., 1989

Bühner, Rolf (1994): Betriebswirtschaftliche Organisationslehre, 7. Aufl., München und Wien 1994

Bullen, Christine V./Bennett, John L. (1990): Learning from user experience with groupware, in: ACM (Ed.): CSCW '90, Proceedings of the Conference on Computer-Supported-Cooperative Work, Los Angeles, Oct 7-10, 1990, New York 1990, S. 291-302

Bullen, Christine V./Bennett, John L. (1991): Groupware in Practice: An Interpretation of Work Experiences, in: Dunlop, Charles/Kling, Rob (Eds.): Computerization and Controversy: Value Conflicts and Social Choices, Boston, San Diego 1991, S. 257-287

Bullinger, Hans-Jörg (1994): Was ist Technikfolgenabschätzung, in: Bullinger, Hans-Jörg (Hrsg.): Technikfolgenabschätzung (TA), Stuttgart 1994, S. 3-31

Bullinger, Hans-Jörg (1995): Arbeitsgestaltung: Personalorientierte Gestaltung marktgerechter Arbeitssysteme, Stuttgart 1995

Bullinger, Hans-Jörg (Hrsg.) (1994): Technikfolgenabschätzung (TA), Stuttgart 1994

Bullinger, Hans-Jörg/Niemeier, H. Joachim/Schäfer, Martina (1993): Wege zu schlanken Informations- und Kommunikationssystemen, in: Management und Computer, 1. Jg. (1993), Nr. 2, S. 121-128

Bungard, Walter (1995): Team- und Kooperationsfähigkeit, in: Sarges, Werner (Hrsg.): Management-Diagnostik, 2. Aufl., Göttingen et al. 1995, S. 405-415

Bünting, Hans F. (1995): Organisatorische Effektivität von Unternehmungen: ein zielorientierter Ansatz, Wiesbaden 1995

Burger, Cora (1997): Groupware: Kooperationsunterstützung für verteilte Anwendungen, Heidelberg 1997

Burns, Tom/Stalker, Georg (1961): The Management of Innovation, London 1961

Busbach, Uwe (1996): BSCW: Eine Applikation zur organistionsübergreifenden Kooperationsunterstützung auf der Basis des World-Wide-Web, in: Uellner, Stefan (Hrsg.): Computer Supported Cooperative Work (CSCW) in großen Unternehmungen, Tagungsband zum Workshop der GI-Fachgruppe 5.5.1 'CSCW in Organisationen' und dem Technologiezentrum Darmstadt der Deutschen Telekom AG vom 9.-10.5.1996, Darmstadt 1996, S. 54-63

Busbach, Uwe/Fuchs, Ludwin/Syri, Anja (1993): ASCW: ein Assistent zur Unterstützung synchroner und asynrocher Kooperation, in: Kirn, Stefan/Unland, Rainer (Hrsg.): Workshopbericht Unterstützung Organisatorischer Prozesse durch CSCW, Münster, 4.-5.11. 1993, Münster 1993, S. 45-60

Bush, Vannevar (1988): As we may think, in: Atlantic monthly, Juli 1945, reprinted in Greif, Irene (Ed.): Computer Supported Cooperative Work: A book of readings, San Mateo 1988, S. 17-34

Campbell, Donald S. (1992): Calendaring and group scheduling, in: Coleman, David D. (Ed.): Groupware '92, Proceedings of the Conference on Groupware '92, San Mateo 1992, S. 388-390

Cantin, Francoise/Thom, Norbert (1992): Innerbetriebliche Kommunikation - konzeptioneller Bezugsrahmen und Ableitung von Effizienzkriterien, in: Zeitschrift Führung & Organisation, 61. Jg. (1992), Nr. 5, S. 287-292

Ciborra, Claudio U. (1993): Teams, markets and systems: business innovation and information technology, Cambridge 1993

Coburn-Staege, Ursula (1977): Lernen durch Rollenspiel: Theorie und Praxis für die Schule, Frankfurt/Main 1977

Coenenberg, Adolf Gerhard (1966): Die Kommunikation in der Unternehmung, Wiesbaden 1966

Comelli, Gerhard (1995): Qualifikation für die Gruppenarbeit: Teamentwicklungstraining, in: Rosenstiel, Lutz von/Regnet, Erika/Domsch, Michael (Hrsg.): Führung von Mitarbeitern: Handbuch für erfolgreiches Personalmanagement, 3. Aufl., Stuttgart 1995, S. 387-410

Cool, C./Fish, Robert S./Kraut, Robert E. et al. (1992): Interative design of video communication systems, in: Turner, Jon/Kraut, Robert (Eds.): Proceedings of the ACM 1992 Conference on Computer-Supported Cooperative Work (CSCW '92): Sharing Perspectives, Toronto, Nov 1-4, 1992, New York 1992, S. 25-32

Coy, Wolfgang/Feuerstein, Günter/Günther, Rolf et al. (1988): Informatik und Verantwortung, in: Valk, Ralf (Hrsg.): GI - 18. Jahrestagung, I. Vernetzte und komplexe Informatik-Systeme, Hamburg, 17.-19. Oktober 1988, Proceedings, Informatik-Fachberichte 187, Berlin et al. 1988, S. 691-702

Crott, Helmut W. (1979): Soziale Interaktion und Gruppenprozesse, Stuttgart 1979

Crozier, Michel/Friedberg, Erhard (1979): Macht und Organisation: die Zwänge kollektiven Handelns, Königstein/Taunus 1979

Daft, Richard L./Lengel, Robert H. (1984): Information Richness: A New Approach to Managerial Behavior and Organization Design, in: Cummings, Larry L./Staw, Barry M. (Eds.): Research in Organizational Behaviour, Annual Series of Analytical Essays and Critical Reviews, Vol. 6, Greenwich 1984, S. 191-233

Daft, Richard L./Lengel, Robert H. (1986): Organizational Information Requirements: Media Richness and Structural Design, in: Management Science, Vol. 32 (1986), No. 5, S. 554-571

Daft, Richard L./Lengel, Robert H./Trevino, L. (1987): Meassage equivocality, media selection and manager performance: Implications for information systems, in: Management Information Systems Quarterly, Vol. 11 (1987), S. 355-366

Daft, Richard L./Macintosh, Norman B. (1981): A Tentative Exploration into the Amount and Equivocality of Information Processing in Organizational Work Units, in: Administrative Science Quarterly, Vol. 26 (1981), No. 1, S. 207-224

Dale, Ernest (1952): Planning and Developing the Company Organization Structure, American Management Association, Research Report No. 20, New York 1952

Damschik, Irene/Häntschel, Irene (1995): Evaluierung von Workflow Systemen, in: Wirtschaftsinformatik, 37. Jg. (1995), Nr. 1, S. 18-23

Davenport, Thomas H. (1994): Saving IT's Soul: Human Centered Infomation Management, in: Harvard Business Review, Vol. 64 (1994), No. 3/4, S. 119-131

Davenport, Thomas H./Nohria, Nitin (1995): Der Geschäftsvorfall ganz in einer Hand - Case Management, in: HARVARD BUSINESSmanager, Vol. 17 (1995), No. 1, S. 81-90

Davis, J./Laughlin, Patrick S./Komorita, S.?? (1976): The social psychology of small groups: Cooperative and mixed-motive interaction, in: Annual Review of Sociology, 27. Jg. (1976), S. 501-541

DeCindio, Fiorella/DeMichaelis, Georgio/Simone, Carla (1986): CHAOS as coordination technology, in: CSCW '86: Proceedings of the Conference on Computer Supported Cooperative Work, Austin 1986, S. 325-342

Deiters, Wolfgang/Striemer, Rüdiger (1994): Workflow-Management - Chancen und Perspektiven prozeßorientierter Workgroup-Computing-Systeme, in: DV-Management, 4. Jg. (1994), Nr. 3, S. 99-104

Delhees, Karl H. (1983): Personelle und gruppendynamische Voraussetzungen der Gruppenarbeit, in: Zeitschrift Führung & Organisation, 52. Jg. (1983), Nr. 7, S. 370-373

Denning, Peter J. (1982): Electronic Junk, in: Communications of the ACM, Vol. 25 (1982), No. 3, S. 163-165

Dennis, Alan R./Gallupe, R. Brent (1993): A History of Group Support Systems Empirical Research: Lessons Learned and Future Directions, in: Jessup, Leonard M./ Valacich, Joseph S. (Eds.): Group Support Systems, New Perspectives, New York et al. 1993, S. 59-77

Dennis, Alan R./George, Joey F./Jessup, Leonard M. et al. (1988): Information Technology to Support Electronic Meetings, in: Management Information Systems Quarterly, Vol. 12 (1988), No. 4 (Dec), S. 591-624

DeSanctis, Gerardine/Gallupe, R. Brent (1987): A Foundation for the study of Group Decision Support Systems, in: Management Science, Vol. 33 (1987), No. 5, S. 589-609

Deutsch, Morton (1976): Konfliktregelung: konstruktive und destruktive Prozesse, München, Basel 1976

Deutsch, Morton (1981): Fünfzig Jahre Konfliktforschung, in: Grunwald, Wolfgang/ Lilge, Hans-Georg (Hrsg.): Kooperation und Konkurrenz in Organisationen, Stuttgart 1981, S. 15-49

Dickson, Gary W./Poole, Marshall S./DeSanctis, Gerardine (1992): An overview of the GDSS research project and the SAMM System, in: Bostrom, Robert P./ Watson, Richard T./Kinney, Susan T. (Eds.): Computer Augmented Teamwork: A guided tour, New York 1992, S. 163-180

Dier, Mirko/Lautenbacher, Siegfried (1994): Groupware: Technologien für die lernende Organisation: Rahmen, Konzepte, Fallstudien, München 1994

Dierkes, Meinolf (1989): Technikfolgenabschätzung im Unternehmen: Notwendigkeit, Möglichkeiten und Grenzen, in: Biervert, Bernd/Dierkes, Meinolf (Hrsg.): Informations- und Kommunikationstechniken im Dienstleistungssektor: Rationalisierung oder neue Qualität, Wiesbaden 1989, S. 59-85

Dierkes, Meinolf/Hähner, Katrin/Raske, Birte (1996): Theoretisches Konzept und praktischer Nutzen der Unternehmenskultur, in: Bullinger, Hans-Jörg/Warnecke, Hans Jürgen (Hrsg.): Neue Organisationsformen im Unternehmen, Berlin et al. 1996, S. 315-332

Dill, Peter (1986): Grundlagen und Anknüpfungspunkte für ein Kulturmanagament, München, Univ., Diss., 1986

Dill, Peter/Hügler, Gerd (1987): Unternehmenskultur und Führung betriebswirtschaftlicher Organisationen - Ansatzpunkte für ein kulturbewußtes Management, in: Heinen, Edmund (Hrsg.): Unternehmenskultur: Perspektiven für Wissenschaft und Praxis, München, Wien 1987, S. 141-209

Dittrich, Jürgen (1991): Koordinationsmodelle für Computerunterstützte Gruppenarbeit, in: Friedrich, Jürgen/Rödiger, Karl-Heinz (Hrsg.): Computergestützte Gruppenarbeit (CSCW), Reihe: Berichte des German Chapter of the ACM, Bd. 34, Stuttgart 1991, S. 107-117

Dix, Alan/Finlay, Janet/Abowd, Gregory et al. (1993): Human-Computer Interaction, New York et.al. 1993

Domsch, Michael (1995): Personalplanung und Personalentwicklung für Fach- und Führungskräfte, in: Rosenstiel, Lutz von/Regnet, Erika/Domsch, Michael (Hrsg.): Führung von Mitarbeitern: Handbuch für erfolgreiches Personalmanagement, 3. Aufl, Stuttgart 1995, S. 435-448

Döpfner, M. (1989): Soziale Informationsverarbeitung - ein Beispiel zur Differenzierung sozialer Inkompetenzen, in: Zeitschrift für pädagogische Psychologie, 3. Jg. (1989), S. 1-8

Dourish, Paul/Belotti, Victoria (1992): Awareness and Coordination in Shared Workspaces, in: Turner, Jon/Kraut, Robert (Eds.): Proceedings of the ACM 1992 Conference on Computer-Supported Cooperative Work (CSCW'92): Sharing Perspectives, Toronto, Nov 1-4, 1992, New York 1992, S. 107-114

Drumm, Hans Jürgen (1995): Personalwirtschaftslehre, 3. Aufl., Berlin et al. 1995

Drumm, Hans Jürgen (1996): Das Paradigma der neuen Dezentralisation, in: Die Betriebswirtschaft, 56. Jg. (1996), Nr. 1, 1996, S. 7-20

Dunckel, Heiner/Volpert, Walter (1992): Kontrastive Aufgabenanalyse im Rahmen der Systemgestaltung, in: Krallmann, Herrmann/Papke, Jörg/Rieger, Bodo (Hrsg.): Rechnergestützte Werkzeuge für das Management: Grundlagen, Methoden, Anwendungen, Berlin 1992, S. 205-220

Dunckel, Heiner/Volpert, Walter/Zölch, Martina et al. (1993): Kontrastive Aufgabenanalyse im Büro, Der KABA-Leitfaden: Grundlagen und Manual, Stuttgart 1993

Eckert, Harald (1995): Die Workflow Management Coalition: Zielsetzung, Arbeitsgebiete und erste Arbeitsergebnisse, in: Office Management, 43. Jg. (1995), Nr. 6, S. 26-32

Egger, Edeltraudt/Wagner, Ina (1992): Time Management: A Case for CSCW, in: Turner, Jon/Kraut, Robert (Eds.): Proceedings of the ACM 1992 Conference on Computer-Supported Cooperative Work (CSCW '92): Sharing Perspectives, Toronto, Nov 1-4, 1992, New York 1992, S. 249-256

Egido, Carmen (1988): Video Conferencing as a Technology to Support Group Work: A Review of its Failures, in: ACM (Ed.): CSCW '88, Proceedings of the Conference on Computer Supported Cooperative Work, Portland, Sep 26-28, 1988, New York 1988, S. 13-24

Ehrlich, Harald (1991): Protokoll des 6. St. Galler Forschungsgesprächs an der Hochschule St. Gallen 'Kooperation in sozialen Systemen' vom 20.-22.10.1988, in: Wunderer, Rolf (Hrsg.): Kooperation: Gestaltungsprinzipien und Steuerung der Zusammenarbeit zwischen Organisationseinheiten, Stuttgart 1991, S. 223-256

Ellis, Clarence A./Gibbs, S. Simon J./Rein, Gail L. (1991): Groupware: Some Issues and Experiences, in: Communications of the ACM, Vol. 34 (1991), No. 1, S. 38-58

Encarnação, José/Hornung, Christoph/Noll, Stefan (1994): Computer Supported Cooperative Work (CSCW): Stand und Perspektiven, in: it + ti, 36. Jg. (1994), Nr. 4/5, S. 96-104

Endress, Ruth (1992): Strategie und Taktik der Kooperation: Grundlagen der zwischen- und innerbetrieblichen Zusammenarbeit, 2. Aufl., Berlin 1992

Engelbart, Douglas C. (1988): A Conceptual Framework for the Augmentation of Man's Intellect, reprinted in:: Greif, Irene (Ed.): Computer Supported Cooperative Work: A Book of Readings, San Mateo 1988, S. 35-66

Engelhardt, Johann (1992): Leistungsdeterminanten, in: Gaugler, Eduard/Weber, Wolfgang (Hrsg.): Handwörterbuch des Personalwesens, 2. Aufl., Stuttgart 1992, Sp. 1254-1264

Engelmann, Thomas (1995): Business Process Reengineering: Grundlagen - Gestaltungsempfehlungen - Vorgehensmodell, Wiesbaden 1995

Erb, Ulrike/Herrmann, Thomas (1995): Denk- und Kommunikationsstrukturen, in: Friedrich, Jürgen/Hermann, Thomas/Peschek, Max et al. (Hrsg.): Informatik und Gesellschaft, Heidelberg, Berlin, Oxford et al. 1995, S. 173-183

Erdl, Günter/Schönecker, Horst (1992): Geschäftsprozeßmanagement: Vorgangssteuerung und integrierte Vorgangsbearbeitung, Baden-Baden 1992

Erdl, Günter/Schönecker, Horst (1993): Vorgangssteuerungssysteme im Überblick: Herkunft, Voraussetzungen, Einsatzschwerpunkte, Ausblick, in: Office Management, 41. Jg. (1993), Nr. 3, S. 13-21

Esswein, Werner (1993): Modellierung der Verteilbarkeit betrieblicher Daten, in: VDI (Hrsg.): Gestaltung verteilter Informationssysteme, 1.-2. März 1993, VDI-Fortschritt-Berichte, Reihe 10, Nr. 251, Düsseldorf 1993, S. 170-182

Fähnrich, Klaus-Peter/Lott, Claus-Ulrich/Meiren, Thomas et al. (1997): Produktivitätsmanagement im Büro: mit Kennzahlen autonome Teams steuern, in: Office Management, 45. Jg. (1997), Nr. 9, S. 27-31

Falck, Margit (1992): Arbeit in der Organisation: Zur Rolle der Kommunikation als Arbeit in der Arbeit und als Gegenstand technischer Gestaltung, in: Coy, Wolfgang (Hrsg.): Sichtweisen der Informatik, Braunschweig und Wiesbaden 1992, S. 157-169

Färber, Berthold (1993): Videokonferenzen: Einsatzbereiche und Grenzen, in: Office Management, 41. Jg. (1993), Nr. 4, S. 45-47

Fayol, Henri (1929): Allgemeine und Industrielle Verwaltung, Oldenbourg et al. 1929

Feger, Hubert (1979): Kooperation und Wettbewerb, in: Heigl-Evers, Anneliese (Hrsg.): Die Psychologie des 20. Jahrhunderts, Bd. VIII: Lewin und die Folgen, Düsseldorf 1979, S. 290-303

Fiehler, Reinhard (1980): Kommunikation und Kooperation: theoretische und empirische Untersuchungen zur kommunikativen Organisation kooperativer Prozesse, Berlin 1980

Finke, Wolfgang (1991): Informationsmanagement mit Groupware-Systemen, in: Information Management, 6. Jg. (1991), Nr. 10, S. 47-54

Finke, Wolfgang F. (1992): Groupwaresysteme - Basiskonzepte und Beispiele für den Einsatz im Unternehmen, in: Information Management, 7. Jg. (1992), Nr. 1, S. 24-30

Fisch, Rudolph/Wolf, Michael F. (1990): Die Handhabung von Komplexität beim Problemlösen und Entscheiden, in: Fisch, Rudolph/Boos, Margarethe (Hrsg.): Vom Umgang mit Komplexität in Organisationen: Konzepte - Fallbeispiele - Strategien, Konstanz 1990, S. 11-39

Fish, Robert S./Kraut, Robert E./Chalfonte, Barbara L. (1990): The Video Window System in Informal Communications, in: ACM (Ed.): CSCW '90, Proceedings of the Conference on Computer-Supported-Cooperative Work, Los Angeles, Oct 7-10, 1990, New York 1990, S. 1-11

Fish, Robert S./Kraut, Robert E./Root, Robert W. et al. (1993): Video as a Technology for Informal Communication, in: Communications of the ACM, Vol. 36 (1993), No. 1, S. 48-61

Flores, Fernando/Graves, Michael/Hartfield, Brad et al. (1988): Computer Systems and the Design of Organizational Interaction, in: ACM Transactions on Office Information Systems, Vol. 6 (1988), No. 2, S. 153-172

Fluckinger, Francois (1995): Understanding Network Multimedia: Applications and Technology, Englewood Cliffs 1995

Fornfeist, Manfred (1985): Kommunikationstechnik und Aufgabe: Organisatorische Aufgabenanalyse unter Berücksichtigung des Kommunikationsproblems, München 1985

Forster, Jürg (1978): Teams und Teamarbeit in der Unternehmung: eine gesamtheitliche Darstellung mit Meinungen und Bespielen aus der betrieblichen Praxis, Bern 1978, zugl.: Zürich, Univ., Diss., 1978

Forster, Jürg (1981): Teamarbeit - sachliche, personelle und strukturelle Aspekte einer Organisationsform, in: Grunwald, Wolfgang/Lilge, Hans-Georg (Hrsg.): Kooperation und Konkurrenz in Organisationen, Stuttgart 1981, S. 143-168

Freisleben, Bernd/Rüttinger, Bruno/Sourisseaux, Andreas et al. (1991): Auswirkungen computermediierter Kommunikation auf Gruppenentscheidungen, in: Friedrich, Jürgen/Rödiger, Karl-Heinz (Hrsg.): Computergestützte Gruppenarbeit (CSCW), Reihe: Berichte des German Chapter of the ACM, Bd. 34, Stuttgart 1991, S. 251-258

French, John R. jun./Israel, Joachim/As, Dagfinn (1969): Ein Experiment über die Beteiligung in einer norwegischen Fabrik, in: Irle, Martin (Hrsg.): Texte aus der experimentellen Sozialpsychologie, Neuwied 1969, S. 487-504

Frese, Erich (1980): Projektorganisation, in: Grochla, Erwin (Hrsg.): Handwörterbuch der Organisation, 2. Aufl., Stuttgart 1980, Sp. 1960-1974

Frese, Erich (1989): Koordinationskonzepte, in: Szyperski, Norbert/Winand, Udo (Hrsg.): Handwörterbuch der Planung, Stuttgart 1989, Sp. 913-923

Frese, Erich (1992): Organisationstheorie, Frese, Erich (Hrsg.): Handwörterbuch der Organisation, 3. Aufl., Stuttgart 1992, Sp. 1706-1733

Frese, Erich (1998): Grundlagen der Organisation: Konzept - Prinzipien - Strukturen, 7. Aufl., Wiesbaden 1998

Frese, Erich/Gagsch, Siegfried (1992): Organisationsanalyse, in: Gaugler, Eduard/ Weber, Wolfgang (Hrsg.): Handwörterbuch des Personalwesens, 2. Aufl., Stuttgart 1992, Sp. 1455-1467

Frese, Erich/Werder, Axel von (1989): Kundenorientierung als organisatorische Gestaltungsoption der Informationstechnologie, in: Frese, Erich/ Maly, Werner (Hrsg.): Kundennähe durch moderne Informationstechnologien, zfbf-Sonderheft 25, Düsseldorf 1989, S. 1-26

Friedlander, Frank (1987): The ecology of work groups, in: Lorsch, Jay W. (Ed.): Handbook of organizational behavior, Engelwood Cliffs 1987, S. 301-314

Friedrich, Jürgen/Früchtenicht, Uwe/Hoheisel, Jens et al. (1993): Die Gestaltung computergestützter Gruppenarbeit unter Berücksichtigung arbeitswissenschaftlicher Kriterien, in: Wirtschaftsinformatik, 35. Jg. (1993), Nr. 2, S. 101-110

Friedrich, Jürgen/Rödiger, Karl-Heinz (1991): Computergestützte Gruppenarbeit: einleitende Bemerkungen zur ersten deutschen CSCW-Tagung, in: Friedrich, Jürgen/Rödiger, Karl-Heinz (Hrsg.): Computergestützte Gruppenarbeit (CSCW), Reihe: Berichte des German Chapter of the ACM, Bd. 34, Stuttgart 1991, S. 11-16

Fromm, Heinrich (1986): Kooperation im Unternehmen, Landsberg am Lech 1986

Fuchs, Herbert (1972): Systemtheorie, in: Bleicher, Knut (Hrsg.): Organisation als System, Wiesbaden 1972, S. 47-58

Fuchs, Herbert (1973): Systemtheorie und Organisation, Wiesbaden 1973

Fuchs, Jürgen (1998): Die neue Art Karriere im schlanken Unternehmen, in: HARVARD BUSINESSmanager, 21. Jg. (1998), Nr. 4, S. 83-91

Fuchs, Ludwin/Pankoke-Babatz, Uta/Prinz, Wolfgang (1995): Supporting Cooperative Awareness with Local Event Mechanisms: The GroupDesk System, in: Marmolin, Hans/Sundblad, Yngve/Schmidt, Kjeld (1995) (Eds.): Proceedings of the Fourth European Conference on Computer-Supported Cooperative Work (ECSCW '95), Dordrecht et al. 1995, S. 247-262

Fuchs-Kittowski, Frank/Nentwig, Lutz/Sandkuhl, Kurt (1997): Einsatz von Telekooperationssystemen in großen Unternehmen: Ergebnisse einer empirischen Untersuchung, in: Mambrey, Peter/Streitz, Norbert/Sucrow, Bettina et al. (Hrsg.): Rechnergestützte Kooperation in Verwaltungen und großen Unternehmen, Tagungsband zum Workshop der GI-Fachgruppe FG551, FB6, FB8, Jahrestagung der GI (Informatik '97), Aachen, 22.-23.09.1997, Essen 1997, S. 50-63

Fulk, Janet/Schmitz, J./Steinfield, C.W. (1990): A social influence model of technology use, in: Fulk, Janet/Steinfield, C.W. (Eds.): Organizations and communication technology, Newbury Park 1990, S. 117-140

Gabriel, Roland (1986): Anforderungsanalyse für Büroinformations- und Kommunikationssysteme, in: Sprache und Datenverarbeitung, 10. Jg. (1986), Nr. 1, S. 10-19

Gabriel, Roland (1990): Wissensbasierte Systeme in der betrieblichen Praxis, Hamburg, New York u.a. 1990

Gabriel, Roland (1995): Anwendungssysteme, in: Zilahi-Szabó, Miklós Géza (Hrsg.): Kleines Lexikon der Informatik, München et al. 1995, S. 9-11

Gabriel, Roland/Begau, Klaus/Knittel, Friedrich et al. (1994): Büroinformations- und -kommunikationssysteme: Aufgaben - Systeme - Anwendungen, Heidelberg 1994

Gabriel, Roland/Röhrs, Heinz-Peter (1995): Datenbanksysteme: konzeptionelle Datenmodellierung und Datenbankarchitekturen, 2. Aufl., Berlin et al. 1995

Gais, Udo (1994): Methodenunterstützung bei der Einführung eines Vorgangssystems, Frankfurt/Main et al. 1994, zugl.: Würzburg, Univ., Diss., 1994

Gaitanides, Michael (1983): Prozeßorganisation: Entwicklung, Ansätze und Programme prozeßorientierter Organisationsgestaltung, München 1983

Galegher, Jolene/Kraut, Robert E. (1990): Computer-Mediated Communication for Intellectual Teamwork: A Field Experiment in Group Writing, in: ACM (Ed.): CSCW '90, Proceedings of the Conference on Computer-Supported-Cooperative Work, Los Angeles, Oct 7-10, 1990, New York 1990, S. 65-78

Ganter, Hans-Dieter (1993): Gruppenarbeit im Verwaltungs- und Dienstleistungsbereich, in: Binkelmann, Peter/Braczyk, Hans-Joachim/Seltz, Rüdiger (Hrsg.): Entwicklung der Gruppenarbeit in Deutschland, Frankfurt, New York 1993, S. 74-104

Gappmeier, Markus (1994): Die Evaluierung von Workflow-Management-Systemen mit Hilfe von Feld- und Laborstudien, in: Krickl, Otto C. (Hrsg.): Geschäftsprozeßmanagement: prozeßorientierte Organisationsgestaltung und Informationstechnologie 1994, S. 93-108

Gappmeier, Markus/Heinrich, Lutz (1992): Computerunterstützung kooperativen Arbeitens (CSCW), in: Wirtschaftsinformatik, 34. Jg. (1992), Nr. 3, S. 340-343

Gärtner, Johannes/Egger, Edeltraud (1993): Datenschutz für drinnen und draußen, Praktische Lösungsansätze für Datenschutzprobleme in und zwischen Gruppen bei Groupwareapplikationen, in: Hartmann, Anja/Herrmann, Thomas/Rohde, Markus (Hrsg.): Menschengerechte Groupware: Software-ergonomische Gestaltung und partizipative Umsetzung, Stuttgart 1994, S. 259-284

Gebert, Diether (1992): Kommunikation, in: Frese, Erich (Hrsg.): Handwörterbuch der Organisation, 3. Aufl., Stuttgart 1992, Sp. 1110-1121

Gebert, Diether/Rosenstiel, Lutz von (1992): Organisationspsychologie: Personen und Organisation, 3. Aufl., Stuttgart u.a. 1992

Geibel, Richard (1993): Computergestützte Gruppenarbeit: die Förderung von Gruppenentscheidungen durch Group Decision Support Systems, Stuttgart 1993

Geißler, Jörg/Haake, Jörg/Hilgert, Patric et al. (1996): Virtual Meetings - Unterstützung verteilter Arbeitsgruppen in virtuellen Sitzungen, in: Uellner, Stefan (Hrsg.): Computer Supported Cooperative Work (CSCW) in großen Unternehmungen, Tagungsband zum Workshop der GI-Fachgruppe 5.5.1 'CSCW in Organisationen' und dem Technologiezentrum Darmstadt der Deutschen Telekom AG vom 9.-10.5.1996, Darmstadt 1996, S. 106-115

Gemünden, Hans Georg (1993): Information: Bedarf, Analyse, Verhalten, in: Wittmann, Waldemar/Kern, Werner/Köhler, Richard et al. (Hrsg.): Handwörterbuch der Betriebswirtschaft, Bd. 2, 5. Aufl., Stuttgart 1993, Sp. 1725-1735

Gibb, Jack R. (1951): The Effects of Group Size and of Threat Reduction upon Creativity in a Problem-Solving-Situation, in: American Psychologist, Vol. 6 (1951), S. 324-340

Gluchowski, Peter/Gabriel, Roland/Chamoni, Peter (1997): Management Support Systeme: Computergestützte Informationssysteme für Führungskräfte und Entscheidungsträger, Berlin, Heidelberg 1997

Godehardt, Birgit (1994): Telearbeit: Rahmenbedingungen und Potentiale, Opladen 1994

Goecke, Robert (1997): Kommunikation von Führungskräften: Fallstudien zur Medienanwendung im oberen Management, Wiesbaden 1997, zugl.: München, Tech. Univ., Diss., 1995

Golembiewski, Robert T. (1966): Personality and Oganization Structure: Staff Models and Behavioural Patterns, in: Acadamy of Management Journal, Vol. 2 (1966), No. 3, S. 217-232

Golembiewski, Robert T. (1967a): Organizing Men and Power: Patterns of Behaviour and Line-staff Models, Chicago 1967

Golembiewski, Robert T. (1967b): A new staff model: A synthesis from behavioural research, in: Golembewski, Robert T./Gibson, F. (Hrsg.): Managerial Behaviour and Organization Demands: Management as a Linking of Levels of Interaction, Chicago 1967, S. 296-315

Götzer, Klaus (1996): Was bringen Workflow-Systeme wirklich?, in: Information Management, 11. Jg. (1996), Nr. 1, S. 65-68

Gratzfeld, Reiner (1996): Videokonferencing: Erfahrungen in der Henkel-Gruppe, in: Office Management, 44. Jg. (1996), Nr. 6, S. 22-25

Greenbaum, Joan (1988): In Search of Cooperation: An Historical Analysis of Work Organization and Management Strategies, in: ACM (Ed.): CSCW '88, Proceedings of the Conference on Computer Supported Cooperative Work, Portland, Sep 26-28, 1988, New York 1988, S. 102-114

Greenberg, Saul (1991a): Computer-Supported Cooperative Work and Groupware: An Introduction to the Special Issues, in: International Journal of Man-Machine Studies, Vol. 34 (1991), No. 2, S. 133-144

Greenberg, Saul (1991b): Personalizable Groupware: Accommodating Individual Roles and Group Differences, in: Bannon, Liam/Robinson, Mike/Schmidt, Kjeld (Eds.): Proceedings of the Second European Conference on Computer-Supported Cooperative Work, ECSCW '91, Dordrecht 1991, S. 17-31

Greenwood, Eldon (1992): Personal Calendering & Group Scheduling: An Extension of the Electronic Mail System, in: Coleman, David D. (Ed.): Groupware '92, Proceedings of the Conference on Groupware '92, San Mateo 1992, S. 385-387

Greif, Irene (Ed.) (1988): Computer Supported Cooperative Work: A Book of Readings, San Mateo 1988, S. 477-508

Greif, Irene/Sarin, Sunil (1988): Data Sharing in Group Work, in: Greif, Irene (Ed.): Computer Supported Cooperative Work: A Book of Readings, San Mateo 1988, S. 477-508

Greif, Siegfried (1991): Computer-unterstützte Gruppenarbeit (CUG): Viel Lärm um nichts?, in: Office Management, 39. Jg. (1991), Nr. 6, S. 20-25

Grell, Rainer (1995): Elektronische Bearbeitung schwach strukturierter Vorgänge, in: Office Management, 43. Jg. (1995), Nr. 6, S. 34-38

Grochla, Erwin (1971): Das Büro als Zentrum der Informationsverarbeitung im strukturellen Wandel, in: Grochla, Erwin (Hrsg.): Das Büro als Zentrum der Informationsverarbeitung - aktuelle Beiträge zur bürowirtschaftlichen Forschung, Reihe: Betriebswirtschaftliche Organisation und Automation, Bd. 10, Wiesbaden 1971, S. 11-32

Grochla, Erwin (1972a): Systemtheorie und Organisationstheorie, in: Bleicher, Knut (Hrsg.): Organisation als System, Wiesbaden 1972, S. 123-137

Grochla, Erwin (1972b): Unternehmensorganisation, Reinbek bei Hamburg 1972

Grochla, Erwin (1972c): Erkenntnisstand und Entwicklungstendenzen in der Organisationstheorie, in: Bleicher, Knut (Hrsg.): Organisation als System, Wiesbaden 1972, S. 101-122

Grochla, Erwin (1975): Entwicklung und gegenwärtiger Stand der Organisationstheorie, in: Grochla, Erwin (Hrsg.): Organisationstheorie, Bd. 1, Stuttgart 1975, S. 2-32

Grochla, Erwin (1978a): Einführung in die Organisationstheorie, Stuttgart 1978

Grochla, Erwin (1978b): Grundzüge und gegenwärtiger Erkenntnisstand einer Theorie der organisatorischen Gestaltung, in: Grochla, Erwin (Hrsg.): Elemente der organisatorischen Gestaltung, Reinbek bei Hamburg 1978, S. 40-65

Grochla, Erwin (1978c): Das strukturelle Entscheidungsproblem: Einführung, in: Grochla, Erwin (Hrsg.): Elemente der organisatorischen Gestaltung, Reinbek bei Hamburg 1978, S. 173-175

Grochla, Erwin (1978d): Aktuelle Strukturierungskonzeptionen in der Organisationslehre, in: Grochla, Erwin (Hrsg.): Elemente der organisatorischen Gestaltung, Reinbek bei Hamburg 1978, S. 243-261

Grochla, Erwin (1980): Organisatorische Gestaltung, theoretische Grundlagen der, in: Grochla, Erwin (Hrsg.): Handwörterbuch der Organisation, 2. Aufl., Stuttgart 1980, Sp. 1832-1843

Grochla, Erwin (1982): Grundlagen der organisatorischen Gestaltung, Stuttgart 1982

Grote, Gudela (1993): Schneller, besser, anders kommunizieren?- Die vielen Gesichter der Bürokommunikation, Zürich 1993

Grote, Gudela (1994): Auswirkungen elektronischer Kommunikation auf Führungsprozesse, in: Zeitschrift für Arbeits- und Organisationspsychologie, 38. Jg. (1994), Nr. 2, S. 71-75

Grote, Gudela/Baitsch, Christof (1991): Reciprocal effects between organizational culture and the implementation of an office communication system: a case study, in: Behaviour & Information Technology, Vol. 10 (1991), No. 3, S. 207-218

Grudin, Jonathan (1988): Why CSCW applications fail: Problems in the design and evaluation of organizational interfaces, in: ACM (Ed.): CSCW '88, Proceedings of the Conference on Computer Supported Cooperative Work, Portland, Sep 26-28, 1988, New York 1988, S. 85-93

Grudin, Jonathan (1994a): Computer-Supported-Cooperative-Work: History and focus, in: Computer, Vol. 27 (1994), No. 5 (May), S. 19-26

Grudin, Jonathan (1994b): Groupware and social dynamics: Eight challenges for developers, in: Communications of the ACM, Vol. 37 (1994), No. 1 (Jan), S. 92-105

Grudin, Jonathan/Palen, Leysia (1995): Why Groupware Suceeds: Discretion or Mandate, in: Marmolin, Hans/Sundblad, Yngve/Schmidt, Kjeld (1995) (Eds.): Proceedings of the Fourth European Conference on Computer-Supported Cooperative Work (ECSCW '95), Dordrecht et al. 1995, S. 263-278

Grudin, Jonathan/Palen, Leysia (1997): Emerging Groupware Successes in Mayor Corporations: Studies in Adoption and Adaptation, in: Mambrey, Peter/Streitz, Norbert/Sucrow, Bettina et al. (Hrsg.): Rechnergestützte Kooperation in Verwaltungen und großen Unternehmen, Tagungsband zum Workshop der GI-Fachgruppen FG551, FB6, FB8, Jahrestagung der GI (Informatik '97), Aachen, 22.+23.09.1997, Essen 1997, S. 235-245

Grün, Oskar (1987): Delegation, in: Kieser, Alfred/Reber, Gerhard/Wunderer, Rolf (Hrsg.): Handwörterbuch der Führung, Stuttgart 1987, Sp. 137-146

Grüninger, Christoph (1996): Computergestützte Gruppenarbeit im Büro: Entwicklung, Nutzung und Bewertung, Frankfurt et al. 1996, zugl.: Kassel, Univ., Diss., 1996

Grunwald, Wolfgang (1981): Konflikt-Konkurrenz-Kooperation: eine theoretisch-empirische Konzeptanalyse, in: Grunwald, Wolfgang/Lilge, Hans-Georg (Hrsg.): Kooperation und Konkurrenz in Organisationen, Stuttgart 1981, S. 50-96

Gryczan, Guido/Wulf, Martina/Züllighoven, Heinz (1996): Prozeßmuster für die situierte Koordination kooperativer Arbeit, in: Krcmar, Helmut/Lewe, Henrik/ Schwabe, Gerhard (Hrsg.): Herausforderung Telekooperation: Einsatzerfahrungen und Lösungsansätze für ökonomische und ökologische, technische und soziale Fragen unserer Gesellschaft, DCSCW '96, Stuttgart-Hohenheim, 30.9.-2.10.1996, Berlin et al. 1996, S. 89-103

Gulowsen, Jon (1972): A Measure of Work Group Autonomy, in: Davis, Louis Elkin/ Taylor, James C. (Eds.): Design of Jobs, Harmondworth 1972, S. 374-390

Gutenberg, Erich (1962): Unternehmensführung: Organisation und Entscheidungen, Wiesbaden 1962

Haake, Jörg M./Marshall, Cathy/Wiil, Uffe K. (1994): Open Issues in Collaborative Hypermedia Systems, in: Haake, Jörg M. (Ed.): Proceedings of the CSCW '94 Workshop Collaborative Hypermedia Systems, Chapel Hill, Oct 22, 1994, GMD-Studien Nr. 239, St. Augustin 1994, S. 5-11

Haake, Jörg M./Wilson, Brian (1992): Supporting Collaborative Writing of Hyperdocuments in SEPIA, in: Turner, Jon/Kraut, Robert (Eds.): Proceedings of the ACM 1992 Conference on Computer-Supported Cooperative Work (CSCW '92): Sharing Perspectives, Toronto, Nov 1-4, 1992, New York 1992, S. 138-146

Hacker, Winfried (1986): Arbeitspsychologie, Bern 1986

Hackman, J. Richard (1987): The Design of Work Teams, in: Lorsch, Jay W. (Ed.): Handbook of Organizational Behaviour, Engelwood Cliffs 1987, S. 315-342

Hackman, J. Richard/Morris, Charles G. (1975): Group Tasks, Group Interaction Process, and Group Performance Effectiveness: A Review and Proposed Integration, in: Advances in Experimental Social Psychology, Vol. 8 (1975), S. 45-99

Hackman, J. Richard (1986): The Psychology of Self-management in Organiziations, in: Pallak, Michael S. (Ed.): Psychology and Work: Productivity, Change and Employment, Washington 1986, S. 89-136

Hage, Jerald/Aiken, Michael/Marrett, Cora B. (1971): Organization Structrure and Communications, in: American Sociological Review, 36. Jg. (1971), S. 860-871

Hage, Jerald/Aiken, Michael/Marrett, Cora B. (1980): Organization Structure and Communications, in: Katz, Daniel/Kahn, Robert L./Adams, J. Stacy (Eds.): The Study of Organizations, San Franzisco 1980, S. 302-315

Hahn, Dietger (1994): Unternehmungsziele im Wandel, in: Gomez, Peter/Hahn, Dietger/Müller-Stewens, Günter (Hrsg.): Unternehmerischer Wandel, Wiesbaden 1994, S. 59-83

Hahn, Udo/Jarke, Matthias/Eherer, Stefan et al. (1991): CoAUTHOR - A Group Authoring Environment, in: Bowers, John M./Benford, Steven D. (Eds.): Studies in Computer Supported Cooperative Work: Theory, Practice and Design, Amsterdam 1991, S. 79-100

Hamel, Winfried (1992): Zielsysteme, in: Frese, Erich (Hrsg.): Handwörterbuch der Organisation, 3. Aufl., Stuttgart 1992, Sp. 2634-2652

Hammer, Michael/Champy, James (1994): Business Reenineering: Die Radikalkur für das Unternehmen, Frankfurt, New York 1994

Hammer, Volker/Pordesch, Ulrich/Roßnagel, Alexander (1993): ISDN-Anlagen rechtsgemäß gestaltet, Berlin u.a. 1993

Hansen, Hans Robert (1996): Wirtschaftsinformatik, 7. Aufl., Stuttgart et al. 1996

Harper, R. R./Hughes, John A./Shapiro, Dan (1991): Harmonious working and CSCW: computer technology and air traffic control, in: Bowers, John M./ Benford, Steven D. (Eds.): Studies in Computer Supported Cooperative Work: Theory, Practice and Design, Amsterdam 1991, S. 225-234

Hartmann, Anja/Kahler, Helge/Wulf, Volker (1993a): Groupware - Probleme und Gestaltungsoptionen (1), in: Office Management, 41. Jg. (1991), Nr. 11, S. 72-77

Hartmann, Anja/Kahler, Helge/Wulf, Volker (1993b): Groupware - Probleme und Gestaltungsoptionen (2), in: Office Management, 41. Jg. (1991), Nr. 12, S. 64-67

Hasenkamp, Ulrich/Syring, Michael (1994): CSCW (Computer Supported Cooperative Work) in Organisationen: Grundlagen und Probleme, in: Hasenkamp, Ulrich/ Kirn, Stefan/Syring, Michael (Hrsg.): CSCW - Computer Supported Cooperative Work: Informationssysteme für dezentrale Unternehmensstrukturen, Bonn et al. 1994, S. 15-38

Haugeneder, Hans/Steiner, Donald (1994): Ein Mehragentenansatz zur Unterstützung kooperativer Arbeit, in: Hasenkamp, Ulrich/Kirn, Stefan/Syring, Michael (Hrsg.): CSCW - Computer Supported Cooperative Work: Informationssysteme für dezentrale Unternehmensstrukturen, Bonn, Paris 1994, S. 203-299

Hauschild, Jürgen (1977): Entscheidungsziele: Zielbildung in innovativen Entscheidungsprozesse: theoretische Ansätze und empirische Überprüfung, Tübingen 1977

Heath, Christian/Jirotka, Marina/Luff, Paul et al. (1993): Unpacking Collaboration: the Interactional Organisation of Trading in a City Dealing Room, in: De Michelis, Giorgio/Simone, Carla/Schmidt, Kjeld (Eds.): Proceedings of the Third European Conference on Computer-Supported Cooperative Work (ECSCW), Milan, Sep 13-17, 1993, Dordrecht 1993, S. 155-170

Heidack, Clemens (1993): Kooperative Selbstqualifikation in Theorie und Praxis, in: Zeitschrift Führung & Organisation, 62. Jg. (1993), Nr. 6, S. 376-383

Heidack, Clemens (1995): Qualifikation und Qualität - Effektivität der kooperativen Selbstqualifikation als geistig-soziale Wertschöpfung, in: Heidack, Clemens (Hrsg.): Arbeitsstrukturen im Umbruch, Festschrift für Prof. Dr. Dr. hc. Friedrich Fürstenberg, München 1995, S. 87-124

Heilmann, Heidi (1994) Workflow-Management: Integration von Organisation und Informationsverarbeitung, in: Theorie und Praxis der Wirtschaftsinformatik, 31. Jg. (1994), Nr. 176, S. 8-21

Heinen, Edmund (1993): Zur entscheidungsorientierten Unternehmungsführung, in: Krulis-Randa, Jan/Staffelbach, Bruno/Wehrli, Hans Peter (Hrsg.): Führen von Organisationen: Konzepte und praktische Beispiele aus privaten und öffentlichen Unternehmen, Bern 1993, S. 9-35

Heinrich, Lutz (1993): Computerunterstützung kooperativen Arbeitens, Editorial zum Schwerpunktthema, in: Wirtschaftsinformatik, 35. Jg. (1993), Nr. 2, S. 99-100

Heinrich, Lutz J./Damschik, Irene/Gappmaier, Markus et al. (1995): Workflow-Management: Produktevaluierung im Labor, in: Theorie und Praxis der Wirtschaftsinformatik, 32. Jg. (1995), Nr. 181, S. 101-112

Heinrich, Lutz J./Roithmayr, Friedrich (1995): Wirtschaftsinformatik-Lexikon, 5. Aufl., München, Wien 1995

Henderson, A./Kyng, M. (1991): There's No Place Like Home: Continuing Design in Use, in: Greenbaum, Joan/Kyng, Morton (Eds.): Design at Work: Cooperative Design of Computer Artifacts, Hillsdale 1991, S. 219-240

Henselek, Hilmar F. (1996): Das Management von Unternehmungskonfigurationen, Wiesbaden 1996, zugl.: Bochum, Univ., Diss., 1995

Hentze, Joachim (1991): Personalwirtschaftslehre 2: Personalerhaltung- und Leistungsstimulation, Personalfreistellung und Personalinformationswirtschaft, 5. Aufl., Bern et al. 1991

Hentze, Joachim (1994): Personalwirtschaftslehre 1: Grundlagen, Personalbedarfsermittlung, -beschaffung, -entwicklung und -einsatz, 6. Aufl., Bern et al. 1994

Herkner, Werner (1975): Einführung in die Sozialpsychologie, Bern et al. 1975

Herrmann, Thomas (1989): Möglichkeiten und Grenzen selbstbestimmter Kooperation in vernetzten Systemen, in: Informatik Forum, 3. Jg. (1989), Nr. 2, S. 61-63

Herrmann, Thomas (1991a): Die Bedeutung menschlicher Kommunikation für die Kooperation und für die Gestaltung computerunterstützter Gruppenarbeit, in: Oberquelle, Horst (Hrsg.): Kooperative Arbeit und Computerunterstützung: Stand und Perspektiven, Göttingen 1991, S. 63-78

Herrmann, Thomas (1991b): Dispositionsspielräume bei der Kooperation mit Hilfe vernetzter Systeme, in: Frese, Michael/Kasten, Christoph/Zang-Scheucher, Birgit (Hrsg.): Software für die Arbeit von Morgen, Berlin et al. 1991, S. 57-68

Herrmann, Thomas (1994): Grundsätze ergonomischer Gestaltung von Groupware, in: Hartmann, Anja/Herrmann, Thomas/Rohde, Markus (Hrsg.): Menschengerechte Groupware: Software-ergonomische Gestaltung und partizipative Umsetzung, Stuttgart 1994, S. 66-107

Herrmann, Thomas/Just, Katharina: (1994): Anpaßbarkeit und Aushandelbarkeit als Brücke von der Software-Ergonomie zur Organisationsentwicklung, in: Hasenkamp, Ulrich (Hrsg.): Einführung von CSCW-Systemen in Organisationen, Tagungsband der D-CSCW '94, Braunschweig, Wiesbaden 1994, S. 89-107

Herrmann, Thomas/Wulf, Volker/Hartmann, Anja (1993): Kriterien zur software-ergonomischen Gestaltung von Groupware, in: Müller, W./Senghaas-Knobloch, E. (Hrsg.) (1993): Arbeitsorientierte Technikbewertung und Softwaregestaltung - Leitbilder, Methoden und Werkzeuge, Münster 1993, S. 193-211

Herzog, A. (1994): Zur Effizienz der Koordination durch Selbstabstimmung, Diplomarbeit an der Wissenschaftlichen Hochschule für Unternehmensführung, Vallendar 1994

Hesse, W./Barkow, G./Braun, H. von et al. (1994): Terminologie der Softwaretechnik: ein Begriffssystem für die Analyse und Modellierung von Anwendungssystemen (Teil 1+2), in: Informatik Spektrum, 17. Jg. (1994), Nr. 1, S. 39-47

Hill, Wilhelm/Fehlbaum, Raymond/Ulrich, Peter (1992): Organisationslehre 2: Theoretische Ansätze und praktische Methoden der Organisation sozialer Systeme, 4. Aufl., Bern et al. 1992

Hill, Wilhelm/Fehlbaum, Raymond/Ulrich, Peter (1994): Organisationslehre 1: Ziele, Instrumente und Bedingungen der Organisation sozialer Systeme, 5. Aufl., Bern et al. 1994

Hiltz, Starr Roxanne/Turoff, Murray (1978): The Network Nation - Human Communication via Computer, Cambridge Mass. 1978

Hiltz, Starr Roxanne/Turoff, Murray (1985): Structuring Computer-Mediated Communication Systems to Avoid Information Overload, in: Communications of the ACM, Vol. 28 (1985), No. 7, S. 680-689

Hippel, Eric von (1990): Task Partitioning: An Innovation Process Variable, in: Research Policy, Vol. 19 (1990), S. 407-418

Hirschheim, R.udy A. (1986): Understanding the Office: A Social Analytic Perspective, in: ACM Transactions on Office Information Systems, Vol. 4 (1986), S. 331-344

Hoefert, Hans Wolfgang (1976): Psychologische und soziologische Grundlagen der Organisation, Gießen 1976

Hoffmann, Friedrich (1980): Führungsorganisation, Bd. 1: Stand der Forschung und Konzeption, Tübingen 1980

Hoffritz, Jutta (1994): Teamarbeit: Einmal im Monat, in: Wirtschaftswoche, o. Jg. (1994), Nr. 44, S. 108-110

Hofstätter, Peter R. (1956): Zur Dialektik der Gruppenleistung, in: Kölner Zeitschrift für Soziologie und Sozialpsychologie, 8. Jg. (1956), Nr. 4, S. 608-622

Hofstätter, Peter R. (1990): Gruppendynamik: Kritik der Massenpsychologie, 2. Aufl., Reinbek bei Hamburg 1990

Hohmann, Rolf (1987): Institutionalisierte Gruppenarbeit als pädagogische Strategie am Beispiel der Lernstatt, in: Heidack, Clemens (Hrsg.): Neue Lernorte in der Weiterbildung, Berlin 1987, S. 45-65

Holand, Unni/Danielsen, Thore (1991): Describing Cooperation - the Creation of Different Psychological Phenomena, in: Bowers, John M./Benford, Steven D. (Eds.): Studies in Computer Supported Cooperative Work: Theory, Practice and Design, Amsterdam 1991, S. 17-21

Hollan, Jim/Stornetta, Scott (1992): Beyond being there, in: Bauersfeld, Penny/Bennett, John/Lynch, Gene (Eds.): CHI '92 Conference Proceedings: Striking a Balance, Monterey, May 3-7, 1992, New York 1992, S. 119-125

Höller, Heinzpeter/Kubicek, Herbert (1990): Angemessener Technikeinsatz zur Unterstützung selbststeuernder Arbeitsgruppen in der öffentlichen Verwaltung, Universität Bremen, Fachbereich Mathematik/Informatik, Report 4/90, Bremen 1990

Höller, Heinzpeter/Kubicek, Herbert (1991): Angemessener Technikeinsatz zur Unterstützung selbststeuernder Arbeitsgruppen in der öffentlichen Verwaltung (Teil 3), in: Verwaltungsführung, Organisation, Personal: Fachzeitschrift für die öffentliche Verwaltung, 13. Jg. (1991), Nr. 4, S. 177-181

Holtham, Clive (1994): Groupware: its Past and Future, in: Lloyd, Peter (Eds.): Groupware in the 21st Century: Computer Supported Cooperative Working toward the Millennium, London 1994, S. 3-14

Homans, George Caspar (1965): Theorie der sozialen Gruppe, 2. Aufl., Köln, Opladen 1965

Höring, Klaus (1985): Büroarbeit als Schlüssel für das Verständnis der Bürosysteme, in: Seibt, Dietrich/Szyperski, Norbert/Hasenkamp, Ulrich (Hrsg.): Angewandte Informatik, Braunschweig 1985, S. 99-105

Höring, Klaus (1990): Theoretische und konzeptionelle Grundlagen der Bürosystem-Planung, Bergisch Gladbach u.a. 1990

Höring, Klaus/Bahr, Knut/Struif, Bruno et al. (1983): Interne Netzwerke für die Bürokommunikation. Technik und Anwendungen digitaler Nebenstellenanlagen und von Local Area Networks (LAN), Heidelberg 1983

Horváth, Péter (1988): Controlling und Informationsmanagement, in: Theorie und Praxis der Wirtschaftsinformatik, 25. Jg. (1988), Nr. 142, S. 36-45

Hoschka, Peter (1991): Metaphern und Innovation in der Informatik: Überlegungen am Beispiel der Assistenz-Metapher, in: Müller-Böling, Detlev/Seibt, Dietrich/ Winand, Udo (Hrsg.): Innovations- und Technologiemanagement, Stuttgart 1991, S. 427-442

House, James S. (1981): Work Stress and Social Support, Reading (Mass.) 1981

Howard, Robert (1987): Systems Design and Social Responsibility: The Political Implications of Computer Supported Cooperative Work, in: Office: Technology and People, Vol. 3 (1987), No. 2, S. 175-187

Huber, George P. (1990): A theory of the effects of advanced information technologies on organzational design, intelligence and decision making, in: Academy of Management Review, Vol. 15 (1990), No. 1, S. 47-71

Hughes, John/Randall, Dave/Shapiro, Dan (1991): CSCW: Discipline or Paradigm?, A sociological perspective, in: Bannon, Liam/Robinson, Mike/Schmidt, Kjeld (Eds.): Proceedings of the Second European Conference on Computer-Supported Cooperative Work (ECSCW '91), Dordrecht 1991, S. 309-323

Hummel, Thomas (1996): Chancen und Grenzen der Computerunterstützung kooperativer Arbeit, Wiesbaden 1996, zugl.: Freiburg, Univ., Diss., 1995

Hurtz, Albert/Flick, Daniela (1998): Führung und Kommunikation bei teamorientierten Unternehmensstrukturen, in: Industriemanagement, 14. Jg. (1998), Nr. 4, S. 74-77

Hutchison, Andrew (1994): CSCW as oportunity for business process re-engineering, in: Glasson, Bernhard C./Hawryszkiewycz, Igor T./Underwood, B. Alan et al. (Eds.): Business Process Reengineering - Information Systems, Opportunities and Challenges, IFIP Transactions A-54, Amsterdam et al. 1994, S. 310-318

Ishii, Hiroshi (1990): TeamWorkStation: Towards a Seamless Shared Workspace, in: ACM (Ed.): CSCW '90, Proceedings of the Conference on Computer-Supported-Cooperative Work, Los Angeles, Oct 7-10, 1990, New York 1990, S. 13-26

Ishii, Hiroshi/Arita, Kazuho/Yagi, Takashi (1993): Beyond Videophones: Team Workstation-2 for Narrowband ISDN, in: De Michelis, Giorgio/Simone, Carla/ Schmidt, Kjeld (Eds.): Proceedings of the Third European Conference on Computer-Supported Cooperative Work (ECSCW '93), Milan, Sep 13-17, 1993, Dordrecht 1993, S. 325-340

Ishii, Hiroshi/Kobayashi, Minorou/Artia, Kazuho (1994): Interative design of Seamless Collaboration Media, in: Communications of the ACM, Vol. 37 (1994), No. 8, S. 83-97

Ishii, Hiroshi/Kobayashi, Minorou/Grudin, Jonathan (1992): Integration of Inter-Personal and Shared Workspace: ClearBoard Design and Experiments, in: Turner, Jon/Kraut, Robert (Eds.): Proceedings of the ACM 1992 Conference on Computer-Supported Cooperative Work (CSCW '92): Sharing Perspectives, Toronto, Nov 1-4, 1992, New York 1992, S. 33-42

Ishii, Hiroshi/Kobayashi, Monoru/Grudin, Jonathan (1993): Integration of Interpersonal Space and Shared Workspace: ClearBoard Design and Experiments, in: ACM Transactions on Information Systems, Vol. 11 (1993), No. 4, S. 349-375

Jablonski, Stefan (1995): Workflow-Management-Systeme: Motivation, Modellierung, Architektur, in: Informatik Spektrum, 18. Jg. (1995), Nr. 1, S. 13-24

Jacobs, Stefan (1993): Von aktionsorientiertem zu entscheidungsorientiertem Workflow, in: Kirn, Stefan/Unland, Rainer (Hrsg.): Workshopbericht Unterstützung Organisatorischer Prozesse durch CSCW, Münster, 4.-5.11. 1993, Münster 1993, S. 1-9

Jakob, Helmut (1980): Unternehmensorganisation: Gestaltung und Entwicklung soziotechnischer Systeme, Stuttgart 1980

Janis, Irving (1982): Counteracting the Adverse Effects of Concurrence Seeking in Policy-planning Groups: Theory and Research Perspectives, in: Brandstätter, Hermann/Davis, James H./Stocker-Kreichgauer, Gisela (Eds.): Group Decision Making, London u.a. 1982, S. 477-501

Jarke, Matthias (1996): Informations- und Kommunikationsdienste zur Unterstützung von Gruppenentscheidungen, in: Theorie und Praxis der Wirtschaftsinformatik, 33. Jg. (1996), Nr. 187, S. 39-51

Jarvenpaa, Sirkka L./Rao, V. Srinivasan/Huber, George P. (1988): Computer Support for Meeting of Groups Working on Unstructured Problems: A Field Experiment, in: Management Information Systems Quarterly, Vol. 12 (1988), No. 4 (Dec), S. 645-665

Jelassi, M. Tawik/Foroughi, Abbas (1989): Negotiation Support Systems: An Overview of Design Issues and Exisiting Software, in: Decision Support Systems, Vol. 5 (1989), S. 167-181

Jochum, Eduard (1995): 'Laterale' Führung und Zusammenarbeit - Der Umgang mit Kollegen, in: Rosenstiel, Lutz von/Regnet, Erika/Domsch, Michael (Hrsg.): Führung von Mitarbeitern: Handbuch für erfolgreiches Personalmanagement, 3. Aufl, Stuttgart 1995, S. 411-421

Johannsen, Andreas/Haake, Jörg M./Streitz, Norbert (1996): Telecollaboration in Virtual Organisations - the Role of Ubiquitous Meeting Systems, Arbeitspapiere der GMD, Nr. 974, Sankt Augustin 1996

Johansen, Robert (1988): Groupware: Computer Support for Business Teams, New York 1988

Joos, Bernhard/Katzsch, Rolf M./Meier, Andreas et al. (1997): Drei Workflow-Management-Systeme im praktischen Vergleich: WorkFlow, Staffware und InConcert, in: Theorie und Praxis der Wirtschaftsinformatik, 34. Jg. (1997), Nr. 193, S. 81-103

Jung, Hans (1995): Personalwirtschaft, München, Wien 1995

Jung, Rüdiger H. (1985): Mikroorganisation: Eine Untersuchung der Selbstorganisationsleistungen in betrieblichen Führungssystemen, Bern, Stuttgart 1985

Karbe, Bernhard (1994): Flexible Vorgangssteuerung mit ProMinanD, in: Hasenkamp, Ulrich/Kirn, Stefan/Syring, Michael (Hrsg.): CSCW - Computer Supported Cooperativ7e Work, Informationssysteme für dezentrale Unternehmensstrukturen, Bonn, Paris 1994, S. 207-219

Karbe, Bernhard/Ramsperger, Norbert (1991): Wirklichkeitsgerechte Koordinierung kooperativer Bürovorgänge, in: Friedrich, Jürgen/Rödiger, Karl-Heinz (Hrsg.): Computergestützte Gruppenarbeit (CSCW), Reihe: Berichte des German Chapter of the ACM, Bd. 34, Stuttgart 1991, S. 207-219

Karcher, Harald B. (1985): Büro der Zukunft, 7. Aufl., Baden-Baden 1985, zugl.: München, Univ., Diss., 1982

Karcher, Harald B. (1993): Imaging- und Workflow Märkte: Ein subjektiver Überblick, in: Office Management, 41. Jg. (1993), Nr. 7/8, S. 50-55

Kasper, Helmut (1987): Organisationskultur: Über den Stand der Forschung, Wien 1987

Katzenbach Jon R./Smith, Douglas K. (1994): The Wisdom of Teams: Creating the High-Performance Organization, New York 1994

Keller, Torsten (1994): Entwicklung eines Anreizsystems zur Steigerung der Abgabebereitschaft von Informationen im Informationssystem der Unternehmung, Hamburg, Univ., Diss. 1994

Kerr, Norbert L./Bruund, Steven E. (1983): Dispensability of Member Effort and Group Motivation Losses: Free-Rider-Effects, in: Journal of Personality and Social Psychology, Vol. 44 (1983), No. 1, S. 78-94

Kesten, Ulrike (1998): Informale Organisation und Mitarbeiter-Lebenszyklus: Der Einfluß sozialer Beziehungen auf Teilnahme und Leistung, Wiesbaden 1998, zugl.: Bochum, Univ., Diss., 1997

Kieser, Alfred (1995): Einarbeitung neuer Mitarbeiter, in: Rosenstiel, Lutz von/Regnet, Erika/Domsch, Michael (Hrsg.): Führung von Mitarbeitern: Handbuch für erfolgreiches Personalmanagement, 3. Aufl, Stuttgart 1995, S. 149-160

Kieser, Alfred/Kubicek, Herbert (1992): Organisation, 3. Aufl., Berlin et al. 1992

Kiesler, Sara/Siegel, Jane/McGuire, Timothy (1984): Social psychological aspects of computer-mediated communication, in: American Psychologist, Vol. 39 (1984), No. 10, S. 1123-1134

Kilberth, Klaus/Gryczan, Guido/Züllighoven, Heinz (1994): Objektorientierte Anwendungsentwicklung: Konzepte, Strategien, Erfahrungen, Braunschweig 1994

Kilian-Momm, Agathe (1989): Dezentralisierung von Büroarbeitsplätzen mit neuen Informations- und Kommunikationstechniken: eine Analyse unter betriebswirtschaftlich-organisatorischen Aspekten, München 1989, zugl.: Mainz, Univ., Diss., 1988

Kirn, Stefan (1994): Organisationale Intelligenz, kooperative Softwaresysteme und CSCW, in: Hasenkamp, Ulrich/Kirn, Stefan/Syring, Michael (Hrsg.): CSCW - Computer Supported Cooperative Work: Informationssysteme für dezentrale Unternehmensstrukturen, Bonn, Paris 1994, S. 231-254

Kirn, Stefan (1995): Organisatorische Flexibilität durch Workflow-Management-Systeme?, in: Theorie und Praxis der Wirtschaftsinformatik, 32. Jg. (1995), Nr. 182, S. 100-112

Kirn, Stefan/Unland, Rainer (Hrsg.) (1993): Workshopbericht Unterstützung Organisatorischer Prozesse durch CSCW, Münster, 4.-5.11. 1993, Münster 1993

Kirn, Stefan/Unland, Rainer/Wanka, Ulrich et al. (1994): Flexible Organisation durch Workflow Management? Oder: Zum Problem der Modellierung von Geschäftsprozessen, in: Hasenkamp, Ulrich (Hrsg.): Einführung von CSCW-Systemen in Organisationen, Tagungsband der D-CSCW '94, Braunschweig, Wiesbaden 1994, S. 13-27

Kirsch, Werner/Klein, Heinz K. (1977): Management Informationssysteme, Bd. 1/2, Stuttgart 1977

Klimecki, Rüdiger G. (1984): Laterale Kooperation: Grundlagen eines Analysemodells horizontaler Arbeitsbeziehungen in funktionalen Systemen, Bern 1984

Klosterberg, Marcus/Krcmar, Helmut (1996): CSCW und Software Agenten, in: Sandkuhl, Kurt/Weber, Herbert (Hrsg.): Telekooperations-Systeme in dezentralen Organisationen, Tagungsband zum Workshop der GI-Fachgruppe 5.5.1 'CSCW in Organisationen' vom 22.-23. 2.1996, Fraunhofer Institut Software- und Systemtechnik, Tagungsband 31/96, Berlin 1996, S. 167-190

Kluwe, Rainer H. (1990): Wissen, in: Sarges, Werner (Hrsg.): Management-Diagnostik, Göttingen et al. 1990, S. 174-181

Knittel, Friedrich (1995): Technikgestützte Kommunikation und Kooperation im Büro: Entwicklungshindernisse - Einsatzstrategien - Gestaltungskonzepte, Wiesbaden 1995, zugl.: Bochum, Univ., Diss., 1994

Knittel, Friedrich/Reif-Mosel, Ane-Kristin (1998): Gestaltungssichten der Wirtschaftsinformatik: Arbeits- und geschäftsorientierte Modellierung computergestützter IuK-Systeme, Arbeitsbericht des Lehrstuhls für Wirtschaftsinformatik, Ruhr-Universität Bochum, Nr. 98-31

Knof, Heide-Lore (1991): CIM und organisatorische Flexibilität, München 1991, zugl.: Bochum, Univ., Diss., 1991

Kobi, Jean-Marcel/Wüthrich, Hans A. (1986): Unternehmenskultur verstehen, erfassen und gestalten, Landsberg/Lech 1986

König, Rainer/Zoche, Peter (1991) Möglichkeiten und Grenzen von 'Cooperative Work', Neue Perspektiven gruppenorientierter Büroarbeit, in: Ençarnacao, José L. (Hrsg.): Telekommunikation und multimediale Anwendungen der Informatik, Reihe: Informatik-Fachberichte, Bd. 293, Berlin et al. 1991, S. 293-302

König, Wolfgang/Heinzl, Armin/Poblotzki, Ansgar v. (1995): Die zentralen Forschungsgegenstände der Wirtschaftsinformatik in den nächsten zehn Jahren, in: Wirtschaftsinformatik, 37. Jg. (1995), Nr. 6, S. 558-569

Kosiol, Erich (1961): Das Büro im Blickpunkt von Forschung und Unterricht, in: Kosiol, Erich (Hrsg.): Bürowirtschaftliche Forschung, Berlin 1961, S. 13-35

Kosiol, Erich (1962): Organisation der Unternehmung, Wiesbaden 1962

Kosiol, Erich (1980): Kollegien, in: Grochla, Erwin (Hrsg.): Handwörterbuch der Organisation, 2. Aufl., Stuttgart 1980, Sp. 1013-1019

Kosiol, Erich/Szyperski, Norbert/Chmielewicz, Klaus (1972): Zum Standort der Systemforschung im Rahmen der Wissenschaften, in: Bleicher, Knut (Hrsg.): Organisation als System, Wiesbaden 1972, S. 65-97

Kraemer, Kenneth L./King, John L. (1988): Computer-Based Systems for Cooperative Work and Group Decision Making, in: ACM Computing Surveys, Vol. 20 (1988), No. 2 (June), S. 115-146

Kraemer, Kenneth L./Pinsonneault, Alain (1990): Technology and Groups: Assessment of the Empirical Research, in: Galegher, Jolene/Kraut, Robert E./Egido, Carmen (Eds.): Intellectual Teamwork: Social and Technological Foundations of Cooperative Work, Hillsdale 1990, S. 375-405

Kraut, Robert/Egido, Carmen/Galegher, Jolene (1988): Patterns of Contact and Communication in Scientific Research Collaboration, in: ACM (Ed.): CSCW '88, Proceedings of the Conference on Computer Supported Cooperative Work, Portland, Sep 26-28, 1988, New York 1988, S. 1-12

Krcmar, Helmut (1992a): Computer Aided Team: Ein Überblick, in: Information Management, 7. Jg. (1992), Nr. 1, S. 6-9

Krcmar, Helmut (1992b): Computerunterstützung für die Gruppenarbeit: zum Stand der Computer Supported Cooperative Work Forschung, in: Wirtschaftsinformatik, 34. Jg. (1992), Nr. 4, S. 425-437

Krcmar, Helmut/Lewe, Henrik (1992a): GroupSystems: Aufbau und Auswirkungen, in: Information Management, 7. Jg. (1992), Nr. 1, S. 32-41

Krcmar, Helmut/Lewe, Henrik/Schwabe, Gerhard (Hrsg.) (1996): Herausforderung Telekooperation: Einsatzerfahrungen und Lösungsansätze für ökonomische und ökologische, technische und soziale Fragen unserer Gesellschaft, DCSCW '96, Stuttgart-Hohenheim, 30.9.-2.10.1996, Berlin et al. 1996

Krech, David/Crutchfield, Richard S./Ballachey, Egerton L. (1962): Individual in Society, New York et al. 1962

Kreifelts, Thomas (1984): DOMINO: Ein System zur Abwicklung arbeitsteiliger Vorgänge im Büro, in: Angewandte Informatik, 26. Jg. (1984), Nr. 4, S. 137-146

Kreifelts, Thomas/Hinrichs, Elke/Klein, Karl-Heinz et al. (1991a): Experiences with the DOMINO Office Procedure System, in: Bannon, Liam/Robinson, Mike/ Schmidt, Kjeld (Eds.): Proceedings of the Second European Conference on Computer-Supported Cooperative Work, ECSCW '91, Dordrecht 1991, S. 117-130

Kreifelts, Thomas/Hinrichs, Elke/Klein, Karl-Heinz et al. (1991b): Erfahrungen mit dem Bürovorgangssystem DOMINO, in: Friedrich, Jürgen/Rödiger, Karl-Heinz (Hrsg.): Computergestützte Gruppenarbeit (CSCW), Reihe: Berichte des German Chapter of the ACM, Bd. 34, Stuttgart 1991, S. 235-249

Kreifelts, Thomas/Hinrichs, Elke/Woetzel, Gerd (1993): Sharing To-Do Lists with a Distributed Task Manager, in: De Michelis, Giorgio/Simone, Carla/Schmidt, Kjeld (Eds.): Proceedings of the Third European Conference on Computer-Supported Cooperative Work (ECSCW), Milan, Sep 13-17, 1993, Dordrecht 1993, S. 31-46

Kreifelts, Thomas/Woetzel, Gerd (1988): Konversationssysteme: Ein neuer Ansatz zur Unterstützung der Gruppenarbeit, in: Angewandte Informatik, 30. Jg. (1988), Nr. 9, S. 381-389

Krickl, Otto (1995): Business Redesign: Neugestaltung von Organisationsstrukturen unter besonderer Berücksichtung der Gestaltungspotentiale von Workflowmanagementsystemen, Wiesbaden 1995

Krückeberg, Fritz (1983): Bürokommunikation und ihr Umfeld, in: Wißkirchen, Peter (Hrsg.): Informationstechnik und Bürosysteme, Stuttgart 1983, S. 95-120

Krüger, Wilfried (1991): Organisatorische Gestaltungskonzepte und Wirkungstrends in der Bürokommunikation, in: Müller-Böling, Detlev/Seibt, Dietrich/Winand, Udo (Hrsg.): Innovations- und Technologiemanagement, Stuttgart 1991, S. 285-300

Krüger, Wilfried (1993): Organisation der Unternehmung, 2. Aufl., Stuttgart 1993

Kubicek, Herbert (1975): Informationstechnologie und organisatorische Regelungen, Berlin 1975

Kubicek, Herbert (1979): Informationstechnologie und Organisationsforschung: eine kritische Bestandsaufnahme der Forschungsergebnisse, in: Hansen, Hans R./ Schröder, Klaus T. /Weihe, Hermann J. (Hrsg.): Mensch und Computer: zur Kontroverse über die ökonomischen und gesellschaftlichen Auswirkungen der EDV, München, Wien, Oldenbourg 1979, S. 53-79

Kubicek, Herbert (1990): Sozial- und ökologieorientierte Technikfolgenforschung: Probleme und Perspektiven am Beispiel der Büro- und Telekommunikation, in: Biervert, Bernd/Monse, Kurt (Hrsg.): Wandel durch Technik?, Reihe: Mensch und Technik, Sozialverträgliche Technikgestaltung, Bd. 10, Opladen 1990, S. 353-385

Kubicek, Herbert/Höller, Heinzpeter (1991): Das Organisationskonzept teilautonomer Arbeitsgruppen als Leitbild für die Gestaltung von Groupware-Systemen, in: Oberquelle, Horst (Hrsg.): Kooperative Arbeit und Computerunterstützung, Stand und Perspektiven, Göttingen 1991, S. 149-174

Kueng, Peter (1997): Das Interesse ist größer als die Realisierung: zum Stand der Workflow-Managementsysteme in den Unternehmen, in: io Management Zeitschrift, 66. Jg. (1997), Nr. 4, S. 52-55

Kühl, Stefan (1995): Wenn die Affen den Zoo regieren: die Tücken der flachen Hierarchien, Frankfurt, New York 1995

Küpper, Hans-Ulrich (1991): Betriebswirtschaftliche Steuerungs- und Lenkungsmechanismen organisationsinterner Kooperation, in: Wunderer, Rolf (Hrsg.): Kooperation: Gestaltungsprinzipien und Steuerung der Zusammenarbeit zwischen Organisationseinheiten, Stuttgart 1991, S. 175-203

Küpper, Willi/Hahne, Anton E. (1993): Bürokommunikation, in: Die Betriebswirtschaft, 53. Jg. (1993), Nr. 1, S. 93-119

Kupsch, Uwe Peter/Marr, Rainer (1983): Personalwirtschaft, in: Heinen, Edmund (Hrsg.): Industriebetriebslehre: Entscheidungen im Industriebetrieb, 7. Aufl., Wiesbaden1983, S. 623-767

Lai, Kum-Yew/Malone, Thomas W. (1988): Object Lens: A Spreatsheet for Cooperative Work, in: ACM (Ed.): CSCW '88, Proceedings of the Conference on Computer Supported Cooperative Work, Portland, Sep 26-28, 1988, New York 1988, S. 115-124

Lang, Richard/Hellpach, Willi (1922): Gruppenfabrikation, Berlin 1922

Lantz, Annika/Friedrich, Peter (1998): Führungsstile bei Gruppenarbeit: Gestaltungsansätze in der Praxis, in: Zeitschrift Führung & Organisation, 67. Jg. (1998), Nr. 2, S. 74-78

Laßmann, Arndt (1992): Organisatorische Koordination: Konzepte und Prinzipien zur Einordnung von Teilaufgaben, Wiesbaden 1992, zugl.: Köln, Univ., Diss., 1992

Lattmann, Charles (1972): Das norwegische Modell der selbstgesteuerten Arbeitsgruppe, Bern 1972

Laughlin, Patrick R. (1980): Social combination process of cooperative, problem solving groups as verbal intellective tasks, in: Fishbein, Martin (Ed.): Progress in social psychology, Hillsdale 1980, S. 127-155

Lautz, Alexander (1995): Videokonferencing: Theorie und Praxis für den erfolgreichen Einsatz im Unternehmen, Frankfurt 1995, zugl.: St. Gallen, Hochsch. für Wirtschafts-, Rechts- und Sozialwissenschaft, Diss., 1995

Lawler III, Edward E. (1973): Motivation in work organizations, Belmont 1973

Leavitt, Harold J. (1965): Applied Organizational Change in Industry: Structural, Technological and Humanistic Approach, in: March, James G. (Eds.): Handbook of Organizations, Chicago 1965, S. 1144-1170

Leger, Lothar (1995): Workgroup Computing: am Teamgeist hängt es, in: Diebold Management Report, o.J., 1995, Nr. 1, S. 7-8

Lehmann, Helmut/Grochla, Erwin (1980): Systemtheorie und Organisation, in: Grochla, Erwin (Hrsg.): Handwörterbuch der Organisation, 2. Aufl., Stuttgart 1980, Sp. 2204-2215

Lehner, Franz/Maier, Ronald (1994): Information in Betriebswirtschaftslehre, Informatik und Wirtschaftsinformatik, Forschungsbericht Nr. 11, Wissenschaftliche Hochschule für Unternehmensführung, Vallendar 1994

Leland, Mary P./Fish, Robert S./Kraut, Robert E. (1988): Collaborative Document Production Using Quilt, in: ACM (Ed.): CSCW '88, Proceedings of the Conference on Computer Supported Cooperative Work, Portland, Sep 26-28, 1988, New York 1988, S. 206-215

Lewe, Hendrik/Krcmar, Helmut (1991b): Die CATeam-Raum-Umgebung als Mensch-Computer-Schnittstelle, in: Friedrich, Jürgen/Rödiger, Karl-Heinz (Hrsg.): Computergestützte Gruppenarbeit (CSCW), Reihe: Berichte des German Chapter of the ACM, Bd. 34, Stuttgart 1991, S. 171-182

Lewe, Henrik (1995): Computer Aided Team und Produktivität - Einsatzmöglichkeiten und Erfolgspotentiale, Wiesbaden 1995

Lewe, Henrik/Krcmar, Helmut (1991a): Groupware, in: Informatik Spektrum, 14. Jg. (1991), Nr. 4, S. 345-348

Lewe, Hendrik/Krcmar, Helmut (1992): Computer AidedTeam mit GroupSystems: Erfahrungen mit dem praktischen Einsatz, in: Nastansky, Ludwig (Hrsg.): Workgroup Computing '92, Computer Supported Cooperative Work, Beitragsband anläßlich der Fachtagung, Paderborn 1992, S. 59-72

Lewe, Henrik/Krcmar, Helmut (1993): Computer Aided Team mit GroupSystems: Erfahrungen aus dem praktischen Einsatz, in: Wirtschaftsinformatik, 35. Jg. (1993), Nr. 2, S. 111-119

Lewin, Kurt (1947): Frontiers in Group Dynamics, in: Human Relations, Vol. 1 (1947), S. 5-41 und 143-153

Lewin, Kurt (1963): Feldtheorie in den Sozialwissenschaften, Bern, Stuttgart 1963

Liang, Ting-Peng/Lai, Hsiangchu/Chen, Nian-Shing et al. (1994): When Client/Server Isn't Enough: Coordinating Mulitple Distributed Tasks, in: Computer, Vol. 27 (1994), No. 5 (May), S. 73-79

Likert, Rensis (1961): New Patterns of Management, New York 1961

Lilge, Hans-Georg (1981): Zum Koordinationsproblem: Ansätze zu einem organisatorisch-strukturellen Bedingungsrahmen von Kooperation und Konkurrenz, in: Grunwald, Wolfgang/Lilge, Hans-Georg (Hrsg.): Kooperation und Konkurrenz in Organisationen, Stuttgart 1981, S. 212-240

Lindskold, Svenn (1981): Die Entwicklung von Vertrauen, der GRIT-Ansatz und die Wirkung von konziliantem Handeln auf Konflikt und Kooperation, in: Grunwald, Wolfgang/Lilge, Hans-Georg (Hrsg.): Kooperation und Konkurrenz in Organisationen, Stuttgart 1981, S. 241-273

Lippold, Heiko/Hett, Heinz-Martin/Hilgenfeldt, Jörg et al. (1993): Vorgangsmanagementsysteme, BIFOA-Marktübersicht, Köln 1993

Litke, Hans-Dieter (1995): Projektmanagement, 3. Aufl., München, Wien 1995

Löffler, Helmut (1988): Lokale Netze, München 1988

Lookwood, R. (1994): The Groupware Market, in: Spurr, Kathy/Layzell, Paul/Jennison, Leslie et al. (Eds.): Computer Support for Co-operative Work, Chicester et al. 1994, S. 3-18

Löwe, Hans (1974): Einführung in die Psychologie des Erwachsenenalters, 5. Aufl., Berlin 1974

Lu, Iva/Mantei, Marilyn (1991): Idea Management in a Shared Drawing Tool, in: Bannon, Liam/Robinson, Mike/Schmidt, Kjeld (Eds.): Proceedings of the Second European Conference on Computer-Supported Cooperative Work, ECSCW '91, Dordrecht 1991, S. 97-112

Lubich, Hannes P. (1995): Towards a CSCW Framework for Scientific Cooperation in Europe, Berlin et al. 1995

Ludwig, Borries (1997): Computerunterstützung der Argumentation in Gruppen: Aufbereitung einer Sprechaktsequenz nach Habermas und Vorstellung eines Prototypen, Wiesbaden 1997

Luhmann, Niklas (1980): Komplexität, in: Grochla, Erwin (Hrsg.): Handwörterbuch der Organisation, 2. Aufl., Stuttgart 1980, Sp. 1064-1070

Lullies, Veronika (1991): Die Organisation von Anwenderqualifizierung für den Einsatz neuer Bürotechnik, in: Bullinger, Hans-Jörg (Hrsg.): Handbuch des Informationsmanagements im Unternehmen, Bd. II, München 1991, S. 1171-1203

Maaß, Susanne (1991): Computergestützte Kommunikation und Kooperation, in: Oberquelle, Horst (Hrsg.): Kooperative Arbeit und Computerunterstützung: Stand und Perspektiven, Göttingen 1991, S. 11-35

Maaß, Susanne/Oberquelle, Horst (1992): Perspectives and Metaphors for Human-Computer Interaction, in: Floyd, Christiane/Züllighoven, Heinz/Budde, Reinhard et al. (Hrsg.): Software Devolpment and Reality Construction, Berlin et al. 1992, S. 233-251

Mack, R. W. /Snyder, R. C. (1957): The analysis of social conflict - Toward an overview and synthesis, in: Journal of Conflict Resolution, 1. Jg. (1957), No. 2, S. 212-248

Mag, Wolfgang (1978): Die Unternehmung als Organisation, in: Drukarczyk, Jochen/ Müller-Hagedorn, Lothar (Hrsg.): Betriebswirtschaftslehre Bd. 2: Eine Einführung in die Theorie der Unternehmung, Wiesbaden 1978, S. 246-308

Mag, Wolfgang (1980): Kommunikation, in: Grochla, Erwin (Hrsg.): Handwörterbuch der Organisation, 2. Aufl., Stuttgart 1980, Sp. 1031-1040

Mag, Wolfgang (1995): Unternehmungsplanung, München 1995

Mag, Wolfgang (1998): Einführung in die betriebliche Personalplanung, 2. Aufl., Darmstadt 1998

Mahling, Dirk/Horstmann, Thilo/Scheller-Houy, Astrid et al. (1991): Wissensbasierte Unterstützung von Gruppenarbeit oder: die Emanzipation der maschinellen Agenten, in: Friedrich, Jürgen/Rödiger, Karl-Heinz (Hrsg.): Computergestützte Gruppenarbeit (CSCW), Reihe: Berichte des German Chapter of the ACM, Bd. 34, Stuttgart 1991, S. 279-294

Maier, Mathias (1990): Theoretischer Bezugsrahmen und Methoden zur Gestaltung computergestützter Informationssysteme, München 1990

Maier, Ronald/Jung, Thomas (1994): Bewertung von Vorgangsbearbeitungssystemen, Wissenschaftliche Hochschule für Unternehmensführung - Otto Beisheim-Hochschule Koblenz, Schriftenreihe des Lehrstuhls für Wirtschaftsinformatik und Informationsmangagement, Nr. 26, Koblenz 1994

Malone, Thomas W./Crowston, Kevin (1990): What is Coordination Theory and How Can It Help Design Cooperative Work Systemens?, in: ACM (Ed.): CSCW '90, Proceedings of the Conference on Computer-Supported-Cooperative Work, Los Angeles, Oct 7-10, 1990, New York 1990, S. 357-370

Malone, Thomas W./Crowston, Kevin (1994): The Interdisciplinary Study of Coordination, in: ACM Computing Surveys, Vol. 26 (1994), No. 1 (March), S. 87-119

Malone, Thomas W./Grant, Kenneth R./Lai, Kum Yew et al. (1988): Semistructured messages are surprisingly useful for computer-supported coordination, in: Greif, Irene (Eds.): Computer supported cooperative work: A book of readings, San Mateo 1988, S. 311-331

Malone, Thomas W./Grant, Kenneth R./Lai, Kum-Yew et al. (1989): The Information Lens: An intelligent system for information sharing and coordination, in: Olson, Margrethe H. (Ed.): Technological support for work group collaboration, Hillsdale 1989, S. 65-88

Malone, Thomas W./Kum-Yew, Lai (1992): Toward intelligent tools for information sharing and collaboration, in: Bostrom, Robert P./Watson, Richard T./Kinney, Susan T. (Eds.): Computer augmented teamwork, a guided tour, New York 1992, S. 86-107

Markus, M. Lynne (1994): Electronic mail as the medium of managerial choice, in: Organization Science, Vol. 5 (1994), November, S. 502-527

Markus, M. Lynne/Conolly, Terry (1990): Why CSCW applications fail: problems in the adoption of interdependent work tools, in: ACM (Ed.): CSCW '90, Proceedings of the conference on Computer-Supported-Cooperative Work, Los Angeles, Oct 7-10, 1990, New York 1990, S. 371-380

Markus, M. Lynne/Robey, Daniel (1988): Information Technology and Organizational Change: Causal Structure in Theory and Research, in: Management Science, Vol. 34 (1988), No. 5, S. 583-598

Marr, Rainer (1992): Kooperationsmanagement, in: Gaugler, Eduard/Weber, Wolfgang (Hrsg.): Handwörterbuch des Personalwesens, 2. Aufl., Stuttgart 1992, Sp. 1115-1164

Marr, Rainer (1993): Betrieb und Umwelt, in: Bitz, Michael/Dellmann, Klaus/Domsch, Michel et al. (Hrsg.): Vahlens Kompendium der Betriebswirtschaftslehre, Bd. 1, 3. Aufl., München 1993, S. 47-114

Marr, Rainer/Stitzel, Michael (1979): Personalwirtschaft: Ein konfliktorientierter Ansatz, München 1979

Marwell, Gerald/Schmidt, David R. (1975): Cooperation: An Experimental Analysis, New York 1975

McGrath, Joseph E. (1964): Social Psychology: A Brief Introduction, New York 1964

McGrath, Joseph E. (1984): Groups: Interaction and Performance, Englewood Cliffs 1984

McGrath, Joseph E./Hollingshead, Andrea B. (1993): Putting the 'Group' Back in Group Support Systems: Some Theoretical Issues About Dynamic Group Processes in Groups with Technological Enhancements, in: Jessup, Leonard M./ Valacich, Joseph S. (Eds.): Group Support Systems: New Perspectives, New York 1993, S. 78-96

Medina-Mora, Raul (1992): ActionWorkflow™ Technology and Applications for Groupware, in: Coleman, David D. (Ed.): Groupware '92, Proceedings of the Conference on Groupware '92, San Mateo 1992, S. 165-167

Medina-Mora, Raul/Winograd, Terry/Flores, Rodigo et al. (1992): The Action Workflow Approach to Workflow Management Technology, in: Turner, Jon/ Kraut, Robert (Eds.): Proceedings of the ACM 1992 Conference on Computer-Supported Cooperative Work (CSCW '92): Sharing Perspectives, Toronto, Nov 1-4, 1992, New York 1992, S. 281-288

Meier, Henrik K.-F./Schmitt, Lothar (1995): Anwendungspotentiale und sozio-ökonomische Implikationen von Multimedia-Kommunikationssystemen am Arbeitsplatz, in: Seibt, Dietrich (Hrsg.): Kommunikation, Organisation und Management, Ergebnisse der BIFOA-Forschung, Braunschweig, Wiesbaden 1995, S. 49-81

Mertens, Peter (1997): Integrierte Informationsverarbeitung 1: Administrations- und Dispositionssysteme in der Industrie, 11. Aufl., Wiesbaden 1997

Messer, Burkhard/Sandkuhl, Kurt (1995): Groupware als Anwendung Verteilter Diensteplattformen, in: Uellner, Stefan (Hrsg.): Computer Supported Cooperative Work (CSCW) in großen Unternehmungen, Tagungsband zum Workshop der GI-Fachgruppe 5.5.1 'CSCW in Organisationen' und dem Technologiezentrum Darmstadt der Deutschen Telekom AG vom 9.-10.5.1996, Darmstadt 1996, S. 116-129

Miller, James G. (1978): Living Systems, New York 1978

Minssen, Heiner/Keese, Henning (1995): Qualifikationsanforderungen bei Gruppenarbeit, in: Forschungsinstitut für Arbeiterbildung e.V., Gemeinsame Arbeitsstelle RUB/IGM, Qualifizierungszentrum Rheinhausen GmbH (QZR) (Hrsg.): Rheinhauser Gespräche zur Theorie und Praxis der Berufbildung, Bd. 3: Arbeiten und Lernen in Gruppen, Bochum 1995, S. 19-27

Mintzberg, Henry (1979): The Structuring of Organizations, a Synthesis of the Research, Englewood Cliffs 1979

Mintzberg, Henry (1991): Mintzberg über Management: Führung und Organisation, Mythos und Realität, Wiesbaden 1991

Mintzberg, Henry (1992): Die Mintzberg-Struktur: Organisationen effektiver gestalten, Landsberg/Lech 1992

Mitchell, Terence R./Larson, James R. jr. (1987): People in Organizations: An Introduction to Organizational Behaviour, 3. Ed., New York 1987

Müller, Günter F./Nachreiner, Friedrich (1981): Kooperationsförderung bei Führungskräften in Organisationen, in: Grunwald, Wolfgang/Lilge, Hans-Georg (Hrsg.): Kooperation und Konkurrenz in Organisationen, Stuttgart 1981, S. 274-290

Müller-Böling, Detlev (1979): Handlungsspielraum und Arbeitszufriedenheit von Organisationsmitgliedern, in: Zeitschrift Führung & Organisation, 48. Jg. (1979), Nr. 7, S. 303-308

Nastansky, Ludwig (1991): Gruppenarbeit - Workgroup Computing, in: Office Management, 39. Jg. (1991), Nr. 6, S. 6-13

Nastansky, Ludwig (Hrsg.) (1992): Workgroup Computing '92, Computer Supported Cooperative Work, Beitragsband anläßlich der Fachtagung, Paderborn 1992

Nastansky, Ludwig/Hilpert, W. (1994): The GroupFlow System: A Scalable Approach to Workflow Managment between Cooperation and Automation, Interner Bericht, Universität Paderborn 1994

Neidhardt, Friedhelm (1980): Soziale und sozio-technische Systeme, in: Grochla, Erwin (Hrsg.): Handwörterbuch der Organisation, 2. Aufl., Stuttgart 1980, Sp. 2077-2087

Neuberger, Oswald (1995): Führung, in: Sarges, Werner (Hrsg.): Management-Diagnostik, 2. Aufl., Göttingen, Toronto et al. 1995, S. 415-419

Nick, Franz R. (1974): Management durch Motivation, Stuttgart 1974

Nieder, Peter/Naase, Christian (1977): Führungsverhalten und Leistung: Stand der Forschung und Konsequenzen für die betriebswirtschaftliche Praxis, Bern, Stuttgart 1977

Nienhüser, Werner (1993): Probleme der Entwicklung organisationstheoretisch begründeter Gestaltungsvorschläge, in: Die Betriebswirtschaft, 53. Jg. (1993), Heft 2, S. 235-252

Nippa, Michael (1988): Gestaltungsgrundsätze für die Büroorganisation: Konzepte für eine informationsorientierte Unternehmensentwicklung unter Berücksichtigung neuer Bürokommunikationstechniken, Berlin 1988

Nippa, Michael (1991): Der Gestaltungsrelevanz der Aufgabe für die Büroorganisation - Theorie, Merkmale, Anwendungen, in: Bullinger, Hans-Jörg (Hrsg.): Handbuch des Informationsmanagements im Unternehmen, Bd. I, München 1991, S. 415-451

Noelle-Neumann, Elisabeth. (1971): Fischer Lexikon Publizistik, Frankfurt am Main 1971

Noll, Nathalie (1996): Gestaltungsperspektiven interner Kommunikation, Wiesbaden 1996, zugl.: Mannheim, Univ., Diss., 1995

Nordsieck, Fritz (1934): Grundlagen der Organisationslehre, Stuttgart 1934

Nordsieck, Fritz (1955): Rationalisierung der Betriebsorganisation, 2. Aufl., Stuttgart 1955

Norman, Donald A. (1991): Collaborative Computing: Collaboration First, Computing Second, in: Communications of the ACM, 34. Jg. (1991), Heft 12, S. 88-91

Nunamaker, Jay F./Briggs, Robert O./Mittelman, Daniel D. et al. (1997): Lessons from a Dozen Years of Group Support Systems Research: A Discussion of Lab and Field Findings, in: Journal of Management Information Systems, Vol. 13 (1997), No. 3, S. 163-207

Nunamaker, Jay F./Dennis, Alan R./Valacich, Joseph S. et al. (1991): Electronic Meetings to Support Group work, in: Communications of the ACM, Vol. 37 (1991), No. 7 (July), S. 40-61

O'Hare, Greg (1994): Agency a Unifying Concept within Distributed Artificial Intelligence and CSCW: in: Hasenkamp, Ulrich (Hrsg.): Einführung von CSCW-Systemen in Organisationen, Tagungsband der D-CSCW '94, Braunschweig, Wiesbaden 1994, S. 211-218 *o. V. (1995)*: Teams: Gruppenlust oder kollektiver Frust, in: Das Wirtschaftsstudium, 24. Jg. (1995), Nr. 1, S. 17-18

Oberquelle, Horst (1991a): Kooperative Arbeit und menschengerechte Groupware als Herausforderung für die Software-Ergonomie, in: Oberquelle, Horst (Hrsg.): Kooperative Arbeit und Computerunterstützung: Stand und Perspektiven, Göttingen 1991, S. 1-10

Oberquelle, Horst (1991b): CSCW- und Groupware-Kritik, in: Oberquelle, Horst (Hrsg.): Kooperative Arbeit und Computerunterstützung: Stand und Perspektiven, Göttingen 1991, S. 37-61

Oberquelle, Horst (1991c): Perspektiven der Mensch-Computer-Interaktion und kooperative Arbeit, in: Frese, Michael/Kasten, Christoph/Zang-Scheucher, Birgit (Hrsg.): Software für die Arbeit von Morgen, Berlin et al. 1991, S. 45-56

Oberquelle, Horst (1991d): MCI- Quo vadis, in Ackermann, David. /Ulich, Eberhard (Hrsg): Software-Ergonomie 91, Benutzerorientierte Softwareentwicklung, Stuttgart 1991, S. 9-24

Oberquelle, Horst (1993): Anpaßbarkeit von Groupware als Basis für die dynamische Gestaltung von computergestützter Gruppenarbeit, in: Konradt, Udo/Drisis, Leonidas (Hrsg.): Software Ergonomie in der Gruppenarbeit, Opladen 1993, S. 37-54

Oberquelle, Horst (1994): Situationsbedingte und benutzerorientierte Anpaßbarkeit von Groupware, in: Hartmann, Anja/Herrmann, Thomas/Rohde, Markus (Hrsg.): Menschengerechte Groupware: Software-ergonomische Gestaltung und partizipative Umsetzung, Stuttgart 1994, S. 31-50

Oberweis, Andreas (1996): Modellierung und Ausführung von Workflows mit Petri-Netzen, Stuttgart, Leipzig 1996

Olson, Gary M./Atkins, Daniel E. (1990): Supporting Collaboration With Advanced Multimedia Electronic Mail: The NSD EXPRES Project, in: Galegher, Jolene/ Kraut, Robert E./Egido, Carmen (Eds.): Intellectual Teamwork: Social and Technological Foundations of Cooperative Work, Hillsdale 1990, S. 429-451

Olson, Judith S./Olson, Gary M./Storrosten, Marianne et al. (1992): How a Group-Editor Changes the Character of a Design Meeting as well as its Outcome, in: Turner, Jon/Kraut, Robert (Eds.): Proceedings of the ACM 1992 Conference on Computer-Supported Cooperative Work (CSCW '92): Sharing Perspectives, Toronto, Nov 1-4, 1992, New York 1992, S. 91-98

Olson, Margrethe H./Bly, Sara A. (1991): The Portland Experience: A report on a distributed research group, in: International Journal of Man-Machine Studies, Vol. 34 (1991), No. 2, S. 211-228

Opper, Susanna/Fersko-Weiss, Henry (1992): Technology for Teams: Enhancing Productivity in Networked Organisations, New York 1992

Orlikowski, Wanda J. (1992a): The Duality of Technology: Rethinking the Concept of Technology in Organizations, in: Organization Science, Vol. 3 (1992), No. 3 (August), S. 398-427

Orlikowski, Wanda J. (1992b): Learning from Notes: Organizational Issues in Groupware Implementation, in: Proceedings of the ACM 1992 Conference on Computer-Supported Cooperative Work (CSCW '92): Sharing Perspectives, Toronto, Nov 1-4, 1992, New York 1992, S. 362-369

Ortmann, Günther/Windeler, Arnold/Becker, Albrecht et al. (1990): Computer und Macht in Organisationen, Opladen 1990

Osterloh, Margit (1983): Handlungsspielräume und Informationsverarbeitung, Bern, Stuttgart, Wien 1983

Osterloh, Margit (1985): Zum Begriff des Handlungsspielraumes in der Organisations- und Führungstheorie, in: Zeitschrift für betriebswirtschaftliche Forschung, 37. Jg. (1985), Nr. 4, S. 291-310

Ott, Markus (1997): Groupware: Charakterisierung und technologische Perspektive, in: Wirtschaftswissenschaftliches Studium, 26. Jg. (1997), Nr. 2, S. 90-94

Paetau, Michael (1991): Kooperative Konfiguration: Ein Konzept zur Systemanpassung an die Dynamik kooperativer Arbeit, in: Friedrich, Jürgen/Rödiger, Karl-Heinz (Hrsg.): Computergestützte Gruppenarbeit (CSCW), Reihe: Berichte des German Chapter of the ACM, Bd. 34, Stuttgart 1991, S. 137-151

Palermo, Ann/McCready, Scott C. (1992): Workflow Software: A Primer, in: Coleman, David D. (Ed.): Groupware '92, Proceedings of the Conference on Groupware '92, San Mateo 1992, S. 155-159

Pankoke-Babatz, Ute/Syri, Anja (1996): Gemeinsame Arbeitsbereiche: Eine neue Form der Telekooperation?, in: Krcmar, Helmut/Lewe, Henrik/Schwabe, Gerhard (Hrsg.): Herausforderung Telekooperation: Einsatzerfahrungen und Lösungsansätze für ökonomische und ökologische, technische und soziale Fragen unserer Gesellschaft, DCSCW '96, Stuttgart-Hohenheim, 30.09.-02.10.1996, Berlin et al. 1996, S. 51-67

Paschen, Herbert/Gresser, Klaus/Conrad, Felix (1978): Technology Assessment: Technologiefolgenabschätzung: Ziele, methodische u. organisatorische Probleme, Anwendungen, Frankfurt, New York 1978

Pawlowsky, Peter/Bäumer, Jens (1995): Konzepte betrieblicher Weiterbildungsstrategien, in: Heidack, Clemens (Hrsg.): Arbeitsstrukturen im Umbruch, Festschrift für Prof. Dr. Dr. hc. Friedrich Fürstenberg, München 1995, S. 145-161

Peters, Günther (1989): Ablauforganisation und Informationstechnologie im Büro, konzeptionelle Überlegungen und empirisch explorative Studie, 2. Aufl., Köln 1989, zugl.: Köln, Univ., Diss., 1987

Peters, Ralph (1997): Computerunterstützte kooperative Arbeitsprozesse in Büro und Verwaltung, in: it + ti, 39. Jg. (1997), Nr. 1, S. 21-28

Petrovic, Otto (1991): Electronic Meeting Systems, in: Zeitschrift Führung & Organisation, 60. Jg. (1991), Nr. 4, S. 280-284

Petrovic, Otto (1992a): Das Grazer integrierte Electronic Meeting Management: Zentrale und dezentrale Unterstützung für Business Teams, in: Wirtschaftsinformatik, 34. Jg. (1992), S. 215-223

Petrovic, Otto (1992b): Groupware: Systemkategorien, Anwendungsbeispiele, Problemfelder und Entwicklungsstand, in: Information Management, 7. Jg. (1992), Nr. 1, S. 16-22

Petrovic, Otto (1993): Workgroup Computing - computergestützte Teamarbeit: informationstechnologische Unterstützung für teambasierte Organisationsformen, Heidelberg 1993

Petrovic, Otto/Krickl, Otto (1993): Traditionell-moderiertes vs. computergestütztes Brainstorming: eine vergleichende Betrachtung, in: Wirtschaftsinformatik, 35. Jg. (1993), Nr. 2, S. 120-128

Pfeifer, Andreas/Lehner, Karin (1996): Konfiguration des Informationsmanagements in Groupware, in: Uellner, Stefan (Hrsg.): Computer Supported Cooperative Work (CSCW) in großen Unternehmungen, Tagungsband zum Workshop der GI-Fachgruppe 5.5.1 'CSCW in Organisationen' und dem Technologiezentrum Darmstadt der Deutschen Telekom AG vom 9.-10.5.1996, Darmstadt 1996, S. 77-84

Pfeiffer, Werner/Staudt, Erich (1980): Arbeitsgruppen, teilautonome, in: Grochla, Erwin (Hrsg.): Handwörterbuch der Organisation, 2. Aufl., Stuttgart 1980, Sp. 112-118

Pickering, Jeanne M./King, John Leslie (1992): Hardwiring Weak Ties: Individual and Institutional Issues in Computer Mediated Communication, in: Turner, Jon/ Kraut, Robert (Eds.): Proceedings of the ACM 1992 Conference on Computer-Supported Cooperative Work (CSCW '92): Sharing Perspectives, Toronto, Nov 1-4, 1992, New York 1992, S. 356-369

Picot, Arnold (1982): Zur Steuerung der Verwaltungen in Unternehmungen, Notwendigkeit, Problem, Ansätze, in: Reichwald, Ralf (Hrsg.): Neue Systeme der Bürotechnik, Beiträge zur Bürogestaltung aus Anwendersicht, Berlin 1982, S. 365-395

Picot, Arnold (1984): Organisation, in: Baetge, Jörg/Bitz, Michael/Brockhoff, Klaus et al. (Hrsg.): Vahlens Kompendium der Betriebswirtschaftslehre, Bd. 2, 1. Aufl., München 1984, S. 95-158

Picot, Arnold (1993): Organisationsstrukturen im Spannungsfeld von Zentralisierung und Dezentralisierung, in: Scharfenberg, Heinz (Hrsg.): Strukturwandel in Management und Organisation, Baden-Baden 1993, S. 217-235

Picot, Arnold/Franck, Egon (1992): Informationsmanagement, in: Frese, Erich (Hrsg.): Handwörterbuch der Organisation, 3. Aufl., Stuttgart 1992, Sp. 886-900

Picot, Arnold/Maier, Mattias (1992): Informationssysteme, computergestützte, in: Frese, Erich (Hrsg.): Handwörterbuch der Organisation, 3. Aufl., Stuttgart 1992, Sp. 923-936

Picot, Arnold/Reichwald, Ralf (1985): Menschengerechte Arbeitsplätze sind wirtschaftlich: Vier-Ebenen-Modell der Wirtschaftlichkeitsbetrachtung, Eschborn 1985

Picot, Arnold/Reichwald, Ralf (1987): Bürokommunikation: Leitsätze für den Anwender, 3. Aufl., Hallbergmoos 1987

Picot, Arnold/Reichwald, Ralf (1994): Auflösung der Unternehmung? Vom Einfluß der IuK-Technik auf Organisationsstrukturen und Kooperationsformen, in: Zeitschrift für Betriebswirtschaft, 64. Jg. (1994), Nr. 5, S. 547-570

Picot, Arnold/Rohrbach, Peter (1995): Organisatorische Aspekte von Workflow-Management-Systemen, in: Information Management, 10. Jg. (1995), Nr. 1, S. 28-35

Piepenburg, Ulrich (1991): Ein Konzept von Kooperation und die technische Unterstützung kooperativer Prozesse, in: Oberquelle, Horst (Hrsg.): Kooperative Arbeit und Computerunterstützung: Stand und Perspektiven, Göttingen 1991, S. 63-78

Piepenburg, Ulrich (1991): Ein Konzept von Kooperation und die technische Unterstützung kooperativer Prozesse in Bürobereichen, in: Friedrich, Jürgen/ Rödiger, Karl-Heinz (Hrsg.): Computergestützte Gruppenarbeit (CSCW), Reihe: Berichte des German Chapter of the ACM, Bd. 34, Stuttgart 1991, S. 79-94

Pinsonneault, Alain/Kraemer, Kenneth L. (1989): The Impact of Technological Support on Groups: An Assessment of the Empirical Research, in: Decision Support Systems, Vol. 5 (1989), No. 2, S. 197-216

Pleiss, Cordula/Kreutner, Ulla (1991): Zur Bedeutung psychologischer Arbeitsanalyse für die Gestaltung computerunterstützter kooperativer Arbeit, in: Friedrich, Jürgen/Rödiger, Karl-Heinz (Hrsg.): Computergestützte Gruppenarbeit (CSCW), Reihe: Berichte des German Chapter of the ACM, Bd. 34, Stuttgart 1991, S. 95-106

Poensgen, Otto H. (1980): Koordination, in: Grochla, Erwin (Hrsg.): Handwörterbuch der Organisation, 2. Aufl., Stuttgart 1980, Sp. 1130-1141

Popp, Heribert (1993): Computerunterstützung in der Teamarbeit (CSCW), in: Datenverarbeitung, Steuer, Wirtschaft, Recht, 22. Jg. (1993), Nr. 7, S. 174-176

Power, Richard/Carminati, Lorella (1993): Computer Supported Cooperative Work, in: Power, Richard (Ed.): Cooperation among Organizations: The Potential of Computer Supported Cooperative Work, Berlin et al. 1993, S. 13-24

Pugh, Derek S./Hickson, David J. (1976): Organizational Structure in its Context: The Aston Programme I, Westmead, Lexington 1976

Rao, V. Srinivasan/Jarvenpaa, Sirkka L. (1991): Computer Support of Groups: Theory Based Models for GDSS Research, in: Management Science, Vol. 37 (1991), No. 10 (Oct.), S. 1347-1362

Reber, Gerhard (1980): Anreizsysteme, in: Grochla, Erwin (Hrsg.): Handwörterbuch der Organisation, 2. Aufl., Stuttgart 1980, Sp. 78-86

Reber, Gerhard (1981): Individuelle Voraussetzungen von Kooperation und Konflikt, in: Grunwald, Wolfgang/Lilge, Hans-Georg (Hrsg.): Kooperation und Konkurrenz in Organisationen, Stuttgart 1981, S. 108-124

Redel, Wolfgang (1982): Kollegienmanagement: Effizienzaussagen über Einsatz und interne Gestaltung betrieblicher Kollegien, Bern, Stuttgart 1982

Reichwald, Ralf (1982): Neue Systeme der Bürotechnik und Büroarbeitsgestaltung - Problemzusammenhänge, in: Reichwald, Ralf (Hrsg.): Neue Systeme der Bürotechnik, Beiträge zur Büroarbeitsgestaltung aus Anwendersicht, Berlin 1982, S. 11-48

Reichwald, Ralf (1990): Büroautomation, Bürorationalisierung und das Wirtschaftlichkeitsproblem: kostenorientierte und strategische Ansätze, in: Preßmar, Dieter B. (Hrsg.): Büroautomation, Schriftenreihe zur Unternehmensführung, Bd. 42, Wiesbaden 1990, S. 65-92

Reichwald, Ralf (1993a): Kommunikation, in: Bitz, Michael/Dellmann, Klaus/Domsch, Michel et al. (Hrsg.): Vahlens Kompendium der Betriebswirtschaftslehre, Bd. 2, 3. Aufl., München 1993, S. 447-494

Reichwald, Ralf (1993b): Kommunikation und Kommunikationsmodelle, in: Wittmann, Waldemar (Hrsg.): Handwörterbuch der Betriebswirtschaftslehre, 5. Aufl., Stuttgart 1993, Sp. 2174-2188

Reichwald, Ralf/Möslein, Kathrin (1996): Telekooperation und Dezentralisierung: Eine organisatorisch-technische Perspektive, in: Sandkuhl, Kurt/Weber, Herbert (Hrsg.): Telekooperations-Systeme in dezentralen Organisationen, Tagungsband zum Workshop der GI-Fachgruppe 5.5.1 'CSCW in Organisationen' vom 22.-23.2.1996, Fraunhofer Institut Software- und Systemtechnik, Tagungsband 31/96, Berlin 1996, S. 51-66

Reichwald, Ralf/Stauffert, Thomas (1987): Bürokommunikationstechnik und Führung, in: Kieser, Alfred/Reber, Gerhard/Wunderer, Rolf (Hrsg.): Handwörterbuch der Führung, Stuttgart 1987, Sp. 115-127

Reif, Ane-Kristin/Knittel, Friedrich (1996): Informationsverarbeitung, Koordination und Kooperation im Büro - Konzepte der Computerunterstützung für die Büroarbeit, Arbeitsberichte des Lehrstuhls für Wirtschaftsinformatik, Nr. 96-20, Bochum 1996

Reinwald, Berthold (1995): Workflow-Management in verteilten Systemen. Entwurf und Betrieb geregelter arbeitsteiliger Anwendungssysteme, 2. Aufl., Stuttgart, Leipzig 1995, zugl.: Erlangen-Nürnberg, Univ., Diss., 1993

Reiß, Michael (1992): Arbeitsteilung, in: Frese, Erich (Hrsg.): Handwörterbuch der Organisation, 3. Aufl., Stuttgart 1992, Sp. 167-178

Reiß, Michael/Schuster, Hermann (1994): Organisatorische Erfolgsfaktoren des Groupwareeinsatzes, in: Office Management, 42. Jg. (1994), Nr. 6, S. 18-24

Reiss, Oliver/Kutsch, Oliver (1997): Organisationsmodelle und Technologien der betrieblichen Telekooperation zur Gestaltung virtueller Organisationsstrukturen, in: Mambrey, Peter/Streitz, Norbert/Sucrow, Bettina et al. (Hrsg.): Rechnergestützte Kooperation in Verwaltungen und großen Unternehmen, Tagungsband zum Workshop der GI-Fachgruppen FG551, FB6, FB8, Jahrestagung der GI (Informatik '97), Aachen, 22.+23.9.1997, Essen 1997, S. 86-101

Rentschler, Peter (1996): Bürokommunikation: ein innovatives Entwicklungsfeld, in: Office Management, 44. Jg. (1996), Nr. 5, S. 47-49

Rice, Ronald E. (1992): Task Analysability, Use of New Media and Effectiveness: A Multi-Side Exploration of Media Richness: in: Organization Science, Vol. 3 (1992), S. 475-500

Richter, Gernot (1983): Realitätsgetreues Modellieren, modellgetreues Realisieren von Bürogeschehen, in: Wißkirchen, Peter (Hrsg.), Informationstechnik und Bürosysteme, Stuttgart 1983, S. 145-214

Riggert, Wolfgang (1998): Betriebliche Informationskonzepte: von Hypertext zu Groupware, Braunschweig und Wiesbaden 1998

Robinson, M. (1993): Computer Supported Cooperative Work: Cases and Concepts, in: Baecker, Ronald M. (Ed.): Readings in Groupware and Computer-Supported Cooperative Work, Assisting Human-Human Collaboration, San Mateo 1993, S. 29-49

Rock, Reinhard/Ulrich, Peter/Witt, Frank (1990): Dienstleistungsrationalisierung im Umbruch: Wege in die Kommunikationswirtschaft, Opladen 1990

Rodden, Tom (1993): Technological Support for Cooperation, in: Diaper, Dan/Sanger, Colston (Eds.): CSCW in Practice: An Introduction and Case Studies, London 1993, S. 1-22

Rodden, Tom./Mariani, John A./Blair, Gordon (1992): Supporting Cooperative Applications, in: Computer Supported Cooperative Work, Vol. 1 (1992), No. 1, S. 41-67

Rodden, Tom/Blair, Gordon (1991): CSCW and Distributed Systems: The Problem of Control, in: Bannon, Liam/Robinson, Mike/Schmidt, Kjeld (Eds.): Proceedings of the Second European Conference on Computer-Supported Cooperative Work, ECSCW '91, Dordrecht 1991, S. 49-64

Roethlisberger, Fritz Jules/Dickson, William John (1939): Management and the Worker, An Account of a Research Program Conducted by the Western Electric Company, Hawthorne Works, Chicago, Cambridge 1939

Rogers, Everett M./Agarwala-Rogers, Rehka (1976): Communication in Organizations, New York 1976

Rohde, Markus/Pfeifer, Andreas/Wulf, Volker (1996): Konfliktmanagement bei Vorgangsbearbeitungssystemen, in: Wirtschaftsinformatik, 38. Jg. (1996), Heft 2, S. 199-209

Rohmert, Walter/Weg, Fritz Jürg (1976): Organisation teilautonomer Gruppenarbeit: Betriebliche Projekte - Leitregeln zur Gestaltung, München, Wien 1976

Rolf, Arno (1993): Informatik und Gestaltung, in: Infotech /I + G Informatik und Gesellschaft, Nr. 4, 1993, S. 16-22

Rolf, Arno (1998): Wirtschaftsinformatik: die organisatorische Herausforderung, in: Office Management, 46. Jg. (1998), Nr. 10, S. 28f.

Rolf, Arno/Berger, Peter/Klischewski, Ralf et. al. (1990): Technikleitbilder und Büroarbeit: Zwischen Werkzeugperspektive und globalen Vernetzungen, Opladen 1990

Rosenstiel, Lutz von (1980): Gruppen und Gruppenbeziehungen, in: Grochla, Erwin (Hrsg.): Handwörterbuch der Organisation, 2. Aufl., Stuttgart 1980, Sp. 793-804

Rosenstiel, Lutz von (1981): Leistung und Zufriedenheit, in: Beckerath, Paul G. von/ Sauermann, Peter/Wiswede, Günter (Hrsg.): Handwörterbuch der Betriebspsychologie und Betriebssoziologie, Stuttgart 1981, S. 240-245

Rosenstiel, Lutz von (1992): Grundlagen der Organisationspsychologie: Basiswissen und Anwendungshinweise, 3. Aufl., Stuttgart 1992

Rosenstiel, Lutz von (1993): Kommunikation und Führung in Arbeitsgruppen, in: Schuler, Heinz (Hrsg.): Lehrbuch der Organisationspsychologie, Bern et al. 1993, S. 321-351

Rosenstiel, Lutz von/Molt, Walter/Rüttinger, Bruno (1988): Organisationspsychologie, 7. Aufl., Stuttgart et al. 1988

Roß, Klaus (1991): Auf gute Zusammenarbeit - Kooperation & co, in: Lüschow, Frank/ Pabst-Weinscheck, Marita (Hrsg.): Mündliche Kommunikation als kooperativer Prozeß, Frankfurt 1991, S. 166-173

Roth, Siegfried/Kohl, Heribert (Hrsg.) (1988): Perspektive Gruppenarbeit, Köln 1988

Rühli, Edwin (1980): Leitungssysteme, in: Grochla, Erwin (Hrsg.): Handwörterbuch der Organisation, 2. Aufl., Stuttgart 1980, Sp. 1205-1216

Rühli, Edwin (1992): Koordination, in: Frese, Erich (Hrsg.): Handwörterbuch der Organisation, 3. Aufl., Stuttgart 1992, Sp. 1164-1175

Rupietta, Walter (1992): Organisationsmodellierung zur Unterstützung kooperativer Vorgangsbearbeitung, in: Wirtschaftsinformatik, 34. Jg. (1992), Nr. 1, S. 26-37

Rupietta, Walter/Wernke, Gerd (1994): Umsetzung organisatorischer Regelungen in der Vorgangsbearbeitung mit WorkParty und ORM, in: Hasenkamp, Ulrich/Kirn, Stefan/Syring, Michael (Hrsg.): CSCW - Computer Supported Cooperative Work: Informationssysteme für dezentrale Unternehmensstrukturen, Bonn et al., S. 135-154

Sader, Manfred (1996): Psychologie der Gruppe, 5. Aufl., München 1996

Sandholzer, Ulrich (1990): Informationstechnik und innerbetriebliche Kooperation: Anforderungen an Informationstechnik aus der Perspektive organisierter innerbetrieblicher Kooperation, Hummeltal 1990

Sauter, Christian/Morger, Othmar (1996): Die Workflow Management Coalition, in: Wirtschaftsinformatik, 38. Jg. (1996), Nr. 2, S. 228-229

Schäfer, Martina/Wiedmann, Gudrun (1993): Schöne neue Bürowelt, in: Business Computing, 2. Jg. (1993), Nr. 5, S. 49-52

Schäffer, Utz (1996a): Controlling für selbstabstimmende Gruppen?, Wiesbaden 1996, zugl.: Koblenz, Wiss. Hochs. für Unternehmensführung, Diss., 1996

Schäffer, Utz (1996b): Koordination durch Selbstabstimmung, in: Das Wirtschaftsstudium, 25. Jg. (1996), Nr. 12, S. 1096-1101

Schanz, Günther (1993): Personalwirtschaftslehre: Lebendige Arbeit in verhaltenswissenschaftlicher Perspektive, 2. Aufl., München 1993

Schanz, Günther (1994): Organisationsgestaltung: Management von Arbeitsteilung und Koordination, 2. Aufl., München 1994

Scharfenkamp, Norbert (1987): Organisatorische Gestaltung und wirtschaftlicher Erfolg: organizational slack als Ergebnis und Einflußfaktor der formalen Organisation, Berlin et al. 1987, zugl.: Bochum, Univ., Diss., 1986

Scharmann, Theodor (1972): Teamarbeit in der Unternehmung, Theorie und Praxis der Gruppenarbeit, Bern, Stuttgart 1972

Scheer, August-Wilhelm/Galler, Jürgen (1994): Die Integration von Werkzeugen für das Management von Geschäftsprozessen, in: Scheer, August-Wilhelm (Hrsg.): Prozeßorientierte Unternehmensmodellierung, Schriften zur Unternehmensführung, Bd. 53, Wiesbaden 1994, S. 101-117

Scheff, Josef (1993): Business Teams - Implikationen für die Personalplanung, in: Kraus, Herbert/Scheff, Josef/Gutschlhofer, Alfred (Hrsg.): Neue Ansätze in der Personalarbeit, Wien 1993, S. 131-152

Schein, Edgar H. (1985): Organizational Culture and Leadership: A Dynamic View, San Francisco 1985

Scherff, Jürgen (1986): Organisatorische Grundsatzüberlegungen zur Büroorganisation, in: o.V. (Hrsg.): Festschrift, 15 Jahre Studiengang Wirtschaftsinformatik an der Fachhochschule Furtwangen 1971-1986, Furtwangen 1986, S. 47-52

Scherff, Jürgen (1987): Technikgestützte Bürokommunikation: Grundlagen, Konzepte, Entwicklungstendenzen, in: Theorie und Praxis der Wirtschaftsinformatik, 24. Jg. (1987), Nr. 136, S. 3-18

Schill, Alexander (1996): Rechnergestützte Gruppenarbeit in verteilten Systemen, München 1996

Schlicksupp, Helmut (1976): Kreative Ideenfindung in der Unternehmung: Methoden und Modelle, Berlin 1976

Schmidt, Kjeld (1991a): Cooperative Work: A Conceptual Framework, in: Rasmussen, Jens/Brehmer, Berndt/Leplat, Jaques (Eds.): Distributed Decision Making: Cognitive Models for Cooperative Work, Chicester et al. 1991, S. 75-110

Schmidt, Kjeld (1991b): Riding on a Tiger, or Computer Supported Cooperative Work, in: Bannon, Liam/Robinson, Mike/Schmidt, Kjeld (Eds.): Proceedings of the Second European Conference on Computer-Supported Cooperative Work, ECSCW '91, Dordrecht 1991, S. 1-16

Schmidt, Ralf-Bodo (1993): Zielsysteme der Unternehmung, in: Wittmann, Waldemar/ Kern, Werner/Köhler, Richard et al. (Hrsg.): Handwörterbuch der Betriebswirtschaft, 5. Aufl., Stuttgart 1993, S. 4794-4806

Schmidt, Susanne (1989): Büro-Informationssysteme - Ein Überblick, in: Informatik-Spektrum, 12. Jg. (1989), Nr. 12, S. 19-30

Schmidtke, Heinz (1980): Leistungsbereitschaft, in: Hoyos, Carl Graf/Kroeber-Riel, Werner/Rosenstiel, Lutz von (Hrsg.): Grundbegriffe der Wirtschaftspsychologie, München 1980, S. 399-408

Schmitz, Paul (1992): Informationsverarbeitung, in: Frese, Erich (Hrsg.): Handwörterbuch der Organisation, 3. Aufl., Stuttgart 1992, Sp. 958-966

Schmitz, Paul/Szyperski, Norbert/Höring, Klaus (1983): Bürokommunikation: Bezugsrahmen und Perspektiven der Anwendungen, in: Office Management, 31. Jg. (1983), Nr. 6, S. 504-509

Schneider, Hans-Dieter (1985): Kleingruppenforschung, 2. Aufl., Stuttgart 1985

Schneider, Helmut/Knebel, Heinz (1995): Team und Teambeurteilung - Neue Trends in der Arbeitsorganisation, Köln 1995

Schneider, Siegfried (1974): Matrixorganisation: Gestaltungsmöglichkeiten und Gestaltungsprobleme einer mehrdimensionalen teamorientierten Organisation, Frankfurt, Zürich 1974

Schneider, Ursula/Stitzel, Michael (1990): Schleichende Verhaltensänderungen durch elektronische Kommunikation, in: Zeitschrift Führung & Organisation, 59. Jg. (1990), Nr. 1, S. 45-49

Schnelle, Eberhard (1966): Entscheidung im Management - Wege zur Lösung komplexer Aufgaben in großen Organisationen, Quickborn 1966

Scholer, Stefan (1998): Groupware und Informatikabteilungen: Untersuchungen des Einsatzes von Groupware und der damit verbundenen Veränderungen der Aufgaben, Organisation und künftigen Bedeutung von Informatikabteilungen, St. Gallen, Univ., Diss., 1998

Scholz, Christian (1987): Strategisches Management: Ein integrativer Ansatz, Berlin, New York 1987

Scholz, Christian (1992): Effektivität und Effizienz, in: Frese, Erich (Hrsg.): Handwörterbuch der Organisation, 3. Aufl., Stuttgart 1992, Sp. 553-552

Scholz, Christian (1994): Personalmanagement: informationsorientierte und verhaltenstheoretische Grundlagen, 4. Aufl., München 1994

Scholz, Christian (1995): Strategische Personalentwicklung (Überblick), in: Scholz, Christian/Djarrahzadeh, Maryam (Hrsg.): Strategisches Personalmanagement: Konzeptionen und Realisationen, Stuttgart 1995, S. 231-245

Scholz, Christian (1997): Strategische Organisation: Prinzipien zur Vitalisierung und Virtualisierung, Landsberg/Lech 1997

Schönecker, Horst G. (1993): Begriffe zum Geschäftsprozeßmanagement, in: Office Management, 41. Jg. (1993), Nr. 7-8, S. 56-57

Schrader, Stephan/Göpfert, Jan/Scherk, Martin (1996): Der Einsatz von Videokommunikation: eine empirische Analyse, in: Information Management, 11. Jg. (1996), Nr. 4, S. 32-38

Schrage, Michael (1990): Shared Minds - The New Technologies of Collaboration, New York 1990

Schreyögg, Georg (1978): Umwelt, Technologie und Organisationsstruktur: Eine Analyse des kontingenztheoretischen Ansatzes, Bern, Stuttgart 1978

Schuler, Heinz (1995): Auswahl von Mitarbeitern, in: Rosenstiel, Lutz von/Regnet, Erika/Domsch, Michael (Hrsg.): Führung von Mitarbeitern: Handbuch für erfolgreiches Personalmanagement, 3. Aufl, Stuttgart 1995, S. 123-148

Schulte-Zurhausen, Manfred (1995): Organisation, München 1995

Schulz von Thun, Friedemann (1981): Miteinander reden: Störungen und Klärungen, Psychologie der zwischenmenschlichen Kommunikation, Reinbek bei Hamburg 1981

Schulze, Günter (1996): Video Conferencing - Quo Vadis?, in: Uellner, Stefan (Hrsg.): Computer Supported Cooperative Work (CSCW) in großen Unternehmungen, Tagungsband zum Workshop der GI-Fachgruppe 5.5.1 'CSCW in Organisationen' und dem Technologiezentrum Darmstadt der Deutschen Telekom AG vom 9.-10.5.1996, Darmstadt 1996, S. 139-151

Schulze, Wolfgang/Böhm, Markus (1996): Klassifikation von Vorgangsverwaltungssystemen, in: Vossen, Gottfried/Becker, Jörg (Hrsg.): Geschäftsprozeßmodellierung und Workflowmanagement: Modelle, Methoden, Werkzeuge, Bonn et al. 1996, S. 279-293

Schumann, Matthias (1992): Betriebliche Nutzeffekte und Stragiebeiträge der großintegrierten Informationsverarbeitung, Berlin, Heidelberg, New York 1992

Schumann, Matthias (1993): Wirtschaftlichkeitsbeurteilung für IV-Systeme, in: Wirtschaftsinformatik, 35. Jg. (1993), Nr. 2, S. 167-178

Schwab, Klaus (1996): Koordinationsmodelle und Softwarearchitekturen als Basis für die Auswahl und Spezialisierung von Workflow-Management-Systemen, in: Vossen, Gottfried/Becker, Jörg (Hrsg.): Geschäftsprozeßmodellierung und Workflowmanagement: Modelle, Methoden, Werkzeuge, Bonn et al. 1996, S. 296-317

Schwabe, Gerhard (1994): Computerunterstützte Sitzungen, in: Information Management, 9. Jg. (1994), Nr. 3, S. 34-42

Schwabe, Gerhard (1995): Objekte der Gruppenarbeit: ein Konzept für das Computer Aided Team, Wiesbaden 1995, zugl.: Hohenheim, Univ., Diss., 1994

Schwabe, Gerhard/Krcmar, Helmut (1996): CSCW-Werkzeuge, in: Wirtschaftsinformatik, 38. Jg. (1996), Nr. 2, S. 209-225

Schwaninger, Markus (1994): Managementsysteme, Frankfurt am Main 1994

Scrivener, Stephen/Clark, Sean/Clarke, Anthony (1993): Real-time Communication between Dispersed Work Groups via Speech and Drawing, in: Wirtschaftsinformatik, 35. Jg. (1993), Nr. 2, S. 149-156

Searle, John R. (1969): Speech Acts, Cambridge 1969

Seitz, Dieter (1993): Gruppenarbeit in der Produktion, in: Binkelmann, Peter/Braczyk, Hans-Joachim/Seltz, Rüdiger (Hrsg.): Entwicklung der Gruppenarbeit in Deutschland, Frankfurt, New York 1993, S. 32-73

Seitz, Ralph (1995): Computergestützte Tele- und Teamarbeit, Wiesbaden 1995

Seiwert, Lothar J. (1992): Kommunikation im Betrieb, in: Gaugler, Eduard/Weber, Wolfgang (Hrsg.): Handwörterbuch des Personalwesens, 2. Aufl., Stuttgart 1992, Sp. 1126-1140

Shannon, Claude E./Weaver, Warren (1949): The Mathematical Theory of Communications, Urbana, Ill. 1949

Shannon, Claude E./Weaver, Warren (1976): Mathematische Grundlagen der Informationstheorie, Wien 1976

Shaw, Marvin Evert (1981): Group dynamics: The psychology of small group behaviour, 3. Ed., New York 1981

Shen, Hong H. /Dewan Prasun (1992): Access Controll for Collaborative Environments, in: Turner, Jon/Kraut, Robert (Eds.): Proceedings of the ACM 1992 Conference on Computer-Supported Cooperative Work (CSCW '92): Sharing Perspectives, Toronto, Nov 1-4, 1992, New York 1992, S. 51-58

Shepherd, Allan/Mayer, Nils/Kuchinsky, Allan (1990): Strudel - An extensibe electronic conversation toolkit, in: ACM (Hrsg.): CSCW '90, Proceedings of the Conference on Computer-Supported-Cooperative Work, Los Angeles, Oct 7-10, 1990, New York 1990, S. 93-104

Short, John/Williams, Ederyn/Christie, Bruce (1976): The social psychology of telecommunications, London et al. 1976

Siegwart, Hans/Seghezzi, Hans Dieter (1983): Management und Qualitätssicherung, in: Probst, Gilbert J. B. (Hrsg.): Qualitätsmanagement: ein Erfolgspotential, Bern 1983, S. 9-71

Simon, Herbert A. (1978): Die Wissenschaft der Artefakte, in: Grochla, Erwin (Hrsg.): Elemente der organisatorischen Gestaltung, Reinbek bei Hamburg 1978, S. 14-39

Sinclair, Amanda (1992): The Tyranny of Team Ideology, in: Organization Studies, Vol. 13 (1992), No. 4, S. 611-626

Snadowsky, Alvin M. (1972): Communication Network Reserach: An Examination of Controversies, in: Human Relations, 25. Jg. (1972), No. 4, S. 283-306

Sokolovsky, Zbynek (1992): Controlling des Informationsmanagements: Gegenwart und Zukunftsperspektiven, in: Information Management, 7. Jg. (1992), Nr. 2, S. 24-35

Sowarka, Bernhard H. (1995): Soziale Intelligenz und soziale Kompetenz, in: Sarges, Werner (Hrsg.): Management-Diagnostik, 2. Aufl., Göttingen et al. 1995, S. 365-382

Sperling, Hans-Joachim (1994): Innovative Arbeitsorganisation und intelligentes Partzipationsmanagement, Trend Report Partizipation und Organisation, Marburg 1994

Spieß, Erika (1996): Kooperatives Handeln in Organisationen: Theoriestränge und empirische Studien, zugl.: München, Univ., Habil-Schr., 1996

Splettstösser, Dietrich (1991): Computergestützte Gestaltung von Gruppenentscheidungsprozessen, in: Wirtschaftsinformatik, 33. Jg. (1991), Nr. 4, S. 325-331

Sproull, Lee/Kiesler, Sara (1986): Reducing Social Context Cues: Electronic Mail in Organiziational Communication, in: Management Science, Vol. 32 (1986), No. 11, S. 1492-1512

Sproull, Lee/Kiesler, Sara (1991): Connections - New Ways of Working in the Networked Organization, Cambridge Mass. 1991

Staehle, Wolfgang (1994): Management: eine verhaltenswissenschaftliche Perspektive, 7. Aufl., München 1994

Staehle, Wolfgang/Conrad, Peter (1987): Organisationsklima und Führung, in: Kieser, Alfred/Reber, Gerhard/Wunderer, Rolf (Hrsg.): Handwörterbuch der Führung, Stuttgart 1987, Sp. 1607-1618

Staehle, Wolfgang/Sydow, Jörg (1986): Büroarbeit, Büroorganisation und Büroautomation als Gegenstände bürowirtschaftlicher Forschung, in: Die Betriebswirtschaft, 46. Jg. (1986), Nr. 2, S. 188-202

Staerkle, Robert (1992): Leitungssystem, in: Frese, Erich (Hrsg.): Handwörterbuch der Organisation, 3. Aufl., Stuttgart 1992, Sp. 1229-1239

Stefik, Mark (1986): WYSIWIS Revised: Early Experiences with Multiuser Interfaces, in: CSCW '86: Proceedings of the Conference on Computer Supported Cooperative Work, Austin 1986, S. 276-290

Stefik, Mark/Brown, John Seely (1989): Toward Portable Ideas, in: Olson, Margrethe H. (Ed.): Technological Support for Work Group Collaboration, Hillsdale 1989, S. 147-165

Stefik, Mark/Foster, Gregg/Bobrow, Daniel et al. (1987): Beyond the Chalkboard: Computer Support for Collaboration and Problem Solving in Meetings, in: Communications of the ACM, Vol. 30 (1987), No. 1, S. 32-47

Steiner, Ivan D. (1972): Group Process and Productivity, New York 1972

Steinle, Claus (1992): Delegation, in: Frese, Erich (Hrsg.): Handwörterbuch der Organisation, 3. Aufl., Stuttgart 1992, Sp. 500-513

Steinle, Claus (1993): Delegation: Konzept, Felder, Prinzipien und Wirkungen, in: Das Wirtschaftsstudium, 22. Jg. (1993), Nr. 1, S. 41-48

Steinle, Claus/Eggers, Bernd/ter Hell, Andrea (1994): Gestaltungsmöglichkeiten und -grenzen von Unternehmungskulturen, in: Journal für Betriebswirtschaft, 44. Jg. (1994), Nr. 3/4, S. 129-148

Steinmann, Horst/Schreyögg, Georg (1997): Management: Grundlagen der Unternehmensführung; Konzepte - Funktionen - Fallstudien, 4. Aufl., Wiesbaden 1997

Steinmüller, Wilhelm (1993): Informationstechnologie und Gesellschaft: Einführung in die Angewandte Informatik, Darmstadt 1993

Stopp, Udo (1979): Betriebliche Sozialpsychologie: sozialpsychologische betriebliche Probleme und Methoden, Stuttgart 1979

Streitz, Norbert A. (1996): Ubiquitous Collaboration and Virtual Organisations, in: Sandkuhl, Kurt/Weber, Herbert (Hrsg.): Telekooperations-Systeme in dezentralen Organisationen, Tagungsband zum Workshop der GI-Fachgruppe 5.5.1 'CSCW in Organisationen' vom 22.-23. 2.1996, Fraunhofer Institut Software- und Systemtechnik, Tagungsband 31/96, Berlin 1996, S. 1-6

Streitz, Norbert A./Geißler, Jörg/Haake, Jörg et al. (1994): DOLPHIN: Integrated Meeting Support across Liveboards, Local and Remote Desktop Environments, in: Proceedings of the 1994 ACM Conference on Computer-Supported Cooperative Work (CSCW '94), Chapel Hill, N.C., Oct. 22-26, 1994, Chapel Hill 1994, S. 345-358

Streitz, Norbert A./Haake, Jörg/Hannemann, Jörg et al. (1992): SEPIA: A Cooperative Hypermedia Authoring Environment, in: Proceedings of the fourth International Conference on Hypertext (ECHT '92) Milano, Nov 30 - Dec 4, 1992, S. 11-22

Sydow, Jörg (1985a): Organisationsspielraum und Büroautomation: Zur Bedeutung von Spielräumen bei der Organisation automatisierter Büroarbeit, Berlin et al. 1985

Sydow, Jörg (1985b): Der soziotechnische Ansatz der Arbeits- und Organisationsgestaltung: Darstellung, Kritik, Weiterentwicklung, Frankfurt am Main 1985

Sydow, Jörg (1989): Zur Wahrnehmung organisatorischer Gestaltungsspielräume beim Einsatz neuer Bürotechnologien, in: Jansen, Klaus Dieter/Schwitalla, Ulla/Wicke, Walter (Hrsg.): Beteiligungsorientierte Systementwicklung: Beiträge zu Methoden der Partizipation bei der Entwicklung computergestützter Arbeitssysteme, Opladen 1989, S. 17-36

Syring, Michael (1992): Möglichkeiten und Grenzen kommunikationsorientierter Systeme zur Unterstützung arbeitsteiliger Prozesse im Büro, in: Wirtschaftsinformatik, 34. Jg. (1992), Nr. 2, S. 201-214

Syring, Michael (1994): Computerunterstützung arbeitsteiliger Prozesse: Konzipierung eines Koordinatensystems für die Büroarbeit, Wiesbaden 1994, zugl.: Marburg, Univ., Diss., 1993

Szyperski, Norbert (1961): Analyse der Merkmale und Formen der Büroarbeit, in: Kosiol, Erich (Hrsg.): Bürowirtschaftliche Forschung, Berlin 1961, S. 75-132

Szyperski, Norbert (1980a): Strategisches Informationsmanagement im technologischen Wandel: Fragen zur Planung und Implementation von Informations- und Kommunikationssystemen, in: Angewandte Informatik, 22. Jg. (1980), S. 141-148

Szyperski, Norbert (1980b): Informationsbedarf, in: Grochla, Erwin (Hrsg.): Handwörterbuch der Organisation, 2. Aufl., Stuttgart 1980, Sp. 904-913

Szyperski, Norbert/Grochla, Erwin/Höring, Klaus et al. (1982): Bürosysteme in der Entwicklung, Studien zur Typologie und Gestaltung von Büroarbeitsplätzen, Braunschweig, Wiesbaden 1982

Taday, Holger (1996): Informationelle Selbstbestimmung in modernen IuK-Systemen von Unternehmen und öffentlichen Organisationen, Frankfurt a. Main et al. 1996, zugl.: Bochum, Univ., Diss., 1995

Teege, Gunnar (1998): Individuelle Groupware: Gestaltung durch Endbenutzer, Wiesbaden 1998, zugl.: München, Techn. Univ., Habil.-Schr., 1998

Teufel, Bernd/Schmidt, Stephanie (1992): Kooperationsunterstützende Informationssysteme, in: Zimmermann, Harald H./Luckhard, Heinz-Dirk/Schulz, Angelika (Hrsg.): Mensch und Maschine: Informationelle Schnittstellen der Kommunikation, Schriftenreihe zur Informationswirtschaft, Bd. 7, Konstanz 1992, S. 38-48

Teufel, Stephanie (1993): Unterstützung der kooperativen Aufgaben innerhalb des Informationsmanagements, in: Kirn, Stefan/Unland, Rainer (Hrsg.): Workshopbericht 'Unterstützung organisatorischer Prozesse durch CSCW', Münster, 4.-5.11. 1993, Münster 1993, S. 21-35

Teufel, Stephanie/Sauter, Christian/Mühlherr, Thomas et al. (1995): Computerunterstützung für die Gruppenarbeit, Bonn et al. 1995

Theis, Anna Maria (1994): Organisationskommunikation: theoretische Grundlagen und empirische Forschungen, Opladen 1994

Thomas, Alexander (1993): Grundriß der Sozialpsychologie, Göttingen 1993

Thompson, James D. (1967): Organizations in Action: Social Science Basis of Administrative Theory, New York et al. 1967

Titscher, Stefan (1992): Gruppenforschung, in: Gaugler, Eduard/Weber, Wolfgang (Hrsg.): Handwörterbuch des Personalwesens, Stuttgart 1992, Sp. 1010-1030

Traunmüller, Roland (1992): Rechnergestützte Teamarbeit im Kommunalbereich: Stand, Perspektiven und Szenarien des CSCW, in: Wirtschaftsinformatik, 34. Jg. (1992), Nr. 6, S. 584-589

Trebesch, Karsten (1980): Teamarbeit, in: Grochla, Erwin (Hrsg.): Handwörterbuch der Organisation, 2. Aufl., Stuttgart 1980, Sp. 2217-2227

Tröndle, Dirk (1987): Kooperationsmanagement. Steuerung interaktioneller Prozesse bei Unternehmenskooperation, Bergisch Gladbach, Köln 1987, zugl.: Freiburg, Univ., Diss., 1986

Türk, Klaus (1980): Gruppenentscheidungen, in: Grunwald, Wolfgang/Lilge, Hans-Georg (Hrsg.): Partizipative Führung, Bern, Stuttgart 1980, S. 189-209

Tushman, Michael L. (1979): Work Characteristics an Subunit Communication Structure: A Contingency Analysis, in: Administrative Science Quarterly, Vol. 24 (1979), S. 83-97

Tushman, Michael L./Nadler, David A. (1978): Information Processing as an Integration Concept in Organizational Design, in: Academy of Management Review, Vol. 3 (1978), No. 7, S. 613-624

Udris, Ivars (1989): Soziale Unterstützung, in: Greif, Siegfried/Holling, Heinz/Nicholson, Nigel (Hrsg.): Arbeits- und Organisationspsychologie: Internationales Handbuch in Schlüsselbegriffen, München 1989, S. 421-425

Udris, Ivars (1998): Kooperationstraining in Arbeitsgruppen zur Förderung sozialer Handlungskompetenz, in: Spieß, Erika/Nerdinger, Friedemann W. (Hrsg.): Kooperation in Unternehmen, München und Mering 1998, S. 185-207

Uellner, Stefan (Hrsg.) (1996): Computer Supported Cooperative Work (CSCW) in großen Unternehmungen, Tagungsband zum Workshop der GI-Fachgruppe 5.5.1 'CSCW in Organisationen' und dem Technologiezentrum Darmstadt der Deutschen Telekom AG vom 9.-10.5.1996, Darmstadt 1996

Ulich, Eberhard (1972): Arbeitswechsel und Aufgabenerweiterung, in: REFA-Nachrichten, 25. Jg. (1972), Nr. 4, S. 265-275

Ulich, Eberhard (1991): Gruppenarbeit - arbeitspsychologische Konzepte und Beispiele, in: Friedrich, Jürgen/Rödiger, Karl-Heinz (Hrsg.): Computergestützte Gruppenarbeit (CSCW), Reihe: Berichte des German Chapter of the ACM, Bd. 34, Stuttgart 1991, S. 57-77

Ulich, Eberhard (1994): Arbeitspsychologie, 3. Aufl. 1994

Ulich, Eberhard/Groskurth, Peter/Bruggemann, Agnes (1973): Neue Formen der Arbeitsgestaltung: Möglichkeiten und Probleme einer Verbesserung der Qualität des Arbeitslebens, Frankfurt a. M. 1973

Ulrich, Peter (1984): Systemsteuerung und Kulturentwicklung, in: Die Unternehmung, 38. Jg. (1984), Nr. 4, S. 303-325

Ulrich, Werner (1975): Kreativitätsförderung in der Unternehmung, Ansatzpunkte eines Gesamtkonzeptes, Bern und Stuttgart 1975

Unger, Fritz (1985): Mehr-Leistungen im Verkauf: Arbeiten Sie (auch) mit Gruppenanreizen?, in: Marketing Journal, 18. Jg. (1985), Nr. 1, S. 44-47

Van de Ven, Andrew H. (1981): The Organization Assesment Perspective, in: Van de Ven, Andrew H./Joyce, William (Eds.): Perspectives on Organization Design and Behaviour, New York 1981, S. 249-298

Van de Ven, Andrew H./Delbecq, Andre L./Koenig, Richard (1976): Determinants of Coordination Modes Within Organizations, in: American Sociological Review, Vol. 41 (1976), No. 4, S. 322-338

Van de Ven, Andrew H./Ferry, Diane L. (1980): Measuring and Assessing Organizations, New York 1980

Van de Ven, Andrew H./Morgan, Marilyn (1980): A Revised Framework for Organization Assessment, in: Lawler III, Edward/Nadler, David/Damman, Cortlandt (Eds.): Organizational Assessment, Perspectives on the Measurement of Organizational Behavior and the Quality of Work Life, New York et al 1980, S. 216-260

VDI-Richtlinie 5001 (1987): Management der Bürokommunikation, Berlin 1987

Vroom, Victor H. (1967): Work and Motivation, 3. Ed., New York et al. 1967

Wächter, Michael (1995): Der elektronische Terminkalender im Unternehmen, in: Datenschutz und Datensicherung, 19. Jg. (1995), Nr. 6, S. 321-323

Wagner, Ina (1991): Groupware zur Entscheidungsunterstützung als Element von Organisationskultur, in: Oberquelle, Horst (Hrsg.): Kooperative Arbeit und Computerunterstützung: Stand und Perspektiven, Göttingen 1991, S. 175-188

Wahren, Heinz Kurt E. (1987): Zwischenmenschliche Kommunikation und Interaktion in Unternehmen: Grundlagen, Probleme und Ansätze zur Lösung, Berlin, New York 1987

Wahren, Heinz Kurt E. (1994): Gruppen und Teamarbeit in Unternehmen, Berlin, New York 1994

Wainwright, Judith/Francis, Arthur (1984): Office Automation, Organization and the Nature of Work, Hampshire/England 1984

Walbrück, Hans-Jürgen (1986): Entwicklung von integrierten Bürokommunikationssystemen: Ansätze und Aktionsparameter, in: Angewandte Informatik, 28. Jg. (1986), Nr. 8, S. 329-334

Wall, Friederike (1996): Organisation und betriebliche Informationssysteme: Elemente einer Konstruktionstheorie, Wiesbaden 1996, zugl.: Hamburg, Univ., Habil.-Schr., 1996

Watabe, Kazuo/Sakata, Shiro/Maeno, Kazutoshi et al. (1990): Distributed multiparty desktop conferencing system: MERMAID, in: ACM (Ed.): CSCW '90, Proceedings of the Conference on Computer-Supported-Cooperative Work, Los Angeles, Oct 7-10, 1990, New York 1990, S. 27-38

Watzlawick, Paul/Beavin, Janet H./Jackson, Don D. (1990): Menschliche Kommunikation: Formen, Störungen, Paradoxien, 8. Aufl. 1990

Weber, Helmut (1985): Bürokommunikation durch Integration von Informations- und Kommunikationstechniken, in: Seibt, Dietrich/Szyperski, Norbert/Hasenkamp, Ulrich (Hrsg.): Angewandte Informatik, Braunschweig, Wiesbaden 1985, S. 107-118

Weber, Jürgen/Brettel, Malte/Großklaus, Armin et al. (1995): Grundgedanken zur Entwicklung einer Theorie der Unternehmensführung, WHU-Forschungspapier Nr. 30, Mai 1995, Vallendar 1995

Weber, Rainer (1994): Von Electronic Mail zu multimedialer Post, in: Informatik Spektrum, 17. Jg. (1994), Nr. 4, S. 222-231

Weber, Wolfgang G. (1998): Kooperation in Organisationen unter arbeits- und sozialpsychologischen Gesichtspunkten - vom individual-utilitaristischen zum prosozialen Handeln?, in: Spieß, Erika/Nerdinger, Friedemann W. (Hrsg.): Kooperation in Unternehmen, München und Mering 1998, S.33-60

Weinert, Ansfried B. (1992a): Lehrbuch der Organisationspsychologie, 3. Aufl., Weinheim 1992

Weinert, Ansfried B. (1992b): Motivation, in: Gaugler, Eduard/Weber, Wolfgang (Hrsg.): Handwörterbuch des Personalwesens, 2. Aufl., Stuttgart 1992, Sp. 1429-1442

Weiß, Dietmar/Krcmar, Helmut (1996): Workflow-Management: Herkunft und Klassifikation, in: Wirtschaftsinformatik, 38. Jg. (1996), Nr. 5, S. 503-514

Weiß, Dietmar/Zerbe, Stefan (1995): Verbindung von Prozeßkostenrechnung und Vorgangssteuerung: Überlegungen und Denkanstöße, in: Controlling, 7. Jg. (1995), Nr. 1, S. 42-46

Welge, Martin K. (1987): Unternehmensführung, Bd.2: Organisation, Stuttgart 1987

Weltz, Friedrich/Bollinger, Heinrich/Ortmann, Rolf G. (1989): Qualitätsförderung im Büro: Konzepte und Praxisbeispiele, New York 1989

Wendel, Thomas (1996): Computergestützte Teamarbeit: Konzeption und Realisierung eines Teamarbeitssystems, Wiesbaden 1996

Wiendieck, Gerd (1992): Teamarbeit, in: Frese, Erich (Hrsg.): Handwörterbuch der Organisation, 3. Aufl., Stuttgart 1992, Sp. 2375-2834

Wild, Jürgen (1971): Zur Problematik der Nutzenbewertung von Informationen, in: Zeitschrift für Betriebswirtschaft, 41. Jg. (1971), S. 315-334

Wilde, Michael/Weber, Volker/Ehrmann, Stephan (1997): In 80 Sekunden um die Welt: EMail-Programme für Windows, OS/2 und Macintosh, in: c't, o.Jg. (1997), Nr. 2, S. 232-245

Wilke, Henk/Knippenberg, Ad van (1990): Gruppenleistung, in: Stroebe, Wolfgang/ Hewstone, Miles/Stephenson, Geoffrey M. (Hrsg.): Sozialpsychologie: eine Einführung, Berlin et al. 1990, S. 333-339

Wilkens, Henning (1990): Telekonferenz, in: Mertens, Peter (Hrsg.): Lexikon der Wirtschaftsinformatik, 2.Aufl. Berlin et al. 1990, S. 424-425

Wilrich, Lutz (1996): Erfahrungsbericht: Workgroup-Computing and Workflow Management bei DeTeLinie, in: Uellner, Stefan (Hrsg.): Computer Supported Cooperative Work (CSCW) in großen Unternehmungen, Tagungsband zum Workshop der GI-Fachgruppe 5.5.1 'CSCW in Organisationen' und dem Technologiezentrum Darmstadt der Deutschen Telekom AG vom 9.-10.5.1996, Darmstadt 1996, S. 64-76

Wilson, Paul (1991): Computer Supported Cooperative Work: An Introduction, Dordrecht 1991

Wimmer, Peter/Neuberger, Oswald (1981): Das Organisationsklima im Lichte kooperativen und konkurrierenden Verhaltens, in: Grunwald, Wolfgang/Lilge, Hans-Georg (Hrsg.): Kooperation und Konkurrenz in Organisationen, Stuttgart 1981, S. 189-211

Winograd, Terry (1986): A Language/Action Perspective on the Design of Cooperative Work, in: CSCW '86: Proceedings of the Conference on Computer Supported Cooperative Work, Austin 1986, S. 203-220

Winograd, Terry/Flores, Fernando (1987): Understandig Computers and Cognition: A Foundation of Design, Reading 1987

Winter, Stefan (1997): Möglichkeiten der Gestaltung von Anreizsystemen für Führungskräfte, in: Die Betriebswirtschaft, 57. Jg. (1997), Nr. 5, S. 615-629

Winterstein, Hans (1998): Kooperative Kommunikation, in: Spieß, Erika/Nerdinger, Friedemann W. (Hrsg.): Kooperation in Unternehmen, München et al. 1998, S. 143-164

Wiswede, Günter (1980): Motivation und Arbeitsverhalten: Organisationspsychologische und industriesoziologische Aspekte der Arbeitswelt, München et al. 1980

Wiswede, Günter (1981a): Gruppe im Betrieb, in: Beckerath, Paul G./Sauermann, Peter/ Wiswede, Günter (Hrsg.): Handwörterbuch der Betriebspsychologie und Betriebssoziologie, Stuttgart 1981, S. 185-192

Wiswede, Günter (1981b): Kommunikation, in: Beckerath, Paul G./Sauermann, Peter/ Wiswede, Günter (Hrsg.): Handwörterbuch der Betriebspsychologie und Betriebssoziologie, Stuttgart 1981, S. 226-231

Wiswede, Günter (1992): Gruppen und Gruppenstrukturen, in: Frese, Erich (Hrsg.): Handwörterbuch der Organisation, 3. Aufl., Stuttgart 1992, Sp. 735-754

Witte, Erich H. (1981): Extremitätsschübe bei Gruppenentscheidungen in Kooperations- und Konkurrenzsituationen, in: Grunwald, Wolfgang/Lilge, Hans-Georg (Hrsg.): Kooperation und Konkurrenz in Organisationen, Stuttgart 1981, S. 169-188

Witte, Erich H. (1989): Sozialpsychologie, München 1989

Wittmann, Edgar (1990): Neue Informations- und Kommunikationstechnik und Macht in der Unternehmung: Eine Analyse der machtpolitischen Veränderungen aus individueller und organisatorischer Perspektive, Opladen 1990, zugl.: München, Univ., Diss., 1990

Wittmann, Waldemar (1959): Unternehmung und unvollkommene Information, unternehmerische Voraussicht, Ungewißheit und Planung, Köln 1959

Wohlenberg, Holger (1994): Gruppenunterstützende Systeme in der Forschung und Entwicklung: Anwendungspotentiale aus industrieller Sicht, Wiesbaden 1994, zugl.: München, Univ., Diss., 1993

Woitass, Michael (1991): Koordination in strukturierten Konversationen: ein Koordinationsmodell für kooperierende Agenten und seine Anwendung im Bereich Computer-Supported Cooperative Work (CSCW), München, Wien 1991

Wollnik, Michael (1986): Implementierung computergestützter Informationssysteme, Perspektive und Politik informationstechnologischer Gestaltung, Berlin, New York 1986

Wollnik, Michael/Kubicek, Herbert (1979): Elemente eines handlungsbezogenen Konzeptes der benutzerorientierten Systemgestaltung, in: Petri, Carl Adam (Hrsg.): Ansätze zur Organisationstheorie rechnergestützter Informationssysteme, Berichte der Gesellschaft für Mathematik und Datenverarbeitung, Nr. 111, Wien 1979, S. 331-374

Wölm, Julia (1991): Computergestützte Gruppenarbeit im Büro: ein Schritt zur Humanisierung der Arbeit?, Universität Hamburg, Fachbereich Informatik, Mitteilungen Nr. 193, Hamburg, Universität Hamburg 1991

Wölm, Julia/Rolf, Arno (1991): Zur Geschichte der Gruppenarbeit, in: Oberquelle, Horst (Hrsg.): Kooperative Arbeit und Computerunterstützung: Stand und Perspektiven, Göttingen 1991, S. 19-147

Wulf, Volker (1994): Das Konzept gestufter Metafunktionen - ein Mittel zur Moderation von Konflikten in Groupware, in: Hartmann, Anja/Herrmann, Thomas/Rohde, Markus (Hrsg.): Menschengerechte Groupware: Software-ergonomische Gestaltung und partizipative Umsetzung, Stuttgart 1994, S. 125-172

Wulf, Volker (1997): Konfliktmanagement bei Groupware, Braunschweig, Wiesbaden 1997, zugl.: Dortmund, Univ., Diss., 1996

Wunderer, Rolf (1987): Kooperative Führung, in: Kieser, Alfred/Reber, Gerhard/ Wunderer, Rolf (Hrsg.): Handwörterbuch der Führung, Stuttgart 1987, Sp. 1257-1274

Wunderer, Rolf (1991): Laterale Kooperation als Selbsteuerungs- und Führungsaufgabe, in: Wunderer, Rolf (Hrsg.): Kooperation: Gestaltungsprinzipien und Steuerung der Zusammenarbeit zwischen Organisationseinheiten, Stuttgart 1991, S. 205-219

Zangl, Hans (1987): Durchlaufzeiten im Büro: Prozeßorganisation und Aufgabenintegration als effizienter Weg zur Rationalisierung der Büroarbeit mit neuen Bürokommunikationstechniken, 2. Aufl., Berlin 1987

Zerbe, Stefan/Schwarzer, Bettina/Krcmar, Helmut (1995): Kooperation, Koordination und IT in neuen Organisationsformen, Arbeitspapiere des Lehrstuhls für Wirtschaftsinformatik, Universität Hohenheim, Nr. 93, Stuttgart 1995

Zilahi-Szabó, Miklós Géza (1995): Kleines Lexikon der Informatik, München et al. 1995

Bochumer Beiträge zur Unternehmungsführung und Unternehmensforschung

Herausgegeben vom Direktorium des Instituts
für Unternehmungsführung und Unternehmensforschung
der Ruhr-Universität Bochum

Band 1 Busse von Colbe, Walther/Mattessich, Richard (Hrsg.): Der Computer im Dienste der Unternehmungsführung (1968)

Band 2 Busse von Colbe, Walther/Meyer-Dohm, Peter (Hrsg.): Unternehmerische Planung und Entscheidung (1969)

Band 3 Anthony, Robert N.: Harvard-Fälle aus der Praxis des betrieblichen Rechnungswesens. Herausgegeben von Richard V. Mattessich unter Mitarbeit von Klaus Herrnberger und Wolf Lange (1969)

Band 4 Mattessich, Richard: Die wissenschaftlichen Grundlagen des Rechnungswesens (1970)

Band 5 Schweim, Joachim: Integrierte Unternehmungsplanung (1969)

Band 6 Busse von Colbe, Walther (Hrsg.): Das Rechnungswesen als Instrument der Unternehmungsführung (1969)

Band 7 Domsch, Michel: Simultane Personal- und Investitionsplanung im Produktionsbereich (1970)

Band 8 Leunig, Manfred: Die Bilanzierung von Beteiligungen. Eine bilanztheoretische Untersuchung (1970)

Band 9 Franke, Reimund: Betriebsmodelle. Rechensystem für Zwecke der kurzfristigen Planung, Kontrolle und Kalkulation (1972)

Band 10 Wittenbrink, Hartwig: Kurzfristige Erfolgsplanung und Erfolgskontrolle mit Betriebsmodellen (1975)

Band 11 Lutter, Marcus (Hrsg.): Recht und Steuer der internationalen Unternehmensverbindungen (1972)

Band 12 Niebling, Helmut: Kurzfristige Finanzrechnung auf der Grundlage von Kosten- und Erlösmodellen (1973)

Band 13 Perlitz, Manfred: Die Prognose des Unternehmenswachstums aus Jahresabschlüssen deutscher Aktiengesellschaften (1973)

Band 14 Niggemann, Walter: Optimale Informationsprozesse in betriebswirtschaftlichen Entscheidungssituationen (1973)

Band 15 Reichardt, Harald: Der aktienrechtliche Abhängigkeitsbericht unter ökonomischen Aspekten (1974)

Band 16 Backhaus, Klaus: Direktvertrieb in der Investitionsgüterindustrie – Eine Marketing-Entscheiung (1974)

Band 17 Plinke, Wulff: Kapitalsteuerung in Filialbanken (1975)

Band 18 Steffen, Rainer: Produktionsplanung bei Fließbandfertigung (1977)

Band 19 Kolb, Jürgen: Industrielle Erlösrechnung – Grundlagen und Anwendungen (1978)

Band 20 Busse von Colbe, Walther/Lutter, Marcus (Hrsg.): Wirtschaftsprüfung heute: Entwicklung oder Reform? (1977)

Band 21 Uphues, Peter: Unternehmerische Anpassung in der Rezession (1979)

Band 22 Gebhardt, Günther: Insolvenzprognosen aus aktienrechtlichen Jahresabschlüssen (1980)

Band 23 Domsch, Michel: Systemgestützte Personalarbeit (1980)

Band 24 Schmied, Volker: Alternativen der Arbeitsgestaltung und ihre Bewertung (1982)

Band 25 Wäscher, Gerhard: Innerbetriebliche Standortplanung bei einfacher und mehrfacher Zielsetzung (1982)

Band 26 Weber, Martin: Entscheidungen bei Mehrfachzielen – Verfahren zur Unterstützung von Individual- und Gruppenentscheidungen (1983)

Band 27 Kroesen, Alfred: Instandhaltungsplanung und Betriebsplankostenrechnung (1983)

Band 28 Plinke, Wulf: Erlösplanung im industriellen Anlagengeschäft (1985)

Band 29 Chamoni, Peter: Simulation störanfälliger Systeme (1986)

Band 30 Arning, Andreas: Die wirtschaftliche Bewertung der Zentrenfertigung – Dargestellt am Beispiel einer Fertigungsinsel (1987)

Band 31 Gebhardt, Günther: Finanzielle Planung und Kontrolle bei internationaler Unternehmenstätigkeit

Band 32 Markiewicz, Michael: Ersatzteildisposition im Maschinenbau – Betriebswirtschaftliche Methoden der Planung und Überwachung (1988)

Band 33 Pellens, Bernd: Der Informationswert von Konzernabschlüssen – Eine empirische Untersuchung deutscher Börsengesellschaften (1989)

Band 34 Mrotzek, Rüdiger: Bewertung direkter Auslandsinvestitionen mit Hilfe betrieblicher Investitionskalküle (1989)

Band 35 Deppe, Joachim: Quality Circle und Lernstatt – Ein integrativer Ansatz (1989, 3. Auflage 1993)

Band 36 Rademacher, Michael: Arbeitszeitverkürzung und -flexibilisierung – Formen und betriebliche Auswirkungen (1990)

Band 37 Kaiser, Klaus: Kosten- und Leistungsrechung bei automatisierter Produktion (1991, 2. Auflage 1993)

Band 38 Müller, Hermann: Industrielle Abfallbewältigung – Entscheidungsprobleme aus betriebswirtschaftlicher Sicht (1991)

Band 39 Schörner, Peter: Gesetzliches Insiderhandelsverbot – Eine ordnungspolitische Analyse (1991)

Band 40 Bentler, Martin: Grundsätze ordnungsmäßiger Bilanzierung für die Equitymethode (1991)

Band 41 Brüggerhoff, Jürgen: Management von Desinvestitionen (1992)

Band 42 Bröker, Erich W.: Erfolgsrechnung im industriellen Anlagengeschäft – Ein dynamischer Ansatz auf Zahlungsbasis – (1993)

Band 43 Frankenberg, Peter: Transnationale Analyse US-amerikanischer und deutscher Jahresabschlüsse – Eine theoretische und empirische Untersuchung (1993)

Band 44 Kleinaltenkamp, Michael: Standardisierung und Marktprozeß – Entwicklungen und Auswirkungen im CIM-Bereich (1993)

Band 45 Pellens, Bernhard: Aktionärsschutz im Konzern – Empirische und theoretische Analyse der Reformvorschläge der Konzernverfassung (1994)

Band 46 Reckenfelderbäumer, Martin: Marketing-Accounting im Dienstleistungsbereich – Konzeption eines prozeßkostengestützten Instrumentariums (1995)

Band 47 Knittel, Friedrich: Technikgestützte Kommunikation und Kooperation im Büro. Entwicklungshindernisse – Einsatzstrategien – Gestaltungskonzepte (1995)

Band 48 Riezler, Stephan: Lebenszyklusrechnung – Instrument des Controlling strategischer Projekte (1996)

Band 49 Schulte, Jörn: Rechnungslegung und Aktienkursentwicklung – Erklärung und Prognose von Aktienrenditen durch Einzel- und Konzernabschlußdaten (1996)

Band 50 Muhr, Martin: Zeitsparmodelle in der Industrie – Grundlagen und betriebswirtschaftliche Bedeutung mehrjähriger Arbeitszeitkonten (1996)

Band 51 Brotte, Jörg: US-amerikanische und deutsche Geschäftsberichte. Notwendigkeit, Regulierung und Praxis jahresabschlußergänzender Informationen (1997)

Band 52 Gersch, Martin: Vernetzte Geschäftsbeziehungen. Die Nutzung von EDI als Instrument des Geschäftsbeziehungsmanagement (1998)

Band 53 Währisch, Michael: Kostenrechnungspraxis in der deutschen Industrie. Eine empirische Studie (1998)

Band 54 Völkner, Peer: Modellbasierte Planung von Geschäftsprozeßabläufen (1998)

Band 55 Fülbier, Rolf Uwe: Regulierung der Ad-hoc-Publizität. Ein Beitrag zur ökonomischen Analyse des Rechts (1998)

Band 1 - 55 erschienen beim Gabler Verlag Wiesbaden

Band 56 Ane-Kristin Reif-Mosel: Computergestützte Kooperation im Büro. Gestaltung unter Berücksichtigung der Elemente *Aufgabe, Struktur, Technik* und *Personal* (2000)

Band 57 Claude Tomaszewski: Bewertung strategischer Flexibilität beim Unternehmenserwerb. Der Wertbeitrag von Realoptionen (2000)

Printed by
CPI books GmbH, Leck

Kolibri 360 GmbH
Ferdinand-Jühlke-Straße 7
99095 Erfurt, Deutschland
produktsicherheit@kolibri360.de